지역문화와 국가의식

地域文化與國家認同: 晩清以來[廣東文化]觀的形成

이 번역 총서는 2007년 정부 재원(교육과학기술부 인문학진흥방안 인문한국지원사업비)으로 한국연구재단의 지원을 받아 연구되었음(NRF-2007-361-AL0001).

지역문화와 국가의식

근대 '광동문화'관의 형성

청메이바오(程美寶) 지음

정진선 · 최형섭 옮김

심산

차 례

일러두기

1. 이 책은 청메이바오(程美寶)의 『地域文化與國家認同: 晚淸以來'廣東文化'觀的形成』(三聯書店, 2006)을 완역한 것이다.
2. 외래어 고유명사 표기는 국립국어원(http://www.korean.go.kr)에서 제시한 「외래어 표기법」을 따랐다.
3. 중국 인명은 청 왕조(1644~1911)가 멸망한 해인 1911년을 기준으로 이전은 한글 독음으로, 이후는 중국어 발음으로 표기하였다.
4. 지명, 산, 강의 명칭은 한글 발음으로 표기하였다.
5. 서명은 한글 독음을 원칙으로 하였고, 책명은 『 』, 편명은 「 」으로 표기하였다.
6. 옮긴이가 덧붙인 주는 [역주]로 표시했다.
7. 참고 문헌은 '저자, 서명, 지역: 출판사, 연도, 쪽수'의 순서로 처리하였다.
8. 원서에서 강조하는 내용과 인용문을 모두 " "로 처리한 것을 구분하여 직접 인용문만 " "로 처리하고 강조하는 내용은 ' '로 바꾸었다.

해설

근대 중국의 지식과 제도의 변화

쌍빙(桑兵)

1

미국 학자 더글라스 레이놀즈(Douglas R. Reynolds)가 출간한 『신정(新政) 혁명과 일본』[1]은 적잖은 논쟁을 불러일으켰다. 나도 그 논쟁에 참여했지만 많은 사람들이 그의 관점과 자료의 한계에 대한 문제를 제기하였다.[2] 하지만 저자는 이 책에서 신정[3]을 전후하여 중국

1) *China, 1898~1912: The Xinzheng Revolution and Japan, Council on East Asian Studies*, Harvard University, 1993. 리중셴(李仲賢)의 중국어 번역본이 강소인민출판사(江蘇人民出版社)에서 1998년에 출판되었다.(원서에서 괄호로 되어 있는 내용을 각주로 처리함.)

2) 桑兵, 「黃金十年與新政革命—評介『中國, 1898~1912: 新政革命與日本』」, 『燕京學報』, 新4期, 1998 참조.

3) [역주] 1900년 경자사변(庚子事變)이 발발하여 8개국 연합국이 북경을 점령하였고 '신축조약'이 체결되었다. 이 사건의 여파로 1901년 서태후(西太后)의 묵인 아래 조정 보수파의 주도로 1898 무술변법(戊戌變法)을 확대 · 심화시킨 변법이 시행된다. 경자신정(庚子新政), 또는 경자후신정(庚子後新政)이라고 불리며 홍콩에서는

의 지식과 제도 시스템이 분명하게 양분된다는 중요한 사실을 지적하였다. 즉 신정 이전이 하나의 체계로 대략 천 년 넘게 지속되었다면, 신정 이후는 또 다른 체계로 점진적인 변화와 조정을 거쳐 오늘날까지 이어지고 있다는 것이다. 저자는 자신의 관점을 다음과 같이 기술하고 있다.

> 1898년 백일유신 전야의 중국의 사상과 체제는 중국 고대에 기원을 두고 있는 중국인 특유의 원리를 틀에 박힌 듯 준수하고 있었다. 그런데 12년 후인 1910년, 외국의 영향으로 중국인의 사상과 정부 체제는 이미 근본적인 변화가 생겼다. 가장 근본적인 의미에서 이 변화는 혁명적인 것이었다. 사상적 측면에서 중국의 신구 인사들(고위 관리로부터 구 신사계층, 신흥 상공업자와 학생층에 이르기까지)은 언어·사상의 내포적 의미를 변화시켰고, 여러 기구와 주요 매체들도 이를 바탕으로 사상을 표현하였다. 체제적인 측면에서 그들은 중국이 오랜 기간에 걸쳐 확립했던 정부 조직과 국가·사회를 구성하고 있던 법률과 제도를 외국의 모델을 따라 바꾸었다. 1910년 중국의 사상과 체제를 1925년 및 오늘날의 중국과 서로 비교해 보면 근본적인 연속성을 발견할 수 있으니 모두 동일한 현실 계열에 속한다고 할 수 있다. 반면 1910년과 1898년 초를 비교해 보면 사상과 체제 두 영역에 있어서 확실히 구분되고 갈수록 간극이 더 벌어지고 있음을 발견할 수 있다.[4)]

또한 최근 백여 년 동안 중국인들의 관념 세계와 행위 규범은 이전과는 거의 완전히 달라졌다고 할 수 있다. 천지개벽과도 같은 이런 큰 변화는 불과 백 년 전에 기본적인 틀이 형성되어 오늘날까지 줄곧

만청개혁(晩清改革), 일본에서는 광서신정(光緒新政)이라 불린다. 청 말 경제·정치 체제 개혁 운동으로 중국이 현대화되는 데 있어서 중요한 사건이었다. 사법·입법·책임내각제 등이 시행되었는데 대략 신해혁명이 발발한 1911년 정도까지를 가리킨다.

4) 『新政革命與日本—中國, 1898~1912』, 江蘇人民出版社, 1998, 215쪽.

이어지고 있는 것이다. 오늘날 중국인들은 결코 3천 년 동안 변함없이 지속되어 온 세계 속에 살고 있는 것이 아니다. 그들은 지난 백 년 동안의 지식과 제도 체계의 격변이 이루어 놓은 관념 세계와 행위 규범의 제약 속에서 생활하고 있는 것이다. 더글라스 레이놀즈는 청 정부와 관료-신사(紳士) 계층이 주도한 이런 변화가 근본적으로 혁명적인 성격을 띠고 있다고 생각한다. 또한 그는 이 과정에서 일본의 능동적이고 적극적인 영향력을 강조하고 있다. 이 같은 관점에 대해 의견이 모두 같을 수는 없을 것이고, 이견을 표출하는 것은 지극히 정상적이다. 하지만 레이놀즈가 주장하고 있는 지식과 제도가 근본적으로 변화되었다는 것은 명백한 사실로서, 가볍게 부정해서는 안 될 것이다.

그렇지만 그 변화 과정과 의미는 레이놀즈가 묘사한 것보다 훨씬 복잡하고 심각했다. 그것은 메이지유신을 겪은 일본과 관련될 뿐 아니라 전반적으로 풍부하고 다양한 모습을 띠고 있던 '서방' 세계와도 연관이 있으며, 또한 신정 시기에 발생하여 반세기 이상 지속된 것이었다. 정부가 주도하는 영역들에서 제도의 변화가 나타났을 뿐만 아니라 사회의 각종 제도 체제가 거의 모두 근본적인 변화를 겪었다. 청 왕조의 관료-신사와 일본 고문들이 그 일에 참여했을 뿐만 아니라 중국에 온 외국 인사와 중국 지식인들도 대부분 개입하였다. 보다 중요한 점은 이런 혁명적인 변화가 외국의 지식과 제도를 단순히 이식한 것이 아니라는 사실이다. 오늘날 중국인들이 기반을 두고 살아가고 있는 지식과 제도 시스템이 대부분 외국에서 기원한 것이기에 세계의 다른 나라와 대체로 비슷하기는 하지만 차이가 나는 부분도 많다. 이런 다양한 차이들은 사실 서구화에서 벗어날 수 없는 현대화 이론을 가지고 간단히 평가하고 해석할 수 없다.

오늘날 중국인들이 공식적인 자리에서 그들의 사유를 표현하는 데 사용하는 어휘와 개념들, 근대 중국 사상사를 구성하고 있는 각종 학설들, 교수 연구의 학과 분류, 다시 말해 인간의 사유가 발생하도록 하고 사유와는 독립적으로 존재하면서도 사유를 제약하는 지식 체계는 1세기 이전의 중국인들이 가지고 있던 그것과는 현저한 차이가 있다. 만약 이런 어휘, 개념, 지식을 폐기한다면 자신의 생각을 표현하기 어렵다. 이런 체계에 익숙한 오늘날 사람들이 변화되기 이전의 중국인의 정신세계로 들어가기란 매우 힘들다. 설사 전문적인 훈련을 받았다 하더라도 끼워 맞추거나 견강부회하는 오류를 범하기가 쉽다. 뿐만 아니라 오늘날 중국인의 정신세계를 이해하고 동시대를 살고 있다 하더라도, 사회적으로 일반화되어 설명할 필요조차 없는 실제로 각종 화제에 사용되는 어휘를 구분하려면, 그 용어가 발생하고 발전한 연원과 맥락을 파악하지 못하면 진심으로 공감을 하고 이해하기 어렵다. 최근 학자들이 '영화 거꾸로 보기'를 비판하고 '익숙해진 것들을 제거하기'[5]를 주장하고 있는 것은 모두 이런 우려에서 나온 것이다.[6]

마찬가지로, 오늘날 사람들의 행위를 규범 짓는 사회의 효과적인 운영과 관련된 각종 제도들도 백 년 전의 것과는 큰 차이가 있다. 이런 제도들은 정치, 경제, 군사, 대외 관계, 교육, 금융, 사법, 의료, 치안, 사회조직, 사회보장, 복지 등과 관련된 것으로 거의 전 분야를 포함하고 있다. '예전에 있던' 혹은 '완전히 새로운' 소수의 몇몇 제도를

5) [역주] 본문에는 '去熟悉化'로 되어 있다. 영어로는 Unfamiliarization으로 번역되며 Familiarization의 반의어이다. 익숙한 환경에서 분리시키는 것을 가리킨다.

6) 전자는 뤄즈톈(羅志田) 교수가 여러 차례 언급했고, 후자는 왕판썬(王汎森) 교수의 「中國近代思想文化史硏究的若干思考」, 『新史學』(臺北), 第14卷 4期, 2003에 보인다.

제외하고 대부분의 상황은 '옛날부터 있던 것'이면서 '다양한 변화를 주었거나' '완전히 새롭게 바꾼 것들'이다. 이는 지금 사람들에게 이전 사람들의 각종 행위 방식과 운영 형태를 이해하기 어렵게 하였고, 또한 오늘날 각종 제도 규정과 그 운영의 경위를 살펴 그렇게 된 상황과 까닭을 알 방법이 없도록 만들었다. 결국 어떤 하나의 제도가 있다고 할 때 거기에는 다양한 행동 방식이 존재하며, 심지어 주요 양식이나 제도 자체의 원래 취지와는 상당한 차이가 나타날 수도 있다. 때로는 관념과 제도 사이에 괴리가 생겨 관념상의 우열 논쟁이 제도상 일방적인 국면이 출현하는 데 전혀 영향을 미치지 않을 수도 있다. 예를 들어 중서(中西) 의학의 시비와 우열 논쟁이 역대로 끊이지 않았지만, 지금은 단지 제각기 장단점이 있다고 얘기할 뿐 의료와 병원 제도는 거의 완전히 서양의 방식을 따르고 있다.

어째서 이런 상황이 발생한 것일까? 중요한 원인 중 하나는 만청·민국 시기 지식과 제도의 변화가 중국 사회·문화·역사로부터 자연스럽게 발생한 것이 아니라 근대 중서의 충돌과 융합으로 생겨났기 때문이다. 어느 정도는 외부 세계를 중국에 이식시켜 중국의 기본적인 모습을 바꾸어 놓은 결과라고 말할 수 있다. 다시 말해 이는 세계 체계가 구축되는 과정에서 중국이 점차 그 체제 안으로 끌려 들어간 결과라고 할 수 있다. 현대인들이 많이 얘기하고 있는 전 지구의 일체화도 이런 과정의 연속으로 볼 수 있다.

상황이 이처럼 간단하다면 이해하기가 어렵지 않을 것이다. 그런데 실제 상황은 훨씬 복잡할 뿐더러 자신도 모르는 사이에 서서히 진행되어 사람들은 그것을 당연하다고 생각한다. 이른바 '세계'라는 것은 사실 관념의 형태로만 존재할 뿐, 실제적인 상황에 적용하게 되면 추상적인 하나의 '세계'는 결코 존재하지 않으며 상이한 개별 민족과 국가들로 구체화된다. 더욱 중요한 사실은 그 당시의 이른바 '세계'는 결코 서로 다른 민족과 국가들의 집합체가 아니라 실제로는 주로 추상적인 '서방'을 원본·기준으로 삼고 있었다는 것이다. '서방'인들이 보기에 '서방'은 다만 동아시아 사람들의 관념세계 속에 존재하고 있을 뿐이다. 엄밀하게 고찰해 보면 서방은 유럽과 미국으로 구별되고, 유럽도 대륙과 영국[7]으로 나뉘며, 대륙 또한 다시 역사와 문화가 각기 다른 여러 국가들로 구분된다. 이 밖에 본래는 동아시아의 일부였던 일본은 서방을 성공적으로 학습하여 아시아에서 벗어나 유럽으로 편입해 서방 선진국 대열에 들어서서 점차 서방 세계의 일부가 된 듯한 상황이었다.

이처럼 근대 중국이 직면하고 있었던 외부의 충격과 영향은 지식체계에서 볼 때 '서학'뿐만이 아니라 일본의 '동학(東學)'도 있었다. '서학'이 기반을 두고 있는 '서방'이 단지 관념적인 세계로 존재하고 있었으니, '서학'도 그에 상응하여 단지 추상적인 의미를 지니고 있을 뿐이었다. 하루아침에 추상적인 '학문'과 '문화'를 구체적인 학문 분과, 학설로 구체화시키다 보니 통일적이었던 서방, 혹은 서학이 모호하거나 불투명해지고 심지어 눈앞에서 사라져 보이지 않게 되었다. 그러면서 점차 드러나게 된 것이 서로 다른 민족·국가들이 역사·문화적으로 만들어 낸 독립적인 시스템들이었다. 각 민족·국가의 시스템은 대체로 비슷했지만 적잖은 차이도 존재하고 있었다. 이런 차이들이 학문 분과나 학설의 핵심적인 부분에 미치는 영향은 크지 않았다. 하지만 주변적인 요소나 부차적인 문제를 다루는 데 있어서는 상당히 중요하게 작용하여, 때론 다양한 서로 다른 계통의 학과 경계를 설정

---

7) [역주] 원문에는 '英倫三島'로 되어 있다. 이는 영국을 구성하고 있는 잉글랜드, 스코틀랜드, 웨일스를 가리킨다.

하는 데 영향을 미치기도 하였다. 또한 이러한 차이는 국가마다 서로 다른 유파의 학과에 관한 개념에도 차이가 나도록 만들었다. 그 전후 맥락이 서로 달랐기 때문에 국가마다 동일한 학과에 대한 내포적 의미도 큰 차이가 났다. 크게는 '과학'이라고 할 때 영국·프랑스·독일에서의 함의가 달랐고, 작게는 정치학·사회학·인류학과 같은 분과 학문과 그 함의가 유럽과 미국에서 차이가 적지 않았고 유럽 각국도 일치하지 않았다. 사회 문화 연구가 궁극적으로 사회학의 영역에 속하는지 인류학의 범주에 속하는지 하는 문제도 국가들 간에 차이가 있을뿐더러, 동일 국가의 서로 다른 학파 간에도 인식이 달랐다.

여러 가지가 복잡하게 뒤엉킨 상술한 상황은 천천히 점진적으로 전개되었다. 그래서 그 일을 직접 겪은 사람들은 큰 문제가 되지 않을 수도 있었지만, 후대 사람들이나 외부인은 그렇게 된 까닭을 알 수 없어 누구 말을 따라야 할지 모르는 상황에 처했다. 유럽에서 처음 만들어진 인류의 지식이, 세계 시스템의 전 지구로의 확산과 함께 조작과 운용의 편의를 위해 부득불 복잡한 내용은 생략된 채 단순하게 축약되면서 더욱 조리 있고 분명해졌다. 이렇게 되면서 원래 갖고 있던 연원과 맥락에서 파생될 수 있는 복잡한 양상은 가려지고 학과의 경계는 뚜렷하게 되었다. 유럽에서 기원한 각종 학과의 경계를 통일적으로 구분 짓기 위해서 복잡한 문제들은 과감히 쳐내고 단순화시켰다. 이는 처음에는 단지 학술적 전통이 부족하고 이민 사회였던 미국인들이 다루기 편하게 하려는 목적에서 비롯된 것이었다. 그러다가 나중에 미국의 실력과 위상이 빠르게 상승하고 세계에 대한 영향력이 부단히 확대되어 패권 국가이자 중심으로 자리 잡으면서, 미국식 분과 학문은 많은 개발도상국들이 수용하는 중요한 모델이 되었다. 분명하고 편리하기는 했지만 근원적 맥락은 사라진 상태였다. 개념의 정의에서 출발하여 일반적인 얘기를 할 때는 큰 문제가 없지만, 자세히 깊이 있는 연구를 진행하고자 할 때, 특히 그렇게 된 이유를 분명히 알고자 하면 추상적이고 애매모호함을 피할 수 없다. 억지로 갖다 붙이고 그럴듯하게 포장된 현상이 많아 혼란스러우며, 서로 같은 얘기를 하는 듯하지만 실제로는 각자 다른 얘기를 하는 상황이 비일비재하다.

서방의 압력으로 생긴 지식과 제도 체계의 변화가 만약 전부 서구 방식을 그대로 이식한 것이라면 문제는 상대적으로 간단하다. 하지만 중국의 문화는 유구한 역사를 가지고 있을뿐더러 시종일관 활기가 넘쳤다. 거대한 장력이 만들어 낸 연속성은 근대 지식과 제도의 변화에 있어서도 서구의 영향을 제약하는 중요한 요인으로 작용하였다.

청 말 민국 초기는 중국 고유의 학술이 서구식 분과 학문으로 변화하는 중요한 시기였다. 정도의 차이는 있지만 많은 학자들이 저마다 심혈을 기울였다. 그 가운데 캉유웨이(康有爲), 량치차오(梁啓超), 류스페이(劉師培), 장타이옌(章太炎), 옌푸(嚴復), 쑹수(宋恕), 왕궈웨이(王國維) 등은 학술 분야에서 영향력이 특히 두드러졌다. 차이위안페이(蔡元培) 등은 훨씬 더 교육적인 시각에서 분과 학문에 주목하였다. 그들은 기원이 다른 서학을 참고하여 자신들의 체계를 세웠고 통일된 전체 틀 아래 각종 신구·중서 학술을 적절히 배치하려고 하였다. 특히 중서의 신구 학술을 소통·연결하고자 노력하였다. 그들 각자의 체계는 차이가 상당히 컸는데, 저마다 근거하는 원전과 그 원전에 대한 인식에 큰 차이가 있었음을 반영하고 있다. 게다가 중국이 변하고 있던 시기에 유럽 각국의 학과 체계 또한 사회 분업이 날로 세분화되고 지식 분류가 끊임없이 증가함에 따라 수시로 새롭게 편성·조정·재조직되고 있었다. 시간적 근접성은 공간 이동의 복잡성을 증폭시켰다. 이는 중국인들이 분과 학문을 이해하고 파악하는 어려움을 가중시켰고, 분과 학문 경계의 모호함과 혼란스러움을 초래하였다. 일찍이 20세기 초 경사대학당(京師大學堂)에서 역사학 강의를 담당했던 천푸천(陳黻宸)은 다음과 같이 중서 학술을 비교 설명한 바 있다.

> 저 서구의 민족들이 강하고 지혜로운 까닭은 그들이 학문을 가지고 있기 때문이다. 그들의 학문은 각각 분과로 세분화되어 있지만 일관된 이치가 존재하여 근원은 결국 하나로 통한다. 어떤 사건에 대한 구체적인 정황도 처음과 끝이 분명하다. 우리나라에도 본래 학문이 없었던 것이 아니지만, 아주 오랜 옛날부터 전승되어 내려오면서 실제적인 내용은 사라지고 모든 것이 형식화되어 버렸다. 사람들은 절충할 줄 몰라, 학문은 있었지만 분과 학문으로 발전하지 못했다. 설령 분과 학문으로 나누어 놓았지만, 학과의 이름만 있고 결국 실제적인 내용은 없다.[8)]

이는 분명 진화론의 관점에서 중서 학술을 바라본 결과로서, 근대를 서구와 등치시키면서 예전부터 서학이 이처럼 우세했다고 생각한 것이다. 사실 전반적으로 볼 때 학문을 세분화하여 연구한 것은 서구에서도 불과 19세기 이후, 특히 19세기 후반 이후의 일이었다. 서구 각국의 학술 문화 전통의 차이로 인해 분과 학문의 경계에 부정확성과 불안정성이 생겨났다. 이 때문에 본래 서구에 대한 전면적이고 깊이 있는 인식이 부족했던 중국인들은 외국에서 유입된 이런 추상적인 개념들을 파악하기가 더더욱 어려웠다.

상술한 난제는 거의 모든 개발도상국가와 민족들이 공통적으로 직면하고 있었다. 하지만 중국은 또 다른 독특한 문제를 떠안고 있었다. 중국의 이웃인 일본은 메이지유신 후 솔선수범하여 근대화의 길을 걷고 있었다. 일본은 일련의 군사·외교·정치 활동을 통해 중국

---

8) 陳德溥 編,「京師大學堂中國史講義」,『陳黻宸集』, 下册, 中華書局, 1995, 675쪽.

인들에게 자신들의 거대한 성과를 과시하였다. 신정(新政) 기간에 재야인사들의 주도 하에 중국은 주로 일본을 통해 서구를 배웠다. 이런 경로는 유럽에서 유학했던 옌푸가 보기에 지름길을 버리고 멀리 돌아가는 것이며 심지어 엉뚱한 길로 갈 수도 있는 것이었다. 그는 다음과 같이 말하였다.

> 내가 듣기로 학술은 반드시 처음 발생한 지역에서 공부해야 그 진면목을 알 수 있다. 직접 귀로 듣고 눈으로 보고 사고하는 노력을 기울여야 하늘과 땅 사이에서 나타나는 현상들을 이해할 수 있다. 이것이 최상의 방법이다. 두 번째는 서적을 통해 전해지는 내용에 의지하고 스승과 친구들에게 가르침을 받는 것이다. 하지만 이 두 가지는 본래 사용된 문자가 의심의 여지가 없다는 사실에 근거한다. 가장 안 좋은 마지막 세 번째 방법은 번역을 통해 배우는 것이다. 그러나 이것은 발생지와 거리가 멀리 떨어져 있을수록 본래의 의미와는 거리가 멀어진다. 현재 우리나라에 번역된 과학기술 서적은 거의 없다. 일본이 열심히 노력하여 겨우 얻은 것도 그들이 예전부터 가지고 있던 것은 아니다. 우리의 이웃이라고 해서 굳이 그것을 꺼릴 필요는 없다. 하지만 그들이 옛것을 버리고 새로운 학술을 받아들인 기간은 겨우 30년 정도 되었을 뿐이다. 2,3천 년을 거치면서 발전해 온 서구의 학술을 공부하고자 하면서 겨우 30년 정도 열심히 노력해서 얻은 일본을 통해서 배우려고 한다. 그들에게 풍부한 번역 서적이 있지만 용어와 의미는 아직 확정되지 않았고 고증은 치밀하지 않다. 다만 우리와 가깝다는 이유만으로 우르르 세상의 모든 학자들이 그리로 달려가고 있다. 세상에 잘 모르면서도 배우기를 좋아하지 않는 자들로 이만한 경우가 있겠는가? 난쟁이가 키 큰 사람에게 하늘이 얼마나 높은지 묻고는, 자신보다 키가 크다고 해서 결국 그의 말을 믿는 것과 같은 것이다.[9] 오늘날의 행태가 이와 무엇

9) [역주] 『회남자(淮南子)』「설산훈(說山訓)」에 나오는 고사이다. "난장이가 키 큰 사람에게 하늘이 얼마나 높은지를 물었다. 키 큰 사람이 모른다고 대답했다. 난장이는 '당신도 모르겠지만 나보다는 하늘에 가깝다'고 말했다." 중국인을 난장이, 키 큰 사람을 일본, 하늘을 서구에 비유하고 있는 것처럼 보인다.

이 다른가?[10)]

옌푸의 주장은 일정 기간 동안 널리 인정받지 못했던 듯하다. 하지만 그의 견해는 일본화된 서학이 동아시아적인 요소를 상당히 많이 포함하고 있음을 사람들에게 일깨워 주었다. 또한 일본의 학문인 동학이 가지고 있는 짙은 독일적 색채는 사람들로 하여금 서학의 추상성을 버리고 영국 이외의 다른 유럽 문화 체계에 주목하도록 했으며, 서로 다른 체계 간의 차이를 분명히 인식하도록 했다.

차이를 알게 되면 취사선택이 가능해진다. 대규모로 동학을 수용한 후 조정과 재야 인사들은 동학과 일본의 제도를 중국에 이식시켰을 때 나타나게 될 폐해에 대해 점차 인식하게 되었고 다시 눈을 유럽으로 돌렸다. 이때부터 중국인들은 서학의 추상성에서 벗어나기 시작했다. 상이한 체계 가운데 어느 한 가지를 통째로 고를 필요가 없고, 각 체계의 구체적인 부분에 장단점이 있을 수 있음을 세부적으로 이해하고 파악하게 되었다. 민국 시기 이후 미국 유학생들이 점차 증가하고 있었지만 지식인들은 여전히 수준이 높고 심오한 학문을 하려면 원형적인 성격을 띠고 있는 유럽으로 가야 된다고 생각하고 있었다. 하지만 후에 북미와 동유럽의 영향이 점차 증가하면서 본래 존재하던 복잡한 요소들은 간단한 문제로 간주되었다.

근대 중국인들의 정신세계는 천지개벽과 같은 변화를 겪었다. 동시에 사회생활 각 방면과 연관된 제도들을 수용함에 따라 그들의 행동 규범도 소리 없이 바뀌었다. 중국에 전래된 서구의 제도가 원래 있던 고유의 여러 제도에 변화를 가져온 과정은 서학의 수용과 마찬가지로 일본을 모방하는 단계를 거쳤다. 상당히 느리게 전개되었던 이전의

10) 王栻 主編, 「與外交報主人書」, 『嚴復集』, 第3册, 中華書局, 1986, 561쪽.

상황과는 달리, 신정 시기에 중국은 전면적으로 일본을 모방하여 조정과 민간에서 잇달아 수많은 관리와 신사들을 파견하여 일본을 두루 시찰하였다. 그들은 출발하기 전, 그리고 일본에 도착한 후 집중적으로 강연을 들으며 배워야 했다. 관련 부서에서는 이를 위해 구체적인 시찰 안내서를 제작하여 시찰의 절차·단계·방법을 제시하였다. 일본을 시찰한 사람들은 지침서대로 일본의 각종 제도를 일일이 그대로 모방하여 중국으로 가져왔다. 물론 나중에 다시 구미에 대한 학습이 이루어져 오류가 조정되는 과정을 거쳤다. 그들 가운데 선견지명이 있는 인사들은 결코 어느 하나의 경로에 얽매이지 않았다. 쑨중산(孫中山) 같은 사람은 미국의 대의제(代議制) 민주주의를 탐탁지 않게 여기고 스위스의 직접 민주주의에 주목하였다.

근대 중국의 지식과 제도 체계의 변화에 대해 학계에서는 대개 현대화라는 해석의 틀을 가지고 인식하려고 한다. 현대화라는 개념이 하나의 해석 모델이 될 수 없다는 것은 아니다. 그러나 현대와 전통, 진보와 낙후와 같은 양 극단의 범주는 결국 사실상 중서 대립 개념으로 귀착되어, 단순히 변화만을 찾고자 하며 찾아낸 변화도 결국 서구화된 것들이다. 변화는 결코 그처럼 간단하지 않으며 적어도 다음과 같은 것들을 고려해야 한다.

첫째, 중국 고유의 지식과 제도 체계의 연원·변화·상황.

둘째, 외래의 지식과 제도 체계의 구체적인 형태와 그것의 중국으로의 유입 과정 및 방식.

셋째, 중국인이 외래의 지식과 제도를 어떻게 수용하였고, 외래의 지식과 제도는 중국 고유의 지식, 제도와 어떤 연관 관계를 맺었는가?

넷째, 상술한 과정에서 중국과 외래의 지식 및 제도는 어떻게 변이되어 새로운 형태를 만들어 내었는가?
다섯째, 이러한 변이는 중국의 발전에 어떤 제약과 영향을 끼쳤는가?

요컨대 이런 대형 연구 프로젝트가 진행되면서 중국과 외국의 지식·제도가 변화되기 이전의 상황, 외래 지식과 제도가 중국에 수용되는 과정, 그로 인해 야기된 변화, 변화가 만들어 낸 상황과 발전 경향을 대략적으로 파악할 수 있을 것이다.

2

지식과 제도 체계의 전면적인 변화는 중국인의 사유와 행동 방식을 변화시켰다. 그뿐만 아니라 오늘날 중국인이 과거를 대할 때에도 부지불식간에 현재의 사유 행동 방식으로 고찰하고 판단하게 한다. 만약 충분한 자각이 없다면 후대의 외재적인 척도를 가지고 과거를 평가하여, 전대 사람들의 사유와 행동의 본의와 진상을 살피거나 이해하기 어렵다. 다시 말하면 외래의 지식과 제도 체계가 유입되기 전에 중국인에게는 이미 고유의 사유와 행동 방식이 있었다. 그런데 변화가 일어난 후에 본래의 모습을 알려고 하면 오히려 상당한 곤란을 겪게 된다. 아무런 선입견 없이 무에서 유로 처음 생겨나서 발전·변화된 과정을 탐구하려면 먼저 본래의 상황에 대한 충분한 이해가 필요하다.

지식과 제도 변화의 커다란 배경은 동서 문명의 만남과 교류이다. 따라서 중국 고유의 것을 인식하고 있어야 할 뿐 아니라 서구에 대해서도 진지하게 연구해야 하며, 일반적인 이해와 함께 그 당시로 되돌아가 각종 지식과 제도가 변화·발전한 연원과 맥락도 추적해야 한다. 그래야지 후대의 완정하게 체계화된 개념의 영향을 받지 않을 수 있다. 이와 관련하여 중국에 철학이 존재했는가 하는 문제를 놓고 근대 학자들이 벌였던 토론은 자못 시사하는 바가 크다. 1928년 장인린(張蔭麟)은 펑유란(馮友蘭)의 「혼인·장례·제사 의례에 대한 유가 이론(儒家對於婚喪祭禮之理論)」을 다음과 같이 비판하였다.

> 현대의 의식적 체계를 가지고 고대의 단편적인 사상을 꿰맞추려고 하는 것이 현재 중국 사상사를 연구하는 자들의 공통적인 폐단이다. 이런 견강부회는 사실 전혀 증명할 수 없는 대전제를 상정하고 있는데, 그것은 옛날 사람들의 사상이 모두 의식적이고 통일된 체계와 내용으로 이루어져 있다는 것이다. 그렇지만 사상 발전의 과정을 통해 볼 때 그렇게 된 것은 실제로 매우 최근의 일이다. 원래의 단편적인 사상과 모순되지 않는 범위 내에서라면 사실 여러 가지 체계를 만들어 낼 수 있다. 체계화라는 방법으로 고대 사상을 연구하는 것은 하면 할수록 혼란만을 가중시킬 뿐이다.[11]

이 글에서는 중국의 상황을 말하고 있지만 사실 서구에도 비슷한 사례가 있다. 예를 들어 구미 학자들은 대개 허버트 스펜서(Herbert Spencer, 1820~1903)[12]의 『사회학』에서 사회학이 시작되었다고 생각한다. 사실 이 또한 사회학자들이 잘못 기술하고 있는 것이다. 엄격히 말해 스펜서의 『사회학』은 오늘날 사람들이 말하는 사회과학에

11) 張蔭麟, 「評馮友蘭「儒家對於婚喪祭禮之理論」」, 『大公報·文學副刊』 1928.7.9.
12) [역주] 영국 사회학의 창시자라고 할 수 있다. 진화론을 신봉하여 인간이 살아가는 사회도 강한 자만이 살아남을 수 있다는 '적자 생존설'을 믿었으며, '사회 유기체설'을 주장하였다. 저서로는 『제1원리』, 『생물학 원리』, 『심리학 원리』, 『사회학 원리』 등이 있다.

훨씬 가깝다. 또한 거의 모든 구미 학자들의 사회학사에서는 그 위치를 찾을 수도 없는 에드워드 젠크스(Edward Jenks, 1861~1939)[13)]가 20세기 초 중국인들에게 서구의 대표적인 사회학자로 알려져 수많은 중국인들의 사회 · 사회학에 대한 인식에 영향을 주었다.

물론 제일 복잡한 것은 역시 끊임없이 변화하는 단계이다. 본래 진정한 통일된 인식(기껏해야 오랜 세월을 거치면서 사회적으로 약속된)이 없던 외래 개념이 중국에 들어올 때 보통 상당히 긴 수용 과정을 거치게 된다. 수용자 또한 각자 원래 가지고 있던 지식을 바탕으로 판단하고 이해한다. 그 과정에서 시기마다 상이한 진술이 있을 수 있고, 같은 시기라도 사람마다 다르게 말할 수 있다. 동일한 내용의 진술이라도 개인마다 의미하는 바는 큰 차이가 있을 수 있다. 모든 학문 분과의 상황도 이와 마찬가지이다. 서구식 근대 학문 분과는 민족 · 국가의 전통 · 기원에 따라 천차만별이었다. 중국에 수용된 후 전통적인 학문 분류에 대응시키는 과정에서 처음에 제각각이었던 것이 점차 통일되기는 했지만 여전히 다양한 주장이 있었다. 중국 고유의 분류를 외래의 것으로 대체하고(사실 두 개의 것을 대응시키는 것은 매우 어려운 일이다) 서구의 분류 개념에 맞추어 중국 전통 학문을 억지로 꿰맞추려 하면서, 서구식 분류 개념을 가지고 중국 전통 학술에 접근하는 것이 적절한 것인지 하는 문제가 출현하였다. 예를 들어 철학은 처음에 제자백가에 대응되었다. 그런데 후에 푸쓰녠(傅斯年)은 고대 중국에는 철학이라고 할 만한 것이 없다고 하면서, '사상'이란 용어도 신중하게 사용할 필요가 있다고 주장하였다. 왜냐하면 개념은

13) [역주] 역사에서 법과 법의 위치에 관해 주목한 영국의 학자이다. 그의 『정치학사(*A Short History of Politics*)』는 시민을 위한 일종의 교양서적으로 집필되었다. 1900년에 출판된 후 1918년까지 적어도 7판까지 나왔던 것을 보면 구미에서 상당히 보급되어 읽혔던 책이었음을 알 수 있다.

단지 부호일 뿐만 아니라 그로 인해 커다란 오해를 불러일으킬 수 있기 때문이다. 또한 무술변법 이전 량치차오는 노동자들은 제조미술서(製造美術書)를 읽어야 한다[14]고 주장했다. 하지만 오늘날 통용되는 미술 개념으로 그의 말을 이해하려고 하면 아무리 생각해도 알 수 없다. 후스(胡適)·펑유란 등의 중국 철학사 연구에 대한 장인린 등의 비판도 그들이 서구 현대의 체계화된 철학 관념으로 중국 고대의 정신세계를 이해하고 해석하고 있다는 것이다. 그래서 견강부회를 벗어나지 못하고 있고 그럴듯하게 보이지만 사실과는 거리가 있으며, 작은 실수가 엄청난 결과를 초래했다는 것이다. 오늘날까지 중국 학자들은 이런 차이 때문에 곤혹스러움과 혼란을 느낀다. 이런 곤혹스러움과 혼란을 느끼지 않는 자가 있다고 해서, 결코 그가 다른 사람보다 더 명쾌한 것은 아니다. 어쩌면 이와 반대로 그는 현재의 지식으로 전대 사람들을 이해하는 현실을 너무도 당연하게 받아들여 의심해 보려는 자각도 상실한 것인지 모른다. 만약 어떤 비평가가, 중국에 철학이 없다는 관점은 서구를 기준으로 삼은 것이며 중국에 철학이 없을 수 없음을 모른 것이라고 지적한다면, 그 또한 동일하게 서구를 척도로 삼고 있는 것이다. 후에 슝스리(熊十力)는 서구인들이 중국에 철학이 없다고 한 것은 중국 학술의 의미를 폄하하려는 것이라고 비판하였다. 근대 학자들이 상술한 관점을 가지게 된 배경과 그들이 토론한 구체적인 내용을 이해하는 것은 문제 자체를 파악하는 데 도움이 된다.

고대 중국에 이미 현대 서구의 각종 학술 분과가 존재했다는 것은 견강부회를 일삼는 사람을 제외하고는 다분히 비상식적인 주장이다. 사실 중국 고유의 학술에 분류 개념이 존재했는가 하는 문제는 아직

---

14) 「讀日本書目志書後」, 『飮冰室合集·文集』之二, 中華書局, 1989, 52~54쪽.

도 학계에서 논쟁 중이다. 민국 시기 쑹위런(宋育仁)은 학제 개편과 국학 교육의 각도에서 다음과 같이 주장하였다.

> 경사자집은 서적에 대한 분류로 학문의 분과라고 할 수 없다. 성리학(性理)·고증학(考據)·문학(詞章)은 국학의 필수 과정이었지만, 인재 교육을 위해 설립된 전문적인 학과는 아니었다.

> 북경대학에서 경학과를 설치했는데 외국 학교에 역사학과가 있는 것처럼 국학을 중시한 것이다. 이로써 경사자집 네 개의 분류 명칭이 교과 과정에 배치되게 되었다. 유교 경전은 구미에는 없다. 구미 대학의 5개 학과 가운데 도과(道科)가 있는데 기독교 경전이 주교재이다. 일본 대학에는 철학과가 설치되어 있는데 유가 경전이 철학 교재이다. 사부(四部)란 도서 분류의 명칭으로 학과를 배치할 때의 명칭이 아니다.[15)]

고대 학문에서 분과보다는 통합을 중시했지만 이것이 학술을 구분하지 않았다는 말은 아니다. 경학이나 사학과 같은 명칭은 그 유래가 매우 오래되었고 제자학도 수백 년의 역사를 가지고 있다. 집부(集部)는 사실 문학이지만 고대의 문학으로, 오늘날의 문학 개념과는 차이가 있다. 만청 시기의 신진 학자들은 중국 전통 학문과 서학을 대응시키려고 노력하였다. 당시 그러한 대응이 타당한 것인지 의심하는 사람은 매우 드물었고, 그래서 견강부회적인 주장도 적지 않았다. 민국 시기에 이르러 많은 사람들이 이런 단순한 대응의 억지스러움을 인식했지만, 분과 학문 개념의 틀에서 벗어나기란 쉽지 않았다. 오늘날 분과 학문으로 나누어 교육하고 연구하는 상황은 고대 중국의 학문을 완전히 해체하여 그 경계를 명확히 구분 지어 버렸다.

---

15) 芸子, 「國學學制改進聯合會宣言書」, 『國學月刊』, 第17期, 1923 ; 宋芸子, 「國學研究社講習專門學科」, 『國學月刊』, 第17期.

고고(考古)라는 개념과 학문 분과로서의 고고학은 변화 과정에서 근대 중국 학자들을 곤혹스럽게 만들었다. 이후에도 그에 대한 인식과 이해는 학자마다 달라 그 정확한 의미를 파악하기가 어렵다. 1990년대까지도 중국 고고학계의 신진 학자들은 중외 고고학의 발전 경향에 대해 뚜렷이 둘로 갈라져 의혹은 여전히 해소되지 않았다. 일반적으로 구미 고고학의 주도적인 경향은 문헌에서 벗어나거나 문헌의 부족을 보충하는 것이다. 장타이옌는 이에 대해 다음과 같은 총체적인 성격의 평론으로 비판하였다. "요즘 사람들은 역사적인 흔적이 사라져 없을 때 역사 기록 속에서 그 단서를 찾는 것보다 유물에서 찾는 것이 더 낫다고 생각한다." 이는 "유럽 고고학자들의 보잘것없는 견해를 수용한 것이다. 황량한 소국에 본래 역사책이 없었기에 유럽 사람들은 학문을 하려고 할 때 고대 유물에 매달릴 수밖에 없는 것이다. 역사 기록이 분명하다면 왜 굳이 그런 먼 길로 돌아갈 필요가 있겠는가?" 중국에는 "명백한 역사 기록이 있고 기록도 상세하니", 기물로 역사 기록을 보충할 필요가 없다. 기물로 역사를 의심하거나 역사를 수정하는 중요한 증거로 삼아서도 안 된다.16) 그리하여 중국 고고학은 대체로 문헌 기록을 증명하는 사명을 담당하였다. 더구나 중국에는 본래 금석(金石) 기물학 전통이 있었는데 그것이 고고학과 비슷한 점이 있었다. 그런 이유로 상당히 오랜 시간 동안 고고(考古)라는 말은 훨씬 더 고대사를 고증한다는 의미로 이해되고 사용되었다. 여기서 고대사란 당연히 상고시대의 역사를 가리킨다. 그런데 더 중요한 것은 상고시대 역사에 대한 역대 문헌 기록이었다. 유학한 경험이 있는 근대 학자들은 중국 구식 학자들의 연구가 고대사가 아니라 고서

16) 徐一士, 「一士類稿 · 太炎弟子論述師說」, 榮孟源 · 章伯鋒 主編, 『近代稗海』, 第2輯, 四川人民出版社, 1985, 105~108쪽.

(古書)에 치중되어 있다고 비판하였다. 이런 경향은 쉽게 금석학 전통과 연관되고 서로 통하는 점이 있었기 때문에 금석 학자들이 줄곧 고고학계에서 중요한 역할을 하였다. 1930년대 북평(北平)에 세워진 고고학사(考古學社)의 주도적인 경향은 유적 발굴이 아니었다. 그런데 1920년대 고사변(古史辨) 논쟁에서 리쭝둥(李宗侗) 등의 학자들은 고고학적 발견으로 문제를 해결하는 것이 유적 발굴에 거는 희망이라고 말하였다. 사실 여기서 유적 발굴이라고 했을 때 학자들이 가장 관심을 갖는 것은 땅속에 묻혀 있는 문헌을 발견하는 것이었다. 왕궈웨이의 유명한 '이중 증거법'에서 그가 말하는 지하란 본질적으로 문헌을 가리키는 말로, 실물로 문헌을 증명하고자 하는 것이 아니며, 실물로 역사를 재구성하려는 것은 더더욱 아니었다. 1980년대 고고학회가 성립되었을 때 고문이나 이사를 맡고 있던 학자들의 경향도 다르지 않았다. 이런 고유의 학술 전통으로 인한 제약은 중국 학자들뿐 아니라 중국 학술의 영향을 깊이 받고 있던 해외 학자들에게까지 영향을 미쳤다. 심지어 일본 고고학의 대가인 우메하라 스에지(梅原末治)는 만년에 이렇게 선언하였다. 기물을 대상으로 한 학문으로서 동아시아 고고학은 금석학과 거의 동일한 것이다. 그러자 구미 현대 고고학의 영향을 훨씬 더 많이 받은 리지(李濟)는 스에지가 시대를 역행하고 있다고 비판하였다. 그렇지만 사실 스에지가 추구하는 방향은 동아시아의 역사·문화·학술에 대한 더 깊은 이해를 바탕으로 한 것으로, 단순히 구미 고고학을 기준으로 한 관념을 변화시켰다.17)

근대 중국의 지식과 제도 변화의 복잡성은 전술한 동학(東學)의 배경 때문에 더욱 파악하기가 어렵다. 일본은 오랫동안 중국문화의 영

17) 齋藤忠, 『考古學史の人びと』, 東京第一書店, 昭和60年 ; 角田文衛, 『考古學京都學派』(增補), 東京雄山閣, 1997.

향을 받아 오다가 메이지유신 때 커다란 성과를 거두었다. 특히 갑오전쟁, 무술유신, 신정 이후에 이르러서는 주도권이 역전되기 시작했다. 이후 중국의 지식 개념은 일본으로부터 큰 영향을 받아 정식 학과에서 사용하는 수많은 명사들은 대개 일본 메이지유신 이후의 '신조어'에서 나온 것이었다. 이는 오랫동안 국내외 학자들의 관심을 불러일으켰다. 하지만 메이지유신 이후의 '신조어'가 다 일본인들이 만들어 낸 것은 아니었다. 전대 사람들도 간파했듯이 그 가운데는 차용한 것도 있었고 독창적으로 만들어 낸 것도 있었으며 조합한 말도 있었다. 그런데 여기서 주목할 것은 이들 신조어 중 상당 부분이 본래는 중국에서 온 것이라는 점이다. '국민'을 예로 들어 보자. 10여 년 전 일본 학자들은 1880년 왕도(王韜) 등의 저술에서 현대적인 의미의 '국민'이 출현하고 있음에 주목하였다. 그것은 중국에서 원래 사용하고 있던 국민의 함의와는 크게 다른 것이었다. 최근 또 다른 학자는 최초의 중국어 정기 간행물인 『찰세속매월통기전(察世俗每月統紀傳)』에서 현대적인 의미의 '국민'이란 단어가 출현하고 있음을 발견하였다. 철학이란 말도 일본보다 중국에서 훨씬 빨리 출현하였다. 물론 이런 새로운 명사가 모두 중국인만의 공로로 만들어진 것은 아니었다. 대개는 중국에 와 있던 외국인이 번역상의 필요 때문에 그들 곁에 있던 중국인 조수와 같이 만들어 낸 것이었다. 그런데 중국인들 사이에서 유행하지 않았기 때문에 나중에 일본으로부터 '역수입'된 것이다. 신조어가 19세기 말, 20세기 초에 일본으로부터 수입된 것으로만 생각한다면, 시간적인 선후나 과정에 대한 이해에 있어서 문제가 생길 수 있다.

이런 변화 과정의 복잡성은 제도 방면에서도 분명하게 드러난다. 인간과 사회의 행동규범으로서의 제도는 독특한 문화적 의미를 지니고 있다. 때문에 순전히 서구 사람들의 현대적인 개념으로만 접근하면 과학과 미신, 선진과 낙후, 문명과 야만으로 대응될 수밖에 없다. 이런 진화론적 바탕 위에서 형성된 사회발전관은 필연적으로 서구 중심론을 지향하게 된다. 은행이 전장(錢莊)과 표호(票號)[18]를 대체한 것은 상당히 전형적인 예이다. 제도적으로 전자가 후자보다 훌륭하다고 굳게 믿는 것은 분명 오늘날의 시선으로 바라본 결과이다. 합리적인 듯이 보이는 이런 관점은 어째서 반세기 동안 은행이 전장과 표호를 대체하지 못했고, 심지어 이들과의 경쟁에서도 열세에 처해 있었는지를 설명할 수 없다. 적어도 당시 중국인의 실제 생활 속에서 은행은 전장이나 표호처럼 편리하지 못했고 후자보다 더 신뢰를 주지 못했던 듯하다. 후에 은행이 우세를 점하고 최종적으로 전장과 표호를 대체할 수 있었던 까닭은 은행 자체의 우세라기보다 서구 열강의 전 지구적인 확장 · 세계화 과정과 함께 중국 사회가 날로 그 속에 편입되어 들어갔기 때문이다. 전체적인 환경이 은행에 유리한 쪽으로 작용하여 거대한 변화가 생긴 것이다. 반면 전장과 표호는 청 정부의 재정 신용도가 추락하면서 금융 위기가 발발하자 결국 영원히 회복할 수 없는 지경에 이르게 되었다.

또 한 가지 동서 문화의 차이를 분명하게 드러내는 제도는 의료이다. 진화론적 관점이 주도하면서 중국인들은 한때 선진과 낙후라는 틀 속에 중국과 서방의 모든 것들을 배치하려고 했던 적이 있다. 중

18) [역주] 전장과 표호는 업무 내용과 지역에 있어서 약간의 차이점이 있다. 전장은 주로 상인을 대상으로 예금과 대출 업무를 하였고 간혹 지역 간 환거래 업무를 하기도 했다. 표호의 전신은 표국(鏢局)이다. 표국은 전통 시기 거액의 은전(銀錢)을 안전하게 운반하던 업무를 담당하였다. 표호는 주로 환어음 업무를 전문으로 하였다. 일반 상인이 아닌 전장을 대상으로 대출 업무도 하였다. 전장의 주요 활동 지역은 장강(長江) 유역과 동남 지역으로 상해가 그 중심이었다. 표호는 황하 유역과 화북 지역이 주요 활동 무대였다.

국 학문, 의약, 회화는 모두 구시대의 잘못된 상징으로 간주되었다. 현대 학자의 연구에 따르면 중국의 산파와 서구의 조산사는 해산을 돕는 과정에서 담당했던 역할에 있어서 상당한 차이가 있다. 문화 심리적 측면에서 위로하는 역할을 했던 산파의 기능은 의료 수단의 불충분함을 상당 부분 보완해 주었다. 산모가 분만할 때 고통을 감소시켜 주었을 뿐 아니라, 조산사의 과학기술 수준의 우세를 어느 정도 상쇄시켜 주는 역할을 하였다. 만청 이후의 교육 개혁도 동일하게 우여곡절을 겪었다. 역대 정부에서 힘써 추진하였던 국민교육은 실제 시행 과정에서 커다란 장애를 만났다. 또한 논쟁을 불러일으켰던 사숙(私塾) 교육도 1940년대까지 여전히 상당한 규모를 유지하고 있었다. 청 말 학당을 비난하는 자들은 수구 세력으로 간주되기 일쑤였다. 하지만 민국 시기 향촌 교육을 주장하던 지식인들은 국민 학교에 대해 비판하면서 더 이상 신구라는 말로 단정적으로 판단하지 않았다. 그들의 논의 가운데 포함되어 있는 외래 제도와 중국의 현실에 대한 반성은 후대 사람들이 깊이 생각해 봐야 될 가치가 있다.

제도의 변화는 서구의 것을 완전히 도입·이식하는 것으로 보이지만 사실 결코 그렇게 간단하지 않다. 삼권분립의 원칙과 관련 제도의 정비, 선거의 실시, 기구의 설치, 시행 절차, 심지어 기본적인 이념까지도 모두 원래 제도의 복제가 아니다. 도입할 때 취사선택하는 과정을 거치며 도입한 후에도 조정을 거친다. 특히 다방면에서 실제로 원래 중국에 있던 토대를 이용하고 기존 조건의 제약을 받지 않았을 수 없다. 따라서 중국에 실제로 적용되는 과정에서 각종 변이가 발생하게 된다. 무술변법 이후 민주주의에 대한 추구는 중국 정치 문제에서 최고의 관심사였고 관련 제도도 형식적으로 계속 마련되었다. 하지만 서구 민주 제도의 이념은 인간의 본성은 악하다는 원죄 의식에서 기원한다. 권력 또한 온갖 악의 근원으로 본성이 악한 사람이 권력을 잡고 있으니 악행을 행하지 않을 수 없다. 따라서 세상에 훌륭한 정치라고 할 만한 것은 존재하지 않는다. 다만 나쁜 정도에 있어서 약간의 차이가 날 뿐이다. 따라서 권력을 분산하여 서로 견제함으로써 권력자가 악을 행하는 것을 방지할 필요가 있다. 반면 중국의 전통은 성왕관(聖王觀)으로, 내면적으로 성인의 덕을 갖춘 사람이 외면적으로 왕이 되어 통치하는 것이라고 할 수 있다.[19] 성인의 덕을 갖춘 사람을 찾았다면 그에게 충분한 권력을 부여하고 그로 하여금 마음 놓고 왕으로서의 도를 행하도록 해야 한다. 내면적으로 성인의 덕을 갖춘 사람은 왕 노릇 할 때 충분히 스스로를 단속할 수 있기 때문에 지나치게 구속하면 그가 능력을 발휘하는 것을 제약하는 것이 된다. 후대의 행정기구는 대개 옛날 관청의 부서가 변화 발전한 것으로, 독립적으로 설치된 삼권 역시 행정 장관에 의해 종종 하급 부속기관으로 간주되곤 하였다. 이런 상황은 주관적인 바람으로 통제할 수 있는 것이 아니어서 모두 제도를 이식하고 설치할 때 변수로 작용하였다.

제도 연구는 본래 중국 역사학의 주요 항목이지만 근대사 연구에서는 소홀히 취급되는 경향이 있다. 주로 장정(章程) 조문을 상세히 설명할 때에 언급된다. 하지만 "종이에 쓰여 있는 내용이 반드시 실제 현실은 아니다. 제도의 역사를 연구할 때 조문만을 보아서는 안 되며 조문이 실제 생활에 미치는 역할을 고찰할 필요가 있다."[20] 이는 장정 조문과 사회의 일반적인 상황 및 변형적인 형태의 상호 관계에 주

---

19) [역주] '내성외왕'이란 말은 『장자(莊子)』「천하편(天下篇)」에서 최초로 발견된다. 송대 이후 유불도 삼교 합류 현상에 따라 리학(理學)이 출현하면서 '내성외왕'으로 유학을 해석하였다. 내면적으로 성인의 재덕을 갖춘 사람이 외면적으로 왕도 정치를 시행할 수 있음을 가리킨다.

20) 蔣天樞, 『陳寅恪先生編年事輯』 增訂本, 97쪽.(卞僧慧, 「懷念陳寅恪先生」에서 재인용)

의해야 함을 말하는 것이다. 이렇게 제도의 연원과 현실에서의 운용 및 그에 대한 반응을 고찰하는 방법이 근대 제도의 변화를 연구하는 가장 좋은 방법이다.

일반적으로 개념은 대개 나중에 출현한다. 연구를 진행할 때 나중에 출현한 외래 개념을 완전히 사용하지 않기는 어렵다. 근대를 거치면서 지식에 변화가 생겼기 때문에 이런 개념들을 사용하지 않는다면 말을 이어 나가기가 어려울 수 있다. 하지만 부득이한 상황에서 나중에 출현한 외래 개념을 사용하는 것과 모든 용어를 전부 받아들이거나, 혹은 용어가 규정하는 의미에 근거하여 온전히 사물을 파악하는 것은 다른 차원이다. 이들 개념이 본래의 의미와 모습을 제한하고 왜곡시킬 수 있다는 잠재적인 위험성에 대해서 충분히 자각할 필요가 있다. 그렇지 않으면 전혀 엉뚱한 결과를 도출할 수 있다. 예를 들어 현대 법치 사회의 관점으로 청대의 법률과 그 실천을 고찰하여 사법과 행정을 분리한다면 이미 주제에서 멀리 벗어나게 되며, 억지로 형법과 민법을 구분한다면 더더욱 실제 현실과는 동떨어지게 된다. 사법적인 측면에서 고대 중국 사회의 상황을 이해하려는 것은 실제와는 적잖은 거리가 있을 수 있다. 윤리 사회적인 여러 문제들이 복잡하게 뒤엉켜 있어 그것을 모두 법률적으로만 해결할 수 없는 것이다.

최근 지식사 연구가 갈수록 국내외 학자들의 관심을 끌고 있다. 연구 방향은 공통적일 수 있어도 접근하는 방법은 다를 수 있다. 보는 사람의 관점에 따라 차이가 있겠지만 공통적으로 주의해야 될 문제는 오늘날의 관점으로 전대 사람들을 재단하는 것을 어떻게 하면 방지할 수 있을까 하는 것이다. '영화 거꾸로 보기'를 피하고 '익숙해진 것을 제거하는' 것은 오늘날 사람들에게 사실 굉장히 어려운 일로, 스스로의 자각에 달려 있을 따름이니 항상 충분하지 않다. 왜냐하면 습관은 금방 익숙하게 되고 잘못된 해석은 잠깐 부주의한 사이에 발생하기 때문이다. 이런 상황이 발생한 것도 근대 중국의 지식과 제도 시스템의 변화 때문이다. 청 말 이후 서구식 학당이 구식 학교를 대체하였다. 학문 분과를 나누어 가르쳤을 뿐 아니라 교과서를 저본으로 삼았다. 일본을 모방하여 교과서를 편찬하는 과정에서 각종 지식들이 계속해서 서구식 체계에 따라 초보적으로 다시 짜임새를 갖추게 되었다. 이런 상황 이면에 모종의 위험한 요소가 발생할 수 있음을 걱정하는 학자들이 각기 다른 측면에서 지적을 하였다. 하지만 중서 문명의 대세가 뒤바뀐 상황에서 그들의 우려와 호소는 구시대 전통을 유지 옹호하는 것으로 간주되어 공격받았다. 민국 이후 국고(國故)[21] 부흥 운동이 일어났다. 서구화된 정신세계를 가지게 된 중국 학자들은 전통 지식이 논리와 체계가 부족하다고 생각하였다. 그래서 서구의 체계를 빌어 중국 학문을 다시 체계화하려고 하였다. 새로운 모델을 제시한 후스의 『중국철학사대강(中國哲學史大綱)』을 보면 중국의 지식 체계가 교과서뿐만 아니라 학술적인 측면에서도 점차 서구화되고 있음을 알 수 있다.

차이위안페이 등은 서구의 체계로 중국의 사료를 정리한 후스를 추존하면서 그가 국고 정리운동이 가야 할 길을 개척했다고 평가했다. 이와는 달리 1923년 량치차오는 국고학(國故學)이 부활한 원인에 대해 이렇게 지적하였다.

> 우리가 외래 학술의 영향을 받아 그들의 학문 연구 방법을 채택하여 우리의 고대 학술을 정리하고 있다. 옛날 사람들이 결코 주의하지 않았던 자료가 우리 눈에 갑자기 가치 있는 것으로 드러나게 되었다. 옛날 사람들이 정리할 수 없다고 생각했던 체계가 우리 손을 거치면서 정리

21) [역주] 언어 · 문자 · 문학 · 역사 등 중국 고유의 학술과 문화를 가리킨다.

되었다. 옛날 사람들이 그다지 깊이 이해하지 못했던 구절도 우리 사고를 거치면서 그 의미가 분명해졌다. 솔직히 말해서 우리가 의지하고 있는 예리한 무기는 '서양의 것'이다. 그것이 옳다고 생각하기 때문에 우리는 구미의 현대적인 개념으로 고대 전적을 해석하기를 좋아한다. 심지어 구미의 현대 사상으로 고대인들을 평가하는 경우도 있다.

량치차오는 오늘날의 개념으로 고대 전적을 해석하는 것을 잘못된 것으로 생각하지 않았다. 하지만 그는 자기 생각으로 고인의 장단점을 재단해서는 안 되며, 특히 이름과 실상이 부합하지 않는 해석으로 독자들에게 환상을 불러일으키는 것을 용납하지 않았다. 또한 량치차오는 자신의 경험을 예로 들면서 이렇게 시인하였다. "나는 말할 수는 있지만 그것을 실천하지는 못했는데, 젊어서 종종 이런 경험을 했다. 지금은 스스로 힘써 분발하려고 하지만 뿌리 깊은 습관이 완전히 다 쉽게 고쳐지지는 않는다." 그는 "친구들은 나를 본받지 말라"[22]고 충고한다. 청 말에 시작된 교육 개혁은 이 시기에 이르러 중요한 효과가 나타나는데, 그것은 신식 학당에서 배출해 낸 청년들이 서구화된 학술을 주류적인 위치로 올려놓는 데 결정적인 요인으로 작용했다는 것이다. 기존 학자들은 정치적인 토대를 상실한 후 학술적인 발언권도 박탈당했다. 하지만 오늘날 근대 학술사에 대한 인식은 주류파가 나중에 쓴 역사를 통해 이루어졌기에 부지불식간에 후자의 관점이 역사적인 사실이 되었다.

제도 시스템의 변화는 나아가 지식 체계의 서구화를 강화했다. 오늘날 태어나 자란 사람들이 알고 있는 지식은 학교 교과서 교육을 통해 주입된 것이다. 현행 지식과 제도 체계는 지금 사람들의 사유와 행위에서 지극히 당연한 것으로 인식된다. 이는 지금 사람들이 이미

22) 「先秦政治思想史」, 『飮冰室合集 · 專集』之五十, 中華書局, 1989, 13쪽.

서구식 분과 학문과 서구식 체계로 짜인 지식을 통해 사유하고, 서구식 제도 시스템에 따라 행동을 규범화하고 있음을 말한다. 이에 따라 그들의 사유 행위는 세계와 연결되었지만, 반대로 이전 중국인과의 소통은 어렵게 되었다. 이는 분명 진화론의 관점에서 인류 문명과 문화가 통일적으로 정렬된 결과이다. 그렇다고 해서 중국이 이상적인 서방이 될 수는 없었다. 이러한 소통은 문화 전통의 희생이라는 대가를 지불한 결과이자, 서구에 대한 모호하고 사이비적인 인식에 근거하고 있다. 그래서 서구와 형태는 비슷하지만 실제로는 차이가 있었으며, 상이한 서구 국가에서 제각기 필요한 것들을 취하여 잡다한 것들이 뒤섞이게 되었다. 이는 현재 상황에 대한 전통의 제약을 드러낼 뿐만 아니라, 중국인들이 사실 서구에 대해 잘 모르고 있었음을 반영한다.

민주·과학·혁명 등의 개념은 모두 20세기 중국인의 사유 행위를 주도하였던 중요한 단어이다. 이 용어들은 단순히 관념에 그치지 않고, 정치·법률·사회제도·행동방식을 형성하였다. 사회적으로 약속된 이 개념들에 대한 중국인들의 인식과 해석은 결코 일치할 수 없으며, 이 개념이 원래 생겨났을 때의 의미와도 상당한 차이가 있을 것이다. 민주주의를 추구하던 근대 중국에서는 내성외왕(內聖外王) 관념의 영향으로 상당히 오랫동안 국민의 주인이 될 성인의 덕을 갖춘 통치자를 찾았다. 이 개념의 최초의 함의는 국민의 주인(民之主)이었지만, 나중에는 민주제에서 추천한 지도자로 바뀌었다. 과학은 중국인들이 애매모호하게 알고 있는 개념이다. 과학이란 무엇인가? 서방 국가마다 상이한 내포적 외연적 의미를 가지고 있다. 만약 실험을 통해 증명하는 것이 기준이라면 수학은 과학이라고 할 수 없다. 사회과학, 특히 인문학을 과학이라고 할 수 있는가 하는 문제는 더 큰 논쟁거리이다. 이런 측면에서 근대 중국은 동학(東學), 즉 일본의 영향을 많이 받았는데, 그 배후에는 독일 학술의 관념이 자리 잡고 있었다. 개념의 차이는 중국에서 모든 것들을 과학으로 지칭하도록 만들었고 과학의 의미를 오히려 쉽게 파악하기 어렵게 만들었다.

근대 중국의 지식과 제도 체계의 변화를 연구하는 것은 더 심오한 의미를 가지고 있다. 만청 시기, 특히 5·4 이후로는, 서구의 체계로 중국의 자료를 체계화하는 것이 주도적인 흐름이었다. 지금 사람들의 모든 지식은 대부분 이때 체계화된 것이다. 근대 학자들도 서학을 끌어다 억지로 꿰맞추려는 경향이 있었다. 그런데 오늘날 학자들은 더욱 외국을 모방하기를 좋아한다. 이는 학풍이 왕성하지 못한 데서 기인한 것이기도 하지만, 지식의 구조가 서구화되었다는 것이 더 심층적인 원인이다. 외국의 학문이 현대 학술의 전반적인 우세를 점하고 있지만, 중국의 학문도 장점은 드러내고 단점은 지양할 필요가 있다. 이런 문제의식은 주로 중국 내의 상황에서 나온 것으로 중국을 겨냥한 것이다. 중국인들이 직접 연구 조사하지 않고 자신의 생각은 버려두고 남의 의견만을 따른다면, 장점을 발휘할 수도 없고 방법과 문제의식이 잘못되기 쉽다. 계속 이런 식으로 간다면 중국인들은 맹목적으로 구미의 뒤꽁무니를 따라갈 수밖에 없다. 그들의 학문을 더 잘 모방하면 할수록 중국의 역사 문화에서는 더 멀어지게 된다. 근본에서부터 철저히 개혁하여 중국 고유의 사유 행위를 파악할 방법을 하루빨리 찾지 못한다면, 자신이 중국인이라는 자부심이 있어도 중국에 대한 인식은 오히려 외국에 의존하게 되어 중국을 제대로 이해하지 못하는 당혹스런 상황이 출현할 수도 있다.

3

지식과 제도 체계의 변화에 관한 연구에서 이상적인 경지는 전통을 이해하고 과정을 인식하며 현재와 미래를 알 수 있는 열쇠를 동시에 제공해 주는 것이다. 그 가운데 전통을 이해하고 과정을 인식하는 것이 가장 중요한데, 현재와 미래를 이해할 수 있는 기초라고 할 수 있다. 지식과 제도 체계의 변화가 오늘날의 중국과 옛날의 중국을 확연히 다르게 만들었고 어느 정도 전통의 단절을 초래했다고 할 수 있다. 하지만 이것이 오늘날의 것이 과거의 것보다 모두 다 정확하고 진보적이며 뛰어남을 의미하지는 않는다. 또한 오늘날 전통이 더 이상 어떤 역할도 하지 않는다고 말하는 것도 아니다. 중국문화는 예로부터 지금까지 변함없이 이어져 왔다. 청 말 민국 시기의 지식과 제도 체계의 변화는 이런 문화체계가 지속적으로 활동하고 있는 과정에서 발생한 것이다. 중국 고유의 지식과 제도는 외래의 지식과 제도를 인식, 수용하여 내재화한 것이다. 근대 중국인이 서방의 사유와 제도를 수용하기 시작했지만, 서구의 것을 근거로 했다는 것이 완전히 서구화되었음을 의미하지는 않는다. 당시의 외국인과 오늘날의 중국인이 이해하는 것은 차이가 날 수밖에 없다. 고유의 문화가 지식과 제도 체계의 변화 과정과 경향을 제약하였고 변화된 이후의 형태에도 영향을 주었다. 중국 고유의 문화를 알지 못하면 변화 과정과 변화된 이후의 다양한 상황들을 정확하게 파악하기 어렵다. 또한 근대 중국인이 지식과 제도의 변화를 대면하고 있을 때의 정신세계 속으로 들어갈 수 없으니 상응하는 다양한 행동방식도 이해하기 어렵다.

최근 몇 년간 국내외 학자들은 근대 중국의 지식과 제도 체계의 변화에 관해 점차 더 많은 관심을 가지고 연구를 진행하고 있다. 하지만 그들의 연구 방법과 목적에는 차이가 있다. 지식의 변화에 관하여 미국 엘먼(Benjamin Elman) 교수의 '격물학(格物學)에서 과학으로'[23]라는 최근의 논문과 일본 하자마 나오키(狹間直樹) 교수의 '량치차오와 메이지유신 시기 일본 사상계의 관계'[24]라는 연구는 추구하는 의도와 방법에서 일치하는 점이 있다. 이 두 사람은 모두 개념·학설·사상을 완정한 전체로 간주하며 전파와 수용을 중시하고, 서방에서 동방으로 외국에서 중국으로 수용된 후 모방과 이식, 취사 조정되는 전 과정과 각각의 측면에 주목한다. 그들은 구체적인 영향 관계를 대등한 입장에서 비교 분석하여 탁월한 성과를 거두었다.[25] 그들의 연구는 학자의 지혜와 노력이란 측면에서 커다란 시험과 도전을 주기에 충분하다.

근대 중국의 지식과 제도 체계의 변화는 오랜 시간에 걸쳐 이루어졌고 광범위한 분야와 연관되어 있으며 관련 자료가 많고 문제가 매우 복잡하기 때문에, 장기간에 걸친 전문적이고 체계적인 연구가 이루어지지 않으면 파악하기 어렵다. 만약 10~15년의 시간을 잡고 일련의 학자들을 끌어들여 어떻게 할 것인지 방법을 찾아내 분야와 내용을 나눠 집중적으로 50권 정도의 전문적인 저서(6개 분야로 나눔)를

---

23) [역주] Benjamin Elman, "From Pre-modern Chinese Natural Studies to Modern Science in China", *Mapping Meanings: The Field of New Learning in Late Qing China*(ed. by Michael Lackner & Natascha Vitting hoff), Leiden · Boston: Brill, 2004.

24) [역주] 狹間直樹 編, 『梁啓超西洋近代思想受容と明治日本』, 東京: 東京株式會社たみすず書房, 1999. 이 책은 『梁啓超·明治日本·西方』(北京: 社會科學文獻出版社, 2001)이란 제목으로 중국에서 번역 출간되었다.

25) 이에 관한 상세한 내용은 다음을 참고하라. 桑兵, 「近代中外比較研究史管窺—陳寅恪「與劉叔雅論國文試題書」解析」, 『中國社會科學』, 2003年 第1期 ; 「梁啓超的東學, 西學與新學—評狹間直樹『梁啓超·明治·日本·西方』」, 『歷史研究』, 2002年 第6期.

써낸다면 근대 중국의 지식과 제도의 변화에 대해서 대체적인 윤곽을 파악할 수 있을 것이다. 그렇게 된다면 근대에 대한 오늘날 사람들의 이해에도 커다란 진보가 있게 되어, 비일비재한 견강부회나 오늘날의 관점에서 전대 사람들을 판단하고, 옛날 사람들을 억지로 나의 논리 속으로 끌어들이는 일은 발생하지 않을 것이다. 또한 점차 더 명확한 연구의 틀을 마련하여 후대 사람들의 인식과 진일보한 연구에도 도움이 될 것이다. 이러한 염원이 이루어지려면 국내외 동료 학자들이 공동으로 노력하지 않으면 안 된다. 한 사람의 능력으로 구미 · 일본 · 중국 세 지역의 역사적 사실을 깊이 있게 파악하고, 각종 사회 · 인문학의 개념 · 학설 · 기원 · 유파에 대해 체계적으로 이해하고 총체적으로 파악하며, 더욱이 이러한 기초 위에서 최대한 역사의 현장으로 되돌아간다는 것은 정말로 어려운 일이다. 만약 뜻을 같이하고자 하는 사람이 있어 본 계획의 기본적인 목표와 원칙에 찬성한다면 동참하는 것을 환영한다. 공동으로 연구하고 서로 토론하며 연구 성과를 이후에 나올 시리즈에 포함시킬 수 있을 것이다.

본 연구는 거시적인 문제의식을 가지되 작은 것에서부터 시작하라는 말에 따라 거시적인 관점을 연구 방법으로 채택하고 있지만 구체적인 진술은 그렇지 못하다. 수준이 높은 독자들은 구체적인 서술 너머에 있는 각 사람의 '거시적인 틀'을 파악할 수 있을 것이다. 본 총서에 참여하고 있는 저자들의 이러한 대의에 대한 깨달음에는 차이가 있으며, 어쩌면 서로 부합하지 않는 내용이 있을 수도 있다. 그들의 연구 성과는 독립적인 것이다. 독자가 그 가운데서 깨닫는 것도 개인마다 다를 수 있으니, 어떤 사람에게 고개로 보이는 것이 다른 사람에게는 봉우리로 보이는 것과 마찬가지이다. 그렇다고 처음 연구를 시작했을 때의 생각이 바뀐 것은 아니다. 처음 시작은 뒷사람에게 문을 열어 주는 의미가 있다. 첫 번째 총서의 출판은 표본을 제공하기보다 길을 탐색하여 방향의 윤곽을 제시하려는 것이라고 할 수 있다. 이를 계기로 국내외 동료 학자들이 관심을 가지고 커다란 잠재적인 의미를 지닌 이 연구에 동참하기를 기대한다. 이런 연구 방향에 따라 각자 지혜와 노력을 기울이다 보면 구체적인 연구 성과도 낼 수 있고 연구 방법도 점차 완정하게 될 것이다. 본 연구 계획이 완료되었다 하더라도 그것은 관련 연구가 끝났음을 뜻하지 않으며, 오히려 학자들에게 광활한 연구 영역을 제시하는 의미가 있다. 뜻을 같이하는 동료 학자들이 힘써 추구하는 또 다른 목표는 사유 내용을 풍부하게 하고 사유 능력을 제고시키는 데 있다.

제1장

프롤로그: 문화를 전시하다

■ 1940년 2월 22일, 홍콩대학 펑핑산(馮平山) 도서관에서는 전시회가 성황리에 개최되었다. 당시 참가했던 사람의 설명을 따르면 전시장의 배치가 자못 웅장하고 독특했다.

전시장 입구에는 아름다운 누각이 높이 설치되어 있었다. 그 중간에 나 있는 장식된 대문에는 붉은색 비단 띠가 드리워져 있었다. 장식된 대문 위쪽에는 가장자리가 꽃무늬로 장식된 세로형 편액이 걸려 있었는데, 파란색 바탕에 금색 글씨로 '광동문물전시회(廣東文物展覽會)'라는 글자가 방송체(仿宋體)[1]로 쓰여 있었다. 양쪽에는 동그란 등이 두 개 매달려 있었다. 대문 양쪽에는 예궁취(葉恭綽, 1881~1968)[2]가 쓴 '고루

1) [역주] 방송체는 송체(宋體)에서 발전한 것이다. 송대 각공(刻工)들은 인쇄하기에 적합한 해서(楷書)보다 더 반듯한 자체(字體)를 만들어 냈는데 그것이 바로 송체이다. 20세기에 송대의 인쇄 자체를 모방한 자체를 방송체라고 하며, 중국에서 표준 자체로 많이 사용되고 있다.

2) [역주] 광주(廣州) 반우(番禺) 사람이다. 학술 · 고고(考古) · 서예 · 그림 등에 능통

풍우(高樓風雨)', '남해의관(南海衣冠)'[3]이라는 붉은색 대련이 붙어 있었다. 입구 왼쪽의 붉은색 목조 받침대에는 두 개의 긴 장대 팻말이 꽂혀 있었다. 하나에는 '고향의 문화를 연구하자'라는 글이, 다른 하나에는 이번 전시회의 취지인 '민족정신을 드높이자'라는 글이 쓰여져 있었다. 이와 같은 배치는 광동의 특징을 매우 훌륭하게 표현한 것이다.[4]

이번 전시회에는 '광동문물'을 주제로, 약 2천여 점에 이르는 광동의 문물이 전시되었다. 2월 22일에 개막해서 3월 2일에 폐막했는데, 10일도 채 되지 않는 짧은 기간 안에 3,4만여 명에 달하는 관람객이 참관했다. 이와 같은 이유로 '남방에서 전례 없었던 성대한 문화 행사'라는 찬사가 쏟아졌다. 당시는 광동성의 성도인 광주(廣州)가 일본에 점령당한 지 1년이 넘었고, 광동의 문화계 인사들은 홍콩으로 피난을 간 상황이었다. 국가와 민족의 존망이 위급해지자 일부 문화계 인사들이 홍콩에서 '향토의 문화를 연구하고, 민족정신을 드높이자'는 취지의 전시회를 개최한 것이다. 이런 심오한 뜻을 지닌 전시회는 지난 시대의 문인들이 소일거리로 문물을 감상한 것과는 차원이 달랐다. 전시회의 주요 실무인사 중 한 사람이었던 영남대학(嶺南大學) 총장 리잉린(李應林)은 그 의미를 다음과 같이 밝히고 있다.

했고, 고대 문물을 많이 소장했다.

3) [역주] '고루풍우(高樓風雨)'는 당대(唐代) 시인 이상은(李商隱)의 「두사훈(杜司勛)」 중 '고루풍우감사문(高樓風雨感斯文)'이라는 시구에서 따온 것이다. '높은 누각에 비바람이 몰아치는데 이 글에 감격하네'라는 뜻이다. '남해의관(南海衣冠)'은 동진(東晉)의 곽박(郭璞)이 "남해(南海)에 의관의 기상(衣冠之氣)이 있다!"고 한 말에서 유래한 것이다. 여기에서 남해는 광동지역을 가리키고, 의관은 고대 선비들이 입던 복장으로 사대부, 문명, 예교 등을 뜻한다.

4) 『廣東文物』, 1941, 上海: 上海書店, 1990년 재판, 221쪽. '광동문물전시회'가 끝난 후 준비위원회는 전시품의 일부분을 사진으로 촬영하고, 각 분야의 학자들과 전문가들의 논문을 모집하였다. 이와 동시에 '광동문물전시회 관람 총평'이라는 주제로 홍콩의 청년들과 학생들의 글을 모아서 1941년에 『광동문물』이라는 책으로 엮어 출판했다.

> 나라가 어려움에 처하고 세상이 급변하는 오늘날 상층 지식인들 덕분에 선조들이 힘들게 창조한 고유의 문화를 계승할 수 있었다. 따라서 전대부터 내려오는 빛나는 역사적 자료를 잘 보존하고 그것을 정리 · 연구하고 발전시켜 국가와 민족의 생명이 부단히 이어지게 하는 일은 한가로이 여유를 즐기거나 골동품 감상에 정신이 팔려 원대한 목표를 상실한 자들과 같이 이야기할 수 없다.[5)]

이번 전시회가 골동품 감상에 정신을 빼앗긴 자들과 도대체 어떻게 구별되는지, 우선 당시 사람들의 기록을 따라 전시회장 안으로 들어가 그 이유를 살펴보자.

운집한 사람들을 따라 돌계단을 밟고 평핑산 도서관 안으로 들어가 정중앙의 대강당을 향해 보자. "고개를 들어 강당 한가운데 높이 매달려 있는 국민당 국기 속 쑨원(孫文) 총리의 초상화를 바라보면, 좌우로 장구령(張九齡, 680~748), 구준(丘濬, 1421~1495), 황공보(黃公輔, 1576~1659), 진헌장(陳獻章, 1428~1500) 등[6)] 역대 유명한 현인(賢人), 열사(烈士), 유학자들의 초상화가 걸려 있다. 관람객들이 그들의 얼굴을 바라보면 공경하는 마음이 절로 생기고, 나라와 민족을 사랑하는 정신이 자연스럽게 우러나지 않을 수 없다."[7)] 어떤 사람은 "장

---

5) 『廣東文物』, 2쪽.

6) [역주] 이들 모두 광동지역을 대표하는 유명 인사들이다. 장구령은 당나라의 시인 · 정치가로 광동 곡강(曲江) 사람이다. 그의 시는 소박하고 질박하며, 개성적이고 신실한 감정이 담겨 있다. 구준은 명나라의 저명한 유학자이자 정치가로, 해남(海南) 경산부(瓊山府) 사람이다. 자는 중심(仲深), 호는 경산(瓊山) · 심암(深菴)이다. 효종(孝宗) 때 예부상서로 문연각태학사(文淵閣大學士)를 지냈다. 저서로는 『대학연의보(大學衍義補)』, 『가례의절(家禮儀節)』 등이 있다. 황공보는 명나라의 관리로 광동 신회(新會) 사람이다. 명나라가 망하자 왕흥(王興)과 함께 남명신회(南明新會)를 조직하여 청 왕조에 대항했다. 후에 포로로 잡혔지만 끝까지 굴복하지 않고 자결했다. 진헌장은 명나라의 사상가 · 교육가 · 서예가 · 시인이며, 백사촌(白沙村)에서 거주하여 백사 선생(白沙先生)이라고도 불렸다. 공묘(孔廟)에서 제사를 올리는 광동의 유일한 유학자이다.

구령의 시, 진헌장의 경학, 구준의 사학은 우리나라 학술의 큰 흐름이다. 우뚝 솟아 각자 하나의 계통을 이루어 영남[8]의 학문을 수립하였으니 중원(中原)의 선비들과는 다르다"[9]라고 평가했다.

계단을 따라 1층 본관으로 들어서면 천궁저(陳公哲, 1890~1961)[10]가 얼마 전에 발견한 홍콩의 선사시대 유적을 비롯하여 기원전 혹은 상주(商周) 시대의 것으로 판명된 석영(石英) 귀걸이와 옥 술잔이 가장 먼저 눈에 들어온다. 한 기자는 다음과 같이 말했다. "이 유물들의 양식은 중원에서 출토된 것과 같은데, 또 무엇을 의심한단 말인가?" "중국의 옛 문헌과 외국의 학자들은 중국의 문화가 북방에서 남방으로 전파된 것이라고 주장한다. 이런 견해는 매우 황당하기 그지없다. 이런 의문은 기자 혼자서도 현재 출토된 옛 문물에 근거하여 증명할 수 있을 뿐 아니라, 오월고고학회(吳越考古學會)의 학자들도 대부분 중국문화가 남방에서 북방으로 전파된 것이라고 추정한다."[11] 잠시 '중국문화의 원류'에 관한 논쟁은 접어 두자. 시선을 본관 왼쪽으로 옮기면, 가오치펑(高奇峰, 1889~1933)[12]의 초상화가 살아 있는 듯 생생하다. 어떤 관람객은 감상을 마친 뒤 자오샤오앙(趙少昂) 등 몇몇 영남화파(嶺南畵派)의 계승자들이 그린 초상화가 "표정이 살아 있어 이 세대 예술가들을 앙모하는 마음을 억누를 수 없다"[13]고 말했다.

오른쪽을 돌아 제1전시실로 들어가면, 캉유웨이(康有爲, 1858~1927)

---

7) 앞의 책, 214쪽.
8) [역주] 진령(秦嶺)산맥 이남 지역, 주로 복건과 광동지역을 가리킨다.
9) 앞의 책, 251쪽.
10) [역주] 청 말의 거상(巨商)으로 고고학자 · 서예가이다.
11) 앞의 책, 253~254쪽.
12) [역주] 광동 반우 사람으로, 가오젠푸(高劍父) · 천수런(陳樹人)과 영남화파를 창시했다.
13) 『광동문물』, 250쪽.

가 섭정왕(攝政王)[14]에게 위안스카이(袁世凱)의 죄상을 낱낱이 고한 상서문 초고가 먼저 눈에 들어온다. "초고를 통해 청 황제의 못나고 무능함을 알 수 있다. 또한 위안스카이란 작자가 청조 때 이미 역적이었고, 민국 시기에는 민족의 대역 죄인이었음을 알 수 있다."[15] 이 밖에도 명나라 말엽의 충신인 광로(鄺露, 1604~1650)의 마노관(瑪瑙冠)과 녹기대(綠綺臺)라는 글자가 새겨진 거문고[16], 그리고 진자장(陳子壯, 1596~1647)[17]의 글씨가 있다. "다 관람하고 나면 광로와 진자장 두 분 선생의 비장한 행적을 기리게 되고, 구국의 정신을 더욱 드높이게 된다."[18]

제4전시실의 전시품이 가장 감동적이다. "피와 눈물로 가득한 작은 방—제4전시실—의 질식할 것 같은 분위기가 매우 긴장되고 엄숙하다." 젠유원(簡又文)이 소장하고 있던 태평천국(太平天國) 유물과 문헌 이외에도 "이곳에는 순국선열들이 체포된 후에도 굴복하지 않고 쓴 진술서와 혈서, 쑨원 총리가 의사로 일하던 시절 사용했던 도구들, 광고 문구, 졸업 증명서가 있다. 또한 혁명 초창기 쑨원 총리, 양허링(楊鶴齡), 천사오바이(陳少白, 1869~1934), 유례(尤列) 등 네 명의 지

---

14) [역주] 선통제(宣統帝)의 아버지 짜이펑(載灃)을 가리킨다. 1909년 초 섭정왕은 당시 무소불위의 권력을 행사한 위안스카이를 모든 직무에서 해임하고, 고향으로 돌아가도록 했다.

15) 앞의 책, 250쪽.

16) [역주] 광로는 명 말 광동 남해(南海) 사람으로, 시인 · 서예가 · 고문물 수집가였다. 청나라 군대가 광동을 침략했을 때 장수들과 성을 지켰지만 결국 함락되자 곡기를 끊고 평소 아끼던 거문고를 끌어안은 채 굶어 죽었다. 그가 애지중지 아끼던 거문고는 당나라 때 만들어졌다고 전해지는데, 거문고 바닥에 예서체로 '녹기대(綠綺臺)' 세 글자가 새겨져 있었다고 한다.

17) [역주] 진자장은 명 말 광동 남해 사람으로, 진방언(陳邦彦), 장가옥(張家玉)과 함께 청나라에 굴복하지 않고 병사들을 모아 광주를 공격했지만 패하여 비참하게 죽었다.

18) 상동.

도자가 함께 찍은 사진도 진열되어 있다."[19]

이번 전시회에서는 그림과 글씨가 대다수를 차지한다. 제2 · 제3 · 제5 · 제6전시실의 전적(典籍), 지방지(地方志), 글씨, 그림은 모두 당나라 이후 광동 명사들의 작품이다. 당대(唐代)에는 장구령, 명대(明代)에는 진헌장, 담약수(湛若水), 원숭환(袁崇煥), 구준, 해서(海瑞), 진공윤(陳恭尹), 황자고(黃子高), 여간(黎簡) 등이 있다. 청대(淸代)에는 진례(陳澧), 임백동(林伯桐), 황배방(黃培芳), 주차기(朱次琦), 이문전(李文田), 캉유웨이, 량치차오(梁啓超) 등이 있다. 민국 시기에는 가오젠푸(高劍父), 가오치펑, 천수런(陳樹人)이 가장 이름을 날렸으며, 그 밖에 후한민(胡漢民), 천사오바이 등 혁명의 핵심 인물들은 일일이 열거하기 힘들 정도로 많다.

그림과 글씨를 관람한 뒤 일부 사람들은 찬탄을 금치 못하였다. 반면에 일본과 전쟁 중인데 골동품 감상에만 정신을 빼앗길까 걱정하는 사람들은 이렇게 말했다. "중국의 회화가 세계적으로 얼마나 수준 높고 우월한 위치를 차지하고 있는지는 잠시 접어 두자. 다만 민족의 생존과 민족의 만년 대계를 위하여 우리가 어떤 형태로든 방향을 전환하려고 노력해야 이 생존경쟁의 세계에서 살아남을 수 있을 것이다."[20] 전체적으로 볼 때 이 전시회는 사기를 진작시키는 작용을 했다. "민족의식과 위대한 광동 정신으로 충만한 이번 '문물전시회'는 분명 집과 고향이 파괴된 모든 광동인—중국인을 감동시켰다!"[21]

전시품 목록에는 광주 방언으로 기록된 『신구약성경』, 라틴문자로 표기된 객가어(客家話) 『신약성경』, 객가어 『신약성서』, 로버트 모리슨(Robert Morrison, 1782~1834)[22]이 발간한 초본(抄本) 『신약성서』

19) 앞의 책, 330쪽.
20) 『廣東文物』, 246쪽.
21) 앞의 책, 330쪽.

등 광동 방언으로 편찬된 몇 종의 기독교 문헌 자료가 포함되어 있었다. 또한 광부화(廣府話, Standard Cantonese)로 편찬된 목어서(木魚書)[23] 대본 12종 등도 있었다.[24] 당시에는 이 문물들이 유명 인사들의 문헌과 서화, 혁명 관련 유물에 가려져 별다른 가치가 없는 것으로 간주되어 대다수 사람들의 주목을 끌지 못했을지도 모르겠다.

이것이 바로 1940년에 전시된 '광동문화'이다.

문화의 전시

공공 전시는 서양에서 들어온 일종의 놀이다. 문화를 특정한 명제로 삼고 지역의 경계를 설정하고, 더 나아가 '전시'라는 방식을 통해 표현하니 이것 역시 근대의 발명품이다.

20세기 전반기 중국에서 공공 전시는 어느 한 시기, 한 지역의 문화 혹은 경제 역량을 표현하는 수단으로서, 형식이나 내용면에서 새로운 형태의 놀이였다고 할 수 있다. 형식만 갖고 말하자면 서양에서 전래된 수많은 다른 새로운 사물들과 마찬가지로 국민들이 전시회라

---

22) [역주] 중국 이름은 마리쑨(馬禮遜). 런던 선교회(London Missionary Society)가 중국에 파견한 최초의 개신교 선교사이다. 1807년 마카오로 들어와 영국 동인도 회사의 통역으로 1834년까지 근무하면서, 1818년 말라카에 외국인에 의한 최초의 신학교 영화학당(英華學堂)을 세우고, 인쇄소를 설립하여 정기간행물을 발행하였다. 재직기간 동안 광동·말라카·마카오를 왕래하면서 중국인들에게 세례를 주고, 한역 신구약성서인 『신천성서(神天聖書)』(밀른과 공동번역, 1813)를 출간했다.

23) [역주] 남음(南音), 탄정(嘆情) 등과 함께 광동지역의 대표적인 설창(說唱) 예술이다. 날이 저물면 맹인 남자와 여자 예인(藝人)들이 거리를 걸으며 거문고를 타고 노래하는 공연이다.

24) 앞의 책, 31쪽, 32쪽, 35쪽.

는 관념과 수단을 인식하게 된 것은 1940년으로 거슬러 올라갈 수 있다. 그렇다 하더라도 그것은 불과 반세기 전의 일이다. 세계 최초의 공공 전시회는 1851년 런던에서 개최된 '대박람회'(Great Exhibitions)다.[25] 19세기 말 서양의 수많은 새로운 사물들과 함께 중국에 들어와 당시 '박람회[賽會]'라고 불리던 전시 활동은 청 왕조의 관리들과 상공업자들에게 점차 알려지게 되었다. 청 말 적극적으로 양무운동(洋務運動)을 추진했던 광동 사람 정관잉(鄭觀應, 1842~1921)[26]은 통상을 촉진하는 서양의 여러 방법을 국민들에게 소개하면서 박람회에 관심을 가졌다. 그는 박람회가 "견문을 넓히고 능력을 진작시키며 상공업을 진흥시키고 이익을 창출"할 뿐 아니라, 또한 박람회 개최 기간에 각종 관련 업종을 활성화해 국가와 국민을 이롭게 할 수 있음에 주목하였다. "전시회를 개최하는 경비는 매일 관람객들이 쓰는 여비로 충당할 수 있으며, 수백만 금의 돈을 짧은 시간 안에 벌 수 있다. 그리고 숙박업소의 수입, 먹고 마시는 비용, 전보(電報), 선박, 철도, 말과 수레의 비용 등에 이르기까지 우리나라의 상인과 국민이 얻는 이익이 수천, 수만에 그치지 않는다."[27]

일찍이 광서(光緖) 2년(1876) 청 조정에서는 미국 필라델피아(Philadelphia)에서 열린 '미국독립 100주년 기념 만국박람회(美國百年大會)'에 관리를 파견하여 공예품을 전시했다. 중국의 전시품 중에서 "목침대가 제일 특이했는데, 그 조각 기술이 섬세하고 특별했다. 침대 커튼은 매우 가는 실로 짠 비단에 꽃과 새, 풀과 벌레가 정교하게 수놓

25) Asa Briggs, *Victoria Things*, London: B. T. Batsford, 1988, Chapter 2.

26) [역주] 광동 향산현(香山縣) 사람이다. 근대 중국 최초의 유신사상 체계를 정립한 이론가이자 계몽사상가 · 교육가 · 문학가 · 자선사업가이다.

27) 鄭觀應, 「賽會」, 「盛世危言」, 夏東元 編, 『鄭觀應集』, 上册, 上海: 上海人民出版社, 1982, 731쪽.

아져 있었다. 수년 동안 공을 들인 이 목침대의 가격은 서양 은화로 수천 원에 달했다. 질이 약간 떨어지는 꽃무늬가 조각된 또 다른 나무 침대를 이미 누군가 1,600원을 지불하고 구매했다. 이 두 침대는 광동에서 제작된 것으로, 장인의 정교한 솜씨를 짐작해 볼 수 있다."[28] 1904년 중국은 미국 세인트루이스(St. Louis)에서 열린 박람회에도 참가했다.[29] 량치차오는 박람회 전날 신대륙을 여행하다 이곳을 지나가게 되었다. 이때 북경 정부에서 파견한 부감독이 데리고 온 노동자들이 무더운 날씨에 "옷을 벗고 맨발로 문밖에 줄지어 앉아 여성 관람객들을 바라보고 시시덕거리다" 그 지역 경찰들의 제지를 받았다. 그 광경을 목격한 량치차오는 "아! 각 성(省)에서 수십만 냥을 분담하여 파견했건만, 이렇게 욕을 얻어먹으니 그만두어야 하지 않겠는가"[30]라며 탄식을 금치 못했다. 중국이 외국에서 열리는 박람회에 참가할 수 있었던 것은 각 지역 상인과 성 정부의 재정 지원 덕분이었다. 이후에는 몇몇 개별 성들만이 국제 전시회에 인원을 파견할 수 있었다. 예를 들면, 1905년 벨기에 리에쥬(Liege)에서 개최한 만국박람회(Universal and International Exhibition)에는 5개의 성만이 중국을 대표하여 참가했는데, 광동성도 그중 하나였다.[31] 다른 성에 비하여 광동성은 재정 형편이 견실해서 이후 국내에서 개최하는 박람회에서도 그 힘을 유감없이 드러냈다. 1910년 중국은 남경(南京)에서 처음으로 상공 박람회를 개최했다. 지역 상인과 화교의 후원으로 전시

---

28) 「美國百年大會記略」, 『格致彙編』, 第2年夏(光緒三年, 1877), 1877, 4쪽.
29) 「商務」, 『東方雜誌』, 第2卷 第9號, 1905, 96쪽 ; *Illustrated London News*, 1904.1.16, p.77 ; 1904.4.16, p.577.
30) 梁啓超, 「新大陸遊記」, 『飮冰室合集 · 專集』之二十二, 88쪽, 上海: 上海中華書局, 1903년, 1936년 재판.
31) 「商務」, 『東方雜誌』, 第3卷 第6號, 1906, 45~50쪽. 한편 다음에서도 보인다. *Times(London)*, 1905.1.23, p.6 ; 1905.4.22, p.10 ; 1905.4.28, p.3.

관 내의 광동성 전시관은 다른 성의 것보다 훨씬 웅장했고, 면적은 나머지 지역의 전시회장을 다합쳐 놓은 것만큼 넓었다.[32)]

중화민국 수립 이후 각 성은 개별적으로 전시회를 열거나 인근 성과 합동으로 전시회를 개최하여 그 지역의 성취를 과시하였다. 이런 전시회는 대부분 상공업의 발전을 촉진하는 것이 주요 목표였지만, 토산품이나 국산품을 전시함으로써 종종 지역 색채나 국가의식을 표현하는 최상의 기회가 되기도 했다. 이 시기 국가의식을 드러낼 경우 거의 빠지지 않는 단어는 '혁명'이었다. 1929년 2월 광주에 광주시립박물관이 건립되었는데 개막 선언문에는, 그 취지를 다음과 같이 밝히고 있다.

> 혁명은 장차 구문화를 쇄신하여 신문화를 탄생시킬 것이다. 우리 중국인들이 나라를 세운 것은 아득한 고대부터 시작되었다. 진(秦)에 이르러 1명의 군주를 정하고, 백성들을 어리석게 만들어 만세토록 이르기를 바랐다. 이로써 전제정치 체제가 확립되었다. 이때부터 정권을 찬탈하여 왕조가 바뀌는 일이 반복해서 벌어졌다. 진시황이 남긴 정책에 기반을 둔 정치체제가 2천 년이 넘도록 조금도 바뀌지 않았다. 우리 쑨원 총리가 혁명을 제창하고 광동지역에서 혁명을 천명한 후 40여 년을 분투한 끝에 중화민국을 건립하였다. 그리고 다시 17년이 지난 후 민중이 무력으로 악랄한 군벌들을 소탕하고, 변절자들을 제거하여 남북을 통일함으로써 훈정(訓政)이 시작되었다. 우리 광동은 혁명의 근거지이자 쑨원 총리가 탄생한 성이다. 이제 역사 이래로 전례가 없는 성대한 대회를 맞이하여 위대한 기념이 없을 수 있겠는가? 이에 우리 광주시 당국은 진해루(鎭海樓)를 중건하는 대대적인 공사를 시행하여 그곳을 박물관 터로 만들었다. 3개월 만에 완공하고, 삼가 개막일에 특별히 선언하여 국민들에게 고하는 바이다.[33)]

32) Michael Godley, "China's World's Fair of 1910: Lessons from a Forgotten Event", *Modern Asian Studies*, Vol.12, No.3, 1978, p.517, 521.

33) 『廣州市市立博物院成立概況』, 廣州: 天成印務局, 1929, 1쪽.

광주시시립박물관의 전시실은 크게 '자연과학 표본', '역사 풍속', '미술' 세 분야로 나뉘어져 있다. '혁명'이라는 주제에 맞추기 위해서 박물관은 '총리의 유물'과 '혁명 유물', 이 두 가지 전시품을 부각시켰다. 1933년 광주시정부가 개최한 전시회에서도 '혁명 기념관'을 설치하였다. 이때 중산대학 교수로 재직 중이던 주시쭈(朱希祖)는 일기에서 전시회의 고대 유물관에서 특히 몇 점의 서화 문물이 눈에 들어왔고, 혁명 기념관에서 수많은 선열들의 초상과 유물을 보았다고 적고 있다.[34] 그 후 2~3년간 다른 지역에서도 지역문화를 표방하는 전시회가 개최되었다. 예를 들면, 절강성 오중(吳中) 지역에서는 두 차례의 지방 문헌전을 각기 개최하였다.[35]

이를 통해 볼 때, 1940년 홍콩에서 개최된 '광동문물전시회'가 내용을 분류하고 전시품을 선택할 때 참고할 만한 전례가 있었음을 알 수 있다. 하지만 여기에서 간과해서 안 되는 사실은 '광동문물전시회'가 개최되었을 때는 광주가 일본군에 점령당한 지 근 1년 반이나 되었다는 점이다. 국가의 운명이 풍전등화와 같은 이 시기에 지식인들은 글에서 광동을 언급할 때 항전과 관련시키지 않을 수 없었다. 당시 서남연합대학(西南聯合大學) 교수 천쉬징(陳序經, 1903~1967)은 1939년 1월 『동방잡지』에 발표한 「광동과 중국」 서두에서 다음과 같이 말했다. "중국에서 광동은 문화나 항전 면에서 특수하고 중요한 위치를 차지한다." 이어 문장 전체에서 언급하고 있는 것은 광동이 "신문화의 발원지"이자 "구문화의 보관소"이며, 더욱이 "외침에 항거하여 민족을

34) 『廣州市政府新署落成紀念專刊』, 1934, 302쪽. 주시쭈의 견문은 다음의 저서에 보인다. 『麗亭粤行日記』, 『朱希祖先生文集』, 第6册, 臺北: 九思出版有限公司, 1979, 3988쪽(1933.2.18), 3992~3993쪽(1933.2.25, 26), 4015쪽(1933.3.11), 4022쪽(1933.3.14).

35) 楊千里, 「廣東文物展觀後記」, 『廣東文物』, 262쪽.

부흥시키는 근거지이다"와 같은 내용이었다. 이와 같은 언급은 '광동정신'을 진작시키고, 사람들의 마음을 고무시켜 잃어버린 땅을 수복하기 위해서였다.[36] 당시 홍콩은 영국의 식민지라는 지위 때문에 전란의 피해가 미치지 않아 중국 대륙 사람, 특히 문화계 인사들의 피난처가 되었다. 그들은 피난 중에도 힘을 모아 필봉(筆鋒)으로 적들에게 대항하였다. '광동문물전시회'의 주관 조직인 '중국문화협진회(中國文化協進會)'(이하 '문협'으로 약칭)는 이러한 시대적 상황에서 1939년 9월 17일, 즉 '9·18' 8주년 전야에 성립되었다. '교육계·학술계·문예계·언론계·연극계·영화계·예술계·음악계' 등 각 분야의 인사들이 단결하여 협회를 조직하였다. 협회 구성원으로는 당시 홍콩대학 중문과 주임교수였던 쉬디산(許地山, 1893~1941), 국민당 정부의 입법 위원이자 광동성 주석 우톄청(吳鐵城)의 비서였던 젠유원, 영남대학 총장 리잉린, 광주대학 총장 천빙취안(陳炳權)이 포함되었다. 문화계 인사로는 루단린(陸丹林), 예첸위(葉淺予), 다이왕수(戴望舒), 연극·영화계 인사로는 월극(粵劇)의 명배우 마스쩡(馬師曾)과 쉐줴셴(薛覺先), 유명 감독이자 연화영화사(聯華影片公司)의 사장이었던 뤄밍유(羅明佑) 등 20여 명의 이사(理事)가 포함되어 있었다. 이 밖에 당시 '중화실업특사(中華實業專使)' 신분으로 홍콩에 와 있던 예궁춰가 고문을 맡았다.[37] 문화계 인사로 구성된 '문협'은 항전 시기 동안 문물 전시회를 개최하는 방식으로 '광동문화'를 전시하였다. 가장 직접적인 목적은 '문협' 성립의 사명을 이행하고자 함이었다. 1939년 9월 18일 『대공보(大公報)』 보도에 따르면, '문협'의 성립 목적은 다음과 같다.

---

36) 陳序經, 「廣東與中國」, 『東方雜誌』, 第36卷 第2號, 1939.1.16, 41~45쪽.

37) '중국문화협진회'에 관한 자세한 상황 및 기타 항일 문예조직과의 관계에 대해서는 다음을 참조하라. 盧瑋鑾, 「中國文化協進會(1939~1941)組織及活動」, 『香港文縱—內地作家南來及其文藝活動』, 香港: 華漢文化事業公司, 1987, 93~133쪽.

(1) 과거에 각자 개별적으로 항전했던 단점을 극복하고 공동 모임을 만들어 의견을 교환하고 대동단결해야 한다. (2) 중국의 신문화를 육성하고 인류의 문명을 보호한다. (3) 홍콩은 항전 및 건국 과정에서 특별한 의미가 있다. 여기에서 사람들의 역량을 모아 중국 대륙으로 외국문화를 수송하고 보급하며, 국내외의 문화가 교류하는 통로 역할을 함으로써 직접 조국에 봉사한다.

문협의 고문 예궁춰와 이사 루단린은 문협의 이런 성립 목적에 대하여 보다 명확하게 밝혔다.

우리가 오늘 '중국문화협진회'를 조직한 까닭은 중국문화가 오늘날 절실하고 착실하게 발전할 필요가 있다고 생각했기 때문이다.

시대와 환경의 필요에 부응하기 위해서 문화계 각 부문의 인사들이 연합하여 공동으로 대규모의 조직을 만들어 조국의 고유문화를 드러내고 발전시켜 현대 문화와 소통할 수 있도록 하고자 한다.[38)]

이를 통해 전쟁 중에도 '문화'는 여전히 당시 중국 지식인들이 가장 관심을 가진 주제였음을 알 수 있다. 그렇다면 문화란 과연 무엇인가? '광동문물전시회' 준비위원 젠유원은 「광동문화연구(廣東文化之研究)」 서두에서 다음과 같이 말했다.

문화란 인간의 정신과 육체가 만들어낸 결정체다. 시대마다 그 시대만의 문화가 있고, 지역마다 그 지역만의 문화가 있으며, 민족마다 그 민족만의 문화가 있다. 각각 저마다의 특색과 특질, 특징을 가지고 있다.[39)]

젠유원이 보기에 '문화'란 새로운 것과 오래된 것, 전통적인 것과

---

38) 앞 세 단락의 인용문은 모두 盧瑋鑾, 『香港文縱』, 95쪽에서 인용.
39) 『廣東文物』, 652쪽.

현대적인 것이 있어서 보호·발전시켜 상호소통하도록 해야 하는 것이다. 문화가 무엇인지 정의하고 문화의 시공간적인 경계를 확정한 그의 주장으로 인해, '광동문화'는 하나의 실체로 존재하게 되었고, 학술적인 이론적 근거도 생겼다.

우리는 이러한 서술과 그 배후의 가설에 대하여 너무나 잘 알고 있다. 심지어 오늘날 그것은 수많은 사람들의 사유 방식과 논의의 틀이 되었다. '문화'라는 개념이 점차 보급되면서 그에 대한 설명과 운용도 끊임없이 변화되어 왔다. 오늘날 학자들의 인식이 꼭 젠유원 세대의 것에 비해 '진보'했다고 할 수는 없다. 필자는 본서에서 '문화'란 무엇인지 새롭게 정의할 생각이 전혀 없으며, 더욱이 '광동문화'가 무엇인지에 대하여 논의할 의도도 없다. 우리가 이해하고자 하는 것은 60년 전과 그보다 더 이른 시기의 사람들이 '문화'를 어떻게 이해했는가라는 점이다.

오늘날 학술 토론회에서 사람들은 모두 '문화'라고 하는 단어에 가치 초월적 의미를 부여하고자 한다. 하지만 사람들이 이 단어를 사용할 때 가치중립적 태도를 취하기란 정말 어렵다. 중국어의 언어 환경에서 '문화'란 '소유하는' 것이다. 어떤 사람이 '문화적이다'라는 말은 그 사람이 교양이 있음을 가리키고, 어떤 지역에 문화가 있다는 말은 그 지역이 다른 지역보다 더 문명화되었고 개화되었음을 의미한다. 중국문화에서 중립적인 개념의 '문화'는 존재할 수 없는데, 이는 고대 문헌에서 '문화'와 '문명'이 특정한 의미를 지니고 있는 것과 관련이 있다. 『주역(周易)』「건문언(乾文言)」에 "나타난 용이 밭에 있으니 천하가 문명함이요"[40]라는 구절이 있는데, 소(疏)에서 "양기가 밭에 있

40) [역주] 원문에는 '見龍在天'이라고 되어 있는데 『주역』을 확인해 본 결과 '見龍在田'으로 되어 있어 바로잡아 해석한다.

으니 만물이 생겨났다. 그러므로 천하에 무늬가 생겨서 빛나게 된 것이다"라고 설명하고 있다. 『설원(說苑)』「지무(指武)」에 "무릇 무력으로 흥하면 백성들이 복종하지 않는다. 문덕(文德)으로 교화해서 백성들이 따르지 않으면 그런 연후에 주살해도 된다"라고 했다. 여기에서 문덕은 무력과 상대되는 말로, 국가가 문자와 문장의 훈도를 통해 백성들을 '깨닫게' 하고 '변화'시키는 것을 가리킨다.[41]

19세기 말 이후 '문화'라는 단어는 점차 우리가 오늘날 이해하는 의미를 부여받게 되었다. 일찍이 일본인은 수많은 서양의 어휘들을 일본어로 번역하며, 고대 중국어의 어휘에서 '문화'와 '문명'을 차용해 서양의 개념(영어의 'culture'와 'enlightenment')을 번역했다. 그 후 중국의 지식인들이 이 단어를 일본에서 중국으로 이식함에 따라 '문명'과 '문화'라는 단어가 일본과 중국에서 급속도로 유행하기 시작했다. 담사동(譚嗣同, 1865~1898), 황준헌(黃遵憲, 1848~1905), 량치차오, 옌푸(嚴復, 1854~1921)의 저서에서 자주 사용되었다.[42] 문명과 문화는 점차 중국 지식인들의 관용어가 되었고, 심지어 그들이 몸바쳐 헌신할 만한 이념이 되었다고도 말할 수 있다.

그러나 '문화'라고 하는 개념은 다양한 의미를 지니고 있다. 1922년 량치차오는 「문화란 무엇인가?」라는 글에서 '문화'를 정의하면서도 그 모호성을 부정하지 않았다. 그는 글의 서두에서 다음과 같이 말하고 있다.

---

41) 龔書鐸, 「近代中國文化結構的變化」, 『近代中國與近代文化』, 長沙: 湖南人民出版社, 1988, 21쪽 참조.

42) 龔書鐸, 『近代中國與近代文化』, 22~23쪽 ; Wang Gungwu, *The Chineseness of China: selected essays*, Hong Kong: Oxford University Press, 1991, pp.146~147 참조.

'문화란 무엇인가?'라고 정의를 내리는 일은 결코 쉽지 않다. 이 추상 명사는 학자들마다 어떤 현상을 도출하여 개념화하느냐에 따라 차이가 있기 때문에 논쟁이 분분한 것이다. 게다가 '문화'라는 개념은 늦게 출현했으니, 빌헬름 분트(Wilhelm Wundt, 1832~1920)와 하인리히 리케르트(Heinrich Rickert, 1863~1936) 이후에 비로소 성립되었다. 문화에 대한 정의는 아직 철저하게 논의되지 못한 상태이다. 나는 지금 다른 학설을 가져다가 반박할 필요없이 곧장 내 나름대로의 정의를 내리고자 한다.

'문화란 인류의 지혜와 기술이 축적된 가치 있는 공동의 성과물이다.'[43]

'문화'가 무엇인지 정의하는 것도 이처럼 쉽지 않지만, 정의를 내린 이후에도 그 범위가 너무 넓어서 파악하기가 힘들다. 예를 들어 졘유원처럼 공간적으로 경계를 설정하여 '광동문화'라고 한다면, '문화'라는 개념을 보다 쉽게 파악할 수 있다. '광동문화'라고 하는 표현을 제시하면서 동시에 중국에 지역 단위로 구분되는 문화 체계가 존재한다는 것을 드러낼 수도 있다. 즉, '광동문화'가 있다면 자연스럽게 '호남문화', '하북문화', '반우(番禺)문화', '북경문화'도 존재할 수 있게 된다. 이 점이 바로 졘유원이 언급했던 "어느 지역이든지 그 지역의 문화가 있다"라는 말의 의미이다.

그러나 '어떤 지역의 문화'라고 했을 때 그것은 '광동문물전시회'나 다른 모든 전시회처럼 취사선택의 과정을 거친 결과물이다. 따라서 특정한 어느 한 시기, 어느 한 지역의 관념과 풍속에는 선별의 과정을 거친, 어느 정도 보편적인 기준이 반영되어 있는 것이다. 광동문화가 '광동적'인 이유는 자연히 그만의 독특한 특징을 지니고 있기 때문이지만, 무엇인가가 '문화'라면 모종의 공통된 성격을 띠고 있는 사

---

43) 梁啓超, 「甚麽是文化」, 1922, 『飮冰室合集 · 文集』之三十九, 上海: 上海中華書局, 1936, 97~98쪽.

물을 가리킬 수밖에 없다. '광동'은 독특하지만 '문화'는 공통된 요소를 가지고 있다. 졘유원은 이러한 논리상의 모순을 간과하지 않고, 다음과 같은 절충안을 제시했다.

> 지난 2천 년 동안 광동은 줄곧 중국의 일부였다. 따라서 광동인은 누구나 중국인이며, 광동문화도 본래부터 중국 전체와 일치하는 대계통에 속하는 것이지, 구석에 갇혀 있거나 한족(漢族)의 전통과 유리되지 않는다. 그러므로 우리가 단순히 '광동의 문화'라고 말하지만, 사실은 '광동에서의 중국문화'라고 해야 한다.[44]

세상 사람들에게 '광동문화'의 다양한 면모를 전시한 광동문물전시회가 표현하고자 했던 것은 바로 역설처럼 보이는 이러한 지역문화 관념이 아니었을까! 이 책은 지역문화관에서 출발하여 한 걸음 더 나아가 어떤 문화 관념이 구체적인 역사 과정에서 어떻게 형성되었고, 특정한 역사적 상황에서 어떻게 나타났는지를 추적하고자 한다. 논의를 전개하는 과정에서 필자가 견지하는 핵심적인 이념, 연구의 시각, 기본적인 사고 방향은 근대국가와 문화 관념에 대한 수많은 선배 학자들의 탁월한 연구 성과에서 아이디어를 얻은 것이다. 본격적인 논의를 시작하기에 앞서 먼저 이 점을 밝혀 두고자 한다.

문화와 문인

현대 인류학자들의 연구 성과를 통해 우리는 문화를 만드는 것은 결코 문인들만의 특권이 아니라, 일자무식의 시골 사람들도 일상생활

---

44) 簡又文, 「廣東文化之硏究」, 『廣東文物』, 658쪽.

속에서 문화를 빚어내거나 건립하는 일에 참여한다는 사실을 알게 되었다. 하지만 '문화'를 자신의 일과 궁극적인 관심사로 여겨 의식적으로 하나의 문화에 '정의를 내리고', 또한 기물과 문자로 이러한 정의를 표현할 수 있는 자원과 능력을 갖춘 사람은 대개 문인들뿐일 것이다. 그들만이 이러한 특권과 발언권을 지니고 있는 것 같다. 역사학자들은 기본적으로 문인들의 기록을 통하여 어떤 증거를 찾아낸다. 필자는 줄곧 글자를 알지 못하는 사람들의 목소리를 들으려고 노력해 왔다. 하지만 문인의 기록을 거친 그들의 목소리는 미약하기 그지없으며, 게다가 문인들에 의해 윤색되고 왜곡되는 것을 피할 수 없었다. 이런 현상은 역사 문헌의 한계이자 아울러 '문화'라는 이 명제가 문인들이 발명한 개념이기 때문에 비롯된 것이다.

더 깊이 살펴보면, 무엇을 문화라고 할 것인지가 불분명하고, 어떤 사람을 '문인'이라고 할 것인지도 학술적으로 정의하기가 쉽지 않다. '문인'·'신사[士紳]'·'유생(儒生)'·'사인[士子]'·'사대부'·'독서인'·'지식인' 가운데 어떤 호칭으로 문인을 부르는 것이 적절할까? 이러한 명칭들 간의 차이는 무엇일까? 이 두 가지 질문은 사실 다르지 않다. 어떻게 이처럼 다양한 호칭들을 구분할 수 있을까? 학력, 직업, 사회적 역할, 혹은 스스로 부여한 모종의 책임감 중에서 어떤 기준을 적용해야 하는 것일까? 이 문제는 지금의 학자들이 해결해야 할 중요한 과제가 되었다. 이러한 개념의 모호성은 어떤 연구자가 제멋대로 인용 부호로 처리한다고 해서 비켜 갈 수 있는 문제가 아니다.

지난 반세기 동안 중국과 외국의 학자들이 중국의 신사(紳士)를 많이 연구해 왔다. 어쩌면 서로 출발점과 관점이 달랐기에 이처럼 복잡하고 불분명한 인식을 초래하였을지도 모르겠다.[45] 중국을 연구하는

---

45) 티모시 브룩(Timothy Brook)은 지난 반세기 동안 중국 신사에 대한 구미와 일

학자들은 대부분 전통 시기 중국에서 문화의 전승은 주로 명예와 지위를 가지고 있던 신사 계층에 의해서 이루어졌다고 생각한다. 워싱턴대학의 프란츠 마이클(Franz Michael)은 1950년대 허빙디(何炳棣, 1917~2012)와 장중리(張仲禮, 1920~) 등의 연구를 총괄하여 중국은 전통적으로 상당한 교육을 받은 엘리트들(educated elite, 혹은 文人literati, 혹은 신사gentry)이 국가와 향촌사회 사이에서 중간자의 역할을 담당하였다고 지적했다. 그들은 국가정책에 의거하여 해당 지역의 공공 업무를 관리하는 한편, 지방에서 일반 백성들을 대신해 국가의 관료 기구에 의견을 전달하였다. 사대부들은 또한 국가의 핵심 이데올로기를 널리 알리는 전파자로서, 그 이데올로기를 학습하고 신봉하고 전파하였다. 그리고 '천하의 일이 자기의 책임이다'라고 하는 사회적 역할에 대해서도 믿어 의심치 않았다.[46] 광의의 중국문화와 중국의 기층 사회에 대하여 관심을 가지고 있던 연구자들도 이와 같은 신사층 연구 시

본학계의 연구를 간단하게 정리했다. 그는 1950년대 미국을 위주로 한 중국의 신사에 대한 연구가 대부분 계층으로의 신사가 지닌 '본질'을 고찰하는 데 치우쳐 역사적 맥락이 부족하다고 지적했다. 1960년대 시게다 아쯔시(重田德)를 대표로 하는 일본의 중국 신사 연구는 신사 계층의 경제적·사회적 토대를 탐구하는 데 더 치중했다. 1980년대 이래 역사학계에서 보편적으로 인정하는 연구 경향은 신사 계층의 형성 과정을 더욱 강조하였으며, 구체적으로 그들이 지역사회에서 어떻게 각종 문화, 사회, 경제, 정치 자원을 이용하여 자신들의 지위를 확립하고 공고히 다졌는지를 탐구하였다. 자세한 내용은 다음을 참고하라. Timothy Brook, *Praying for Powwer: Buddhism and the Formation of Gentry Society in Late—Ming China*, Cambridge[Mass] ; "The Historiography of Gentry Studies" Introduction, *The Council on East Asian Studies*, Harvard University and the Harvard—Yenching Institute, 1993, pp.5~14.

46) Franz Michael, "State and Society in Nineteenth centry China", *World Politics*, Vol.7, No.3, 1955, pp.419~433 ; Chang Chung—il, *The Chinese Gentry: Studies on their Role in the Nineteenth—Centry Chinese Society*, Seattle: University of Washington Press, 1955 ; Hsiao Kung—chuan, *Rural China: Imperial Control in the Nineteenth Centry*, Seattle: University of Washington, 1960, p.574, endnote 11 to chapter 3.

각을 줄곧 답습하였다.[47] 죠셉 에스릭(Joseph W. Esherick)과 메리 버커스 랜킨(Mary Buckus Rankin)은 1990년에 편집한 『중국 지방엘리트와 지배 유형(中國地方精英與支配模式)』에서 신사(gentry) · 학자—관리(schlor—officials) · 지주(landlords) 등 이미 관습적으로 굳어진 기존의 분류를 의도적으로 폐기하고, 대신 '엘리트'라는 개념을 사용했다. 그들은 중국의 엘리트들을 지역사회에서 지배권을 행사할 수 있었던 자들로 간주하였다. 엘리트들은 각자 사용할 수 있는 자원에 따라 거기에 맞는 전략을 선택했기 때문에 지배의 유형 또한 크게 차이가 나는 것이다. 설령 그렇다 하더라도 각 지역의 엘리트는 동일한 중국의 역사와 문화적 맥락 속에서 활동했기 때문에 서로 영향을 주고받아 공통점도 많다.[48] 하지만 데이빗 퍼(David Faure, 중국명 科大衛)와 헬렌 수(Helen Siu, 중국명 蕭鳳霞)는 영어의 '엘리트'라고 하는 개념이 권력을 가진 자를 가리키기도 하고, 지위를 가진 자를 가리키기도 한다며 그 모호성을 지적했다. 청 왕조 때 권력을 누렸던 가문도 민국시기가 되면서 그 권력 기초의 타당성에 대해 도전을 받았다. 권력 기초의 성격이 시대에 따라 달라지면서 이제 누가 '엘리트'인지 아닌지

47) 초기 신사에 관한 가장 유명한 연구로는 페이샤오퉁(費孝通) · 허빙디, 그리고 위에서 인용한 장중리 등의 저서가 있다. 이 밖에 다음의 자료를 참고하라. Hsiao—tung Fei, *China's gentry: essays in rural—urban relations*, London: University of London Press, 1953 ; Ping—ti Ho, *The ladder of success in Imperial China: aspects of social mobility, 1368~1911,* New York: Wiley, 1964 ; 최근 중국에서의 신사를 주제로 하는 연구는 허웨푸(賀躍夫)의 『근대 신사: 봉건 계층의 역사적 운명(近代紳士: 一個封建階層的歷史命運)』(天津: 天津人民出版社, 1997)이 있다. 서구의 논문으로는 조셉 에스릭(Joseph W. Esherick)과 메리 배커스 랜킨(Mary Backus Rankin)의 『중국 지방엘리트와 지배 유형(*Chinese Local Elites and Patterns of Dominance*』(Berkeley: University of California Press, 1990)과 상술한 티모시 브룩의 저서가 있다.

48) Joseph W. Esherick · Mary Buckus Rankin, "Concluding Remarks", *Chinese Local Elites and Patterns of dominance*, p.305.

불변의 기준은 없어졌다. 이 밖에 '지배 유형'에서 '지배'의 요소를 지나치게 강조하면 이른바 '피지배자'를 너무 나약하고 피동적으로 여겨 그들의 주동성을 간과하게 된다.[49)]

상술한 온갖 중국의 신사 혹은 사대부 연구의 복잡성을 고려하여 필자는 본서에서 '사대부' 혹은 '지식인' 등의 용어를 두 가지 층차의 의미로 사용할 것이다. 첫째, '사대부'나 '지식인'은 어떤 구체적인 인물을 가리킨다기보다 이상적인 전형이자 당사자의 자아 정체성을 의미한다. 둘째, '사대부'와 '지식인'을 모델로 삼아서 자신의 이미지와 행동을 추구하는 사람들을 가리킨다. 이 두 가지 의미는 서로 표리관계이다. 사회적으로 미리 합의된 공통된 인식이 없다면, 사람들은 인격의 형상과 신분을 추구하는 것을 자신의 이상을 달성하거나 더 높은 사회적 지위로 오르는 첩경으로 여기지 않을 것이다. '사대부'나 '지식인'을 하나의 통일된 집단적 존재이자 이 때문에 그에 상응하는 행동을 하는 사람들이라고 믿지 않으면 이와 같은 공통된 인식은 아무런 의미가 없다. 필자의 이러한 정의는 연구자가 독단적으로 어떤 '객관'적인 기준을 찾아내어 주관적으로 연구 대상을 분류·정의하여 누가 지식인'인지' '아닌지'를 판단하는 것을 피할 수 있을 것이다. 위잉스(余英時)는 『사와 중국문화(士與中國文化)』 서문에서 '사(士)'를 하나의 분석 단위로 삼으면서도 그것이 지니고 있는 두 가지 층차의 의미에 대해서 상세히 기술하였다.

> 이 책에서 묘사한 '사'의 성격은 이상적 전형이라는 측면에 치우쳐 있다. 어쩌면 중국 역사에서 '사'의 이상적 전형에 완전히 부합하는 실제 인물은 없었을 것이다. 그러나 이런 이상적인 전형의 존재는 결코 부인

---

49) David Faure and Helen Siu(eds.), *Down to Earth: The Territorial Bond in South China*, Stanford: Stanford University Press, 1995, pp.8~11.

할 수 없는 객관적 사실이다. 이상적 존재는 중국의 문화 전통 속의 수많은 실제 '사인'들에게 "그 정도까지 도달할 수는 없지만 마음속으로 지향하게 만드는" 채찍질의 역할을 하였다. …… 우리는 이론적으로 또 실제적으로 개인이나 집단의 사적인 이익을 초월하는 '사회적인 양심'으로서 사의 존재를 인정한다. 하지만 이것이 '사'의 '초월적인 성격'이 절대적이지도 영원하지도 않다고 말하는 것은 아니다. …… 우리는 현대의 일반적인 관념 가운데 '사'에 대한 사회적 속성 결정론을 받아들일 수 없다. 오늘날 중국과 외국의 학자들은 종종 '사'와 '사대부'를 학자—지주—관료의 삼위일체로 여긴다. 이는 단지 한 면만 보고 다른 면을 보지 않는, 결정론으로 '사'의 초월적 성격을 말살하는 편견에 지나지 않는다.50)

간단히 말해서 스스로 '사대부'라고 여긴 사람들이 처한 배경은 저마다 다르겠지만, '사대부'를 이상적 전범으로 인식하는 관념은 오랜 기간 변하지 않고 유지되어 왔다. 사실, 군주제 시대 공명(功名)을 얻어 도통(道統)의 수호를 자신의 임무라고 여긴 관료 학자들이야말로 '진정한' 사대부다. 그러나 공명을 얻지 못한 사람도 스스로 '사대부'의 일원이라고 생각했고, 해당 지역 사람들도 그의 신분을 인정했다. 따라서 연구자들은 어떤 '조건들'이 갖추어지지 않았다고 해서 그들의 주관적인 동질감까지 경시해서는 안 될 것이다.

만청 시기에 과거제도가 폐지되었지만 그렇다고 해서 곧바로 '사대부'라는 신분과 그에 따른 의미가 사라진 것은 아니었다. 과거제도의 폐지는 사실 '사대부' 관념의 분열을 의미한다. 로렌스 슈나이더(Laurence Schneider)가 지적했듯이 "이때부터 중국의 젊은 세대는 교육을 받은 엘리트 집단으로서 전통 사대부의 평가와 당시 사회적 압력에 부응하기 위해서 자기 자신을 새롭게 정의해야만 했다. 사회적 기능,

50) 余英時, 「略說中西知識分子的源流與異同—『士與中國文化』自序」, 『文化評論與中國情懷』, 臺北: 允晨文化實業股份有限公司, 1988, 122쪽.

학자로서의 책임, 정치적 역할 등에 대한 기존의 정의들이 모두 의문에 봉착하게 되었다."[51]

전통 '사대부' 관념을 계승한 민국 초의 문인들은 자신들을 '지식인' 혹은 '지식 계층'이라고 불렀다. 임금에게 충성하고 도를 보호하는 전통 사대부와는 달리, 그들은 학술적 독립에 대한 추구, 민중에 대한 관심, 국가 앞날에 대한 근심을 내포하는 새로운 자아상을 구축해 나갔다. 신세대의 지식인들이 상술한 몇 가지 특징으로 스스로의 신분에 대한 정의를 내렸지만, '사'에 대한 개념처럼 객관적이고 분명한 기준으로 누가 진짜 '지식인'인지를 판단하기는 여전히 어렵다. 로렌스 슈나이더가 지적했듯이 샤몐쭌(夏丏尊)은 일찍이 1920년대에 '지식 계층'의 개념이 상당히 느슨해서 '지식 계층'으로 분류된 사람들의 직업과 수입이 천차만별이었으며, 대학 교수 · 예술가 · 의사 · 초등학교 교사 · 언론 종사자 · 학생도 '지식 계층'에 포함할 수 있다는 사실에 주목했다.[52] '지식 계층' 또는 '지식인'이라는 개념이 전통 '사대부'의 공백을 메웠다고 해서 통일된 사회계층이 객관적으로 존재했음을 의미하는 것은 아니다.

그렇다면 '사대부' 혹은 '지식인'에 관한 논의는 지방문화 관념의 형성과 어떤 관계가 있는 것일까? 이 책에서는 '사대부' 또는 '지식인'의 자신에 대한 정의가 그들의 지방문화에 대한 정의에 직접 영향을 미

---

51) Laurence Schneider, *Ku Chieh-kang and China's New History: Nationalism and the Quest for Alternative Traditions*, Berkeley: University of California Press, 1971, p.6.

52) Laurence Schneider, *Ku Chieh-kang and China's New History: Nationalism and the Quest for Alternative Traditions*, p.114 ; 夏丏尊, 「知識階級的運命」, 『一般』, 第5期, 1928 ; Yeh Wen-hsin, *The Alienated Academy: Culture and Politics in Republic China 1919~1937*, Cambridge[Mass]: Council on East Studies, Harvard University, 1990, p.187.

쳤고, 그들이 지방문화를 인정하고 찬양하는 것이 지방 자체를 드러내려는 것이 아니라, 지방문화가 어떻게 자신들의 수준을 대변하고 국가문화를 구현하고 있는지 보여 주려고 했음을 설명하고자 한다. 나아가 필자는 청 말 민국 초에 이르러 국가·성적(省籍)·족군(族群) 신분에 대한 담론이 의식적으로 기술되기 시작하여 점차 표준화되었음을 증명하고자 한다. 표준화 추세가 나타난 까닭은 이런 담론을 만들어 낸 지식인들이 어느 지방 혹은 어떤 사회계층에 속하였든지 상관없이 자신과 중국에 대하여 느낀 점이 대동소이했기 때문이다. 그들은 모두 동일한 중국문화의 테두리 속에서 자신의 지역적 정체성을 기술하였다. 마이런 코헨(Myron Cohen)이 언급했듯이 "중국의 전통 엘리트들은 문화적 중개자로서, 사회에서 높은 지위를 획득했다. 이것은 그들이 전국적으로 수용된 어떤 기준에 부합하였고, 동시에 지방문화로부터 인정을 받았기 때문이다."[53] 조셉 레벤슨(Joseph Levenson)은 지식인들이 그 지역 서원(書院)의 성과에 대해 자부심을 느낀 것은 서원이 해당 지역 지식인의 수준을 반영하여 국가 전체의 지식인 사회와 어깨를 나란히 할 수 있었기 때문이라고 말했다. 첸무(錢穆)도 이와 비슷한 견해를 제시하였다.

> 외국 학자들은 중국인들이 가정 관념과 향토 관념이 너무 강하고, 중국인들의 지방주의 탓에 그들이 국가 정권의 통제를 쉽게 수용한다고 오인한다. 사실, 중국 사람들이 가정과 지역사회를 중요하게 여기는 것은 바로 종교와 국가권력의 절대화에 대한 중국 사람들의 반발이라고 할 수 있다. 한 국가의 역량과 문화의 범위는 향토와 가정에 대한 그 나라 사람들의 애착에 의해 결정된다. …… 과거 중국 사회에는 향신

---

53) Myron Cohen, "Being Chinese: The Peripheralization oh Traditional Identity", *The Living Tree: The Changing Meaning of Being Chinese Today*, Daedalus, Vol.120, No.2, 1991, p.113.

(鄕紳)이자 문인이며 가치관념을 해석하는 지도자였던 사인들이 있었다. 그들은 일반 백성들과 국가 간의 소통자였다.

> 사인의 문화는 제국 내 여러 계층을 하나로 통일시켰고, 그들 각자의 공동체에 '예(禮)'라는 사상 의식을 덧붙여 놓았다. 그들의 풍속 습관이 '예'에 부합한다고 해석될 경우, 그들은 곧 제국에 의하여 용인되고 수용될 수 있었다. 그렇게 안정과 단결을 이룰 수 있었다.[54)]

쳰무는 다른 글에서 또 다음과 같이 말했다.

> 중국인들은 사회에 대하여 언급할 때 특히 예속(禮俗)을 중시한다. 풍속은 예이기도 하다. 풍속이 어느 한 시기, 어느 한 지역에 한정된다면, 예는 각 지역과 각 시기에 두루 통한다는 점이 다르다. 따라서 중국에서는 천하를 말하는 반면 서양에서는 겨우 사회를 이야기하는 것이다.[55)]

'예'의 의미에 대한 쳰무의 견해는 우리가 중국 지방문화 담론에서 보편성과 특수성이 병존하는 현상을 이해하는 데 도움을 준다. 중국의 지식인들은 지방의 '풍속'을 기술할 때 동시에 천하에 보편적으로 통행되는 '예'를 제창하고자 했다. 따라서 그들의 천하관은 자신과 자신이 속한 지방문화에 대한 정의에 직접적인 영향을 미쳤다. 청 말부터 민국 초까지의 지식인들은 새로운 정치적 상황에 직면하였다. '천하' 관념은 약화되었고 '국가' 관념이 생겨나서 사용되기 시작했다. 그들의 지방문화에 대한 정의도 이에 상응하여 변화하였다. 죠셉 레벤슨은 이와 같은 변화에 대하여 1949년 이후 중앙과 지방의 문화 관

---

54) 鄧爾麟 著 · 藍樺 譯, 『錢穆與七房橋世界』, 北京: 社會科學文獻出版社, 1995, 117쪽.
55) 錢穆, 「禮與法」, 『晩學盲言』, 上冊, 臺北: 東大圖書股份有限公司, 1987, 400쪽.

계를 논하면서 중앙정부가 지방문화를 비호한 까닭은 그것이 '중앙적이면서 현대적인 것'이었기 때문이지, '지방적이면서 전현대적인 것'이었기 때문은 아니라고 주장했다.[56] 그의 말은 실제로 국가 관념의 흥기와 그것이 지방문화에 대한 정의에 끼친 영향이 1949년 이후에도 여전히 지속되고 있었음을 뜻한다.

'천하'에서 '국가'로

많은 연구자들이 근대 중국에서 '천하'와 '국가', 이 두 개념이 어떻게 사용되고 해석되었는지에 대하여 언급한 바 있다. 위잉스는 전통 중국인들이 문화적 의미의 민족의식을 정치적 의미의 국가 관념보다 훨씬 중요하게 생각했음을 지적하였다.[57] 조셉 레벤슨 또한 전통 시기에서 현대에 이르는 중국 지식인의 국가 관념의 변화를 이해하는 데 매우 유용한 분석틀을 제시하였다. 반드시 주의할 점은 레벤슨이 첫머리에서 '전통—현대', '주관—객관' 등과 같은 이원적인 분류가 결코 역사적 사실을 반영하는 진정한 분류와 대립 항이 아니고, 해석의 편의를 위해 제시된 분류임을 지적하였다는 것이다.

사실, 전통이 '전통'의 지위를 유지할 수 있는 이유에는 하나의 역설이 존재한다. 다시 말하면, 전통은 변화와 보존이라는 이중주 속에서 유지되는데, 변화를 야기하는 것은 전통 옹호론자들이고, 전통을 그대

56) Joseph Levenson, "The Province, the Nation, and the World: The Problem of Chinese Identity", in Albert Feuerwerker, Rhoads Murphey, Mary Wright(eds.), *Approaches to Modern Chinese History*, Berkeley and Los Angeles: University of California Press, 1967, p.279, 282.

57) 余英時, 「國家觀念與民族意識」, 『文化評論與中國情懷』, 21쪽.

로 지속하도록 하는 것은 오히려 전통에 반대하는 자들이다. 전통에 반대하는 자들은 전통을 배척하기 위해서 과거의 시공 속에 전통을 고정함으로써 그것이 시대적 요구에 부합하지 않는다는 것을 보여 주려고 한다. 반면 전통 옹호론자들은 전통이 끊임없이 살아 있도록 하고자 그것을 바꾸고 고친다.[58] 조셉 레벤슨의 이런 설명은 매우 탁월하며 심지어 '전통'과 '현대'에 대한 일반인들의 견해를 완전히 뒤엎었다고 할 수 있을 정도이다. 그의 논리를 따르자면 '전통'을 공고히 한다는 의미에서 유교를 제창했던 캉유웨이를 개혁가라고 할 수 있고, 반면 적극적으로 유교 문화를 타도하고자 했던 후스(胡適, 1891~1962)는 전통에 얽매여 시대의 흐름을 따라가지 못했던 지식인이라고 부를 수 있다. 한편, 조셉 레벤슨은 전통에서 현대로 넘어가는 과도기의 변화에 대하여 다음과 같이 설명하였다.

> 문명의 변화와 운명, 그리고 광활하고 복잡한 역사는 '천하'와 '국가', 이 두 개념의 관계의 변화 속에 응축되어 있다.[59]

'천하'와 '국가'라는 이 두 개념이 중국에서 어떤 의미를 띠었는지를 다루는 연구자들은 모두 약속이나 한 듯이 '망국(亡國)'과 '망천하(亡天下)'에 관한 고염무(顧炎武, 1613~1682)의 탁월한 논의를 인용한다. 조셉 레벤슨과 위잉스도 예외가 아니다. 고염무는 『일지록(日知錄)』에서 다음과 같이 말하고 있다.

---

58) Joseph Levenson, *Confucian China and its Modern Fate*, Berkeley and Los Angeles: University of California Press, 1968, pp.ⅺ, ⅹⅹⅹⅶ. 이 서언은 중역본 『유교와 그것의 현대적 운명(儒教中國及其現代命運)』에는 수록되지 않았다.

59) Joseph Levenson 著, 鄭大華·任菁 譯, 『儒教中國及其現代命運』, 北京: 中國社會科學出版社, 2000, 84쪽.

> 나라가 망한 경우도 있고 천하가 망한 경우도 있다. 그렇다면 망국과 망천하는 어떻게 다른가? 성씨와 국호가 바뀌었으면 나라가 망한 것이다. 인의(仁義)가 꽉 막혀 이유 없이 사람을 해치거나 사람이 서로 잡아먹는 상태가 되면 천하가 망했다고 한다.[60]

고염무의 이런 언급은 전통 사대부들이 '천하'와 '국가'를 구분하였음을 분명히 설명해 준다. 위잉스는 한 걸음 더 나아가 다음과 같이 언급하였다.

> 여기에서 '천하'가 가리키는 바는 중국문화 전체를 말한다. 따라서 '천하를 보호'하는 것은 모든 중국인의 책임이다. 반면, '국가'는 단지 조대(朝代)만을 가리킨다. 따라서 '국가를 보호'하는 것은 그 위치에 있는 군주와 신하의 일에 속한다. 현대적인 말로 바꾸면, '망천하'는 민족 전체의 문화가치가 상실되는 것을 의미하고, '망국'은 단지 어떤 한 정권이 붕괴되는 것에 불과하다.[61]

이에 대하여 조셉 레벤슨도 비슷한 주장을 제기하였다.

> '천하'와 '국가'는 대조를 이룬다. 후자는 단순히 토지와 백성을 의미할 뿐 아니라 토지와 백성을 보호하는 무력도 포함한다. 그러나 천하는 문명화된 사회 개념이며, 그 함의는 실제의 권력이 차지하는 정치 단위보다 훨씬 더 광범위하다. ……
>
> 문화와 도덕, 즉 전체 가치세계는 모두 '천하'에 속한다.[62]
>
> 근대 중국사상사의 대부분의 시기는 '천하'가 '국가'로 되는 과정이다.

---

60) 顧炎武, 「正始」, 『日知錄集釋』, 卷13, 長沙: 岳麓書社, 1994, 471쪽.
61) 余英時, 「國家觀念與民族意識」, 『文化評論與中國情懷』, 21쪽.
62) 인용문은 번역본 『儒教中國及其現代命運』, 86쪽에서 인용.

> '천하' 관념은 사실상 유가의 '도', 즉 중국의 주요 전통과 밀접하게 결합되어 있다. 모종의 원인으로 인해 어쩔 수 없이 외국의 '도'로부터 도움을 구하는 상황에 직면하자 근대 중국인들은 국가를 문화, 즉 '천하'보다 위에 두었다. 이는 전략 중의 하나였다. 그들은 문화를 바꿔 국가를 이롭게 할 수만 있다면 그렇게 해야 한다고 주장했다.[63]

조셉 레벤슨은 '모종의 원인'이 구체적으로 무엇인지 명확히 밝히지 않았다. 하지만 그중 하나는 근대 중국의 일부 지식인 또는 개혁가들이 자신들의 국가 관념을 바꾸고자 했을 때 실제로 고려했던 것은 만주족 청나라의 통치를 뒤엎는 것이었다는 점이다. 한족에게 만주족은 이민족이었지만, 그들은 한인의 도(즉, 유가의 도)를 파괴하지 않고 오히려 잘 보존하고 발전시켰다. 만주족이 도통을 파괴하지 않았지만 그 통치의 합법성에 의문을 제기하기 위해 종족 관념에서 출발하여 '국가' 관념을 재정의하였다. 그 결과가 정치 이데올로기의 전환이었다. 전통적인 천하 관념은 사실상 일종의 문화주의이고, 그것이 현대적인 국가 관념으로 바뀔 때, 민족주의가 문화주의를 대신하여 새로운 정치 이론의 핵심이 되었다고 할 수 있다.

량치차오가 1902년 발표한 유명한 「신민설(新民說)」은 당시 중국 지식인들이 생각했던 '천하'와 '국가'의 구별에 관한 가장 멋진 묘사이다.

> 우리나라 백성들은 항상 국가를 천하와 동일시하곤 한다. 눈과 귀로 보고 듣고, 머리에 세뇌되어 있으며, 성현과 조상이 훈시하고 전해 준 바로는 한 개인이 될 수 있는 자격, 한 가정을 이룰 수 있는 자격, 마을과 종족을 이룰 수 있는 자격, 천하인이 될 수 있는 자격을 갖출 수는 있다. 하지만 일국의 국민이 될 자격은 갖출 수가 없다.[64]

---

63) 『儒教中國及其現代命運』, 87~88쪽.

또 그는 1910년에 「헌정천설(憲政淺說)」을 발표함으로써 입헌정치 제도를 수립하는 데 기틀을 다지면서 본격적으로 '국가'라는 개념을 설명하고자 시도하였다.

> 입헌정치 체제는 정치체제의 일종이다. 국가란 정치가 비롯되는 곳이다. 따라서 헌정(憲政)이 무엇인지 알려면 먼저 국가가 무엇인지 알아야 한다.[65]

> 그렇다면 국가란 과연 무엇일까? 국가란 일정한 영토 위에서 권력으로 조직된 인민들의 단체이다.[66]

량치차오는 이어서 '토지'·'권력'·'인민'·'조직' 등 몇 가지 개념에 대하여 상세히 설명하였다. 그는 청조에 반대하는 종족주의자의 틀에 갇힌 적이 없고 얽매일 필요도 없었으므로 '인민'을 언급할 때 "인민은 친족이나 혈통의 관계일 필요는 없고, 다만 같은 지역에 거주하며 이해관계를 공유함으로써 자연스럽게 결합하면 이를 국민이라 부른다"고 강조했다.[67] 이와 같은 견해로 미루어 보건대, 량치차오가 당시 이미 근대 서양의 '국가' 개념을 충분히 이해하고 있었으며, 아울러 입헌정치의 실시, 교육의 보급을 통해 중국인의 국가 관념이 바뀌기를 바랐던 것 같다. 그러나 원래 중국의 '천하' 관념이 포괄하고 있던 요소에는 정치체제 말고도 문화와 도덕, 각종 가치관 등 훨씬 핵심적이고 추상적인 내용들이 포함되어 있었다. 따라서 중국 지식인들은 '국가'가 '천하' 관념을 대체하게 되자 중국의 도덕과 문화를 재정

---

64) 梁啓超, 「新民說」, 『飮冰室合集 · 全集』之四, 6쪽.
65) 梁啓超, 「憲政淺說」, 『飮冰室合集 · 文集』之二十三, 33쪽.
66) 위의 책, 31쪽.
67) 상동.

의하고 바꿀 필요가 있다고 생각했다. 량치차오는 일찍이 「신민설」에서 도덕에 대하여 언급하며 '국민'이 반드시 갖추어야 할 요소로 '공덕(公德)'을 적극적으로 제창하기도 했다.

문화를 어떻게 개조해서 현대의 '국가' 관념에 충실하도록 할 것인가가 청 말 이래 중국 지식인들의 주요 관심사였다. '국가'라는 개념은 외래의 것이지만, 중국이 '중'국이 되려면 중국문화는 독특해야 하고 본토적이어야 했다. 중국문화를 새롭게 정의하는 과정에서 지방문화에 대한 정의와 개조도 지식인들의 시야 안에 들어오게 되었다. 구중국문화를 타도하자고 주장하는 사람들은 향촌으로 들어가 군중들과 함께 생활하며 신선한 자양분을 흡수하여 중국문화를 바꿔야 한다고 생각했다. 한편, 현대적이고 진보적인 중국문화를 건립하고자 한 사람들은 오히려 지방의 예술과 풍속 습관을 문화의 반열에서 제외하고 단지 그것을 없애 버리는 것을 기쁘게 생각했다. 20세기가 교차하는 시기 중국 지식인들은 문화 '천하'에서 민족 '국가'로, '사대부'에서 '지식인'으로 자신의 신분을 새롭게 규정하였고, 자신과 국가 및 지방의 관계도 새롭게 정의하였다. 이러한 획기적인 변화는 이 책의 연구 주제의 주요 배경이자 논의의 핵심이기도 하다.

'국가'에서 '지방'으로

최근 인문사회과학 분야에서 국가 관념에 대한 연구는 중요한 주제 중 하나이다. 영국의 역사학자 에릭 홉스봄(E. J. Hobsbawm)의 『1780년 이후의 민족과 민족주의: 프로그램, 신화, 현실』,[68] 에릭 홉스봄과

68) [역주] 원제는 *Nation and Nationalism since 1780: Programme, Myth, Reality.*

테렌스 레인저(Terrance Ranger)가 공동으로 저술한 『전통의 창조』,[69] 베네딕트 앤더슨(Benedict Anderson)의 『상상의 공동체: 민족주의의 기원과 전파에 대한 성찰』[70] 등은 모두 18세기 이래 영국, 프랑스 등의 민족국가가 어떻게 국가의 상징, 의례 및 기타 활동들의 발명과 실천을 통해서 국민의 마음속에 국가의식을 공고히 했는가를 탐구한 것이다. 상술한 저서들은 국가 정체성, 민족주의, 민족의 자격을 연구할 때 반드시 참고해야 하는 자료로서, 저자들이 모두 구조주의적 경향을 갖고 있다는 공통점이 있다.[71] 18세기 영국과 프랑스 등 유럽 민족국가에 관한 연구이거나 식민주의와 포스트식민주의 시대의 아시아, 아프리카 국가에 관한 분석은 모두 '국가'라는 개념이 본래부터 있었던 것이 아니라, 의례 · 교육 · 역사기술 등 각종 메커니즘을 통해 각 개인의 마음속에 끊임없이 침투하여 그들의 신념과 행동에 영향을 미쳤다고 주장한다. 너무나 견고하여 깨뜨릴 수 없을 것 같았던 수많은 개념들이 구조주의적 방법의 영향으로 모두 의문에 봉착하게 되었다. '프랑스', '프랑스인'을 어떻게 정의할 것인가와 마찬가지로 '중국', '중국인'에 대해서도 연구자들이 새롭게 고민해 볼 필요가 있다. 미국에서 발간되는 저명한 학술잡지 『다이달로스(*Daedalus*)』에서는 1991년에 '살아 있는 나무: 오늘날 중국인 되기의 의미 변화'라는 주제로 발간한 일련의 글들에서 이 문제

한국에서는 『1780년 이후의 민족과 민족주의』(강명세 옮김, 창작과비평사, 1998)라는 제목으로 번역되어 있다.

69) [역주] 원제는 *The Invention of Tradition*. 한국에서는 『만들어진 전통』(박지향 외 옮김, 휴머니스트, 2004)이라는 제목으로 번역되어 있다.

70) [역주] 원제는 *Imagined Communities: Reflections of the Origins and Spread of Nations*. 한국에서는 『상상의 공동체: 민족주의의 기원과 전파에 대한 성찰』(윤형숙 옮김, 나남, 2002)이라는 제목으로 번역되어 있다.

71) 구조주의에 관한 철학적인 논의는 알프레드 슈츠(Alfred Schutz)의 논의가 가장 깊이가 있다. 관련된 사회학 이론으로는 다음의 논의가 가장 간명하고 자주 이용된다. Peter Berger, Thomas Luckmann, *The Social Construction of Reality: a treatise in the sociology of knowledge*, London: Penguin Press, 1967.

에 대하여 집중적으로 논의했다.[72]

'국가'가 추상적이고 통일적이며 핵심적인 문화 이념을 대표한다면, '지방'에서 생활하는 사람들은 실제의 문화와 생활 습관에서 차이를 드러낸다. 차이는 있을 수 있다. 하지만 그 차이를 당사자나 제3자가 의식하고 있는가? 또 이른바 종족이나 지역에 따라 어떻게 엄격하게 분류하고, 추상적인 국가문화 이념과 비교할 것인가는 당사자나 제3자가 어느 한 시기, 한 지역을 어떤 언어로 이해하고 파악하는지에 달려 있다. 그렇기 때문에 구조주의적 관점은 근대 시기의 족군 문제를 탐구하는 데 유용하다. 막스 베버(Max Weber)가 1세기 전에 이미 민족과 국가의식의 주관성에 대하여 논의했고,[73] 천인커(陳寅恪, 1890~1969)가 1940년대에 북위(北魏) 시대 이민족과 한족의 구별이 종족이 아니라 문화에 있음을 명확히 밝혔지만,[74] 이와 같은 명제를 전제로 한 민족 연구는 1980, 1990년대에 이르러서야 학술계의 주류가 되었다. 『현대 중국에서 인종에 대한 논의(*The Discourse of Race in Modern China*)』를 저술한 프랑크 디쾨터(Frank Dikötter)와 파멜라 크로슬리(Pamela Crossley)는 중국어와 영어의 언어 환경 속에서 '민족' 및 그와 관련된 개념의 의미 변화에 대하여 분석하였다. 파멜라 크로슬리는 중국에서 역사를 서술할 때 '민족' 관념의 영향으로 줄곧 '한화(漢化)'라는 단선적인 방향과 위에서 아래로의 문화침투 과정을 지나치게 강조한 점을 지적했다.[75] 에밀리 호니그(Emily Honig)는 상해

72) "The Living Tree: The Changing Meaning of Being Chinese Today", *Daedalus*, Vol.120, No.2, 1991.

73) Max Weber(edited by Guenther Roth and Claus Wittich), *Economy and Society*, Berkeley: University of California Press, 1978, Ch.V.

74) 陳寅恪, 『唐代政治史述論稿』, 上海: 上海古籍出版社, 1997, 16~17쪽.

75) Frank Dikötter, *The Discourse of Race in Modern China*, Stanford: Stanford University Press, 1992 ; Pamela Crossley, "Thinking about ethnicity in modern China", *Late Imperial China*, Vol.11, No.1, 1990.6, pp.1~35.

(上海) 소북인(蘇北人)[76]에 관한 연구에서 대도시에 거주하는 서로 다른 군집들이 서로를 어떻게 명명하는지를 탐구하였다.[77] 스테판 하렐(Stevan Harrell)은 중국 서남지역 연구에서 지방의 집단들이 다른 층차의 교화 수단과 위에서 아래로의 족군 분류에 직면하는 경우 어떻게 협상의 능력을 발휘하는지를 부각시켰다.[78] 간단히 말해서, 현재 역사학계와 인류학계의 종족 연구는 상당히 파격적인 언어를 사용하면서 새롭게 왕조 통치의 영향력을 평가하여 이른바 '변방'과 '중심'의 위치, '주체'와 '객체'의 상대성을 새롭게 고찰하고 있다. 연구자들은 더 이상 틀에 박힌 종족에 대한 명명과 분류에서 출발하여 그 종족의 특성과 특질을 찾으려 하지 않고, 이런저런 종족들의 자의식과 타자에 의하여 정의되는 과정에 더 주목한다. 이는 지배자와 피지배자, 당사자와 외부인, 연구자와 역사 간의 끊임없는 대화라고 할 수 있다.[79]

연구자들이 '국가'와 '민족' 등의 개념에 의문을 제기함에 따라 우리도 '지방'의 개념을 새롭게 바라보게 된다. '중국이 어째서 중국인가?'를 탐구한 기나긴 학술 여정에서 '구역(區域)'은 오랫동안 매우 적절한 분석 단위로 여겨져 왔다. 1960년대 초 윌리엄 스키너(G. William Skinner, 1925~2008)는 신고전 경제학과 지리학 이론을 채택하여 시장의 등급 체계와 자연지리 분계선을 결합하여 중국을 크게 9개의 구역[80]으로 나누었고, 구역 연구의

---

76) [역주] 강소성 양자강 이북 지역 사람들을 가리킨다.

77) Emily Honig, *Creating Chinese Ethnicity: Subei people in Shanghai, 1850~1980*, New Heaven: Yale University Press, 1992.

78) Stevan Harrell(ed.), *Cultural Encounters on China's Ethnic Frontiers*, Seattle: University of Washington Press, 1995 ; Stevan Harrell, *Ways of being Ethnic in Southwest China*, Seattle: University of Washington Press, 2001.

79) 중국의 종족문제 연구의 이론적 탐색에 관해서는 비교적 최근의 논의로 다음을 참고하라. Pamela Kyle Crossley, Helen Siu and Donald Sutton(eds.), *Empire at the Margins: Culture, Ethnicity, and Frontier in Early Modern China*, Berkeley: University of California Press, 2005.

80) [역주] 윌리엄 스키너는 "Regional Urbanization in Nineteenth–Century China"

경향을 활용하여 중국 경제와 사회의 통합을 분석하였다. 1970년대 이래 일부 연구자들은 개별 구역의 사례 연구가 쌓이면 중국 전체의 공통성과 발전 추세가 자연히 귀납될 것이라고 믿었다. 결과적으로 지역연구, 특히 한 성(省)을 단위로 하는 연구가 학자들의 흥미를 끌었다.

이후 구역 연구 추세의 무게중심은 구역 경제·사회의 분업과 통합에서 점차 구역의 신분과 의식의 형성을 중시하는 쪽으로 옮겨 왔다. 다이애나 래리(Diana Lary)는 1925~1937년 사이의 광서군벌 관련 연구에서 특히 지방 의식의 흥기에 대하여 주목하였다. 샤오펑샤(蕭鳳霞)는 광동성 중산현(中山縣) 소람진(小欖鎮)의 국화회(菊花會) 전통에 관한 연구에서, 지역 정치경제의 발전 과정에서 지방 엘리트가 어떻게 그 지역의 문화를 창조함으로써 자신의 사회적 위치와 문화적 신분을 확립하고, 동시에 국가의 문화 담론과 일치시켰는가를 강조하였다.[81] 당사자의 문화적 정체성과 주관적인 의식에 초점을 맞춘 이 연구는 우리로 하여금 '구역'이라는 개념 자체를 다시 생각해 보도록 만든다. 영국의 역사학자 피터 버크(Peter Burke)는 유럽사 연구를 고찰하면서 다음과 같은 의문을 제기하였다.

> '구역'(region)이라는 개념은 그다지 분명하지 않다. 유럽 각 구역을 하나씩 열거할 수 있을까? 만약 불가능하다면 [구역을 갈라놓는] 장벽은 도대체 얼마만큼 효용이 있는 것인지 의심해 볼 만하다. 프랑스가 본서에서 다루고 있는 연대[인용자 16~19세기]의 후반기에 데파르트망(departments) 세도를 도입하기 전까지 설치했던 것처럼, 가장 명확하고 알기

(*The City in Late Imperial China, Stanford University Press, 1977*)에서 19세기 중국을 만주, 북중국, 서북중국, 양자강 상류, 양자강 중류, 양자강 하류, 동남 연안, 영남, 운귀(雲貴), 총 9개의 구역으로 분류하였다.

81) Helen Siu, "Recycling tradition: Culture, History, and Political Economy in the Chrysanthemum Festival of South China", in S. C. Humphreys, *Cultures and Scholarship*, Ann Arbor: The University of Michigan Press, 1997, pp.139~185.

> 쉬운 구획 단위는 주(provinces)이다. 그렇다면 과연 브르타뉴(Brittany)는 구역일까? 두 구역의 구분은 결코 행정적인 분류가 아니라, 문화적인 차이에 따른 것이다. 17세기에 오뚜-브르타뉴(Haute-Bretagn) 지역은 프랑스어를, 바스-브르타뉴(Basse-Bretagne) 지역은 브르통어(Breton)를 사용했다. 그러나 보다 기본적인 층차에서 생태조건(여기에서는 언어를 지칭)에 따라 분류할 수 있다. 바스-브르타뉴 지역의 코르누아이(Cornouaille)인의 브르농어 방언과 모르비앙(Morbihan)이나 피니스테르(Finistere)인의 브르통어 방언이 서로 다르다는 사실은 들으면 바로 알 수 있다. 그렇다면 코르누아이를 하나의 '구역'이라고 할 수 있을까? 또 어쩌면 코르누아이와 그것에 속한 마을을 합쳐 하나로 이야기할 수 있을까? 이렇게 끊임없이 나누고 또 나누다 보면 가정, 심지어 개인으로까지 줄곧 세분화할 수 있을 것이다. 무슨 이유로 이렇게 구분하는 것을 막을 수 있겠는가? 다른 분류 기준을 채택하거나 다른 구역을 대상으로 한다 할지라도 동일한 말을 반복할 뿐이다.[82)]

우리에게 있어 브르타뉴 지역은 너무나 멀리 떨어진 곳이지만, 이 지역의 복잡한 방언 경관과 이로 인하여 야기된 '구역 분류'의 어려움은 결코 낯설지 않다. 중국 각 지역의 방언은 브르타뉴와는 비교가 되지 않을 정도로 복잡하다. 방언에 따라 나누면 그 숫자가 무궁무진할 것이다.

지금까지의 논의에 근거하면, 오늘날 우리가 '구역사'를 다루고자 할 때 그 목적은 '새로운' 혹은 '보다 정확한' 분류를 제시하는 것이 아니다. 오히려 과거의 사람들이 어떻게 분류했으며, 그런 '분류'의 역사를 파악하는 데 있다. 여기에서 말하는 역사란 최소한 두 가지의 함의를 가진다. 첫째, 자신이 동일시하는 지역문화에 대해 창조하거나 익숙한 역사서술로, 이런 역사서술은 서술자의 주관적인 신념을 표현

---

82) Peter Burke, *Popular Culture in Early Modern Europe, Hants: Scolar Press, First edition 1978*, revised reprint 1994, p.52.

한다. 사실과 전설을 취사선택하고 결합시키며 서술자 개인의 좋고 싫음과 편견을 뒤섞어 놓는다. 둘째, 이러한 역사서술의 구조의 역사도 소홀히 해서는 안 된다. 우리가 국가 관념과 지역 정체성이 만들어지는 과정을 이해할 때는 그것을 보다 넓은 틀 속에 놓고 접근할 필요가 있다. 역사서술이 이루어지는 역사적 과정을 연구하려면 다음과 같은 질문을 던져야 할 것이다. 왜 사람들은 자신이 속한 지역의 지위를 찾고 규정할 때 일련의 역사를 만들어 내려고 하는 것일까? 그들은 어떤 내용을 선택하는 것일까? 어떻게 구성하는 것일까? 더욱 중요한 점은 누가 만드는 것일까? '누가'라는 문제를 제기하는 것은 사실상 누가 이러한 문화와 경제 자원을 소유해 역사를 기술하고 간행하여 후세에 전하여 '사실'이 되도록 만드는 것인가를 묻고 있는 것이다.

다시 말해서 광동문화를 하나의 실체로 보면 그 자체의 발전사가 있음은 의심할 여지가 없다. 그러나 만약 우리가 '광동문화'를 하나의 명제나 진술로 본다면 그런 명제나 진술이 확립되는 데에도 그 자체의 역사가 있다. 어떤 '문화'가 개념화되고 표상되는 것은 실제로는 구축 과정을 거쳐 여러 세력들이 합의한 결과물이다. 이런 정의와 재정의 과정은 끊임없이 진행되는데, 서로 다른 시대의 지식 구조, 권력이나 정치적 변동의 규범에 영향을 받는다.

지방과 중앙

이상의 논의는 이념과 이데올로기의 층위에 중점을 두고 중국 지방문화의 정체성과 국가 관념의 상호작용을 이해하고자 한 것이다. 물론 지방과 중앙정권 간의 정치, 경제적 관계도 간과해서는 안 된다. 청 말에서 민국 시기까지 광동과 중국과의 관계는 그 어느 시기보다 긴밀했다고 할 수 있다. 하지만 어떤 의미에서는 광동과 중앙과의 관계가 전에 없이 소원했다고 볼 수도 있다. 만청 혁명가들은 청 정부에 불만을 품고 광동 독립설을 제창하였다. 민국 초기 군벌들이 정권을 잡고 1928년 국민당 정부가 북벌에서 승리를 거두었지만, 이는 사실 이름뿐인 통일에 지나지 않았다. 광동지역의 실세들은 여전히 갖가지 형태로 중앙 권력에 대항했는데, 이러한 점에서 광동 지방과 중앙정부가 소원했다고 할 수 있다. 한편, 만청 시기 개혁을 제창한 애국지사, 중화민국을 건립한 혁명 원로, 북양정부(北洋政府)와 광주 국민당 정부 관리 가운데 명망 있던 사람들 다수가 광동 출신이었다. 이러한 측면에서 광동인과 중앙 정치의 관계가 밀접하지 않았다고 말할 수도 없다. 중국에서 광동성과 광동인의 정치적 위상의 변화는 여러 방면에서 광동의 사대부나 지식인의 지방문화와 국가 관념에 대한 정의에 영향을 끼쳤다.

중국 최남단에 위치하는 광동은 진한대(秦漢代)에 이미 군현(郡縣)이 설치되었다. 하지만 오랜 기간 북방 사람들은 남방을 오랑캐[蠻夷] 지역으로 여겼으며, 광동에 온 북방의 관리와 지식인들이 보고 듣고 기록한 것은 엽기적이고 이상한 내용이 대부분이었다. 광주는 한당대(漢唐代)부터 외국과 해상무역을 하는 데 있어 중요한 항구였다. 그러나 주강 삼각주 지역이 비약적으로 발전하기 시작한 것은 명대 이후 서양 국가와의 무역이 활기를 띠고, 대규모로 모래밭을 개발한 데 따른 것이었다. 지방 토호들은 왕조 정통의 문화자원을 이용하여 지역에서 자신들의 위치와 세력을 왕조 질서의 틀 속에서 확립하였으며, 경제력도 날로 확대하였다. 따라서 충분한 문화자원만 있으면 정

통의 예치질서를 준수하거나 심지어 확립하는 데 참여할 수도 있었다.[83)]

행정 관리라고 하는 측면에서 보면, 영남지역은 진대 이후로 이미 중국의 판도 안에 들어왔다. 그러나 광동이 하나의 행정 체계를 이루기까지는 역사적인 변천 과정을 거쳤다. B.C. 225~224년 진시황은 영남을 평정하고 계림(桂林)·상(象)·남해(南海) 3개의 군을 설치했다. 지금의 광동성 지역 대부분이 남해군에 속했으며, 관청 소재지는 반우(番禺)였다. 한대 초 남월왕(南越王) 조타(趙佗)는 영남을 차지하고 스스로 황제라고 칭했다. 한무제(漢武帝)는 남월을 평정한 후 영남을 남해·창오(蒼梧)·울림(郁林)·합포(合浦) 등 9개의 군으로 나누었다. 삼국시대 오(吳)는 처음으로 교주(交州)를 분할하여 광주를 설치하고 반우를 주의 치소(治所)로 삼았는데, 지금의 광동·광서 지역의 대부분을 관할했다. 당대에는 전국을 10개의 도(道)로 나누었는데, 영남도(嶺南道)는 그 가운데 하나였다. 후에 다시 영남동도(嶺南東道, 관청 소재지는 廣州)와 영남서도(嶺南西道, 관청 소재지는 邕州)로 나누었다. 송 초에는 영남에 광남로(廣南路)를 설치했고, 후에 광남로를 광남동로와 광남서로로 나누었다. 각각 광주와 계주(桂州)에 치소를 두었다. 원대에는 지금의 광동성 지역을 광동도(廣東道)와 해북해남도(海北海南道)로 나누었다. 전자는 강서행성(江西行省)이 관할하고, 후자는 호광행성(湖廣行省)이 관할하였다. 명나라 홍무(洪武) 2년(1369)에는 광동 등지에 행중서성(行中書省)을 설치했다. 해북과 해남도를 병합하여 광동에 예속시키니 광동

---

83) 이와 관련된 논의는 다음을 참고하라. David Faure, "Becoming Cantonese, the Ming Transition", in Tao Tao Liu and David Faure(eds.), *Unity and Diversity: Local Cultures and Identities in China*, Hong Kong University Press, 1996, pp. 37~50 ; 科大衛·劉志偉, 「宗族與地方社會的國家認同—明清華南地區宗族發展的意識形態基础」, 『歷史研究』, 第3期, 2000, 3~14쪽.

은 명 왕조의 13행성(行省) 중의 하나가 되었다. 이로써 근대 광동의 행정과 지리 구역이 제도적으로 확립되었다. 청대에는 명대의 제도를 계승하여 도광(道光) 연간(1821~1850)에 광동을 광주 · 소주(韶州) · 남웅(南雄) · 혜주(惠州) · 조주(潮州) · 조경(肇慶) · 고주(高州) · 염주(廉州) · 뇌주(雷州) · 경주(瓊州) 등 10개의 부(府), 그리고 나정(羅定) · 연주(連州) · 가응(嘉應) 등 3개의 직예주(直隸州)로 분할하였다.[84)]

그러나 행정구획이 하나로 통일되었다고 해서 문화적으로도 일치되었음을 의미하지는 않는다. 광동성 내의 방언과 문화는 그야말로 다양하여 차이가 크다. 광주를 중심으로 하는 중부와 서남부는 주로 월어(粵語), 동부와 북부는 객가어, 조주부 지역은 조주어와 객가어를 사용한다. 이 세 가지 방언 안에는 셀 수 없을 정도로 수많은 변종이 존재한다. 예를 들면, 신회(新會) · 은평(恩平) · 개평(開平) · 대산(臺山)에서 사용되는 네 지역의 방언은 월어에 속하지만, 광부(廣府)의 다른 주 · 현(州縣) 사람들은 알아듣지 못한다. 이 밖에 현 소수민족의 어종(語種)으로 분류되는 여족(黎族) · 묘족(苗族) · 요족(瑤族) · 장족(壯族) · 사족(畲族) 등의 언어는 광동성의 언어지도를 더욱 복잡하게 만드는데, 현지인들 자신의 분류와 정체성은 언어학자가 제3자의 입장에서 주관적으로 개괄할 수 없을 정도이다.

17세기 이래로 광동은 그 특수한 지리적 위치 때문에 중국과 외부세계의 교류와 충돌의 중심지가 되었다. 19세기 이후 광동에서 발생한 수많은 정치적 사건은 중앙과 지방 간의 이해관계가 서로 충돌했음을 잘 보여 준다. 제1차 아편전쟁(1840~1842) 때 청 조정의 아편판매 금지정책은 광동의 행상들과 연해에서 대외무역으로 생계를 잇던 각종 직업 종사자들에게 막대한 손해를 끼쳤다. 그러자 광동 도처에

84) 道光 『廣東通志』, 卷3~7.

서 아편판매 금지를 풀어야 한다는 목소리가 높아져 갔다. 관리들은 이와 같은 상황을 조정에 보고하는 문서 곳곳에 '한간(漢奸)'이라는 단어를 사용했다. 함풍(咸豐, 1850~1861) 연간 광동지역에는 홍병(紅兵)의 난[85]이 일어났고, 동시에 제2차 아편전쟁(1856~1860)의 포화에 직면해야 했으니, 청 왕조의 국가적 역량이 쇠락했음을 드러내는 각종 동란과 전쟁이 빈번하게 발생했다. 지방의 신사들은 광동 각 지역에서 단련(團練)[86]을 조직하여 스스로를 보호했다. 이 단련 조직들은 정부의 승인을 얻었으며, 지방은 국가 체제를 보호한다는 명분으로 자신들의 이익을 수호했던 것이다. 제2차 아편전쟁에서 청 왕조가 영국에 패함에 따라 양광총독 섭명침(葉名琛, 1807~1859)은 포로로 잡혀 결국 타향에서 객사하였으며, 광주성(廣州城)은 영국과 프랑스 연합군에게 함락되어 3년 가까운 기간 동안 통치를 받았다. 이런 일련의 경험들은 동치(同治, 1862~1874)부터 광서(光緒, 1875~1908) 연간에 이르러서도 광동인들의 기억 속에 여전히 생생하게 남아 있었다. 중앙정부가 무력해지자 지방은 군사력을 강화하여 해당 지역의 질서를 유지할 수밖에 없었다.

19세기 후반기에 이르러 광주는 과거 통상을 독점함으로써 얻었던 교역상의 지위를 점차 홍콩이나 상해와 같은 개항장에게 빼앗겼다. 게다가 지방에서 동란이 빈번하게 발생하자 광동의 수많은 상인들은 상해·홍콩·동남아시아 등지로 투자대상 지역을 이동하거나 분산시켰다. 이로 인해 교역에 있어서 광주의 위상은 더욱 약화되었다. 한

---

85) [역주] 태평천국의 난을 가리킨다. 제1차 아편전쟁 이후 쇠퇴기에 들어선 청조에 대해 광동의 기독교도 홍수전(洪秀全) 등이 중심이 되어 일으킨 혁명운동이다. 1851년 홍수전이 이끄는 상제회(上帝會)가 조세 경감, 남녀평등 등 사회 전반적인 개혁을 요구하며 광서성에서 봉기하고 국호를 태평천국이라고 하였다.

86) [역주] 송대부터 중화민국 초기까지 농민 봉기를 진압하기 위해 존재했던 지주계급의 지방 무장조직을 가리킨다.

편, 광동의 상인들과 해외로 나간 사람들은 지난 수세기 동안 서방의 무역 활동과 사회제도를 인식하기 시작했는데, 이것이 중국에 변혁을 야기한 주요 원동력이 되었다. 각계각층의 광동인들이 홍콩·동남아·북미로 나가서 장사나 공부를 하였으며, 매판(買辦)이나 쿨리(coolie)로 노동에 종사하였다. 이 모든 것들이 연계되어 이후 광동과 중국의 정치·경제가 발전하는 데 상당히 중요한 영향을 미쳤다.[87)]

만청 시기 사회·정치적 변혁을 경험한 광동 지식인들은 자신들의 국가 관념과 지방 의식을 새롭게 확립하였다. 혁명가와 정부 관료뿐만 아니라 지방 신사들도 성(省)의 정치적 위상을 다시금 정의하였다. 혁명가들은 사람들의 지역감정을 선동하여 만주족의 청나라 정권으로부터 독립해야 한다고 호소하였다. 쑨중산은 광동과 광서가 독립하여 공화국을 수립해야 한다고 주장했다.[88)] 량치차오는 일찍이 광동의 "민족은 타 지역과 전혀 다르며, 언어·풍속·성격도 같지 않다. 따라서 광동 사람들이 독립하고자 하는 생각과 진취적인 뜻을 갖게 된 것이다"라고 언급했다. 그는 언젠가 중국이 "연방제로 자치를 하게 되면" 광동이 틀림없이 첫 제창자 중 하나가 될 것이라고 생각했다.[89)] 캉유웨이의 학생이었던 어우쥐자(歐榘甲, 1870~1911)는 1901년 삼번시(三藩市)에서 발행한 중국어 신문에 「신광동(新廣東)」을 발표했는데 '광동은 자립해야 한다'고 주장하며 광동이 자립할 수 있는 특징을 갖추고 있다고 역설했다. 여기에서 주목해야 할 점은 어우쥐자가 '독립국'이라는 단어를 사용하고 광동인의 목숨과 재산을 보호하는 입장에

87) 羅香林, 『香港與中西文化之交流』, 香港: 中國學社, 1961 ; Carl Smith, *Chinese Christians: elite, middleman, and the church in Hong Kong*, Hong Kong: Oxford University Press, 1985.

88) 陳錫祺 主編, 『孫中山年譜長編』, 北京: 中華書局, 1991, 83쪽.

89) 梁啓超, 「中國地理大勢論」, 『飮冰室合集·合集』之十, 84, 90쪽.

서 출발했지만, “광동은 광동인의 광동이지, 다른 사람의 광동이 아니다. 광동은 광동인을 위한 광동이지, 다른 사람의 광동이 아니다. 광동지역의 주인은 바로 광동인이다”라고 주장하고 있다는 것이다. 당시의 담론 공간 속에서 어우쥐자가 ‘자립을 제창한’ 보다 중요한 원인은 국민들이 당시 “매일 전제정치 아래에서 신음하며 평등과 자유를 얻어 문명의 길로 올라서지 못하고 있기” 때문에 “어서 빨리 독립의 깃발을 세우고 자유의 종을 쳐서” 만주족이 통치하는 청 왕조의 통치에서 벗어나고 싶었기 때문이다. 따라서 어우쥐자는 마지막으로 각 성이 자립해야 한다고 제창했지만, 그것은 결코 영토를 분할하자는 것이 아님을 강조하고 있다. “나는 한 성의 자립을 주장함으로써 다른 성의 자립심을 자극하고자 한다. 이로써 각 성이 자립하는 출발점으로 삼으려는 것일 뿐, 어찌 분열하자는 것과 같겠는가! 분열을 이야기하더라도 중국 스스로 성을 나누었다가 자체적으로 합치는 것은 또한 쉬운 일이다.”[90] 1905년 산두(汕頭)에서 출간된 『영동일보(嶺東日報)』에 지난 수천 년 동안 광동의 정치 · 문화 · 경제의 발전 과정을 회고하는 논설문 「광동혼(廣東魂)」이 연재되었다. 저자는 감개무량하게 “석양이 비치는 저녁 풍경을 바라보니 강물은 아래로 흘러가려고 하네. 우리 광동 사람들 또한 정신을 진작하여 광동 사람들을 위한 광동을 인정해야 하지 않을까?”[91] 어우쥐자가 외쳤던 구호 “광동은 광동인의 광동이다”가 몇 년 후 이 지역 신문에서 호응을 얻었음을 알 수 있다.

90) 歐榘甲, 「新廣東」, 張楠 · 王忍之, 『辛亥革命前十年間時論選集』, 北京: 三聯書店, 1960 ; 1902년 량치차오는 일본 요코하마에서 창간한 잡지사에서 어우쥐자의 이 문장을 재차 간행했다. 그 밖에 다음 자료를 참고하라. Edward Rhoads, *China's Republic an Revolution: the case of Kwangtung, 1895~1913*, Cambridge[Mass.]: Havard University Press, 1975, pp.47~49.

91) 「廣東魂」, 『嶺東日報』, 1905.2.23.

태평천국이 청 정부에 끼친 가장 치명적인 충격은 지방의 군사와 재정적 역량을 팽창시켰다는 것이다. 만청 개혁 시기(1900~1911)에 군주입헌제 시행과 각 성에 의회 설립을 추진할 수 있었던 배경에는 제도적으로 이러한 분권의 현실을 어느 정도 인정해야만 했기 때문이다. 중앙정부는 통치 권위를 새로 확립하기 위해서 의도적으로 행정 권력의 일부를 지방에 넘겨주었다. 이러한 조치는 과거에 결코 선례가 없었다. 중앙과 지방에서 선거를 시행함으로써 적어도 명목상에서는 일부 민의(民意)를 따르고자 했는데, 이는 중국 역사상 최초의 시도였다. 의회제도 하에서 성(省), 현(縣)의 지방 신사들이 지방의 사무에 참여하는 것이 제도화되었으며, 심지어 법적인 지위도 중앙에서 파견된 관리와 대등하게 되었다.

위에서부터 아래로 헌정이 개혁되자 지방의 지도자들은 명실상부하게 지방의 이익을 표현하고 수호하였다. 1905~1906년에 발생한 월한철로사건(粤漢鐵路事件)에서 광주의 상인과 신사층은 북경 주재 광동 출신의 관리들과 협력하였지만, 월한철도 노선 가운데 광동지역의 재정과 관리 업무에 있어서는 양광총독 천춘쉬안(岑春煊, 1861~1933)과 대립하였다. 광동의 신사와 상인들은 직접 철도에 투자하고 관리하기를 바랐지만, 천춘쉬안은 국가에 귀속시켜 경영하고자 했다.[92] 천춘쉬안과 광동의 신사층·상인 간의 갈등은 신문에서 광동인과 외성인(外省人)의 충돌로 표현되었다. 1906년 『화자일보(華字日報)』에 광동의 중요한 관직은 마땅히 광동 사람이 맡아야 한다는 내용의 기사가 실렸다.[93] 1910년 이 신문의 평론에서는 역대 양광 총독들이 광동

92) Edward Rhoads, *China's Republic an Revolution: the case of Kwangtung, 1895~1913*, pp.91~92 ; 陳玉環, 「論1905年至1906年粵路風潮」, 廣州市文化局·廣州市文博學會編, 『羊城文物博物研究: 廣州文博工作四十年文選』, 廣州: 廣東人民出版社, 1993.

93) 『華字日報』, 1906.5.4, 1906.11.30.

사람과 광동 일에 무관심한 것은 그들이 외성에서 왔기 때문이라고 논평했다.[94] 한동안 광동에서 '광동 사람이 광동을 통치하자'라는 여론이 들끓자 어느 성(省)에 적(籍)을 두고 있는지가 갑자기 중요한 정치적 자본이 되었다.

신해혁명 이후 중앙의 정치 무대에서 광동 사람들이 중요한 역할을 했다. 쑨중산을 중심으로 하는 광동의 혁명 지도자는 말할 것도 없고, 광주 군정부도 거의 광동 사람들이 차지하였다. '광동 사람이 광동을 다스리자'라는 주장이 제도화되지 않은 상황에서 실현되었다고 할 수 있다. 그 후 쑨중산이 총통직을 사퇴하고 위안스카이에게 양위하였다. 위안스카이는 북경에서 취임한 뒤 따로 내각을 조직했는데, 이때 많은 광동 사람들이 요직을 차지했다. 1917~1927년에 광동은 쑨중산이 이끄는 국민당 정부가 북벌을 기획하는 총본부가 되었다. 쑨중산은 통일에 뜻을 두고 총통 자리에 올랐지만, 지방의 군사력에 의존하지 않을 수 없었다. 1920년대 '광동 사람이 광동을 다스리자'라는 주장을 하면서 혜주(惠州)에서 강력한 군사력을 소유한 천중밍(陳炯明)은 이런 상황에서 쑨중산과 협력했다. 하지만 1922년에 두 사람의 밀월 관계는 결렬되었다.

1927년 국민당 정부가 북벌에 성공을 거둔 후 남경에 정부를 건립하자 광주는 순식간에 '중앙정부' 총본부라는 위치에서 '모범적인 성', '혁명 성지'라는 허울만 남게 되었다. 하지만 광주가 장기간 국민당 정부의 근거지였기 때문에 한동안 광동 사람들이 국민당 정부와 국민당 요원 가운데 상당히 중요한 위치를 차지하였다. 쑨중산의 아들 쑨커(孫科, 1891~1973), 혁명 원로 쩌우루(鄒魯, 1877~1975) 등 광동 출신 국민당원들은 쑨중산과의 관계를 방패 삼아 여러 사건에서 장제스

94) 앞의 책, 1910.1.19.

(蔣介石)를 영수로 하는 절강 집단과 맞서서 긴장 관계를 형성했다. 광동 정치계 인사들은 중앙정부와 겉으로는 친한 척했지만 실제로는 딴마음을 품고 있었던 것이다.

1930년대 광동은 사실상 군인 천지탕(陳濟棠, 1890~1954)이 지배하고 있었다. 그는 광주에서 성립한 국민당 중앙집행위원회 서남집행부와 국민당 정부 서남정무위원회 상무위원의 신분으로 광동 당정군(黨政軍)에 대한 지휘를 합법화했다. 하지만 겉으로 남경 국민당 정부에 복종하는 척하면서 뒤로는 배신하였다. 광동을 포함한 서남 각 성의 정치 지도자가 대표하는 국민당파는 줄곧 장제스와 갈등 관계에 있었기 때문에 1931~1936년 광동성 정부주석을 역임한 사람들은 모두 천지탕과 협력하기를 원했다. 1934년에 이르러 민정청(民政廳) 청장, 재정청 청장, 교육청 청장 등을 포함한 광동성 정부의 일부 중요관직에 천지탕이 신임하는 자들이 임명되었다.[95] 1936년에 남경 정부가 다른 광동 장군들과 협력하여 천지탕을 제압하자 광동은 다시 남경의 통치를 받았다. 얼마 후 중일전쟁이 발발했고, 1938년 10월 광주가 함락되자 성 정부를 곡강(曲江)으로 옮겼다. 문화계 인사들 중 일부는 곡강으로 갔으며, 전란을 피해 홍콩으로 간 사람도 적지 않았다. '광동문물전시회'는 이러한 상황에서 개최된 것이다. 1945년 8월 일본군이 항복하자 광동성 정부는 광주로 다시 옮겨 왔으며, 공식적으로 남경 정부의 관할이 되었다.

사실상 민국 시기의 중국은 여전히 진정한 의미의 통일을 이룩하지

---

95) Lloyd Eastman, "Nationalist China during the Naking decade 1927~1937", in Lloyd Eastman, Suzanne Pepper, and Lyman Van Slyke(eds.), *The Nationalist Era in China 1927~1949*, Cambridge: Cambridge University Press, 1991, pp.11~52 ; 廣州市政協文史資料硏究委員會編, 「南天歲月: 陳濟棠主粤時期見聞實錄」, 『廣州文史資料』, 廣州: 廣東人民出版社, 1987, 14쪽.

못했다. 중앙정권의 영향력에 따라 광동성의 정치적 역할은 상승하기도 하강하기도 했다. 광동은 때로 '중국이었던' 적도 있었고, 성(省)으로서의 본분만을 지킨 적도 있었다. 국민당 정부가 광주를 북벌의 기지로 삼았을 때 광동은 '중국이었다'. 국민당 정부가 북벌에서 승리를 거두고 남경에 수도를 정했을 때 광동은 그 '중심'적인 위치를 상실했다. '광동 정부'는 실제로 광동 전체를 관할할 수 없었다. 또한 우연인지 아니면 파벌관계 때문인지 민국 시기에 '중국을 건설하는' 데 적극적으로 참여한 문인·정치가들 가운데 광동 출신이 적지 않다. 그들은 실제로 정부를 조직하거나 추상적인 이데올로기를 구축하는 데 노력을 기울였으며, 나아가 일상생활과 행위에 영향을 미치는 수많은 의식(儀式)과 건축물을 설계하기도 했다. 또한 국가 정치무대에서 활동하면서 그들은 자기 지역인 광동문화를 건설하는 데도 커다란 영향을 끼쳤다.

신해혁명 이후 거의 반세기 동안 광동은 내부적으로 사분오열되어 겉으로는 중앙정부와 잘 지냈지만 실제로는 소원한 관계를 유지했다. 이와 같은 정치적인 분리 상황이 광동의 정치와 문화 엘리트에게 국가와 대립하는 강력한 '지역 의식[省籍意識]'을 가지도록 하지는 않았을까? 이에 대하여 필자는 '아니다'라고 생각한다. 실제 상황은 오히려 정반대였다. 국가 정권이나 문화와 광동과의 거리가 멀어질수록 광동의 정치인과 문인들은 자신들의 지방문화와 국가문화가 동일한 기원을 가진 관계임을 보다 적극적으로 논증하곤 했다. 이는 중국 역사에서 장기간 중앙과 지방의 관계를 관통해 온 역설이자 본서의 주제이기도 하다.

본서의 주제와 구성

만약 '지역'이라는 경계가 이처럼 모호하고 '문화'가 이처럼 모든 것을 망라하며, '사대부'라는 레테르 역시 진짜 모습이라기보다 이상적인 모델이라면, 본 연구에서 어떻게 구체적인 사람들과 사건들에 적용할 수 있을까?

최근 들어 '지방문화'에 관한 연구와 논의는 그 양이 엄청나고 내용도 다채롭다. 재능과 학문이 일천한 필자도 무심결에 이러한 '지방문화' 논의에 끼어들게 되었다. 따라서 본서의 주제를 간단히 설명하기 전에 필자 역시 기존의 연구와 어떤 점이 '다른'지를 설명할 필요가 있을 것 같다.

첫째, 본서는 지역문화 연구가 아니다. 만약 독자들이 여기에서 '광동문화란 무엇인가?'에 대한 답을 얻기를 바란다면 틀림없이 실망할 것이다. 이와 정반대로 '광동문화란 무엇인가?'라는 질문에 해답을 제시했던 모든 시도들이 본서의 연구 대상이자 출발점이지만, 최종적인 관심 주제는 아니다.

둘째, 본서는 순수한 '관념사' 연구가 아니다. 문헌 자료에서 출발하여 관련 인물의 구체적인 활동에 입각해 그들이 '광동문화'라고 하는 개념을 어떻게 정의하고 사용했는지 파악하고자 한다.

마지막으로, 본서는 지방사 연구가 아니다. 여기에서 '광동'은 단지 개별적인 사례에 지나지 않는다. 필자의 연구 목적은 만청 이래 중국의 지방 문화관이 형성되는 과정을 이해하는 데 유용한 분석틀을 제시하는 데 있다.

직접적으로 말해서, 본 연구는 '광동문화'를 예로 들어 청 말 이래 중국의 '지방문화'를 하나의 명제이자 표현 언어로 간주하여 시대마다 어떤 권력의 상호작용 하에서 어떻게 서로 다른 내용이 취사선택되어 '지방문화'를 채우고 있는지를 탐구하고자 한다. 필자는 서두 부분에서 다음과 같은 사실을 지적했다. 이른바 '광동문화'에 대한 정의는 역대로 동일하지 않았고, 무엇을 '광동문화'라 할 것인가는 당시 사람들이 어떻게 정의하는가에 달려 있으며, 더욱 중요한 것은 어떠한 역사 · 문화적 환경에서 누가 권력과 자원을 가지고 있는가 하는 점이다.

앞에서 이미 언급했듯이, 광동문화에 대한 젠유원의 언급이 본 연구의 출발점이자 종착점이다. 그의 견해에 따르면 광동문화는 독특한 특색 · 특질 · 특징을 구비하고 있지만, 광동문화는 중국문화의 일부분인 까닭에 광동문화가 구현하는 것이 바로 중국문화이다. 시대를 거슬러 올라가 이 책의 구상을 설명하자면, 오늘날 우리에게 익숙한 '광동문화'에 대한 서술 방식이나 틀이 1930, 40년대 전후에 확립되었고, 그 형성 과정은 대략 1820, 30년대에 시작되었음을 논증하고자 한다. 다시 말하면, 본서의 논의는 주로 1820년대에서 1940년대 사이에 집중될 것이다. 약 백여 년 동안 지속된 이런 역사적 연속성은 '광동문화'라는 명제가 서술의 층위에서 발생한 중요한 변화뿐만 아니라, 관련된 역사 인물 간의 사승(師承) · 지연(地緣) · 인간관계 속에서 보다 잘 드러난다. '광동문물전시회'에 선정된 실물과 젠유원의 연구는 백여 년간의 역사적 흐름 속에서 과거의 문화를 계승하고 발전시키는 역할을 했다. 전시회의 실물이나 연구 문헌은 모두 순수하게 객관적인 '사실'이 아니라 일종의 신념을 대변한다. 이러한 신념을 떠받쳤던 것은 1940년대 이미 상당한 수준으로 발전한 지방문화 서술유형이었다. 이런 서술 방식은 지식인들이 만들어 낸 것이지만, 동시에 각종 경로를 통해 널리 전파되었다.

정리하자면, 거의 표준화된 지방문화 서술유형을 청 말 이래의 광동에 적용할 때 주로 다음과 같은 몇 가지 주제를 포함하고 있다.

첫째, 사상 문화와 학술적인 성취. 논자들은 영남의 사상 문화가 새로운 풍조를 선도했음을 부각시키며 영남문화가 중국 학술의 정통을 계승했다고 주장하는 것을 잊지 않는다. 따라서 대개 광동문화를 논할 때면 늘 혜능(慧能), 장구령, 진백사, 담약수로 거슬러 올라가곤 한다. 중간에는 한학의 대가 진례와 경세치용을 주장한 주차기를, 아래로는 캉유웨이, 량치차오, 쑨중산을 영웅으로 내세운다.

둘째, 중원 한인(漢人) 혈통이라는 정체성으로 귀착되는 족군(族群, '민족 지파[民系]'라고도 함)에 대한 구분. 현대의 광동문화를 논할 때 광동문화를 크게 '한족의 풍속 문화'와 '소수민족의 풍속 문화' 두 가지로 분류하며, 또한 방언에 따라 '광부[粵]', '객가', '조주' 세 그룹으로 나눈다.[96] 또한 각 족군의 역사와 문화적 특징에 관한 논술과 증거자료는 모두 해당 족군의 문화가 정통 한족혈통과 문화적 연원을 가지고 있다는 사실을 증명하는 데 초점이 맞추어져 있다.

셋째, 민간 풍속에 대한 내용. 영남지역의 혼인·장례·세시·음식 등 갖가지 민속은 과거에는 저급한 오랑캐 풍속으로 멸시받았지만, 점차 '광동문화'의 중요한 구성 요소로 승격되었다. 특히 광부화를 '광동 방언의 큰 형님'으로 간주하여 목어서·남음(南音)·월곡(粵曲)·함수가(鹹水歌) 등의 방언 문학이 점차 대아지당(大雅之堂)에 오를 기세로 그 위상이 상승했다. 최근 들어 조주와 객가의 민속문화 연구도 점차 활기를 띠고 있다.

---

96) '독자들이 체계적으로 영남의 역사 문화를 이해하고 영남의 과거와 현재를 인식하는 것을 돕는' 최근에 연속 발행되는 대형 총서 '영남문고'는 '광동의 삼대 종족을 위한 전기를 쓰려는' 계획을 하고 있다. 譚元亨, 「爲嶺南三大民系立傳的可喜開端」, 『廣州日報』, 1997.5.9.

오늘날 우리가 잘 알고 있는 '광동문화'의 기본적인 내용은 대략 20세기 전반기에 형성되었다. 제1장에서는 1940년에 처음으로 개최된 '광동문물전시회'에서 표현된 사실과 관념에서부터 논의를 시작할 것이다. 왜냐하면 이런 기본적인 내용이 전시회에서 집중적으로 구체화되었기 때문이다. 필자는 본서에서 지난 백여 년 동안 광동의 문인들이 지방에 대한 관심과 국가의식의 이중주 사이에서 어떻게 적절히 논조를 조절하며 자신들의 목소리를 덧붙이고, 자신들이 동일시했던 지역문화를 정의했는지 설명하고자 한다.

이 책은 상술한 세 방면의 내용으로 구성되어 있다. 첫 번째 주제에 대해서는 만청 시기 광동의 학술 발전과 그 위상을 분석 대상으로 삼아, 전국적인 문화의 주요 추세가 편벽된 곳에 위치한 광동에 연구기관이 건립되는 것을 통해 어떻게 공고화되었는지를 논의할 것이다. 또한 문화와 밀접한 관련이 있는 교육 시스템이 변화하자 기존의 교육 자원을 장악했던 지방의 지식인들이 어떻게 자신들의 공간을 적절하게 조정하고 구축했는지를 고찰하고자 한다. 민국 시기로 접어든 후 민족주의를 배경으로 하는 새로운 국가 관념과 함께 족군을 분류하는 관념이 어떻게 발생하였으며 인문사회과학 학과가 새로이 흥기하면서 지식인들이 민족주의를 전제로 하는 민속학적 시각을 통해 어떻게 지방문화를 바라보았는가를 분석할 것이다. 이 부분의 논의는 사실상 세 번째 주제와도 관련이 있다.

두 번째 주제인 중원의 한인 혈통으로 인정을 받았는지에 따라 종족을 분류한 것에 대해서, 필자는 청대 이래 광동지역의 지방지·문집·유기(遊記)·향토교과서 등의 문헌 자료를 통해 지식인들이 문화지리적 측면에서 어떻게 '광동'의 범주를 확정했는가를 고찰하고자 한다. 또한 이러한 정의가 청 말 서구의 종족 관념의 수입으로 인하여 어떻게 수정되고 사용되었는지를 살펴볼 것이다. 1940년대 말 수십 년 동안 새로운 국가 관념의 세례를 받은 후 새로 편찬된 지방지들이 언어와 내용면에서 어떻게 국가 관념과 지방 의식을 서술했을까? 세 번째 주제인 광동의 민간 민속과 관련된 문제에는 지방과 국가문화 속에서 방언의 위치도 포함된다. 필자는 따로 한 장을 할애하여 광부 방언 문헌을 주요 자료로 삼아 만청부터 민국 초까지 광부 지역에서 방언 문헌이 발전, 활용되는 상황을 집중적으로 논의하고자 한다. 또한 청 말 민국 초 중국에서 현대적인 국가 개념이 홍기하면서 방언의 위상에 나타난 미묘한 변화를 고찰할 것이다.

본서에서 주로 다루고 있는 시기는 제2장에서 제4장까지는 대략 청조 도광 연간에서 시작하여 청 말 민국 초까지, 제5장과 제6장에서는 1920~1940년대를 중점적으로 논하고자 한다. 사승 · 지연 · 인맥, 그리고 각종 서적과 인쇄물이 새로 출판되고 중복 간행되었기 때문에 '광동문화'에 대한 정의는 계속 변화했다. 도광 연간부터 1940년대까지 계승되어 중첩되는 부분도 많고, 새로 추가되고 재해석된 내용도 많다.

각도를 달리해서 말하면, 만청 이래 중국 지방 문화관의 연변을 고찰하는 것은 사실상 중국 지식인의 자기 정체성의 정의가 변화되는 과정을 살펴보는 작업을 의미한다. 만청에서 민국 시기에 이르기까지 중국 지식인은 '천하'에서 '국가'로의 이행 과정에 자신의 모든 것을 내맡겼다. 지식인의 바로 이런 특성 때문에 중국의 국가 관념과 지역 문화관 논술 사이에서 언제나 변증법적 관계를 유지하고 있었다는 점이 본서 전체에서 논증하려는 내용이다. 따라서 연구자들은 이런 현상을 단순히 이원 대립적인 관점에서 바라봐서는 안 될 것이다. 제7장 결론 부분에서 필자는 중국의 근대 지방 문화관의 형성과 관련된 지방·국가·문인·문화 등 몇 가지 개념을 새롭게 정의할 것이다. 또한 이후 중국의 지역문화의 형성 과정을 연구할 때 주목할 만한 몇 가지 방향을 제시하고자 한다. 필자가 본서에서 제시한 근현대 중국 지방 문화관의 형성과 관련된 몇 가지 명제와 역사적 전환점은 모두 일반적으로 받아들여지고 있는 것으로, 청 말 민국 초 각 성과 지역의 지방 문화관의 형성 과정을 연구하는 데 참고할 만한 분석의 틀을 제공할 수 있기를 바란다. 물론 다른 지방의 연구 성과가 필자의 분석틀에 비판을 가하여 보다 충실하고 완벽해질 수 있기를 기대한다.

제2장

영남지역의 중국화 과정

■ 한 지역의 문화를 설명하는 가장 일반적인 방법은 그 지역의 역사를 서술하는 것이다. 그런데 중국 지방사 서술에서 역대로 강조한 것은 '지방'의 역사라기보다 '국가'의 존재가 지방에서 어떻게 구현되었는지에 대한 역사라고 할 수 있다. 이런 의미에서 '국가'의 함의는 구체적인 문물제도이자 추상적인 의식 형태이다. '지방사'는 사실 그 지역 풍물에 대한 묘사와 그 지역 인물에 대한 범위 설정과 같은 방식으로 서술될 수 있다. 지방사에서 서술하는 내용은 지방의 구체적인 인간과 사물이 그들 머릿속에 들어 있는 국가문화, 국가 상징과 어떻게 연관되어 있는가 하는 점이다. 광동은 아주 좋은 하나의 전형적인 예를 보여 준다. 광동은 지리적으로 오령(五嶺)[1] 바깥쪽 외진

1) [역주] 원문에 '嶺外'라고 되어 있는데 이는 오령(五嶺) 이남 지역을 가리킨다. 오령은 대유령(大庾嶺) · 기전령(騎田嶺) · 도방령(都龐嶺) · 맹저령(萌渚嶺) · 월성령(越城嶺)을 말한다. 이들은 모두 남령(南嶺) 산맥에 위치하고 있으며 강서성 · 호남성 · 광동성 · 광서성 사이에 걸쳐 있다.

곳에 위치하고 있어 역대로 미개한 지역으로 간주되어 왔다. 바로 그런 이유 때문에 한(漢) 이후 오늘날의 지방 문헌에 이르기까지 항상 이 지역에서는 '문명'적인 중원문화와의 연관성을 특히 강조하려고 했다. 여러 세대를 거치며 학자들이 확립한 광동지방 역사서술은 오령 밖의 황무지가 점차 문명개화되어 문화적으로 중국 역사의 중요한 일부가 되었다는 것이다. 우리가 이런 역사 해석을 하려 할 때 근거로 삼는 자료는 대부분 글로 썼거나 인쇄된 문헌이다. 대부분 지식인의 손에서 나온 사료들이 주로 반영하고 있는 것도 지식인의 지방 문화관이다. 우리가 시선을 아래로 돌려 통속적인 출판물이나 평범한 백성들의 집에서 다른 단서를 찾고자 지식인 이외의 사람들이 보고 느낀 것을 살펴보려고 해도, 중국 사회의 문자에 대한 미신과 사대부 문화의 광범위한 영향력을 고려하지 않으면 안 된다. '하층민'들의 문자 자료가 반영하고 있는 것도 여전히 사대부가 주도하는 서면화된 전통이 드러내는 천하, 국가, 지방의 문화관이란 사실을 항상 자신에게 환기시켜 경계하지 않으면 안 된다.

광동인의 범위

광동을 약칭으로 '웨(yue)', 즉 '월(粤)'이라 하고 광동인을 '월인'이라 부른다. 이 명칭은 고대 '백월(百越)'[2]의 '월'에서 기원한 것으로 전해지는데 '월(粤)'과 '월(越)'의 발음이 '웨'로 상통하기 때문이다. 명대 광동의 학자 구대임(歐大任)의 저서 『백월선현지(百越先賢志)』는 주(周)부터 당

2) [역주] 오늘날 절강성·복건성·광동성·광서성 등지에 분포해 살고 있던 고대 남방 월인(越人)에 대한 총칭이다.

대(唐代)까지 백월 출신의 선현 백여 명의 전기를 기록하고 있다. 그의 의도는 백월 사람들이 양기가 성하여 인문의 전통을 이루게 되었음을 드러내려는 데 있다. 그는 "월(粵)과 월(越)은 같은 것이다"라는 말로 영남지역을 고대 월(越) 문화의 전통 속으로 재치있게 귀속시켰다. 예를 들어 『사기(史記)』에서 월(越) 자로 썼던 곳을 『한서(漢書)』에서는 대개 월(粵) 자로 쓰고 있는 것처럼, 많은 고대 문헌에서 월(粵)과 월(越)은 분명 통용되었다. 하지만 대부분의 문헌에서 월(粵) 자를 쓸 때와 월(越) 자를 쓸 때 중점적으로 가리키는 지역은 달랐다. 월(粵)은 대개 오령 이남 지역을 가리킨다. 월(越)은 고대 양주(揚州)[3]에 속하던 백월 지역을 가리키는데 지리적인 범위가 오늘날 절강성 · 강서성 · 복건성 · 호남성 · 호북성 · 광동성 · 광서성 지역을 포괄한다. 구대임은 『백월선현지』「자서(自序)」에서 이렇게 말하고 있다. "월(粵)과 월(越)은 같은 것이다. 『상서(尚書)』「우공(禹貢)」과 『주례(周禮)』「직방(職方)」에서 양주는 그 경계가 오령 밖 바다에 이르는데 모두 월(越)의 남방 후예들이다."[4] 이 글은 영남지역이 『상서』「우공」과 『주례』「직방」의 기록에서 이미 양주 지역에 포함되어 있다는 인상을 준다. 하지만 실제로는 그렇지 않았다. 구대임은 모호한 말로 영남지역을 고대의 양주로 편입시키면서 매우 논리적인 듯이 영남의 월(粵)과 강남(江南)의 월(越)을 하나로 혼용하고 있다.

중국 고대 문헌에서 남방의 월인(越人)은 하(夏) 왕조 우왕(禹王)의 6대손인 소강(少康)의 서자 무여(無餘)[5]의 후손이다.[6] 이는 백월(百

---

3) [역주] 오늘날 강소성 양주시를 가리키는 것이 아니다. 『상서(尚書)』「우공(禹貢)」에 기록되어 있는 구주(九州) 중 하나인 양주(揚州)를 가리킨다. 참고로 구주는 기주(冀州) · 연주(兗州) · 청주(青州) · 서주(徐州) · 양주(揚州) · 형주(荊州) · 양주(梁州) · 옹주(雍州) · 예주(豫州)를 말한다.

4) 歐大任, 『百越先賢志』, 「自序」, 『叢書集成』版.

5) [역주] 우 임금이 천하를 주유할 때 월(越) 지역에 와서 모산(茅山)에 오르니 사방의 신하들이 그를 알현하러 왔다. 우 임금은 공적이 있는 신하들에게 작위와 영

越)과 화하(華夏)[7]의 정통을 연계시키는 전설이다. 만약 영남지역의 월인(粤人) 역시 백월 중 하나라면 그 연원은 자연스럽게 화하 정통과 연결되는 것이다. 하지만 전설 속의 백월이 하 왕조 우왕의 후예라고 하더라도 무여는 월 지역에 책봉된 후에도 여전히 "몸에 문신하고 머리카락을 자르고 잡초들을 헤쳐 마을을 이루고 살았다."[8] 따라서 후대 중원지역 사람들이 보기에 그 후손들은 여전히 미개한 오랑캐였다.[9] 월(越)이든 월(粤)이든 역대 문헌에서는 항상 개화되지 않았다는 함의를 내포한 명칭이었다. 무여가 월(越) 지역에 책봉된 전설의 논리를 따르자면 백월 지역과 화하 문화 정통의 연관성은 끊임없는 중원 이주민을 통해 유지되고 강화되었다. 특히 재미있는 것은 이런 역사 해석의 논리에서 전대의 이주민이 오령 밖으로 넘어와 시간이 오래되면 점차 미개한 오랑캐로 변한다는 점이다. 그렇지만 또한 새로운 이주민이 중원의 풍속을 가져와 오령 밖을 중원화시키기도 한다. 이런 역사관에 기초하여 청대 초 광동의 유명한 학자 굴대균(屈大均, 1630~1696)[10]은 『광동신어(廣東新語)』에서 월인(粤人)의 신분 문제에 대해 매우 훌륭한 주장을 하였다.

토를 하사한 후 월 지역에서 사망하였다. 소강은 우 임금 사당의 제사가 끊어질까 봐 서자를 월(오늘날 절강성의 會稽) 지역에 책봉하고 호를 무여라 했다.

6) 후한(後漢) 조엽(趙曄)의 『오월춘추(吳越春秋)』, 卷6, 「월왕무여외전제육(越王無餘外傳第六)」(『四部備要 · 史部』, 上海: 中華書局)에 보인다.

7) [역주] 중국 최초의 왕조는 하(夏) 왕조로 알려져 있다. 고대 황하 유역 일대에 거주하던 사람들은 스스로를 '화하(華夏)' 혹은 간략하게 '화(華)' · '하(夏)'라 했다. 화하란 말은 『좌전(左傳)』에 처음 나온다.

8) 司馬遷, 『史記』, 卷41, 「越王句踐世家第十一」, 北京: 中華書局, 1975.

9) 『사기』, 권114, 「동월열전제오십사(東越列傳第五十四)」에 이런 기록이 있다. "태사공이 말했다. '월이 미개한 오랑캐이지만 그 선조가 백성들에게 큰 공덕이 있었나 보다. 어찌 그토록 오래 나라를 유지했는가?'"

10) [역주] 광동 반우(番禺) 사람으로 명 말 청 초의 유명한 학자이자 시인으로 진공윤(陳恭尹), 양패란(梁佩蘭)과 함께 '영남 삼대가'라 불렸다.

진시황이 도망자들, 노비, 상인들을 보내 양월(揚越)[11] 지역을 빼앗도록 하고 귀양을 보낸 자들도 월(越) 지역 사람들과 같이 살게 했다. 또한 옥리 중 정직하지 않은 자들에게 남방 월 지역에 성을 축조토록 했다. 그리고 일부 군대를 도시 반우(番禺)에 주둔시키고 일부는 요새 대산(臺山)을 지키게 했다. 임효(任囂, ?~B.C. 206)[12]와 위타(尉佗, ?~B.C. 137)[13]가 이끄는 함선의 병사 10여만 명과 그 후손들은 모두 월 지역에서 가정을 이루고 자손을 낳아 양육했다. 그래서 임효가 위타에게 "중원 사람들이 많은 도움을 주었다"라고 말한 것이다. 지금 월인(粤人)들은 대부분 다 중원지역 후손으로 진한(秦漢) 이래 나날이 번성하여 중원의 훌륭한 기풍을 잃지 않았다. 머리카락을 자르고 몸에 문신했던 월인(越人)들은 사실 오늘날 요(傜)·동(僮)·평종(平鬃)·랑(狼)·려(黎)·기(岐)·단족(蛋族)들이다. 타지역인 중원에서 온 사람들이 오랑캐 풍속을 바꾸었으니 이는 진시황의 큰 업적이라고 할 수 있다. 하지만 위타가 왕이 된 후 예악으로 자신과 백성들을 다스리지 않고 여전히 머리카락을 정수리에 붙들어 매고 두 다리를 뻗고 앉았다. 그가 오랑캐의 왕이 된 후 서구왕(西甌王)[14]·낙왕(駱王)·월왕(越王)과 한통속이 되어 남월 사람들로 하여금 90여 년 동안 위대한 한족 문화에 교화되지 못하도록 했으니 이는 위타의 큰 죄이다. 월(越)은 진시황 때 한 번 변했고

---

11) [역주] 양월(揚粤)이라고도 한다. 원래 고대 백월(百越)의 한 지파인데 전국 시기부터 위진(魏晉) 시기까지는 월인에 대한 범칭으로 사용되었다. 거주 지역에 대해서는 고대 양주 지역, 영남 지역, 장강(長江) 한수(漢水) 일대 등 학자마다 차이가 있다.

12) [역주] 진(秦)나라 장수로 기원전 222년 영남지역을 공격했지만 실패했다. 기원전 214년 조타(趙佗)와 함께 영남지역을 통일하여 최초로 남해군위(南海郡尉)에 임명되었다. 반우에서 병으로 죽었다.

13) [역주] 조타를 가리킨다. 남해군위란 관직을 지냈기에 위타라 했다. 임효와 함께 진시황의 명을 받고 영남지역을 평정한 후 남해군(오늘날 광주시) 용천(龍川) 현령이 되었다. 진나라가 멸망한 후 스스로 남월왕이 되었으며 한(漢) 고조(高祖)가 그를 정식으로 남월왕으로 책봉했다. 『사기(史記)』「남월열전(南越列傳)」에 그에 관한 기록이 있다.

14) [역주] 서월(西越), 혹은 구월(甌越)이라고도 한다. 『장족통사(壯族通史)』에 따르면 전국 시기 말 월인(越人)의 한 지파가 절강 동부 구강(甌江) 유역에서 활동했는데 이를 동구(東甌)라 했다. 당시 영남지역의 계강(桂江)과 심강(潯江) 유역에 거주하던 월인 부락을 동구와 구별하여 서구(西甌), 서월이라 했다.

한 무제(武帝) 때 다시 한 번 변했다. 중원 사람들이 이 지역을 부유케 하고 교화시켜 오늘날에 이르러 자립할 수 있게 한 것을 모르겠는가?[15)]

굴대균은 이 단락에 '진짜 월인(眞粵人)'이라는 제목을 붙이고 있다. 그는 이 글에서 '월(越)'·'진짜 월인(眞越人)'·'남월인(南越人)'을 '중원 사람'·'월인(粵人)'과 구별하고 있다. 전자는 그 지역 토착민을 가리키고, 후자는 선조가 중원지역에서 온 중원 민족의 후손을 가리킨다. 굴대균의 설명에 따르면 지경 밖의 땅이었던 광동지역에 중원 사람들이 도착하면서 오랑캐 풍속을 바꾸고 나날이 번성하게 하였다. 만약 남월왕 조타가 오랑캐의 우두머리가 되지 않았다면 그 발전 과정은 더 빨랐을 것이다. 굴대균의 말 중에서 제일 재미있는 부분은 그가 당시 "요(徭)·동(僮)·평종(平鬃)·랑(狼)·려(黎)·기(岐)·단족(蛋族)들"을 "대부분 다 중원 민족의 후손인 월인(粵人)"과 구분하여 월인(粵人)과 미개한 오랑캐의 경계선을 명확히 하고 있다는 점이다. 이렇게 '이주민들의 번성'을 광동문화가 진보한 원인으로 해석하고, '토착민들이 여전히 존재하지만' 광동문화는 '중원과 차이가 없으며', 그럼에도 중원과 완전히 같을 수는 없는 이유를 설명하는 것은, 이후 광동지방사 서술에서 일관적인 이중 수사법이 되었다. 명청 이후 역대 지방지와 문인의 저술에서 영남지역의 중원화 과정에 관한 이런 역사 해석은 부단히 부연 논증되어, 영남지방 역사를 설명하는 하나의 전형적인 표현 방식으로 고착화되었다.

이런 역사 해석에 대한 권위는 역대 지방지 기술에서 강화되었다. 명대부터 청대까지 『광동통지(廣東通志)』는 모두 6차례 편찬되었다. 처음 가정(嘉靖) 14년(1535)에 대경(戴璟)이 편찬한 『광동통지초고(廣

---

15) 屈大均, 『廣東新語』, 北京: 中華書局, 1974, 232쪽. 강조는 필자가 덧붙인 것이다.

東通志初稿)』, 이후 가정 40년(1561) 황좌(黃佐, 1490~1566)의 『광동통지』, 만력(萬曆) 30년(1602) 곽비(郭棐, 1529~1605)가 다시 수정한 『광동통지』가 있다. 청조가 들어선 후 『통지』는 강희(康熙, 1675)와 옹정(雍正, 1731) 연간에 두 차례 수정되었고, 마지막으로 도광(道光) 2년(1822)에 간행된 완원(阮元, 1764~1849)이 주관하여 편찬한 『광동통지』가 있다. 광동의 역사 문화에 관한 기술은 가정 연간 황좌가 편찬한 『광동통지』에 이미 대략적인 윤곽이 보이며, 도광 연간 완원의 주관으로 『통지』를 편찬할 때 더욱 체계화되었다. 지방지에서 지방문화의 특성을 가장 직접적으로 드러내고 있는 대목은 '풍속'장이다. 도광 『광동통지』「풍속」장을 보면 눈에 띄는 것이 '월인(粤人)' · '월인 풍속'을 비롯하여 '월'자로 시작되는 단어들이다. 이런 용어는 아주 쉽게 사람들에게 여기서 서술하려는 내용이 독특한 지방문화일 거라는 인상을 준다. 또 '우리 월(吾粤)'과 같은 용어는 더욱 의식적으로 집단의 정체성을 표현하고 있다. 이런 지역적 특성이나 지역민들의 의식은 다른 지역과의 비교에서 더욱 분명해진다. 예를 들어 도광 『광동통지』에서는 소주부(韶州府) 영덕현(英德縣)을 언급하며 『영덕현지』를 인용해 다음과 같이 말하고 있다. 지역의 "풍속이 순박하고 『시경(詩經)』과 『서경(書經)』을 잘 알며 과거 합격자도 대대로 적지 않다. 명대 초 이 지역에는 거주민이 없었는데 성화(成化) 연간에 주민들이 복건성 상항(上杭)이나 강우(江右)[16]에서 와 호적에 이름을 올린 자가 있었다. 이 지역의 풍속은 월(粤)의 풍속과는 다르다." 이를 통해 볼 때 영덕현이 월의 지경 내에 있지만 초기의 풍속은 '월의 풍속'으로 분류될 수 없었음을 알 수 있다. 그렇지만 지방 문헌에서 월(粤)의 개념

16) [역주] 역사적으로 강우(江右)는 강서성의 별칭이다. 하지만 명대 이주민이 호남 동부 · 호북 동남부 · 안휘 서남부 · 복건 서북부 등지로 확산되면서 그 개념도 감어(贛語) 분포 지역으로 넓어졌다.

이 포함하고 있는 범위가 결코 고정불변한 것은 아니었다. 지역 명칭으로서 월(粤)은 광동 전체를 가리키지만 명청 이래로 월이 어떤 사물의 수식어로 쓰일 때 이 글자는 종종 광부(廣府) 방언[17]을 대표로 하는 문화 범위만을 지칭하는 데 사용되었다. '월어(粤語)'는 일반적으로 광부화(廣府話)만을 가리키며, '월인'은 대개 '월어'를 하는 사람들만을 가리킨다. 도광 『광동통지』에서는 광주부 사람을 '월인'이라 하고 다른 부 사람들에게는 '월인'이란 명칭을 붙이지 않고 있다. 조주부(潮州府) 사람들은 '조인(潮人)', 혜주부(惠州府) 사람들은 '혜인(惠人)', 소주부(韶州府) 사람들은 '소인(韶人)'이라 부르고 있다.[18] 방언의 차이는 각 부·현 지방지와 문헌들에서 더욱 분명하게 나타나는데, 조주부가 가장 두드러진 예이다. 『광동신어』「월가(粤歌)」에서는 조주 사람들의 가곡 전통을 별도로 한 절 할애해 기술하고 있는데 다음과 같은 내용이 있다. "조주 사람들이 방언으로 남곡과 북곡을 노래하는 것을 조주희(潮州戲)라고 한다. 조주 방언은 복건 방언과 비슷한데 말은 있지만 문자는 없다."[19] 이를 보면 적어도 언어적인 측면에서 조주 방언이 복건 방언과 비슷해 월 방언으로 분류될 수 없다고 여겼음을 알 수 있다. 광서(光緖) 연간에 나온 『월유소지(粤遊小志)』「풍속」편 도처에도 조주 풍속이 월 풍속과 다름을 대비하고 있다.[20]

물론 이런 분류가 조주와 혜주, 소주 등지에 광부인[21]이나 광부화

17) [역주] 광부화는 광동화(廣東話)·광주화(廣州話)·백화(白話)·당화(唐話) 등으로 불리며 중국에서 보통화 다음으로 일상생활에서 많이 사용되는 방언이다. 광부화는 광동·광서·홍콩·마카오를 비롯하여 동남아·북미·영국 등 화교권에서도 광범위하게 사용되고 있는 방언이다.

18) 道光『廣東通志』, 卷92, 1988, 1791, 1793, 1795쪽.

19) 屈大均, 『廣東新語』, 361쪽.

20) 張心泰, 『粤遊小志』, 卷3, 夢木某僊藏板, 光緖 25年(1899) 序文.

21) [역주] 협의적인 개념으로 광부인은 광주를 중심으로 주강(珠江) 삼각주와 주변

를 구사하는 사람이 없음을 말하는 것은 아니다. 하지만 명청 시기 수많은 지방 역사 서적에서 오늘날 광동 전체, 심지어 광서 지역까지를 포괄하여 '월(粤)'이란 명칭을 사용했다는 것은 부인할 수 없는 사실이다. 이따금 협의적으로 광주부를 중심으로 하는 광부화 지역을 지칭하는 개념으로 사용되었을 뿐이다. 나아가 만청 시기에 편찬된 현지를 살펴보면 『남해현지(南海縣志)』에서만 '월 풍속(粤俗)'이란 말을 사용하고 있다.[22] 수많은 다른 현지에서는 모두 '월'이란 수식어를 써서 그 풍속이 귀속되는 지역을 표현하지 않았다. 예를 들어 반우(番禺)와 같은 부근 현의 현지에서도 "반우는 광주부에 속한다"는 사실을 언급하면서 반우의 풍속이 월의 풍속과 동일한지 여부를 강조하지 않고 있다.[23] 순덕(順德)의 상황을 봐도 함풍(咸豊, 1859) 『순덕현지』의 기술에 따르면 "순덕은 남해로부터 분리되었는데 남해 풍속과 순덕의 풍속은 동일하다." 흥미로운 것은 민국(1929) 『순덕현지』를 편찬하면서는 이런 대비를 애써 반박하고 있다는 점이다. "지방의 풍속은 지리적 환경에서 차이가 나고 풍속도 다를 수 있다. 곽여성(郭汝誠)의 지방지에서는 순덕이 남해에서 분리되어 남해나 순덕의 풍속이 동일하다고 했지만 완전히 그런 것은 아니다. 오늘날 순덕의 풍속은 부근 읍과 같은 점도 있지만 순덕만의 특색도 가지고 있다."[24] 여기에서는 순덕의 특색을 명확히 부각시키고 있다. 여러 지방지 서술을 보면 남해가 월문화의 중심이라 생각하고 있었음을 알 수 있다.

지역에 분포하며 광부화를 쓰는 사람을 지칭한다. 그들의 선조는 원래 주(周)나라 사람이고 당대(唐代) 이후 새로 광동에 들어온 북방 한족 후손들로 알려져 있다.

22) 宣統『南海縣志』, 卷4, 20쪽.

23) 同治『番禺縣志』, 卷6, 4~5쪽.

24) 民國『順德縣志』, 卷1, 16쪽.

이는 지방지에서 서술하고 있는 광주부의 역사와도 무관하지 않으니, 오늘날 광동지역에 설치된 최초의 상징적인 제국 통치의 행정 단위는 기원전 214년 진시황이 설치한 남해군이었다. 당시에는 광동이나 광주와 같은 명칭은 아직 출현하지 않은 상태였다.

명이나 청 초의 문헌에서 '월인(粵人)'이나 '월지(粵地)'와 같은 용어가 사용될 때 그 말의 정의는 후대의 문헌에 비해 상대적으로 느슨하고 복합적인 의미를 띠고 있다. 이후로 지방 문헌에서 저자가 '광인(廣人)'이란 말을 썼을 때 그것은 대개 광주부 사람을 가리킨다. 마찬가지로 '조인(潮人)'이나 '소인(韶人)', '혜민(惠民)'과 같은 용어를 썼을 때 그것은 대체로 행정 구역을 기준으로 한 호적이나 지역 명칭을 뜻한다. 청대 중기 가응주(嘉應州)가 조주부에서 분리되기 이전에 '조인'이란 말은 심지어 정향(程鄕), 대포(大埔) 등지의 주민, 나중에는 자칭 객가인(客家人)이라는 사람들을 포함하였다. 하지만 명대 중엽 이후 성도(省都)를 중심으로 활동하는 광부인이 광동 대부분의 정치 경제적 자원은 물론 지방 역사의 편찬까지도 통제하게 되었다. 광부인이 '월인'이란 말을 사용할 때 그 말 속에는 당연히 자신들을 중심에 놓았다. 상호 대비되는 참조 체계가 갖추어지지 않았을 때 '월인'이란 말은 비교적 넓은 개념의 포괄적인 의미로 사용되었다. 하지만 조인이나 객가인이 강렬한 자기공동체 의식을 가지게 되면서, 광부인이 정의하는 '월인'이란 말도 점차 '광인(廣人)'만을 지칭하는 말로 변한 듯이 보인다.

광부(廣府) 지역은 광동 역사서술에서 핵심적인 성격을 띠고 있는데, 그것은 광주가 광동의 성도(省都)이자 문화의 중심지이기 때문이다. 또한 명청 시기 광주부의 핵심 지역이었던 주강 삼각주의 부상과도 직접적인 관련이 있다. 명대 중기부터 주강 삼각주의 경제가 발전하면서 주강 삼각주의 농업, 수공업, 무역이 빠르게 성장하였고 물산이 풍부해졌으며 인구도 급격히 증가하였다. 광동지역에서 광부인의 정치, 경제, 문화에 관한 핵심적인 위치는 더욱 공고해졌다. 지역 지식인들의 그 지역에 대한 정서에도 큰 변화가 생겼다. 그 지역 출신 지식인들이 날로 증가하면서 경전, 역사에 정통한 일군의 학자들이 출현하였다. 대량의 지방 문헌들이 이 시기에 무수히 쏟아져 나왔다. 명대 이후로 광동 성지(省志)와 수많은 부지(府志), 현지(縣志)들이 모두 광부인들에 의해 편찬되었다. 이때부터 광동 역사와 문화에 대한 발언권이 주로 광부인의 손에 의해 장악되게 되었다. 이 책에서 이런 발전 과정을 상세하게 기술할 수는 없지만, 가정 『광동통지』를 편찬한 황좌(黃佐) 가문과 그 개인의 성취를 살펴보면, 명대 광부 지역 사대부가 흥성하는 과정에 관한 하나의 축소판을 이해할 수 있다. 이 장의 논의를 통해 영남지역에 관한 역사서술과 해석 유형에 있어서 황좌가 큰 공헌을 했다는 것을 알 수 있을 것이다. 제2장 처음 부분에서 언급했던 『백월선현전』을 지은 구대임은 황좌의 제자로 『광동통지』 편찬 사업을 도왔던 학자이다.

황좌(1490~1566)는 자가 재백(才伯), 향산(香山) 사람이다. 그가 기술한 조상의 역사에 따르면 선조는 원대(元代) 서대어사(西臺御史)를 지냈는데 직언을 했다가 황제의 뜻을 거스러 영남으로 폄적되었고 도중에 사망하였다. "그의 아들 황종간(黃從簡)은 고아로 광주에 들어와 남해의 서호(西濠)에 거주했는데, 그가 이곳에 처음 이주해 온 선조이다." 원말 황종간은 하진(何眞, 1321~1388)[25]을 따라 병사를 일으켰다. 이를

25) [역주] 자는 방좌(邦佐), 광동 사람이다. 8살 때 부친을 잃고 모친 섭씨(葉氏)의 손에 의해 길러졌다. 원나라 관리가 되어 영남지역을 지키다가 주원장(朱元璋)에게 투항해 동관백(東莞伯)으로 책봉되었다.

통해 그가 명 초에 귀의한 군적(軍籍) 출신의 가문이었음을 알 수 있다. 황좌의 고조 황온덕(黃溫德)은 황종간의 손자로 명 초 향산위(香山衛)에 파견 근무하였다.[26] 손자 황유(黃瑜)는 명 경태(景泰, 1450~1456) 연간에 향공진사(鄕貢進士)[27]로 나중에 장락(長樂) 지현에 임명되었다. 그는 반우(지금의 광주)에 살았는데 저서로 『쌍괴집(雙槐集)』과 『쌍괴세초(雙槐歲鈔)』가 세상에 전해진다.[28] 황좌의 부친 황기(黃畿)도 유명한 학자였다. 이런 가정에서 태어난 황좌는 어려서부터 경전과 역사를 공부하여 정덕(正德) 연간에 향시(鄕試)에 1등으로 합격했고 가정(嘉靖, 1522~1566) 초 진사가 되었다. 남경국자감좨주(南京國子監祭酒)를 지낸 그는 리학(理學)으로도 유명했지만 사학 분야에서 탁월한 성취를 드러냈다. 『혁제유사(革除遺事)』와 같은 역사서 외에 지방 역사 편찬의 기풍을 열고 규범을 제시하기도 했다. 중요한 지방 역사 저작으로 『광동통지』70권, 『광서통지』60권, 『광주부지』60권, 『향산현지』8권, 『광주인물전』 등이 있다.[29] 그 가운데 초기의 저작 『광주인물전』 '범례'에서 "삼국시대 오(吳)나라 육윤(陸胤)이 편찬한 『광주선현전』에는 창오(蒼梧), 교지(交趾)[30] 사람이 많아 잘 알 수가 없지만 모두 부록에 기록해

---

26) 黃培芳, 『黃氏家乘』, 卷4, 1~2쪽, 「事迹」上, 「郡志自述先世行狀(文裕公 撰)」. 황종간이 하진을 따라 병사를 일으킨 사건에 대해서는 가정(嘉靖) 『광동통지』, 권59, 1쪽에서도 찾아볼 수 있다.

27) [역주] 향공진사란 말은 당대(唐代)에 처음 출현한다. 지방관이 향시(鄕試)와 부시(府試) 합격자 일부를 추천하여 예부(禮部)에서 실시하는 진사과에 참가하도록 하는데, 그때 진사 시험에 합격하지 못한 자를 일러 향공진사라 했다.

28) 사정거(謝廷擧)의 「명고문림랑지장락현사쌍괴황공행장(明故文林郎知長樂縣事雙槐黃公行狀)」(弘治10년)은 황유의 『쌍괴세초』(北京: 中華書局, 1999)에 수록되어 있다.

29) 황기와 황좌의 전기는 황배방의 『황씨가승』, 권3, 7~9쪽에 보인다. 이 책은 도광 27년 광주 순연당(純淵堂)에서 간행되었다.

30) [역주] 고대 지명으로 지금은 베트남 사회주의 공화국이 있는 곳이다. 교지란 지명은 남월(南越) 시대에도 있었다. 기원전 111년 한 무제는 남월국을 멸하고 지금의 베트남 북부 지역에 교지, 구진(九眞), 일남(日南) 세 군을 설치하여 직접

둔다"[31]라고 말하였다. 이를 통해 황좌가 생각하는 '광주'는 명대 광동의 범위로 제한되어 있었음을 알 수 있다. 『광주인물전』에 서문을 쓴 요래(姚淶)는 다음과 같이 말하였다. "나와 황 선생은 모두 사관이다. 세상의 사관인 자가 모두 이런 책을 짓는 것은 아니다. 황 선생이 이 책을 쓴 것은 고향을 생각하는 마음이 깊기 때문이다."[32] 황좌는 지방문헌 편찬을 통해 비교적 체계적으로 광동지역 역사에 관한 해석을 하고 있다. 이것은 지역에서 성장한 지식인들의 그 지역 역사·문화에 대한 의식이 제고되었음을 보여 준다.

명대 정덕·가정 연간에는 황좌 외에도 광주부에서 조정의 정치·학술 방면에서 상당한 영향력을 행사한 관리들이 출현하였다. 예를 들면 양저(梁儲, 1451~1521), 곽도(霍韜, 1487~1540), 담약수(湛若水, 1466~1560), 방헌부(方獻夫, ?~1544) 등이다. 이들은 지위와 권세가 높았는데 특히 곽도와 방헌부는 '대례 논쟁'[33]에서 가정(嘉靖) 황제를 지지하여 일순간에 권력과 지위가 높아졌다. 그들은 심지어 이 논쟁으로 확보하게 된 유리한 위치를 이용해 가문의 사당을 재건할 것을 주장하고, 종족 관념을 강화하여 권력을 보다 공고히 하려 했다. 명대는 광동 사대부들이 높아진 개인의 지위를 이용해 지방의 질서와 왕조의 질서를 결합시키고자 한 중요한 시기였다.[34] 명대 광동 사대

적으로 통지하였나.

31) 黃佐, 『廣州人物傳』, 「凡例」, 廣州: 廣東高等教育出版社, 1991, 6쪽.

32) 앞의 책, 1~2쪽.

33) [역주] 명 세종(世宗) 주후총(朱厚熜)이 지방 번왕(藩王)에서 황제의 자리에 오르자 황실의 정통 문제를 놓고 논쟁이 벌어졌다. 쟁점은 세종의 생부인 주우원(朱佑杬)의 존호(尊號)를 어떻게 불러야 옳은가 하는 문제였다. 하지만 사실 세종은 이 대례 논쟁을 통해 양정화(楊廷和) 등 선조 때의 대신과 언관들을 공격하고, 자신의 통치를 확고히 하려는 목적이 있었다. 이 사건은 가정제(嘉靖帝)가 즉위한 초기인 정덕(正德) 16년(1521)에 시작되어 가정 17년(1538) 세종의 일방적인 승리로 끝이 났다.

34) 이에 관한 논의는 다음을 참고하라. David Faure, "Becoming Cantonese, the M

부들과 광동지역의 위치 상승은 중앙정부의 지방에 대한 통치능력 강화와 관련이 있다. 명대 중앙정부의 통제능력 확장은 상명하복과 같은 통치 방식의 결과였다. 동시에 지방 세력이 그 지역 자체적으로 움직여 국가의식 형태와 왕조 정책에 주동적으로 협력하려 했던 결과이기도 했다.[35] 명대 중기 광부지역 사대부의 세력이 상승하고 그들이 재빨리 지역에서 국가 정통, 왕조 질서에 협력하는 사회를 만들려 하면서, '월' 혹은 '월인'에 대한 정의는 고대 '백월'이 함축하고 있던 미개한 오랑캐라는 의미에서 벗어나게 되었다. 그리고 이런 변화는 광동의 '귀화' 과정에 관한 일련의 역사서술을 통해 실현되었다.

가르쳐 교화시키다

지방지에서 그 지역문화 변천에 관한 역사는 주로 지역 풍속에 관한 변천 과정을 통해 기술된다. 이런 지방 풍속의 기록은 지역의 특색을 설명하려는 것이지만 그 의도는 지방 '교화'의 목적을 실현하려는 데 있다. 이른바 "정치의 핵심은 풍속을 바로잡는 것이 최고이다."[36] 때문에 명청대 지방지 「풍속」장에서 한 지역의 풍속에 대한 평가는 대개 중원의 예악 문명에 기준을 두고 있다. 그런데 실제 지방문화는 추상적인 '중원의 예악'과 항상 어느 정도 차이가 있기 때문에 지방지에서 지방의 풍속을 언급할 때 모순과 긴장 상태에 직면하게 된다. 지방 풍속과 '중원 예악'과의 일치성을 강조한다면, '월 풍속'이나 '조주 풍속'과 같은 상

---

ing Dynasty Transition".

35) 이에 관한 논의는 다음을 참고하라. 劉志偉, 『在國家與社會之間: 明淸廣東里甲賦役制度硏究』, 廣州: 中山大學出版社, 1997.

36) 應劭, 『風俗通義』, 「序」, 上海: 上海古籍出版社, 1990, 3쪽.

이한 지역의 풍속이 각각의 특색을 지니고 있다는 것을 어떻게 드러낼 것인가? 지방 풍속과 중원 예악의 차이를 강조한다면, 그 지역이 아직 개화되지 않았다고 말하는 것이나 다름없는 것이 아닌가? 지방지 편찬자가 이런 문제를 의식하고 있었던 지와는 상관없이 그들은 모두 부지불식간에 문화 침투론이나 진화론적인 설명으로 모순을 해결하려고 하였다. 가정 연간에 나온 황좌의 『광동통지』「풍속」장에서는 매우 간명한 역사기술 방식으로 광동 문명교화의 역사를 파노라마식으로 묘사하고 있다.

> 한대(漢代), 월인의 풍속은 서로 싸우기를 좋아했다. 진(秦)나라 때 중원지역의 백성들을 이주시켜 백월(百越) 사람들과 같이 살도록 했다.
>
> 진대(晉代), 남방은 기후가 덥고 습기가 많으며 전염병이 많았다. …… 사치를 없애고 절약에 힘써 남방 지역이 크게 달라졌다.
>
> 남조(南朝), 거주민은 많지 않았고 이료(俚僚)[37]라 불리는 부족들은 난잡했지만, 물자를 장악하여 그 부유함이 열 세대에 이어졌다.
>
> 수대(隨代), 지대가 낮고 습기가 많아 전염병이 많았다. 사람들은 날쌔고 사나우며 머리카락을 정수리에 붙잡아 매고 두 다리를 뻗고 앉으니 예전의 풍속이 변하지 않았다.
>
> 당대(唐代), 마을에 안개가 걷히자 청춘 남녀가 구름처럼 쏟아져 나와 노래를 하는데, 인의를 거스르는 행동을 하는 백성도 있었다. 중원의 풍속도 섞여 있었다.
>
> 송대(宋代), 해상 선박을 통한 무역과 상인들의 교류가 집중되었다. 부정한 신에 대한 제사를 숭상하였고 전염병이 많았다. …… 백성과 물자가 해마다 증가하였고 교화도 날로 널리 퍼지게 되었다.

37) [역주] 고대 광서성 지역에서 활동하던 사람들을 낙월(駱越), 혹은 서구(西甌)라고 했다. 서구는 복건이나 절강성 일대에 살고 있던 동구(東甌)와 구별되는 명칭이다. 서구·낙월과 밀접한 연관성이 있는 부족은 동한(東漢) 시기에 출현한 오허(烏滸), 위진과 수당대의 이료(俚僚), 송대 이후의 동(僮)·량(俍)·사(沙)·농(儂), 그리고 오늘날의 장족(壯族)이다.

원대(元代), 오늘날 교주(交州)와 광주는 고대의 추(鄒)·노(魯) 지역에 버금간다 하겠다.

명대(明代), 옷차림과 예악이 중원과 차이가 없다. 화려한 명성은 날로 높아지고 있고 백성들은 먹고살기 위해 부지런히 일한다.[38]

황좌는 이 '광동문화 발달사 요강' 첫 부분에서 '중원지역 백성'들이 월 지역으로 이주했고 그들이 큰 영향을 끼쳤다는 점을 부각시키고 있다. 또한 지역 토착민과 자연 환경의 특성, 그리고 그런 특성이 점차 어떤 변화를 가져왔는지를 설명하고 있다. 그는 정치, 예악 제도, 교육, 상업의 발전이 어떻게 이 지역을 '교화'시키고 번성하게 했으며, 결국 명대에 "중원과 차이가 없는" 상황에 도달하게 되었는지를 지적하고 있다. 그 과정은 다음과 같은 역사 기술로 요약될 수 있는데, 후에 이 말은 각종 지방 문헌에 재인용되어 오늘날까지도 광동문화·역사에 관한 거의 불변의 진리로 받아들여지고 있다.

한대 말 건안(建安) 시기부터 동진(東晉) 영가(永嘉) 연간까지 중원 사람들 가운데 피난을 간 자들은 대부분 영남지역으로 들어가 자손들이 그곳에 거주하게 되었다. 그때 전해진 풍속과 문물제도가 그 지역에 점차 영향을 끼쳐 풍속이 변하게 되어 지금은 중원과 거의 비슷해졌다.[39]

명대부터 오늘날까지 이런 역사 기술이 정확한 지적이란 점에 대해 의심하는 사람은 없었던 듯하다. 광동은 원래 '오령 밖'의 미개하고 우매한 사람들이 살던 곳이었다. 그런데 중원 사람들이 전해 준 풍속과 문물의 영향을 받아 점차 '교화'되었다. 이 논리대로라면 지방문화와 중원문화는 별다른 차이가 없고, '교화'의 정도에서 차이가 있을

---

38) 嘉靖 『廣東通志』, 卷20, 1~7쪽.
39) 嘉靖 『廣東通志』, 卷20, 9쪽 ; 道光 『廣東通志』, 卷2, 1988年 重印本, 1780쪽.

뿐이다. 교화 과정은 시대와 함께 진보하는 것으로 후대의 지방지에서 묘사하는 지방 풍속은 당연히 전대의 지방지보다 긍정적이다. 신회현(新會縣)을 예로 들어 보자. 가정 『광동통지』에서는 신회현 사람들이 “병이 들면 뜸을 놓거나 귀신에게 빌었고, 장례가 나면 대개 불교식을 따르고 풍수를 믿었으며 화장하는 사람도 있다”[40]고 지적하였다. 하지만 건륭(1741) 『신회현지』에서는 “민간의 관혼상제 의식에서 대부분 주자가례(朱子家禮)를 따르고 있다”[41]고 분명히 밝히고 있다. 이후 도광 『광동통지』와 도광(1841) 『신회현지』에서도 이 새로운 설명 방식을 답습하였다.[42] 광서(1880) 『청원현지(淸遠縣志)』에서 또 다른 예를 찾아볼 수 있다. 여기에서 편찬자는 이전 지방지의 설명을 의식적으로 반박하며, 진화되지 않은 ‘낡은 풍속’의 역사가 수세기 전 일임을 밝히고 있다.

나의 생각 : 이전의 지방지에서는 주민이 많지 않고 화장(火葬)을 좋아한다고 기록되어 있는데, 현재 네 개의 부속 지역에서 화장하는 경우는 거의 없다. 노인들에게 물어봐도 화장한 경우를 들어 본 적이 없다고 한다. 이 풍속이 바뀐 지는 아마도 수백 년 전인 듯하다.

현지를 편찬할 때 종종 이전 현지 내용을 답습하며, 많은 경우 아무런 설명 없이 이전 지방지 기록을 그대로 적는다. 편찬자들이 이전 지방지에 기록된 사실에 대해 의견을 제시하는 것은 새로운, 혹은 더 정확한 사료를 수집하였기 때문이 아니다. 오히려 어떤 관점을 애써 선전하거나 어떤 집단의 정치 · 경제적 이익을 옹호하거나 지역문화나 다른 발전에 대해 변호하려는 것이다. 상술한 예는 지방의 지식인들

40) 앞의 책, 권20, 9쪽.
41) 乾隆 『新會縣志』, 卷1, 31쪽.
42) 道光 『廣東通志』, 卷92, 1988 重印本, 1790쪽 ; 道光 『新會縣志』, 卷2, 62쪽.

이 지방문화의 진보적인 성취를 드러내기 위해 현지를 어떻게 이용하고 있는지를 설명해 준다.

광의든 협의든 '월인'이 '교화'의 각도에서 자기 문화의 우월성을 과시하는 동안, 조인(潮人)·소인(韶人)·혜민(惠民)도 동일한 방식으로 자기 문화를 변호하였다. 이런 방식은 각 지역의 지방지에서 분명히 드러난다. 예를 들어 지역에서 교육이 널리 보급된 계기에 관해 서술하면서 특히 북방의 유명한 관리가 월 지역에 머물며 어떻게 학교를 설립하도록 도왔는지에 관한 이야기는 종종 조주 지역 사대부들 사이에서 흥미진진하게 전해 내려오고 있다. 소식(蘇軾, 1037~1101)은 혜주 지역으로 폄적(貶謫) 되었던 기간에 다음과 같은 기록을 남겼다.

> 처음 조주 사람들은 학문을 알지 못했다. 한유(韓愈)가 진사 조덕(趙德)[43]에게 명하여 그들의 스승이 되도록 하니, 그때부터 조주 선비들이 다 글과 덕행에 뛰어나게 되었다.[44]

소식의 이 말은 후에 여러 차례 『조주부지』와 각종 판본의 『광동통지』에서 조주가 당대(唐代) 이래 중원문화의 영향을 받았다는 것을 증명하는 증거로 인용되었다. 그리고 조덕과 한유는 조주 사대부들이 특별히 추앙하는 선현으로 조주 교화의 시조로 인식되었다. 이를 통

---

43) [역주] 호가 천수(天水), 해양(海陽) 사람으로 조적(祖籍)은 광동 조안(潮安)이다. 778년 진사로 조주 당송(唐宋) 8현(八賢) 중 한 사람이다. 원화(元和) 14년(819) 한유가 조주자사로 부임지에 도착했을 때 주학(州學)은 폐지된 채, 백여 년 동안 경사(京師)로 시험 보러 온 선비가 없었다. 한유는 조덕을 해양 현위(縣尉)로 삼아 군사적인 업무를 관장하게 하는 한편 주학을 주관하여 학풍을 고취시키도록 했다. 한유가 부임지를 떠날 때 조덕이 평소 기록한 한유의 문장 75편을 정리하여 『창려문록(昌黎文錄)』이란 책으로 펴냈다. 후에 조주 사람들은 조덕을 한문공(韓文公) 사당에 같이 모셔 제사를 지냈다.

44) 王水照 校釋, 『蘇東坡選集』, 上海: 上海古籍出版社, 1984, 407~409쪽.

해 '북방인 남방 이주설'과 '중원 교화론'이 모두 조주부 지역에 대한 기술에서도 출현하고 있음을 알 수 있다. 이런 '교화' 이론에서 보면 광주 사람과 조주 사람은 중원에서 기원하였거나 중원 '풍속'의 영향을 받은 것이 된다. 이 두 곳은 명청대에 모두 '문화가 있는' 지역으로 변하게 되었다. 이 두 지역의 방언과 풍속은 서로 다르지만 그것은 단지 '풍속'의 차이일 뿐이다. 누구든지 자신의 선조가 중원 출신임을 증명하거나 가문이 대대로 중원문화의 영향을 받았음을 증명하면, 넓은 의미에서의 '광동문화'를 공유할 수 있다. 문제는 이런 의식과 필요한 권력, 문화자원을 가지고 있느냐 하는 것이다.

지방지에서 드러내고 있는 국가 관념은 실제로는 지방문화를 설명하고 있는 동전의 양면과 같은 것이다. 광동지역이 문화가 있는 지역으로 변한 것은 중원문화의 영향을 받았기 때문이다. '순수'한 광동인 신분임을 증명하려면 자신이 북방에서 이주한 이주민이거나 중원 예악 풍속의 영향을 받았다는 것을 증명해야 한다. 이런 주제는 관찬 지방지에서 발견될 뿐 아니라 개인이 편찬한 간행물이나 통속문학에서도 보인다.

관찬 지방지의 지방 문화관이 기층 민중에 어떤 영향을 끼칠 수 있을까? 관방과 사대부의 국가 관념은 어떤 루트를 통해 대중에게 침투되는가? 『광동통지』와 같은 관방 출판물의 유통이 상당히 제한적이었다는 것은 부인할 수 없는 사실이다. 대다수 사람들의 생각을 이해하려면 우리는 흩어져 있는 민간 문헌으로부터 시작해야 할는지 모른다. 그런데 여기서도 역시 문헌으로부터 접근할 수 밖에 없다는 사실을 기억해야 한다. 우리가 이해할 수 있는 것은 기껏해야 문자 전통이며, 과거의 구술 전통도 민속 업무를 담당한 자들이 수집한 자료에 의존해야 한다.

그럼 먼저 관찬 지방지에 비교적 가까운 개인 저술인 도광 10년(1830)에 출판된 『영남총술(嶺南叢述)』부터 살펴보자. 『영남총술』 60권은 천문, 세시(歲時), 여지(輿地), 환기(宦紀), 인사, 백화(百花), 초목, 신선, 괴이(怪異), 제만(諸蠻) 등 모두 40개 항목으로 구성된 흡사 소형 광동 통지라고 할 수 있다. 동관의 지방 문헌을 깊이 연구한 양바오린(楊寶霖) 교수의 고증에 따르면 『영남총술』의 작자는 동관 출신의 등순(鄧淳, 1776~1850)이다. 그의 증조, 조부, 부친은 모두 거인(擧人) 아니면 진사였다. 등순 자신은 생원(生員)까지밖에 오르지 못했지만 도광 원년(1821) 효렴방정과(孝廉方正科)[45]로 채용되었고, 이후 광동 총독에게 기용되어 성도(省都)의 정치 업무에 열정적으로 참여하였다. 완원이 『광동통지』를 편찬할 때 그에게 동관 지역의 사건을 수집하도록 하니 『동관지초(東莞志草)』 50권을 지어 바쳤다. 그는 지방지 편찬국에 들어가 교감의 직책을 맡아 명 이전의 열전들을 교정하였다. 도광 13년(1833) 노곤(盧坤)의 초빙으로 동관 석룡(石龍)의 용계서원(龍溪書院)에서 강의하였다. 도광 19년(1839) 임칙서(林則徐)가 광동에 와서 아편을 조사 엄금하니 등순이 10가지 의견을 써서 바쳤다. 도광 21년(1841) 영국인들은 일방적으로 신안(新安)에 공지를 붙이고 홍콩을 강점했다. 광동순무 이량(怡良, 1791~1867)[46]이 가부

45) [역주] 청대 황제의 특별한 명령으로 거행된 과거 중 하나이다. 옹정(雍正) 때부터 시작되었는데 새로운 황제가 즉위했을 때 효렴방정과를 거행하여 6품의 관직을 하사하고 임용하였다. 건륭 이후부터는 지방 단위로 시행하던 이 시험을 추천을 받아 이부(吏部)에서 일괄적으로 실시한 후 지현이나 교직(教職)에 임명하였다.

46) [역주] 만주족 정홍기(正紅旗) 출신으로 성씨는 과이가(瓜爾佳), 자는 열정(悅亭)이다. 형부필첩식(刑部筆帖式), 광동성 고주지부(高州知府), 산동염운사(山東鹽運使), 안휘안찰사, 강소포정사 등을 거쳐 1838년 광동순무가 되었다. 그는 양광총독 등정화(鄧廷楨)와 임칙서의 아편 금지 운동에 적극적으로 협조하였고 아편전쟁 초기 관천배(關天培)의 저항 활동도 적극적으로 지지하였다.

를 결정하지 못하고 망설이자, 등순은 학해당 학장 증조(曾釗)[47] 등과 연대하여 "학당에 군(郡)의 신사(紳士)들을 집결시키고 글을 지어 사정을 아뢰기를 영국인들의 공지가 매우 부당하니 마땅히 철저히 소탕하고 제부(制府)[48]에게도 알려야 합니다"[49]고 말했다. 그는 「영국 오랑캐를 엄중히 소탕 처리하기를 간청하며 바치는 글(懇嚴行剿辨英夷呈文)」을 써서 행정 장관이 "국가를 위해 대책을 세우고 백성들을 위해 해로움을 없애 줄" 것을 호소하였다. 이듬해 등순은 다시 광주 단련(團練)을 위해 「영국을 토벌하는 격문(討英檄)」을 지어 영국군이 "우리 영토를 점령하고 우리 문무 관리를 공격하며 우리 여자들을 농락하고 우리 재물을 약탈하고 있다"[50]고 규탄하였다.

등순은 도광 『광동통지』를 편찬한 사람 중 한 명이었다. 『영남총술』 10명의 교정자 중 하나였던 반우 사람 의극중(儀克中)은 『광동통지』의 자료 수집 업무에도 참가하였다. 이처럼 『영남총술』이 근거로 삼고 있는 자료는 관방에서 편찬한 『광동통지』와 동일한 것으로 믿을 만하다. 다만 구체적인 자료 선택과 편찬은 등순 개인의 취향에 따른 것으로 차이가 있다. 등순은 「자서(自序)」에서 『영남총술』과 『광동통지』의 차이점에 대해 전자는 자료 선택에 있어서 아속(雅俗)을 겸하였다고 말했다. 또한 그는 인용 자료가 모두 문헌적인 증거가 있음을 강조하며 그것에 대해 책임지겠다는 태도를 표명하였다. "이 책을 편찬하면서 사실을 인

47) [역주] 자는 민수(敏修), 남해 사람이다. 도광 5년(1825) 공생(貢生)으로 선발되어 합포현(合浦縣) 교유(教諭), 흠주학정(欽州學正)을 거쳤다. 경진, 고증에 뛰어났는데 완원이 호광총독(湖廣總督)으로 있을 때 임조린(任兆麟)의 추천으로 학해당 학장이 되었다. 기우(祁宇, ?~1844)가 양광총독으로 있을 때 그를 도와 영국의 중국 침탈에 적극적으로 대항하기도 했다.

48) [역주] 군사 업무를 담당하는 제치사아문(制置司衙門)을 가리킨다.

49) 梁廷枏, 『夷氛紀聞』, 上海: 上海商務印書館, 1937年 重印本, 59~60쪽.

50) 楊寶霖, 「愛國志士鄧淳和他的『嶺南叢述』」, 『東莞近百年文化名人專輯』, 中國人民政治協商會議東莞市委員會文史資料委員會出版, 1998, 1~10쪽.

용하는 것을 중시하였다. 따라서 아속이 혼재되었지만 매 글자는 모두 전 시대 사람들이 지은 것으로 억지로 판단하지 않았다."[51] 『영남총술』이 목표로 삼은 대상은 『광동통지』보다는 더 대중적인 계층이었다고 할 수 있다. 하지만 편찬자는 지식인 계층에 대해서도 매우 신경을 썼다.

『영남총술』과 같은 책이 엄격하게 '오랑캐와 한족을 구별' 하던 시대에 적극적으로 향토 문화를 옹호하는 문인의 손에서 나왔다면, 여기서 기술하고 있는 지방문화와 국가문화, 사용하고 있는 언어는 관방에서 편찬한 『통지』와 어떤 차이가 있을까? 다음 「범례」를 보면 대략적인 내용을 파악할 수 있다.

> 1. 영남지역은 송대 이후 인물과 풍속이 중원과 비슷해졌다. 오대 이전에는 기인과 뛰어난 인재가 있어도 대부분 월(越) 지역 사람들이었다. 여러 이민족들이 같이 살다 보니 천박한 풍속도 없지 않았다. 여기에서는 송원 이전의 서적을 수집하고 고증하여 그 근원을 탐색했는데, 지난날이 오늘과 다르다고 해서 굳이 꺼려서는 안 될 것이다.
>
> 2. 진(秦)나라 때 산을 벌채하여 길을 낸 이후로, 그간 영남지역의 통치 상황은 시대에 따라 차이가 있었다. 송대 수도를 남쪽으로 옮긴 이후 중원지역 사대부들이 꼬리를 물고 이주하여 문명이 더욱 개화되었다. 하지만 산속에 사는 사람들이나 해적들 중에는 교화되지 않은 자가 있었다. 우리 왕조의 위대한 통치는 널리 바다 구석까지 미치어 복종하지 않는 이가 없으니, 유사 이래 없었던 성대한 시기이다. 이는 실로 만년 동안 도를 닦고 있던 영장류라도 편안히 생을 마칠 태평성대이다.

등순의 눈에 조정 군사력의 확장은 백성 통치의 시작이며 교화의 연장을 의미한다. 인용한 「범례」의 요지는 『광동통지』와 사실 크게

---

51) 鄧淳, 『嶺南叢述』, 「凡例」, 출판지는 알 수 없음, 도광 10년(1830) 서문.

다르지 않다. 여기에서 특히 주목할 만한 적어도 세 가지 주제를 발견할 수 있다. 첫째, '월인(越人)'이라 불렀던 원주민은 풍속이 미개했다. 둘째, 광동의 문명은 중원에서 온 이주민으로부터 시작되었다. 셋째, 광동의 문명은 송대부터 시작되었다. 중원문화가 언제 광동에 들어왔는가에 대해서는 『광동통지』나 『영남총술』 같은 저술에서 설명 방식에 약간의 차이가 있다. 하지만 그들이 항상 주장하는 하나의 공통된 주제는 당시 광동 사람들이 문화를 가지게 된 것은 그들이 북방에서 온 이주민의 후예이기 때문이라는 사실이다.

상술한 문화 침투론의 구조에서 광동문화사는 실제로는 광동 이민사라고 할 수 있다. 『광동통지』에서 기술하고 있는 것은 넓은 의미에서 이주의 역사이다. 개별적인 가족 이민사는 명청 이래 우후죽순처럼 출현한 족보에 삽입되어 있다. 이런 족보는 대체로 사서(史書)에서는 이름을 찾아볼 수 없는 지역 문인들의 손에서 나왔다. 가세(家世)를 설명하는 부분에서 그들은 대부분 선조가 송 왕실이 남쪽으로 건너올 때 중원지역에서 광동 남웅(南雄)으로 이주하였다고 말한다. 나중에 황제가 군대를 파병해 이곳으로 도주해 숨어 있던 호비(胡妃: 蘇妃라는 설도 있음)[52]를 체포하려 했다. 그래서 선조는 난을 피하기

52) [역주] 남송(南宋) 도종(度宗) 황제가 재위하고 있을 때 호비(胡妃)의 부친과 오빠는 간신 가사도(賈似道)에 반대하며 금(金)에 저항할 것을 주장하였다. 가사도는 그들에게 죄명을 덮어씌워 살해하고 호비를 박해하여 쫓아버렸다. 항주(杭州) 전당강(錢塘江)까지 도망하여 물속에 투신하려는 호비를 마침 지나가던 상인 황저만(黃貯萬)이 발견하고 구해 주었다. 황저만은 그녀를 광동 남웅 주기항으로 데려갔고 그곳에서 은거하였다. 그 사실을 알게 된 가사도는 남웅에서 모반 사건이 발생했다는 것을 구실로 관병 수만 명을 보내 주기항을 포위 소탕하였다. 호비 부부는 사마의(司馬懿)가 위(魏) 나라를 찬탈한 후 그곳에 이주해 와 살고 있던 조조(曹操) 후손의 도움을 받아 탈출하였다. 도종 황제가 죽고 공종(恭宗)이 즉위한 후 가사도의 지위는 박탈되었고 호비 가문의 억울한 사정도 밝혀져 그녀는 애국부인에 책봉되었고, 부친과 오빠도 각각 충국공(忠國公)과 위국공(衛國公)에 책봉되었다.

위해 다시 남쪽 광동 주강 삼각주 지역까지 이주해 오게 되었다는 것이다. 1957년에 출판된 황츠보(黃慈博)의 『주기항민족남천기(珠璣巷民族南遷記)』와 최근에 나온 『남웅주기항남천씨족보(南雄珠璣巷南遷氏族譜)·지선집(志選集)』에는 다양한 편폭의 수많은 주기항 전설이 수록되어 있다. 여기에서 주기항 전설의 구성 요소를 말할 필요는 없겠지만 연구자의 흥미를 끄는 부분은 그 서술 구조이다. 남쪽으로 도주한 씨족들에게 관청에서 '통행 허가증'을 발급하는 장면은 수많은 주기항 전설에서 빠지지 않고 등장한다. 이는 명대 주강 삼각주에 정착한 씨족들이 그 지역에 거주할 수 있는 권리를 얻기 위해서 관청에서 허가한 합법적인 증명 서류를 구비하는 것을 매우 중요한 이야기 구성 요소로 생각하고 있었음을 증명한다.[53)]

주기항 전설은 족보에서도 계속 답습되었을 뿐만 아니라 조잡하게 만들어진 민간 고사 소책자를 통해서도 전파되었다. 『부록에 소비(蘇妃)에 관한 새로운 내용이 들어 있는 남웅 주기항 내력 고사(附刻蘇妃新文, 南雄珠璣巷來歷故事)』라는 제목의 매우 조잡한 형태의 소책자에서는 소비 고사를 상세히 서술하고 있다. 그에 따르면 남쪽으로 이주한 씨족들이 "현청에 가서 사실대로 아뢰었지만 안건으로 채택되지 않았고 통행 허가증도 발급해 주지 않았다. 다시 부청(府廳)에 가서 아뢰니 통행 허가증을 발급해 주어 계속 남쪽으로 올 수 있었다"고 말하고 있다. 그리고 실제 그런 일이 있었기라도 한 듯 백 명의 이름을 나열하면서, "지부(知府)가 통행 허가증을 발급해 주어 백 명이나 되는 사람들이 짐을 정돈하고 3월 16일을 택해 주기항에서 길을 재촉해 남쪽으로 갔다. 처자식과 친척들까지 함께 데리고 가다 보

53) 이와 관련된 논의는 다음을 참고하라. Daivd Faure, "Lineage as a Cultural Invention: the case of Pearl River Delta", *Modern China*, Vol.15, No.1, 1989, pp.4~36.

니 사람들이 매우 많았다. 4월 15일 강주(崗州) 대량(大良)에 도착했는데 운좋게 그 지역 토착민인 풍원성(馮元成)을 만나 며칠 휴식을 취한 뒤 같이 현청에 가서 호적에 편입시켜 달라고 안건을 올렸다. …… 지현 이총방(李叢芳)은 그들을 대량도(大良都) 고절리(古節里)에 편입시키도록 하고 호적을 확정하였다."[54] 이를 통해 민간 고사를 편찬한 사람들도 "통행 허가증을 받고 호적을 확정하고 지역에 편입되는" 것이 무리들이 지방에서 거주권을 취득하는 제도상의 조건임을 잘 알고 있었다는 사실을 발견할 수 있다.

이런 소책자는 조잡하게 만들어졌지만 주기항과 같은 고사를 광범위하게 유통시키는 루트 중 하나였다. 현지(縣志)나 족보와 같은 출판물은 결국 유통에 한계가 있다. 정말로 사대부의 지방 문화관과 왕조 의식을 광범위하게 전파시킨 것은 오랫동안 소홀히 다루어져 오늘날 각 지역에 흩어져 있는 이런 소책자였다.

왕조시대에 문인들이 개인의 지위를 높이고 관료 기구에서 말단 자리라도 얻기 위한 유일한 길은 과거에 참가하는 것이었다. 때문에 어떤 성이나 현의 과거 성적은 그 지역의 교화 정도를 나타내며, 지방 문인들이 관료 체제에서 어떤 위치를 점하고 있는지를 보여 준다. 과거에 합격하고 관리가 되어 천자와 관계를 맺는 것은 계층을 막론하고 누구나가 꿈꾸는 풍경으로, 구두 전설 · 희곡 · 소설 · 가요 · 잡문 등에 반영되어 있다. 필자가 본 광서 연간에 출판된 『광동명인고사(廣東名人故事)』라는 소책자는 이런 문헌 가운데 하나이다.[55] 조잡하

---

54) 『附刻蘇妃新文, 南雄珠璣巷來歷故事』, 明文堂藏本, 출판연도 미상, 대영도서관 소장.

55) 이 책의 출판 연도는 불분명하다. 유일한 단서는 17쪽에 기록된 '광동장원(廣東狀元)' 장에 마지막으로 언급된 광동 장원의 시험 합격 연도가 광서 21년(1895)으로 되어 있다는 것이다. 따라서 이 책은 1895년 이후에 완성 혹은 출판된 것으로 추정된다.

게 제작된 이 목각본 소책자는 너비는 손바닥만 한 크기지만 체제는 관찬 지방지를 모방하고 있다. 이 책의 전반부는 페이지가 상하 두 부분으로 구분되어 있다. 지방지의 선거지(選擧志)를 모방하여 윗부분에서는 명대부터 청 광서 연간 과거에 합격한 광동인의 이름을 열거하고 있고, 아랫부분에서는 순서대로 네 항목으로 나누어 광동의 상황을 개괄적으로 서술하고 있다.

책 제목을 보고 그 의미를 생각해 보면 『광동명인고사』의 주제는 광동 출신 인물의 영광스런 사적을 드러내려는 것이다. 우리는 이 소책자 후반부에서 이야기하는 고사 속 주인공과 그들이 명인인 까닭이 모두 조정과 이런 저런 관계를 맺고 있기 때문임을 어렵지 않게 발견할 수 있다. 그리고 그들이 재주가 뛰어나다거나 운이 매우 좋다거나 특이한 재능을 갖고 있다는 점이 고사에서 두드러지게 부각되는 대목이다. 명대 예부·이부·병부 3부 상서(尙書)를 지낸 양저(梁儲) 고사는 그중 제일 두드러진 예이다. 『광동명인고사』에서 그는 "일곱 살 때 시를 지을 줄 알았다"고 말하고 있다. 『광동명인고사』의 묘사에 따르면 명대의 유명한 리학가(理學家)로 이부상서를 지낸 담약수가 그런 성취를 거둘 수 있었던 것은 풍수지리적으로 명당자리를 골라 부모님의 묘를 썼기 때문이다. 명대 정통(正統) 연간에 반란을 일으켜 관방 지방지에서는 도적으로 서술하고 있는 황소양(黃蕭養)도 『광동명인고사』에서 한 부분을 차지하고 있다. 이야기에 따르면 그가 감옥에서 동료들에게 구출될 수 있었던 것은 전적으로 쥐를 이용해 몰래 소식을 전할 수 있었기 때문이다. 우리가 잘 알고 있듯이 민간 고사의 서술 전통에서 천재적인 아이, 풍수지리적으로 좋은 땅, 동물의 의인화 등은 모두 자주 보이는 제재들이다. 『광동명인고사』는 인쇄물의 형태로 출판되었지만 이런 고사들은 구술 전통을 통해서도 광범위하게 전파되었다. 많은 사람들의 지방 문화관은 사대부가 보기에는 황당하고 통속적인 이런 고사를 통해서 종종 구현되었다.

인쇄술의 발전과 보급, 대중 전파 매체의 발전에 따라 구술 전통이나 조잡한 형태의 출판물로 전파되던 이런 고사들은 청 말 민국 초에 이르러 점차 광부화로 쓴 신문 연재소설로 발전하였다. 이런 소설들은 신문에 연재되었다가 일부는 다시 책으로 출판되기도 하였다. 1920년 전후 광주에서는 '광동'을 서명에 붙인 많은 '신소설'이 출판되었다. 예를 들면 『광동영웅』·『광동호걸』·『광동재자(廣東才子)』·『광동기인(廣東奇人)』·『광동여영웅(廣東女英雄)』·『광동여재자(廣東女才子)』·『광동화월기(廣東花月記)』 등이다.[56] 상술한 양저 고사는 1930년대 전후 전업 작가[57]의 손에 의해 장편 연재소설 형태로 게재되었다가, 나중에 『태사양저(太師梁儲)』라는 제목의 소설로 합쳐졌다.[58] 작가 '중산객(中山客)'은 제1장에서 다음과 같이 쓰고 있다.

---

56) 광주 『국화보(國華報)』 1918년 8월 10일 광고에 보인다. 이 소설들은 모두 류제(劉杰)라는 작가의 손에서 나왔는데 1918년 광동공서국(廣東公書局)에서 간행되었다.

57) [역주] 원문에는 '파격자동물(爬格子動物)'이라 되어 있다. 이는 글쓰기에 종사하는 사람을 지칭해 부르는 말이다. 격자(格子)는 칸으로 구분된 원고지를 뜻하며, 원고 매수에 따라 돈을 받아 살기 때문에 문인들의 글쓰기 활동을 속된 말로 '파격자(爬格子)'라고 표현한 것이다. 원고를 써서 생계를 유지하다 보면 때로 영감이 부족한데도 기일에 맞춰 억지로 원고지에 글자를 채워 제출하고 매수에 따라 돈을 받기 때문에 약간의 폄의적인 의미로 사용되기도 한다.

58) 이 소설은 처음에는 『현상보(現象報)』에 연재되었다. 량췬추(梁群球)가 주편한 『광주보업(廣州報業)』(廣州: 中山大學出版社, 1992, 418쪽)에 따르면 『현상보』는 1914년에 창간되어 1938년에 정간되었다. 항전 승리 후 복간되었다가 1950년에 다시 정간되었다. 이 밖에 소설 제2집 4쪽에서는 다음과 같이 말하고 있다. "고대 성유(聖諭)를 강론하던 관례는 그 기능이 오늘날 당가(黨歌)를 부르거나 유지를 읽는 것과 같다. 오늘날 회의를 열 때 선례에 따라 이 두 가지를 먼저 한다."(마지막 구절의 뜻은 "선례에 따라 먼저 당가를 부르거나 유지를 읽는 이 두 가지 순서를 진행한다"는 것이다.—인용자) 이 소설은 1925년 쑨중산 서거 이후로부터 1949년 사이에 쓰였을 것으로 추정된다.

광동성에서는 장원, 재상, 명사, 무장이 났고 황제도 배출되었다. 이런 사람들과 적어도 짝을 이룰 만한 사람이 태사가 아닐까? 나는 결코 세상 사람들을 속이려는 것이 아니니, 50년을 거슬러 올라가 광동성 지역을 두루 찾아다니다 보면 양저(1453~1527)[59]라는 사람을 만나게 된다. 나는 양저가 광동성 최고의 사람이라고 말하고 싶다. 나는 그의 잘못을 칭찬할 생각은 없다. 그렇다면 왜 그를 광동성 최고의 사람이라고 말하는 것인가? 그건 다름 아니라 그가 유일무이한 사람이기 때문이니, 모든 면에서 그는 가장 찾아보기 어려운 유일한 사람이다. 당신 부인이 당신처럼 좋은 사람은 또 없다고 말할 때 이 유일하다는 단어를 사용한다. 그처럼 유일한 태사 양저는 내가 생각할 때 광동성 최고의 사람이다. 어떤 사람은 이렇게 말한다. 양저는 단가(蛋家)[60] 출신으로 배에서 태어나 물에서 살았기 때문에 광동인인지 확실치 않다. 당신이 그를 광동 최고의 사람이라고 추켜세우는데 대체 무슨 뜻에서 그렇게 말하는 것인가? 양저는 광동인인가? 아니면 광동인이 아닌가? 내가 조사한 바로는 양저는 순수한 정통 광동인이다. 옛날 사람들은 3대에 걸쳐 책봉을 받으면 권세 있는 가문으로 여겼다. 황제도 대부분 7대에서 그치고 제후와 왕의 존귀함도 5대 정도면 끝이 난다. 그런데 양저는 5대에 걸쳐 황은을 입었으니 왕과 비교해 봐도 차이가 없다. 양저는 위로 5대에 이르는 선조가 모두 다 이치에 맞는 말만 하였고 명망이 높았으니 당신이 그를 단가 출신이라 한다면 그건 정말 억울한 일이다.[61]

---

59) [역주] 자가 숙후(叔厚)·장용(藏用), 호는 후재(厚齋)·울주(鬱洲)로 석긍(石肯, 오늘날 남해현) 사람이다. 명대 성화(成化) 14년(1478) 진사로 한림원편수, 이부상서, 화개전대학사(華蓋殿大學士), 태자태사(太子太師) 등을 역임했다.

60) [역주] 단가(疍家), 혹은 단가(蛋家)란 말은 옛날 육지에 거주하는 사람들이 해상에 거주하던 사람들을 가리켜 부르던 말이다. 굴대균은 『광동신어』에서 "모든 단민들은 배를 집으로 삼는데 이를 단가라 한다(諸蛋以艇爲家, 是曰蛋家)"고 기록하고 있다. 단민이 탄 배는 계란이 반으로 갈라져 있는 모양에 위쪽에 지붕을 얹어 단정(蛋艇)이라 불렸다.

61) 中山客, 『太師梁儲』(第1輯), 廣州: 中華印務局, 1949, 1쪽. 인용 부분 중 광부방언 해석은 다음과 같다. 呃人은 속이다, 搵匀은 두루 찾다, 杯奬은 칭찬하다, 點解는 왜, 巴閉는 위풍, 有頭有路는 조리가 있다. 또한 인용문 가운데 "到底你起過字容"이란 구절이 있는데 원문에 이렇게 되어 있지만 뜻이 불분명하다. '容'자는 '否'자가 맞는 것 같다.

이런 소설의 저속한 성격은 논외로 하고, 우리는 여기에서 표현하고 있는 문화 의식이 사대부가 집필한 통지(通志)나 족보에서 표현하는 것과 직접적인 연관 관계가 있음을 발견할 수 있다. 우선 '나가면 장수, 들어오면 재상'이란 말이 있듯이 과거 시험에 합격하는 것은 지방 인물의 명성을 평가하는 가장 중요한 기준이다. 다음으로 출신이 순수하다는 조상의 가세를 밝힐 수 있는 근거 자료가 있어야 광동인 대열에 들 수 있다. 단가 출신은 광동인이 아니다. 이런 뿌리 깊이 박힌 '정통' 관념이 통속 소설에서도 노골적으로 드러나 있다. 이 단락은 또한 매우 중요한 정보를 제공하는데, 그것은 과거에는 완전히 귀족 사대부 문화 규범에 속해 있던 묘제(廟制)에 관한 것이다. 당시 하층 신사 계층의 손에서 나왔을 이런 민간 고사의 전파를 통하여, 묘제는 평범한 백성들도 잘 아는 문화 규범이 되었을 가능성이 크다. 그들은 심지어 양저의 위로 5대에 이르는 선조가 모두 다 이치에 맞는 말을 한 것이 그가 '단가(蛋家)' 출신이 아닌 증거라고 생각하였다. 이는 오늘날 몇몇 명청 사회 사학자들이 지적하는 명청 이후 종법 윤리의 서민화 경향과 관련이 있다.[62] 우리는 이런 소설 고사가 사대부 문화 규범을 하층 사회에 전달하는 일종의 매개체였다고 추정할 수 있다. 또 한 가지 언급되어야 할 것은 이 소설이 1925년부터 30년대에 지어졌다는 사실이다. 당시 국민당 정부는 원칙상 오족(五族) 공화국[63]을 주장하였고, 구체적인 정책을 통해 소수민족을 지원했다. 과거 '비천한 무리'로 간주하던 해상 주민들도 더 이상 '단민'이라 부

---

62) 이와 관련된 논의는 다음을 참고하라. 鄭振滿, 『明清福建家族組織與社會變遷』, 長沙: 湖南教育出版社, 1992.

63) [역주] 1912년 1월 1일 쑨중산은 「중화민국임시대총통선언서」에서 처음으로 '오족공화'론을 제기하였다. 그리하여 오색기(五色旗)를 국기로 삼았는데, 붉은색은 한족, 노란색은 만주족, 청색은 몽골족, 흰색은 회족(위구르족 등 무슬림 민족 포함), 검정색은 티베트족을 상징한다.

르지 않고, 육상 주민과 동등하게 대하는 정책이 채택되었다.[64] 이런 통속소설의 작가는 관방과 말을 맞춰야 된다는 것을 의식하지 못한 채 여전히 '단민'을 '한족'이나 '광동인'에서 배제하였다. 사실 당시 광주에서 출판된 『국화보(國華報)』나 『월화보(越華報)』와 같은 신문에서 '단민'에 관한 보도는 여전히 경멸적인 어조를 띠고 있었다.[65]

이런 출판물의 독자층은 교육 정도가 비교적 낮은 평민 백성으로 추정된다. 이런 종류의 서적은 질이 떨어져 대부분의 공공 도서관에서는 소장하지 않았고 개인 장서가들도 가치가 없다고 생각했던 것으로 보인다. 그래서인지 현재 전해지는 작품은 많지 않다. 당시 민간에서 유통되던 작품의 종류와 수량은 오늘날 우리가 볼 수 있는 것보다는 많았을 것이다. 이런 출판물의 작가는 대개 가명(假名)을 사용하였고 출판 시기와 장소도 알 수 없다. 그래서 관방이나 사대부들이 편찬한 문헌을 이용하는 것처럼 이들 작품에 대해 체계적인 저술과 고증을 하기란 쉽지 않다. 하지만 이들 작품은 역사학자들이 약간 다른 관점에서 지방 문화관의 기술 방식을 연구하는 데 중요한 단서를 제공해 준다. 황제 · 천하 · 지방의 우월 의식은 종종 그 지역 독자를 대상으로 하는 방언으로 기술된 이런 문헌을 통해, 또는 글자를 대충

---

64) 천쉬징(陳序經)의 기록에 따르면 1932년 광주시 정부 인구조사위원회는 「수상 거주민에게 알리는 글(告水上居民書)」을 발표하여 수상 거주민들이 사실대로 인구 상황을 적어 보고할 것을 호소하며, "인구를 적어 보고를 해야 비로소 시 호적을 가질 수 있고, 시 호적이 있어야 시민의 자격을 가질 수 있으며 정부의 법률 보장도 받을 수 있다"고 설명하고 있다.(陳序經, 『疍民的硏究』, 上海商務印書館, 1946, 臺北: 東方文化書局, 1971年 重印, 103~104쪽, 107~108쪽)

65) 예를 들어 『국화보』 1931년 5월 26일과 9월 19일에 각각 "단민들은 효도하는 것을 원수처럼 여긴다: 사방의 성들을 공격했으나 실패하자 까닭 없이 노모를 못살게 굴었다", "단민 여자가 한밤중에 한족 물건을 훔친 사실이 발각되었다" 등의 보도를 하고 있다. 『월화보』 1932년 6월 26일자에도 "무리를 지어 약탈하는 단민들을 막아야 한다"는 기사가 실렸다.

알고 있는 평민 백성들의 구두 전승을 통해 백성들에게 널리 전파되었다. 우리는 구술 전통과 서면 전통 간에 복잡한 상호영향 관계가 있었고, 글을 많이 읽은 사대부와 일자무식의 백성은 사실 매우 유사한 문화 정체성 의제를 공유하고 있었음을 간과해서는 안 된다. 문화 정체성이란 주제를 다룰 때 '엘리트'와 '평민'으로 구분된 '계급'·'계층' 이론을 사용하는 것은 효과적인 분석틀은 아닌 듯하다.

방언에서 종족으로

오랫동안 지방 문헌에서 지방 역사에 관한 서술은 줄곧 문화 진화론과 문화 전파론이 주도하였다. 이런 상황은 19세기 말에 출현한 종족 이론이 혈통에 근거한 문화 분류를 시도하면서 변하였다. 19세기 이전의 문헌에서도 지역·방언·풍속·종족으로 분류하였지만, 그것은 대개 문화적인 의미에서의 분류였다.

일반적인 관점에서 문화는 전적으로 태어나면서 습득되는 것만은 아니고 교화를 통해서 얻어지는 것이다. 천인커(陳寅恪)는 일찍이 남북조 시기 한족과 이민족의 구별은 문화에 있는 것이지 종족에 있는 것이 아니라고 지적하였다.[66] 위잉스(余英時) 또한 전통시기 중국에서 '중국'과 '비중국'을 구분하는 초점은 종족과 혈통에 있지 않고 문화에 있었다고 간명하게 설명하였다. 남북조 시기 역사서에는 종종 '중국인(中國人)'·'화인(華人)'·'하인(夏人)'·'한인(漢人)'이란 말이 나오는데, 거기에는 모두 문화라는 뜻이 함축되어 있다.[67] 따라서 명청

66) 陳寅恪, 『唐代政治史述論稿』, 上海: 上海古籍出版社, 1997, 16~17쪽.
67) 余英時, 「國家觀念與民族意識」, 『文化評論與中國情懷』, 臺北: 允晨文化實業股份有限公司, 1988, 18~21쪽.

대 문헌에서 '월인(粵人)'·'한인(漢人)'은 결코 두 종류의 사람이 아니고, '월인'은 '한인'을 구성하는 일부분이었다. 그들 중에는 중원에서 이주해 온 후손도 있고, 여러 세대를 거치며 교화되어 한인으로 변화된 토착민도 포함되었다. 옛날 사람들의 초점은 지역 풍속의 중원 문명에 대한 '교화'의 정도에 달려 있었으니, 인종학적인 의미에서의 혈통적 속성에 특별히 구애받지 않았다. 때문에 중원 이주민이 지역사회에서 중요한 의미를 가졌던 것은 그들이 중원 예악 문명의 전파자요, 왕조 교화의 집행자라는 점 때문이었다.

이런 논리대로라면 월인(粵人)도 교화 과정을 거친 것이고, 조주(潮州)·객가·요(瑤)·단(疍)·랑(狼)·장족(壯族) 등도 본래는 교화 범위 밖에 있다가 교화를 통해 그 범위 안으로 들어온 백성들이다. 하지만 누가 누구를 교화시킬 것인가와 교화 범위 밖과 안의 기준을 어떻게 설정할 것인가 하는 것은 발언권의 문제이다. 명청 이래 광부인은 광동의 정치 경제 구조에서 중심적인 위치를 차지하였다. 적잖은 지방지 문헌들이 대부분 광부인의 손에서 나왔다. 광부인의 글 속에서 조주·객가·요·단·랑·장족은 자신과 다른데, 그 근거는 표면적으로 드러나는 방언과 풍속의 차이였다. 이런 객관적 차이를 근거로 타자가 충분히 교화되지 않은 것으로 해석했다. 하지만 광부인이 문자에 대한 통제권을 더 이상 장악하지 못하고 다른 방언을 사용하는 집단의 자의식이 갈수록 강해지면서, 광부인의 이런 일방적인 주장을 더 이상 받아들이려 하지 않았다. 객가인의 역사 기술은 또 다른 사람의 관점에서 쓴 역사로, 자기가 직접 자기 민족의 역사를 쓰는 단계로 바뀌었음을 의미한다. 정확히 말하면 자신이 객가인임을 의식하고 자신이 동일시하는 집단을 위해 역사를 쓰는 과정으로 바뀌게 되었음을 뜻한다. 이 과정은 종족 구분을 전형적으로 반영하고 있으며, 사실 '자기'에 대한 의식이 생긴 후 '자신'과 '타자'를 구분한 결과라고 할 수 있다. 시대가 바뀌면 세상도 변하듯이 객가인이 자신의 역사를 대량으로 편찬하던 때는 마침 19세기 말 20세기 초 종족 관념이 유입되던 시기였다. 그러면서 과거 광부인이나 조주인이 자신의 관점에서 역사 해석을 했던 것과는 다른 결과가 도출되었다.

19세기 중엽 이전까지 객가인에 대한 묘사는 대개 광동지역에서 다른 방언을 사용하는 사람들의 역사 기술을 통하여 이루어졌다. '객가'라는 말은 글자 자체가 본래 '별종'을 뜻한다. 초기 객가에 대한 서술은 대부분 객가인이 아닌 사람의 손에서 나왔다. 그런 책을 지었던 저자 가운데는 후대 '객가어(客語)'라고 불리는 방언을 사용한 사람도 있었을지 모른다. 하지만 그들에게서 '객가인', '객인(客人)'이라는 분명한 의식을 발견할 수 없다.[68] 예를 들어 량자오팅(梁肇庭)은 만력

68) 최근의 종족 이론이 객가 연구에서 어떻게 활용되고 있는지에 관해서는 다음을 참고하라. Nicole Constable(ed.), *Guest People: Hakka Identity in China and Abroad*, Seattle and London: University of Washington Press, 1996. 광동 객가의 이주 역사, 객가인의 종족 의식의 발흥, 객가 연구의 학술사에 관해서는 량자오팅(梁肇庭)의 연구를 참고하라. 그의 견해는 매우 독창적이며 꼼꼼하게 자료를 인용하고 있다. 젊은 나이에 요절한 것이 안타깝다. 그의 유고는 팀 라이트(Tim Wright)가 정리하여 『중국 역사에서 이주와 민족성: 객가, 붕민(棚民), 그리고 그들의 이웃(*Migration and Ethnicity in Chinese History: Hakkas, Pengmin, and Their Neighbors*)』이라는 책으로 1997년 스탠퍼드대학 출판부에서 출판하였다. 생전에 출판된 두 편의 관련 논문은 다음과 같다. "The Hakka Chinese of Lingnan: Ethnicity and Social Change in Modern China", in David Pong and Edmund S.K. Fung(eds.), *Idea and Reality: Social and Political Change in Modern China*, 1869~1949, New York: University Press of America, 1985, pp.287~326 ; 「客家歷史新談」, 『中國社會經濟史研究』, 第1卷 第1期, 1982, 101~105쪽. 량자오팅은 '문화 집단'(cultural group, 그들 자신이 이런 공동체성을 의식하고 있는지 여부와 상관없이 공통의 문화와 전통을 가진 집단을 가리킴)과 '민족 집단'(ethnic group, 이런 집단의식은 또 다른 집단의 위협을 받았을 때 의식적으로 그들의 문화 공동체성을 강조하며 단결과 동원력을 강화하는 것을 가리킴) 이 두 가지 개념을 사용하여 객가 자아의식이 생겨나는 과정을 논의하

『영안현지(永安縣志)』의 기록에 근거하여 이렇게 지적하고 있다. 영안현은 융경(隆慶) 3년(1569) 장락(長樂)과 귀선현(歸善縣) 두 현으로 분리되었다. 장락과 귀선 두 현은 후대 '객가인'으로 불리는 이주민들의 집단 거주지였다. 그런데 만력 14년(1586)에 편찬된 『영안현지』에서 '객가'라는 표현은 찾아볼 수 없다.[69] 만력 『영안현지』 편찬자는 귀선현(지금의 惠陽縣) 출신의 섭춘급(葉春及)이다. 오늘날 혜양현은 객가 지역으로 현재의 기준에서 보자면 섭춘급을 객가인으로 보는 것이 당연할 것이다. 하지만 조사를 통해 밝혀내기도 어렵겠지만 섭씨 본인은 자신이 객가인임을 부인할는지 모른다. 청대에 출판된 영안현지에서 묘사하고 있는 객가인의 형상은 매우 긍정적이다. 예를 들어 강희(1687) 『영안현지』에는 이렇게 기록되어 있다. "현에 모범적이고 훌륭한 백성들이 많다. 그들의 고조, 증조, 조부, 부친은 대개 강서, 복건, 조주, 혜주 등의 현에서 이주한 자들로 객가라고 한다. 집집마다 책 읽은 소리가 들리고 부지런히 모여 글을 짓는다. 부자들은 대부분 어려서부터 선생을 초빙하는데 보수를 많이 지불하고 좋은 술과 요리를 대접한다. 공부하는 비용을 댈 수 없는 가난한 자들도 외지로

고 있다. 하지만 주의할 점은 『중국 역사에서 이주와 민족성』에 수록되어 있는 글 중에서, 특히 이주 역사의 각도에서 객가와 붕민(棚民)의 문제를 논의할 때, 량자오팅은 종종 객가를 본질화하는 경향이 있다는 것이다. 최근 '객가인'과 '객가어' 두 가지 개념의 모호성을 지적하며 그들의 형성 과정을 재구성한 또 다른 저작으로는 류전파(劉鎭發)의 『객가—오해의 역사, 역사의 오해(客家—誤會的歷史, 歷史的誤會)』(學術研究雜誌社, 2001)가 있다.

[역주] 붕민(棚民): 천막을 치고 거주하면서 일정한 주거지 없이 유랑 생활을 하는 사람들을 가리킨다.

69) Sow—Theng Leong, *Migration and Ethnicity in Chinese History: Hakkas, Peng min, and Their Neighbors*(edited by Tim Wright, with an introduction and maps by G.William Skinner), Stanford: Stanford University Press, 1997, p.64. 필자는 일찍이 만력 『영안현지』를 조사하여 이 책에 '객가'라는 표현이 없음을 확인한 바 있다.

나가 스승을 쫓아 기술을 배운다. 마을의 부역은 농민들이 하며 그중에 문인들은 없다." 이러한 묘사는 이후 도광(1822) 『영안현지』에서도 그대로 인용되고 있다.[70)]

이와는 대조적으로 '월인(粵人)'이나 '조인(潮人)'의 손에서 나온 문헌에서 객가인에 대한 기술은 대부분 부정적이다.[71)] 이 상황은 북방 출신 문인들의 글에서 '월인'에 대한 묘사와 유사하다. 예를 들어 숭정(崇禎, 1689) 『동관현지(東莞縣志)』에서 '힐료(犵獠)'라고 지칭된 사람들은 후대 '객가인' 집단을 가리킬 가능성이 크다.[72)] 순치(順治) 원년 게양(揭陽)에서 발발한 '구군(九軍)의 난'에 대해 옹정 『게양현지』에서는 '구군'의 구성원이 '객적(狢賊)'이라고 하면서 "객적은 난폭하여 평양(平洋) 사람들을 몰살하려 했는데 그들의 언어가 자신과 다른 것을 싫어했기 때문이다"라고 말하고 있다. 여기에서 "평양 사람들"은 '복로화(福老話)'를 구사하는 사람들을 가리킨다. "언어가 다르다"는 것은 그 지역에서 '객가어'와 '복로화'를 구사하던 두 집단으로, 아군과 적군을 식별하는 중요한 표지로 사용되고 있다.[73)] 전통 시기 문헌에서 '견(犭)' 방이 붙은 명칭은 한족과는 다른 종족이라고 무시하는 폄의의 뜻이 있다. 건륭(1754) 『증성현지(增城縣志)』에서는 객가인이 증성에 이주한 후로 황무지를 개간하여 식량을 생산하는 데 일조하였음을 인정하고 있다. 하지만 다른 한편 영덕(英德)과 장녕현(長寧縣) 등지에서 온 이주민들이 그 지역 토지를 날로 더 많이 개발하는 것에

70) 康熙 『永安縣次志』, 卷14, 1~2쪽 ; 道光 『永安縣三志』, 卷1, 34~35쪽.

71) 이런 부정적인 묘사의 예는 앞서 인용한 Sow-Theng Leong, 65쪽을 참고하기 바란다.

72) 崇禎 『東莞縣志』, 卷8, 1995, 992~993쪽.

73) 한강(韓江) 유역 객가의 종족 관념 형성 과정에 관해서는 다음을 참고하기 바란다. 陳春聲, 『地域認同與族群分類: 1640~1940年韓江流域民衆"客家"觀念的演變』(출판 예정). 미출간된 원고로 가르침을 준 천춘성에게 감사를 표한다.

대해 토착민들이 가지고 있던 불만도 표현하고 있다.

> 명 말 전쟁과 재해가 끊이질 않자 백성들이 대부분 토지를 버려두고 농사를 짓지 않았다. 호적과 지도책에는 포함되어 있어도 산적들이 수시로 법을 훔치니 개간지를 유지하기가 어려웠다. 강희 초 숨어 있던 도적떼들은 점차 사라지고 생계를 도모하기 위해 사람들이 모여들었다. 때로는 영덕·장녕현 사람들이 증성에 와서 소작 일을 하며 황폐해진 촌락을 정비하여 살았다. 얼마 후 영안·용천현(龍川縣) 사람들도 점차 몰려들었다. 토지를 측량해 보니 산간 지역에서 거두는 산세(山稅)가 점차 늘어났다. 특히 가응주(嘉應州) 소속 현 사람들을 데려 와 그들 속에서 함께 농사를 짓게 하니 주거지가 취락을 형성하였다. 양매(楊梅)·수복(綏福)·금우(金牛) 세 도(都)에 특히 많았다.
>
> 객가인들은 농사에 익숙하였고 부지런히 인내하며 수고를 마다치 않고 증성의 토지에서 소작인으로 농사를 지으니, 증성 사람들도 나쁘다고 생각하지 않았다. 그래서 그들은 처음부터 황폐한 마을에 거주할 필요가 없었고, 후에도 별도로 계약할 필요 없이 확고히 뿌리를 내려 정착하니, 강한 손님이 주인을 압박하는 형국이 되었다.[74]

가경(1820) 『증성현지』에서도 건륭(1754) 『증성현지』의 상술 내용을 답습하고 있는데, 더 나아가 이렇게 말하고 있다. "객가인들은 소송하기를 매우 좋아한다. 그들은 갑과 을의 관계를 전도시키고 시비를 뒤바꾸니 심문하기가 거의 불가능하다. 객가인들은 문인들과 소송을 할 때면 무리를 지어 함께 공모하며, 객가인들끼리 소송을 할 때도 무리를 나누어 승부를 겨룬다."[75] 상술한 옹정 『게양현지』에서 "언어가 다르다"는 문제를 부각시키고 있는 것처럼, 건륭 『증성현지』에서도 그 지역 객가의 언어에 대해 "여러 세대가 지나도 사투리가

74) 乾隆『增城縣志』, 卷3, 9~10쪽.

75) 嘉慶『增城縣志』, 卷1, 28쪽.

변하지 않아 들어 보면 시끄러워 물어보지 않아도 객가인임을 알 수 있다"[76]고 서술하고 있다. 이를 통해 당시 언어 자체가 이미 집단을 분류하는 표지가 되었음을 알 수 있다. 도광 『광동통지』에서는 "흥녕(興寧) · 장락현 지역의 방언은 소주(韶州) 지역과 비슷하다. 1인칭 '나'를 뜻하는 '워(我)'를 '아이(哎)'라고 발음하는데, 광주 사람들은 그들을 '아이쯔(哎子)'라고 부른다."[77] 최근까지도 '아이쯔'란 말은 광동 지역의 많은 토착민들이 객가인을 지칭하는 명칭으로 사용되고 있다.

가경 20년(1815) 혜주부 화평현(和平縣) 사람인 서욱증(徐旭曾)은 혜주 풍호서원(豊湖書院)에서 학생들을 가르치고 있었다. 당시 "박라(博羅) · 동관 지역의 한 마을에서 사소한 일 때문에 흥분하여 토착민과 객가인 간에 싸움이 발생했다. 두 현 사람들이 모여 말리고 지역의 명망있는 사람이 중재하여 비로소 해결되었다. 서원의 학생들이 나에게 토착민과 객인이 무슨 말인지 물었다. 내가 객이란 토착민의 상대적인 말로 이 지역에 거주하는 사람을 가리킨다고 대답했다. 그렇다면 우리 조상들은 대대로 수백 년을 이곳에서 살았는데 어째서 아직도 객이라 불리는가? 내가 설명을 하였고 박라의 한씨(韓氏) 성을 가진 학생이 기록하였다." 서욱증은 당시 객가인들이 송원대 송 왕실이 남하할 때 영남지역에 들어온 사람이라 생각하고 있었다. "강서성에서 복건성을 거쳐 연안을 따라 광동지역에 온 자도 있고, 호남성이나 강서성에서 오령을 넘어 광동지역으로 온 자도 있었다." 그들이 광동지역에 정착한 후 "광동 토착민들은 새로운 거주지에 살게 된 이 사람들을 객이라 불렀고, 그들도 자신을 객인이라 하였다." 서욱증은 심지어 "오늘날 객가인들은 그 선조가 송대 중원지역 사대부 관료

76) 위의 책, 9~10쪽.
77) 道光『廣東通志』, 卷92, 1988년 重印本, 1781쪽.

가문으로 충과 의를 지키고자 했던 후손들이다"라고 단언한다.

당대(當代) 학자들은 서씨의 이 말이 지금까지 찾을 수 있는 가장 이른 시기 객가인의 중원 기원설을 말해 주는 문자 기록이라고 생각한다. 이 말은 「풍호잡기(豊湖雜記)」라는 제목으로 화평현의 『서씨족보』에 실렸다가, 근래에 다시 1991년에 새로 편찬된 『광동화평서씨종보총보(廣東和平徐氏宗譜總譜)』에 수록되었다.[78] 서욱증은 자신을 '객인'으로 자처하고 있는데, 자신의 신분에 대한 이런 동일시는 다음 단락에서 발견할 수 있다.

> 저 토착민들은 풍속과 언어가 자기들과 같지 않기 때문에 우리를 객인이라 부르는 것이다. 우리 객인도 저들의 풍속, 언어가 우리와 다르기 때문에 우리 자신을 객인이라고 부른다. 객인이란 토착민에 상대적인 말로 토착민과 객인의 풍속과 언어가 같을 수는 없다. 토착민은 토착민이고 객인은 객인이다. 토착민은 토착민으로 우리 객인은 객인으로 남아 있을 것이니, 이는 아마 수백 년이 지나도 여전히 지금과 마찬가지일 것이다.[79]

---

78) 嚴忠明, 「豊湖雜記」與客家民系形成的標誌問題」, 『西南民族大學學報(社會科學版)』, 總25卷 第9期, 2004.9 ; 鄭德華, 「客家歷史文化的承傳方式—客家人"來自中原"說試析」, 『學術硏究』, 2005年 第3期.

79) 徐旭曾, 「豊湖雜記」, 徐金池, 『廣東和平徐氏宗譜總譜』, 卷2, 1991, 1993 重印, 18~19쪽. 뤄샹린(羅香林)은 1930년대 서씨 후손으로부터 화평 『서씨족보』를 얻어 일부 문장을 발췌하여 그의 『객가사료휘편(客家史料彙編)』에 수록하였다. 거기에는 「풍호잡기」도 포함되어 있었는데 개별적인 자구는 『광동화평서씨종보총보』에 수록된 내용과 약간 차이가 있었다. 뤄샹린, 『객가사료휘편』, 臺北: 南天書局有限公司, 1992(홍콩 1965년 초판), 297~299쪽을 보라. 서욱증은 자가 흔광(昕光), 가경 40년 진사로 관직은 호부원외랑(戶部員外郞)에 올랐다. 월수(粤秀)·호풍(豊湖)서원에서 강의하였다. 서욱증의 「풍호잡기」의 토착민과 객인 문제에 대한 논의는 혜주 풍호서원 학생이 제기한 문제에 대한 대답으로, 이를 통해 당시 혜주의 보통 사람들은 토착민과 객인에 대해 명확한 개념을 가지고 있지 않았음을 알 수 있다. 이 밖에 1991년에 출간된 『광동화평서씨종보총보』에는 명 홍치 연간부터 청 가경 연간, 1990년대에 이르는 역대 족보를 편찬하면서 쓴 서문이

하지만 여기서 주의할 것이 있는데 서욱증이 '객인'과 '토착민'을 구별하면서 여전히 풍속, 언어를 기초로 하고 있다는 점이다. "서원의 학생들이 나에게 토착민과 객인이 무슨 말인지를 물었다"는 질문과 서욱증이 "객인이란 토착민에 상대적인 말"이라고 대답한 것을 통해 볼 때 당시 사람들은 아직 '객인'에 대해 명확한 인식과 본질적인 범위 규정이 없었음을 알 수 있다.

함풍부터 동치 연간에 토착민과 객가인 사이의 갈등이 갈수록 첨예해져 흉기를 들고 싸우는 것도 제지할 수 없을 정도였다. 토착민과 객가인 간에 무기를 들고 싸웠던 이런 수많은 사건들이 발생한 지역의 지방지에서는 객가인을 종종 '비적'이라고 지칭한다.[80] 토착민과 객가인의 싸움으로 적군과 아군이 극단적으로 구분되면서 객가인의 자아의식도 전례없이 고조되었다. 그들은 저서, 글쓰기, 지방지 편찬과 같은 문화자원을 장악하게 되자 자신의 신분과 선조의 기원에 대해 나름대로 설명을 하였다.[81] 객가인들은 자신의 문화적인 신분의

수록되어 있다. 이 글을 보면 화평현 서씨의 원류를 논하면서 '객인'이나 '객가' 출신에 자신을 동일시하고 있지 않다. 우리는 서욱증의 「풍호잡기」의 '객인' 신분에 관한 서술을 읽을 때, 그것을 '객가인' 의식의 강렬한 표출로 지나치게 확대하여 해석해서는 안 될 것이다.

80) S. T. Leong, "The Hakka Chinese of Lingnan: ethnicity and social change in modern times", p.306. 동치 『高要縣志』, 卷2, 30쪽 ; 동치 『新會縣志』, 卷10, 7쪽 ; 광서 『新寧縣志』, 卷14, 22~37쪽 ; 광서 『高明縣志』, 卷15, 17~27쪽.

81) 부·현의 학생 정원도 객가인이 적극적으로 획득하려 했던 문화자원이었다. 량자오팅의 고증에 따르면 건륭 25년(1760) 개평현(開平縣)의 객가 출신 생원이 관청에 호적을 옮겨 학적을 취득하게 해 달라고 청원했지만 결국 허락되지 않았다. 그 후 광동 토착민과 객가인 간의 모순은 더욱 격렬해졌다. 관청에서는 광동 토착민과 객가인이 함께 거주하는 수많은 현에 객가 출신 학생 모집 정원을 책정하였다. 신녕(新寧, 1788), 개평과 동관(1811), 신안(新安)과 고명현(高明縣, 1812)이 여기에 포함된다. 앞서 인용한 Sow Theng Leong, 62쪽을 참고하라. 또한 도광(1823) 『開平縣志』, 卷6, 33쪽 ; 광서(1893) 『新寧縣志』, 267~268쪽을 참고하라.

정통성의 연원을 증명하는 방법으로 월인이나 조인(潮人)들처럼 '중원기원설'을 사용하였다.

객가 문인들이 '중원기원설'을 지지하는 근거로는 그들이 알고 있는 역사상 발생한 몇 차례의 동란으로 야기된 대규모 이주와 객가어의 기원에 대한 판단을 들 수 있다. 서욱증이 생각하기에 "객가어는 내륙 지역마다 약간 차이가 나지만 독서음은 동일하다. 그래서 고향을 떠나 내륙 지역을 돌아다녀도 어디서나 말이 통한다." 대포현(大埔縣)의 임달천(林達泉, ?~1878)과 진평현(鎭平縣)의 황조(黃釗, 1787~1853) 이 두 객가 문인들은 나아가 객가음이 중원지역의 고음(古音)에서 기원했음을 증명하려고 하였다. 임달천은 다음과 같이 말하였다.

> 장강(長江) 이남 지역에서 안휘의 음은 강소성과 다르고 강소성은 절강성과 다르다. 절강성은 복건성과 다르고 복건성은 광동성과 다르며, 광동성은 운남이나 귀주성과 다르다. 운남이나 귀주성은 호남이나 강서성과 다르다. 지역이 다르니 방언도 다른 것이다. 객가어만은 그렇지 않다. 이 현의 객가와 다른 현의 객가가 말이 같고, 이 부(府)의 객가와 다른 부의 객가가 말이 같다. 도(道)나 성(省)도 다 마찬가지이다. 객가인은 그 말이 다르지 않아 차이가 없는 것이다. 또한 지역의 방언은 간혹 운이 맞지 않는다. 객가인들이 머리를 묶고 본격적으로 『논어』, 『맹자』와 같은 학문을 공부할 때 정부가 반포한 운과 그들의 독서음은 큰 차이가 없다. 정부가 반포한 운은 역대로 전해 내려오는 원음(元音)인데, 객가음도 조상이 남겨 준 운으로 자연히 들어맞아 차이가 없는 것이다. 차이가 나는 것은 지역 풍속이 섞인 것으로 원래 형태는 아니다.

객가음과 정부에서 반포한 운이 비슷하다는 현상으로부터 임달천은 나아가 이렇게 추론하고 있다.

> 이로써 보건대 장강 이북은 객가인이라 할 만한 사람이 없는데 객가

인이 북방에서 기원했기 때문이다. 장강 이남 지역에서 객가인들끼리는 말이 다르지 않으며 객가인은 토착민에 대비되는 개념이다. 이 세상에 태어나 당우(唐虞) 3대[82]가 남겨 준 풍속을 쫓고자 한다면 그 실마리를 이어 주는 사람이 객가인이다.[83]

임달천은 대포현의 거인(擧人)으로 동치 3년(1864) 고향에서 단련을 조직하였다. 황조는 가응주 진평현 출신으로 한산(韓山)서원에서 강의하였다. 당시 유명한 객가 문인이었던 그들은 이런 글을 지어 의식적으로 자신이 동일시하는 객가인의 관점에서 얘기하고 있다.

광서(1889) 『가응주지(嘉應州志)』의 출판은 종족 의식이 강렬한 객가 문인들이 관방 지방지에서의 세력 기반을 이용해 자신이 동일시하는 문화, 역사 기술을 확립하려는 하나의 전형을 보여 주고 있다. 가응주는 명대 홍무 연간에는 정향현(程鄉縣)이라 불렸고 조주 관할에 속해 있었다. 청대에도 마찬가지였는데 옹정 11년(1733)에는 직예가응주(直隸嘉應州)로 변경되었고 그 아래 홍녕(興寧)·장락·진평·평원(平遠) 네 현을 관할하였다. 가경 12년(1807) 부(府)로 승격된 후 다시 정향현을 두었다가, 17년(1812) 다시 주(州)가 된 후 정향현은 폐지되었다. 선통 3년(1911)에는 매현(梅縣)이 되었다. 광서 『가응주지』 이전에는 건륭 『가응주지』가 있었다. 건륭 지방지에서는 여전히 상술했던 바, 소식(蘇軾)이 말한 조주에서의 한유의 문화적 공헌을 인용하면서 그 지역의 문화를 논증하고 있다. 그 지방지에서는 다음과 같이 말하고 있다.

---

82) [역주] 당우(唐虞)는 요(堯)와 순(舜) 시대를 가리킨다. 요는 도당씨(陶唐氏), 순은 유우씨(有虞氏)라고도 한다. 3대는 하(夏)·상(商)·주(周)를 지칭한다. 당우 3대란 고대 중국인들이 생각하던 이상적인 태평성세를 대변하는 말이다.

83) 이 두 단락은 모두 林達泉, 「客說」, 溫廷敬 輯, 『茶陽三家文鈔』, 卷4, 3쪽에서 인용한 것이다.

> 그러므로 문충공(文忠公) 소식이 이렇게 말했다. 이때부터 조주 문인들이 모두 문장과 덕행이 훌륭하게 되었고, 그것이 평민에게까지 파급되어 오늘날까지도 통치하기가 쉽다. 가응주는 본래 조주에 소속되어 있었는데 예전에는 정향현이었다. 교화의 풍속이 널리 퍼져 있어 특히 옛 선비들의 형상에 잘 부합한다.[84]

이를 통해 건륭 『가응주지』에서 그 지역문화를 서술할 때 강조했던 것은 여전히 조주와의 관계였음을 알 수 있다. 하지만 광서 『가응주지』에 이르면 서술하는 지방문화의 초점이 객가어 집단으로 이동하고 있음을 발견할 수 있다. 편찬 책임자 온중화(溫仲和, 1849~1904)는 가응주 사람으로 광서 4년(1878) 학해당 전공 과정 학생으로 선발되었고 광서 15년(1889)에 진사가 되었다.[85] 『가응주지』 편찬 책임자였던 그는 여러 편의 글에서 '재편집'의 역할도 맡아 자신의 평어를 집어넣었다. 「방언」편에서 온중화는 평어에 종종 경전을 인용하며 "우리 가응주의 방언이 대부분 수당 이전의 고음(古音)"임을 증명하려고 노력한다. 심지어 그는 "학문에 정통한 유학자가 아주 조금 남아 있다고 한 고음이 우리 고장에서는 여자나 어린아이도 다 지방 방언을 통해 그것을 알고 있으니 굳이 증명할 것도 없이 사람들이 무의식중에 다 알고 있는 것"임을 발견한다.[86] 온중화가 객가어에 고음이 많다고 했던 주장은 그의 스승이었던 학해당 학장 진례(陳澧, 1810~1882)[87]가 광주어에 대해 정의한 것을 참고한 듯이 보인다. 진례는 『광주음설(廣州音說)』에서 광주 방언은 "수당

84) 乾隆 『嘉應州志』, 卷1 「輿地部 · 風俗」, 廣州: 廣東省中山圖書館, 19991, 44쪽.

85) 容肇祖, 「學海堂考」, 『嶺南學報』, 第3卷 第4號, 1934, 76쪽.

86) 光緖 『嘉應州志』, 卷7, 34~35쪽.

87) [역주] 진례(陳澧)는 자가 란보(蘭甫), 호는 동숙(東塾), 반우 사람이다. 도광(道光) 12년(1832) 거인(擧人)으로 회시에는 합격하지 못했다. 학해당과 국파정사(菊坡精舍)에서 강의하며 명성을 떨쳤다. 천문 · 지리 · 시사(詩詞)에 뛰어났으며, 음운학자로도 유명하다. 저서로는 『절운고(切韻考)』, 『성률통고(聲律通考)』, 『설문성통(說文聲統)』 등이 있다.

시기 중원의 음"에 부합한다고 말했는데, 온중화는 『가응주지』「방언」에서 다음과 같이 말하고 있다.

> 나는 예전에 돌아가신 반우 출신 진경경(陳京卿) 선생님께 이런 말을 드린 적이 있다. 가응주의 말은 대부분 수당(隋唐) 이전의 고음입니다. 임태복(林太僕)께서 중원의 음운에 부합한다고 했던 말과도 일치합니다. 이제 '방언'을 편찬하면서 고음을 중심으로 증명하려고 합니다. 전해 내려오는 고어(古語)나 옛날의 뜻에 부합하는 말들을 일일이 증명하고자 합니다. …… 예전에 경전을 전하는 자들은 방언으로 경전의 뜻을 증명하였으니, 지금 방언을 고증함에 경전을 가지고 증명하는 것은 당연한 일입니다. 이들이 서로 동일한 것이 열에 여덟, 아홉이니 객가가 중원의 관료 사대부가 남겨 준 풍속을 지키고 있고, 그들의 언어가 다 중원의 음운에 부합한다는 것이 충분히 증명되었습니다. 임태복의 주장은 근거없는 것이 아니며, 돌아가신 선생님께서 말씀하신 수당 이전의 고음이 많다는 것도 실제로 증명이 가능한 것입니다.[88)]

「예속」편에서도 온중화는 적잖은 평어를 추가하여, 객가의 예속이 정통 규범에 부합하다는 것을 상세히 논증하고 있다.[89)] 이는 지방지 중에서는 매우 드문 경우이다. 더욱 특이한 점은 온중화가 명대 광동의 유명한 학자였던 구준(丘濬)이 『주자가례』를 바탕으로 편찬한 비교적 통속적인 『가례(家禮)』에 대해 심하게 비판하고 있다는 것이다. 그는 구준이 고대 예법을 어겼다고 생각하였다. 이는 광동의 다른 지방에서는 거의 찾아볼 수 없는 경우이다. 구준은 명성이 높았고 그가 편찬한 『가례』는 광동지역에 광범위하게 유포되어 있었다. 지방지에서는 그 지방의 풍속이 얼마나 규범에 부합한지에 대한 기준을 구문공(丘文公) 가례의 채택 여부로 판단하였다. 온중화의 이런 태도는

88) 光緖 『嘉應州志』, 卷7, 86~87쪽.
89) 光緖 『嘉應州志』, 卷8, 53쪽.

광동지역에 유행하고 있던 기존 관념을 비판하여 객가 문화가 더 우수하다는 것을 논증하려는 의도로 보인다.

광부인이나 객가 문인들이 자신의 방언이 고음에 가깝다고 논증하는 근거가 충분한지, 그리고 그 논증이 성립되는지는 이 글의 논의 대상에 포함되지 않는다. 필자가 중시하는 것은 예외없이 자신이 동일시하는 문화를 그들이 상상하는 중원문화와 연결하려는 서술 패턴이다. 조주 문인들의 저술에서도 동일한 서술 논리를 찾을 수 있다. 객가에 대한 담론에서 특히 주의할 점은 객가인의 자의식이 가장 강렬했던 때는 근대 종족 관념과 국가 관념이 중국에 정착되기 시작하던 시기로, 객가족의 자아 서술 방식에 획기적인 변화가 생겼다는 것이다. 그것은 또한 이 시기가 청 말 이후 광동지방의 문화 관념에 있어서도 중요한 전환점이었음을 증명한다. 가경부터 광서 연간까지 강렬한 신분 의식을 가지고 있던 객가 문인들이 '객가' 문화의 중원 기원설을 설명할 때 사용한 주된 논거는 지역과 방언 분류를 기초로 한 '이민설'이었다. 그런데 광서 말 이후가 되면 이민설에 혈통을 기초로 한 짙은 종족 관념의 색채가 덧입혀지게 된다. 인종학적인 의미에서 민족 관념은 19, 20세기 교체기에 중국에 유입되어 빠르게 혈통으로 종족을 구분 정의하는 전통을 형성하였다.[90] 종족 관념의 영향으로 인하여 광동인과 객가인의 구별 및 논쟁의 초점이 방언의 차이에서 인종의 구분으로 전환되는 미묘한 변화가 생겼다. 흥미로운 점은 청 말 조정에서 각 지역에 명을 내려 편찬하도록 한 향토교과서의 인

---

90) 20세기 초 종족 관념이 중국에서 어떻게 이해되고 적용되었는지에 관해서는 다음을 보라. Pamela Crossley, "Thinking about Ethnicity in Early Modern China", Frank Dikötteer, *The Discourse of Race in Modern China* ; 韓錦春・李毅夫, 「漢文"民族"一詞的出現及其早期使用情況」, 『民族硏究』, 第2期, 1984, 36~43쪽.

류·종족에 관한 서술에서 이런 논쟁이 촉발되었다는 것이다. 향토지와 향토교과서는 광서 말부터 신해혁명 전 중국에 출현한 새로운 형태의 지방 문헌이었다. 교과서에 반영된 지방과 국가 관념에 대해서는 다음 절에서 전문적으로 논의하고자 한다. 여기에서는 먼저 광동 향토교과서의 인류·종족에 관한 서술이 신구 교체기 지식인을 어떻게 집약적으로 반영하고 있으며, 새로운 종족·국가 관념을 수용하게 되면서 종족 공동체를 설명하는 언어가 어떻게 새롭게 조정되는지를 살펴보고자 한다.

청 조정에서 반포한 조례에 따르면 각 지역 향토교과서의 편찬은 새로 편찬된 향토지를 기초로 해야 한다. 또한 향토지의 내용은 역사, 정치적 업적, 병사(兵事), 노인(耆舊), 인류, 호구(戶口), 씨족, 종족, 실업(實業), 지리, 도로, 산물, 상무(商務) 등의 항목을 포함해야 한다.[91] 여기에서 우리의 논의와 관련이 있는 것은 '인류'라는 조목이다. 「학무(學務) 대신의 상주에 따라 편서국 감독 하에 편찬된 향토지 조례에 따라 향토지를 편찬하도록 각 지역에 내린 명령(學務大臣奏据編書局監督編成鄕土志例目擬通飭編輯片)」의 규정에 따르면 향토지에서 '인류'편은 다음과 같은 내용을 포함해야 한다.

> 지역에 팔기(八旗)와 한족 호구 이외에 다른 종족이 있는 경우에는 그 원류를 힘써 고증하여 그 조상의 내력을 서술해야 한다. 현재 호구(戶口)가 몇 명이고 어느 마을 어느 산에 모여 살며 대략적인 풍속 등이 모두 편찬 내용에 포함되어야 한다. 종속은 대략 회(回), 번(番), 사(畲), 과(猓), 묘(苗), 요(猺), 동(獞), 령(狑), 아(犽), 랑(狼), 명(皿), 앙(狭), 타생(打牲), 초(貂), 려(黎), 토사(土司)로 구분한다. 부(府)·주(州)·현(縣)에 속하지 않은 토사가 있다면 포정사(布政司)가 명확히 조

91) 「學務大臣奏据編書局監督編成鄕土志例目擬通飭編輯片」, 『東方雜誌』, 第2年 第9期, 1905, 218~223쪽.

사하여 기록해야 한다.[92]

이 조례에 따라 당시 광동에서 출판된 각종 향토지와 향토교과서에는 모두 '인류'편이 있다. 이를 통해 편찬자가 어떻게 종족 이론을 앞의 몇 절에서 논의한 '이주 교화론'과 결합해 자신이 동일시하는 방언집단이 '순수'한 '중원 사람', 혹은 '한족'인지를 증명하려고 시도했는지를 발견할 수 있다. 광서 32년(1906)에 출판된 『광동향토사교과서(廣東鄉土史教科書)』는 당시 이미 '통설'이 된 광동인 중원 남천설을 답습하고 있다.

> 남송 때 중원 사람들이 난을 피하기 위해 대부분 남웅 주기항으로 이주하여 광동 사람들 가운데 중원 사람들이 많다.[93]

광서 34년(1908)에 출판된 『광동향토지리교과서』에도 이렇게 기술되어 있다.

> 진대(秦代)에 유배되거나 이주한 사람들이 광동지역에 살게 되니, 이것이 광동에 한족들이 들어오게 된 시초이다. 당송대 중원 사람들이 대부분 난을 피하기 위해 영남지역에 들어오니 이때부터 한족 사람들이 많아지고 광동의 토착 민족들은 쇠퇴하게 되었다.[94]

여기에서 기술된 역사가 이전의 설명과 내용이 다르지는 않다. 하

---

92) 「學務大臣奏据編書局監督編成鄉土志例目擬通飭編輯片」, 『東方雜誌』, 第2年 第9期, 1905, 220쪽.

93) 黃佛頤, 『廣東鄉土史教科書』, 粵城時中學校刊本, 光緒 32年, 第2課 「廣東人之種別」.

94) 黃培坤·岑錫祥, 『廣東鄉土地理教科書』, 廣東編譯公司, 光緒34年 再版, 第19課「廣東人之種族」.

지만 '종족'이란 글자의 사용으로 역사 기술에서 '종족' 관념을 부각시키고 있다. 『광동향토지리교과서』에서는 계속해서 '광동 토착 민족'이 바로 오늘날까지 존재하는 '료(獠)'·'리(俚)'·'려(黎)'·'기(岐)'·'단족(蜑族)'·'료료(獠獠)' 등의 종족이며, '한족'은 "진대 이후 광동지역에 들어온 자들"이라고 설명하고 있다.

동일한 관념 하에 현급(縣級) 향토지에도 유사한 서술이 있는데, 『광녕현향토지(廣寧縣鄉土志)』「인류」편에는 "다른 종족과 팔기 호적을 가진 자는 이 지역에 없다"[95]고 말하고 있다. 이렇게 '종족' 분류로 무리를 구분하고 '한족'과 '다른 종족'의 경계를 명확하게 구분하려는 것은 객가가 주요 거주민인 현급 향토지에서도 분명하게 발견된다. 『시흥현향토지(始興縣鄉土志)』「인류」편에는 다음과 같은 기록이 있다.

> 이 지역은 궁벽한 오지로 토착민 외에 한군(漢軍) 팔기도 없고, 회(回)·번(番)·과(猓)·묘(苗)·합( )·아족(犽族) 등도 없다. 오직 남쪽 깊은 산속에 옛날 연산(連山) 지역에서 온 요족(獠族)들이 집을 짓고 잡곡을 심으며 농사를 짓고 있다. 근래는 비적들이 끊임없이 출몰하여 산에 농사를 짓고 있던 요족들도 소문에 의하면 멀리 떠나고 몇 년 전에 거의 자취가 끊어졌다고 한다.[96]

이 단락의 의미는 지역에 본래 한족에 속하는 토착민과 구별되는 '다른 종족'이 있었는데 최근에 거의 자취가 끊어졌다는 것이다. 『시흥현향토지』「씨족」편에는 이렇게 기록되어 있다.

> 이 지역의 씨족은 진(陳)·이(李)·하(何)·장(張)·류(劉)·등(鄧)·증

95) 伍梅·龔炳章 編輯, 『廣寧縣鄉土志·人類』, 36쪽, 淸風橋文茂印局, 출판연도 미상.
96) 張報和 總纂, 『始興縣鄉土志·人類』, 36쪽, 淸風橋文茂印局, 출판연도 미상.

(曾) · 종씨(鍾氏)가 제일 많고, 노(盧) · 황(黃) · 오(吳) · 뇌(賴) · 관(官) · 화(華) · 임(林) · 주(朱) · 소(蕭) · 섭씨(聶氏)가 그 다음으로 많다. 염제(炎帝)와 황제(黃帝)의 후예인 이들 씨족들이 유입된 것은 한(漢) · 위(魏) · 진(晉) · 수대(隋代)로 아득하여 고증하기 어렵다. 관리를 따라 광동지역에 들어온 자도 있는데 당대(唐代)부터 대대로 전해 내려온 자는 지금 37대에 이르고, 남송대에 떠돌다 정착하게 된 자는 지금 29대에 이른다. 명대 초 복건성 상항(上杭)에서 이주한 사람들이 제일 많다. …… 이 지역 전체를 놓고 이야기하자면 다 토착민들이고 객적(客籍)은 없다. 이에 씨족에 대한 기록을 적는다.97)

이를 통해 『시흥현향토지』에서 말하는 '토착민'이 가리키는 것은 "염제와 황제의 후예"인 규모가 큰 씨족이고, "객적"은 최근에 이주해 온 거주민만을 뜻하여, 당시 객가어를 구사하던 '객가'를 지칭하던 것과는 다른 개념임을 분명히 알 수 있다. 명청 이래 시흥현의 거주민은 대개 객가어를 사용하였다. 따라서 여기에서 말하는 '토착민'은 오늘날 '객가' 집단을 지칭한다. 이를 통해 다음과 같은 사실을 알 수 있다. 즉 만청의 향토지에서는 '향토지 조례'에 따라 편찬할 때 누가 '한족'이고 누가 '다른 종족'인지의 문제에 대답해야 했다. 그들이 원래 잘 알고 있던 '토착민-객가인'의 구분조차도 이런 종족 구분의 구조 속에서 기술해야 했다. 이 점은 당시 이미 명확히 '객가'의 명칭을 사용하여 자신의 신분을 정의하였던 지역의 향토지에서도 분명하게 알 수 있다. 『흥녕현향토지(興寧縣鄉土志)』의 「인류」편에는 다음과 같이 기록되어 있다.

이 지역 사람들은 본래 중원지역의 옛 사대부 가문 출신들이다. 송대 장강 남쪽으로 수도를 옮기던 시기에 흩어져 이곳으로 이주하게 되었는데 대

97) 張報和 總纂, 『始興縣鄉土志 · 氏族』, 36~37쪽.

부분 복건성이나 강서성에서 온 사람들이다. 언어와 풍속이 토착민들과 달라 당시 토착민들이 그들을 객가라고 불렀다. 이후 이곳 현에서 다른 지방으로 이주한 자들도 자신들을 객가라고 부르며 언어와 풍속을 바꾸지 않았으니 근본을 잊지 않았음을 보여 주려는 것이었다. 고증학자들은 그들의 언어가 고음을 보존하고 있고 풍속도 고대 예법을 간직하고 있다고 말한다. 전하는 바로는 노(盧)·남(藍)·모(毛)·뇌(賴)·반씨(潘氏) 다섯 성씨는 토착 종족으로, 지금도 결혼을 할 때 노씨와 모씨에게 돈 1관(款)을 내야 한다[98]는 말이 있다. 그 원인을 물어보니 옛날 토착 종족들이 새로 이주해 온 사람들에게 통행세를 개설해 거두었던 것이 오래도록 이어져 결국 선례가 된 것이었다. 지금 이런 풍속은 없어졌으며 돈은 중매인에게 준다. 지금 말한 노씨·모씨 등 다섯 성씨는 모두 송원대 중원지역에서 이주한 사람들로, 그 당시의 토착 노·모씨는 아니다. 요족(獠族)은 본래 반호(槃瓠)의 후손으로 영남지역 도처에 대부분 흩어져 살고 있다. 명대 홍치 16년(1383) 유랑하던 요족들이 난을 일으켰는데 대망산(大望山)을 근거지로 삼았다. 정통 연간에도 요족들은 여전히 많았다. 토착민 팽백령(彭伯齡)을 수구부순검(水口副巡檢)으로 삼아 요족의 관리를 전담하도록 했다. 성화(成化) 정유년(1477) 그 제도를 없애고 부족에 속한 장로 한 사람을 선발해 그 일을 맡도록 하고 '요족을 돌보는 노인'이라는 뜻에서 '무료노인(撫獠老人)'이라 했다. 청대 초 현 동쪽 60리 철산장(鐵山嶂)에는 여전히 요족들이 돌을 쌓아 살고 있었다. 그들은 무식하고 지혜가 부족해 최근 백 년 동안 거의 사라져 버렸다. 요족의 별종으로 사족(畬族)이 있다. 그들은 화전을 일구어 농사를 짓고, 열매를 따고 사냥해 털을 얻는데 요족의 일종인 듯하다. 월인(粵人)들은 산속에서 대나무를 엮어 거처를 가리고 덮는 덮개[畲]로 삼으니, 그래서 요족의 거주지를 사(畲)라고 한다. 북쪽 요족들 중에 사장(畬長)이라 불리는 자들도 있다. (『천하군국리병서(天下郡國利病書)』에 따르면 畬와 畲는 옛 글자로 요즘 사용되는 글자인 輋는 畲자의 와전이고 畬, 土畬의 와전이다.) 『광동통지』에는 혜주와 조주 사이에 사족(輋族)이 많다고 기록되어 있다. 『광동신어』에는 흥녕(興寧)과 대신(大信) 지역에 사족(輋族) 사람들이 살고 있다고 기록되어 있다. 흥녕은 예전에 혜주에 속했고, 대신은 전에 흥녕에 속했다. 지금 현 북쪽 130리에 있는 태녕(泰寧)

98) [역주] 원문에는 '盧毛錢一欸'이라고 되어 있다.

> 보루가 대신 지방에까지 이어져 있다. 이른바 상사(上畲), 하사(下畲), 묘사(苗輋), 하봉사(荷峰輋)라고 하는 지역은 아마 당시 사족(輋族)들이 거주하던 곳으로 생각된다. 세월이 오래 지나면서 그것이 지명이 된 것인데 종족들이 사라져 고증할 수는 없다. 단족(蛋族)들은 예전에는 하박소(河泊所, 명대 홍치 초에 설치)에 속해 있었다. 그런데 홍녕에 거주하던 자들이 홍녕현 소속 6도(都)에 편입시켜 달라고 상소문을 올리니, 중갑(中甲)과 수갑(首甲)을 세워 그들을 통솔하도록 했다. 하지만 과거 시험과 관련된 경우에는 아직도 하박(河泊)이란 말을 사용한다.(『천하군국리병서』) 오늘날 맥씨(麥氏) 두세 명만이 당시의 단족이다. 그 밖에 몽고(蒙古) 출신인 자들도 있는데 사씨(沙氏) 가문의 백성 5,6백 명으로, 그들의 언어와 풍속은 모두 교화되었다. 회족(回族)·번족(番族)은 없다.99)

『홍녕현향토지』에서는 옛날 중원 사대부 가문 출신의 '한족'에 속한다고 간주되던 객가를 원래 그 지역에 살고 있던 '토착민'과 매우 분명하게 구분하고 있다. 위에서 인용한 그 지역의 노·남·모·뇌·반씨 다섯 성씨에 관한 서술을 통해서도 알 수 있다. 작자는 "지금 말한 노·모씨 등 다섯 성씨는 모두 송원대 중원지역에서 이주한 사람들로 그 당시의 토착 노·모씨가 아니다"라고 말하고 있다. 설령 '토

---

99) 羅獻修 輯, 『興寧縣鄉土志』, 「人類」, 鈔本. 인용문 중에 "按: 畬, 輋古, 今字輋爲畲之訛, 畬, 土畬之訛"라고 하는 구절은 의미가 불분명하다. 아마도 필사할 때 잘못 적은 듯하다. "畬, 輋, 古字, 今字輋爲畲之訛, 畬, 土畬之訛"여야 할 것 같다. 대략적인 의미는 다음과 같다. 곧 輋와 畬는 모두 고자(古字)로, 요즘 사람들이 사용하는 輋와 畬는 畲, 畬 두 글자를 잘못 적은 것이다. 인용문 중에 "월인(粤人)들은 산속에서 대나무를 엮어 거처를 가리고 덮는 덮개[畲]로 삼는다. 그래서 요족의 거주지를 분(畲)이라 한다", "홍녕에 거주하던 자들이 홍녕현 소속 6도(都)에 편입시켜 달라고 상소문을 올리니, 중갑(中甲)과 수갑(首甲)을 세워 그들을 통솔하도록 했다. 하지만 과거 시험과 관련된 경우에는 아직도 하박(河泊)이란 말을 사용한다"라는 구절의 출전은 다음과 같다. 顧炎武, 『天下郡國利病書』, 卷100, 廣州: 廣雅書局, 光緒 26年, 12쪽 ; 卷104, 54쪽. 하지만 『천하군국리병서』 사부총간(四部叢刊) 3편 제27책, 44쪽의 원문과 이곳 인용문은 약간의 차이가 있는데, 거기에서 畲자는 輋자로 되어 있다.

착 종족' 중에 노·모씨 등 다섯 성씨가 있다 하더라도, 그들은 단지 구두 전승에 근거하고 있을 따름이다. 여기에서 강조하는 점은 객가인이 중원에서 기원했다는 문화 정통성이다. 그들은 "중원 사대부의 옛 귀족"이기 때문에 "언어와 풍속이 토착민과 달랐고, 그래서 당시 토착민들이 객가라고 불렀다." 『홍녕현향토지』의 작가가 강조하는 것도 그 지역의 '요'족은 이미 거의 다 사라져 버렸고 '단'족도 남아 있는 자가 몇 명 안 된다는 것이다. 「씨족」편에 기록하는 경우는 모두 '인구가 만 명 이상'인 큰 부족이어야 하므로 사실상 객가족이 그에 해당한다. 두세 명 남은 '단족'인 맥씨는 당연히 「씨족」편에 수록될 수 없다. 간단히 말해서 홍녕현의 절대다수를 차지하는 거주민은 모두 한족들이다.

종족 이론을 이렇게 무리를 구분하는 근거로 삼는 것은 어떤 방언 집단이 자신은 '한족'임을 힘써 주장하려는 의미와 함께 다른 방언 집단을 '다른 종족'으로 구분하려는 경향을 내포하고 있다. 전통 지방지에서 보이던 광동인과 객가인 간의 논쟁은 신식 향토교과서에서도 계속 나타난다. 하지만 신식 교재의 성격을 띠고 있던 향토교과서는 일단 출판되어 유통되면 더 쉽게 커다란 사회적 반응을 불러일으키게 된다. 광서 33년(1907) 상해 국학보존회에서는 순덕 출신의 유명한 학자 황제(黃節)가 편찬한 『광동향토지리교과서』를 출판하였다. 그 책 「인종」장에서는 도표 형태(그림 2.1 참고)로 객가를 '한족'에서 제외하고 '복로(福狫)', '단족(蜑族)'과 함께 '외래 종족'에 열거하고 있다.[100)]

이 사건은 당시 '객가'·'복로' 공동체 의식을 가진 문인들의 강렬한 저항을 불러일으켰다. 같은 해 3월 29일 객가인이 운영하고 있던 산

100) 黃晦聞, 『廣東鄉土地理教科書』, 上海: 國學保存會, 光緒 33年, 第12課 「人種」.

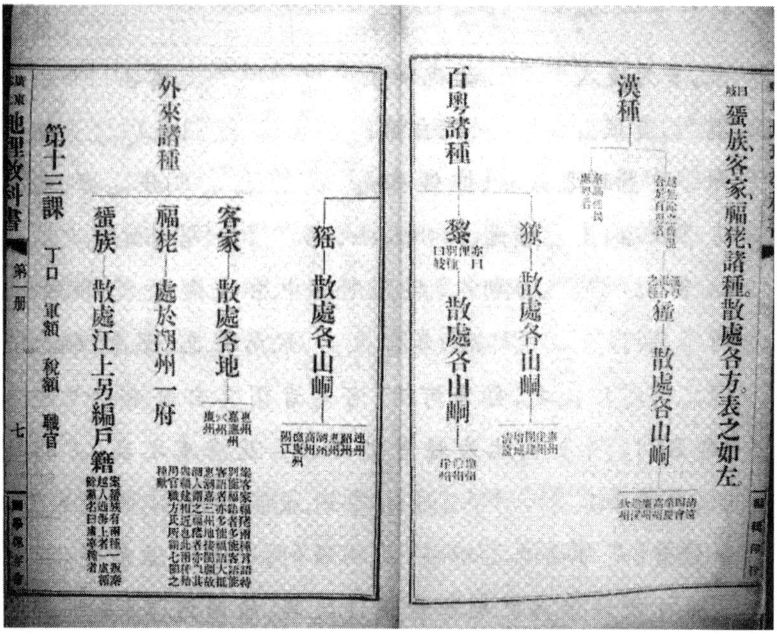

蜑族、客家、福狫諸種。散處各方表之如左

漢種 獞 散處各山峒

百粵諸種 獠 散處各山峒

黎 散處各山峒

外來諸種 猺 散處各山峒

客家 散處各地

福狫 處於潮州一府

蜑族 散處江上另編戶籍

第十三課 丁口 軍額 稅額 職官

廣東地理教科書 第一冊 七

그림 2.1 황후이원의 『광동향토지리교과서』「인종」(1907년판)

두(汕頭)의 『영동일보(嶺東日報)』에서는 「광동의 향토 역사에서 객가와 복로족은 한족이 아니라는 주장에 대한 변론(廣東鄉土歷史客家福老非漢種辨)」이란 논설문을 발표하여 황제의 주장에 대해 이의를 제기하였다.

> 최근 국학보존회에서 광동 향토역사 교과서 한 종을 출간하였는데 광동 사람인 황후이원(黃晦聞)이 지은 것이다. 제2과(제12과라고 해야 한다—인용자)에서 광동의 종족으로 객가와 복로(福老, 원서에는 狫字로 되어 있다—인용자) 두 종족이 월(粵) 종족도 아니고 한족도 아니라고 말한 부분이 있다. 그가 참고한 글에서는 다시 이 두 종족은 아마도 『주례(周禮)』「변관(變官)·직방씨(職方氏)」에서 말한 칠민(七閩)에 속한 종족인 듯하다고 말하고 있다. 무슨 이유로 이렇게 말하는지 모르겠지

만, 그들을 모독하려는 의도가 있는 것이 아니겠는가? 그렇지 않다면 어찌 이렇게 사실을 왜곡할 수 있단 말인가!

이 글에서는 계속해서 각종 역사적인 증거를 상세히 나열하며, 객가와 복로의 선조가 하남 지역에서 기원하였고 모두 중원 민족의 후예에 속한다고 설명하고 있다.

조주군을 고증해 보면 진대(秦代)부터 사록(史祿)[101]이 게령(揭嶺)에 머물렀고 변방을 지키는 병사들이 이곳에 주둔하였다. 한대(漢代)에 남월(南越)을 평정하자 게양(揭陽) 현령 사정(史定: 史祿의 후손)이 처음으로 투항하였고, 이후로 많은 유랑민들이 거주하게 되었다. 진대(晉代)에 처음 만천현(萬川縣, 지금의 大埔縣)을 설치하여 유랑민들을 거주하도록 하니 한족과 월족(越族)이 뒤섞여 살았다. 이것이 진한부터 육조 시대까지 조주 민족의 대략적인 상황으로, 당시 우리 광동지역의 민족도 이와 비슷한 상황이었다. 객가와 복로족의 명칭은 사실 당송 이후에 생겨났다. 당대부터 조주의 인사들이 점차 출현하기 시작하는데, 무공(武功)에서 진원광(陳元光, 657~711)[102], 문학에서 조덕(趙德)을 예로 들 수 있

101) [역주] 사록은 영거(靈渠)를 축조하였는데 이는 세계 최초의 수문식 운하였다. 영거는 장강과 주강을 연결하고 중원지역과 영남지역을 연결해 수리 건축사에 있어서 기념비적인 업적이다. 사록에 대해서 『사기(史記)』에서는 간접적으로 "감어사로 이름은 녹(監御史名祿)"이라고만 기록하고 있다. 감어사는 관직 명칭으로 그는 사씨도 감씨(監氏)도 아니지만, 역사서에서는 관습적으로 사록이라고 부른다. 기원전 221년 진시황이 남방 백월(百越) 부락을 통일하고자 진군할 때 호남과 광서성 경계 지역에 이르렀다. 육로는 험준하고 수로는 상수(湘水)와 이수(漓水)가 연결되어 있지 않아 군대가 행군하여 작전을 수행하고 군량미를 공급하는 데 어려움이 많았다. 진시황은 감어사 록에게 영거를 파서 군량비를 운송하도록 하여 백월 깊숙한 지역까지 들어갈 수 있었다.

102) [역주] 자는 정거(廷炬), 호는 용호(龍湖)로 당대 광주(光州) 고시(固始, 지금의 河南省 固始縣) 사람이다. 조부 진독(陳犢)은 당 왕조의 개국 공신이었고 부친 진정(陳政)은 융위좌랑장(戎衛左郎將), 귀덕장군(歸德將軍)을 지냈다. 어려서부터 경전, 역사, 제자서에 정통하여 13살에 광주에서 1등으로 추천을 받았다. 수공(垂拱) 2년(686) 조정에 복건성 남부에 주 · 현을 설치할 것을 건의하자 무

다. 그들이 조주 사람이기는 해도 사실 그들의 선조는 옛날 중원 출신이었다. 진원광이 장주(漳州)를 평정할 때 그 장수와 병사는 모두 하남 사람들이었다. 군(郡)을 설치한 후 찾아오는 사람들이 더욱 많아졌고 성읍에 모여 거주하였다. 토착민(복건성의 옛날 종족인 猺族)들은 그들을 두려워하며 하로(河老)라고 불렀는데 하로란 그들이 하남으로부터 이주해 왔다는 말이다.(『군국리병서(郡國利病書)』) 이들이 복로의 옛 종족이다. 당대 말 혼란하던 시기에 왕조(王潮, 846~897)[103]가 장주를 함락시켰는데 그 장군과 병사는 모두 하남 사람이었다. 이때 난을 피해 온 병사들이 대부분 이곳에 정착하게 되었다. 옛 종족과 뒤섞여 살다 보니 그 언어도 변하게 되었는데 이들이 신흥 복로족이다. 이들 종족은 번성하여 장주, 천주(泉州), 홍화(興化) 사이, 그리고 조주, 경주(瓊州) 해안 지역에 두루 퍼졌다. 복로라는 명칭은 원래는 하로(河老)였는데 후에 하(河)가 와전되어 학(學)으로 되었다.(지금도 이들 종족은 아직도 자신을 河老라고 부르는데 객가족들은 學老라고 부른다) 잘 모르는 자들이 근원을 깊이 탐구하지 않고 그들이 복건성 출신이라서 복로라는 명칭으로 불린다고 생각한다. 뿐만 아니라 로(狫), 혹은 료(獠) 자로 쓰기도 하는데, 그들이 모두 중원 민족의 후예임을 모르기 때문이다.

후(武后)가 장주(漳州)를 설치하고 장포(漳浦)와 회은(懷恩) 두 현을 관할하도록 했다. 그리고 진원광을 자사(刺史)로 임명했다. 진원광은 어진 선비를 등용하고 황무지를 개간하며 유랑민들을 위로하고 학교를 설립하는 등 큰 정치적 업적을 이루었다. 경운(景雲) 2년(711) 산월(山越)의 수령 난봉고(蘭奉高)의 기습 공격 때 진원장은 큰 부상을 당해 사망하였다. 진씨 부자(父子)가 복건성으로 들어올 때 병사와 가족들은 만여 명으로 대부분 광주 고시현 사람들이었다. 천 년의 세월이 흐르는 동안 그 후손들이 복건 남부, 광동 동북부, 대만 등지에 분포 거주하였다. 그들은 진원광을 '장주를 개척한 성스런 선비'라는 뜻에서 '개장성사(開漳聖士)'라고 존경하여 사당을 건립해 제사를 지내고 있다.

103) [역주] 자는 신신(信臣), 광주(光州) 고시(固始) 사람이다. 당대 말에 고시현사(固始縣史)를 지내다가 중화(中和) 5년(885) 왕서(王緖)를 따라 복건성으로 갔다. 의심과 시기가 많은 왕서 때문에 병란이 발발하려 하자 그를 가두었다. 이듬해(886) 왕조가 천주(泉州)를 점령하자 복건관찰사 진암(陳巖)이 그를 천주자사로 임명했다. 진암이 죽은 후 왕조가 사촌 동생 왕언복(王彦復)과 동생 왕심지(王審知)에게 명해 복주(福州)를 공격하도록 하여 893년에 함락시켰다. 그 후 점차 복건성 전체를 점령하여 복건관찰사, 위무군절도사(威武軍節度使)로 임명되었다.

객가족도 하남 광주(光州)에서 이주한 사람들로 그 증거가 매우 명백하다. 지금도 객가인 중 하남에 살았던 자들은 객가 방언이 광주(光州) 광산현(光山縣)과 차이가 없다고 하는데 대부분 산에 거주하는 사람들이다. 그들이 이주한 것도 당대 말엽으로 복로족과 같은 시기이다. 처음에는 정주(汀州)의 영화(寧化)에 거주했는데 그 후예들은 정주군 일대에 두루 터전을 잡았다. 강서성의 감주(贛州), 광동성의 혜주 · 가주(嘉州) · 흠주(欽州) · 염주(廉州), 조주의 대포(大埔) · 풍순(豊順), 여러 현(縣)의 산간 지역에도 이들 종족이 많이 거주하고 있다. 객가족은 외지인과의 교류가 많지 않아 언어와 풍속이 옛 중원의 면모를 보존할 수 있었다. 진례는 객가족의 언어를 주덕청(周德淸)의 『중원음운(中原音韻)』과 비교해 보면 부합하지 않는 것이 없다고 말하였다. 황씨는 언어가 다르다는 이유로 한족이 아니라고 단정하였다. 그가 말한 다르다는 것이 중원 정음(正音)과 다르다는 것인가? 아니면 광동성 토착 방언과 다르다는 말인가? 복로족은 비교적 일찍 이주하였고 토착 종족과 뒤섞여 살다 보니 언어가 약간 변한 것이 사실이다. 하지만 자세히 조사해 보면 동일한 계통으로 다른 점은 단지 음운이 와전되어 뒤섞여 있을 따름이다. 객가족의 언어는 중원 정음에 가까워 광동성의 종족에 비해 다른 점이 있는데 황씨가 이를 보고 말한 것이다.

또한 혜주 · 조주 · 가주 지역은 복건성 경계와 인접해 조주 사람들 중에는 복로족이 칠민(七閩)의 후예라고 근거없이 단정하는 사람이 있다. 그들은 민(閩) · 월(越) 지역 사람들 또한 월족(越族)에 속한다는 것을 모르는 것이다.(서양인들은 印度支那族이라고 한다.) 한 무제(武帝) 때 장강과 회하(淮河) 지역에 민족들을 이주시켰는데 요족(猺族)처럼 산속에 숨어 사는 자들은 우리 월(粵)과 동일한 종족이다. 나머지 백족(白族) · 미족(眉族) · 전족(全族) · 랑족(郎族)들은 언어와 풍속이 모두 한족과 다르니, 이들이 진정 토착 종족인 칠민이다. 저자는 객가족과 복로족을 칠민으로 여겼으니 잘못이다.

당시 정치적인 상황에서 볼 때 이 글의 저자는 황제가 토착민과 객가인 간의 분쟁을 야기하고 있을 뿐만 아니라 한족들 간에도 경계를 나누려 한다고 생각하였다. 또한 작자가 보기에 국학보존회 회원인 황제는 "종족에 대한 편견이 매우 심하고" "만주족을 배제하려는" 혐의도 있었다. 그는 계속해서 다음과 같이 말하고 있다.

> 중국의 종법 제도는 전통이 매우 오래되어 동족과 향토에 대한 편견이 매우 심해 서로 비방한다. 풍속이 오랜 세월에 걸쳐 잘못 전해지다 보면 결국 그들이 같은 선조에서 나왔다는 것을 잊어버리게 된다. 중국의 풍속과 지리 자료를 수집한 서양인들은 와전된 내용을 바탕으로 오류를 답습한다. 예를 들어 정주의 합가족(哈加族)은 사실 객가라는 글자가 와전된 것이다. 그런데 투지(屠寄, 1856~1921)[104]는 중국 지리 교과서에서 이를 답습하고 있다. 그는 또한 그들이 피해를 당하고 한쪽 구석에 숨어 산다면서, 마치 그 지역에 또 다른 종족이 있는 것처럼 말한다. 그는 정주 전체가 모두 객가족들이 광범위하게 거주하고 있는 지역으로, 피해를 당한 후 숨어 사는 것이 아니라는 것을 몰랐던 것이다. 이는 실체를 제대로 파악하지 못한 것이다. 황씨의 말은 정말로 아무리 생각해 봐도 이해할 수 없다. 종족에 대한 편견이 매우 심해 만주족을 배제하려는 것도 모자라 한족 내에서도 경계를 나누려는 것이 아닌가? 저 여섯 현에 객가족들이 퍼져 사는 것을 원망하는 마음이 마치 하늘에 해가 없는 것을 원망하는 것 같다. 이제 객가족들은 이 문제의 한계점을 타파하고자 의논하고 있다. 황씨는 이 책으로 광동성 아이들을 교육하고자 한다. 이런 생각들이 마음에 들어와 일찌감치 편견을 가지게 되면 분쟁의 단초가 되어 나라를 망치는 매개체가 된다. 황씨는 그런 재앙을 남기려는 것이 아닌가? 사실을 고증해 봐도 맞지 않고 교육을 하기에도 적합하지 않다. 황씨가 의도적으로 다른 종족을 멸시하려는 마음에서 한 것이 아니고 무심코 실수를 한 것이라면 조속히 수정하기를 바란다.[105]

104) [역주] 강소성 무진(武進) 사람으로 청 말 사학자, 사회학자, 교육가이다. 원명은 위(庾), 자는 징산(敬山, 혹은 景山)이며 광서 18년 진사 출신으로 양광총독 장지동(張之洞)의 막료를 지냈다. 광동여도국총찬(廣東輿圖局總纂)으로 『광동여지도(廣東輿地圖)』 편찬을 주관하였다.

105) 「廣東鄉土歷史客家福老非漢種辨」, 『嶺東日報』, 光緒 32年 2月 16日(1907.3.29), 원문에는 단락 구분이 없음.

이와 동시에 추평자(丘逢甲)와 쩌우루(鄒魯)를 중심으로 광주에서 적극적으로 혁명에 투신한 객가족 인사들은 '객족원류조사회(客族源流調查會)'를 조직하여 객가인이 한족에 속하는 것이 틀림없다는 것을 증명하고자 하였다. 사건이 있은 후 쩌우루는 당시 "광동성 전체 객가족과 복로족에 속해 있던 수십 현(縣)의 권학소(勸學所)가 연합하여 그에게 항의하고 출판을 금지하도록 했다"[106]고 회고하였다. 조주부 대포현 권학소의 대표도 학부(學部)[107]에 편지를 보내 이 사건을 고발하였다. 다음 학부의 답변을 통해 볼 때 당시 정부에서도 이런 논쟁이 결국 "제멋대로 종족을 분류하는 화"를 초래할 것을 우려하고 있었음을 알 수 있다.

> 학부에서 하달하는 공문서. 광동성 조주부 대포현 권학소 총책임자 늠공생(廩貢生) 라오시(饒熙) 등이 고소한 내용은 이러하다. 상해 국학보존회에서 편찬한 광동성 향토역사지리 교과서 2종에서 객가족과 복로족이 한족이 아니며, 『주례(周禮)』「하관(夏官)·직방(職方)」에서 말한 칠민에 속하는 종족으로 추정하고 있는데, 터무니없는 주장으로 근거가 없다. 제멋대로 종족을 분류하는 화를 초래할 염려가 있으니 교과서의 판권을 철회해 달라는 것이다. 광동성 향토역사지리 교과서를 조사하여 먼저 학부에 제출하고, 책에서 잘못된 부분을 조목별로 표기하여 수정한 후에, 다시 학부에 제출하여 검열을 받도록 하라. 양강총독(兩江總督)이 상해도(上海道)에 공문을 보내 수정을 명하고 원서의 발행을 금지하는 한편, 해당 부서에서 책임자에게 이 공문서를 전달하여 명을 준행하도록 하라. 부디 소홀히 하지 말기를 바란다.[108]

---

106) 鄒魯·張煊, 『漢族客福史』, 廣州: 國立中山大學出版部, 1932, 21쪽. 이 책은 원래 1910년에 출판되었는데, 1932년 재판될 때 마침 쩌우루는 중산대학 총장으로 재직하고 있었다.

107) [역주] 청 말에 설치되었던 중앙 교육행정 기구를 가리킨다.

108) 「劄廣東提學使廣東鄉土教科書已令改正轉飭大埔縣勸學所總董等遵照文」, 『學部官報』, 第31期, 光緒33年(1907) 7月 21日, 44~45쪽.

학부는 양강총독과 상해도에 명을 내려 이 사건을 처리하도록 하는 동시에 "광동성 법정학당(法政學堂)에서 이 책을 선전 강의함으로써 자칫 말썽이 생길 수도 있다"[109]는 점을 언급하고 있다. 결과적으로 국학보존회가 광서 34년(1908) 재판한 『광동향토지리교과서』에서는 도표에서 객가족 관련 부분을 아예 전부 삭제하여 이 민감한 문제를 회피하였다.[110](그림 2.2를 참고하라)

황제에 대한 객가족 인사들의 강렬한 대응은 당시 향토지에도 반영되어 있다. 『홍녕현향토지(興寧縣鄉土志)』「기구록(耆舊錄)」에는 당시 향토 문헌 수집에 열정적이었던 객가족 인사 호희(胡曦, 1844~1907)에 대해 언급하면서 이렇게 묘사하고 있다.

> 그는 정미년(1907)에 사망했다. 죽기 며칠 전 그는 광주 모씨가 편찬한 향토역사서에 객가족이 한족이 아니라고 깎아내리는 내용을 보았다. 사람들이 들고 있어나 논쟁을 벌여 객가족의 원류에 대해 고증하면서 무수한 말들이 오갔다. 그는 이후 친구와 한밤중까지 이 문제에 대해 토론하다 눈을 감았는데 당시 나이 64세였다.[111]

---

109) 「咨江督請劄上海道飭國學保存會改正廣東鄉土教科書文」, 『學部官報』, 第31期, 光緒33年(1907) 7月 21日, 45쪽. 학부는 이보다 앞서 상해 국학보존회에서 출판한 향토교과서를 칭찬하며, "인용 자료가 치밀하고 체제가 정돈되어 있어 새로 출판된 향토역사교과서 가운데 선본(善本)으로 추천할 만하다"라고 말하였고, 교과서의 기타 내용에 대해서 몇 가지 수정 지시를 하였다. 이에 관해서는 다음을 보라. 「鄧祐祺呈國學鄉土教科書請審定令凜批」, 『學部官報』, 第31期, 光緒33年(1907) 6月 1日, 39~40쪽, 45쪽.

110) 黃晦聞, 『廣東鄉土地理教科書』, 上海: 國學保存會, 1908, 第12課 「人種」. '객족원류조사회(客族源流調査會)'의 성립에 관해서는 뤄샹린(羅香林)의 『객가연구도론(客家硏究導論)』(興寧: 希山書藏, 1933), 5~6쪽, 27~28쪽을 보라. 광부인과 객가인의 논쟁과 관련된 배경은 앞서 인용한 S. T. Leong, 83~84쪽을 참고하라.

111) 羅獻修 輯, 『興寧縣鄉土志』, 「耆舊錄」. 호희는 자가 효잠(曉岑), 계유년(1873)에 발공(拔貢)으로 선발되어 다음해 조정으로 들어와 시험을 쳤지만 합격하지 못하고 이후에도 몇 차례 천거를 받았지만 관직을 제수받지 못했다. 이후 그는 더 이상 시험에 응시하지 않았다. 그는 『홍녕도지(興寧圖志)』 12권, 『홍녕도지

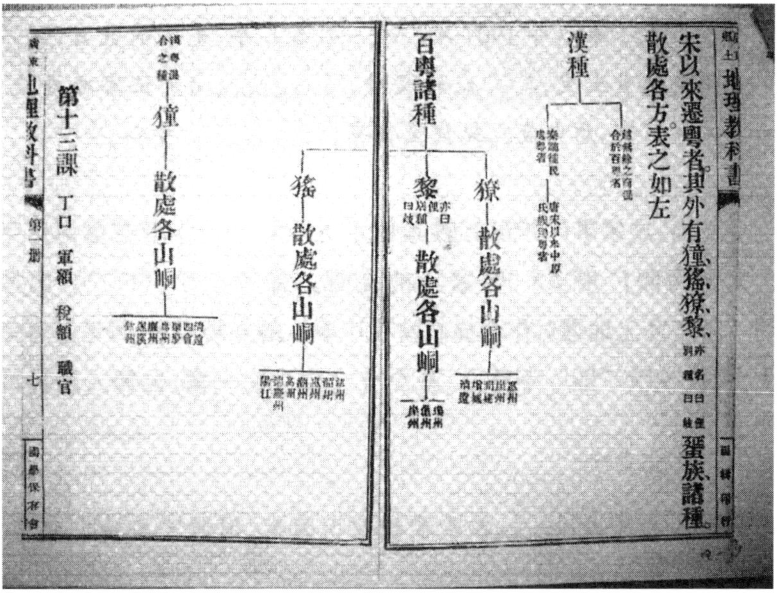
鄉土地理教科書

宋以來遷粤者。其外有獞、猺、獠、黎、蛋族諸種。

散處各方表之如左

漢種

百粤諸種

獠 散處各山峒

黎 散處各山峒

猺 散處各山峒

獞 散處各山峒

第十三課 丁口 軍額 稅額 職官

그림 2.2 황후이원의 『광동향토지리교과서』「인종」(1908년판)

하지만 이번 사건이 다른 향토교과서를 집필한 광부인 저자들이 단

고(興寧圖志考)』 8권 등 많은 향토 문헌을 편찬하였다. 그는 황준헌(黃遵憲)과 관계가 돈독하였다. 황준헌은 객가족 산가(山歌)를 편찬할 계획을 하고 있었는데, "내가 아는 호회가 산가에 매우 뛰어나 총재로 모시고자 한다"고 말하였다. (楊冀嶽, 「黃遵憲與胡曉岑」, 興寧縣政協文史委員會 編, 『興寧文史』, 第17輯 '胡曦曉岑專輯', 1993, 46쪽) 뤄샹린은 1959년 호희의 연보(年譜)를 편찬하면서 교과서 문제를 다음과 같이 언급하였다. "상해 국학보존회 순덕 출신 황제가 지리교과서를 편찬했는데 객가족 원류에 대해 오해하고 있는 부분이 많았다. 광동성 객가족 인사들 사이에서 그 소식 때문에 큰 소동이 일어났고, 많은 사람들이 글을 써서 반박했다. 또한 상급 관리에게 보고하여 발행을 금지했다. 광동성 제학사(提學使)가 수정하도록 지시하였다. 홍녕현(興寧縣) 홍민(興民) 학교의 교습(教習)들이 선생에게 광동성 주민들을 위해 이를 고증해 달라고 편지를 보내왔다. 선생이 수천 자의 글을 지었는데 자세함이 실로 최고라 할 만하였다. 얼마 후 병이 나 일어나지 못하고 결국 붓을 놓게 되었다."(羅香林, 「胡曉岑先生年譜」, 『興寧文史』, 第17輯, 1993, 163쪽)

어를 구사할 때 객가인에 대해 차별적인 어투를 구사하는 것을 완전히 근절시키지는 못했다. 선통 원년(1909) 출판된 『신녕향토지리』의 작가는 명백히 광부인의 입장에서 출발하여 객가인을 언급할 때마다 대부분 '도적[匪]'이란 말을 사용하였다. 심지어 「산악(山嶽)」장에서는 이런 평어를 덧붙이고 있다.

> 대륭산(大隆山): …… 객가 도적[客匪]들이 종종 이 산을 근거지로 삼아 반란을 일으키니 신녕의 치안을 도모하는 자는 미리 방비하지 않으면 안 된다.[112)]

신녕현(후에 臺山으로 개칭)은 줄곧 객가인과 광부인의 충돌이 격렬했던 곳이다. 동치 6년 양광총독과 광동순무가 상소문을 올려 신녕현의 일부 지역을 분할해 적계청(赤溪廳)을 두고 객가인들을 이주시켰다.[113)] 『신녕향토지리』의 작가 레이쩌푸(雷澤普)는 광동어를 구사하는 신녕현 사람이 분명하다.[114)] 그는 동시에 『신녕향토역사』도 편찬 출판하였는데 서문에서 의미심장하게 다음과 같은 말을 하였다.

> 나의 무지함을 헤아리지 못하고 『신녕향토역사』를 편찬하였다. 첫째는 전대 선현들의 불후의 훌륭한 업적들을 수집하여 소학교 학생들이 선을 따르는 마음을 갖도록 하기 위해서이다. 둘째는 객가 도적들이 들끓어 토착민들이 유랑하게 된 사실을 기록하여 소학교 학생들로 하여금 우리 고장이 당시 이런 뜻밖의 재난에 처해 있었음을 알게 하려

---

112) 雷澤普, 『新寧鄉土地理』, 宣統元年 初版, 출판지 미상, 12쪽.

113) 雷澤普, 『新寧鄉土地理』, 「赤溪廳之析置」.

114) 여기서 짚고 넘어가야 할 점은 신녕(오늘날 臺山), 신회(新會), 은평(恩平), 개평(開平) 네 지역에서 유행하는 광동어를 언어학자들은 대개 '사읍편(四邑片)'이라 부르며, 이는 성도(省都)를 중심으로 하는 '광부편(廣府片)'과 음운, 어휘 측면에서 차이가 있다는 것이다.

는 것이다.[115]

이를 통해 광부인이 객가인에 대해 여전히 편견을 가지고 있었음을 알 수 있다. 황제의 『광동향토지리교과서』가 유발한 분쟁과 관련하여 한 걸음 더 나아가 광부인의 차별과 편견을 없애기 위하여 쩌우루(鄒魯)와 장쉬안(張煊)은 『한족객복사(漢族客福史)』를 지었다. 이 책은 선통 2년(1910) 남양(南洋) 지역에 살고 있던 객가·복로족 인사들이 모금한 자금으로 출판되었다. 이 책에서 두 저자는 객가족과 복로족이 순수한 한족 혈통임을 천명하며 마지막에 다음과 같이 총결하고 있다.

> 고증 결과 객가족과 복로족은 하남성에서 기원하였고 하남성은 중원에 있다. 이는 객가족과 복로족이 한족의 후예임을 뜻한다. 한족이 객가족·복로족의 기원임이 분명하니 이는 더 말할 필요가 없다. 객가족과 복로족이 이동한 시기는 네 시기로 구분할 수 있다. 첫 번째 시기는 진한 시기 군대가 움직였을 때로 손씨(孫氏)가 현자를 널리 초빙하였을 때가 전성기였다. 두 번째는 오호(五胡)가 중원을 어지럽힐 때와 황소(黃巢)의 반란을 피하여 남하한 시기이다. 세 번째는 송명대로 충성스럽고 의로운 사람들이 옛 군주를 모시고 남쪽으로 도주한 후 돌아가지 않은 것이다. 네 번째 시기는 남양 군도와 베트남(安南), 미얀마(緬甸) 등지로 세력이 확대되던 때이다. 이주하여 피신하게 된 이유와 언어의 차이에 관해서는 모두 편장(篇章)에 기록하여 각각 전문적으로 논의하였다. 종합해서 말하자면 장강 이북은 객가족이나 복로족이라 할 만한 사람이 없으니, 북방은 객가족과 복로족의 근원지이기 때문이다. 장강 이남의 객가족은 차이가 없으며, 객가란 토착민에 대비되는 개념이다. 복로는 하남을 가리킨다. 객가와 대비되는 개념은 주인이고, 복로의 원래

---

115) 雷澤普, 「新寧鄉土歷史自序」, 『松下述學集』, 粵東編譯公司, 1923. 『신녕향토역사』 원서를 필자는 하책(下册)만 보았다. 동일 저자가 편찬한 『신녕향토지리』와 출판 시기가 1909년으로 거의 비슷할 것으로 추정된다.

명칭은 하로(河老)였다.[116)]

여기서 주의할 점은 객가인과 복로인이 이 사건에서 연합하고 있다는 것이다. 여기에는 그들이 『광동향토지리교과서』에서 모두 '외래종'으로 분류되고 있기 때문이라는 점 말고도 소홀히 할 수 없는 역사적 배경이 있다. 천춘성(陳春聲)이 지적했듯이 함풍 10년(1860) 산두(汕頭)가 통상 항구로 개방된 후 이 도시는 점차 한강(韓江) 전 유역의 경제 문화 중심이 되었다. 조주부와 가응주의 상인과 문인들은 사용하는 방언과 상관없이 모두 이 지역에 모여들어 활동하였다. 광서 28년(1902) 온중화(溫仲和), 추평자 등 객가 문인들이 산두에 설립한 신식 학당 '영동동문학당(嶺東同文學堂)'에서는 조주와 가응주 두 지역의 학생들을 다 받았다. 광서 29년(1903)부터 객가인이 산두에서 운영하였던 『영동일보』에는 '조가 소식(潮嘉新聞)'이라는 상설 코너를 개설하여 전문적으로 조주와 가응주 지역에서 투고된 원고를 게재하였다. 신문의 시사평론에서도 '조(潮)·가(嘉)'는 종종 병칭되었으며, '조가 소식'에서 객가와 복로 방언을 쓰는 집단의 충돌이나 경계를 구분하는 구체적인 증거는 거의 발견할 수 없다. 일상생활에서 발생하는 대부분의 사건은 '성씨 간의 다툼이나 마을 간의 싸움'처럼 토착민과 객가족 내부의 '자잘한 분쟁'과 같은 성격을 띠고 있다. 하지만 천춘성도 지적하듯이 객가인과 복로인이 공교롭게 도시에서 함께 거주하고 있었기 때문에 상호 간의 접촉으로 인해 발생하는 동질감 혹은 분류의식도 점차 분명해지기 시작하였다. 이는 특히 당시 『영동일보』에 게재된 조주와 가응주 지역의 토착민·객가족의 차이를 분석하고 있는 논설문과 영동동문학당에서 발생한 토착민·객가족 간의 분쟁에

116) 鄒魯·張煊, 『漢族客福史』, 廣州: 國立中山大學出版部, 1932, 19~20쪽.

관한 보도를 통해 알 수 있다.

이렇게 객가와 복로족이 함께 거주하던 상황이 쩌우루 · 장쉬안이 『한족객복사』을 출판하게 된 배경이라고 말할 수 있다. 산두 외에 광주도 물론 '광부', '객가', '복로' 등 몇 개 방언군이 함께 모여 부딪치며 살아가는 중심 도시였다. 쩌우루는 몇십 년 후 이 교과서 사건을 추억하며 자신이 마침 당시 광주 법정학당에서 공부하면서 혁명 활동에 적극 투신하는 한편 광주에 조가(潮嘉) 사범대학 건립을 추진하고 있었다고 말하였다. 상술한 『학부관보(學部官報)』에서 "광동성 법정학당에서 이 책을 선전 강의함으로써 자칫 말썽이 생길 수도 있다"라고 언급한 바 있다. 이를 통해 볼 때 쩌우루가 광주 법정학당에서 공부하던 시기에 황제의 이 책을 접하게 되었고, 객가인과 복로인의 역량을 비교적 쉽게 결집하여 항의를 제기할 수 있었음을 알 수 있다.[117]

『광동향토지리교과서』가 유발한 논쟁과 뒤이은 『한족객복사』의 출판은 만청 시기 정치적 상황 속에서 이해할 필요가 있다. 『한족객복사』의 저자 쩌우루는 이 책을 집필하여 객가 · 복로족 인사들을 대변해 항의의 목소리를 내는 동시에, 종족 혁명에 참여하도록 선동해 '같은 문자를 사용하는 같은 종족'인 한족의 단결을 고취하여 이민족 통치자에 대항하고자 했다. 그래서 저자는 객가 · 복로족 인사들을 대변해 항의하면서도 곳곳에서 '한족 내부' 집단 간의 투쟁이 야기되는 것을 막으려 하고 있다. 추평자는 이 책의 서언에서 다음과 같이 말하였다.

117) 陳春聲, 『地域認同與族群分類: 1640~1940年韓江流域民衆"客家"觀念的演變』(근간) 참조. 『영동일보』의 관련 보도 자료는 다음 몇 편의 글에서 찾아볼 수 있다. 「潮嘉地理大勢論」(광서 29년 11월 10일), 「哀告嶺東同文學堂任事諸君」(광서 29년 11월 22일), 「同文學堂祝辭」(광서 30년 3월 15일) 등.

모든 사람이 자유롭고 평등한 대동 사회에서는 모든 사람들을 널리 사랑할 테니 종족을 구별할 필요가 뭐가 있겠는가? 하지만 아직 세상은 대동 사회로 진입하지 않았고, 국가와 종족 간의 경쟁이 진행되는 시대로 종족을 구별하지 않을 수 없다. 왜 그것을 구별하려는 것인가? 같은 민족끼리 연합, 단결하고 정신을 진작시켜 강한 자가 승리하고 약한 자가 도태되는 날까지 이민족과 경쟁해야 한다. 그렇지 않고 스스로 경계를 나누고 시기하고 분리되어 같은 민족끼리 도요새와 방합조개같이 서로 싸운다면 이민족이 어부처럼 이득을 취하게 될 것이다. 최근에 한족이 무리를 나누어 다투고 있으니 같은 민족끼리 한마음 한뜻이 되어도 약자로 도태되는 것을 면하기 어려운데, 경계를 나누려 한다면 머잖아 종족이 진멸되는 화가 닥치게 될 것이다. 매번 이런 생각을 하면 두려워진다.

하지만 '만주족과 한족을 구별'하고자 하는 정치적으로 민감한 문제를 건드리지 않기 위해서 추평자는 '이민족'으로 간주해 경쟁하려고 하는 대상이 사실 만주족임을 명백히 밝히지 않는다. 그러나 '이민족'인 '묘(苗) · 요(猺) · 려(黎) · 동(獞)' 등은 단지 '역사적인 유물'에 불과하다는 사실을 분명하게 언급하고 있다. 그는 서언에서 계속해서 이렇게 말한다.

한족이 영토를 개척한 역사를 소급해 보면 중원지역에 토대를 마련한 이후 중국에 널리 퍼지게 되었고 이어서 남양 지역까지 확대되었다. 거주지가 다르고 언어도 각각 차이가 있지만 이주 시기의 선후에 따라 크고 작은 변화가 발생한 것으로 모두 동일한 한족들이다. 묘 · 요 · 려 · 동과 같은 이민족들은 한족이 번성한 이후에 존재하던 민족으로 각자의 풍속이 있지만 역사의 유물일 따름이니, 어찌 한족과 뒤섞일 수 있겠는가?

추평자는 한족의 단결을 촉진하고 경계를 나누려 해서는 안 된다고 여겨 객가인에 대한 부정확한 묘사와 멸시, 그리고 그로 인해 야기된 오해를 최대한 바로잡아야겠다고 생각하였다. 그는 객가와 복로족 인사들의 『광동향토지리교과서』 사건에 대한 강렬한 반응을 다음과 같이 해석한다.

> 최근 한 저서에서 자세히 고찰하지 않고 경솔하게도 객가와 복로족 언어가 광동어와 다르다 하여 객가와 복로족이 한족이 아니며 '로(老)'라는 글자도 '로(狫)'라고 주장하고 있다. 또 한두 권의 저서에서는 객가를 합가(哈加)라고 여기고 있으니 과연 그것이 거짓이 아니란 말인가? 로(老)를 로(狫)라고 쓴 곳은 한 책에서만 보이는데 그것이 터무니없다는 것은 모두가 다 아는 사실이다. 객가를 합가라 한 것은 맨 처음 투지(屠寄)의 『중국지리교과서』 초판과 2판에 보인다. 그 후 강의를 들은 한두 명의 사람이 그에 근거하여 강의 자료를 편찬하였다. 투지의 오류는 그가 서양 책의 음을 번역한 데서 기인한 것이다. 서양 책에서 이 명사를 사용하면서 중국 남방에서 발견된다고 했는데, 어떤 사람이 후대에 이주해 온 북방인을 객가라고 한다 하니, 한족 이외에 다른 별도의 종족이 있는 것으로 생각했던 것이다. 투지는 유래를 자세히 고찰하지 않고 객가를 합가라고 번역하여 이런 오류를 범하게 된 것이다. 이후 그 자신도 이 사실을 알고 3,4판에서는 수정하였다. 냉정하게 평가한다면 이와 같은 책을 편찬한 원래 목적은 의도적으로 경계를 나누고 형제 간에 다툼을 유발하려는 것이니 마땅히 없애야 한다. 근거없는 말들로 조금이라도 식견이 있는 자가 본다면 비웃을 가치도 없으니 그에 대해 따질 필요도 없다. 하지만 사실이 와전되어 서로 멸시하고 분리되는 방향으로 흘러 종족이 진멸되는 화로 이어질까 두렵다. 그러니 졸졸 새어나오는 물을 막는 것을 어찌 중단할 수 있겠는가?[118]

재미있는 것은 상해 국학보존회 창립자 황제도 사실 동일한 정치적 목적을 가지고 종족에 대한 견해를 발표한 적이 있다는 점이다. 황제

118) 丘逢甲, 「漢族客福史序」, 鄒魯 · 張煊, 『漢族客福史』, 2~3쪽.

(1873~1935)는 자가 후이원(晦聞)으로 광동 순덕 사람이다. 그는 장타이옌(章太炎), 덩스(鄧實) 등과 상해에서 국학보존회를 창립하여 국학, 국수(國粹)를 보존하고 널리 알리는 것을 소임으로 생각하였다. 그는 청(淸)에 반대하고 한족 정권을 회복해야겠다는 생각을 은연중에 가지고 있었기 때문에 종족 문제에 대해서도 자기 나름의 견해를 가지고 있었다.[119] 광서 31년(1905) 황제는 이 학회에서 출판한 『국수학보(國粹學報)』에 연재 형식으로 「황사(黃史)」라는 글을 발표하였다. 그는 만주족 통치 하에서 "중국이 나라답지 않게 되어" 상황이 마치 원(元) 왕조 몽골족의 통치나 북위(北魏) 선비족(鮮卑族)의 통치와 비슷하게 되었다고 개탄하고 있다. 그는 유일하게 합법적으로 중국을 통치할 사람은 곤륜산(崑崙山)에서 기원한 황제(黃帝)의 후손, 즉 한족이라고 주장하였다.[120] 황제는 여기서 '국가'와 '민족'이라는 이중적 함의를 동시에 가리키고 있는 서구의 'nation' 개념을 빌어 자신의 정치적 주장을 표명하고 있다. 그는 중국이 '국가'를 이루었는가 하는 문제에 관심을 가졌는데, 그 의미는 '중국'이 합법적으로 중국을 통치할 권리를 가지고 있는 종족, 즉 한족에 의해 통치되고 있는가 하는 것이었다. 황제의 주장은 국학보존회 지식인들의 생각을 대변하는 것이었다. 세계 각국 여러 종족과 대비해 볼 때 중국인의 인종은

---

119) 그렇다고는 해도 황제는 당파 정치에 대해 신뢰하지 않았기 때문에 동맹회에는 가입하지 않았다. 반청에 대한 언급도 매우 함축적으로 드러내어 청 정부를 자극하지 않았으며, 그가 편찬한 향토교과서 또한 성(省) 교육 당국의 승인을 받았다. 청 말 '국학' 관념의 형성과 국학보존회의 구체적인 상황에 관해서는 다음을 참고하라. Laurence Schneider, "National Essence and the New Intelligentsia", Charlotte Furth(ed.), *The Limits of Change: Essays on Conservation Alternatives in Republican China*, Cambridge[Mass.]: Harvard University Press, 1976, pp.57~89 ; 鄭師渠, 『國粹, 國學, 國魂—晚淸國粹學派文化思想硏究』, 臺北: 文津出版社, 1992.

120) 黃節, 「黃史」, 『國粹學報』, 第1年 第1號, '史編', 光緒 31年.

'황종(黃種)'에 속하는데 '황종'은 '황제(黃帝)'의 후손이란 뜻이다. 전체 한족은 황제의 후예로 생물학적 의미에서 하나의 통일된 전체에 속하며, 정치적으로도 중국을 통치할 합법성을 계승하고 있다. 당시 반청을 주장하던 지식인들은 이렇게 한족의 혈통적인 순수성과 문화적 우월성을 강조하며, 한족이 중국을 통치할 정통성을 주장하였다. 하지만 종족 이론에 근거한 국수파의 정치적 주장은 황제를 비롯한 다른 구성원들이 편찬한 향토교과서에는 매우 제한적으로만 표현되었다. 향토교과서는 학헌(學憲)의 심의를 받아야 했기 때문에, 향토지나 교과서에서 인종 문제를 언급할 때 매우 민감한 만주족·한족 문제를 당연히 건드릴 수 없었다.

황제(黃節)는 시야를 중국에 두고 있었지만 본적이 순덕인 광부인으로서 방언을 사용하는 집단의 편견을 버리기 어려웠다. 그래서 아동들이 읽을 향토교과서를 편찬할 때 '객가'와 '복로'를 멋대로 한족이 아니라고 구분하였던 것이다. 만약 황제가 교과서에서 했던 구분을 『국수학보』에서 주장한 정치적 담론과 연계하여 그의 논리를 따르자면 한족, 즉 황제(黃帝)의 후손이 아니면 중국을 통치할 권리를 가지고 있지 않다. 그에 의해 '외래종'으로 분류된 객인은 만주족과 같은 '비한족'과 차이가 없으니, 무슨 중국을 통치할 권리를 가질 수 있겠는가? 황제가 아동 교과서를 편찬할 때는 아마 이런 정치적 결과를 의식하지 못했을 것이다. 그런데 그의 부주의한 서술이 당시 정치적 상황에서 적극적으로 혁명 활동에 참여하였고 정치적 동원 능력이 매우 컸던 객가·복로족 인사들의 불만을 불러일으켰다. 이와 동시에 객가 인사가 산두에서 운영하고 있던 『영동일보』에서는 객가족의 발원지에 대해 반복해서 강조하였다. 또한 당시 조주·가응주 두 지역 인사들이 건립한 회관과 권학소 등의 기구를 비롯해 모든 여론과 조직적 역량을 동원하여 정부에 일정한 압력을 가하였다. 최종적으로 상해 국학보존회는 신문에 광고를 게재하여 "재판할 때 수정할 계획이며 아직 판매되지 않은 나머지 책들은 모두 판매를 중지하겠다"[121]고 공지하였다. 결국 국학보존회는 『광동향토지리교과서』 개정판을 다시 인쇄하였다. 객가족 인사들이 이번 논쟁에서 승리를 거둔 것은 결코 우연이 아니었으며, 향후 그들이 광동지역 정치·사회 무대에서 더욱 중요한 역할을 할 것임을 예고한 것이었다.

주시쭈(朱希祖)는 이렇게 지적한 바 있다. "지역에서 토착민과 객인을 구분하는 것은 본래 고금의 통례였다. 하지만 세월이 오래 흐르다 보면 주객의 구분이 불분명해져 마치 물고기가 강과 호수를 잊어버리는 것과 같이 된다. 하지만 광동지역의 객가인들은 이와 달랐다."[122] 객가는 광동·조주 지역 밖에서도 독립적인 하나의 종족이 되었는데, 이는 시대의 변화와 함께 종족 관념이 중국에 유입된 결과였다. 20세기 이전 광부인과 조주인이 관심을 가지고 있었던 것은 그들이 '중원지역 사람들과 동일한가' 하는 점으로, 자신들이 다른 방언을 사용하는 민족과 구별된다는 점을 강조하지 않았다. 하지만 객가인은 비한족으로 간주되었기 때문에 자신의 '민족 지파(民系)'[123]로서의 신분을 적극적으로 논증하였고, 고증한 결과 객가인은 가장 순수한 한족이라는 사실을 밝혀냈다. 본래 한족의 신분 의식에는 종족적인 요소가 없었다. 그런데 객가인이 한족 신분을 만들어냈던 시기는 혁명당이 종

---

121) 陳澤泓, 「愛國未有不愛鄉—試釋黃節編著廣東鄉土歷史教科書」, 『廣東史志』, 1999年 第2期, 54쪽에서 재인용.

122) 羅香林, 『客家研究導論』, 朱序, 1쪽, 興寧: 希山書藏, 1933.

123) [역주] '민계(民系)'는 족군(族群) 내부의 지파를 가리키는 말로 '민족 지파'란 말로 번역할 수 있을 것이다. 다른 말로는 차민족(次民族), 아민족(亞民族)이라고도 한다. 동일한 민족 지파는 공통된 언어·문화·풍속을 가지고 있어야 하는데, 일반적으로 언어·문화·지역이 동일 지파를 판단하는 기준으로 사용된다.

족 문제를 가장 첨예하게 부각시키고 있던 때였다. 그래서 결과적으로 객가인의 신분 인식이 형성될 때 '민족', 즉 오늘날 '족군'이란 말의 의미를 지니게 된 것이다. 종족과 혈통의 의미를 지니고 있는 '민족', 혹은 '족군'의 개념은 20세기에 점차 자리를 잡았고, 역으로 광부인과 조주인의 정체성이 확립되는 근거에도 영향을 주었다. 20세기 이후 광동인을 크게 세 개의 민족 지파로 구분하는 방식은 상이한 방언을 사용하는 집단이 시대의 상황에 따라 자신들의 언어로 한족 신분을 확립한 결과라고 할 수 있다.

'인류', '종족' 등과 같은 외래어는 중국어로 다시 조합해 만든 말이기는 하지만, 그 용어는 유럽에서 비롯된 새로운 사상과 관념을 드러낸다. 중국어로 조합된 새로운 어휘는 원래 중국어 고유의 의미가 있어 이들 개념에 대한 사용자의 이해와 해석에 영향을 미칠 수 있다. 바로 이런 복잡한 언어 교류의 상황에서 중국의 지식인들은 그들이 이상으로 생각하는 국가를 '만들어' 가고 있었던 것이다. 그들은 관념을 만들고 실체도 만들었다. 청 정부의 관리, 국학보존회 성원, 현급(縣級) 지식인을 막론하고 그들은 모두 최선을 다해 새로운 국가관을 찾아 자신의 정치적 이상과 주장에 충실하고자 했다. 하지만 자신이 동일시하는 문화와 언어 군체의 이익을 유지 옹호해야 할 때, 그들의 '국가' · '종족'에 대한 정의도 자신의 필요에 따라 조정되었다. 종족 관념이 야기한 방언군 간의 차별과 광동 지식인이 지방문화를 정의하는 데 끼친 영향은 민국 시기 객가인의 정치적 영향력이 날로 커지면서 더욱 두드러지게 나타났다. 이 문제는 이 책 제5장에서 상세히 서술하고자 한다. 아래에서는 청 말 '향토'관에 나타나 있는 지방 문화관이 어떤 형태로 강렬한 국가관을 드러내고 있는지 논의하고자 한다.

향토에서 국가로

청 말에 '종족'이란 개념은 신선한 것이었지만 '향토'라는 용어는 겉으로 보기에 그다지 새롭게 느껴지지 않는다. 하지만 '향'과 '토'라는 두 글자를 조합해 새롭게 이해하도록 만든 것은 사실 만청 시기의 발명품이다. 앞서 인용한 향토지나 향토교과서가 만청 시기 새로운 체제로 모습을 드러낸 것은 당시 조정이나 지식인의 담론에서 국가 이론과 제도의 변화가 지방의 지식인으로 하여금 향토, 국가의 관계를 새롭게 자리매김하도록 강요했기 때문이다.

향토지, 향토교과서의 출현 배경은 광서 29~30년(1903~1904) 청 정부에서 반포한 「주정학당장정(奏定學堂章程)」과 일련의 관련 장정(章程, 계묘년 학제)으로까지 소급될 수 있다.[124] 그중 「주정초등소학당장정(奏定初等小學堂章程)」의 학교 설립 취지는 민국 시기 교육의 핵심으로 교육과 국가의 관계를 특별히 강조하고 있다. '향토 교육'(역사·지리·자연과학 등의 교과목을 포함)은 이런 전제 하에 소학교 단계 국민교육 목표를 실현하는 일종의 수단이 되었다.[125] 그 이면의 더욱 중요한 정치적 의도는 향토 지식에 대한 교육을 통해 학생들의 애향 정신을 불러일으키고 군주에 충성하고 나라를 사랑하는 마음을 고취시켜 지방 의회를 설립하기 위한 입헌 예비단계의 기초를 다지기 위한 것이었다. 광서 31년(1905) 청 정부에서는 상세한 향토지 사례 목록을 반포하고 각 부·주·현에 향토지를 편찬하라는 명을 내렸다.

---

124) 청 말 정부에서 각 지역에 향토교과서와 향토지를 편찬하라고 명령을 내린 배경과 광동의 관련 상황에 대해서는 필자의 다음 논문에 자세히 서술되어 있다. 「由愛鄉而愛國: 清末廣東鄉土教科的國家話語」, 『歷史硏究』, 2003年 第4期.

125) 임인년 학제와 계묘년 학제의 제정 개황에 관해서는 다음을 참고하라. 錢曼倩·金林祥, 『中國近代學制比較硏究』, 廣州: 廣東教育出版社, 1996, 第2章.

가결이 되면 그를 바탕으로 각 지역에서 향토교과서를 출판하여 향토 교육의 시행 기초로 삼고자 했다.[126] 광서 32년(1906)부터 신해혁명 이전까지 광동에서 편찬 간행된 향토지, 향토교과서는 적어도 10여 종이다. 편찬자 중에는 성도(省都)를 중심으로 활동하던 지방 문인도 있었고, 구식 교육에서 신식 교육으로 전향한 과도기적인 인물도 있었으며, 혁명적인 성향을 가진 지방 지도자도 있었다. 이와 함께 상해에 위치한 국학보존회는 전국적인 성격의 향토교과서 편찬 계획을 전개하였고, 그중 광동 부분을 주로 황제가 집필했던 것이다.[127]

향토 교육은 만청 시기 정부가 위로부터 아래로 하달한 조치였다. 정부에서는 구체적인 내용이나 자료를 제공하지 않았지만 지방 지식인들은 상당히 민감하고 재빠르게 조정의 편찬 명령에 순응하여 적잖은 향토 교재를 편찬하였다. 만청 시기 새로운 학제가 시행되고 각종 조치가 취해지는 과정에서 지방 지식인들은 '향토'와 '국가'의 관계를 생각하지 않을 수 없었다. 마침 정부에서도 명확한 지시가 없었기 때문에 그들은 여지가 남아 있는 일정한 공간의 범위 내에서 '향토'와 '국가', 그리고 양자 간의 관계를 상상하였다. 향토 교재는 잠깐 있다 금방 사라져 버릴 것이었지만 이런 상상은 향후 중국 지방 지식인들의 천하관이 국가관으로 대체될 때 국가와 지방의 관계를 재정립하는 데 커다란 영향을 주었다.

'향토'가 무엇인가? 청 정부에서 반포한 향토지 조례에 나타난 대답은 결코 새로운 것이 없다. 거기에서는 단지 "향토는 부(府)에서 다스

126) 「學務大臣奏据編書局監督編成鄕土志例目擬通飭編輯片」, 『東方雜誌』, 第2年 第9期, 1905, 217~218쪽. 라이신샤(來新夏)에 따르면 당시 전국 각지에서 편찬된 향토지는 천여 종에 달했는데 상당수가 출판되지 못했다고 한다.(來新夏, 『方志學概論』, 福州: 福建人民出版社, 1983, 14쪽)

127) 『國粹學報』, 第1年 第3册, 光緖 31年(1905), 광고.

리는 지역, 직예주(直隸州)에서 다스리는 지역, 주(州), 현(縣) 넷으로 구분된다"고 말하고 있다. 이런 구분은 전통 지방지에서 국가 행정조직을 구분할 때 성·부·주·현 등으로 나눈 것과 별 차이가 없다. 하지만 지방 문인은 향토 교재를 편찬할 때 '향토'와 '국가'라는 두 가지 명제를 연결하는 문제를 크게 의식하였다. 『수판조주향토지리교과서(首版潮州鄉土地理教科書)』는 애향과 애국의 관계를 매우 강조하고 있을 뿐만 아니라, 조주인이 해외로 돈을 벌러 많이 나가 있는 상황을 언급하면서 저자는 향토 교재의 중요성을 특별히 강조하고 있다.

> 지리학은 애국심과 밀접한 관계를 맺고 있다. 애국은 반드시 애향에 기초를 두고 있으니 향토 지리의 편찬을 서둘러야지 늦추어서는 안 된다. 조주 향토 지리는 더욱 그러하다. 외국과 교역을 시작한 이래 세계 열강들은 다투어 중국을 큰 무대로 여기고 있는데, 동남 지역의 문호가 사실 그것을 좌우한다고 할 수 있다. 교통이 편리해지면서 남양 군도에서 공업과 상업에 종사하고 있는 우리 어르신과 젊은이들이 끊이질 않아 그 수를 다 헤아릴 수 없을 정도이다. 외지 사람들이 각종 음흉한 계책을 써서 그들을 구슬리고 동화시키려 하니, 큰 홍수가 나서 물이 하늘에 이르더라도 돌기둥처럼 그곳을 떠날 생각을 하지 않는다. 아마 나라를 사랑하는 마음도 좋지 않을 것이다. 그렇게 그들 사이에서 즐거워하며 고향을 생각하지 않는다. 교통이 편리하기 때문이니 어찌겠는가? 그렇다면 무엇을 가지고 우리 어르신들과 젊은이들이 애향심을 갖도록 할 수 있을까? 학교를 많이 설립해야 한다. 현명한 부모, 형제는 이렇게 말한다. "우리 향토지로 자제들을 교육하는 것은 마땅하고 적절한 것이다." 그러니 이 책의 영향력이 어찌 단지 중국 내 해안에 문화가 흥성한 추(鄒)·노(魯)나라를 세우는 것만을 보장하는 것이겠는가? 해외에도 추·노나라가 세워질 희망을 품어도 좋을 것이다.[128]

128) 蔡惠澤, 「弁言」, 翁輝東·黃人雄, 『首版潮州鄉土地理教科書』, 第1册, 曉鍾報社, 宣統 元年. 차이후이쩌(蔡惠澤)는 산두 중화신보사(中華新報社) 직원인 듯하다.

'향토'와 '국가'의 관계가 정립되면 '가까이' 혹은 '먼' 거리에 사는 사람이라도 그 관계가 더욱 돈독해질 것이다. 아동 교육으로 제일 좋은 것은 가까운 사물로부터 이야기를 시작하는 것이다. 이는 청 정부가 말한 "나이어린 아동들은 가까운 것에서부터 먼 것으로 나아가야 하니, 먼저 향토에서부터 이치를 설명해야 한다"는 호소와도 부응한다.[129] 『신녕향토지리』의 저자는 이렇게 말한다. "오직 향토를 진실로 사랑해야 하니 애향심을 가지도록 하려면 반드시 젊어서부터 시작해야 한다. 젊은이들에게 애향심을 길러 주려면 반드시 향토 지리를 가르치는 것으로부터 시작해야 한다."[130] 아이들이 비교적 쉽게 접하는 것은 자기 주변의 잘 아는 사물이다. 이런 아동 교육의 이념은 향토 교육의 요지와도 일치한다.

향토심을 배양하려면 우선 교육받을 사람을 그들이 잘 아는 지역 현장으로 데리고 가야 한다. 『가응신체향토지리교과서(嘉應新體鄉土地理教科書)』의 편찬자는 유기체(遊記體) 형식으로 지역의 인문 지리를 소개하고 있다. "소학교 교육은 흥미가 제일 중요하니 아이들의 심성을 계발시켜 주어야 한다. 이번에 특히 학부(學部)의 심의 규정을 준수하여 최신 초등소학 지리 교과서(상무인서관 출판) 체제를 편찬하였다. 유기체 형식으로 대략적인 상황을 36보(堡)로 서술하고 있어, 순서에 따라 틀에 박힌 듯 단조로운 내용을 열거하여 재미없는 책들과는 차이가 있다."[131] 이 책의 목차와 편찬 방법을 보면 학생들이 직접 현장을 가 본 듯한 느낌이 들게 하려고 노력하고 있다.

---

129) 璩鑫圭 · 唐良炎 編, 『中國近代教育史資料彙編: 學制演變』, 上海: 上海教育出版社, 1991, 295~296쪽.

130) 雷澤普, 『新寧鄉土地理 · 自敍』

131) 蕭啓岡 · 楊家鼐 編, 『學部審定嘉應新體鄉土地理教科書』, 「編輯大意」, 啓新書局, 宣統2年.

가응주는 광동 동쪽에 있다. 우리는 향토를 사랑하니 먼저 두루 돌아볼 필요가 있다. 이제 학생 여러분과 성 안에서부터 36보까지 주(州)를 한번 두루 돌아보도록 하겠다.(제1과 처음 부분)

아침에 일어나 성 안을 한 바퀴 돌아보자. 문(文)에 속하는 것으로 지주서(知州署)가 있는데 전체 주의 정치를 담당하는 곳이다. 이목서(吏目署)는 순찰 업무를 담당하고 학정서(學正署)는 주의 교육을 관장한다. 무(武)에 속하는 것으로는 유격서(遊擊署), 성수서(城守署)가 있는데 방어를 맡고 있다.(제2과 성내)[132]

보편적인 의미가 있는 자연과학 상식도 지방 물산의 소개를 통해 애향애국 관념을 전파할 수 있다. 과거 중국에는 교재가 부족하여 자연과학 과목을 가르치는 교사는 종종 중역된 일본 교재를 사용해야 했다. 결과적으로 학생들은 주변의 사물을 보고서도 알지 못했다. 어떤 이는 이에 대해 다음과 같이 비판적으로 말하였다. "내가 자연과학을 강의하는 사람을 보니 일본을 표준으로 삼은 그림 설명서를 사용하고 있었다. 설명하는 내용은 명쾌하여 들을 만했지만 집안에 있는 식물을 가리키며 이름을 물어봐도 알지 못했다."[133] 반면 선통 원년(1909)에 출판한 『조주향토교과서』에서는 이렇게 명시하고 있다. "이 책에서 서술하고 있는 동물·식물·광물은 모두 아이들이 날마다 자주 보던 것으로, 그림을 그리지 않아도 자연히 다 알고 있는 것이다."[134] 다음은 이 책의 구체적인 내용이다.

겨자(芥): 냄새와 맛이 맵다. 속칭 대채(大菜)라고도 한다. 서리를 맞고 나면 더욱 맛있다. 민간에서는 소금에 절인 것을 함채(鹹菜)라 한다.

---

132) 앞의 책, 제1·2과.

133) 林宴瓊, 『學憲審定潮州鄉土教科書』, 崔炳炎 敍, 汕頭中華新報館, 宣統 2年. 추이빙옌(崔炳炎)은 조양현(潮陽縣) 지현이었다.

134) 林宴瓊, 『學憲審定潮州鄉土教科書』, 「編輯大意」.

조주 사람들이 평소 먹는 음식이다.[135]

일상생활 속에서 부지불식간에 배우고 평소 사람들 사이에서 대대로 전해 내려오던 지식이 지금 아주 그럴듯하게 학교 교과서에 등장하고 있다. 이런 교학 내용이 지식의 전달에 어떤 영향을 주었는지는 별도로 논의할 주제이다. 다만 당시 많은 지역에서 여전히 『삼자경(三字經)』·『백가성(百家姓)』·『천자문』·『증광현문(增廣賢文)』과 같은 아동 교재를 사용하던 시기였다는 것을 생각한다면 교재의 창의적인 생각에 탄복하지 않을 수 없다.

인문 현상은 비교적 쉽게 지방의 역사와 문화적 특색을 드러낸다. 물론 자연물도 지역적인 차이를 띤다. 하지만 교재를 편찬할 때 자연과학의 내용에 알고 있는 인문적 요소를 집어넣으면 차이를 설명할 수 있을 뿐 아니라 문화적 특징을 표현할 수도 있다.

> 까마귀와 갈까마귀는 사실 두 종류이다. …… 남방 사람들은 까치는 좋아하고 갈까마귀는 싫어하는데, 이는 갈까마귀를 좋아하고 까치를 싫어하는 북방 사람들과 대조적이다.(제7과 까마귀烏鴉)[136]

상술한 내용을 옛날 지방지에 배치한다면 사실 '시설(建置)', '지리(輿地)', '물산(物産)' 등의 항목에서 벗어나지 않는다. 전통적인 제국 개념에서 이런 항목이 함축하고 있는 것은 공물, 세금 체계 속에서 지방이 조정에 바치는 관계였다. 그렇다면 청 말 새로운 정부가 주도하던 향토 교재에서 서술하고 있는 토산물은 아직 명확하지 않은 국가관과 어떻게 연계될까? 여기에서는 '이권(利權)'이란 개념이 가장 중

135) 林宴瓊, 『學憲審定潮州鄉土教科書』, 第21課 '芥'.
136) 蔡鵬雲, 『最新澄海鄉土格致教科書』, 第1冊, 第7課, 汕頭圖書報社, 宣統 元年.

요한 역할을 하고 있다. 향토 자연과학 교과서에서 그 지역 생산품의 상황을 서술할 때 행간에서 드러나는 의미는 서양 상품이 토산물을 위협하는 것에 대한 우려이다. 예를 들어 『최신징해향토격물교과서(最新澄海鄉土格物教科書)』에서는 그 지역의 고구마 산업을 언급하면서 다음과 같이 개탄하고 있다.

> 第17과 설탕
>
> 고구마를 농장에 심으면 당 함량이 매우 높다. …… 설탕의 수출은 흑설탕이 대부분으로 매년 천진(天津) 항구 등지로 운송되어 판매된다. 이 고장 사람들 중 설탕 장사로 가업을 일으킨 자들이 매우 많다. 지금은 서양 설탕이 날로 증가하여 이 고장에서 생산하는 설탕이 점차 설 자리를 잃고 있다. 새로운 법을 강구하여 그것을 막지 않는다면 설탕업은 날로 쇠퇴할 것이다.[137]

문명개화, 이권 보호, 상업 발전은 열강에 무시당하지 않고 부국강병을 할 수 있는 최고의 방법으로 인식되었다. 『인화향토지(仁化鄉土志)』·『시흥현향토지』의 저자는 약속이나 한 듯이 모두 비슷한 생각을 표현하고 있다. 『인화향토지』에서는 다음과 같이 서술하고 있다.

> 향토의 역사적 사실을 예로 들어 그 지역의 아이들에게 가르쳐야 한다. 그러면 문명 교화가 옛날에 얼마나 성대했고 오늘날 왜 쇠퇴하게 되었는지를 알게 되어, 분발하여 앞선 자를 따라잡을 생각을 하게 될 것이다. 높은 언덕이 계곡이 되고 깊은 계곡이 언덕이 되는 국토의 험준함을 알게 되어, 묵묵히 가정을 화목하게 해야겠다는 생각을 하게 될 것이다. 매일 나가서 일하고 들어와 쉬는 노동 생활이 힘들다는 것을 알게 되어, 불연듯 개량 진보해야겠다는 생각을 하게 될 것이다. 무역을 통해 만국의 백성들과 서로 교류하고 만국의 재물을 모으는 것을 알

137) 蔡鵬雲, 『最新澄海鄉土格致教科書』, 第4册, 第17課.

게 되어, 강개하여 강한 자가 승리하고 약한 자는 도태할 거라는 생각을 가지게 될 것이다. 이런 여러 생각들을 서로 연구하고 토론하며 젊은이들의 두뇌를 자극한다면 우리나라 백성들이 희망을 품을 수 있지 않겠는가?[138]

『시흥현향토지』에서도 비슷한 관점을 발견할 수 있다.

어려서 향토에 대한 지식을 잘 알게 되면 차마 고향을 쉽게 버리지 않을 뿐만 아니라 중국의 영토를 조금도 남에게 양보해서는 안 된다는 것을 알게 될 것이다. 미리 상무(尙武) 정신을 길러 주면 세상에서 강하게 홀로 서서 권리와 종족을 보존할 수 있을 것이다. 동물 · 식물 · 광물 각각의 산물에 대한 상업적인 업무에 특별한 것이 있을 수는 없겠지만 그래도 개량 · 진보해야 한다. 그래야 상업 전쟁에서 승리하여 이권을 만회하고 국세를 풍부히 하며 이권이 국외로 유출되는 것을 막을 수 있다. 이는 시급한 일로 국가의 이익을 도모하는 일과 관계있는 자들은 서둘러 그 수입원을 확충해야 한다. 이 책을 완성한 것은 소학교 학생들을 가르치기 위해서이다. 그들이 나중에 중학교에 올라가고 대학에 들어가도 군주에 충성하고 나라에 보답하는 사람이 되는 데 이 책은 그 효시가 될 것이다.[139]

『시흥현향토지』의 저자는 '실업(實業)'절에서 전통적인 개념인 사민(四民) 중 공(工) · 상(商)의 뜻을 자기 나름대로 이해하고 해석하여, 이권을 보호하고 공업을 발전시켜 상업 전쟁에서 승리해야 한다고 호소하고 있다.

공업의 종류는 한 가지가 아니다. 우리 고장에서는 목공, 토공, 재봉사가 다수를 차지하고 있다. …… 지금은 아직 분위기가 무르익지 않아 한가로이 노는 자들이 많고 기술에 뛰어난 자가 드물다. 대책을 세워

138) 『仁化鄕土志』, 「緖言」, 鈔本, 광동성 중산도서관 소장.
139) 張報和 總纂, 『始興縣鄕土志』, 「序」.

서둘러 공예 공장을 설립하지 않는다면 이권을 날로 상실하여 백성들이 의지할 곳이 없게 될 것이다. 도합 72개 사업장에 공예 장인은 3,220명에 불과하다. 전문가로 명성이 높은 사람에 대해서는 들어 본 적이 없다.

지금은 상업 전쟁의 세상으로 상업이 아니면 나라를 부유하게 할 수 없다. 또한 특별한 상업이 아니면 멀리까지 그 영역이 확대될 수 없다. 그런데 우리 고장에는 상업학교가 설립되지 않아 화폐, 어음, 은행, 부기 등에 관해 물으면 아무것도 모른다. …… 광동·복건·하남·- 네 지역의 회관을 제외하고 토착민들 가운데 상업과 고용 노동자로 일하는 자는 2,460여 명에 불과하다. 만약 여전히 이전 것을 고수하여 상업을 중시하지 않는다면 공업 기술은 정교할 수 없고 상업에서도 승리할 수 없어, 나날이 가난해져 강한 자가 살아남고 약한 자가 도태되는 세상에서 살아남기 어려울 것이다. 관리와 신사 계층은 빨리 개량·진보할 대책을 세워야 할 것이다.[140)]

『최신징해향토지리교과서』의 저자는 개항 이후 산두의 새로운 풍경에 대해 분명 자부심을 느끼고 있었다. 그래서 그는 이 책 제14~18과의 제목을 「철로」·「전선(電線)」·「우정(郵政)」으로 분류하고 산두의 상황을 서술하고 있다.

산두 남쪽 맞은편 기슭은 각석(角石)이란 곳으로 영국 영사관이 있다. 독일 영사관은 산두 동쪽 편에 건립되어 있다. 동쪽은 지형도 험준하고 지리적인 요충지여서 포대를 설치하고 군대를 주둔시켜 예기치 못한 상황에 대비하고 있다. 부두 안쪽에는 자선 기구, 상회(商會), 병원, 전등이 설치되어 있고 최근에는 다시 수도 공사(公司)가 세워질 예정인데, 배치가 매우 주도면밀하다.(商埠2)[141)]

140) 張報和 總纂, 『始興縣鄉土志』, 「實業」, 39쪽.
141) 蔡鵬雲, 『最新澄海鄉土地理教科書』, 第2册, 第16課.

'이권'의 개념이 강조하는 것은 자국의 경제, 기술의 발명과 권익을 외국에게 빼앗길 수 없다는 것이다. 이런 논리는 도광 이래 외국의 '견고한 선박과 위협적인 대포'에 직면하여 '오랑캐의 훌륭한 기술을 본받아 오랑캐를 막는' 자강의 길을 꾀하자는 생각을 계승한 데서 나온 것이다. 외국 세력은 중국의 입장에서 권익을 침탈한 자들이다. 하지만 외국에서 들여온 물건이나 건축물은 중국의 '개량 · 진보'의 상징이기도 했다. 편찬된 향토 교재에서는 '토산품'이든 '서양 물건'이든 재치있게 그것을 빌어다 현대성에 대한 추구를 표현하고, '향토'와 '국가'라는 양 극단을 연결하고 있다.

기물과 건축물은 만청 시기 상하층 모두에게 부국강병에 이를 수 있는 중요한 수단이었다. 하지만 당시 수많은 지식인들에게는 '국민'의 개념을 확립하고 통치자와 피통치자의 관계를 재정립하는 것이 강대한 중국을 건립하는 데 더욱 근본적인 것이었다. 량치차오가 말한 대로 "국가란 국민이 모여 이루어진 것이었다."[142] '국민'이란 만청 지식인들이 반복해서 토론했던 화두였다. 그런 상황에서 '향민'과 '국민'을 어떻게 연결할 것인가 하는 것은 향토 교재를 편찬할 때 해결해야 할 또 다른 중요한 과제였다. 선통 원년(1909)에 출판된 『신녕향토지리』의 저자는 층차적으로 '국가'와 '향토'의 관계를 서술하고 있다.

> 향토 지리에 대한 정의는 과연 어디에서 기원하는가? 국민 · 향민 · 토착민 이런 말은 사람들이 모두 알고 있는 것이다. 인민들이 향토와 국가를 채우고 있다고 할 수 있으니, 국민은 나라를 잊어서는 안 되고, 향민은 향토를 잊어서는 안 되며, 토착민은 고향을 잊어서는 안 된다는 것을 알 수 있다. 『서경』에 "오직 토산물을 사랑하게 하면 그 마음이 선하게 되리라"라고 한 것은 바로 이런 뜻이다.[143]

---

142) 梁啓超, 「新民說」, 『飮冰室合集 · 專集』之四, 光緒 28年, 1쪽.
143) 雷澤普, 『新寧鄕土地理』, 「自敍」.

『인화향토지』의 저자는 '국민'과 '조상'의 개념을 연결시켜 이렇게 말하고 있다. "고을을 하사받은 후 가시나무 한 그루도 모두 우리 선조들이 베어내고 풀 한 포기도 우리 선조들이 가꾼 것이다. 기이한 화초·새·짐승들, 무수한 사람과 산천을 대대로 기록하니 그 아름다움을 이루 다 적을 수 없다. 이는 모두 우리 후대의 국민들이 마땅히 유념해야 할 것들이다."[144] 이런 생각의 기초 위에서 『인화향토지』는 나아가 근대 '국가'와 '종족' 관념을 하나로 합쳐 송대의 역사를 다음과 같이 서술하고 있다.

> 송대 함평(咸平) 3년(1000)에 인화현(仁化縣)을 설치하였다. 그래서 인화현 사람들은 이곳에서 태어나 자랐고 이곳에서 국가를 구성하는 종족을 이루었다.(제3과 旣置本境以後)[145]

향토 교재의 편찬자는 '향민'과 '국민' 두 가지 개념 사이의 관계를 설정하면서, 동시에 어떤 사람을 '국민(民)'이라고 하는지 정의한다. 조정에서 '호적을 만들어 백성들을 다스렸다'는 생각에서 출발하여 『향토지예목(鄕土志例目)』에서는 '실업', '종교', '인류' 등과 같은 몇 가지 항목으로 구분하여 향토 교재가 지역 내 인구를 구별하여 표기하도록 하고 있다. 앞서 인용한 '인류' 항목 이외에 '실업', '종교' 두 항목의 인구 분류는 다음과 같다.

> 실업: 백성들 가운데 종교에 가입하지 않은 자들은 실업을 조사하여 밝히고 넷으로 구분한다. 사(士) 약간 명, 농업 약간 명, 공업 약간 명, 상업 약간 명.

---

144) 『仁化鄕土志』, 「緒言」.
145) 『仁化鄕土志』卷之一, 「歷史錄」.

종교: 이 고장의 모든 외래 종교를 조사하여 편입시키면 다음과 같다. 회교도 약간 명(회교도와 회흘回紇 종족은 차이가 있다. 회흘 종족은 진짜 아랍 사람들로 '인류'에 편입시켜야 한다. 회교도는 아랍인도 있고 한군 팔기도 있다. 회교에 가입한 자는 모두 이곳에 편입시킨다.) 라마교, 황교(黃教), 홍교(紅教)인 약간 명, 천주교인 약간 명, 예수교인 약간 명.146)

다시 말하면 『향토지예목』에서 말한 '백성(齊民)'들의 신분 분류를 따르자면, 종교적인 측면에서 모두 다 종교에 가입할 필요는 없다. 직업에 있어서는 반드시 전통 '사민' 중 하나에 편입되어야 한다. 종족(인류)에 있어서 팔기, 한족 호적 이외에 다른 종족에 속한 자는 반드시 별도로 처리해야 한다. 『홍녕현향토지』와 『광녕현향토지(廣寧縣鄉土志)』의 '실업'장의 내용도 『향토지예목』처럼 조정에서 '호적을 만들어 백성들을 다스렸다'는 관점에서 출발하여 인구를 분류하고 있다.

현에 소속된 백성들의 남녀 인구는 대략 27만여 명으로 천주교, 예수교를 믿는 것을 제외하고 백성들 가운데 직업을 가진 자는 첫째 사인, …… 둘째 농업, …… 셋째 공업, …… 넷째 상업, ……147)

백성들 가운데 종교에 가입하지 않은 자는 조사하여 실업에 편입시켰다. 사인 대략 1천여 명, 농업 대략 4만여 명(산에서 경작하는 자도 있고 밭에서 경작하는 자도 있음), 공업 대략 8만여 명, 상업 대략 1만여 명.148)

---

146) 「學務大臣奏据編書局監督編成鄉土志例目擬通飭編輯片」, 『東方雜誌』, 第2年 第9期, 1905, 220쪽.

147) 羅獻修 輯, 『興寧縣鄉土志』, 「實業」.

148) 伍梅 · 龔炳章 編輯, 『廣寧縣鄉土志』, 「實業」, 19쪽, 출판연도 미상.

재미있는 것은 지방 지식인들이 향민과 국민을 자연스럽게 연결시키는 논리이다. 량치차오는 1900년 이후 국민이란 개념을 언급하면서 이 점에 매우 의문을 가졌다. 그는 광서 25년(1899) 「중국 인종의 미래를 논함(論中國人種之將來)」이란 글을 발표하였다. 여기에서 그는 하나의 종족, 하나의 향토, 하나의 보루를 가진 중국의 자치 전통이 세계에서 '가장 큰 세력을 가진 인종'이 될 수 있는 핵심 요소라고 보았다. 하지만 광서 28년(1902) 이후 잇달아 발표한 글에서 량치차오는 '향토'와 '종족' 등의 조직은 '국가'를 건립하는 데 걸림돌이라고 생각하였다. 「신민설」에서 량치차오는 다음과 같이 말하였다. "그래서 우리 나라 백성들은 항상 국가를 천하와 동일시하곤 한다. 눈과 귀로 보고 듣고, 머리에 세뇌되어 있으며, 성현과 조상들이 전해 준 바로는 한 개인이 될 수 있는 자격, 한 가정을 이룰 수 있는 자격, 마을과 종족을 이룰 수 있는 자격, 천하인이 될 수 있는 자격을 갖출 수 있다. 하지만 일국의 국민이 될 자격은 갖출 수 없다." 「신대륙유기(新大陸遊記)」에서 량치차오는 구미 유럽을 두루 유람한 후 느낀 점이 있었던지 중국인의 단점을 언급하며 중국인은 "족민(族民)이 될 자격은 있어도 시민이 될 자격은 없다", "촌락에 대한 생각은 있지만 국가에 대한 생각은 없다"[149]고 말하였다. 이를 통해 다양한 층차의 지식인들이 국가와 국민 등의 개념을 이해하고 설명할 때 식견이나 경험, 정치적인 필요에 따라 상당한 차이가 있었음을 알 수 있다.

량치차오의 주장이 끊임없이 인쇄되어 세상에 전파되었지만, 그의 영향력이 향토교과서를 편찬한 지방 지식인보다 더 컸다고 볼 수만은 없다. 제한된 자료를 통해 볼 때 향토교과서의 편찬은 민국 시기에

149) 梁啓超, 「論中國人種之將來」, 『飮冰室合集 · 文集』之三, 48~49쪽 ; 「新民說」, 『飮冰室合集 · 專集』之四, 6쪽 ; 「新大陸遊記節錄」, 『飮冰室合集 · 專集』之二十二, 121~122쪽.

지방에서 중학교, 소학교 교육 업무에 실제 종사하는 사람 아니면 교장이나 현(縣) 의원과 같은 공무원들이 담당하였다.[150] 이런 계층의 지식인들은 통치 당국과 전국적으로 명성이 있는 사상 지도자들이 어떤 정보를 전달하고자 할 때 파수꾼 역할을 하였다. 정치 사회에 대한 개념들은 그들의 여과 과정과 해석을 거쳐 광대한 학생, 보통 시민, 향민들에게 전달되었다. 향토지나 향토교과서를 편찬할 때 사용하는 자료는 진부한 것이었지만, 그들은 정부의 상명하달식의 새로운 정책에 부응할 필요가 있었다. 다른 한편 관방과 민간을 통해 전파된 각종 새로운 교육·정치·사회·경제 개념들을 자주 접하여 익숙해지자, 그들은 자연히 자기 지방의 상황에 대한 인식과 감상을 결합해 구 자료를 새롭게 조합·발전시켰다. 필자가 제5장에서 논의하려는 것은 청 말 민국 초기 지방 지식인들이 편찬한 향토교과서로, 그들은 '국가'와 '향토'에 대해 마땅히 집어넣어야 한다고 생각하는 자료들을 채워 넣었다. 그리고 향토교과서를 이용해 교육한 세대와 그 후세대에 이르자, '국가'와 '향토'는 이미 말할 필요도 증명할 필요도 없는 객관적인 실체가 되었다.

소결: 문화—종족—국가

송대 이후 가장 전형적인 지방 역사 저작은 지방관이나 그 지역 문인들이 편찬한 지방지였다. 체제나 내용을 막론하고 지방지가 드러내고 있는 왕조 중심의 자치의 의미는 너무도 명약관화한 것이었다.[151]

150) 각각의 편찬 배경에 관해서는 필자의 다음 논문에 상세히 서술되어 있다. 「由愛鄕而愛國: 清末廣東鄕土教科的國家話語」, 73~75쪽.

151) 전통 관찬 지방지의 정치적인 목적에 관한 일반적인 논의는 다음을 참고하라.

청 말 새로운 정치가 시행되어 과거제도가 폐지되고 학당이 설치되었다. 헌정이 실시되고 의회가 설치되었으며 새로운 조목과 내용을 담은 향토지·향토교과서의 편찬이 장려되었다. 이때 전통 지방지 편찬에 익숙해져 있던 문인들은 '향토'를 현대적인 의미의 '국가'관과 어떻게 연결할 것인가 하는 문제를 다루어야 했다.

하지만 지방사 편찬자 각자가 인식하고 동질감을 느끼는 지역문화는 사실 천차만별이었다. 공통된 천하, 국가의식을 표현하려고 할 때 행간에는 그들이 동질감을 느끼는 문화·족군에 대한 편애가 드러나곤 하였다. 그들이 광동성이나 부·주·현 단위의 지방사를 편찬할 때 사실상 그들은 또한 '광동인'을 정의하고 있었다. 그런 담론 이면의 더욱 핵심적인 문제는 '누가 백성인가?', '누가 중국인인가?'하는 것이었다. 현대적인 국가 관념이 출현하기 전 시대에 이 문제에 대한 대답은 대개 문화와 관련되었고, 현대적인 국가 관념이 출현한 이후에는 민족과 연관되었다.

19~20세기 교체기 중국 지식인들의 국가관에는 중요한 변화가 생겼다. 전통적인 국가관은 문화와 신앙이 합쳐진 것으로 정치체제, 통치 계층이 유기적으로 결합되어 있었다. 청 말 한족 지식인들은 이민족이 주도하는 통치 체제에 불만을 품고 있었다. 그런 상황은 그들로 하여금 정부와 국가, 이 두 가지 개념을 분리하도록 만들었고, 국가(state)에 종족(nation) 개념을 집어넣으려 했다. 그것은 한족이 다시 정권을 장악하는 데 유리하도록 만들려는 의도였다. 19세기 종족 개념은 과학의 기치를 내걸었지만, 오늘날의 관점에서 보면 재고해 봐야 할 많은 문제점들을 내포하고 있다. 인류는 객관적으로 체질·외형·피부·언어상의 차이가 있으며, 문화적으로도 풍속의 차이가 존재한다는 것은 의심의 여지가 없

來新夏, 『方志學概論』, 98~103쪽.

다. 하지만 이런 객관적인 구별이 명확하고 확고한 분류로 자리잡기까지는 오랜 역사적 과정을 거쳐야 한다. 그리고 그 과정은 정치 경제적 자원의 통제 여부와도 관련이 있다. 객관적인 것처럼 보이는 학술 연구도 종종 현실을 만들어 내기도 하고 바꾸기도 한다. 민족에 대한 명칭과 내포적 의미도 끊임없는 변화를 거치면서 사람들이 깨뜨릴 수 없는 신념으로 자리를 잡은 것이다.

제3장

광동어로 창작하기

■ 17~19세기 유럽에서 민족국가들이 잇달아 출현하였다. 이 과정에서 유럽의 각국 정부는 국가를 통일하는 수단의 하나로 초등교육 단계에서 국어를 보급하기 시작하였다.[1] 1920년대부터 중국이 적극적으로 추진한 국어운동도 이와 동일한 맥락에 속한다. 민국 시기 이전에도 관화(官話)는 존재했다. 하지만 근대 국가 관념이 형성되기 이전에 관화는 '국어'로서의 지위를 누리지 못한 채 단지 각 지역의 문인들이 관료사회와 사교권에서 쓰는 소통 수단에 지나지 않았다.[2] 더군다나 문인

1) 본 장의 논의는 리차드 포스터 존스(Richard Foster Jones)의 영어 발전사에 관한 연구에서 영향을 받았다. Richard Foster Jones, *The Triumph of the English Language: a survey of opinions concerning the vernacular from the introduction of printing to the Restoration*, Stanford: Stanford University Press, 1953.

2) 예바오쿠이(葉寶奎)는 '관화'라는 단어가 명대에 처음 보인다고 주장한다. 명대의 관화음은 『홍무정운(洪武正韻)』을 기준으로 삼았다. 『홍무정운』의 원천은 당송 이래 형성된 '독서음(讀書音)'인데, '정음(正音)' 혹은 '정성(正聲)'이라고도 한다. 예바오쿠이는 관화음이 북음과 남음을 포함한 방언구어음(方言口語音)과 기원이 같지만 차이가 있다고 주장한다. 관화음과 방언구어음의 관계에 대해서는 언어학

들의 우열을 가렸던 것은 창작 능력으로, 당시 글쓰기에 사용된 언어(문언문)는 일상 대화에서 쓰인 방언과는 직접적으로 대응되지 않았다. 그러나 제2장에서 언급했듯이, 중원으로 대표되는 북방 지역이 장기간 정통 문화의 근거지로 인식된 탓에 문화적 우월의식으로 가득했던 북방 사람들은 온갖 방언이 난무하는 남방으로 오게 되면 '시끄러운 게 도대체 알아들을 수 없다'는 느낌을 받을 수밖에 없었다. 한편, 남방 사람들 역시 자신들이 사용하는 언어를 위해 문화적인 정통성을 탐구하는 데 심혈을 기울였다. 이와 동시에 광부화(廣府話)를 중심으로 하는 광동의 방언은 점차 수준 높은 방언 문학과 희곡 작품을 발전시켰다. 청 말에 이르러 백화가 조정에서 교육을 보급하는 수단이자 동시에 혁명가들이 봉건 왕조체제에 반대하는 수단이 되면서 광부화의 글쓰기 전통은 이 시기에 크게 유용해졌다. 본 장에서는 '광동어로 창작하기'라는 주제로 근대 중국의 국가 개념이 형성되는 과정에서 지방 언어가 지식인들의 마음속에서 어떤 미묘한 변화를 겪었는지를 고찰하고자 한다. 한자를 빌어 광동어를 '표현'해내는 전통은 적어도 수 세기 전부터 이미 존재하고 있었다. 하지만 중국의 지식인들이 가지고 있던 과거의 천하 관념과 이후의 국가 관념은 광동어 창작을 하나의 온전한 '문체'로 발전시키지 못한 채 시종 종속적인 위치에 머무르게 만들었다.

남쪽 오랑캐의 말에서 중원의 고음으로

전통 시기 중국 문인의 관념 속에서 언어는 줄곧 아속(雅俗)의 구분이

계에 아직까지 정론이 없는 듯한데, 이는 그의 저서에도 반영되어 있다. 葉寶奎, 『明淸官話音系』, 厦門: 厦門大學出版社, 2001.

있었다. 고염무(顧炎武)는 "오방(五方)의 언어는 서로 다른데, 천하의 선비들을 벗 삼고자 하면서도 한 지역의 사투리를 고집한다면 이 또한 군자가 취할 바가 아니다. …… 그런즉 오직 군자만이 천하의 뜻에 통달할 수 있으니, 그것은 그가 하는 말에서부터 시작된다"[3]고 말했다. 이를 통해 중국 사대부들의 '천하' 관념이 방언을 주변화시켰음을 알 수 있다. 하지만 광동의 지식인들은 광동어를 '변방'으로부터 '중심'에 근접시킬 수 있는 변론 방법을 갖고 있었다. 명대부터 광동 방언의 특징이 사람들의 시선을 끌기 시작했으며, 지방 문헌에도 관련된 기록이 많이 남아 있다. 성(省)의 수도를 중심으로 하는 광부화(廣府話)는 '월어(粤語)'라고도 한다. 광부인을 주축으로 하는 사대부들이 기술한 지방 문헌을 살펴보면 광부화는 조주어나 객가어보다 더 '사람의 말'에 가깝다고 여겨졌다. 가정(嘉靖 14년, 1535)의 『광동통지초고(廣東通志草稿)』에서는 조주어를 '촌스럽다'라고 묘사하였다.[4] 건륭 『조주부지(潮州府志)』에는 "조주 사람들의 언어는 거칠고 저속한데, 복건성과 비슷한 점이 많다. 말은 있지만 글자가 없으며, 다른 군(郡)들의 언어와 전혀 통하지 않는다"[5]고 기록되어 있다. 건륭 『증성현지(增城縣志)』에는 다음과 같은 내용이 보인다. 이 지역의 "말은 반우현(番禺縣)과 큰 차이가 없다. 산 가까운 곳에 사는 사람들의 발음은 강하고 딱딱하며, 물에 가까이 사는 사람들은 맑고 부드러운 편이다. 사대부들은 손님을 접견할 때 사투리 사용을 꺼려 만나 담소를 나눌 때면 말소리가 부드럽고 듣기 좋다. 그 나머지 경우에는 사투리가 섞여서 알아듣기 어렵다. 또한 이 지방에서 특수한 뜻으로 쓰이는 글자를 섞어 써서 관청에 호소할 때는 늘 서리(胥吏)를 통해야만 뜻을 전할 수가 있다."[6] 가경(嘉慶) 『증성현지』는 건륭 연간에 간행된 것을

3) 顧炎武, 「方音」, 『日知錄集釋』, 卷29, 長沙: 岳麓書社, 1994, 1035쪽.
4) 嘉靖 『廣東通志草稿』, 卷18, 7쪽 ; 乾隆 『增城縣志』, 卷2, 29쪽.
5) 乾隆 『潮州府志』, 卷12, 11쪽.

바탕으로 "사대부는 손님을 접대할 때 사투리를 꺼려 대부분 정음(正音)을 사용한다"[7]라고 약간 내용을 수정했다. 여기에서 '정음'이란 아마도 관화의 구어음을 가리키는 것일 텐데, 증성 지역 사대부들의 관화 구사 수준이 어느 정도였는지는 고찰할 방법이 없다. 필자는 제2장에서 증성 지역에 광부인과 객가인이 섞여 살았으며, 광부인의 주도로 편찬된 지방지 속에서 객가인의 형상이 비교적 부정적으로 기술되었다고 언급하였는데, 객가어에 대한 묘사도 상황이 비슷하다. 건륭 『증성현지』에서는 "객가인이 증성에 예속된 지 여러 세대가 지났지만, 그들의 고향 말씨는 하나도 바뀌지 않았다. 귀가 따가울 정도로 시끄럽게 지껄이는 소리를 들으면 굳이 묻지 않아도 타지 사람임을 알 수 있다"고 기록되어 있다. 가경 『증성현지』에도 이와 유사한 내용이 보인다.[8]

광부인들은 조주어와 객가어가 '순정(純正)'하지 않다고 생각했다. 사실 북방 사람들은 광동어를 포함한 남방의 언어가 귀에 잘 들어오지 않는다는 인상을 갖고 있었다. '광동 사람이 구사하는 관화'는 예전부터 북방 사람들이 두려워했었다. 그러나 관직에 진출하기 위해서 광동의 사대부들은 관화를 배우지 않으면 안 됐다. 조정에서도 특별히 복건·광동지역에 많은 학교를 설립해 관화를 가르쳤지만 만족할 만한 성과를 거두지 못했다. 옹정제(雍正帝)는 재위 6년(1728)에 광동의 관리들에게 관화를 잘 배우라는 명령을 내렸다.

유지(諭旨) : 복건과 광동의 사투리를 바로잡으라

…… 짐이 매번 대소 신료들을 접견할 때 그 이력을 진술하는 것을 들으면 복건과 광동 출신만 자신들의 고향 사투리로 말하여 전혀 알아

---

6) 乾隆 『增城縣志』, 卷2, 29쪽.

7) 嘉慶 『增城縣志』, 卷1, 28쪽.

8) 乾隆 『增城縣志』, 卷2, 29쪽 ; 嘉慶 『增城縣志』, 卷1, 28쪽.

들을 수 없다. …… 관민 상하 간에 서로 언어가 통하지 않아 반드시 서리가 중간에서 의사를 대신 전달해야만 하는 상황이다. 이 때문에 뜻이 여러모로 왜곡되어 그 폐해가 극심하도다. …… 복건성과 광동성 양성의 독무(督撫)는 관할하는 부(府)·주(州)·현(縣)의 담당 관리와 교관에게 명령을 전하여 널리 알리도록 하라. 여러 방면으로 가르치고 이끌어서 반드시 말이 분명하여 사람들이 알아들을 수 있도록 하라. 예전처럼 사투리를 배워서는 안 될 것이다.[9)]

이러한 현상과 조정의 관련 대책은 옹정 8년(1730)에 혜주지부(惠州知府)를 역임하고 2년 후 광동안찰사를 역임한 하북(河北) 사람 장거(張渠)의 묘사에도 잘 나타나 있다.

성도(省都)의 말과 타지에서 온 사람들은 대부분 관화를 사용하는 반면에 토착민들의 말에는 복건 사투리가 섞여 있다. 신회(新會)와 동관(東莞)은 평측(平側)을 섞어 쓴다. 고주(高州)·염주(廉州)·뇌주(雷州)·경주(瓊州)는 더욱 말이 이상하여 알아듣기 힘들다. 관청에서 소송을 할 때는 항상 아전들을 통해 의사를 전달한다. 이고(吏庫)·예고(禮庫)·호고(戶庫)의 경우도 이 사람을 부르면 저 사람이 대답하는데, 서리들조차도 잘 분별하지 못한다. 다행히 근래 법령을 받들어 선비가 과거에 응시하려면 먼저 관화를 배워야 하니, 널리 동일한 언어가 사용되기를 기대한다.[10)]

이후 건륭제는 광동 조주부에 속한 각 현에 '관학을 설립하여 관화를 가르치는 것이 유명무실'해지자 크게 불만을 토로하고 자세히 조사할 것을 명령했다.[11)]

---

9) 嘉慶『新安縣志』, 卷上, 15~16쪽.

10) 張渠, 『粵東聞見錄』, 廣州: 廣東高等教育出版社, 1990, 46쪽.

11) 『淸高宗純皇帝實錄』, 卷897, 乾隆 36년, 56쪽. 청 초 광동지역에서 관화를 널리 보급한 상황에 관해서는 다음 논문을 참고하라. 楊文信, 「試論雍正乾隆年間廣東的'正音運動'及其影響」, 單周堯·陸鏡光 主編, 『第七屆國際粵方言硏討會論文集』

북방 사람들이 광동에 오면 온통 '남만(南蠻)의 알아듣기 힘든 사투리'로 가득하다고 느꼈다.[12] 이러한 인상은 줄곧 19세기까지, 그리고 오늘날에 이르도록 크게 변한 것이 없다. 외지인들은 복잡하고 알아듣기 힘든 광동 방언을 접한 뒤 종종 깊은 인상을 받고 그것을 기록으로 많이 남겼다. 양광(兩廣)지역에서 여러 해 동안 관직 생활을 한 강소 사람 장심태(張心泰)는 광서 10년(1884)의 여행기에서 다음과 같이 기술했다.

> 조주 방언은 아주 좁은 지역에서만 사용된다. 산에 거주하는 사람들은 객가어를 쓰며, 조주어를 백화로 생각한다. 백화를 말하는 사람들의 토착 가요에는 요가(嶤歌)와 앙가(秧歌)가 있고, 객가어를 말하는 이들의 민요에는 채다가(菜茶歌)와 산가(山歌)가 있다. 각각 사투리 음으로 운을 맞추는데, 객가음은 정음(正音)에 가깝다. 백화의 보급은 남북으로는 수십 리가 안 된다. 다만 동쪽 해안가를 따라 복건 장천(漳泉)까지, 서쪽 해안가로는 광동성의 뇌주와 경주까지 천여 리에 이른다.[13]

그는 양광 방언의 총체적인 인상에 대하여 이렇게 기술하고 있다.

> 광서성의 사투리는 평이하지만 광동성에는 이민족들이 많아 변별하기가 매우 어렵다.[14]

광동의 문인들은 자신들이 사용하는 언어에 오랫동안 붙여졌던 만음(蠻音), 즉 남쪽 오랑캐의 말이라는 꼬리표에 기분이 나빠 여러 상

(『方言』, 2000년 증간), 北京: 商務印書館, 2000, 118~136쪽.

12) '남만결설(南蠻鴃舌)'은 『맹자(孟子)』에 보인다. 『孟子正義』, 北京: 中華書局, 1987, 396쪽.

13) 張心泰, 『粵游小志』, 卷3, 14쪽.

14) 위의 책, 19쪽.

황에서 그에 반박하였다. 건륭 『고주부지(高州府志)』의 편찬자는 옛 사람들이 '새소리[鳥舌]'라고 부른 것은 단지 기인(歧人)이나 려인(黎人) 등 진짜 남쪽의 오랑캐를 가리키는 것이지, 광부인을 지칭하는 것이 아니라고 역설했다. 또한 넓은 뜻에서 보면 오월 지역 사람들의 언어도 '새소리'로 볼 수 있다고 반박하며 다음과 같이 말했다.

> 옛날에 결설(鴃舌)이라고 불렀던 것은 남만의 기(歧)·요(猺) 등 여러 종족의 언어를 가리킨다. 만약 포괄적으로 분류하여 말한다면 오월 지역의 언어도 여기에 해당한다. 고량(高凉) 지역은 풍씨(馮氏)가 바다를 통해 북쪽에서 온 이래로, 世悍ㅁ服馳ㅁ上國風氣ㅁㅁ. 수도를 항주(杭州)로 옮긴 남송대 이후 중원의 사대부들이 광동의 ㅁㅁ, 각 군(郡)에 자리를 잡았다. 각자의 고향 사투리가 섞였지만 말은 지역에 따라 자세히 구별할 수 있었다. 고량군의 방언은 회성(會城)과 대략 비슷하지만, 음이 다소 무겁고 속도가 빠르다. 오천(吳川) 방언은 비교적 맑고 우아하지만 지나치게 부드럽다. 석성(石城) 방언에는 염주(廉州) 방언이 섞여 있다. 전백(電白) 방언만 크게 차이가 나는데, 복건성 조주 방언과 같아서 해화(海話)라고 부른다. 여러 현 중 한두 마을은 가응(嘉應)의 말과 비슷하다. 나를 뜻하는 '워(我)'를 '아이(哎)'라고 하여 세간에서는 아이쯔(哎子)라고 한다. 나머지는 서로 통한다.[15]

건륭 『반우현지(番禺縣志)』의 편찬자도 방언과 속자(俗字)는 전국적으로 나타나는 보편적인 현상이지, 광동만 그런 것은 아니라고 강조한다.

> 방언과 속자는 광동에만 있는 것이 아니라 장강 남북에도 존재한다. 음에는 본래 고자(古字)가 있는데, 음이 약간 달라지면 따로 글자를 만들어 채워 넣는다. 중원지역도 그러하다. 송대 이래로 소학(小學)이 쇠

15) 乾隆 『高州府志』, 卷4, 86~87쪽.

퇴함에 따라 문인학사들은 속설에 의지하게 되었으니 변방인 광동에서만 그런 것은 아니다. 예를 들면, 판(版)과 본(本)은 음이 서로 통하기 때문에 이후 주판(奏版)은 주본(奏本)으로, 수판(手版)은 수본(手本)으로, 거리 단위인 일정(一程)도 일잔(一棧) · 일참(一站)으로 변했다. 『송사(宋史)』와 『원사(元史』가 모두 속설을 따라 기록하였으며 그것이 오늘날에 이르러 결국 역사적 사실이 되고 말았다. 이와 같은 예는 부지기수다. 다(爹) · 야(爺) · 파(爸) · 내(奶) 등과 같은 호칭은 원래 만주족의 문자로 그 기원이 오래되었다. 어찌 광동에만 있겠는가? 아(亞)는 본래 아(阿)로 고악부(古樂府)에도 그렇게 되어 있는데 오늘날의 음에서 비롯된 것이 아니다. 현재 오월 지역에서도 부모 · 형 · 형수를 부를 때 그 앞에 '아(阿)' 를 붙이니 어찌 광동지역만 다르다고 하겠는가? 새(崽)는 당대(唐代)부터 사용되었는데 본래는 자(子)였고, 고음(古音)은 재(宰)로 읽는다. 「이소(離騷)」에 보인다. 후세 사람들이 그것이 본래 자(子)라는 것을 몰라 마음대로 새(崽)와 자(仔)를 택한 것뿐이다. 이와 비슷한 현상은 광동지역에서만 나타나는 것이 아니라 다른 지역에서도 전부 다 그러하다.[16]

도광 『조경부지(肇慶府志)』는 한 걸음 더 나아가 광동지역의 수많은 말소리가 고음에 속한다고 주장한다.

『광동신어』에 따르면, 방언은 대개 연원을 가지고 있다. 예를 들면, 부(父)를 다(爹)라고 하는데, 『남사(南史)』에 "상동왕[17]의 아버지(湘東主人之爹)"라는 기록이 보인다. …… 방언을 기록한 책은 매우 많다. 조경부에서 사용되는 방언을 채록해서 살펴보니 13개 주현(州縣)의 말소리가 각기 달랐다. 그것을 고운(古韻)과 대조해 보니 모두 통하였다.[18]

---

16) 乾隆 『番禺縣志』, 卷17, 17~18쪽.

17) [역주] 상동왕(湘東王)은 제(齊)나라 무제(武帝) 소이제(蕭賾第)의 21번째 아들 소자건(蕭子建, 486~498)을 가리킨다.

18) 道光 『肇慶府志』, 卷3, 32~33쪽.

그러나 광부화를 변론하는 가장 권위 있는 주장을 펼친 것은 학해당(學海堂)의 저명한 학장(學長) 진례(陳澧, 1810~1882)의 『광주음설(廣州音說)』이다. 진례는 광부화가 수당대(隨唐代)의 고음과 어떻게 들어맞는지를 증명하는 데 심혈을 기울였다.

> 광주 방언음은 수당대 운서(韻書)의 반절 표기음과 합치되는데, 이 점은 다른 지방의 방언이 미치지 못하는 바이다. 이렇게 주장하는 데는 몇 가지 단서가 있다. 광주 사람으로서 그 이유에 대하여 간략하게 설명하겠다. …… 광주 말은 사성(四聲)에 모두 청음(淸音)과 탁음(濁音)이 있다. 따라서 고서의 반절 표기음으로 읽으면 의문 나는 곳 없이 다 이해가 된다. 몇 년 동안 고운서(古韻書)의 반절 표기음을 고찰한 결과 광주 방언이 우수하다는 사실을 알게 되었다. 그러므로 특별히 광주 방언을 예로 들어 설명하여 증명하고자 한다. 이는 내 고향이라서 사사로운 감정 때문에 그런 것이 아니다. 벼슬자리를 구하러 광주에 온 수많은 타 지역 사람들 중에 광주 말을 할 줄 아는 사람이 적지 않다. 고운서의 반절 표기음과 광주 말을 대조해 보면 내 말이 틀리지 않음을 알게 될 것이다. 주자(朱子)는 "세상의 말소리 가운데 변화된 것이 많지만, 광중(廣中) 사람들의 말소리는 여전히 훌륭하다"[19]라고 말했다. 이와 같은 주장은 주자가 한 것이지, 내가 오늘날 만들어 낸 것이 아니다. 광중 사람들의 말소리가 훌륭한 까닭은 천여 년 동안 중원 사람들이 광중으로 이주해 왔기 때문이다. 오늘날의 광주 말은 사실 수당대 중원의 음이다. 따라서 수당대 운서의 반절 표기음과 대조하면 완전히 일치하는 것이다. 중국에서 음을 연구하는 사람들에게 한번 물어보시라.[20]

진례의 의도는 누가 감히 광동 사람들의 말소리가 바르지 않다고 말할 수 있느냐라는 것이다. 주자마저도 광동 사람의 말소리가 타 지

19) 『朱子語類』, 卷138.
20) 陳澧, 『廣州音說』, 『東塾集』, 卷1, 28쪽.

방보다 중원의 고음에 더 가깝다고 했는데 말이다! 상술한 진례의 말은 나중에 거듭 인용되었다. 흥미롭게도 진례의 조상은 원래 대대로 소흥(紹興)에 거주했고, 6대조는 강녕(江寧)에서 관직 생활을 했다. 조부 때 광동으로 이주했으며, 부친은 '호적에 올리지 않아 과거에 응시할 수 없었다.' 진례대에 이르러 '호적을 광동에 올려 반우현 사람이 되었다.'[21] 앞에서 인용한 『광주음설』에서 보았듯이 진례는 광주를 자신의 '고향'으로 여겼고, '광주인'이라는 신분을 인정하였다.

광동의 문인들이 얼마나 전력을 다해 광동어를 변호하였든 간에, 문언으로 글 쓰는 능력을 장악하는 것은 언제나 그들이 과거시험에 응시하여 벼슬길에 나아가 중국문화권 안으로 진입해 사대부 신분을 유지하는 데 필수조건이었다. 물론 '문언'은 한 번 만들진 후 변화하지 않는 고정불변의 것이 아니다. 각 시대마다 문인들은 문장의 풍격과 체제에 대하여 서로 다른 요구와 제안을 하였고, 심지어 끊임없는 논쟁을 벌이기도 했다. 새로운 문장 풍격이 그들의 도를 실현할 수 있는가의 여부는 종종 그것이 각 지역 문인들의 승인을 획득할 수 있는가에 달려 있었다. 문언은 방언의 경계선을 초월하기 때문에 어떤 지역의 문인들이 관화를 잘하지 못한다 하더라도 문언창작 능력에는 전혀 장애가 되지 않는다. 북경의 문인이든 광동의 문인이든 문언 창작을 학습하는 데 들이는 노력은 거의 동일하다. 관리들이 지방 학교를 순시할 때 학생들이 방언으로 책을 읽는 현상을 주목한 기록을 살펴보면, 광동의 학생들은 대부분 방언으로 문장을 읽었다. 게다가 광동어, 조주어, 민남어(閩南語)를 포함한 수많은 방언에는 독서음(讀書音)과 어음(語音)의 구분이 있었다.[22] 이를 통해 아직까지는 '말하는

21) 汪宗衍, 『陳東塾(澧)先生年譜』, 1쪽.
22) 李新魁, 『廣東的方言』, 廣州: 廣東人民出版社, 1994, 312~314쪽.

대로 적는' 구어와 쓰기가 일치된 시대로 접어들지 못했음을 알 수 있다. 광동의 문인들은 과거시험과 문언문 쓰기 능력을 통해서 북방의 문인들과 어깨를 나란히 할 수 있었다. 그들이 자신들 방언의 정통성을 그토록 강조한 까닭은 사실 국가문화 및 전통과의 동일시를 보다 강화시키고자 했기 때문이다. 하지만 '쓰기'와 '말하기'가 분리되어 있었기에 그들은 한편으로 광동어가 '중원의 고음'에 속한다고 강조하면서도, 광동어 글쓰기가 결코 대아지당에 오를 수는 없다고 여겼다. 광동어 쓰기의 발전 역사를 회고해 보면, 국가의식이 지역 언어에 대한 사람들의 인상에 얼마나 깊이 영향을 끼쳤고, 그 언어의 발전과 위상에도 영향을 미쳤는지를 이해할 수 있을 것이다.

구술에서 쓰기로

방언의 음은 원래 글자가 없었다. 따라서 오랜 기간 광동어는 한자를 수정한 문자로 음을 표기해 왔다. 송대 주거비(周去非, 1135~1189)[23]는 광서에서 관리로 재직할 때 영남지역의 '속자' 사용 방법에 흥미를 느껴 『영외대답(嶺外代答)』[24]을 편찬했는데, 광서 지역에서 자주 쓰이

23) [역주] 자는 직부(直夫), 절동로(浙東路) 영가(永嘉) 사람으로, 남송대의 지리학자이다. 융흥(隆興) 원년(1163) 진사에 급제했으며, 흠주교수(欽州敎授), 광서성 정강부현위(静江府縣尉), 절강성 소흥부통판(紹興府通判)을 역임했다.

24) [역주] 총 10권, 20문(門), 294조(條)로 이루어져 있다. 남송이 항주에 수도를 정함에 따라 관리를 파견하고 상업 활동을 하는 데 광서 지역이 중요한 곳으로 부상하였다. 따라서 문인들과 상인들은 계림통판(桂林通判)으로 6년 동안 광서에서 근무했던 주거비에게 광서에 대한 정보를 문의하곤 하였다. 주거비는 범성대(范成大)의 『계해우형지(桂海虞衡志)』를 참고하고 자신이 직접 목격한 바를 더하여 『영외대답』을 저술했다. 이 책에는 송대 양광(兩廣) 일대 소수민족의 생활 풍속 및 물산 자료뿐 아니라 해외 여러 나라와의 교류 상황에 대해서도 자

는 여러 종류의 속자와 그에 대한 해석을 수록하였다. 예를 들면, “奀(파리하다)은 음이 륵(勸)인데, 몸이 비쩍 말라 파리하다는 뜻이다”에서 ‘奀’[25]은 지금도 광동과 광서 지역에서 사용되고 있다. 가정 『광동통지』에는 광동의 방언, 방언의 음, 속자의 상황에 대하여 구체적인 예를 몇 가지 들고 있는데, 이 중에는 오늘날에도 여전히 쓰이고 있는 ‘상용자’가 적지 않다. 예를 들면, “奀은 음이 勒(laak6)이다. 크지 않다, 즉 마르다의 의미이다.” “無는 冇라고 한다. 음은 耄(mou5)이며, 有와 반대되는 뜻이다.” 물론 몇몇 속자는 오늘날 더 이상 전해지지 않거나 사용되지도 않는다. 예를 들면, 『광동통지』에서 언급한 ‘탄(氽)’과 ‘닉(氼)’자는 각각 ‘사람[人]이 물[水] 위에 있다’, ‘사람[人]이 물[水] 속에 빠지다’라는 뜻인데, 오늘날에는 별로 잘 쓰이지 않는다.[26]

광동어 글쓰기의 발전은 오락을 위주로 하는 각종 문체가 대량으로 출현한 것에서 그 일면을 엿볼 수 있다. 하지만 어떤 한 문체가 널리 수용될 수 있는가는 사람들 특히 문인들이 그것에 어떤 사회적 지위를 부여하느냐에 달려 있다. 광동어가 구술 전통에서 쓰기 전통으로 이행되는 과도기와 양자의 상호작용 과정을 고찰하면, 중국의 문인들이 국가를 인식하는 전제 하에서 어떻게 자신들의 방언을 자리매김하고 있는지 이해할 수 있다.

광동어 창작의 초기 역사에 관하여 문헌을 통해 체계적으로 그 기원을 탐색하기는 쉽지 않다. 단편적이고 간접적인 자료들에 따르면 최초의 광동어 글쓰기는 결코 독립적인 작품을 이루지 못한 채 반문반백(半文半白)의 문장 속에 섞여 있는 형태였다. 이러한 문장이 존재할 수 있었던 것은 읽기용이 아니라 공개적이거나 의식적인 자리에

세히 묘사되어 있다.

25) 周去非, 『嶺外代答』, 卷4, 上海: 上海遠東出版社, 1996, 89쪽.

26) 嘉靖 『廣東通志』, 卷20, 13~15쪽.

서 낭독의 목적으로 사용되었기 때문이다. 작품들은 대부분이 손으로 쓴 까닭에 자료를 볼 기회가 있다손 치더라도 그 창작 연대를 판단하기는 어렵다.

향촌 사회의 사정에 밝은 사람이라면 누구나 도사들이 종종 마을의 종교의식을 주재할 때 반문반백의 문장을 공개적으로 낭송한다는 사실을 잘 알고 있다. 향촌 사회의 실제 생활에서 도사의 사회적 지위는 그다지 높지 않지만, 종교적 측면에서 도사는 천상과 인간을 소통하는 '관리'로 자처하며 옥황대제에게 정보를 보고하는 막중한 책임을 가지고 있다. 따라서 예의와 법도에 맞는 행위와 언어로 이런 역할을 수행해야만 하기에 '관리의 말투'로 과의(科儀)[27]를 낭송하는 것이 요구된다. 도사들의 어문 능력의 한계로 인해 손으로 쓴 과의는 대부분 반문반백의 형태로 쓰여 있다. '문언'은 도사 역할에서 필요했던 것이고, '백화'는 그들의 능력의 한계에서 비롯된 것이다. 또한 도사마다 사용하는 방언이 달랐기 때문에 자연스럽게 지역별 특색이 형성되었다.

현대 학자들이 홍콩 신계(新界) 지역에서 수집한 도사들의 과의서(科儀書) 초본(鈔本), 통속적인 가례(家禮), 결혼과 장례에 관한 경조사 안내서 등은 전통 향촌 사회에서 광동어 글쓰기 상황이 구체적으로 어떠했는지를 잘 보여 준다. 홍콩 중문대학의 데이빗 퍼(David Faure, 중국명 科大衛) 박사는 1978년부터 1980년대까지 여러 명의 교사, 학생들과 함께 신계 지역에서 구술사 프로젝트를 진행하였다. 이 과정에서 민간 자료를 대량으로 수집하여 여러 권의 신계 역사문헌을 편찬했는데, 그 자료들은 현재 홍콩 중문대학 도서관에 소장되어 있

27) [역주] 도교의 법사(法事)를 가리킨다. '과(科)'는 동작, '의(儀)'는 일정한 의식절차를 뜻한다.

다. 대부분의 과의서 초본은 대략 1940~1960년대에 베껴 쓴 것이지만, 글자의 행간을 살펴보면 이 초본들이 더 이른 시기의 판본에서 나왔을 가능성이 크다. 예를 들면, 『석전과(釋殿科)』라는 이름의 과의서에는 '광서병술(光緒丙戌, 1886)'이라는 연도 표시와 이 책이 더 이른 시기의 판본을 베껴 썼다는 내용이 쓰여 있다.[28] 귀신을 제압하고 악귀를 물리치는 기능을 하는 과의서에 언급된 청나라 황제의 연호는 함풍 연간(1851~1861)까지인데 가경 14년(1809)에 발생한 해적 장보(張保, 1786~1822)[29]가 반우현 신조향(新造鄕)을 불태운 사건이 함께 기록되어 있다.[30] 추측건대 문언과 백화가 병존하는 문헌들의 보다 이른 판본은 1940년대 이전에 존재했고, 개별적인 증거도 이런 문헌들이 늦어도 함풍 연간에 이미 광동지역에서 사용되고 있었음을 분명하게 보여 준다.

광동지역, 특히 주강 삼각주에서 향촌의 도사들이 주재한 종교의식에 대한 비교적 이른 시기의 문헌 기록으로는 청 초 굴대균(屈大均)의 『광동신어』가 가장 유명하다. 『광동신어』에서 굴대균은 동관현·박라현(博羅縣)·영안현(永安縣) 등지의 무당들이 귀신을 쫓는 풍속에 대해 다음과 같이 언급하고 있다. "내가 동관현에 갔을 때 매일 밤 귀신 쫓는 소리를 들었다. 함께 쇠뿔 나팔을 불며 밤새 우우 귀신 소리를 내는 동안 무당은 성수를 뿌려 저주하고 부적을 쓰느라 잠시도 한가한 틈이 없다." "영안현 지역에는 무당을 숭상하는 풍속이 있다. 사람들은 병이 나면 그때마다 자신의 운명을 무당에게 묻는다. …… 무당들은 여자의 모습으로 예쁘게 꾸미고 쇠뿔 나팔을 불고 징을 치

28) 『粉嶺歷史文獻』第7册, 홍콩 중문대학 도서관 소장.
29) [역주] 장보자(張保仔)라고도 하며, 신회(新會) 강문(江門) 사람이다. 1810년 이전에 광동 연해에서 이름을 떨쳤다.
30) 『粉嶺歷史文獻』第9册.

며 춤을 춘다. 꽃장대에 닭 한 마리를 매달고 노래한다. 이때 추는 춤을 속혼무(贖魂舞)·파태무(破胎舞)라 하고, 부르는 노래를 계가(鷄歌)·난화가(煖花歌)라고 한다."[31] 이상의 내용에서 적어도 청 초부터 광동지역에는 향촌 도사들의 전통이 존재했음을 알 수 있다. 하지만 굴대균이 과의서의 구체적인 사용 현황을 자세히 언급하지 않아서, 반문반백의 과의서가 언제부터 유행하기 시작했는가라는 질문에 대한 정확한 해답을 얻기는 쉽지 않다.

『광동신어』는 17세기에 완성되었다. 앞에서 언급했던 신계 지역에서 전해지는 과의서는 빨라야 19세기로 그 기원을 거슬러 올라갈 수 있다. 그렇다면 과연 이 둘 사이에 어떤 내재적인 연관성이 있는 것일까? 우리는 문체에서 약간의 실마리를 찾을 수 있다. 신계 지역의 과의서는 대부분 7언의 운문이고 언어가 통속적이며, 내용의 짜임새가 앞뒤가 서로 호응하여 기억하기 쉽다. 예를 들면, 어린아이의 홍역을 퇴치할 때 사용되던 「마가(痲歌)」에서는 시골 부녀자들의 1월부터 12월까지의 활동을 서술하고 있다. 「십전과(十殿科)」에는 지옥에 있는 궁전 열 곳의 광경을 묘사하고 있으며, 「계가(鷄歌)」에서는 닭의 머리부터 꼬리까지 기술하면서 시골의 일상생활에 대한 기술을 끼워 넣고 있다. 짜임새 있는 문체와 통속적인 언어 사용은 이런 종류의 텍스트와 구술 전통이 밀접한 관계가 있음을 나타낸다. 광동어는 음운 언어에 속한다. 도사는 과의서를 낭독할 때 백성들이 잘 알고 있는 남음(南音)이나 노래의 형식으로 표현하였는데, 이런 종류의 텍스트는 구술 전통에 의지해야 그 생명력이 부각될 수 있음을 설명해 준다.[32]

---

31) 屈大均, 『廣東新語』, 216쪽, 302쪽.

32) 구술 전통에서 사용되는 구결(口訣)과 기억을 돕는 기교에 관해서는 다음의 책을 참고하라. Walter Ong, *Orality and Literacy: the technologizing of the world*(L

방언으로 기록된 구술 전통은 대개 민간 가요의 토대 위에서 발전하였는데, 중국 문인들은 역대로 민간 가요를 기록하는 전통을 가지고 있었다. 가정 『광동통지』에는 남해 · 순덕 · 신회 · 증성 일대의 가요 전통을 기록하고 있으며, 덧붙여 방언 · 사투리음 · 속자의 사용 현황에 대해서도 설명하고 있다.[33] 명대 광로(鄺路, 1604~1650)와 왕사정(王士禎, 1634~1711)의 시에는 '목어가(木魚歌)'를 낭송하는 광동의 풍속에 관한 내용이 언급되어 있다. 굴대균은 『광동신어』「월가(粵歌)」에서 "광동의 풍속은 노래하는 것을 좋아한다. 대체로 경사스러운 일이 있으면 반드시 노래 부르며 즐기곤 한다. …… 노래의 경우, 가사는 전부 문아(文雅)할 필요가 없으며, 평측도 꼭 제대로 맞출 필요 없이 속어와 사투리를 알맞게 배합하면 된다"라고 했다. 또한 "모어가(摸魚歌)라고 하는 노래가 있는데, 여자들이 해마다 모여 맹인을 불러 노래를 듣는다."[34] 건륭 연간에 사천 출신의 진사 이조원(李調元, 1734~1803)[35]은 광동학정으로 재직하면서 여러 곳의 지방 가요를 수집해 '월가(粵歌)' · '단가(蛋歌)' · '요가(猺歌)' · '낭가(狼歌)' · '동가(獞歌)' 등으로 분류한 『월풍(粵風)』 4권[36]을 편찬하였다. 하지만 문인들이 민간 가요 풍속에

---

ondon, New York: Methuen & Co, 1982), pp.33~68. 구술 전통의 창조와 부단히 변화하는 과정에 대해서는 다음의 책을 참고하라. Jack Goody, *The Domestication of the Savage Mind*, Cambridge: Cambridge University Press, 1977, pp. 9~35.

33) 嘉靖, 『廣東通志』, 卷20, 13~15쪽.

34) 屈大均, 『廣東新語』, 358~359쪽.

35) [역주] 자는 갱당(羹堂), 호는 우촌(雨村) · 묵장(墨莊)으로, 사천성 면주(綿州) 나강현(羅江縣) 사람이다. 청대의 학자 · 문학가 · 희곡 이론가이다. 건륭 28년(1763) 진사가 되었으며, 광동 향시부주고(鄉試副主考), 제독광동학정(提督廣東學政) 등을 역임했다.

36) [역주] 이조원이 소수민족의 정가집(情歌集)을 모아 해설한 책이다. 총 4권으로 이루어져 있으며, 주로 광동지역의 객가를 중심으로 한 한족의 정가 53수, 요가(猺歌) 23수, 낭가(狼歌) 29수, 장가(壯歌) 8수 등이 수록되어 있다.

흥미를 느끼고 그것들을 수집 · 기록하여 책으로 출판할 때는 종종 윤색을 가하곤 하였다. 예를 들면, 『광동신어』에 기록된 목어가는 굴대균이나 후대 문인들이 윤색한 탓에 방언과 속자가 그다지 많이 보이지 않는다.[37]

대량의 방언과 속자는 민간에서 인쇄한 조잡한 노래책 속에서 보존 · 전파되었다. 광부화 지역의 노래책으로는 목어서 · 용주(龍舟) · 남음 · 월구(粵謳) 등의 종류가 있다. 월구를 제외한 나머지 세 종류는 기본적으로 7언으로 이루어진 운문이다. 조산(潮汕)[38] · 민남(閩南) · 절강 등지에서도 이와 비슷한 텍스트가 보인다. 지금 현재 광동어로 씌어진 텍스트 가운데 오늘날 가장 오래된 것은 '목어서'이다. 목어서를 살펴보면, 목탁을 두드리며 노래하는 전통이 매우 오래전부터 존재했었음을 증명할 수 있다. 현존하는 것 가운데 출판 연도가 가장 빠른 목어서는 강희 52년(1713)에 출판된 『화전기(花箋記)』이다.[39]

37) 민간문학이 구술에서 텍스트로 전환되는 과정에서 연사(衍詞)와 글자 사용은 종종 문인들의 여과를 거쳐 변화한다. 『광동신어』의 예를 통해 우리는 인쇄 전통이 어떻게 텍스트를 가일층 변화시켰는지 알 수 있다. 강희 경신년에 수천각(水天閣)에서 발행한 『광동신어』 中(권12, 16쪽)에는 '咁好'(이렇게 좋다)라는 광동어 단어가 사용되었다. 그러나 1974년 중화서국(中華書局)에서 조판하여 인쇄한 현대판 『광동신어』에서는 '口' 자를 제거하고 '甘好'라고 하였다. 이렇게 전파되는 과정에서 원래의 의미가 바뀌었을 것이다.

38) [역주] 조산 지역은 옛날 조주부(潮州府)로 지칭되던 곳을 가리키며, 현재는 주로 산두시(汕頭市) · 조주시(潮州市) · 게양시(揭陽市) 일대를 포함한다.

39) 현존하는 판본 가운데 최초의 『화전기』는 강희 52년 정정재(靜淨齋)에서 출판한 판각본과 도광(道光) 20년 한경당본(翰經堂本)과 판각 연도가 불확실한 복문단본(福文堂本)인데, 모두 프랑스 파리 국가도서관에 소장되어 있다. 양바오린(楊寶霖) 교수가 조사한 바에 따르면, 현존하는 세계 각지의 『화전기』 판본은 모두 27여 종으로 19세기에 영어 · 러시아어 · 독일어 · 프랑스어 · 네덜란드어 · 덴마크어로 번역되었다. 양바오린 교수는 또한 『화전기』의 평자(評者) 종영설의 생평 고증에 근거하여, 『화전기』가 명 말 청 초에 기술되었을 것이라고 주장한다. 楊寶霖, 「『花箋記』之研究」, 『東莞詩詞俗曲研究』, 下冊, 721~766 ; 鄭振鐸, 『巴黎國家圖書館中之中國小說與戲曲』(원래 1927년 출판), 『中國文學研究』, 香港: 古文書局, 1961年 重

이 『화전기』에는 '咁'(這樣, 이렇게), '唔'(不, 아니다), '點'(如何, 어떻게), '睇'(看, 보다), '在行'(熟練, 숙련되다), '的息'(小巧, 민첩하다), '埋堆'(聚在一起, 함께 모이다) 등 지금까지도 사용되고 있는 광동어 단어들이 상당히 많이 보인다.

목어서는 대부분 이야기가 상당히 길며 제재는 왕후장상의 역사 전설, 재자가인의 사랑 이야기, 일상생활의 정취가 물씬 느껴지는 지방 풍물 묘사에 이르기까지 매우 다양하다. 이야기의 주제와 구성은 상당 부분 원대 잡극(雜劇)과 전기(傳奇)에서 그 기원을 찾을 수 있다. 목어서의 사용자와 대상은 매우 광범위하고 전승 범위도 매우 넓다. 량페이츠(梁培熾)는 자신이 살펴본 목어서를 근거로 강희 연간부터 민국 초기까지 목어서를 인쇄한 서방(書坊)이 50여 곳에 달하며, 광주 · 불산(佛山) · 순덕 · 동관 · 대산 · 홍콩뿐만 아니라 삼번시(三藩市) 등지에 이르기까지 넓게 퍼져 있다고 주장한다.[40] 또한 그는 광서 26년(1900)에 태어난 조숙(祖叔)의 기억에 따르면 옛날에는 도처에서 목어가를 들을 수 있었다고 언급하였다.[41] 1921년 광주에서 태어난 지리학자 쩡자오쉬안(曾昭璇) 교수는 유년 시절 어머니가 부르는 목어서 한 단락을 들어야 잠이 들 수 있었기에, 「배해홍라(背解紅羅)」와 「단사성병(單思成病)」 등과 같은 목어서의 줄거리가 여전히 인상 깊게 남아 있다고 말하였다.[42] 동관 지역의 문헌에 대하여 심도 있게 연구한 양바오린(楊寶霖) 선생도 "오늘날 60~70세가 된 동관 사람, 특

印本, 1275~1313쪽 ; 譚正璧 · 譚尋, 『木魚歌, 潮州歌敍錄』, 北京: 書目文獻出版社, 1982, 5~6쪽.

40) 梁培熾, 『香港大學所藏木魚書敍錄與硏究』, 香港亞洲硏究中心, 1978, 247~256쪽 ; Zheng Su De San, "From Toison to New York: Muk'Yu Songs in Folk Tradition", *Chinoperl Papers*, 1992, No.16, pp.165~205.

41) 梁培熾, 앞의 책, 224~227쪽.

42) 쩡자오쉬안(曾昭璇) 교수가 2001년 3월 필자에게 보낸 편지를 참조했다.

히 부녀자 가운데 『화전기』를 모르는 사람은 거의 없다"고 말했다. 광서 연간에 양바오린의 조부는 친구들과 모임을 할 때면 장님 악사를 불러다가 목어가를 부르게 하였고, 그의 부친과 고모 모두 '모어가'를 잘 불렀으며, 노래하지 않는 날이 없을 정도였다.[43]

학자들은 텍스트, 공연 형식, 연창자의 유형에 따라 목어 · 남음 · 용주로 구분하고, 용주를 부르는 사람은 대부분 손에 소고(小鼓)를 들고 치는 거지였으며, 남음을 부르는 사람은 대개 장님이었다고 주장한다.[44] 그러나 텍스트만 놓고 보면 민간에서는 이처럼 엄격하게 구분하지 않았다. 용주의 노래책은 대개 3~4쪽 분량에 지나지 않고, 남음과 목어서는 대부분 수십 쪽에 달한다. 하지만 한 권의 노래책의 겉표지에 남음 · 목어 · 용주라고 함께 표기된 경우도 종종 있다. 양바오린 선생은 이런 현상에 대하여 동관 지역의 백성들은 '목어서'라는 명칭을 잘 사용하지 않았고, 장편이든 단편이든 '가서(歌書)'라고 칭한 경우가 많았으며, 단편을 '택금(擇錦)'이라 부르기도 했다고 설명하고 있다. 또한 그 자신도 어린 시절에 '목어서'나 '목어가'라는 명칭을 들어 본 적이 없다고 덧붙였다.[45] 때로는 목어 · 남음 · 용주, 이 세 가지 용어가 가창의 형식을 가리키는 것이지 결코 텍스트를 지칭하지 않는 경우도 있다. 다시 말하면, 동일한 가사를 남음과 용주로 '노래할' 수도 있고, 목어로 '노래할' 수도 있는 것이다.[46]

---

43) 楊寶霖, 「『花箋記』之硏究」, 『東莞詩詞俗曲硏究』, 下冊, 樂水園印行, 2002, 721~722쪽.

44) Yung Sai—shing, "Mu—yu shu and the Cantonese popular singing arts", *The Gest Library Journal*, Vol.2, No.1, 1987, p.17.

45) 楊寶霖, 「東莞木魚初探」, 『東莞詩詞俗曲硏究』, 下冊, 603~604쪽. 양바오린은 논문 곳곳에서 청 말 민국 초에 목어를 부르는 풍조가 매우 성행하였음을 언급하고 있다.

46) 쉬푸친(許復琴)은 월구 · 목어가 · 남음을 "그대로 분류하기 어렵다. 단지 창법과 형식의 차이로 이 세 가지를 구별할 뿐이다"라는 견해를 제시하였다. 許復琴,

목어 · 남음 · 용주 이외에도 선상(船上)에서 생활하는 사람들(예전에는 疍民이라고 칭함) 사이에서 유행했던 노래를 '함수가(鹹水歌)'[47]와 '담수가(淡水歌)'라고 부른다. 이 가운데는 노래책으로 인쇄된 것도 있다.[48] 이 노래책들에는 어떤 구절이 '남창(男唱)'에 속하는지, 어떤 구절이 '여창(女唱)'에 속하는지가 분명히 표시되어 있다. 남자가 노래하는 단락 끝에는 '고매(姑妹)', 여자가 노래하는 단락 끝에는 '형가(兄哥)'라고 써 붙여 마치 실제 장면에서 남자와 여자가 대창(對唱)하는 모습을 재현하고 있는 듯하다.(그림 3.1 참조) 이는 광서 3년(1877)에 출판된 『양성죽지사(羊城竹枝詞)』에서 묘사하고 있는 내용과 매우 일치한다. 『양성죽지사』에 다음과 같은 구절이 보인다.

> 어부집에서는 등불 켜고 어가(漁歌)를 부르고, 강은 모래톱을 휘감아 흘러가네.[49]
>
> 아가씨 흥에 겨워 함수가를 부르니, 노래 소리 끝마다 형가(兄哥)라고 적혀 있네.

목어를 비롯한 여러 종류의 텍스트가 존재한다는 것은 광동어 지역에서 유구한 가요 풍속이 장기간에 걸쳐 서로 다른 형식으로 계속 이

『廣東民間文學的研究』, 香港: 海潮出版社, 1958, 32쪽.

47) [역주] 함수탄(鹹水嘆) · 백화어가(白話漁歌) · 탄고매(嘆姑妹)라고도 한다. 주로 주강 삼각주와 연해 지역에서 유행하며 수상과 밭에서의 노동, 청춘남녀의 연애 등이 중심 내용을 이룬다. 곡조가 부드럽고 청아하며, 비흥을 효과적으로 이용하고 이미지가 생동적으로 표현되어 있다. 대표적인 곡목으로는 「대화(對花)」와 「해저진주용이온(海底珍珠容易搵)」 등이 있다.

48) 광동성 중산도서관에 『담수가』와 『함수가』 각 2권이 소장되어 있는데, 출판 연도는 불확실하다. 현재 홍콩 중문대학 연합서원(聯合書院)에 소장된 『월터 스코필드의 광동어 노래 모음집(*Walter Schofield's Collection of Cantonese Songs*)』에도 몇몇 '함수가'와 '담수가' 노래집이 수록되어 있다.

49) 『羊城竹枝詞』, 卷2, 吟香閣藏版, 1877, 41쪽.

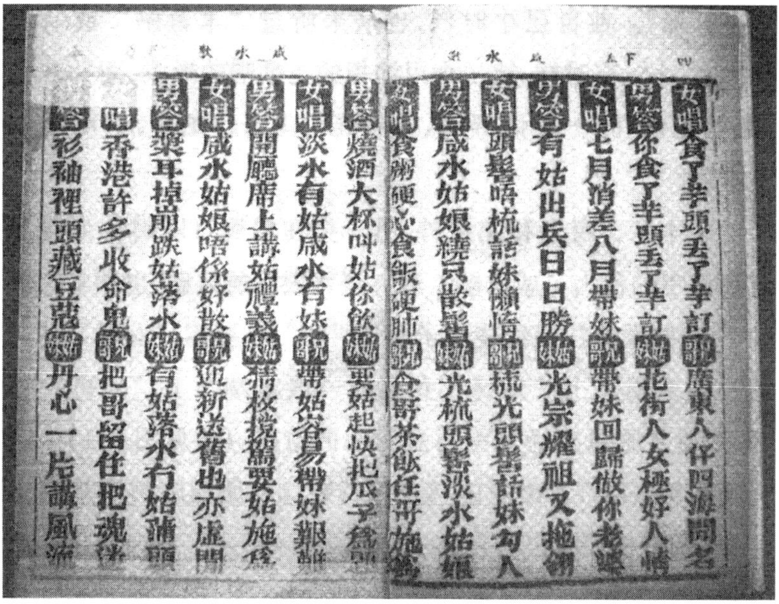

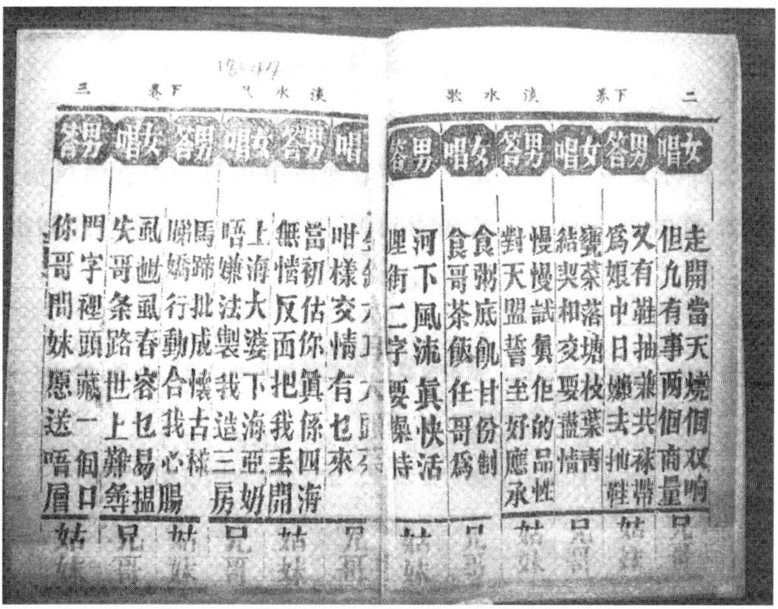

그림 3.1 상단: 『함수가』, 하단: 『담수가』

어져 오다 문자로 기록되면서 방언 창작과 출판의 전통이 형성되었음을 보여 준다. 이런 텍스트의 작자들은 대부분 경전에서 그 이름을 찾아볼 수 없다. 소비자나 공연자들은 대개 전통 사회에서 미천한 지위에 속한 부녀자, 도사, 거지, 장님, 선상 생활자 등으로 교육 수준은 그다지 높지 않았다. 따라서 이런 노래책들 역시 대아지당에 오를 수 없는 통속적인 작품으로 분류되었다. '아(雅)'와 '속(俗)'은 서로 대립하는 양극처럼 보인다. 하지만 중국 사회에서 '사(士)'는 오랜 기간 동안 수많은 사람들이 이상적인 전형으로 삼았던 까닭에, 우리는 '속문학'에서도 자주 '아'한 표현들을 발견할 수가 있다. 아울러 이런 가요들은 모두 생생한 방언으로 기록되었고 사대부들이 일상에서 사용하는 가장 익숙한 언어 역시 방언이었기 때문에, 우리는 '속문학'에서도 자주 '고상한 문인'의 흔적을 찾아볼 수 있다.

문인의 광동어 노래 부르기

'속 가운데 아가 있고, 아 가운데 속이 있는' 현상은 앞에서 언급한 목어서 『화전기』가 가장 대표적이다. 『화전기』는 여러 가지 판본이 전해지는데, 일부 판본에는 청 초 동관 사람 종영설(鐘映雪, 1683~1768)[50]의 평론이 수록되어 있다. 고증에 따르면, 판본들 가운데 정정재장판(靜淨齋藏版) 『화전기』는 종씨 가문에서 판각한 것이다. 종영설은 '평(評)'의 방식을 사용하여 『화전기』를 '아'의 층위로 끌어올렸다. 선통 『동관

50) [역주] 이름은 대창(戴蒼), 호는 매촌(梅村)이다. 팔고문(八股文)에 능통하여 건륭 연간에 수재(秀才)에 합격했다. 시사(詩詞)에 능하여 당시 문학가로 이름을 떨쳤다. 특히 목어서를 수집하고 정리하는 데 심혈을 기울였는데, 평점을 가한 『이하화사(二荷花史)』와 『화전기』가 유명하다.

현지』에 기록된 종영설에 관한 전기에 따르면, 그는 7살 때 동자시(童子試)에 응시한 적이 있고, 나중에 동생인 종사후(鐘仕侯)와 함께 현학(縣學)의 생원이 되었다. 건륭 원년(1736)에 "박학홍사과에 천거되었고, 효렴방정과(孝廉方正科)에도 추천되었지만 모두 사양하고 벼슬길에 나아가지 않았다." 『동관현지』에는 종영설과 『화전기』의 관계에 대하여 특별히 언급하지 않고, 다만 그에 대하여 이렇게 기술하고 있다. "시·사·노래·부(詩詞歌賦)를 잘 지었다. 삼강오륜과 같은 도덕적인 것에서부터 인간의 생사이합(生死離合)에 이르기까지 들으면 눈물을 흘리지 않을 수 없었다. 100여 편에 달하는 작품은 감정과 문장이 잘 조화를 이룬다."[51] 명성과 업적에서 보면 종영설은 일개 지방 문인에 지나지 않았지만 스스로 문인으로 자처하였다. 따라서 『화전기』를 비평할 때 자연히 문인의 말투가 녹아 있었다. 그는 『화전기』를 높이 평가하여 '제8재자서(第八才子書)'[52]로 선정하였으며, 『수호전(水滸傳)』, 『서상기(西廂記)』와 나란히 놓으면서 한편에 수십 쪽에 달하는 평론을 쓰기도 했다.

> 어렸을 때 사람들이 "사대부의 책상 위에 『서상기』와 『화전기』가 놓여 있지 않으면 결코 사대부라고 할 수 없다"라고 말하는 것을 들었다. 이는 탁월한 식견으로, 나도 이 두 작품이 속되지 않다고 생각한다.[53]

그는 『화전기』를 '절세의 묘문(妙文)'이라고 칭송하며 다음과 같이

---

51) 宣統『東莞縣志』, 卷68, 7쪽.

52) [역주] 명 말 청 초의 비평가 김성탄(金聖嘆, 1608~1661)은 여러 책에 대해 독창적인 평론을 했는데, 중국 문학의 걸작으로 『장자(莊子)』, 『이소(離騷)』, 『사기(史記)』, 두보(杜甫)의 시, 『수호전』, 『서상기』를 '6대 재자서(才子書)'라고 하였다.

53) 靜淨齋藏版『繡像第八才子箋注』, 卷1, 福文堂藏版「自序」, 15쪽, 프랑스 파리 국가도서관 소장.

말했다.

> 『화전기』는 미인과 함께 읽어야 한다. ……
> 『화전기』는 명사(名士)와 함께 읽어야 한다. ……
> 『화전기』는 밝은 창문 앞 깨끗한 책상에서 읽어야 한다. ……
> 『화전기』는 정교하고 아름다운 문장으로 평점을 달아야 한다. ……
> 『화전기』는 비단 주머니에 싸서 담아 두어야 한다. ……
> 『화전기』는 흰색 비단에 써야 한다. ……

광주 민간공예박물관에는 손바닥만 한 크기의 네모난 모양을 한, 책을 담는 상자인 '방서요화전서합(仿舒窯花箋書盒)'이라는 이름의 자기(瓷器)가 진열되어 있다. 그 위에 '화전기'라는 세 글자가 쓰여 있는 것으로 보아 종영설이 언급했던 "『화전기』는 비단 주머니에 싸서 담아 두어야 한다"라는 말을 실제로 보여 주는 물건일지도 모르겠다.[54] 하지만 『화전기』를 비평할 때 종영설에게 심리적인 저항이 없지는 않았다. 그렇지 않다면 「자서(自序)」 시작 부분에서 이렇게 말하지는 않았을 것이다.

> 내가 『화전기』의 비평 작업을 겨우 마칠 무렵 어떤 손님이 지나가다 비웃으며 말했다. "그대가 이 책을 비평하는 것은 좋기는 하지만, 이 책이 아무리 뛰어나다 할지라도 아이와 부녀자들만이 읽는 노래책에 지나지 않음을 모르시오? 우리 같은 문인들이 어찌 한가하게 붓을 들어 노래 말미에 평을 달 수 있단 말이요?" 그의 말을 듣고 한참 동안 망연자실하여 있다가 나도 모르게 탄식이 흘러 나왔다. "아! 당신이 옛사람의 진심을 깊이 헤아리지 못해서 그렇게 말하는 것이요. 고인들이 이 책을 지은 것 또한 부득이해서라오. 그들의 마음이 어찌 단지 어린아이, 부

---

54) 광주 민간공예박물관 소장, '仿舒窯花箋書盒', 표지에 '淸 黃古珍, 道光/光緖'라는 글자가 쓰여 있다.

> 녀자들하고만 인연을 맺고자 했겠소? 당시 매우 뛰어난 재주를 가졌으나 마땅히 토로할 데가 없어서 부득이하게 이 책을 지은 것이니, 얼마나 고심하고 심혈을 기울였는지 보시오. 잠시 함께 지내는 지기(知己)와 함께 감상하고, 세상의 뛰어난 재자(才子)들에게 보급하여 가지고 가서 같이 읽다 보면 감탄할 것이고, 감탄하다 보면 작자가 얼마나 고심하고 심혈을 기울였는지 알게 될 것이요. 또한 세상에 드문 그의 재능을 사모하여 한 사람의 풍류를 세상 멀리까지 또한 대대손손 전파하면 마치 그를 본 듯하게 될 것이오."[55]

종영설은 옛사람들이 심혈을 기울여 『화전기』를 창작했다고 말하며 자신을 변론하였다. 사실, 종영설보다 더 유명한 광동의 많은 문인들도 『화전기』 감상에 탐닉하였고 평점을 가하였으며, 심지어 광동어 노래를 창작하기도 했다. 남해 사람 초자용(招子庸, 1786~1847)[56]은 도광 8년(1828)에 『월구(粤謳)』 1책(冊) 4집(集)을 출판했는데, 이 책은 99개의 표제로 구성되어 있다. 내용은 주강 놀잇배[57] 기녀들이 토로하는 미인의 불행과 재자(才子)의 매정함을 노래하고 있는데, 곳곳에서 '마찬가지로 만리타향을 떠도는'[58] 문인들의 실의와 낙담을 은유하고 있어 널리 전파되었다. 광동성 중산도서관만 하더라도 도광 연간부터 민국 시기까지 나온 서로 다른 『월구』 판본이 최소 9종이 소장되어 있다.[59] 필자가 다른 도서관의 자료를 살펴본 결과, 민국

---

55) 「自序」, 『繡像第八才子箋注』, 卷1, 1쪽.

56) [역주] 원래 이름은 공(功), 자는 명산(銘山), 호는 명산거사(明珊居士)로, 청대의 유명한 화가 · 음악가 · 문학가이다.

57) [역주] 예능과 기예를 훈련시켜 손님에게 공연을 펼치던 배를 가리킨다. 이러한 배는 기생들이 춤추고 노래할 수 있을 정도로 선상이 넓었다.

58) [역주] 당대 시인 백거인(白居易)의 시 「비파행(琵琶行)」에 '同是天涯淪落人'라는 구절이 있다.

59) 광동성 중산도서관에 소장된 『월구(粤謳)』 판본은 도광 8년판, 광주 두운각판(荳雲閣版), 광주십륙포취고당판(十六甫萃古堂版), 청 말 민국 초의 석경당(石經堂), 오계당(五桂堂), 인서각(麟書閣), 통예국석인판(通藝局石印版) 등이 있다. 비교적

시기에 인쇄한 『월구』의 숫자는 헤아릴 수 없을 정도로 많아, 광범위하게 유포되었음을 알 수 있었다. 초자용은 『월구』를 창작하는 데 많은 심혈을 기울였는데, 방언과 속자를 많이 사용하였고, 비흥(比興)과 친탁(襯托)[60]의 기교를 결합시켜 가사가 통속적이고 친숙하지만 표현이 매우 풍부하고 아름답다. 또한 광동의 방언과 속어를 면밀히 관찰하고 조심스럽게 운용하여, 읽다보면 막히는 곳 없이 무슨 뜻인지 쉽게 이해가 된다. 또한 '방언 범례'를 만들어 광동어를 모르는 독자라도 수많은 광동어 조사의 의미를 파악할 수 있도록 했다. 동치(同治) 『남해현지』의 편찬자는 월구를 '저속한' 음악이라고 폄하했으나, 남해 출신 초자용의 작품에 대해서는 '운치가 풍부하다'며 높이 평가하였다.[61] 초자용의 '월구' 가운데 마음대로 한 편 골라 읽어 보면 그의 작품이 왜 그렇게 널리 유행했는지를 보다 쉽게 이해할 수 있을 것이다.

부부의 연을 맺다[結絲蘿][62]

맑은 물에 등불 심지 돋우어 은행(白果)을 삶으니 정말로 깨끗하건만

완정한 판본은 원본을 베껴 쓴 것이 있다.

60) [역주] 문학작품을 창작할 때 중요한 사물을 돋보이게 하기 위해, 비슷한 사물이나 반대되는 사물을 사용하여 부각시키는 수사적 기교이다.

61) 同治『南海縣志』, 卷20, 3~4쪽.

62) [역주] 사라(絲蘿)는 각각 새삼[菟絲子]과 소나무 겨우살이[松蘿]를 가리킨다. 이 두 식물은 모두 초목에 뒤엉켜 떨어지지 않아 남녀가 부부의 인연을 맺는 것을 비유하는 말로 사용된다. 『시경(詩經)』「소아(小雅)·규변(頍弁)」의 "有頍者弁, 實維伊何. 爾酒既旨, 爾肴既嘉. 豈維異人, 兄弟匪他. 蔦與女蘿, 施於松柏. 未見君子, 憂心奕奕, 既見君子, 庶幾說懌"에서 덩굴식물 조(蔦: 즉 菟絲)와 여라(女蘿)는 형제와 친척이 함께 모여 즐김을 비유하는 것으로 사용되었다. 후에 남녀의 혼인을 비유하는 표현으로 쓰였다.

당신이 의심할까 두렵네. 그대는 하얀 종이에 박하를 함께 싸서 내게 건네주네. 얇은 종잇장처럼 무정하니 누구를 원망하리오? 용안(龍眼)과 배를 몇 개 싸서 주려고 했더니, 그대는 구속받기 싫다며 떠나가려 하는구려. 실과 바늘은 같이 있어야 하건만 그대는 어찌 애타게 기다리게 만드나요? 정말로 잘못된 일이라네. 언젠가는 바늘과 실이 함께하며 결혼할 날이 있으리라.[63)]

초자용처럼 사회적 지위가 상당한 문인이 속자를 운용하는 데 공을 들이고, 본명으로 월구를 쓰고 출판한 것은 당시로써 매우 드문 일이었다. 광서 16년(1890)에 출간된 '향미자(香迷子)'의 『재월구(再粵謳)』는 초자용의 작품을 그대로 답습한 것에 불과하지만,[64)] 이후 광서 연간부터 1960년대까지 광동어 방언 지역에서 유행했으며 반세기 동안 그 내용은 대동소이했다. 재판(再版)까지 찍은 『영남즉사(嶺南卽事)』에도 월구 여러 수가 수록되어 있지만, 군더더기가 많고 색정적인 작품들에 지나지 않는다.

셴위칭(冼玉清)에 따르면, 초자용은 남해 출신의 진사로 도광 연간에 여러 현의 현승(縣丞)을 역임하였다. 주강에서 놀잇배 타는 것을 좋아한 초자용은 단오절이면 용선(龍船) 시합에서 웃통을 벗은 채 맨발로 뱃머리에 서서 머리에 석류화(石榴花)를 꽂고 왼손에는 깃발을 들고 오른손으로 북을 두드렸다. 열정적인 그의 태도는 세상을 깜짝 놀라게 했다. 그는 학해당 학장 장유병(張維屛, 1780~1859) 밑에서 수학할 때 광동의 명유(名儒)들과 친분 관계를 맺었다. 당시의 적잖은 명사들이 그의 『월구』에 서문과 글씨를 써 주었지만, 모두 가명을 사용했다. 예를 들면, 서문을 써 준 '석도인(石道人)'은 황배방(黃培芳)[65)]이고, 글씨를

---

63) 招子庸 撰, 陳寂評 注, 『粵謳』, 廣州: 廣東人民出版社, 1986, 157~158쪽.

64) 香迷子, 『再粵謳』, 廣州: 五桂堂, 1890 ; 梁培熾, 「南音與粵謳之研究」, Asian American Studies, *School of Ethnic Studies*, San Francisco State University, 1988, p.184.

써 준 '각신(珏甡)'은 '담영(譚瑩)'[66]이었다. 황배방과 담영, 두 사람 모두 학해당 학장을 역임했다.[67] 룽자오쭈(容肇祖, 1897~1994)에 따르면, 외삼촌 덩얼야(鄧爾雅, 1884~1954)가 소장하고 있던 부채에 학해당 학장 장유병이 손으로 쓴 월구 몇 수가 적혀 있었다고 한다. 룽자오쭈는 뇌학해(賴學海)의 『설려시화(雪廬詩話)』를 살펴본 뒤에 대체로 가경 말년부터 문인들이 월구를 창작하기 시작했을 것으로 추정했다.[68] 당시 초자용과 함께 월구를 들으러 자주 놀잇배에 놀러 갔던 사람으로는 월수서원(粵秀書院), 월화서원(越華書院), 양성서원(羊城書院)의 산장(山長)[69]을 역임한 사란생(謝蘭生, 1769~1831)이 있다. 그는 일기에 초자용과 여러 차례 월구와 남음을 들으러 갔던 내용을 적었다. 당시 초자용은 30여 세의 나이로 거인(擧人)에 합격한 지 몇 년 지난 뒤였다.[70] 사란생은 가경 25년(1820) 11월 4일 일기에서 이렇게 기록하고 있다. "저녁 무렵 명산(銘山, 초자용의 자)과 함께 술집에 갔다. 증군(曾君)과의 약속 장소에 나갔더니 초자용이 자리에서 사람들을 위해 금귤(金橘)[71]을 만들며 즉석에서 월구를 짓고 있었는데 자못 운치가 있었다

---

65) [역주] 자가 자실(子實), 호는 월악산인(粤岳山人), 광동 향산(香山) 사람이다. 시를 잘 지어 장유병(張維屛)·담경소(譚敬昭)와 함께 '월동삼자(粵東三子)'라고 불리었다. 저서로는 『향산지(香山志)』 1권, 『중수조경부지(重修肇慶府志)』 22권, 『중수신회현지(重修新會縣志)』 14권 등 총 50여 종, 100권에 달하여 '영남의 명유(名儒)'라고 칭해졌다.

66) [역주] 자가 조인(兆仁), 호는 옥생(玉生), 광동 남해 사람이다.

67) 冼玉淸, 「招子庸硏究」, 『嶺南學報』, 第8卷 第1期, 1947, 70~71쪽, 97쪽.

68) 容肇祖, 「粵謳及其作者」, 『歌謠』, 第2卷 第14期, 1936.9.5.

69) [역주] 원장(院長)·산주(山主)·동주(洞主)·장교(掌教)라고도 한다. 서원의 책임자로서 교학과 행정을 담당했다.

70) 謝蘭生, 『常惺惺齋日記』, 가경 25년(1820) 11월 20일, 중국 국가도서관 소장. 이 일기에 관한 자료에 대해서는 다음을 참고하라. Steven Miles, 「謝蘭生『常惺惺齋日記』與嘉道間廣州城市生活一覽」, 『華南硏究資料中心通迅』, 第33期, 2003.10.15.

71) [역주] 남방, 특히 광동지역에서는 새해를 맞이할 때 집집마다 대문이나 베란다에 금귤나무를 심은 화분 두 개를 진열하는 풍속이 있다. 이때 금귤나무 위에

."[72] 다음해 8월 24일 저녁 주연에 갔더니 자리가 3개 마련되어 있었으며, 초자용이 가장 상석에 앉아 있었다. "배석한 7~8명 모두 월구를 잘 불렀다. …… 이경(二更, 밤10시) 넘어 자리를 마치고 헤어졌다. 모두들 정구자(程玖子)가 월구를 제일 잘 부른다고 입을 모았다." 당시 광주의 술집과 놀잇배에서 공연한 사람 중에서 '정구자'가 꽤 유명세를 떨쳤던 것으로 보이며, 사란생의 일기에서도 여러 차례 언급되고 있다.[73] 같은 해 9월 3일의 기록을 살펴보면, 사란생과 교류했던 문인들도 월구를 매우 좋아했음을 알 수 있다. "오후에 신루(新樓)에 갔다. 문인들이 8명 모여 있었는데, 대부분 월구를 잘 불렀다." 심지어 어떤 사람은 "흥이 나서 쉬지 않고 노래했는데, 우리 자리의 사람들보다 훨씬 잘했다."[74]

문인이 방언 문학 창작에 참여했던 또 다른 예는 가경 21년(1816)부터 도광 4년(1824) 사이에 여러 판본으로 출판된 『문장유희(文章遊戲)』이다. 거의 10년 동안 광동에 살았던 항주(杭州)의 문인 무련선(繆蓮仙)이 이 책을 편찬했다. 『문장유희』에는 반문반백의 죽지사(竹枝詞)가 많이 수록되어 있는데, 작자들 중에는 유명한 반우현의 거인 유화동(劉華東, 1778~1841), 학해당 학장 의극중(儀克中)과 오란수(吳蘭修)가 포함되어 있다. 그러나 책 제목을 통해서도 알 수 있듯이 이들 작품은 그들이 우연히 한번 지어 본 유희적인 문장에 불과했다.

봉투를 걸어 둔다. 왜냐하면 광동어에서 '橘'은 '吉', '金'은 '財'와 음이 같기 때문이다. 따라서 금귤은 행운이 가득하고 재물을 많이 번다는 의미로 해석된다.

72) 謝蘭生, 『常惺惺齋日記』, 가경 25년(1820) 11월 4일, 기타 관련 내용은 가경 25년 6월 16일, 7월 10일, 11월 20일, 12월 17일 ; 도광 원년 6월 22일, 7월 24일, 8월 15일 ; 도광 5년 8월 3일 등이 있다.

73) 謝蘭生, 앞의 책, 도광 원년 8월 24일, 10월 4일, 11월 6일, 12월 20일 ; 일기 第6册(마이크로필름 본 순서에 따라 배열되어 연도는 불확실함) 8월 6일에 "초자용을 만나러 가다 배를 지나며 정구자의 노래를 들었고, 이경 무렵에 만송산관(萬松山館)으로 함께 돌아왔다."

74) 謝蘭生, 앞의 책, 도광 원년 9월 3일.

흥미로운 점은 그들이 유희적인 문장을 창작했지만, 유희적인 문장도 그들을 소재로 차용했다는 사실이다. 다시 말하면, 유화동[75]과 윤문서(倫文敍, 1467~1513)[76]는 광동의 통속문학과 희곡에 자주 등장하였고, 무련선도 오랫동안 유행한 남음『객도추한(客途秋恨)』[77]의 주인공이었다. 이와 같은 전통은 TV와 영화가 주요 오락매체인 오늘날 전자시대까지도 계속 이어지고 있다. 민간에서 유행했던『영남풍월사(嶺南風月史)』에는 다음과 같은 내용이 기록되어 있다. 즉 학해당 학장 진례가 쓴 사(詞)는 명기(名妓) '유소령(柳小怜)'이 노래로 불렀고,

75) [역주] 자는 자욱(子旭)·삼산(三山), 호는 삼류거사(三柳居士)이다. 가경 6년(1801)에 거인이 되었다. 시문이 거침없고 변화무쌍하여 '문괴(文怪)'라고 불리었으며, 서화와 그림 실력도 상당한 수준이었다. 월극 애호가였던 유화동은『금인기(金印記)』를 개편해 월극「육국대봉상(六國大封相)」을 지었는데 당시 선풍적인 인기를 얻었다. 그는 의협심이 강하고 정의감이 남달라 억울한 백성들을 위해 대신 관가와 소송을 벌여 승리를 거두었다. 반우현에서는 유화동에 관한 일화가 많이 전해지고 있다. 특히「대도장백만초상(大盜張百萬肖像)」과「아무데서나 오줌을 싸서는 안 된다(不可隨處小便)」, 이 두 편의 이야기는 홍콩에서 연속극으로 제작되기도 했으며 광동 TV에서 절찬리에 방영하였다.

76) [역주] 자는 백주(伯疇), 호는 우강(迂岡)으로 광동 남해현 여용(黎涌) 사람이다. 윤문서는 가난한 집에서 태어나 온갖 어려움을 극복하고 마침내 홍치 12년(1499)에 회시와 전시에서 1등을 차지하였다. 후에 한림원수찬(翰林院修撰)에 제수되었다. 그의 첫째 아들은 향시에서 1등, 둘째 아들은 회시에서 1등, 셋째 아들도 진사에 합격했다. 한 집안에서 4명이나 과거급제자를 배출하여 그 명성이 자자하였다.

77) [역주] 청나라 가경 연간의 영간(繆艮)이 만든 사곡(詞曲)의 이름이다. 기녀들의 화려한 생활과 그 이면의 처량한 심리상태를 완곡하게 묘사하여 당시 큰 인기를 끌었다. 도광 연간에 남해 사람 섭서백(葉瑞伯)이 영간의 작품을 남음으로 개편하였는데 이 작품 또한 널리 유행하였다. 1920년대 극작가 황사오보(黃少撥)가 영간과 섭서백의 작품을 토대로 무련선과 맥추연(麦秋娟)을 남녀 주인공으로 등장시켜 월극『객도추한』으로 개편하였다. 그 내용은 다음과 같다. 재능이 뛰어나고 고아한 선비 무련선과 명기 맥추연은 서로 사랑하는 연인이었지만, 무련선이 군대에 가느라 어쩔 수 없이 이별해야만 했다. 그 후 무련선이 거리에서 노래로 연명하는 처지로 전락하였지만, 결국 두 사람이 다시 만나 행복하게 산다. 1936년 홍콩의 앵무영화회사(鸚鵡影業公司)에서 천피(陳皮) 감독이 영화「객도추한」을 제작했는데 광동에서 선풍적인 인기를 끌었다.

또 다른 학장 장유병은 '풍류교주(風流教主)'로 이름이 날렸는데, "걸핏하면 2~3명의 지기와 함께 술을 싣고 주강에 놀러 가곤 했다."[78] 대중문학의 세계에서는 '아'와 '속', '사대부'와 '서민' 사이에 종종 수많은 접합점이 존재한다. 앞에서 서술한 예에서 보듯이 명망 있는 문인들이 방언을 이용하여 유희적인 문장을 쓰기도 했지만, 무명의 작가들은 많은 명사들과 이들 명사들의 재미있는 일화를 일상적인 창작 소재로 사용했다.

이론적으로 말하자면, 방언 문학은 그 대상이 특정 방언군에 제한되기 때문에 문체를 널리 유포시키는 데 불리하다. 그러나 19세기 이래 광동인들이 해외 각지로 뻗어 나감에 따라 광동어 문학과 희곡의 시장 규모가 상당한 정도로 발전했다. 19세기 중엽부터 광동 사람들 상당수가 상해 · 홍콩 · 동남아 · 북미로 이주하기 시작하면서 광동어 방언 문학의 시장도 신상(紳商)이나 노동자의 발자취와 함께 세계 각지로 확대되었다. 광주 · 불산 · 동관 · 홍콩 등지가 이런 독서물을 인쇄하는 중요한 곳으로 부상하였다. 인쇄량이 많아지자 제작 원가가 낮아졌으며, 게다가 인쇄기술이 목판인쇄에서 활자인쇄로 점차 발전하면서 방언 문학은 더 빠른 속도로 전파되었다.

월극의 특징

광동어로 창작된 또 다른 텍스트로 지방희에서 발전해 나온 월극(粵劇)이 있다. 하지만 안타깝게도 월극의 초기의 역사적 공백이 너

78) 酒中婦女, 『嶺南風月史』, 출판연도 미상. 내용을 살펴보면 청 말까지 이야기가 전개되고 있어 민국 연간의 작품일 것으로 추정된다.

무 커서 '월극' 혹은 '광동대희(廣東大戲)'라는 용어가 언제부터 출현했는가에 대해서는 의견이 분분하다. 이 문제에 대하여 량웨이(梁威)는 다음과 같은 견해를 제시하였다. 즉 '월극'이라는 단어는 광서 연간부터 유행하기 시작했으며, 당시 광동의 많은 희반(戲班)들이 해외에 나가 공연을 했다. 어느 청 왕조의 관리가 싱가포르에 다녀와 1887년에 쓴 기행문에서 '월극'이라는 용어를 사용하고 있다. '월극'이란 말은 영어를 번역하는 과정에서 출현했을 가능성도 있다. 광동 희반이 해외에서 공연할 때 외국인들이 그것을 '광동 오페라(Cantonese Opera)'라고 불렀는데 귀국해서는 자연스럽게 그것을 '월극'이라 부르게 된 것이다.[79] 필자가 보기에 '월극'이라는 단어가 광서 연간에 출현했는지 그 사실 여부와 상관없이, 여러 증거들을 살펴보면 광동에서 연출된 희곡은 전혀 광동적인 특색이 없었다. 다시 말하면, 광동어 성분이 많지 않았다. 광동어가 희곡에 대량으로 끼어 들어가 그 주체가 된 것은 광서 말년에 이르러서이다. 또한 바로 이 시기에 월극은 혁명의 선봉으로서 국내외적으로 혁명과 애국 의식을 고취하는 매개체가 되었다.

광동어로 노래하는 것이 중심이 된 월극이 발흥하기 이전, 명대 중엽부터 광동에서는 강서성의 '익양강(弋陽腔)', 강소성의 '곤강(崑腔)', 섬서성의 '진강(秦腔)' 등 다른 성의 창강(唱腔)이 유행하였다.[80] 청나

79) 梁威, 「粤劇原流及其變革初述」, 廣州市政協文史資料研究委員會粤劇研究中心編, 『廣州文史資料』, 第42輯, 『粤劇春秋』, 1990, 8쪽.

80) [역주] 익양강은 송원대 남희(南戲)가 강서성 익양 지역으로 전해진 후 이 지역의 방언 및 민간 음악과 결합한 것이다. 명청대에 이르러 익양강은 남북 각지로 퍼져 민간의 주요한 성강 중 하나가 되었다. 곤강은 명나라 중기인 1531~1541년 강소성 소주 곤산현(崑山縣)에서 위량보(魏良輔) 등이 북곡과 남곡인 익양강과 해염강(海鹽腔)의 장점을 취하여 만든 곡조이자 그것에 의하여 만들어진 전통극을 가리킨다. 진강은 난탄(亂彈)이라고도 하며, 섬서성·감숙성 등 서북 지역에서 유행하던 전통극을 가리킨다.

라 초기에는 또 '광강(廣腔)'이란 말이 있었는데, 이는 전적으로 광주의 희반들이 부르는 강조(腔調)를 가리켰다.[81] 이후에 다시 '본지반(本地班)'과 '외강반(外江班)'의 구분이 생겼다. 보통 외강반은 고소반(姑蘇班)[82], 휘반(徽班), 강서반(江西班), 호남의 상반(湘班) 및 한반(漢班), 섬서반(陝西班), 예반(豫班) 등을 가리키며, 곤곡 · 진강 · 익양강 · 기양강(祁陽腔) 등의 성강(聲腔)으로 노래했다. 이에 비해 '본지반'은 전부 현지인으로 구성된 희반을 뜻한다. 학자들은 통상적으로 청대 양장생(楊掌生)이 『몽화쇄부(夢華瑣簿)』에서 "광동의 악부(樂部)는 외강반과 본지반 둘로 나뉜다", "대체로 외강반은 휘반에 가깝고, 본지반은 서반(西班)에 가깝다. 이처럼 외강반과 본지반은 그 정황과 국면이 확연히 다르다"[83]라고 말한 구절을 인용하여 그 증거로 삼는다. 이 문제에 관해서는 셴위칭의 견해가 비교적 설득력이 있다. 그녀는 관련 비각(碑刻)을 고증한 뒤에 '본지반'과 '외강반'의 구별은 결코 전자가 광동인(본지)에 속하거나 후자가 광동성 이외(외강)의 희반을 가리키는 것이 아니라고 주장했다. 실제로는 이른바 '본지반'도 다른 성의 창강으로 노래한다. '본지반'과 '외강반'을 구별하는 가장 결정적인 구별은 외강반만이 '관희(官戲)'를 공연할 수 있으며, 그 조합 사무소의 규모도 큰 반면 '본지반'은 '관희'를 연출할 수 없었다는 점에 있다.[84]

청 말 이전 광동지역의 희곡이 도대체 어떤 언어로 공연되었는가에

81) 賴伯疆, 黃鏡明, 『粵劇史』, 北京: 北京戲劇出版社, 1988, 8~10쪽.

82) [역주] 강서성과 절강성 일대의 희반으로, 극목(劇目)을 연출할 때 곤강을 위주로 한다.

83) 천융신(陳勇新)의 「월극 역사에 대한 관점(對粵劇歷史的一點看法)」과 우중젠(吳炯堅)의 「경화회관습령록(瓊花會館拾零錄)」을 참고하였다. 이 두 논문은 모두 『불산문사자료(佛山文史資料)』 第8輯(1988, 1~2쪽, 8쪽)에 실려 있다.

84) 셴위칭은 '외강이원회관비(外江梨園會館碑)'에 근거하여 고증하였다. 冼玉淸, 「清代六省戲班在廣東」, 『中山大學學報』, 第3期, 1963, 105~120쪽.

대해서는 그저 단편적인 자료를 가지고 추론할 수밖에 없다. 강희 연간에 강소성에서 온 어느 한 나그네가 보니 광동의 '본지반'은 '광강'으로 공연하고 있었다. 그는 "한 사람이 노래하자 여러 사람들이 화창했는데, 그 속에 만음(蠻音)이 섞여 있었다"[85]고 기록하였다. 희곡 애호가인 호남성 사람 양은수(楊恩壽)는 광동과 광서를 유람한 뒤에 쓴 『탄원일기(坦園日記)』에서 수많은 지방희의 현황에 대해 기술하였다. 그는 동치 4년(1865) 오주(梧州)에서 어떤 희반이 「육국대봉상(六國大封相)」을 공연하는 것을 보고 "지방 사투리가 시끄러워 알아듣기 힘들었다"[86]라고 언급하였다. 강소성 나그네와 양은수가 각각 언급한 '만음' 혹은 '토음'이 광동어를 지칭하는 것인지, 그 사실 여부를 판단하기란 힘들다. 하지만 당시의 광동 희곡에 현지 방언이 섞여 들어간 것은 분명해 보인다. 한편, 배우들의 관화 수준이 그다지 뛰어나지 않아 다른 성에서 온 관중들은 월극을 엉터리라고 느꼈을 수도 있다.[87]

현존하는 월극 극본을 통해서도 청대 월극 속에 포함된 광동어 성분을 어느 정도 이해할 수 있다. 필자는 대북(臺北) '중앙연구원' 역사언어연구소에서 청대의 월극 극본을 살펴볼 기회가 있었다. 이 가운데 「팔

---

85) 綠天, 『粤遊紀乘』, 雍正元年(1723). 필자는 지금까지 이 책을 보지 못해 왕자오춘(王兆椿)의 다음 논문을 참고하였다. 「從戲曲的地方性縱觀粤劇的形成與發展」, 劉靜之 · 冼玉儀 編, 『粤劇硏討會論文集』, 香港: 香港大學亞洲硏究中心, 三聯出版有限公司, 1995, 18~42쪽.

86) 楊恩壽, 『坦園日記』, 上海: 上海古籍出版社, 1983, 114쪽.

87) 창곡(唱曲)에서 사용하는 관화는 『홍무정운』을 기준으로 하는 관음과 완전히 일치하지 않으며, 또한 남북의 구분이 있다. 앞에서 언급한 예바오쿠이의 책 62~84쪽을 참고하라. 오늘날의 월곡에도 관화가 삽입된 것이 있다. 「번리화죄자(樊梨花罪子)」와 같은 일부 전통 곡목들은 전체를 모두 관화로 공연한다. 연창자는 대개 '노래 한 곡을 부르면 그것을 따라 하는' 방식으로 관화를 익힌다. 그들은 자신들의 노래가 계림(桂林)관화라고 생각하지만 실제로는 둘 사이에 상당한 차이가 있다.

선하수(八仙賀壽)」, 「매연지(賣胭脂)」, 「한궁취소(寒宮取笑)」, 「황낭문복(皇娘問卜)」, 「타동결배(打洞結拜)」 등의 작품은 평이하고 통속적인 문언문으로 창작되었으며, 광동 방언은 보이지 않는다.[88] 광주 이문당(以文堂)에서 출판한 「양귀비 술에 취하다(楊妃醉酒)」 등의 극본들은 주로 북방의 백화로 이루어져 있으며, 광동 방언은 전혀 발견할 수 없다. 더 심한 경우도 있는데 첫 페이지 음악과 관련된 설명 부분에 반드시 '정음외강금조(正音外江琴調)'를 사용해야 한다고 명시한 것도 있다. 그러나 '정음외강금조'가 무엇을 의미하는지는 아직까지 상세히 고찰되지 않았다.

필자가 살펴본 자료 가운데 광동어로 창작된 최초의 월극 극본은 동치 10년(1871)에 출판된 정반본(正班本) 「부용병(芙蓉屛)」이다.[89]

---

88) 이러한 극본은 출판 연도가 분명하지 않다. 리프친(Riftin)에 따르면, 러시아에 「황낭문복」, 「타동결배」가 소장되어 있는데, 각각 도광 20년(1840)과 도광 23년(1843) 판이다. Riftin, 「俄羅斯所藏廣東俗文學刊本書錄」, 『漢學硏究』, 第12卷, 第1册, 365~403쪽 참조 ; 왕자오춘은 「환혼기(還魂記)」의 부분 단락을 인용하여 광동어가 최초로 월극 극본에서 사용된 것을 증명했지만, 이 극본의 출판 연도는 언급하지 않았다. 王兆椿, 앞의 논문, 18~42쪽. 「한궁취소(寒宮取笑)」와 「타동결배」는 광서 15년(1889) 본지반의 예인행회(藝人行會)가 팔화회관(八和會館)을 건립할 때 편찬한 『대배장18본(大排場十八本)』 중 두 작품에 속한다. 關健兒, 「祖廟萬福臺是佛山戲劇發展的見證」, 『佛山文史資料』, 第8輯, 1988, 30쪽.

89) 「부용병」은 현재 대북 중앙연구원 역사연구소에 소장되어 있다. 이 자료는 추평성(邱澎生) 박사가 대신 복사해 주었다. 이에 대해 심심한 감사를 표한다. 「부용병」 겉표지에 "태평신가에 일곱 번째 점포를 개설하다. 이문(太平新街, 分局設在第七甫, 以文)"이라고 인쇄되어 있는데, 여기에서 이문(以文)은 광주에서 각종 희곡 극본과 잡다한 서적을 인쇄하여 명성을 떨쳤던 인쇄상 이문당을 가리킨다. 곡본(曲本) 중 20쪽에 "동치 10년 봄에 새로 연출하는 정반본 부용병(同治十年春新出正班本芙蓉屛)" 같은 자구가 있다. 「부용병」은 명 말 능몽초(淩濛初)의 『초각박안경기(初刻拍案驚奇)』 권27에 수록되어 있다. 이보다 더욱 이른 고사는 명나라 중엽 이창기(李昌祺)의 『전등여화(剪燈餘話)』 속의 「부용병기(芙蓉屛記)」에 보인다.(瞿佑 等 著 『剪燈新話(外二種)』, 上海: 上海古籍出版社, 1981, 248쪽) 명대 가정 연간 서위(徐渭)의 『남사서록(南詞敍錄)』에 「부용병기」 극본 1종이 실려 있고, 명나라 말기 기표가(祁彪佳)의 『명극품(明劇品)』에 섭헌조(葉憲祖)의 잡

곡사(曲詞)의 주요 부분(창사와 대사 포함)은 대체로 문언문과 북방 백화를 혼용하고 있고, 간혹 광동어 방언과 속자가 삽입되어 있다. 특히 '화면(花面)'[90] 역할이 출현할 때 대사와 창사 속에 광동어 성분이 두드러진다. 다음은 최준생(崔俊生, 남자주인공 역)을 살해하고, 그의 아내 왕씨(王氏, 여자주인공 역)를 강제로 취하려는 뱃사공 고아수(顧阿秀, 화면역)의 대사로, 광동어 성분이 매우 분명하게 드러나고 있다.

> 화면(花面)이 말한다 : 나 고아수는 여몽정(呂蒙正)[91]을 본받아 이곳에 와서 소식(素食)을 한 끼 얻어먹으려 하오. 당신한테 특별히 줄 만한 것은 없고, 오늘 아침에 저 세상으로 가는 부적을 하나 얻었기에, 당신한테 특별히 선물로 주려고 하니 받아 주시오.[92]

하지만 필자가 살펴본 초기의 월극 극본 가운데 상술한 「부용병」은 예외에 속한다. 19세기에 집필된 대부분의 월극 극본은 여전히 북방 백화를 위주로 했으며, 익살맞은 몸짓과 대사로 관객을 웃길 때에만 광동어를 사용하고 있다. 「유화원(遊花園)」이 그 전형적인 예이다. 북

극 「부용병」이 실려 있다. 이 두 극본은 모두 일실되었다.(徐渭 著, 李夏波·熊澄宇 註釋, 『南詞敍錄註釋』, 北京: 中國戲劇出版社, 1989, 211쪽 ; 祁彪佳 著, 黃裳 校錄, 『遠山堂明曲品劇品校錄』, 上海: 古典文學出版社, 1957, 176쪽) 또한 앞에서 인용한 관젠얼의 논문에 따르면, 청나라 도광 연간의 '봉황의반(鳳凰儀班)'의 극목 중에도 '부용병'이 보인다. 사용한 극목이 동치 10년 이문당본인지는 지금으로서 고찰할 방법이 없다. 관젠얼이 '도광 연간'이라고 한 주장도 의심의 여지가 있다. 왜냐하면 열거하고 있는 극목 중 「혁명제전제(革命除專制)」는 청나라 말엽의 작품으로 추정되기 때문이다.

90) [역주] 화검(花臉)이라고도 한다. 옛날 여인들은 각종 무늬로 얼굴을 꾸며 '화면(花面)'이라고 한다. 월극에서는 나이가 들고 교활한 역할을 화면이라고 하며, 얼굴 전체에 흰색을 바른다.

91) [역주] 송나라의 명재상으로, 청렴결백한 정치를 펼쳐 백성들의 존경을 받았다.

92) 「芙蓉屛」, 卷2, 16쪽. [역주] 원문 가운데 '冇乜'는 별다른 것이 없다, '賫埋'는 '받아 주다'라는 뜻이다.

방 백화의 '是'와 광동어를 포함한 남방어 계통에서 자주 쓰이는 '繫'는 의미가 같은데, 「유화원」에서는 번갈아 사용되고 있다.[93] 이후 청 말에 출현하고 민국 초에 다시 간행된 일부 극본에서는 광동어를 대량으로 사용하고 있다. 예를 들면, 『진호창(眞好唱)』의 「이철선생(二鐵先生)」과 『초학백화쇄금(初學白話碎錦)』에 수록된 「백부상제(伯父相睇)」에서는 거의 매 구절마다 광동어 어휘를 찾아볼 수 있다. 예를 들면, '點解'(爲甚麽, 왜), '唔俾'(不讓, ~하게 하지 않다), '多得'(幸虧·謝謝, 다행히·고맙다), '翻頭婆'(再嫁的婦人, 재가한 여자), '死咗'(已經死了, 이미 죽었다) 등이 있다.

하지만 단순히 텍스트를 고증하는 것만으로는 무대 위에서 연출할 때 사용되던 언어가 광동어인지 관화인지 알 수가 없다. 설령 극본이 문언이나 북방 백화로 씌어졌더라도 문언문으로 쓰인 책을 광동어로 읽을 수 있는 것처럼, 이 극본들도 광동어로 연출되었을 가능성이 있다. 또한 배우의 모어(母語), 사승(師承) 관계와 희반의 전통, 관중과 공연 장소 등이 당시 어떤 언어로 노래할 것인지를 선택하는 요소로 작용했을 수 있다. 하지만, 광동어로 월극을 '노래'한 것은 청 말에 이르러서야 시작되었음을 보여 주는 사례가 있다. 「백부상제」는 순수하게 광동어로 창작된 대본으로, 광동어로 노래하고 대사도 한다. 너무나 자연스러운 현상인 것처럼 보이지만, 극본의 첫 페이지에 다음과 같은 내용이 적혀 있다.

> 백화로 노래하고 글자대로 읽으면 되니, 정음(正音)을 사용하지 않아도 곤화(滾花)와 징·북에 잘 들어맞는다.[94]

93) 「유화원」의 저자와 출판연도 미상, 1쪽, 대북 중앙연구원 역사언어연구소 소장.
94) 「伯父相睇」, 『初學白話碎錦』, 廣州: 以文堂, 저자와 출판연도 미상, 1쪽.

당시의 '곤화'와 오늘날의 '곤화'가 커다란 차이가 없다고 한다면, "백화로 노래하고 글자대로 읽으면 되니 정음을 사용할 필요가 없다"는 구절은 곧 광동어로 노래했다는 것을 좀 더 설득력 있게 설명해 준다.[95] 오늘날의 월극 대본은 광동어로 노래한다고 부연하지 않고 오히려 어느 부분을 관화로 노래하고 대사를 하는지를 자세하게 언급할 것이다. 위에서 인용한 이런 설명은 우리에게 언제 광동어로 월극을 공연했는지에 주의할 필요가 있음을 상기시킨다.

청 말 민국 초 월극이 월 방언 지역에서 유행하던 남음 · 용주 · 월구 · 함수조의 전통을 수용함에 따라, 광동어는 점차 월극 대본의 주체가 되었다. 1915년에 출판된 「삼봉란(三鳳鸞)」은 거의 대부분 광동어로 쓰여 있다. 대본에는 '佢'(他, 그)', '唔似'(不像, ~와 같지 않다)와 같은 단어가 자주 보이며, 심지어 '你食煙唔食'(你抽煙不? 담배 한 대 피우지 않겠어요?) 등과 같은 광동어 문법에 부합되는 완벽한 문장도 있다. 민국 시기에 이르면 광동어로 노래하지 않는 월극은 월극이라고 말할 수 없을 정도가 되었다.

속어로 선교 활동을 하다

앞에서 서술한 내용에서 보듯이 오랫동안 광동어 창작 활동이 주로 노래책이나 희곡 등 설창문학을 통해 이루어져 그 지위를 문언이나 북방 백화와 함께 논할 수 없었다. 18세기 이후 서양인들이 지속해서

95) 陳卓瑩, 『粤曲寫唱常識』, 廣州: 廣東人民出版社, 1953, 240쪽. '곤화'는 경극의 '요판(搖板)'에 해당한다. 방자곤화(梆子滾花)는 중판(中板) 표시가 되어 있는 박자의 부호를 제거하여 더욱 자유롭게 노래할 수 있다. 가장 효과적으로 감정을 전달하는 강조(腔調)의 일종이다.

광동지역에 들어오기 시작했으며, 특히 19세기에 이르러 광동지역에서 기독교 선교가 나날이 확대되었다. 19세기 중반부터 광동어와 다른 방언을 사용하여 쓴 책과 글들이 대량으로 출현했는데, 그것은 광동인 자신이 아닌 서양 선교사들에 의해 이루어졌다. 선교사들은 대개 지방에 가서 선교 활동을 할 때 최대한 그 지역의 방언을 사용해야 가장 효과적으로 하나님의 말씀을 전달할 수 있다고 믿었다. 이러한 신념은 특히 기독교(개신교) 선교사들이 훨씬 강했다. 명대의 천주교 선교사들은 조정 관리와 사대부만을 포교 대상으로 삼았다. 이와 달리, 19세기에 중국으로 온 수많은 기독교 선교사들은 사회 깊숙이 침투하여 선교, 교육, 의료 등의 활동에 종사하였다.[96] 이 때문에 19세기 광동지역에서는 광동어·객가어·조주어로 번역한 『성경』과 기타 선교 소책자 및 방언 학습에 필요한 각종 참고서적들이 출현했다.

『일본현존광동어연구서목(日本現存粤語硏究書目)』에 따르면, 최초의 광동어 선교 서적 중 하나가 도광 27년(1847) 홍콩에서 출판된 『성훈속해(聖訓俗解)』이다. 이후 20세기 초까지 광동어로 편역된 선교 출판물이 홍콩·광주·강문(江門)·상해 등지에서 잇달아 간행되었다.[97] 필자는 런던대학교 도서관에서 이러한 서적들을 본 적이 있다. 저명한 선교사 제임스 레그(James Legge, 1815~1897)가 함풍 9년(1859)에 집필한 『낭자회개(浪子悔改)』에서 선교사들이 광동어로 쓴 포교용 이야기의 일부를 엿볼 수 있다.

---

96) 19세기 화남(華南) 지역에서 기독교 전파와 관련된 상황에 대해서는 다음을 참조하라. 吳義雄, 『在宗教與世俗之間: 基督教新教傳教士在華南沿海的早期活動硏究』, 廣州: 廣東教育出版社, 2000.

97) 『日本現存粤語硏究書目』, 日本天理大學出版, 1952, 38쪽.

어떤 사람에게 두 아들이 있었다. 작은아들이 부친에게 "제 몫의 재산을 나눠 주십시오"라고 말했다.(有一個人, 有兩個仔, 嗰個細仔, 對佢嘅父親話, 我應得嘅家業, 你分過我咯.)98)

『마가복음』은 광서 8년(1882)에 광동어 판본이 출판되었는데, '희랍어 원문을 양성(羊城) 방언으로 번역했다'라고 명기하고 있다. 그 가운데 다음과 같은 분명한 광동어 구절이 보인다.

하나님의 아들 예수 그리스도의 복음의 시작이라. 선지자 이사야의 글에 보라, 내가 내 사자를 네 앞에 보내노니 …… (上帝子耶蘇基督福音嘅起首, 照先知以賽亞書所載話, 我打發我嘅使者 ……)99)

위의 예문에서 '嘅', '話', '起首'100) 등의 단어는 전형적인 광동어 속자와 광동어 표현이다.

광동어로 편역한 『성경』과 선교 소책자의 내용만으로는 중국인들이 편찬 사업에 참여했는지 여부를 파악하기가 쉽지 않다. 그러나 18세기 이래로 외국과의 무역을 통해 생계를 도모한 광주 연해 지역 사람들이 외국인들과 빈번하게 접촉한 사실을 고려해 보면, 이 지역 사람들의 참여 없이는 성공적으로 광동어 선교 출판물 편역 사업을 추진하기 힘들었을 것이다. 제임스 레그가 도광 23년(1843) 홍콩에서 선

---

98) 대영도서관에 『낭자회개』의 판본 두 종류가 소장되어 있다. 하나는 작자 미상의 '함풍구년증사장판(咸豊九年增沙藏版)'이라고 명기되어 있다. 다른 하나는 서명이 영어로 '광동어에서 방탕한 아들의 비유, 제임스 레그 씀(The Parable of the Prodigal Son in Canton Dialect, by James Legge)'이라고 되어 있는 것으로 보아 제임스 레그가 이 책을 번역했음을 알 수 있다. [역주] 방탕한 아들에 대한 이야기는 신약성서 『누가복음』 15장 12절에 있는 구절이다. 현대 중국어로 바꾸면 "一個人有兩個兒子. 小兒子對父親說 : 父親, 請你把我應得的家業分給我."이다.

99) 『馬可福音傳』, 출판지역 미상, 1882, 1쪽, 대영도서관 소장.

100) [역주] '嘅'는 …의, '起首'는 발단(發端) · 원인(原由)의 뜻이다.

교 활동을 펼쳤을 때 하복당(何福堂, 1817~1866)[101], 황성(黃盛), 나상(羅祥) 등 광동 사람 몇 명을 조수로 고용하였다. 이런 사실로 미루어 보건대 초기 일부 중국인 기독교 신도들이 제임스 레그의 번역 사업에 참여했을 가능성이 매우 크다.[102]

방언을 이용하면 하나님의 뜻을 효과적으로 전달할 수 있다고 믿었던 선교사들은 단지 성도(省都)의 말을 이용하는 데 만족하지 않고 심지어는 좀더 '지방'의 방언을 사용하였다. 예를 들어 동치 12년(1873)에 출판된 『유영화천학계몽서역(由英話淺學啓蒙書譯)』에는 은평(恩平)·개평(開平)·신회(新會)·신녕(新寧, 지금의 臺山)에서 유행하던 '네 지역의 방언[四邑土話]'이 보인다. 이 책은 '광동 네 지역의 사투리'로 썼음을 명확하게 밝히고 있다. 이 네 지역의 방언은 성도나 성도 부근 지역의 광동어와는 확연히 다르다. 『유영화천학계몽서역』에서 발췌한 아래 예문을 통해 '지방' 문화 속에 포함된 다중적인 '지방성'을 낱낱이 엿볼 수 있다.

제1장 서관(書館)에 대하여 논하다

> 남자아이와 여자아이는 온종일 놀면 안 된다. 머리를 빗고, 손을 씻고 학교에 가야 한다. 가장 안타까운 것은 시간이 흘러간다는 점이다. 시간은 한 번 가면 다시는 돌아오지 않는다. 공부하면 본래 알지 못했던 것을 배울 수 있다. 학교에 있을 때는 수다 떨지 말고, 놀지 말며, 온 힘을 다해 공부해라. 공부를 열심히 하면 어른이 되었을 때 좋을 것이다. (嫩仔共女仔唔好成日去嬲, 要梳光頭, 洗淨手去書館, 至可惜系了呢個時候, 時候一了, 就唔得番咯, 你個是噲讀書, 就知道所未知個閑野. 到書館必唔好

101) [역주] 이름은 진선(進善), 자는 복당(福堂)이다. 광동 남해 사람으로 홍콩의 두 번째 중국인 목사였다.

102) 羅香林, 『香港與中西文化之交流』, 香港: 中國學社, 1961, 17쪽, 40쪽.

講時聞・或去嬲・要盡力去讀書・你學熟讀書・養大個時就心喜咯.)[103]

방언을 이용하여 선교 활동을 한 것은 물론 서양 선교사들만의 전유물은 아니다. 중국에서는 일찍부터 도덕을 전파하고 선(善)을 권장하는 알기 쉬운 통속물이 많이 출판되었다. 당대(唐代) 불교 고사를 전파한 '변문(變文)'은 문자가 평이하게 쓰여 널리 일반 대중을 대상으로 했음이 분명하다.[104] 원대(元代)에는 교육을 받지 못한 평민들을 대상으로 한 백화로 쓴 경서(經書) 통속판이 다량으로 출현했다.[105] 늦어도 명대에 이미 출현한 보권(寶卷)[106]의 문장도 상당히 통속적이다.[107] 청 초 이래로 강희 황제가 반포한 『성유광훈(聖諭廣訓)』은 지방에서 더 통속적인 판본으로 개편되었다. 특히 방언이 복잡한 지역에서 더 심하였다. 아직까지 광동에서 온전한 광동어나 기타 방언으로 쓰인 『성유광훈』은 발견되지 않았지만, 지방정부나 선사(善社)・선당(善堂)[108] 등의 조직에서 그 지역의 사람들을 채용하여

---

103) 『由英語淺學啓蒙書譯』, 동치 12년(1873), 저자와 출판지역 미상, 1쪽. 케임브리지대학 도서관 소장. 필자는 대산(臺山) 말을 할 줄 아는 친구의 도움을 받았다.

104) 鄭振鐸, 『中國俗文學史』, 1938년 초판, 北京: 文學古籍刊行社, 1959년 재판, 194쪽.

105) Victor Mair, "Language and Ideology in the Written Popularizations of the Sacred Edict", in David Johnson, Andrew Nathan, Evelyn Rawski(eds.), *Popular Culture in Late Imperial China*, pp.326~327.

106) [역주] 원 말부터 불교・도교 및 신흥 종교에서 사용되던 강창 형식의 문학이다. 당대 변문의 계통을 이은 것으로 교리・수행담・여인・성불(成佛) 등을 주제로 한 것이 대부분이다.

107) Daniel Overmyer, "Values in Chinese Sectarian Literature: Ming and Qing Pao-chuan", in David Johnson, Andrew Nathan, Evelyn Rawski(eds.), *Popular Culture in Late Imperial China*, pp.220~221.

108) [역주] 전통시기 중국에서 국가권력이 지역사회에 미치는 영향은 제한적일 수밖에 없었다. 따라서 사대부나 신사, 상인층이 포함된 중국의 지식인들은 사회・정치적 자원을 장악하여 그 지역사회에서 국가의 역할을 보완하는 동시에 구제

광동어로 관방이나 통속 판본의 『성유광훈』을 낭독하게 했다는 증거가 있다. 이렇게 본다면, 『성유광훈』이 방언으로 편찬되었는지 그 사실 여부는 별개로 치더라도 이 책은 지방에서 방언으로 전파되었음에 틀림없다.[109)]

필자가 관련 문헌을 살펴본 결과, 늦어도 동치 연간에는 광동 지식인들이 광동어로 쓴 선서(善書)가 출현했다. 외국 선교사들이 쓴 선교 소책자와 비교해 볼 때 광동 사람들 자신이 광동어로 펴낸 선서는 순수하게 광동어로 쓴 것이 아니라 문언문 · 북방백화 · 광동어를 혼용하였다. 가장 전형적인 예가 『속화경담(俗話傾談)』과 『속화상심(俗話爽心)』이다. 『속화경담』은 동치 초에 완성되었고, 동치 9년(1870)에 처음으로 판각되었다. 『일본현존월어연구서목』에 따르면, 현재 일본에는 청 말 민국 초 광주에서 출판된 『속화경담』 판본 8개가 소장되어 있다. 『속화상심』의 경우에는 광서 3년(1887)판과 1919년 중인본(重印本)이 존재한다.[110)] 필자는 『속화경담』 판본 중 동치 9년판(1870) · 동치 10년판(1871) · 광서 29년판(1903)을 직접 본 적이 있다. 또한 대영도서관과 케임브리지대학 도서관에도 출판연도 미상의 『속화상심』이 소장되어 있는데, 그 겉표지에 양복에 넥타이를 맨 남자 그림이 인쇄된 것으로 보아 민국 시기의 중

활동을 통해 자신들의 권위를 확보하였다. 또한 지식인들은 개별화된 존재로서 활동하는 것이 아니라 지역사회의 인맥을 동원하여 조직화되었는데, 농촌에서는 선당(善堂), 도시에서는 회관(會館)과 공소(公所)라는 조직으로 구체화되었다.

109) Victor Mair, 앞의 논문, pp.341~342 ; 선서(善書)에서의 방언 운용에 관해서는 다음을 참조하라. Cynthia Brokaw, *The Ledgers of Merit and Demerit: Social Change and Moral Order in Late Imperial China*, Princeton University Press, 1991.

110) 일본 천리대학(天理大學)에서 출판한 『일본현존광동어연구서목(日本現存粵語硏究書目)』에 따르면 일본에 현존하는 『속화경담』으로 1871 · 1876 · 1879 · 1889 · 1903 · 1904 · 1908 · 1915년판이 있다.

인본으로 추정된다. 이런 사실을 통해 『속화경담』 동치 9년판과 10년판이 적어도 2,30년 동안 유통되었음을 알 수 있다. 이 책의 저자인 소빈유(邵彬儒)는 사회(四會) 사람으로 동치 연간에 광주 · 불산(佛山) · 삼수(三水) 등의 선사에 채용되어 『성유광훈』과 다른 여러 선서를 강의했다.[111] 소빈유와 일부 지식인들은 광서 원년(1875) 광주에서 자체적으로 선사를 설립하고 아편을 끊으라고 계도하였다.[112] 양월광인선당(兩粤廣仁善堂)이 광서 21년(1895) 『화자일보(華字日報)』에 실은 선서 강의할 사람을 초빙하는 광고에 여전히 소유빈이라는 이름을 언급하는 걸 보면 이 분야에서 그의 명성은 오랫동안 유지되었던 듯하다.[113]

『속화경담』은 광동어 · 북방백화 · 문언을 혼용하고 있는 전형적인 작품이다. '삼급제(三及第)'라고 불렀던 이런 창작 방법은 이후 광부(廣府) 지역에서 출판된 신문과 잡문에 자주 보인다. 묘사하고 서술할 때는 세 가지 언어를 섞어 썼지만, 대화 부분에서는 광동어와 북방 백화만 사용하고 있다.(그림 3.2 참조) 이 밖에 문장에 간혹 광동어로 쓴 '제3자'의 목소리를 삽입하여 고사 속 인물에 대해 논평하고 있다. 예를 들면 다음과 같다.

> 준덕(俊德)은 돌아가는 상황을 보고 여러 사람들의 의견을 들으며 속으로 약간 기분이 좋지 않았다. 또한 준덕은 전씨(錢氏)와 조씨(趙氏) 두 사람이 자주 찾아와 성가시게 굴고, 쓸데없는 말만 늘어놓자 점점 화가 나기 시작했다. 한번은 극덕(克德)이 집에 없을 때 전씨와 조씨가 찾아왔다. 준덕은 그들을 잘 접대하지 않았다. 두 사람은 준덕이 자신들을 매우 싫어한다는 걸 알았다. 어느 날 극덕과 함께 술을 마시는 자리에서 전씨가 웃으며 말문을 열었다. "형님처럼 처신해야 일등이지요.

111) 『光緒 四會縣志』, 「列傳」, 卷7下, 107쪽.

112) 『勸戒社滙選』, 광서 2년(1876), 저자와 출판지 미상. 아마도 광주일 것으로 추정된다. 대영도서관 소장.

113) 『華字日報』, 1895.10.16.

生前放肆無拘束　到了閻君細挫磨
二成驚醒汗濕通身推醒老婆臧姑怒曰我睡得
好好你推醒我做乜事呀二成將父親怒罵之言
說與他知臧姑曰你不過心燥而已豈有爲人父
走入來砵底講說話麽況有新婦在旁唔通總冇
的禮體別人做家公都唔入新婦房間何況來到
新婦枕旁共你談論二成曰話起亦有理今晚我
飲酒食了一砵仔酾蘿蔔唔通眞正係心燥發夢
臧姑曰佢話你不孝我兩公婆點樣不孝法你有

打老母我又冇打家婆不過我兩個唔好顛冇幾
何咁佢本心之講佢做老大都唔叫我後生先我
做後生叫佢老大先我又冇咁下作呀二成曰亦
是道理　睇你唔出做女人咁伶俐呢你
個把嘴眞正係審死官咯　臧姑曰俞耆到
衙門時官都講我唔任　總係佢恃蠻恃惡原
差多板子便不由分說打得我咁淒凉所以輸了
過佢你老母算有名人等做乜佢都要怕我呢
二成曰我都拜服你果然你有本事是年

俗話傾談　初集卷上　四十

그림 3.2 소빈유의 『속화경담』
—문언 · 북방백화 · 광동어를 혼용한 '삼급제(三及第)' 문학

벗을 사귈 때는 돈을 아끼지 않으니 기개가 있는 영웅이라고 할 수 있소." 극덕이 말했다. "별말씀을요." 그러자 이번에는 조씨가 말했다. "당신은 별로 흠잡을 데가 없소, 동생분과는 인품에서 큰 차이가 나죠. 동생분은 우리를 좋지 않게 생각하고 당신한테도 너무 냉정하게 대합니다. 이치를 따지자면 큰형을 아버지로 여기면서 둘째형에게 공손하지 않는다는 것은 아무래도 이치에 안 맞죠." 극덕이 말했다. "내가 개를 꾸짖거나 때리지 않아서 그런 것인지, 나도 그 이유를 모르겠소. 나만 보면 기분 나쁜 표정을 지으니, 그 녀석만 생각하면 정말 괘씸하다니까." (그는 점점 화가 났다) 전씨가 말했다. "동생이 당신을 형으로 여기는지 의심스러우니 이번에 그를 속여 봅시다." 극덕이 말했다. "어떻게 동생을 속인단 말이오? (전씨와 조씨를 보고) 좋은 친구가 찾아왔으니 많이 드시고 어떻게 하면 좋을지 말씀해 주시오." 전씨가 말했다. "동생이 당신을 의심하는 것은 틀림없이 당신이 재산을 빼돌려 그 돈을 당신 주머니 속에 집어넣을 거라고 생각하기 때문인 것 같소. 그게 바

로 그의 본심이라구요." (전씨는 이렇게 영리하다) 극덕이 말했다. "내 마음이 구름 한 점 없는 맑은 하늘처럼 결백하다는 것은 (속이 검은지 검지 않은지 누가 알겠는가?) 여러분이 아실 겁니다."[114)]

필자가 직접 읽어 본 백화와 광동어로 쓴 선서로는 『속화경담』 이외에도 광서 15년(1889) 광주에서 출판된 『신각팔백종(新刻八百種)』과 민국 시기 홍콩에서 출판된 『전가보훈(傳家寶訓)』이 있다. 효도를 널리 알리고 금연을 권장하는 내용의 『신각팔백종』과 『전가보훈』은 모두 7언 운문의 형식으로 씌어졌으며, 광동어를 상당히 제한적으로 사용하고 있다. 이를 통해 선서가 일반 백성을 대상으로 하였지만, 그 지역의 지식인들이 창작하고 그들의 입을 통하여 대중에게 전파되었기 때문에, 전부 광동어로 쓸 필요는 없었다는 점을 알 수 있다. 광동지역에서 활동하던 서양 선교사가 해당 지역 사람들을 대상으로 쓴 통속적인 선교서적과 비교해 볼 때 선서는 광동어 성분이 훨씬 적었다.

점차 규범이 되다

개별적으로 광동어 '창작 활동'을 하기 위해서는 의미가 같거나 글자의 음과 뜻이 비슷한 한자를 차용하든지, 아니면 한자의 쓰는 법을

114) 邵彬儒, 「骨肉試眞情」, 『俗話傾談』, 二集, 沈陽: 春風文藝出版社, 1997, 94쪽. 상술한 인용문 중 광동어로 쓰인 부분은 다음과 같다. '在你無可彈'는 표준 중국어로 '就你來說, 沒甚麽好批評 ; '爭得遠'은 '相差太遠', ; '論起番來'는 '說起來', '唔知點樣解'는 '不知爲甚麽', '唔中意'는 '不喜歡', '思疑'는 '懷疑', '有點瞞騙佢呢'는 '我哪有欺騙他呢?', '慌你舂了落荷包, 個樣是真'는 '恐怕你把錢財放進自己的口袋裏(卽侵呑), 才是他眞正的想法'이다. [역주] 독자들의 이해를 돕기 위해 광동어로 쓰인 부분을 밑줄로 표시했다.

약간 수정하여 새로운 글자를 만들어야만 했다. 이처럼 선별적으로 사용하거나 새로 만든 경우 종종 어떤 기준에 의거하지 않고 마음대로 만들었기 때문에 통일하기가 쉽지 않았다. 광동어 사전이 등장하고 나서야 광동어 글자의 쓰기 방법을 표준화시킬 가능성이 열리게 되었다. 광동어의 발음과 어휘에 관한 초기의 기록을 살펴보면, 광동성과 다른 성의 지식인들이 일찍부터 광동어 글자가 가지는 풍부한 특색에 주목하였음을 알 수 있다. 굴대균은 『광동신어』에서 광동어 사투리들을 열거하였다.[115] 『광동신어』는 이후 광동의 수많은 지방지에서 '방언'을 언급할 때 중요한 참고 자료가 되었다.

청대에 광동어 어휘를 열거한 수많은 언어 참고서가 출판되었다. 하지만 그 주요 목적은 광동 사람들이 관화를 학습할 때 도움을 주고자 하는 데 있었다. 동관 사람 장옥성(張玉成)[116]도 이와 같은 목적으로 건륭 15년(1790)에 『남북관화찬편대전(南北官話纂編大全)』[117]을 편찬했다. 『남북관화찬편대전』에서는 어휘를 '천문'·'인체'·'식물'·'직관(職官)'·'귀신' 등으로 분류하며 남북의 발음을 모두 병기하는 동시에 광동어 해석을 덧붙였다. 그렇다면 도대체 남음(南音)과 북음(北音)이란 무엇인가? 만주인(滿洲人) 사이존(莎彝尊)[118]이 함풍 3년(1853)에 편찬·간행한 『정음저화(正音咀華)』[119]의 관련 서술을 통해 한두

115) 屈大均, 『廣東新語』, 336~337쪽.

116) 장옥성은 자신을 '보안(寶安) 사람'이라고 밝혔다. '보안'은 진대(晉代)부터 당대(唐代)에 이르기까지 광동의 한 현이었으며, 당대에 동관으로 이름이 바뀌었다. 청대 사람들은 '보안'을 지망(地望)으로 여겼는데, 사실상 동관을 가리킨다.

117) 張玉成, 『南北官話纂編大全』, 乾隆 55年 序, 一貫堂, 嘉慶 25年 重刻.

118) [역주] 자가 거랑(秬廊)이다. 그에 대한 구체적인 사적을 고증할 수 있는 자료가 전해지지 않는다. 다만 『정음저화』의 서문을 통해 사이존이 이 책을 간행하기 전 광주에서 20여 년간 선생 노릇을 하며 명성을 떨쳤던 광동의 명사였다는 사실을 알 수 있을 뿐이다.

119) [역주] 책의 원래 이름은 『정음변미(正音辯微)』였으며 1837~1843년 사이에 한 차례 출간된 바 있었다. 1853년에 예전의 판본을 수정하여 『정음저화』로 이름

가지 차이점을 알 수 있다. 오로지 광동 사람의 정음 학습을 위해 만든 참고서인 『정음저화』는 정음과 광동어를 대조한 어휘표를 천문·시령(時令)·지여(地輿)·방옥(房屋)·수화(水火)·인물·신체·호칭·공상(工商) 등 수십 개의 항목에 따라 분류·배열하고, 또한 붉은 글자로 정음 읽는 방법을 표기하였다.(그림 3.3 참조) 이 책에 부록으로 덧붙인 「십문(十問)」에는 다음과 같은 내용이 있다. "정음이란 무엇인가? 답: 흠정(欽定) 『자전(字典)』과 『음운천미(音韻闡微)』[120]를 따르는 자음(字音)이 곧 정음이다. 남음이란 무엇인가? 답: 옛날에는 강남에 수도를 건립하였으니 강남지역 성들의 말을 남음이라고 한다. 북음이란 무엇인가? 답: 오늘날에는 북연(北燕)에 도읍을 건설했으니 북경의 말을 북음이라고 한다."[121] 건륭 초기 남북관화의 구분이 도광 연간에 사이존이 진술한 내용과 동일했는지는 고증할 방법이 없다. 사이존은 『정음저화』 이외에 오로지 광동 사람들의 관화 학습을 위해 도광 17년(1837)에 『정음변미(正音辨微)』를 편찬하였다.[122] 광동에서 20여 년간 교육에 종사한 사이존은 광동어와 관화를 모두 다 장악한 상태에서 『정음변미』와 『정음저화』 두 책을 출간한 까닭에 당시 광동 학자들의 인정을 받을 수 있었다.

그 밖에도 남해 사람 고정정(高靜亭)은 『정음촬요(正音撮要)』를 편

을 고쳐 3권으로 출판했다.

120) [역주] 청대 이광지(李光地)와 왕란생(王蘭生) 등이 강희제의 명으로 운서 『음운천미』 18권을 편찬하였으며, 옹정 4년(1726)에 출판했다.

121) 莎彝尊, 「十問」, 『正音咀華』, 廣州聚文堂板刻, 함풍 3년. 1895년 『화자일보』에서는 남북음의 문제에 대해 '남음'은 명대 초기 남경에 수도를 정했을 때 관화로 삼은 남경 말을 가리키고, 북음은 이후 명나라 왕실이 북경으로 수도를 옮긴 후 그 지역에서 유통되던 관화를 지칭한다고 말하고 있다.(『華字日報』, 1985.12.31.)

122) 莎彝尊, 『正音辨微』, 廣州, 道光 17年版. 양작읍(梁作揖)의 『정음저화』 서문에 따르면 이보다 앞서 사이존은 이미 정음을 학습하는 데 필요한 5권의 서적을 편찬한 바 있다.

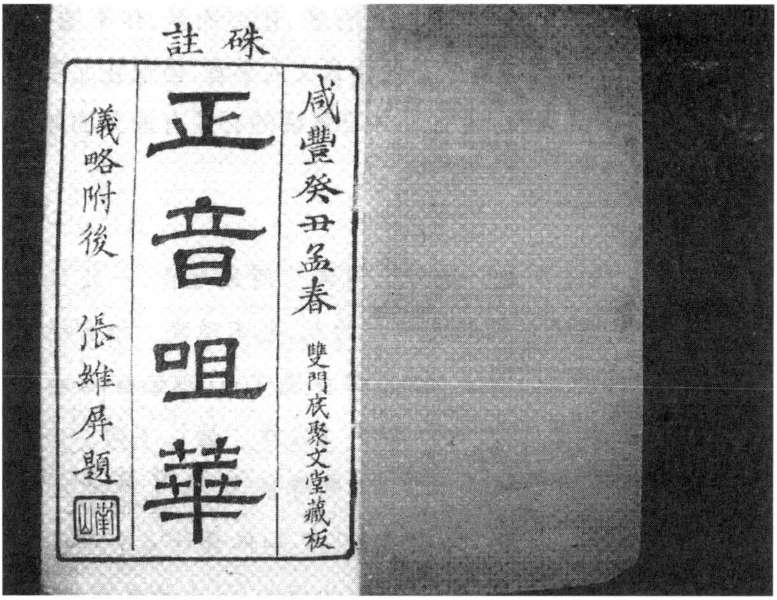

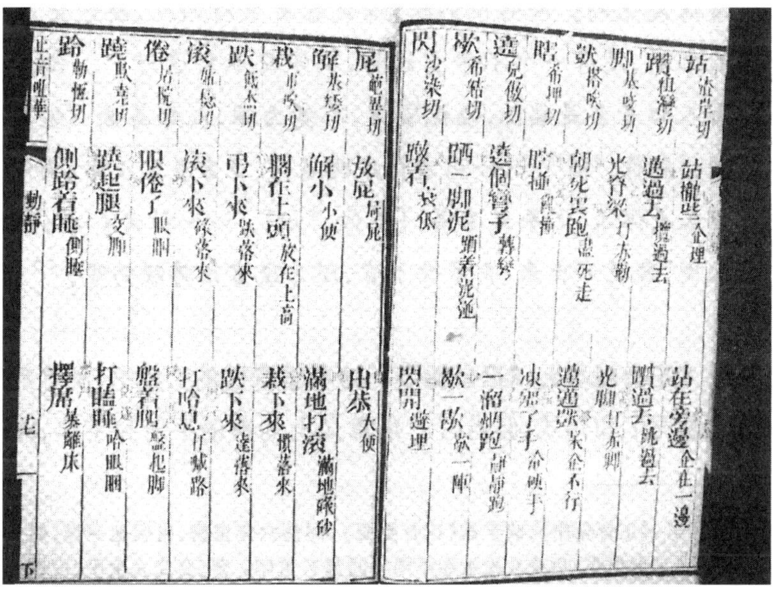

그림 3.3 청대 광동인의 관화 학습서 사이존의 『정음저화』

찬하여 동치 연간에 출판하였다. 그는 「정음집서(正音集序)」에서 이렇게 언급하고 있다.

남해 서초(西樵) 외진 곳에서 태어나 어렸을 때는 정음을 배우지 못했다. 13살 때 부친의 부임지인 북경으로 가서 대흥(大興) 출신 석운주(石雲朱) 선생에게 수년 동안 경서를 배우고, 음운을 지도받아 북경어에 능통하게 되었다. 장성한 뒤 고향으로 돌아와 순무(巡撫)의 관아에서 무관[弁職]으로 재직하는 동안 수시로 공무 수행차 북경에 들어가곤 했다. 이렇게 무관으로 근무하면서 20년 동안 남북을 종횡무진 누비며 방언을 하나하나 연구하였다. 관직에서 물러난 후 산림에 은거하자 고향의 후배, 인근의 친척과 친구들 가운데 정음을 묻는 자들이 잇따랐다. 나는 주제넘게도 멋대로 그들을 지도하였다."[123)]

고정정은 결코 문인학자가 아니었지만, 북경 및 다른 지방에서 일하고 여행한 경험이 많았기 때문에 관화 학습의 필요성에 대해서 누구보다 잘 알고 있었다. 그는 다음과 같이 말하였다.

나는 일찍이 강남 · 절강 · 하남 · 호남 · 호북 등지를 돌아다녔는데, 지역마다 방언이 달라 이웃한 부현(府縣) 사람들끼리도 서로 알아듣지 못했다. 오직 물길과 육로가 만나는 큰 선착장을 오가는 떠돌이 장사꾼들만큼은 모두 관화를 할 줄 안다. 하지만 그들이 이웃의 사람들과 하는 말을 들어 보면, 우리는 한마디도 알아들을 수 없다. 후에 수도 북경에 올라와서 거주할 때 기이한 장면을 목격하였다. 거리에 사람들이 삼삼오오 무리를 지어 다니며 서로 자신들의 고향 말로 소곤대며 이야기를 나누는데 도대체 무슨 말인지 알아들을 수 없었다. 그러다 상점에 가서

123) 高靜亭, 「正音集序」, 『正音撮要』, 동치 6년 重鐫, 출판지는 미상인데 광주가 아닐까 한다. 『정음촬요』는 이후 광서와 민국 연간에 재판되었다. 사이존과 고정정 두 사람의 생평에 대해서는 葉寶奎, 『明清官話音系』, 230~231쪽을 참고하라.

물건을 살 때는 온통 관화로 말하는데, 북화(北話)와 남화(南話)를 자유자재로 분명하게 구사하였다. 그들에게 물어보니 각 성의 향촌 사람들은 명예와 이익을 추구하러 고향을 떠날 때 관화를 배우지 않은 자가 하나도 없고, 배우지 않으면 돌아다닐 수 없다고 했다. 그런데 각 성 사람들의 발음이 대부분 정확하여 그들이 관화를 할 때도 그다지 어렵다고 느껴지지 않았고, 다른 사람들도 쉽게 알아들었다. 그런데 유독 복건성과 광동성 사람들만은 발음이 정확하지 않고, 물건에 대한 명칭도 크게 차이가 난다. 어려서 관화를 배우지 않아 커서도 말을 제대로 못하는 것이다. 관직에 진출하려 할 때도 이 관화 때문에 주저한다.[124]

『정음저화』와 『정음촬요』 같은 관화 학습 참고서는 광동어 어휘와 문형을 열거하고 있지만, 당시 엄밀한 의미에서의 광동어 가이드북이나 자전, 즉 각종 상용자를 최대한 모아 글자의 정의와 독음을 명기한 것은 중국 학자가 아닌 서양 선교사들이 편찬한 것이 대부분이었다. 선교사들은 서면의 출판물에 의지하여 선교 활동을 펼칠 뿐만 아니라, 직접 사람들 속으로 들어가 교리를 전파해야 했기 때문에 방언을 배워야만 했다. 이와 같은 이유로 광동성·홍콩·마카오 등지에서는 19세기에 이르러 광동어 학습서 및 광동어 자전이 대량으로 출현하게 되었다. 도광 8년(1828) 동인도회사는 마카오에서 선교사 로버트 모리슨(Robert Morrison)[125]이 편찬한 『광동성방언어휘(廣東省土話字彙, *Vocabulary of the Canton Dialect)*』를 출판했다. 이 사전은 '영어와 중국어', '중국어와 영어', '중국어 단어와 용어', 이 세 부분으로 구성되어 있다. '영어와 중국어', '중국어와 영어' 부분에서는 중국

124) 高靜亭, 「論官話能通行」, 『正音撮要』, 卷1, 5~6쪽.

125) D. MacGillivary, (ed.), *A Century of Protestant Missions in China(1807~1907), first edition 1907*, reprinted San Francisco, Chinese Materials Center, Ins., 1979, pp.1~2. 런던 선교회(London Missionary Society) 소속의 로버트 모리슨은 1807년 광주에 도착했다. 그는 중국에 들어온 최초의 기독교 선교사이다.

어와 영어를 대조하여 단어를 열거하였다. 세 번째의 '중국어 단어와 용어' 부분에서는 분야별로 중국어 속담을 열거하고 있는데, 광동 특유의 표현이 적지 않다. 예를 들면, '세무류(世務類)'에는 '굴 껍데기로 쌓은 담장이란 것을 알고도 그는 돌진하려고 한다.(明知蚝殼墻, 佢偏要撼埋去)'는 속담이 수록되어 있다. 모리슨은 라틴어 자모로 된 광동어 독음을 덧붙이고, 영어로 이 문장의 표면적인 뜻과 실제 함의를 설명하였다.[126] 굴 껍데기는 광동의 민가(民家)에서 담장을 만들 때 자주 사용되는 재료로, 벽돌로 담장을 쌓는 것보다 훨씬 단열 효과와 도난방지 효과가 뛰어났다. 지역 특유의 상식과 관련된 속담은 광동 지역 문인들의 글에서도 간혹 발견되지만, 19세기에 외국인이 편찬한 참고서 속에서 보다 쉽게 찾아볼 수 있다.

1841년 마카오에서 출판된 『광부화문선(廣府話文選, *Chinese Chrestomathy in the Canton Dialect*)』은 광동어 학습용 문장선집이다. 편자인 브릿지맨(E.C. Bridgman, 1801~1961)의 설명에 따르면, 이 문집을 편찬한 목적은 외국인의 중국어 학습에 그치지 않고 더 나아가 중국의 젊은이들이 영어 공부를 하는 데도 도움을 제공하기 위해서였다. 또한 로마자로 중국어 자음을 표기할 수 있다는 가능성을 보여주려는 것이기도 했다.[127] 그는 광동어 방언에 사용되는 글자들이 종

126) 편자는 이 구절의 의미를 다음과 같이 해석하고 있다. '굴 껍질로 만든 담장이라는 것을 분명히 알고도 그는 돌진하기로 결심하였다—나쁘고 해롭다는 것을 알면서도 그것을 하려고 한다.(Clearly knowing that it is a oyster—shell wall, he determines to rush against it.—Though he knows that a thing is bad and injurious still he will do it.)' Robert Morrison, *Vocabulary of the Canton Dialect, Part III*, "Shei—Mow—Luy"(世務類), Macau: The Honorable East India Company Press, 1828.

127) E. C. Bridgman, *Chinese Chrestomathy in the Canton Dialect, The Society for the Diffusion of Useful Knowledge in China*, 1841, Introduction, p. i, 대영도서관 소장. 이 책은 1839년에 처음 출간되었다.

종 발음이 유사한 통용 한자의 좌측에 '口' 변을 덧붙임으로써 발음과 용법에서 통용 한자와 다르다는 점을 표시하는 것에 주목하였다. 이에 대하여 다음과 같이 설명하고 있다.

> 청 제국은 지방마다 통일된 자체(字體)가 통용되고 있다. 몇몇 글자를 조금 바꿔 지방 방언의 용법을 표시한다는 것이 유일하게 다른 점이다. 이러한 상황에서는 단지 발음만 바뀔 뿐이다. 어떤 경우에 사람들은 통용되는 자체의 왼편에 '口' 변을 덧붙여 이 글자의 자체가 바뀌었음을 표시한다.(의미 혹은 용법이 바뀌었음을 가리킨다—인용자) 예를 들면, '喊㖠唥' 이 세 글자는 'hampalang'(전부, 모두라는 뜻)이라는 소리를 나타낸다. 글자 자체는 별다른 뜻이 없지만 그것들을 함께 두고 읽으면 한 단어로서 변별적인 의미를 가지게 되는 것이다.[128]

비교적 이른 시기의 또 다른 예로는 도광 30년(1850) 광주에서 출간된 『중국사물답문(中國事物答問, *Questions and Answers to Things Chinese*)』이 있다. 서문을 살펴보면, 이 책의 중국어 부분은 1841년 중국인 교사가 편찬한 『*Dialogues in the Canton Vernacular*』(이 책 이름은 저자가 번역한 것으로 뜻은 '광동어 회화'이다. 중국어 서명은 미상이다.—인용자)를 바탕으로 편찬자가 영역 대조를 덧붙인 것이다. 그러나 편찬자는 어떻게 하면 중국어 서적을 석판 인쇄할 수 있을까, 그리고 더 나아가 원가가 훨씬 저렴한 석판인쇄 방식을 어떻게 중국에 보급할 수 있을까에 더 관심이 있었던 듯하다.[129]

『중국사물답문』은 『광부화문선』처럼 서양 사람들이 광동어를 배우고, 중국 사람들이 영어를 배우는 데 도움을 주기 위해 집필되었다.

---

128) E. C. Bridgman, 앞의 책, Introduction, p. ii, 원문의 '喊㖠唥', 이 세 글자 외에 나머지는 모두 영어로 되어 있다. 위의 문장은 필자가 번역한 것이다.

129) Questions and Answers to Things Chinese, Canton, 1850, 'Introducing Remarks', 저자 미상. 대영도서관 소장.

이 때문에 『중국사물답문』은 주제에 따라 분류되어 있으며, 주제를 선정할 때 당시 외국인, 특히 선교사들의 관심사를 반영하였다. 지피지기면 백전백승이듯 선교사들은 먼저 중국인의 신앙과 종교를 이해하고자 했다. 여기에는 '유교의 종교 체계와 특색', '불교의 교의(敎義)와 유파', '도교의 교의와 유파', '신(神)과 귀(鬼)', '윤회관' 등과 같은 주제가 포함되어 있다. 매 페이지는 좌우 두 부분으로 나뉘는데, 우측에는 광동어 회화, 좌측에는 이 구절의 영문 번역문이 덧붙여있다. 다음은 '유교의 종교 체계와 특색'의 중국어 부분에서 발췌한 것이다.

> 중국에서 유교 · 불교 · 도교는 어떻게 구별됩니까?
> 유(儒)는 학자를 지칭하고 그래서 유교라고 합니다. 공자를 스승으로 받들기 때문에 성교(聖敎)라고도 합니다. 요즘의 지식인들이 바로 유교입니다.[130]

이 밖에 '교육과 과거', '중국 정부', '성 정부(省政府)', '의약', '중국의 혼인 풍속', '형벌' 등과 같은 제목도 있다.

선교사들의 요구에 부응한 자료 이외에 비즈니스 회화도 당시에 어느 정도 시장성을 가지고 있었다. 『월음지남(粵音指南)』에는 광동성 · 홍콩 · 마카오 사회와 상업 현황에 대한 내용이 매우 상세하다. 런던 대영도서관에 『월음지남』 판본 두 종류가 소장되어 있다. 이 중 더 이른 시기의 판본은 그 연도가 확실하지 않다. 그런데 내용 가운데 임술년 회시(會試)를 언급하고 있는 것이 보이는데, 그 해가 동치 원년(1862)일 것으로 추정된다. 따라서 『월음지남』은 동치 연간 이후에 편찬 · 출판되었을 것으로 추정할 수 있다. 이보다 늦게 나온 판본 『정정월음지남(訂正粵音指南, *Guide to Cantonese*)』은 웰스(H. R. Wells)가 1930년 홍콩

---

130) *Questions and Answers to Things Chinese*, p.1.

에서 출간하였다. 그는 '펑루팅(Fung Iu Ting)'이라는 중국 사람의 도움을 받아 '*Kuan Hua Chih Nan*'을 광동어로 개편해서 출판한 것임을 분명히 밝히고 있다. '*Kuan Hua Chih Nan*'은 『관화지남(官話指南)』을 가리킨다. 필자가 본 최초의 판본은 광서 7년(1881)의 것인데, '명치(明治) 14년'이라는 연도가 표기된 것으로 보아 일본에서 출판된 것으로 추정된다.[131] 어떤 교회가 광서 34년(1908) 상해에서 간행한 『토화지남(土話指南)』의 서문에는 다음과 같은 내용이 기록되어 있다. "『관화지남』은 원래 동양인 오군(吳君)이 편찬한 것이다. '응대할 때 알아야 할 사항[應對須知]', '관리와 상인의 화술[官商吐屬]', '명령할 때 쓰는 말[使令通語]' 등으로 내용이 구분되어 있는데, 관화에 뜻이 있는 사람들이 처음 배울 때 도움이 된다. 사제(司祭)[132] 가운데 동군(董君)이 책을 보고 좋아하여 프랑스어로 번역하고 서양의 음을 달았으며, 변별하기 어려운 곳에 주석을 달았다. 서양 선교사들은 중국에 올 때 이 책을 입문서로 삼아 먼저 소리 내서 읽고 외웠다. 그러나 상해의 선교사들의 경우, 그것을 사용할 수 없어 매우 유감스럽게 생각하였다. 모두들 상해 방언으로 번역하고 싶어 하였다. 나는 여러 사람들의 의견에 따라 원본을 방언으로 번역하였다. 그 가운데 몇몇 성(省)·군(郡)의 명칭을 번역하기가 쉽지 않아서 원본의 지명을 조금 고쳤다."[133] 이와 같은 사실을 고려해 볼 때 광동의 『월유지남』과 상해의 『토화지남』은 모두 그 이전에 일본에서 간행된 『관화지남』을 저본으로 하였으며, 개편자는 선교사 아니면 외국인이라고 추정할 수 있다.

---

131) 『官話指南』, 1881, 출판지역 미상. 옥스퍼드대학 중국연구소 도서관 소장. 케임브리지대학 도서관에도 동일한 판본이 소장되어 있다.

132) [역주] 원문에는 '사탁사(司鐸師)'라고 되어 있다. 이는 천주교 신부의 정식 품계 중 하나로 사제를 가리킨다.

133) 『土話指南』, 「序」, 上海土山灣慈母堂 제2차 인쇄, 1908.

19세기 말에 광동어 교재를 비교적 많이 출간한 이로는 제임스 다이어 볼(James Dyer Ball, 1847~1919)[134]을 꼽을 수 있다. 그의 책들은 당시 상당한 인기를 끌었던 듯하다. 『광부화 쉽게 배우기(易學廣府話, *Cantonese Made Easy*)』는 광서 9년(1883) 홍콩에서 출판되었고, 광서 14년(1888)에 재판되었다. 광서 18년(1892) 그는 다시 『광동어 어휘 쉽게 배우기(易學廣東話詞彙編, *Cantonese Made Easy Vocabulary*)』를 출간하였다. 이 책은 홍콩·상해·싱가포르·요코하마 등지에서 간행되었고, 1908년에 재판되었다. 볼은 광동성 각 지역의 광동어의 차이를 고찰하여 당시 공인된 표준 광동어가 서관화(西關話)[135]라는 사실을 알아냈다. 1901년에는 순덕말과 광주말의 발음·양사·조사의 용법상 차이를 비교한 『순덕방언(順德方言, *The Shun-Tak Dialect*)』을 간행했다. 그는 다음과 같은 점에 주목하고 있다.

> 남해는 순덕과 가장 인접한 현의 하나이다. 그러나 일반적으로 남해말은 '억세고', 순덕말은 비교적 '부드럽다'고 여긴다. ……
> 서로 다른 광부화와 성도(省都)에서 사용하는 표준 광부화 간의 차이에 비한다면, 순덕말과 광주말의 차이는 그다지 크지 않다. 그러나 순덕말과 서관말의 차이는 충분히 구별해 낼 수 있다.[136]

광동어 선교서적과 광동어 학습교재를 편찬할 때 자체(字體)와 자음

---

134) [역주] 제임스 다이어 볼(James Dyer Ball)은 광동에서 태어난 중국학자이다. 홍콩에서 35년 동안 공무원으로 근무하였다.

135) [역주] 서관(西關)은 근대 시기 서양의 문화가 유입된 중요한 창구로, 영남문화의 발원지 중 하나이자 광부문화의 기지이다. 서관화는 광주시 서관 지역에 거주하는 주민들이 사용하는 언어이다. 광동어는 광주화를 표준으로 삼으며, 광주화는 서관화를 기준으로 삼는다.

136) James Dyer Ball, *The Shun-Tak Dialect*, 1901, Hong Kong: China Mail Office, pp.7~8, 대영도서관 소장. 인용한 원문은 영어로 된 것을 필자가 번역한 것이다.

(字音)을 어떻게 표준화시킬 것인가라는 문제가 자연히 대두되었다. 외국인이 편찬한 여러 광동어 사전은 이와 같은 시대적 요구에 부응하여 출현한 것이다. 함풍 5년(1855) 런던 선교회가 홍콩에서 간행한 『초학월음절요(初學粵音切要)』에서는 '자주 쓰는 상용자를 망라하여 광동어 발음으로 표기했다'고 명기되어 있다. 이듬해인 1856년에는 선교사 사무엘 웰즈 윌리암스(Samuel Wells Williams, 1812~1884)[137]의 『광동어 성조 사전(粵語語音字典, *Tonic Dictionary of the Chinese Language in the Canton Dialect*)』이 출간되었다. 당시 서양 사람들은 심사숙고하여 광동어 사전을 편찬했으며, 최대한 중국의 원래 기준을 참고하였다. 예를 들면, 동치 12년(1873) 홍콩에서 간행된 『포켓 영어 광동어 사전(袋裝英粵字典, *English and Cantonese Pocket Dictionary*)』의 편찬자 존 차머스(John Chalmers)[138]는 다음과 같이 설명하고 있다.

> '唔'(m) · '嘅'(ke) · '冇'(mo)와 같은 일부 상용자는 공인받지 못하였거나 일부 지역에서만 사용되는 글자이다. 대부분의 경우에 나는 이 글자들을 고문자의 '不' · '之' · '無'로 대체했으며, 자음은 방언의 독법에 의거하여 표기했다.[139]

이와 마찬가지로 광서 3년(1877) 홍콩과 런던에서 출판된 『광동어 사전(粵音字典), *Chinese Dictionary in the Cantonese Dialect*)』의 편

137) [역주] 중국명은 웨이싼웨이(衛三畏)이다. 19세기 초 미국에서 중국에 온 선교사로, 언어학자이자 중국학자이다.

138) [역주] 청대 후기 런던 선교회에서 파견된 기독교 선교사이다. 1866년 홍콩에서 『중국어의 기원(*The origin of the Chinese*)』를 출간했다.

139) John Chalmers, *English and Cantonese Pocket Dictionary*, Hong Kong: Chinese Printing & Publishing Company, 1873, 제4판 설명. 인용문은 원래 영문인데, 필자가 번역했다.

찬자 에른스트 요한 아이텔(Ernest John Eitel, 1838~1908)[140]도 당시 광주에서 통용되던 일부 사전과 운서를 참고하여 신중하게 사용하였다. 그는 서언에서 이렇게 설명하고 있다.

> 1856년 광주에서 출판된 『월어어음자전』은 1877년에 이미 절판되었다. 따라서 이 지역의 자전 『Fan Wan』[141](Fan Wan은 '분운(分韻)'의 음역일 것이다—인용자)을 토대로 편찬하였다. ……
>
> 『Fan Wan』의 저자는 결코 언어와 문학을 목적으로 편찬하지 않았다. 따라서 이 책은 성도(省都)에서 사용되는 광동어의 정확한 성조와 독음을 제공하지 못한다. 이 책이 제공하는 것은 사실상 남해 일대의 성조와 독음이다. 이 책은 성조와 독음 문제를 세심하게 다루지 않았는데, 그것은 다만 순전히 상인들을 위해서 편찬한 책일 뿐이다.[142]

이체자(異體字)를 처리할 때 아이텔은 중국의 표준을 응용했다.

> 이체자의 경우에는 『강희자전(康熙字典)』을 표준으로 삼아 가장 공인된 것으로 표기하였다. 글자가 옛날 형태이거나 일부 지역에서만 통행되거나 간화(簡化)된 경우에는 표준 자체의 우측에 병기하고 괄호로 표시하였다.[143]

---

140) [역주] 일본에서 중국으로 파견된 선교사이다.

141) 여기에서 언급한 '『Fan Wan』'은 아마도 건륭 연간에 출판한 『강호척독분운촬요합집(江湖尺牘分韻撮要合集)』 중에 있는 「분운촬요(分韻撮要)」(廣州翰寶樓, 서문은 1782년)를 가리키는 것으로, 이 책은 시를 짓기 위해서 편찬된 운서이다. 이 합집은 후에 재간행되었다. 필자가 본 것은 최소한 함풍 연간과 민국 시기의 판본이다. 『일본현존월어연구서목』에 따르면, 1850년대쯤 광주에서 『분운촬요』라는 책이 출판된 적이 있다. 저자는 주관산(周冠山)으로 아이텔이 언급한 자와 동일한 인물인지는 모르겠다.

142) Ernest John Eitel, *A Chinese Dictionary in the Cantonese Dialect*, London: Trubner & Co., Hong Kong: Lane, Crawford & Co., 1877, pp.vii~viii. 인용문의 원문은 영문을 필자가 번역한 것이며, 약간 의역했다.

143) Ernest John Eitel, *A Chinese Dictionary in the Cantonese Dialect*, p.ix.

서양 사람들이 실제적인 필요 때문에 편찬한 광동어 사전이 중국 역사상 광동어가 주체가 된 최초의 사전이 된 셈이다. 이전에 중국인들이 광동어로 사전과 비슷한 서적을 편찬하지 않았던 것은 아니다. 하지만 그것은 기껏해야 흥미 본위의 단어집, 시를 쓰기 위해 만든 운서, 관화학습용 사전으로, 광동어의 자체와 독음을 표준화하는 데에는 많은 노력을 기울이지 않았다. 그중 예외적인 사건이 민국 원년에 발생했다. 어떤 사람이 "최근 중국 혁명으로 인하여 성도의 교사들이 가르치거나 의원들이 논쟁하고 관청에서 회담할 때 모두 광동인을 채용하고 광동말을 쓴다. 따라서 어떤 현이나 향을 막론하고 성화(省話)를 배우는 것을 가장 중요시 한다"는 것을 목격하였다. 그리고 오로지 신회(新會) 사람들의 수요를 겨냥하여 『성화팔성칠절(省話八聲七絶)』을 편찬하였다. 그는 사람들이 "성도로 진출했을 때 학계 · 정계 · 상공업계를 막론하고 말을 하면 오해가 생기고, 시골뜨기 촌놈이라고 비웃음을 당하는 일이 생기지" 않기를 바랐다. 그러나 『성화팔성칠절』의 저자는 이 참고서를 편찬할 때 여전히 문언문을 사용하고 있으며, 게다가 7언 절구(絶句) 형식으로 가르치고 있다.[144)]

중국의 사대부와는 달리 광동어로 선교 간행물이나 언어 서적을 편찬한 서양인들은 '문언이야말로 정통'이라는 고정관념에 얽매이지 않았기 때문에 더 통속적이고 더 진정한 광동어를 쓸 수 있었다. 상대적으로 광동인들이 창작한 수많은 광동어 문학작품에는 종종 문언과 백화가 섞여 있었다. 서서와 월극 극본이 문언문으로 창작되었지만, 낭독자와 연창자가 이것을 광동어로 풀어서 말하는 것이 전혀 어렵지 않다는 점이 중요한 원인으로 작용했을 것이다. 이 밖에도 로마자를

144) 佩韋居士 編, 『省話八聲七絶』, 會城藝新印務局, 1912. 인용문은 『학화수지(學話須知)』 1쪽과 『학화수지문답(學話須知問答)』 1쪽에 보인다. 이 자료는 루훙지(陸鴻基) 교수가 제공해 주었다.

사용하고 있던 서양인들은 광동어 사전 및 다른 중국어 사전을 편찬할 때 자연스럽게 로마 자모를 이용하여 발음을 표기하였다. 19세기 광동·홍콩·마카오를 근거지로 활동하던 서양 선교사들이 광동어 방언 문학의 새로운 장을 열었을 뿐 아니라, 한어병음 운동의 선구자적인 역할을 담당했다고 할 수 있다. 하지만 안타깝게도 선교사들의 출판물은 당시 중국인 사회에서 널리 유통되지 않았고, 이후에도 애써 보존하고자 하는 사람이 많지 않았다. 오늘날 국내외 도서관 여기저기 흩어져 있는 자료들도 그중의 작은 편린에 불과할 뿐이다.

내 손은 내 입이 말하는 대로 쓴다

문언문이 주도하던 시대에 광동의 문인들은 국가 엘리트로서 자신의 신분을 드러내기 위해 광동 방언으로 창작한 문장과 서적을 '문화'의 일부로 간주하지 않았다. 목어서·남음·함수가·월구·월극 등 광동어 문체는 종류가 매우 많지만, 결코 세련된 오락의 범주에서 벗어나지 않았다. 이런 상황은 19세기 마지막 10년에 이르러서야 바뀌게 되었다. 청 말 신정(新政)이 시행되면서 각 지역에서는 국민교육을 확대하기 위한 목적으로 백화로 신문을 발행하고 교과서를 집필하자는 주장이 제기되었다. 광서 24년(1898) 무석(無錫)을 필두로 백화로 쓰인 신문이 발행되기 시작했다. 뒤이어 상해·장사·안휘·강서·북경·항주·소주·조주, 심지어 몽고에서도 백화 신문이 발간되었다.[145] 상해 표몽서국(彪蒙書局)이 광서 29년(1903)에 출판한 백화

145) 청 말 백화 사용을 제창한 풍조에 관해서는 다음의 자료를 참고하라. 譚彼岸, 『晚淸的白話運動』, 武漢: 湖北人民出版社, 1956 ; 李孝悌, 「胡適與白話運動的再評估一從淸末的白話文談起」, 『胡適與近代中國』, 臺北: 時報文化出版社, 199

교과서는 백화로 성인(聖人)의 말씀을 번역하여 성인 모독의 혐의를 쓰고 청 정부로부터 금지처분을 받기도 했다.[146] 그러나 청 정부의 하급 관료, 특히 군인들은 북경 백화를 사용하여 정부 공문서를 작성하는 것이 일찍부터 일반화되어 있었다.[147]

백화 창작을 촉구한 청 말 광동의 지식인 가운데 황준헌(黃遵憲, 1848~1905)[148]과 량치차오(梁啓超)가 가장 유명하다. 황준헌은 객가인으로 무술유신운동의 핵심적 역할을 하였다. 황준헌의 유명한 시 구절 '내 손은 내 입에서 나오는 대로 쓴다'[149]는 객가어와 문언으로 시와 동요를 창작하는 실험 과정에서 얻은 성과물로서, 민국 시기에 백화문 운동을 추진한 사람들은 이를 구호로 사용하였다. 한편, 량치차오는 대중들에게 영향을 미치는 강력한 도구라고 생각하여 백화 소설을 특별히 높이 평가했다. 특히 그는 고심 끝에 쉬운 문언, 일본어, 기타 외래어를 결합한 문체, 즉 '신민체(新民體)'를 사용하여 많은 독자들에게 새로운 사상과 새로운 지식을 주입하고자 노력하였다. 하지만 광서제 앞에서 광동어 억양이 강한 관화로 말했던 량치차오는 '신민체'에는 어떤 광동어적인 요소도 집어넣지 않았다. 비록 광동어로

1, 11~42쪽.

146) 倪海曙, 『淸末漢語拼音運動編年史』, 上海: 上海人民出版社, 1959, 69쪽, 168~169쪽.

147) 譚彼岸, 앞의 책, 22쪽. 만청 시기의 백화간행물 관련 예들은 위에서 인용한 리샤오티(李孝悌)의 문장을 참고하라.

148) [역주] 자는 공도(公度). 광동 가응(嘉應) 사람이다. 외교관, 계몽사상가, 시인이나. 일본, 영국 참찬(參贊), 미국, 싱가포르 총영사를 역임했으며 서양의 선진 사상과 일본의 메이지유신의 성과를 중국에 이식하려고 노력하였다. 저서로는 『일본국지(日本國志)』, 『일본잡사시(日本雜事詩)』 등이 있다.

149) [역주] 황준헌의 시 「잡감(雜感)」에 나오는 구절이다. 그는 "내 손은 내 입에서 나오는 대로 써야지, 옛 것에 어찌 얽매이랴!(我手寫我口, 古豈能拘牽!)"라는 구호를 내걸고, 과거 전통적인 시단의 의고주의에 반대하였다. 시에 속어와 신조어 등을 자유롭게 활용하면서 현실 생활을 반영할 것을 주창한 '시계 혁명(詩界革命)'을 이끌었다.

몇 개의 극본을 창작한 경험이 있었지만 말이다.

백화운동의 제창자 황준헌과 량치차오의 영향력이 읽기 능력과 사상적 수준이 높은 지식인들에게만 제한적으로 미쳤다고 한다면, 광동어로 교과서를 편찬하고 부녀자와 아이들에게 영향을 끼친 진정한 실천가는 캉유웨이의 학생 천쯔바오(陳子褒, 1862~1922)였다. 신회현에서 태어난 그는 만목초당(萬木草堂)에서 수학했지만, 무술유신운동의 핵심 세력은 아니었다. 유신변법이 실패로 끝난 후 사건에 연루되는 것을 피하고자 그는 일본으로 망명했다. 거기에서 그는 일본의 신식 계몽교육을 직접 목도하고, 당시 일본의 유명한 신식 계몽교육자 후쿠자와 유키치(福澤諭吉, 1835~1901)에게 가르침을 청했다. 귀국 후 광서 29년(1903) 마카오에서 사숙(私塾)을 열고 1918년에 홍콩으로 이주하였다.150)

천쯔바오는 교육에 관한 일련의 논문들에서 신식 계몽교육과 백화쓰기를 주장하였다.

> 말을 할 때 아속(雅俗)은 상관없다. 사람들이 모두 이해하는 말을 '속', 사람들이 모르는 말을 '아'라고 한다. 열 사람 중에 한두 명만 알면 그것도 또한 '아'이다. 오늘날 매우 우아한 말은 옛사람들이 살았던 당시에는 모두 속된 말이었다. 오늘날 사용하고 있는 매우 속된 말도 오랜 세월이 흐르면 우아하다고 부르게 될 것이다.151)

그런데 최초로 광동어 교과서를 편찬한 사람은 천쯔바오가 아닐 가

---

150) Bernard Luk Hung—Kay, "Lu Tzu—Chun and Ch'en Jung—Kun: two exemplary figures in the ssu—shu education of pre—war urban Hong Kong", in David Faure, James Hayes, Alan Birch(eds.), *From village to city: studies in the traditional root of Hong Kong society*, Hong Kong: Centre of Asian Studies, University of Hong Kong, 1984, p.127.

151) 陳子褒, 「俗話說」, 『教育遺議』, 香港, 1952.

능성도 있다. 천쯔바오 이전에 남해 사람 마이스즈(麥士治)가 백화로 『서경(書經)』과 『시경(詩經)』을 번역해서 각각 광서 19년(1893)과 20년(1894)에 출간하였다. 그는 당시 해관(海關) 관원으로 근무하면서 백화로 글을 쓰는 데 뜻을 두었다. 이는 그가 해관에서 근무하여 사상이 비교적 개방적이었던 것과도 관련이 있을 것이다.[152] 천쯔바오의 새로운 점은 백화로 교과서를 집필했을 뿐 아니라, 교과서의 내용도 전통적인 계몽교육의 틀을 완전히 벗어나 있다는 것이다. 그가 편찬한 『부유삼사오자서(婦孺三四五字書)』는 주강 삼각주 일대에서 유행했으며, 1911년에는 광동인이 많이 거주하던 상해에서도 출판되었다. 1980년대 한 연구자가 홍콩에서 당시 천쯔바오가 집필한 교과서로 공부했던 노인들을 여러 차례 인터뷰한 적이 있다. 그 연구자가 교과서에 있는 몇몇 구절을 언급하자 그들은 곧 낭랑한 목소리로 읊기 시작했다. 전국의 천만 학동(學童)들이 "새벽이 밝아 오면 일어나서 마당을 청소하자"라고 읽고 있을 때, 광동의 부녀자와 아이들을 위해 특별히 만들어진 천쯔바오의 교과서는 "아침에 일어나면 침대에서 내려가세요. 먼저 물을 뿌리고 마당을 쓸어요", "옷은 자주 빨아야 하고, 신발은 빨리 헤지지 않도록 하세요."라고 되어 있었던 것이다. 그러니 어찌 이목이 새롭지 않았겠는가! [153] (그림 3.4 참조)

이런 교과서를 통해 천쯔바오는 부녀자와 아이들에게 일상생활의 지식을 가르칠 뿐만 아니라, 더 나아가 그 속에서 애국주의를 고취하고자 하였다. 이 때문에 광동어로 부녀자 및 아동용 교과서를 편찬한

152) 필자가 본 20세기 초 출판된 광동어로 풀어쓴 유가 경전으로는 1916년 량잉린(梁應麟)이 홍콩에서 출판한 『월동백화양맹천해(粤東白話兩孟淺解)』도 있다.

153) 陳子褒, 『婦孺三四五字書』, 廣州, 광서 26년판. 천쯔바오가 광동어로 교과서를 편찬한 역사에 대해서는 왕치러(王齊樂)의 『홍콩중문교육발전사(香港中文教育發展史)』(香港: 波文書局, 1983)와 앞에서 인용한 베너드 루헝지(Bernard Luk Hung-Kay)의 논문을 보라.

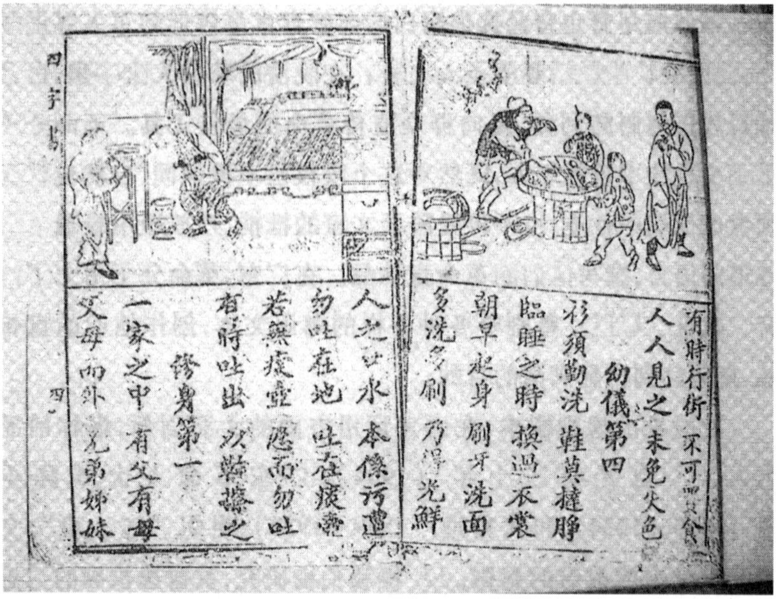

그림 3.4 천쯔바오의『부유삼사오자서』
–만청 시기 부녀자 및 어린아이용 광동어 교과서의 선봉

그였지만, 학생들이 중학 과정에 들어서 국어를 배워야 한다고 생각했다. 그래서 광서 26년(1900)과 광서 33년(1907)에 국어를 널리 보급하려는 목적으로『소학석사국어월어해(小學釋詞國語粵語解)』를 출간하기도 했다. 이를 통해 광동어 방언을 활용하여 계몽 교육을 추진했지만, 청 말 애국주의의 분위기 속에서 국어 통일을 실현하는 것이 그의 보다 심원한 목표였음을 알 수 있다.

청 정부는 백화를 사용하여 교육 수준이 비교적 낮은 군인들에게 정령(政令)을 알리고 설명하기를 제창했으나 그러면서도 줄곧 백화가 성인의 말씀을 모독한다고 여겼다. 만청 혁명가들은 백화가 봉건제도를 공격하는 강력한 무기이자 대중들에게 혁명을 선전하는 가장 좋은 도구라고 생각했다. 혁명가 중에는 학식이 있고 예절에 밝은 사람들

이 많았지만 만주족 정권을 더 이상 인정하지 않았다. 그들은 관직 생활에 연연할 필요가 없었기에 더 이상 문언에 구속받지 않고 대담하게 가장 통속적이고 지역적 색채가 강한 언어로 혁명 선전물을 썼다. 광동의 혁명가들은 남음·용주·월구·월극 등 각종 광동어 텍스트를 이용하여 선전물을 창작하고 청 정부를 전복시키고자 했다.

이 시기의 월극 극본은 언어 운용 면에서 전무후무할 정도로 대담한 혁신을 이루었다.[154] 광서 30년(1904)부터 천사오바이(陳少白, 1869~1934)와 황루이(黃魯逸, 1869~1926) 같은 광동의 혁명가들은 '지사반(志士班)'[155]을 조직하여 청 정부를 비판하는 내용의 월극을 전문적으로 상연했다.[156] 라이보장(賴伯疆)의 연구에 따르면, 황루이가 이끄는 '지사반'은 광동어로 상연하였다. 중원음을 완전히 대체하여 광동어로 월극을 공연하는 진정한 선구자 역할을 하였다.[157] '신민체'를 주창한 량치차오는 어떤 학교의 음악회 파티 프로그램으로 월극의 구조(舊調)와 구식(舊式)을 이용한 '통속 정신교육 신극본(通俗精神教育新劇本)'인 「반초가 서역을 평정하다(班定遠平西域)」[158]를 창작하였다. 거기에 흉노족 사자(使者) 역할로 나오는 배우가 부르는 창사(唱詞)는 놀랍게도 광동어·영어·일본어 세 가지가 혼용되어 있다.

---

154) 阿英, 『滿淸文學叢鈔: 說唱文學卷』, 北京: 中華書局, 1960, 400~508쪽 ; 阿英, 『反美華工禁約文學集』, 上海: 中華書局, 1962, 675~686쪽.

155) [역주] 광주 지역의 노동자, 기자, 학생들은 월극을 이용하여 혁명의 정당성을 선전하고 민중들을 일깨우고자 했는데, 이러한 희곡개량운동을 추진한 조직을 '지사반'이라고 한다. '지사'는 곧 혁명지사를 가리킨다.

156) 馮自由, 『革命逸史』, 第2册, 臺北: 商務印書館, 1969, 237~242쪽.

157) 賴伯疆, 黃鏡明, 『粵劇史』, 27쪽.

158) [역주] 반정원(班定遠)은 반초(班超)를 가리킨다. 그는 서역에서 30년 동안 체류하며 서역 국가들을 한 제국에 복속시켰다. 그 공을 인정받아 정원후(定遠侯)에 봉해졌다.

(작은 징과 북. 수염이 덥수룩하고 큰 키에 예복 한쪽에 보성(寶星)을 단 흉노 흠차대신(欽差大臣)[159]으로 분장한 자가 교만한 모습으로 등장한다. 쥐 수염에 안경을 끼고 평범한 양복을 입은 수행원으로 분장한 사람이 등장한다. 흠차대신이 몇 구절 노래한다) 나는 터키(Turky)족, 내 나라는 헝가리(Hungary)라네, 하늘의 옥황상제는 나의 가족(Family), 지하국왕은 모두 나의(嘅) 아이(Baby). 오늘 너의(呢個) 나라(Country)에 왔으니 (손가락을 세우는 동작을 한다) 위풍당당한 흠차대신은 정말로 멋지구나(Proudly). 우습게도 상사는 미쳐(Crazy), 호랑이 머리 위에서 놀아(To play)보고 싶어. (화내는 모습을 하며) 내가 듣자하니 매우 화가 난다(Angry), 에이(呸)! 설마 내가 너희 중국(Chinese)을 무서워하겠니? 설마 내가 너희 중국(Chinese)을 두려워하겠니? (수행원이 몇 구절 노래한다) 나(オレ)는 흉노의(嘅) 부흠차대신(副欽差大臣). (손으로 흠차대신을 가리키는 동작을 한다) 저 사람(アノ)을 제외하고 내가 제일 위풍당당하지.(ライ) (발을 구르고 고개를 드는 모습을 한다) 하하 가소롭게도 중국(シナ)이 협상하기(ヘ(イ)タイ)를 바라면서 저 늙은 반초 녀석(ヤ(ッ)ッ)을 보내 귀찮게 하네(ウルサイ). 저 자(佢)는 아직 나(オレ)의(嘅) 명성이 얼마나 자자한지(タ(ッ)カイ) 못 들었으니(唔) 정말로 멍청하구나(オバカ咯オマヘ).[160]

천사오바이와 황루이는 또한 혁명 신문인 『중국일보』의 창간인이자 책임 편집장이기도 했다. 광서 26년(1900)에 발행하기 시작한 『중국일보』는 1904~1907년까지 문예란에 대량의 혁명 월구를 게재하며 청 정부를 비난하였다. 청 말에 조정을 비판하는 월구가 우후죽순처럼 창작되었다. 오늘날까지 전해지는 월구로는 광서 30년(1904) 광주와 상해에서 유통된 『진호창(眞好唱)』이 있다. 이 책에는 『광동보(廣東報)』, 『유

---

159) [역주] 칙명으로 파견되어 중대 사건을 처리하는 관리를 가리킨다.

160) 梁啓超, 「班定遠平西域」, 『新小說』, 19~21호, 1905년 8~10월. 梁啓超 著, 夏曉虹 輯, 『「飮氷室合集」集外文』, 下册, 北京: 北京大學出版社, 2005, 1289~1306쪽. 위의 인용문은 1294~1295쪽을 보라. 일부 구절이 일본어 가타카나와 광동어로 혼용되어 있다.

소위보(有所謂報)』, 『탄탕보(坦蕩報)』, 『양성보(羊城報)』, 『시민보(市民報)』, 『상해보(上海報)』, 『유일취보(唯一趣報)』 등 광동 · 홍콩 · 상해의 각종 신문에 실렸던 청을 반대하는 내용의 월구가 수록되어 있다.[161] 당시 사회적 병폐를 풍자한 월구를 게재한 신문으로는 광서 31년(1905)에 창간한 『미금화공거약보(美禁華工拒約報)』, 1905~1912년 광동성과 홍콩에서 유통되던 『시사화보(時事畵報)』, '황제(黃帝) 4608년'에 발간한 것임을 명시하며 더 이상 청조에 귀순하지 않겠다고 천명한 홍콩에서 간행된 『백화성뇌근(白話醒腦筋)』이 있다.[162] 광동성과 홍콩 지역에서 발간된, 혁명에 찬성하거나 호의적이던 간행물은 광동어를 사용하여 그 지역의 독자로 하여금 친근함을 느끼게 했을 뿐 아니라, 내용적인 측면에서 광동의 현실 상황을 반영함으로써 그들의 억울함을 표출하는 역할을 하였다.[163]

민국 시기가 도래하자 정치인과 지식인들 모두 새로운 국가 정치체제와 새로운 사회제도의 확립을 최우선 순위에 두었다. 백화문 운동은 본래 지역마다 그 지역의 백화를 사용하자는 것에서부터 점차 북경음을 표준으로 하는 한 종류의 백화만을 제창하는 것으로 변했다. 청 말 전국 각지에서 일어난 백화문 운동이 선도했던 백화제방(百花齊放)의 분위기는 점차 미약해졌다. 1922년 북양정부 교육부가 각 초등학교에 표준 백화로 편찬한 교과서를 통일적으로 사용하라는 명령

161) 딩서우허(丁守和)의 『신해혁명 시기의 간행물 소개(辛亥革命時期期刊介紹)』(北京: 人民出版社, 1987, 第4冊, 685~686쪽)에 따르면, 『시민보』는 1903년 광주에서 창간되었다. 1900년대 광주에는 『양성일보』, 홍콩에는 『광동일보』가 있었다. 『진호창』에서 언급한 『양성보』, 『광동보』와 동일한 것인지는 알 수 없다. 그 밖에 펑아이췬(馮愛群)의 『중국신문사(中國新聞史)』(臺北: 學生書局, 1967)를 참고하라. 다른 간행물에 대한 상황은 자세하지 않다.

162) 황제 기년(黃帝紀年)을 어떻게 계산할 것인지에 대해서는 아직도 여전히 논쟁 중이다. 쑹자오런(宋敎仁)은 황제 4603년은 서기 1905년이라고 주장한다.

163) 『眞好唱』, 卷3, 광서 30년(1904) 서문, 저자와 출판지역 미상. 2~4쪽, 12~13쪽.

을 내리자, 천쯔바오와 중국 각지에서 자체적으로 만든 백화 교과서는 국가정책과 맞설 수 없었으며, 상무인서관(商務印書館)과 같은 전국적 규모의 대형 출판사에서 발행한 교재와도 경쟁이 되지 않았다. 광동성의 상황은 다시 과거로 돌아가는 듯하였다. 한편으로는 교육과 문학에서 백화문 운동의 조류를 따라가지 못했으며, 다른 한편으로는 광동어 문학도 여전히 오락의 수준에 머물러 더 이상 발전하지 못했다. 방언 창작이라는 이 과제는 항전 시기 좌파 문인들이 대중어(大衆語)를 제창하면서 비로소 다시 진지하게 논의되기 시작했다.

소결: 방언과 국어

중국은 방언이 복잡하고 인구가 많은 국가이다. 각종 방언 문학은 입으로 대대로 전승되거나 책으로 출판되어 본래 상당수의 수용자를 확보하고 있다. 국내 대도시나 해외 여러 나라에 거주하는 광동인의 숫자가 적지 않아 광동어 출판물 시장의 규모는 결코 작지 않다. 하지만 시장의 잠재력만 가지고 광동어의 사회적 위치를 설명할 수는 없다. 상술한 내용을 통해 볼 때 광동어 창작물은 오락, 선교, 그리고 부녀자와 아동 교육의 범위를 벗어나지 못했음을 알 수 있다. 비록 여러 상황 속에서 광동어 텍스트가 가정이나 향촌 생활에서 일정한 역할을 담당했지만, 광동인을 포함한 중국인이 생각하기에 광동어 창작물은 주변부에 위치하고 있었다. 특히 지식인들이 광동어 문학 작품을 주변부라고 여기는 경향이 더 강했다. 중국은 방언이 복잡한 양상을 띠고 있는 나라이다. 정부는 효율적인 통치를 위해서 어떤 특정한 방언을 초월하는 행정언어를 발전시키고, 또한 각 지역의 관료들과 지식인들이 그것을 이용하고 수용하도록 해야만 했다. 지식인들도 이 행정언어를 숙련함으로써 정부와 국가에 대한 동질감을 표현하였다. 청조와 그 이전 시대에 이런 기능을 담당한 언어는 문언과 관화였다. 민국 시기에는 그것이 백화와 국어로 바뀌었다. 청 말부터 민국 시기까지의 과도기에 광동어를 포함한 방언은 유신혁명의 상징이 되었다. 혁명가들도 방언을 빌어 자신들이 건립하고 있던 새로운 국가 관념을 표현하였다. 하지만 일단 새로운 정치체제와 국가 관념이 확립되고 나면 어문과 언어는 모두 국가화 과정에 포섭되게 된다. 광동어와 다른 방언들은 이선으로 물러나 국어 아래에 놓일 수밖에 없었다. 그런데 흥미롭게도 방언의 전복성은 지식인들이 새로운 국가 관념을 확립하는 데 도움을 주었고, 방언의 알기 쉽고 친근한 특성은 프롤레타리아 대중이 새로운 국가 관념을 학습하는 데 일조했다는 역설적 현상이 존재한다. 하지만 정말로 국가가 건립되고 나면 방언의 전복성은 이 새로운 국가를 겨냥할 수 있기 때문에, 새로운 국가에서는 방언의 발전을 신속히 억압하여 줄곧 '방언'의 위치를 유지하도록 만든다.

제4장

영남 학술의 원류를 찾아서

■ 다른 성(省)의 지식인과 마찬가지로 광동의 지식인들은 자신들의 학술적 성취가 전국 제일이라는 점을 보여 주기 위해 성이나 지역 단위로 편찬된 문집, 인물 전기, 지방지와 같은 지방 문헌들을 통해 지역 문인들의 성취를 과시하였다. 또한 친족 관계를 구성하고 있는 족보처럼 학술적인 사승(師承) 관계를 추적하였다. 지역의 문집을 편찬하고 선현들을 찬양하면서 편찬자는 실제로 자신의 학술적 전통을 드러내고자 했던 것이다. 하지만 누가 이런 문집이나 진기에 수록될 자격을 가지고 있는가, 누가 광동문화의 성취를 대변한다고 말할 수 있는가 하는 점은 대부분 시대적 상황에 따른 편찬자의 선택으로 결정되었다. 마찬가지로 광동문화사를 편찬하는 주체는 이치상 당연히 당대 출판 자원을 장악하고 있는 지식인이다. 편찬자와 수록된 자의 관계, 문화 전통의 창조자와 문화 전승의 관계는 단지 동전의 양면에 불과했다. 이 장에서 필자가 논의하고자 하는 것은 청대 후기 어떤

사람들이 청 말 광동문화의 대변인이었는가 하는 점이다. 그들은 당시 어떠한 사회 정치적 상황에 직면해 있었는가? 그들은 어떻게 광동문화의 대변자로 인정받게 되었는가? 마지막으로 필자는 만청 시기 국가와 지방에서 발생한 사회 정치적 변화와 이 시기 새롭게 형성된 국가 관념이 어떻게 기존 광동문화 대변자의 권위에 손상을 주었는지를 검토하고자 한다.

영남 학술의 원류

예로부터 지금까지 많은 광동문화 연구자들은 영남지역에 '인재와 문화가 집결되어 있고' '문풍도 성행하였음'을 강조하곤 하였다. 하지만 다른 성 사람들이 생각하기에 광동은 본래 학술 문화의 낙후지였다. 광동 출신 학자인 굴대균(屈大均)은 "지금 세상에서 문장을 논하는 자는 반드시 광동을 언급한다"고 자신있게 말한다. 하지만 그도 "천하의 문명이 이곳에 이르러 극도로 발전하였다. 극도로 발전하려다 보니 그 출발은 늦었지만", "결국 세상을 비추는 빛이 되었다"[1]는 점을 분명히 알고 있었다. 명대 광동지역에는 구준(丘濬), 진백사(陳白沙), 담약수(湛若水), 황좌(黃佐) 등과 같은 유명한 학자들이 대거 출현하였다. 양명학은 광동지역에도 막대한 영향을 끼쳤지만, 청대 이후 특히 건륭(1735~1796)·가경(1796~1820) 시기에 고증학이 성행하면서 점차 쇠퇴하게 되었다. 도광 이전 광동의 문인들은 경학 분야에서 주목할 만한 성취를 거두지 못하였다. 동남 지역의 성들에 비해 광동은 학술적인 측면에서 전국적인 위치와 영향력을 가진 학자가 극히 적었고, 과거시

1) 屈大均, 『廣東新語』, 316쪽.

험에서도 뚜렷한 성과를 나타내지 못했다. 건륭 4년(1739) 황제는 전시(殿試) 장원인 장유공(莊有恭)이 광동 사람이란 걸 알고 매우 의아해하며, "광동은 외진 성인데 장원을 배출했단 말인가 하며 기뻐하였다."[2) 청 초부터 광동 각 지역에 적잖은 서원들이 건립되었다. 그중 제일 유명한 것으로는 강희 22년(1683)의 양성서원(羊城書院), 강희 49년(1710)의 월수서원(粵秀書院), 건륭 25년(1760)의 월화서원(越華書院) 등을 들 수 있다.[3) 감생(監生)이나 동생(童生) 자격을 가진 문인들이 서원에 입학하여 일정한 교과과정에 따라 과거시험을 준비하였다.[4) 하지만 광동의 문인들은 명대 선배들처럼 전국적인 학술 경연장에서 어떤 위치도 차지하지 못했다. 특수한 예외를 제외하고 전체적으로 광동 문인들은 강남 지역을 따라가려고 했지만, 그저 뒤를 따라가는 수준에 그쳤다.[5) 가경·도광 연간에 완원이 처음 양광총독으로 부임해 왔을 때 "광동의 학술은 복건성에 미치지 못한다"[6)고 생각했다. 그가 성에 학해당을 세우게 되면서 광동 학자들은 점차 전국 학술계에서 두각을 나타내었고, 과거의 문화적 낙후지라는 이미지에서 벗어나기 시작했다. 량치차오(梁啓超, 1873~1929)는 청대 광동의 학술사를 총결하면서 이렇게 평가했다. "당시 완운대(阮芸臺) 선생이 양광총독으로 있을 때 학해당을 설립해 문인들을 가르치니, 도광·함풍 연간 이후로 광동의 학

2) 『淸高宗純皇帝實錄』, 乾隆 4年, 卷90, 7쪽.
3) 각 서원에 관한 역사는 다음을 참고하라. 中國人民政治協商會議·廣東省廣州市委員會, 『廣州文化資料專輯, 廣州近百年教育史料』, 廣州: 廣東人民出版社, 1983, 15~19쪽 ; 光緒 『廣州府志』, 卷72, 12~14쪽.
4) 劉伯驥, 『廣東書院制度』, 臺北: 臺灣書店, 1958 ; Frederick Wakeman, *Strangers at the Gate: Social disorder in south China, 1839~1861*, Berkeley and Los Angeles: University of California Press, 1966, p.182
5) 청대 강남 학자들의 두드러진 위상에 관해서는 다음을 보라. Benjamin Elman, "Qing Dynasty 'Schools' of Scholarship", *Ch'ing-shih wen-t'i,* Vol.4, No.6, 1981, pp.1~44.
6) 王章濤, 『阮元年譜』, 合肥: 黃山書社, 2003, 686쪽.

술이 갑자기 홍성하게 되었다."[7] 량치차오는 광동의 학술이 홍성하게 된 것은 학해당의 설립에서 그 원인을 찾을 수 있다고 생각했던 듯하다.

량치차오가 이처럼 학해당을 높이 평가한 것은 청 말 학해당의 위치, 그리고 본인이 학해당과 밀접한 연관이 있었다는 사실과 관련이 있다. 청 말 유신변법으로 세상에 이름을 떨친 량치차오는 민국 이후에는 정치 문화적인 측면에서 더 큰 명성을 누렸다. 1924년 「근대학풍의 지리적 분포(近代學風之地理的分布)」에서 그는 광동의 상황을 언급하면서 함풍·동치 연간 최고의 명성을 누렸던 두 명의 학자, 즉 진례(陳澧, 1810~1882)와 주차기(朱次琦, 1807~1881)를 특히 극찬하였다. 진례는 학해당 학장을 지낸 바 있고, 주차기는 학해당 학장으로 초빙되었지만 거절하고 취임하지 않았다. 그는 고향인 남해현 구강향(九江鄕)에 직접 예산초당(禮山草堂)를 짓고 제자들을 가르쳤다.[8] 캉유웨이(康有爲, 1858~1927)도 주차기 문하에서 수업을 받았고, 량치차오는 학해당에서 전공 수업을 받은 학생이자 캉유웨이의 제자였다. 량치차오는 진례와 주차기의 2대 제자임을 과시하며 학해당의 학술적 위상에 대해서도 극찬하였다.[9]

진례·주차기의 학생들과 그들의 2대 제자들은 스승이 사망한 후 책을 내고 전기를 지어 그 명성을 더욱 확대 유지하였다. 진례는 학해당 학장으로 생전에 많은 저서를 출판한 바 있다.[10] 진례가 죽은

---

7) 梁啓超, 「近代學風之地理的分布」, 『飮冰室合集·文集』之四十一, 78~79쪽.

8) 구강향(九江鄕)에서 주차기의 위상에 관해서는 다음을 보라. 四川喜久子, 「珠江三角洲の地域社會と宗族·鄕紳一南海縣九江鄕のばあい」, 『中國關係論說資料』, 卷33, 3—1, 1991, 229쪽.

9) 梁啓超, 「近代學風之地理的分布」, 78~79쪽.

10) 다음과 같은 저서를 예로 들 수 있다. 『절운고(切韻考)』(1842), 『수경주서남제수고(水經注西南諸水考)』(1847), 『주자어류초(朱子語類鈔)』(1861), 『동숙총서(東塾叢書)』(1856), 『한유통의(漢儒通義)』(1858), 『성률통고(聲律通考)』(1858), 『신범

뒤 그의 일부 미간행 원고는 책으로 엮어 간행되었고 또 재판되었다. 진례의 유명한 『동숙집(東塾集)』은 그의 제자 요정상(廖廷相)이 동치 7~9년(1868~1870) 서당에서 공부할 때 명을 받고 편찬한 것이다. 스승이 세상을 떠난 후 요정상과 다른 제자들, 그리고 진례의 후손들이 교감하여 출판하였다.[11] 1천 책(册)이 넘는 그의 독서 필기는 공공기관과 개인, 서적상의 손에 흩어져 팔리고 필사되고 수정을 거치다가, 1920년대 영남대학에서 그 일부를 구입하면서 광동 학술단체에 의해 보존되었다.[12] 진례의 연보(年譜)는 학해당 전공 수료생인 왕자오융(汪兆鏞, 1861~1939)의 아들 왕쭝옌(汪宗衍)이 편찬했다. 왕쭝옌의 작은할아버지가 진례와 친분이 있어서 그의 부친인 왕자오융은 진례에게 학문을 배울 수 있었다. 그래서 "집안에는 진례 선생의 저술과 문물이 특히 많았다." 그가 편찬한 진례 연보는 1929년 『중산대학언어역사연구소주간(中山大學言語歷史研究所周刊)』을 통해 처음으로 출판되었고, 1935년에는 『영남학보』 광동 특집호를 통해 발표되었다. 이후 다시 수정과 증보 작업을 거쳐 1970년 대만의 문해출판사(文海出版社)에서 정식 출간되었다.[13] 주차기의 대부분의 원고는 그가 75

(申范)』(1867) 등.

11) 『동숙집』(廣州 菊坡精舍 光緒 18年版), 요정상의 서문을 보라. 이 밖에 진례의 『동숙독서기(東塾讀書記)』는 원래 초고만 있었는데, 진례가 세상을 떠나고 나서 광서 연간에 상해, 광주(廣州), 직예(直隸) 등지에서 각각 출판되었다. 1923년 상해 소엽산방(掃葉山房) 석인본(石印本)도 있다.

12) 진례의 유고가 유통된 상황에 대해서는 다음을 참고하라. 吳天任 編著, 『淸何翽高先生國炎年譜』, 臺北: 臺灣商務印書館股份有限公司, 1981, 155~158쪽. 영남대학에서 진례의 일부 유고를 구입한 사건에 대해서는 다음을 보라. 楊壽昌, 「陳蘭甫先生澧遺稿」, 『嶺南學報』, 第2卷 第3期, 1932, 174~214쪽. 양서우창(楊壽昌)은 1926년부터 영남대학 교수로 있었고 그 이전에는 풍호, 단계(端溪), 광아서원(廣雅書院)에서 공부했다. 광아서원 원장 량딩펀(梁鼎芬, 1859~1919)에게서 배웠는데 량딩펀은 진례의 학생이었다. 량딩펀의 생평은 다음을 보라. 吳天任, 『梁節庵先生年譜』, 臺北: 藝文印書館, 1979.

세로 세상을 하직하던 순간에도 병으로 인해 완전히 다 완성하지 못한 상태였다. 그는 "원고를 마무리하기 어렵다는 것을 알고 결국 스스로 그 원고들을 불태우니 하루 동안에 다 타 버렸다."[14] 지금은 그의 제자였던 젠차오량(簡朝亮, 1851~1933)이 스승이 작고한 후 정리 출판한 『주구강선생집(朱九江先生集)』만이 겨우 남아 있을 뿐이다. 그의 연보도 젠차오량이 편찬하였다. 젠차오량의 제자 황제는 주차기의 도덕적인 글을 매우 추앙하였다. 그는 자신이 주편으로 있던 『국수학보』에 주차기의 글, 초상화, 남아 있는 필적(筆跡) 등을 연이어 게재하였고, 문집과 연보에 대한 광고도 실었다. 이는 주차기의 명성을 지속적으로 유지 확대하는 데 일조하였다.[15]

더 넓은 중국 학계의 범위 안에서도 진례와 주차기의 학술적 위치는 인정을 받았다. 그들은 모두 『청사(淸史)』「유림전(儒林傳)」에 수록되어 있는데, 광동 학자들 가운데 「유림전」에 수록된 사람은 거의 몇 명 없다. 민국 시기 쉬스창(徐世昌)이 편찬한 『청유학안(淸儒學案)』에 수록되어 있는 광동의 학자는 겨우 3명뿐이다. 한 사람은 학해당의 초대 학장 임백동(林伯桐, 1775~1845)이고 나머지 두 사람이 바로 진례와 주차기이다.[16] 학해당과 관련이 있는 학자들의 명성은 다른 지방 문집의 편찬을 통해서도 계속 이어졌다. 청 말 광동 출신의 진사 우다오룽(吳道鎔, 1875~1936)은 민국 이후 유로(遺老)의 신분으로 홍콩에 은거하며 『광동문징(廣東文徵)』과 『광동문징작자고(廣東文徵作者

13) 汪宗衍, 『陳東塾(澧)先生年譜』, 臺北: 文海出版社, 1970, 143~144쪽.

14) 簡朝亮, 「朱九江先生年譜」, 『朱九江先生集』(光緖 19년 서문), 卷首之二, 臺北: 臺灣商務印書館, 1977, 41쪽.

15) 예를 들어 『국수학보』 제3년 제3호(광서 33년)의 '찬록(撰錄)'에는 주차기의 5편의 글과 젠차오량이 쓴 「주구강선생집서」가 수록되어 있다. 제4권 제5호(광서 34년)에는 『주구강선생집』과 『주구강연보』에 대한 광고가 게재되어 있다. 제4권 제8호(광서 34년)에는 주차기의 초상과 그가 남긴 필적이 게재되어 있다.

16) 徐世昌, 『淸儒學案』, 卷132, 臺北: 世界書局, 1979年 重印本, 171, 174~175쪽.

考)』를 편찬하였다. 『광동문징』은 역대 유명한 광동 학자들의 작품을 수록하고 있는데, 그중 가경부터 선통 연간의 인물은 183명이다. 이들 183명 중 학해당 학장이나 학생들이 3분의 1을 넘는다. 또한 도광 연간 학해당이 성립된 후 1903년 폐지될 때까지 학장을 맡았던 총 55명 가운데 44명의 작품이 『광동문징』에 수록되어 있다. 우다오룽 자신이 학해당 학생이자 마지막 학장을 역임하였기에 학해당에 대한 특별한 애정을 가지고 있었음은 이해하기 어렵지 않다.[17]

20세기에 접어들어 광동 학술 문화계에서 진례와 주차기의 영향력은 매우 두드러졌다. 구식 교육을 받은 사람들 중에 두 사람을 모르는 이가 없었다. 1920년대 대산(臺山) 사람인 천치서우(陳其壽)는 사위에게 편지를 써서 이렇게 말하였다.

> 『주구강선생집』을 자네에게 주네. 내 나이 24살 때 이 책을 읽은 후 양성서원에서 몇 차례 구매하려고 했지만 구하지 못하여 유감으로 생각하고 있었지. 지금 이 책을 얻었으니 진귀한 보물보다 귀하다고 할 수 있네. 주 선생은 반우의 진란보(陳蘭甫) 선생과 함께 근대 우리 광동의 유명한 학자라네. 진 선생은 고증과 문학을 말씀하셨는데 박학다식하면서도 핵심을 알고 계셨지. 주 선생은 경제와 도리를 말씀하셨는데 말씀하신 것들이 다 실행할 만한 것들이었다네.[18]

---

17) 우다오룽이 1936년 세상을 떠난 후 『광동문징』과 『광동문징작가고』를 장쉐화(張學華)가 보완 수정하였다. 『광동문징작가고』는 1941년에 연인본(鉛印本)으로 출판되었고 『광동문징』은 1948년 광동성 문헌위원회가 철판에 등사하여 81권으로 정리하고 27책으로 묶었는데 겨우 9부만 인쇄하여 세상에 전해지는 것이 드물다. 그 후 홍콩 주해서원(珠海書院) 출판사 위원회에서 다시 전사·교감하고 6책으로 만들어, 1977년 영인본으로 출판하여 『광동문징』은 비로소 비교적 널리 전해지게 되었다. 상세한 내용은 다음을 보라. 江茂森, 「影印廣東文徵序」, 『廣東文徵』, 香港: 香港珠海書院出版委員會, 1977.

18) 陳其壽, 『靜觀齋文存』, 卷2, 臺城西華印書館, 1927, 31쪽.

천치서우는 이름이 널리 알려지지 않은 사람이지만, 무심결에 이루어진 이런 일상적인 한담을 통해 진례와 주차기 두 사람이 광동지역에서 사람들에게 얼마나 지대한 영향을 끼쳤는지 알 수 있다. 이후 1940년 광동의 주요 학자와 정객(政客)들이 '광동문물전시회'를 개최하면서 논의하였던 주제 중 하나는 학해당의 학술 전통과 주차기의 학술 전통 중 어느 것을 영남 학술의 정통으로 삼을 것인가 하는 문제였다.[19] 이를 통해 다음과 같은 사실을 알 수 있다. 즉 도광 연간부터 청 말에 이르기까지 학해당은 광동지역에서 주도적인 위치를 차지하고 있던 학술 기구였다. 학술계의 수장으로 진례와 주차기를 들 수 있는데, 청 말 민국 초기 광동 지식인들이 광동 학술 문화 전통을 어떻게 서술하고 있는지를 이해하려면 반드시 학해당부터 이야기를 시작해야 한다.

학해당 내부

학해당에서 강의를 시작한 것은 가경 25년(1820)부터였다. 도광 4년(1824) 건물이 완공되었는데 창립자는 당시 양광총독이었던 완원이었다.[20] 가경 22년(1817) 양광총독으로 재직하고 있던 완원은 그를 따

19) 『廣東文物』, 896쪽 ; 다음 필자의 논문을 참고하기 바란다. 「"嶺學"正統性之分歧—從孫璞論阮元說起」, 廣東炎黃文化研究會, 廣州炎黃文化研究會 編, 『嶺嶠春秋—廣州文化與阮元論文集』, 廣州: 中山大學出版社, 2003, 231~244쪽.

20) 학해당 창립 역사와 초기 학술 경향에 관해서는 다음을 참고하기 바란다. 容肇祖, 「學海堂考」, 『嶺南學報』, 第3卷, 第4期, 1934 ; Benjamin Elman, "The Hsueh—Hai T'ang and the Rise of New Scholarship in Canton", *Ch'ing—shih wen—t'i*, Vol, No.2, 1979, pp.51~82 ; 李緒伯, 『清代廣東樸學研究』, 廣州: 廣東省地圖出版社, 2001. 해외에서의 최근 학해당에 관한 연구는 스티븐 마일즈(Steven B. Miles, 麥哲維)의 박사논문이 가장 상세하고 깊이가 있다. Steven B. Miles, "Local Matters: Lineage, Scholarship and the Xuehaitang Academy in the Con

라 남쪽으로 온 몇몇 강남 학자들의 협조를 받아, 가경 23년(1818) 이홍빈(李鴻賓)과 함께 광동 통지(通志)의 편찬을 주청하였고 완원이 총재로 임명되었다. 그와 동시에 절강성에서 고경정사(詁經精舍)를 설립한 모델에 따라 광동지역 문인들을 끌어들여 학해당 건립에 착수하였다. 학해당이 설립된 시기는 광주와 서방 세계의 무역이 가장 번성하던 때였다. 대외 무역에 종사하던 상인들은 엄청난 재산을 모았다. 의식주 방면에서의 그들의 사치와 추구는 목도한 외국인들도 혀를 내두를 정도였다.[21] 이런 경제적인 토대는 문화 사업을 추진하는 데 당연히 큰 도움이 되었다. 실제로 학해당의 일부 경비는 아편 무역에 종사하던 상인 오숭요(伍崇曜, 1810~1863)로부터 나온 것이었다.[22] 그 밖에 학해당의 학자들도 상인들과 여러 형태의 교류와 관계를 맺고 있었다. 상인들의 화원은 당시 그 지역 문인들의 유람지였고 학해당 학장 진례의 부인은 유명한 상인 반유도(潘有度, Puankhequa II)의 딸이었다.[23] 아래에서 언급하겠지만 오숭요가 자금을 대어 출판한 문집들은 대부분 학해당 학장 담영(譚瑩, 1800~1871)이 편찬한 것이었다.

청대 고증학의 대가 완원의 부임은 청 왕조가 들어선 이후 광동 학

struction of Regional Identities in South China, 1810~1880", a dissertation submitted in partial fulfillment of the requirements for the degree of Doctor of Philosophy, University of Washington, 2000.

21) 梁家彬, 『廣東十三行考』, 上海商務印書館, 1937 ; 黃啓臣 · 鄧開頌, 「略論粵海關的若干特殊制度及其影響」, 明清廣東省社會經濟研究會 編, 『明清廣東社會經濟研究』, 廣州: 廣東人民出版社, 1987, 237~258쪽.

22) Benjamin Elman, "The Hsueh—Hai T'ang and the Rise of New Text Scholarship in Canton" ; Benjamin Elman, *From Philosophy to philology: Intellectual and Social Aspects of Change in Late Imperial China*, Cambridge[Mass.]: Council on East Asian Studies, Harvard Unversity, 1984, p.244.

23) 汪宗衍, 『陳東塾(灃)先生年譜』, 16~17쪽, 반유도(潘有度)의 딸은 도광 13년(1833)에 출가하였다. 진례는 당시 나이 24살로 이듬해 학해당을 수료하였다.

술의 적막한 분위기를 단번에 씻어 내고, 명대 이후 광동을 주도하던 양명학 전통을 배제하도록 만들었다. 완원의 학술적 지위와 관계(官界)에서의 영향력은 단시간 내에 광동을 중국 학술의 주류로 이끌 수 있는 충분한 능력을 갖추고 있었다. 학해당에 입학해 공부하려면 반드시 공생(貢生) 자격을 취득해야 했다. 학해당에 입학하면 전과생(專課生)이나 부과생(附課生)이 되었는데, 주로 경학을 연구하고 과거시험 공부를 목표로 하지 않았다. 룽자오쭈(容肇祖)의 고증에 따르면 도광 5년(1825) 완원은 조직을 꾸려 『황청경해(皇淸經解)』를 편찬하고자 했다. 그는 『십삼경주소(十三經注疏)』의 전통을 계승해 건륭·가경 이래 한학 저작들을 수집하여 당시 각 지역 문인들의 수요에 부흥하고자 했다.[24] 『황청경해』의 편찬과 출판을 통해 광동의 문화적 이미지가 한층 개선되어 적어도 경학서적 출판 방면에서는 전국 선두를 달리게 되었다. 완원의 선도 하에 광동지역에서는 경학과 고증학을 목표로 하는 다른 서원들도 잇달아 출현하였다.[25] 동치 6년(1867) 광동염운사(鹽運使)가 자금을 기부하여 설립되었고 진례가 주관한 국파정사(鞠坡精舍)도 여기에 속한다.[26]

완원이 고증학을 적극적으로 주장하는 모습을 보이기는 하지만, 사실 학해당의 연구 경향은 결코 고증학만을 존중한 것은 아니었다. 벤자민 엘먼(Benjamin Elman)이 지적하였듯이 완원 자신도 공양학파(公羊學派) 학자들의 영향을 많이 받아, 성리학과 금문학에 대해서 결코 일고의 가치가 없다고 여기지는 않았다. 완원이 『광동통지』 편찬의

---

24) 王章濤, 『阮元年譜』, 773쪽.

25) Benjamin Elman, *From Philosophy to philology: Intellectual and Social Aspects of Change in Late Imperial China*, p.128.

26) 中國人民政治協商會議·廣東省廣州市委員會, 『廣州文化資料專輯, 廣州近百年教育史料』, 8~9쪽.

총책임자였던 강소성 학자 강번(江藩, 1761~1830)을 초빙한 것은 그로 하여금 막부에서 『국조한학사승기(國朝漢學師承記)』와 『국조송학연원기(國朝宋學淵源記)』를 광주에서 편찬 간행하도록 하기 위해서였다.[27] 도광 4년(1824) 완원의 관사에서 가정교사로 있던 방동수(方東樹)는 『한학상태(漢學商兌)』 3권을 저술해 한학만을 숭상하고 송학을 폄하하는 폐해를 지적하며 편지를 써서 완원의 지지를 구하였다.[28] 완원이 송학 문제에 대해 강번이나 방동수에게 즉각 반응을 보인 것 같지는 않다. (그는 『국조한학사승기』에는 서문을 썼지만, 『국조송학연원기』에는 서문을 쓰지 않았다. 방동수의 주장에 대해서도 만년에야 서신을 보내 그의 경학에 관한 글을 칭찬하였다.) 하지만 적어도 그의 막부에서는 송학에 찬성하는 학자들이 자신들의 견해를 발표하고 그와 토론하는 것이 가능했다. 진례, 임백동(林伯桐)과 같은 학해당의 몇몇 학장들도 한학과 송학의 조화를 주장했던 것으로 알려져 있다.[29]

학해당 학장은 그 지역의 글과 역사를 편찬하고 지방 문헌을 수집하는 데 큰 공헌을 하였다. 오란수(吳蘭修, 1789~1873)와 양정남(梁廷枏, 1796~1861)은 남한(南漢)과 남월국(南越國)의 역사, 지리, 금석을 힘써 연구하여 각각 『남한기(南漢記)』·『남한지리지(南漢地理志)』·『남한금석지(南漢金石志)』·『남월총록(南越叢錄)』·『남월오주전(南越

27) 江藩 著, 鍾哲 整理, 『國朝漢學師承記, 附國朝經師經義目錄, 國朝宋學淵源記』, 北京: 中華書局, 1983 ; 王章濤, 『阮元年譜』, 724쪽.

28) 王章濤, 『阮元年譜』, 776쪽.

29) Benjamin Elman, "The Hsueh—Hai T'ang and the Rise of New Text Scholarship in Canton" ; Benjamin Elman, *From Philosophy to philology: Intellectual and Social Aspects of Change in Late Imperial China* ; 『廣東文物』, 808쪽 ; 徐世昌, 『淸儒學案』, 卷132, 174~175쪽 ; 錢穆, 『中國近三百年學術史』, 上海商務印書館, 1937, 506~632쪽.

五主傳)』·『남한서(南漢書)』 등의 저작을 출판하였다. 당시 학해당 학자들이 남한의 역사를 적극적으로 연구했던 현상에 대해서 스티븐 마일즈(Steven Miles)는 광동 학자들의 그 지역문화 역사에 대한 추앙이면서, 자신의 고증 능력을 과시하려는 것이었다고 지적하였다.[30] 증조(曾釗, 1793~1854)는 한(漢)·진(晉)·송대(宋代) 광동성 내외 학자들의 남방에 관한 기록을 재출판하였다.[31] 담영은 상인 오숭요의 물질적 도움을 받아 『월십삼가집(粤十三家集)』과 『초정기구유시(楚庭耆舊遺詩)』, 그리고 30여 년에 걸쳐 완성한 『영남유서(嶺南遺書)』를 편찬하였다.[32] 그는 또 다른 상인 반사성(潘仕成)이 개인적으로 소장하고 있던 선본(善本)들을 『해산선관총서(海山仙館叢書)』라는 제목으로 편찬하기도 했다.[33] 이런 출판물들은 송대 이후 광동 문인들의 저작들을 수집함으로써 광동문화를 축적, 풍부하게 만들었다. 인쇄 수량도 제한적이고 상업적인 가치도 높지 않은 지방문화 출판 사업은 상인들의 원조와 고관들의 비호가 없었다면 이루어지기 어려웠을 것이다.[34]

사실 학해당 학장의 봉급은 매우 적어 이런 '문화 프로젝트'를 맡아 처리하기 위해서는 원조에 의존하지 않을 수 없었다. 류보지(劉伯驥)의 고증에 따르면 가경 14년(1809) 월수서원 산장의 연봉은 500냥이었고, 가경 25년(1820) 양성서원 산장의 연봉은 다른 수당까지 합쳐

---

30) 容肇祖, 「學海堂考」, 26~27쪽 ; Steven B. Miles, "Rewriting the Southern Han (917~971): The Production of Local Culture in Nineteenth—Century Guangzhou", *Havard Journal of Asiatic Studies,* Vol.62, No.1, June 2002, pp.39~75.

31) 容肇祖, 「學海堂考」, 27~28쪽.

32) 容肇祖, 「學海堂考」, 34~35쪽 ; Arther Hummel, *Eminent Chinese of the Ch'ing Period(1644~1912)*, Vol.2, Washington: United State Government Printing Office, 1944, pp.867~868.

33) Arther Hummel, *Eminent Chinese of the Ch'ing Period(1644~1912)*, Vol.2, pp. 605~606.

34) Benjamin Elman, *From Philosophy to philology: Intellectual and Social Aspects of Change in Late Imperial China,* pp.111~112.

400냥이었으며, 도광 8년(1828) 월화서원 산장의 연봉은 320냥이었다. 하지만 같은 시기 학해당 학장의 연봉은 겨우 36냥이었다.[35] 이를 통해 그의 연봉은 단지 상징적인 성격의 보수였음을 알 수 있다. 학해당 학장의 주요 수입은 관청이나 개인적으로 지방지나 문집 편찬, 수리 사업 감독, 단련 조직, 의창(義倉)이나 다른 지역 복지 사업에 대한 처리와 관리를 돕는 것으로부터 나왔으며, 특히 빼놓을 수 없는 것은 관리들의 정치 고문 역할이었다. 학해당의 제일 유명한 학장인 진례는 광주의 혜제창(惠濟倉)을 관리한 적이 있으며, 정부로부터 단련의 지방 방어 문제를 처리하는 데 협조해 달라는 초빙 제의를 받기도 하였다. 이런 정치적인 업무에 대해 그는 이렇게 탄식한 적이 있다.

> 나는 최근 단련을 결성해 방어하는 문제로 대헌(大憲)[36]으로부터 와 달라는 부탁을 받았다. 문을 걸어 잠그고 책만 저술할 수도 없는 노릇이다. 단련이 결성되고 나서는 어쩌다 시간이 날 뿐이다. 이 일을 나는 고사할 수 없었다. 내가 고사하면 바깥 세상에서 내가 그들을 위해 의견을 제시했다고 떠들어댈 것이라고 했다. 총독이 말하길 늙은이는 근력으로 예를 차리지 않으니[37], 단연코 힘든 일로 번거롭게 하지는 않을 것이라고 했는데, 이는 매우 다행스러운 일이다. 이번 사안의 영향력은 지대하나 자금 조달이 제일 어려운 문제이다. 아마 이(李) 학사가 이 문제를 처리할 수 있을 것 같다. 석각을 세우고 대로 양편에 둑을 쌓는

---

35) 劉伯驥, 『廣東書院制度』, 296~301쪽 ; 장중리(張仲禮)는 19세기 교학을 직업으로 삼은 사람의 연 평균 수입이 대략 350냥 정도였을 것으로 추정하였다. Chang Chung-li, *The Income of the Chinese Gentry*, Washington: University of Washington Press, 1962, pp.7~42, 94, 111, 113~114.

36) [역주] 청대에 총독(總督)이나 순무(巡撫)를 지칭하는 말.

37) [역주] 『예기(禮記)』「곡례상(曲禮上)」에 다음과 같은 말이 있다. "가난한 사람은 재물로 예를 삼지 않고, 나이 든 사람은 근력으로 예를 삼지 않는다.(貧者不以貨財爲禮, 老者不以筋力爲禮.)"

일은 실제로 심혈을 기울여야 한다. 올해 홍수가 났을 때는 둑이 안전하였다. 단련을 조직해 방어하는 일은 내가 순순히 그들에게 양보했다. 독무(督撫)와 사도(司道)들이 전부 다 모였을 때도 당연한 것으로 생각하고 있었다. 이 일은 이른바 '늙은이는 근력으로 예를 차리지 않는 것'이나, 그래도 신경을 쓰지 않을 수 없다. 어쨌든 허황된 명성 때문에 피곤하기는 하지만 성도에 살고 있으니 숨을 죽인 채 은거하고 있을 수만도 없다. 나중에 원망과 비방을 면할 수 있을지 없을지 모르겠다.[38]

진례가 말한 것처럼 "성도에 살고 있었기" 때문에 학해당 학장은 정치와 관련된 역할을 맡지 않을 수 없었다. 그렇다면 도대체 어떤 사람이 학해당 학장이 될 자격이 있었을까? 도광 6년(1826) 완원 자신이 선임한 제1차 총 8명의 학장은 적어도 과거(科擧) 방면에서는 평범하였다. 8명의 학장 중에서 2명이 거인(擧人)이었고 다른 사람들은 모두 초급 단계의 공생(貢生)이었다. 재임한 학장들은 대부분이 거인으로 진사에 합격한 자는 거의 없었다. 이에 비해 건륭 54년부터 광서 23년(1789~1897)까지 양성, 월수, 월화 세 서원의 산장은 진사 아니면 한림학사였다.[39] 과거에서 큰 성과를 거두지 못했다는 것이 꼭 개인의 학술적 성취에 장애요소로 작용하지는 않았다. 하지만 벼슬길에서는 분명 걸림돌로 작용하였다. 더구나 청대에는 줄곧 사람은 많은데 자리는 부족한 상태였다.[40] 학해당의 초대 학장들 가운데 한

---

38) 陳澧, 「與廖澤群書五首」, 陳之邁 編, 『東塾續集』, 臺北: 文海出版社, 1972, 210쪽. 이는 동치 2~5년 곽숭도(郭嵩燾)가 광동순무로 재직하고 있을 때 진례가 성단국(省團局)을 주관하도록 한 일을 가리킨다. 하지만 진례는 나중에 거절했던 것으로 보인다. 진례 자신의 말에 따르면 이후로 곽숭도를 볼 때마다 곽숭도는 그와 경사(經史)가 시사(時事)와 괴리되어 있음을 논하였다. 陳澧, 「送巡撫郭公入都序」, 『東塾集』, 卷3, 3쪽.

39) 劉伯驥, 『廣東書院制度』, 224~284쪽.

40) Benjamin Elman, From Philosophy to philology: *Intellectual and Social Aspects of Change in Late Imperial China*, pp.130~131.

군(漢軍) 정황기(正黃旗) 소속이던 서영(徐榮, 1792~1855)은 학장 취임 전에 이미 최고의 관직에 있었다.[41] 많은 사례를 통해 볼 때 완원과 그 후임자로 온 양광총독들은 학해당 학장을 선임할 때 학술적인 측면보다 정치적인 측면을 더욱 고려하고 중시했음을 알 수 있다. 다음 여러 증거들을 통해 볼 때 지방 업무를 잘 알고 있는가 하는 점이 학해당 학장으로 피선되는 중요한 기준 중 하나였던 것으로 보인다.

도광 연간 광주에서 관리, 상인, 학자들을 모두 정치 투쟁으로 끌어들인 것은 아편 문제였다. 도광 원년(1821) 완원은 도광 황제에게 아편 무역과 아편 흡입을 엄금할 것을 주청하였다. 하지만 그런 정치적인 태도 표명의 실제적 의의는 크지 않았는데, 동 시기 아편 무역은 감소는 커녕 증가하였기 때문이다. 한 연구자는 영국 조지 엘리어트(George Elliot)의 보고서에 근거하여, 완원과 허내제(許乃濟, 1777~1839)[42]가 아편 무역에 적극 찬성했다는 주장을 하면서, 완원이 광동을 떠난 후 아편 해금을 지지하는 활동에 참여했을 가능성이 있다고 추측하였다.[43] 완원이 아편 문제에 대해 어떤 입장을 취하고 있었는가에 대한 구체적

41) Susan Mann and Philip Kuhn, "Dynastic decline and the roots of rebellion", in Denis Twitchett and John Fairbank (eds.), *The Cambridge History of China*, Vol.10, Late Ch'ing, 1800~1911, Part Ⅰ, Cambridge: Cambridge University Press, 1978, p.159.

42) [역주] 자는 숙주(叔舟), 호는 청사(青士)로 항주 사람이다. 가경 14년(1809) 진사로 산동도감찰어사(山東道監察御史, 광동안찰사), 광록시경(光祿寺卿) 등의 관직을 역임하였다. 1836년 6월 그는 아편 금지령을 해제해 줄 것을 주청했다가 황작자(黃爵滋), 임칙서 등 금연파(禁煙派)들의 격렬한 반발을 샀다. 저서로 『구기재시집(求己齋詩集)』, 『이허집(二許集)』, 『허태상주고(許太常奏稿)』 등이 있다.

43) Hsin-pao Chang, *Commissioner Lin and the Opium War*, Cambridge[Mass.]: Harvard University Press, 1964, p.88 ; Leung Man-kam, "Juan Yuan(1764~1849) The Life, Works and Career of a Chinese Scholar-Bureaucrat"(unpublished Phd dissertation, University of Hawaii), 1977, pp.234~236.

인 증거는 찾을 수 없다. 하지만 오랫동안 아편 무역에 종사했던 광동 상인들이 양광총독에게 압력을 행사하지 않았다는 점도 믿기 어렵다. 완원이 광동을 떠난 후 광주 문인과 관리들은 아편 문제에 견해 차이가 더욱 분명해졌다. 조정에서도 '엄금'과 '해금' 두 파로 갈라져 있었고, 광동 학해당 내에서도 은연중에 두 가지 의견이 자리잡고 있었다. 양광총독 노곤(盧坤)은 일찍이 도광 14년(1834)에 아편 금지령을 해제할 것을 주장하였다. 학해당은 양광총독의 결정을 따를 수 밖에 없었으니 일부 학장들이 노곤의 주장에 경도되었던 것도 이상한 일이 아니다. 사실 태상시소경(太常寺少卿) 허내제가 도광 16년(1836) 아편 합법화를 주장하며 올렸던 상소문은 학해당 학장 오란수(吳蘭修, 1789~1893)가 편찬한 『미해설(弭害說)』을 저본으로 삼은 것이었다. 오란수는 관리 · 문인 · 병사를 제외한 나머지 백성들은 모두 자유롭게 아편을 피우는 것을 허락하자고 건의하였다. 오란수의 주장과 학해당이 오숭요(伍崇曜)[44]의 지지를 얻는 것과 얼마나 관련이 있었는지 판단하기는 쉽지 않다.[45] 하지만 흠차대신 임칙서가 도광 19년 정월 25일(1839년 3월 10일) 광주에 도착했을 때 처음 투숙한 곳은 월화서원으로, 학해당을 업무 처리하는 근거지로 삼지 않았다. 이는 임칙서가 일부 학해당 학장과 행상, 관리

---

44) [역주] 원명은 원미(元薇)이고 자는 양보(良輔), 호는 자원(紫垣)이다. 그의 선조는 복건성 진강(晉江)에서 광동성 남해현으로 이주하여 건륭 42년(1777) 광주에서 대외 무역을 하였다. 건륭 49년 그의 조부 오국영(伍國瑩)은 월해관(粵海關) 감독의 위임을 받은 행상이 되어 이화양행(怡和洋行)을 개설하였고, 가경 연간에 그의 부친인 오병감(伍秉鑒)이 가게를 이어받았다. 가경 18년(1813) 수석상행(首席商行)이 되었고, 도광 13년(1833) 오숭요가 그의 형 원화(元華)를 대신해 13행 공행 총상이 되었다. 이듬해 이화양행의 재산 총액은 2600만 원을 넘었다.

45) 허내제와 오란수의 관계에 관해서는 梁廷枏, 『夷氛紀聞』, 上海: 商務印書館, 1937, 5~7쪽을 보라. 오란수의 글은 광서 『廣州府志』, 卷163, 19~22쪽을, 허내제의 상소문(奏折)은 姚薇元, 『阿片戰爭史實考—魏源道光洋艘征撫記』, 北京: 人民出版社, 1984, 20~21쪽을 보라.

의 관계에 대해 의심하고 있었다는 사실을 보여 준다. 학해당의 여러 학장 중에서 임칙서가 먼저 접견한 사람은 장유병(張維屛, 1780~1859)뿐이었다. 그는 장유병과 몇몇 신사층의 지지 하에 대불사(大佛寺)를 근거지로 삼아 예전에 월화(越華), 월수(粵秀) 두 서원의 감원(監院)을 지낸 양정남(梁廷枏, 1796~1861)과 같이 아편을 조사 금지하는 업무를 처리하였다.[46)]

임칙서는 막 도착한 상황이었지만 학해당 내부에 아편 금지령의 해제를 지지하는 주장이 존재한다는 사실을 대략 알고 있었다. 장유병을 초빙한 것은 예전에 그와 돈독한 교유 관계를 맺고 있었기 때문이었다. 도광 10년(1830) 장유병과 임칙서는 함께 시와 술을 주고받았는데, 도광 18년(1838) 상소문을 올려 아편 엄금을 주장하였던 홍려시경(鴻臚寺卿) 황작자(黃爵滋)가 그 당시 술자리의 상객이었다. 흠차대신 신분으로 광동지역을 다스리던 임칙서는 도광 20년(1840) 초 양광총독의 직무도 같이 넘겨받게 되자, 지방의 지지를 얻기 위한 방법으로 아편 엄금을 지지하던 두 학자 양정남과 황배방(黃培芳, 1778~1859)을 학해당 학장으로 임명하였다. 장유병도 이 기간에 계속 재직하고 있었다. 황배방을 대표로 하는 '백운산파(白雲山派)'는 본래 고증학을 주장하는 자들과 긴장 관계를 유지하고 있었다.[47)] 그는 한학가들이 극단적으로 자잘한 문제에 집착하는 학풍으로 빠져드는 것이 옳지 않다고 생각하여 이런 주장을 하였다.

---

46) 임칙서와 장유병의 관계, 임보(林甫)의 광주에서의 활동에 관해서는 다음을 보라. 楊國楨, 『林則徐考』, 福州: 福建人民出版社, 1989, 143쪽 ; 中山大學歷史係, 中國近現代史教研組研究室, 『林則徐集 · 日記』, 北京: 中華書局, 1962, 363쪽.

47) 관련된 논의는 다음을 보라. James Polachek, *The Inner Opium War*, Cambridge[Mass.] and London: The Council on East Asian Studies, Harvard University, 1992, pp.144~149.

송학은 의리(義理)에 정통하고 한학은 고증에 뛰어나니 경중에 차이가 있지만 한쪽에 치우치거나 폐지해서는 안 된다. 그런데 오늘날 한학을 주장하는 자들은 극단적으로 한학을 높이고 송학은 은근히 깎아내리니 이상한 일이다. 어쩌다 한학을 하는 사람을 만나면 지리멸렬하고 불완전하더라도 그를 감싸주려고 한다. 반면 송학에 대해서는 의도적으로 가혹하게 대하고 무시하며 배격하니 경중의 도리를 잃어버린 것이 심하다고 할 수 있다. 그 의도를 미루어 보건대 한학이 홍성하지 못할까 봐 두려워 은연중에 편파적인 주장을 하고 세상 사람들을 부추겨 송학에서 한학으로 귀의하도록 하려는 것이다. …… 한학을 홍성케 하는 것은 옳지만 송학을 홀대하는 것은 잘못된 것이다. 그런데 세상 사람들은 바람에 쏠리듯 한학을 따르니 어찌 된 일인가? 의리를 논하는 학문은 심신에 근본을 두고 있는 것으로 깊이 체득하지 않으면 깨달을 수 없다. 젊은 문인들은 그와는 정반대로 달려가면서 고증학의 어려움에 괴로워한다. 고증학은 자기 편한대로 남의 책을 끌어다 붙이는 것을 일삼는다. 심신을 통해 체득하지 않고 소리에만 의존하니 명성을 이루기도 쉽다. …… 나는 한학이 홍성해서는 안 된다고 말하는 것이 아니라 송학이 쇠퇴할까봐 걱정하는 것이다. 옛 유가의 학문은 도를 밝혀 세상을 깨우치는 것을 핵심으로 삼았다. 그런데 요즘 사람들의 학문은 박식함을 과시하고 새로움을 추구하는 것을 일삼고 있다. 한쪽으로 치우친 학술은 학술적인 병폐일 뿐만 아니라 마음의 질병이며 세상의 근심이다.[48]

주석가들의 훈고는 상세하고 분명하며 근거가 있다. 그들은 잡다한 책들을 널리 인용하는 것을 금옥과 같이 소중하게 여긴다. 하지만 자세히 살펴보면 인간의 심성을 계발하기에 부족하고 경전의 근본을 따져봐도 진실로 여기에 있지 않다. 고증을 근거로 하는 것은 그런대로 괜찮다고 생각한다.[49]

한학가들이 독서를 통해 경전의 이치를 깨닫고 그것을 실제로 적용

48) 黃培芳, 「漢學宋學論」, 吳道鎔 編 · 張學華 補訂, 『廣東文徵』, 第3册 卷30, 香港: 珠海書院出版委員會, 1977.

49) 黃培芳, 『雲泉隨札』, 출판지 미상, 가경 18년(1813) 서문, 권1, 10쪽.

하는 것을 경시하는 태도에 대해서도 황배방은 동의하지 않았다.

> 고증학자들은 사건을 논할 때마다 인간의 마음, 하늘의 이치의 편안함을 생각하지 않고 책에 있는 내용을 근거로 삼는다. 고대 경전 가운데 흩어지고 유실된 것으로는 『예기』보다 심한 것이 없다. 진시황 때 분서(焚書) 사건을 겪었을 뿐만 아니라 대부분 한대 유가들의 견강부회하는 말에서 나왔기 때문이다. 억지로 꿰맞춰 경전을 의심하고 절충적인 의미를 파악하지 않고 멋대로 독단적으로 판단하는 것은 좋지 않다. 맹자의 시대 책이 아직 사라지지 않았을 때 맹자는 이렇게 말했다. "나는 「무성(武成)」에서 두세 편의 죽간만을 가져왔을 따름이다." 이 말은 참으로 고대를 잘 논하고 있다. 고증학자들은 훈고에는 뛰어나지만 의미를 잘 파악하지는 못하는 듯하다.[50]

위에서 인용한 세 단락 중 첫 번째 단락은 「한학송학론(漢學宋學論)」에서 발췌한 것으로 지어진 연대는 확실치 않다. 두 번째, 세 번째 단락의 간행 연대는 각각 가경 18년(1813)과 가경 23년(1818) 이후로 완원이 학해당을 설립하기 전이다. 당시 한학은 아직 광동의 학술 주류가 아니었다. 한편 황배방 본인도 광동에서 거의 활동하지 않았다. 그는 두 차례 북경에 올라가서 관직을 구했는데, 도광 10년(1830) 소주부(韶州府) 유원현(乳源縣) 교유(教諭)로 선임되었다가, 나중에 경주부(瓊州府) 능수현(陵水縣) 교유로 자리를 옮겼다. 도광 15년(1835) 그는 비로소 오랜 기간 광주에 머물게 되었는데, 당시 그의 나이가 이미 60세에 가까워 학해당의 주목을 끌지 못했다.[51] 도광 18년(1838) 7월 동성파(桐城派)를 지지하던 등정정(鄧廷楨)이 양광총독으로 있던 기간에 황배방은 학해당 학장으로 임명되었다. 그의 광동에서의 학술적 지위는 그

50) 黃培芳, 『虎坊雜識』, 卷丁, 1~2쪽, 출판 연도, 지역 미상, 대략 1818년 이후.

51) 『學海堂志』, 香港: 亞東學社, 1964年 重印, 22쪽 ; 黃培芳 撰·管林 標點, 『黃培芳詩話三種』, 「前言」, 廣州: 廣東高等教育出版社, 1995, 5~6쪽.

때서야 광동성 최고 관리의 인정을 받았다고 할 수 있다. 황배방의 전기 한학과 송학에 대한 관점을 완원과 학해당 사람들이 어떻게 평가했는지 우리는 알 수 없다. 다만 주목할 만한 점은 황배방이 등정정에 의해 학장으로 선임된 후, 다시 임칙서가 양광총독으로 재직하던 기간에 재선임되었다는 사실이다. 당시는 아편전쟁 전야로 학해당 학장이 '크게 세대 교체되던' 때였다. 학해당은 양광총독의 브레인 집단으로 학장의 선임은 정치적인 고려가 어느 정도 복합적으로 작용하지 않을 수 없었다. 한학을 비판하던 황배방의 입장은 이론상 완원이 적극적으로 주장하였던 학해당의 학술 풍격과 배치되는 것이었다. 그런데 임칙서가 광동에 왔을 때 학해당 학장으로서 그는 더 이상 방해 세력이 아니었을 뿐만 아니라 오히려 쓸 만한 재원이었다.[52] 임칙서가 학해당 학장을 선임하는 과정에서 보여 주고 있는 이런 '학술적 취향'은 학해당을 설립한 완원의 원래 취지와는 큰 차이가 있다. 하지만 우리가 앞서 언급한 완원이 결코 한학만을 존중하지 않았다는 사실을 고려한다면, 당시 한학과 송학의 싸움은 구체적인 상황 속에서는 어쩌면 정치적인 입장과 파벌 간의 충돌에 대한 하나의 표출로 볼 수도 있다.

사실 학해당 학장과 지방 정치의 관계는 예로부터 단절된 적이 없었다. 19세기 중기 홍건군(紅巾軍)[53]과 제1차 아편전쟁 후 성으로 들어온 영국인 문제에 대처하기 위해 광동의 각 현성과 성도(省都)에서는 일제히 단련을 조직하였다. 같은 시기 학해당 학장으로 선임된 진박(陳璞, 1820~1887)과 이광정(李光廷, 1812~1880)은 자금을 대어 단

52) 당시 광주 학자들이 한학과 대립하게 된 과정과 상황, 그리고 임칙서와의 관계는 매우 복잡하다. 이에 관해서는 James Polachek, The Inner Opium War, pp. 144~149에서 상세하게 분석하고 있다.

53) [역주] 1854년 여름 광동에서는 천지회(天地會) 반청(反淸) 무장 기의가 발발하였다. 진개(陳開), 이문성(李文茂) 등이 이끌었던 이들 무리는 머리에 붉은 두건을 썼기 때문에 홍건군이라 불렸다.

련을 조직했던 지방 지도자였다.[54] 장지동(張之洞)이 양광총독으로 재직하고 있던 기간(1884~1889)에 학해당 학장은 광아서원(廣雅書院) 설립을 적극적으로 도왔다. 학장이었던 요정상(1844~1898)은 후에 광아서원 원장이 되었다. 요정상은 진례의 학생으로 혜제의창(惠濟義倉) 총리, 남해 보안국(保安局) 총리, 수륙사학당(水陸師學堂) 총판(總辦) 등을 지냈다.[55] 이후 광서 29년(1903) 학해당이 폐지되기 전 딩런창(丁仁長)·우다오룽(吳道鎔) 등을 포함하는 마지막 세대 학장들도 지방의회 선거 업무에 적극적으로 참여하였다.[56]

이로써 보건대 학해당은 실제로 만청 광동의 정치 중심이었다. 누구를 학해당 학장으로 선임할 것인가 하는 문제에서 그의 학술적 경향과 성취는 물론 중요한 조건이었다. 하지만 그의 정치적 입장과 지방에서 얻어낼 수 있는 지지도 무시할 수 없는 것이었다. 전국에서 인정하는 학술적 기준은 누가 광동문화의 대변인이 될 수 있는가를 결정하는 기초였지만, 광동의 내부적인 정치 상황도 당대(當代)와 이후 광동문화를 어떻게 정의할 것인가에 중요한 영향을 미쳤다.

학해당 외부

일반적으로 청 말 광동문화를 기술할 때 학해당에서 경학이 성행하였음을 언급하고 난 뒤에, 방향을 바꾸어 광동이 어떻게 서학을 중국

54) 宣統『番禺縣志』, 卷20, 16~20쪽 ; 容肇祖, 「學海堂考」, 47~48쪽.

55) 宣統『南海縣志』, 卷19, 13~15쪽.

56) 容肇祖, 「學海堂考」, 52~60쪽. 광동 신사들이 만청 개혁에 참여한 상황에 관해서는 다음을 참고하라. Edward Rhoads, *China's Republican Revolution: The Case of Kwangtung, 1895~1913.*

에 들여오는 새로운 풍조를 열게 되었는지를 논한다. 하지만 이는 현대인의 시선으로만 본 것으로 당시 사람들의 관점을 경시한 것이다. 물론 광주는 예로부터 남해 교통의 요충지로 해외 무역이 나날이 번성하고 있었다. 18~19세기 광주는 특히 국제 무역의 중심지 중 하나로, 우리의 관점에서 보면 오랜 기간 대외 교류의 역사 속에서 적잖은 외래문화를 흡수했을 것이 분명하다. 하지만 청대 지식인의 시각에서 봤을 때 다양한 성격의 자질구레한 서양 지식을 과연 '문화'라고 할 수 있는지는 논의의 여지가 있다.[57]

서방 세계에 대해서 학해당의 여러 학장들은 대체로 상당한 흥미를 느끼고 있었다. 양정남은 제1차 아편전쟁이 끝난 후 『해국사설(海國四說)』을 편찬하여 미국과 영국, 그 밖에 몇몇 유럽 국가의 지리·역사·종교를 소개하였다.[58] 진례는 여러 번 위원(魏源)의 『해국도지(海國圖志)』에 대해 의견을 제기했는데 대부분은 국방의 각도에서 출발한 것이었다.[59] 진례와 명성을 나란히 했던 주차기도 당시 정치·사회적 위기에 대해 걱정이 많았다. 하지만 그는 동시에 청 조정에서

57) 18~19세기 광주에서 외국 상인들을 위해 서비스를 제공하던 통사(通事)와 하인 등 경전에서 이름을 찾을 수 없는 인물들의 서방 지식에 관한 인식에 관해서는 필자의 다음 논문을 참고하기 바란다. 「"Whang tong"的故事—在域外撿拾普通人的歷史」, 『史林』, 2003年 第2期, 106~116쪽 ; 「18,19世紀廣州洋人家庭的中國佣人」(劉志偉 共著), 『史林』, 2004年 第4期, 1~11쪽.

58) 양정남의 『해국사설』은 『야소교난입중국설(耶蘇教難入中國說)』·『합성국설(合省國說)』·『난륜우설(蘭倫偶說)』·『월도공국설(粵道貢國說)』과 합집으로 도광 26년(1846)에 출판되었다. 이 책과 『이분문기(夷氛聞紀)』 모두 후대에 전해지는 것이 매우 드물다. 현재 중국에는 광주에 3부만이 전해지고 있다. 뤄이(駱驛)의 「전언(前言)」을 보라.(梁廷枏, 『海國四說』, 北京: 中華書局, 1993) 광동성 중산도서관에 소장된 양정남의 『해국사설』은 도광 26년 서문이 있는데 출판지는 알 수 없다. 또한 다음을 참고하라. 雄月之, 『西學東漸與晚晴社會』, 上海: 上海人民出版社, 1994, 226~239쪽.

59) 汪宗衍, 『陳東塾(澧)先生年譜』, 43~44쪽.

곽숭도(郭嵩燾)를 영국 대사로 파견한 것에 대해 의문을 제기하며 "어찌하여 나라의 치욕이 이 지경까지 이르렀는가?"[60]라고 탄식하였다. 그럼에도 불구하고 서방의 기술은 그들에게 신기하기만 한 전혀 쓸모없는 것은 아니었다. 그렇지 않다면 진례가 동치 5년(1866) '서양 촬영술'을 이용해 사진을 찍지 않았을 것이다. 또 다른 학장인 추백기(鄒伯奇, 1819~1869)는 자신이 직접 핀홀 카메라를 만들었다. 후대 광동 학자들에게 "중국 최초로 사진기를 발명한 과학자"[61]로 칭송을 받은 추백기도 당시의 처지는 결코 순탄치 않았던 듯하다. 곽숭도가 광동순무로 재직하던 기간에 추백기는 부서를 설치해 광동 지도를 그려 달라는 부탁을 받고 초빙되었다. 그는 매우 적극적으로 '외국어로 표기된 연해 지도', '외국어로 표기된 항해력(航海曆)'[62], 그 밖에 지도를 그리는 데 필요한 도구들을 구입하였다. 하지만 그런 노력은 중시 받지 못했고 지도를 제작하는 것도 결국 '작업에 필요한 재료를 공급할 비용이 없었기' 때문에 성공하지 못했다. 광동에서 재능을 펼칠 기회를 얻지 못한 추백기는 상해 무기 공장, 즉 강남제조국에 재직하고 있던 남해 사람인 풍준광(馮焌光, 1830~1878)에게 편지를 보내 그곳에서 자신의 능력을 발휘할 자리를 알아봐 달라고 했다.[63] 추백기의 수학, 광학에 관한 중요한 저서들은 그가 사망한 후에야 수집되어 출판되었다. 동치 연간까지 광동 학자들의 서방 수학, 과학에

---

60) 朱次琦, 「論派員往英事」, 簡朝亮 編, 『朱九江先生集』, 卷6, 6쪽.

61) 鄒伯奇, 「攝影之器記」, 『鄒徵君存稿』, 출판지 미상, 동치 12년(1873) 서문, 18~19쪽. 추백기는 이 글에서 이렇게 언급하고 있다. "내가 전에 촬영기를 제작한 적이 있는데 목재로 네모난 상자 모양으로 만들었다." 또한 다음을 참고하라. 冼玉清, 「中國最早發明攝影機的科學家」, 『廣東文獻叢談』, 香港: 中華書局, 1965, 43~45쪽.

62) [역주] 항해상 필요한 천문 사항을 적어 놓은 책력으로 태양·달·별들의 위치가 날마다 적혀 있다.

63) 鄒伯奇, 「與馮竹儒帖」, 『鄒徵君存稿』, 26쪽. 강남제조국에서 풍준광의 상황에 관해서는 다음을 참고하라. 『格物彙編』, 第5年 春(광서 16년, 1890), 1~2쪽.

대한 인식은 '서학은 중국 학문에서 기원한 것이다'라는 사유 방식을 벗어나지 못했다. 추백기는 「서학은 모두 옛날부터 중국에 있었던 것이다(論西法皆古所有)」라는 글에서 서방의 수학·천문학·역학·광학·기술 등의 학문이 중국 고대 서적에 이미 언급된 것이며, 심지어 "그러므로 서학은 묵자(墨子)에서 기원했다고 말할 수 있다"라는 견해를 제기하였다.[64] 추백기의 저작에 서문을 쓴 진례도 "서양의 기계 원리는 사실 고대 산학가(算學家)들이 가지고 있던 것"[65]이라고 생각했다.

'오랑캐로 인한 근심'은 학해당 학자들도 직접 목도한 것일 뿐 아니라 피부로 절실히 그 고통을 느끼고 있었다. 삼원리(三元里) 촌민들이 영국군을 공격한 사건에 대해서 장유병은 민심이 격앙된 것은 그들의 생명과 재산이 위협받기 있기 때문이라는 것을 알고, "가옥과 전답을 보호하기 위해 진격 명령을 기다릴 필요 없이 우리가 용기를 내야 한다"[66]고 주장하였다. 제1차 아편전쟁 때 양정남은 자신이 직접 영국군에 대처할 책략을 세우고 상세한 내용을 기록한 『이분문기(夷氛聞紀)』를 저술하였다. 제2차 아편전쟁 때는 학해당이 자리잡고 있던 관음산(觀音山)도 영국군의 포격을 받았다. 광주성은 3년 가까이 영불 연합군의 통치를 받았고 학해당은 폐쇄되었으며 학장도 교외로 도피하지 않으면 안 되었다. 진례는 교외 친구 집에 잠시 머물며 시를 지어 울분을 표출하였다.[67] 이런 경험을 했던 학해당 인사들도 서학에 대한 관심과 이해에 있어서는 여전히 '용(用)'의 단계에 머무른 채 거기에서 벗어나지 못하고 있었다.

---

64) 「鄒伯奇論西法皆古所有」, 吳道鎔 編, 『廣東文徵』, 卷34.

65) 陳澧, 「格術補序」, 『鄒徵君存稿』, 粤東省城西湖街富文齋刊行, 同治 12年.

66) 張維屛, 「三元里」, 『廣東省文史研究館 編, 『三元里人民抗英鬪爭史料』, 北京: 中華書局, 1979, 291쪽.

67) 汪宗衍, 『陳東塾(澧)先生年譜』, 66쪽.

더욱 실제적인 관점에서 서학 훈련을 받은 사람들이 함풍·동치 연간 가지고 있었던 자아상이나 그들이 받은 대우를 살펴보도록 하자. 미국에 유학한 첫 번째 중국 학생인 룽훙(容閎, 1828~1912)은 함풍 4년(1854) 예일대학 학위를 취득하고 돌아왔다. 어머니가 예일대학의 학사 학위가 무슨 쓸모가 있느냐고 묻자, 그는 중국에서 수재(秀才)에 합격한 것과 비슷한 것이라고 대답했다.[68] 사실 서양에서 받은 학위가 룽훙에게 가져다준 것은 처음에는 그저 홍콩이나 상해에서 통역 일을 맡아 하는 정도에 불과했다. 9년 후 그는 비로소 증국번(曾國藩)의 막부에 초빙되어 정부에서 학생들을 미국에 파견해 유학시켜야 한다고 적극적으로 주장하였는데, 그것은 동치 11년(1872)에 이르러서야 비로소 실현되었다.[69] 그 밖에 청 정부에서 동치 3년(1864)과 광서 2년(1876) 광주에 설치한 동문관(同文館)과 서학관도 유명무실한 상태였다. 당시 담당 관리가 조정에 보고한 내용에 따르면 두 학교에 입학한 학생들은 단지 약간의 학비를 벌고 장소를 빌려 팔고문을 연습해 과거 응시를 준비하려는 것이었다.[70]

과거제가 폐지되기 전 대다수 학생들의 입장에서 서학은 단지 부득이한 상황에서 차선책으로써의 선택이었다. 만약 장지동(張之洞)의 '체'·'용'의 이분법을 빈다면, 만청의 관료나 학자들의 눈에 서학은 단지 '용'에 불과하였고, 중국 학문이 언제나 '체'였다고 할 수 있다. 조셉 레벤슨(Joseph Levenson)은 장지동의 이분법에서 '체'는 사실상 '용'을 포함하고 있다고 지적하였다. 즉 공부하는 학생이 과거시험에

68) Yung Wing, *My Life in China and America*, New York: Henry Holt and Company, 1909, pp.49~50, 63.

69) 吳湘湘 編, 『民國百人傳』, 第1冊, 臺北: 傳記文學出版社, 1971, 317~333쪽.

70) 朱有瓛, 『中國近代學制史料』, 第1冊, 上海: 華東師範大學出版社, 1983, 268~269, 475쪽.

참가하여 관료 체제에 진입하는 것이 '용'이고, 과거제도의 내용을 채우고 있는 경학이 '체'라는 것이다.[71] 쌍빙(桑兵) 또한 1840~1860년대 서학에 관심이 있던 문인들은 매우 드물었으며, 1880년대에 이르러서야 북경과 다른 지방에서 서학에 관심을 표시하는 문인들이 점차 많아지기 시작했다고 보았다.[72] 마찬가지로 광동에서도 1880년대 전후까지 학해당과 다른 서원들은 여전히 중국 학문의 '체'와 '용'을 대변하며 한 성의 문화적 성취를 상징하고 있었다. 서원은 한 개인이 사회의 상층부에 오를 수 있는 계단으로, 갈수록 급변하는 정치사회적 변동 속에서도 정통 이데올로기의 대변자 지위를 굳건히 지키고 있었다. 학자들이 충성을 바쳐야 할 대상은 여전히 정부와 국가의 합일체인 조정이었다. 그들은 국가의 문제를 해결할 수 있는 출로는 성인(聖人)의 도로써 과거의 사회와 정치 질서를 회복하는 것이라고 생각하였다.

1880년대 이후 관리와 문인들의 서학에 대한 태도는 점차 긍정적인 양상을 띠게 된다. 광서 13년(1887) 총리아문에서는 수학·물리·공학·세계역사·사회를 포함하는 서학 분야를 과거시험 범위에 편입시키겠다고 발표하였다.[73] 광서 24년(1898)에 출판된 『격치신보(格致新報)』를 보면 한 독자가 편지를 써서 이렇게 묻고 있다. "이번에 특별히 황제의 명으로 경제과가 개설되어 자세히 알아볼 생각을 하는 문인들이 매우 많습니다. 하지만 외진 오지여서 스승으로 삼을 만한 사람이 없어 힘듭니다. 먼저 최근 번역된 책들을 읽어 보았지만 쓸모

---

71) Joseph Levenson, *Confucian China and its Modern Fate, Vol.One: The Problem of Intellectual Continuity*, pp.59~78 ; *Vol.Two: The Problem of Monarchical Decay*, pp.8, 114~115.

72) 桑兵, 『晩清學堂學生與社會變遷』, 臺北: 稻禾出版社, 1991, 25~40쪽.

73) 高時良 編, 『中國近代教育史資料彙編: 洋務運動時期教育』, 上海: 上海教育出版社, 1992, 645~647쪽.

가 있는 건지 모르겠으니, 청컨대 귀 잡지사에서 저에게 밝히 가르쳐 주셨으면 합니다."[74] 이를 통해 문인들이 과거시험에 새로 추가된 과목에 적응하기 위해 서학 지식에 매우 갈급해 하고 있었음을 알 수 있다. 19세기 말 서방 교육을 받은 우팅팡(伍廷芳, 1842~1922), 전톈유(詹天佑, 1861~1919), 탕사오이(唐紹儀, 1862~1938)는 모두 2,30년 전에 졸업한 룽홍보다 벼슬길이 순탄하였다. 우팅팡은 영국의 법과대학을 졸업한 후 광서 2년(1876) 홍콩에서 변호사로 있었고, 광서 8년(1882)에는 이홍장(李鴻章)의 막료로 초빙되었다. 광서 23년(1897)부터 그는 연이어 청 정부로부터 미국·스페인·페루에 공사(公使)로 파견되었고, 나중에는 청 말 상법과 형법을 제정하는 책임을 맡았다. 전톈유는 청 정부가 미국에 파견하여 공부한 제1기 학생 중 한 명으로, 광서 7년(1881) 귀국한 후 육군학당에 재직하였다. 그는 몇 차례 철로 건설 공사에 참여하였고, 광서 31년(1905) 경장(京張) 철로 수석 기사로 임명되었으며, 선통 원년(1909) 청 정부는 그에게 특별히 공과(工科) 진사 자격을 제수하였다.[75] 탕사오이도 제1기 미국 유학생으로 동치 12년(1873) 미국에 갔다가 광서 7년(1881)에 귀국한 후 얼마 안 되어 조선(朝鮮) 세무 보좌관으로 파견되었고, 광서 33년(1907) 우전부좌시랑(郵傳部左侍郎)으로 승진하였다.[76] 광서 26년(1900)부터 청 정부는 개혁에 뜻을 두고 유학하고 돌아온 학생들을 모두 요직에 임명하였다.[77] 그 밖에 1880년대 이후로는 서학관에서도 학문에 뜻을

74) 『格物新報』, 第1册, 「答問」, 光緖 24年 2月 21日(1898.3.13), 16쪽.
75) 凌鴻勛·高宗魯, 『詹天佑與中國鐵路』, 臺北: 中央研究院近代史研究所, 1977 참조.
76) 탕사오이의 생평에 관해서는 珠海市政協·暨南大學歷史係, 『唐紹儀研究論文集』, 1989 참조.
77) Linda Pomerantz-Zhang, *Wu Tingfang(1892~1922): Reform and Modernization in Modern Chinese History*, Hong Kong: Hong Kong University Press, 1922 ; 丁賢俊·喩作風, 『伍廷芳集』, 北京: 中華書局, 1993.

둔 사람들을 선발하여 쇠락한 분위기를 일신하고자 했다. 이와 함께 광동 신사들은 서양식 교육을 시행하는 것에 대해서 큰 지지를 표명했다. 미국 장로교회가 1880년대 화남(華南) 지역에 고등학부를 설립하려고 할 때, 400명이 넘는 광동 신사층이 연대 서명하여 장로교회가 필히 대학을 광주에 설립할 것을 촉구하였다. 하지만 그들은 또한 이 대학이 전통 서원의 경쟁 상대가 되어서는 안 되며, 나중에 중국 교육을 개혁하여 설립할 학교가 본받아야 할 대상도 아님을 강조하였다.[78] 이 대학이 바로 나중에 영남대학의 전신인 격치서원(格致書院)이다.[79]

중국 관리와 지식인들이 갈수록 더 많이 서학을 받아들이고 있었지만, 이는 결코 그들이 중국 학문을 포기했다는 것을 의미하지 않았다. 대부분 어려서부터 전통 교육을 받았지만 또한 적극적으로 서학을 받아들이기를 원했던 중국 지식인들은 중국 학문과 서양 학문을 종합하여 조화를 꾀하는 것이 제일 좋은 출로라고 여겼던 듯하다. 캉유웨이는 이런 상황에서 만청 경학에 대한 논의를 추가하여 구 학자의 적이자 젊은 학생들의 우상이 되었으며, 만청 광동 학자의 선두 그룹에 올라섰다.[80] 금문학파로 자처하던 캉유웨이는 성인의 말씀을 새롭게 인식한다면 중세에 맞는 적절한 처방을 하여 나라와 백성을 구할 수 있다고 생각했다. 『신학위경고(新學僞經考)』가 광서 17년(1891) 광주에서 출판되자 한바탕 논쟁이 일어났다. 1년 전(1890) 광아서원 원장이었던 절강성 출

78) Jessie Gregory Lutz, *China and the Christian College 1850~1950*, Ithaca and London: Cornell University Press, 1971, pp.34~35 ; 高冠天, 「嶺南大學接回國人自辦之經過」, 李瑞明 編, 『嶺南學報』, 嶺南(大學)籌募發展委員會, 1997, 168~171쪽.

79) 『嶺南大學大觀』, 1917, 卷14, 2쪽.

80) 吳道鎔, 『廣東文徵作者考』, 274~275쪽 ; 梁啓超, 『清代學術概論』, 1920, 『飮冰室合集·專集』之三十四, 56~62쪽 ; 錢穆, 『中國近三百年學術史』, 633~709쪽.

신 학자 주일신(朱一新, 1846~1894)은 캉유웨이에게 편지를 써서 그의 관점에 의문을 제기했다.[81] 광서 28년(1902) 캉유웨이는 다시 『중용주(中庸注)』를 출판하여 유가 공양학파의 '삼세(三世)' 이론, 즉 '치란세(治亂世)', '승평세(昇平世)', '대동세(大同世)'를 빌어 중국 정치체제가 전제 군주제에서 입헌 군주제, 마지막에는 공화제에 도달해야 한다고 주장하였다.[82]

캉유웨이는 청 말 광동의 '정통' 학술계에서 분명 환영받지 못했던 인물이었다. 특히 무술정변 실패 후 그는 청 정부가 체포하고자 했던 죄인이었으며, 또 얼마 후에는 황제를 옹호한다는 이유로 혁명가들의 조소 대상이 되었다. 하지만 그가 봉건제도에 반대했던 자라고 말할 수는 없다. 그가 광동의 주류 지식인들과 사이가 좋지는 않았지만 자신의 사승(師承) 전통을 회상할 때면 주차기의 학생이었다는 사실을 빠뜨리지 않았다. 직접 편찬한 연보(年譜)에서 그는 광서 2~4년(1876~1878) 동안 "구강(九江)의 예산초당(禮山草堂)에서 구강 선생에게 학문을 배웠고", "공손한 태도로 가르침을 받았다"고 말하였다.[83] 그는 학해당이 대변하고 있던 정통에 대해서도 관여하고 싶은 생각이 전혀 없지 않았다. 왜냐하면 연보에서 그는 장지동이 자신에게 학해당 강의를 맡아 달라고 초청했다는 사실을 언급하고 있기 때문이다. 사실 여부를 우리가 고증

---

81) Luke Kwong, *A Mosaic of the Hundred Days: personalities, politics and ideas of 1898*, Cambridge[Mass.]: Council on East Asian Studies, Harvard University Press, 1984, pp.88~89 , 康有爲, 『新學僞經考』, 姜義華 · 吳根梁 編, 『康有爲全集』, 上海: 上海古籍出版社, 1987, 570~1017, 1018~1059쪽.

82) 康有爲, 『中庸注』, 臺北: 臺灣商務印書館, 1966, 39~40쪽 ; Chang Hao, *Liang Ch'i–ch'ao and Intellectual Transition in China 1890~1907*, Cambridge[Mass.], Harvard University Press, 1971 ; 丁寶蘭 編, 『嶺南歷代思想家評傳』, 廣州: 廣東人民出版社, 1985, 336~349쪽.

83) 康有爲, 『康南海自編年譜』(대략 광서 24년, 1898), 臺北: 文海出版社, 1972, 7~10쪽.

할 수는 없지만 행간을 통해서 캉유웨이가 '영광스럽게 생각하여' 만족스러워하는 감정을 느낄 수 있다.[84)]

1880년 이후에도 학해당은 여전히 상당한 정치적 지위를 누리고 있었지만, 학술 문화적 위치는 점차 쇠퇴해가고 있었다. 광서 7년(1881) 진례가 세상을 떠난 후 광동문화사에 관한 기술에서 학해당 학장이나 학생 가운데 진례와 같은 명성을 누린 이는 한 사람도 없었다. 이는 후대 사람들의 학술적 성취가 정말로 진례만 못해서일 수도 있다. 하지만 더 중요한 점은 관방적인 색채가 짙었던 학해당이 청 정부의 실각과 함께 하루아침에 완고한 보수의 상징이 되었다는 것이다. 이에 반해 동치 연간 진례와 명성을 나란히 하던 주차기는 학해당 학장에 취임하지 않으려 했다는 과거 행적 덕분에, 나중에 학해당의 한학 제창이 옳지 않다고 생각하던 광동의 학자들, 특히 반만(反滿) 인사들에게 청 말 광동 학술계의 고결한 선비로 인식되었다. 학해당과 연관이 없던 캉유웨이는 주차기를 자신의 학술적 스승으로 인정하였다. 량치차오를 비롯한 후대 수많은 중국 근대 사학자들의 글에서 캉유웨이에 대한 이미지는 마치 중국 정치·문화 개혁의 선봉인 듯이 기술되어 있다. 이는 만청부터 민국 시기까지 서방 지식을 바탕으로 하는 교육 전통과 제도가 중국 고유의 시스템을 대체하였고, 새로운 시대 중국 엘리트 사상과 자아상을 주도하였기 때문이다. 그래서 그들의 글에서 캉유웨이는 청 말 광동의 개혁의 선봉으로 간주되었던 것이다. 그렇지만 중국 지식인들이 서학을 받아들이지 않고 알지 못하던 시대에 캉유웨이는 줄곧 경학의 기초 위에서 개혁 주장을 펼치고 있다는 사실에 우리는 주의하지 않으면 안 된다. 그의 주장이 당시 주류 학자나 관료들에게 이단으로 인식되었지만, 그의 자아상은 '유신 개혁'의 선봉이라기보다 '옛 것에 의탁해 제도를 개

84) 康有爲, 『康南海自編年譜』, 16쪽, 22~38쪽.

혁'하려는 유학자에 훨씬 더 가까웠다.

캉유웨이와 그가 상징하고 있는 이데올로기는 중국 근대사 담론에서 흔들림 없는 굳건한 위치를 차지하고 있다. 그런데 광동 학술의 주류를 대표하던 학해당에 정말로 도전장을 낸 것은 캉유웨이가 아니라, 왕조의 관료 체제와 경학 관계의 철저한 와해였다. 서학과 그와 함께 전래된 민족주의는 그런 변화를 가속화시키는 압력으로 작용하였다.[85] 새로운 국가의식과 정치체제의 흥기는 중국의 학술·교육·문화의 양상을 철저히 변화시켰고, 자연스레 지방문화에 대한 자리매김과 인식에도 영향을 주었다. 광서 24년(1898) 경사대학당의 설립은 전통적인 학문 분과가 더 이상 과거시험의 교과과정을 농단할 수 없고, 과거 준비생이 말단 관직을 도모하기 위한 필수적인 내용이 아니게 되었음을 의미한다. 이런 상황에서 학해당은 광서 29년(1903) 강요에 못 이겨 폐쇄되었다. 이후 광동의 유로들은 여러 차례 개원을 시도했지만, 경학은 이미 '체'와 '용' 모두를 상실한 상태였기에 학해당은 단지 간판만 남아 있는 꼴로 어떤 실질적인 의미도 상실했다. 20세기에 접어들어 광동의 지식인들이 관심을 가지고 있고 신문과 여론에서 열렬히 토론한 것은 광동에 하루빨리 대학을 건립해야 한다는 것이었다. 그렇지 않으면 다시 문화적 낙후지로 전락하게 될 거라는 것이다.

이와 함께 반만 인사들의 글을 통해 전통 경학의 맥락에서 한학·송학 논쟁도 다시 양극화되었다. 국학보존회 성원이었던 황제는 「월동학술원류사(粵東學術源流史)」라는 글에서 한대 이후 영남 경학의 발전을 종합적으로 서술하였다. 이 글은 광서 34년(1908) 「영남원류

85) 조셉 레벤슨은 다음에서 20세기 중국 민족주의의 문화적 함의에 대해 상세하게 논의하고 있다. Joseph Levenson, *Confucian China and its Modern Fate*, Vol. One: The Problem of Intellectual Continuity.

(嶺南源流)」라는 제목으로 『국수학보』에 게재되었다. 이 글의 수고본(「월동학술원류사」)과 『국수학보』에 게재된 글(「영남원류」)은 내용에서 약간 차이가 있는데, 완원의 학술적 영향에 대해 저자가 신랄하게 비판했던 내용은 빠져 있다. 『국수학보』는 공개적으로 출판된 간행물이었기 때문에 문제를 회피하고자 했던 것이다. 아래 황제의 초고를 인용하며 아울러 꺾쇠괄호 안에 『국수학보』 발간 당시의 차이를 주석으로 표시하고자 한다.

가경·도광 연간에 의징(儀徵) 출신으로 광동총독을 지낸 호가 운대(雲臺)인 완원은 학해당을 창건하고 한학으로 학문을 이끌었다. [『국수학보』에는 '학문' 대신 '학자'라고 되어 있음] 일시에 후강(侯康)·임백동·진례 등이 책을 저술하고 고증학으로 명성을 날렸지만, 영남지역 밖에서 세 사람의 학문에 대해 말하는 이는 없었다. 남해의 주구강(朱九江) 선생은 전국에서 그의 저서에 대해 다투어 말하던 때에 관직을 버리고 강학의 길을 선택하였다. 그는 수신(修身)과 독서의 요체를 제시하여 학자들에게 알려주었다. 그가 말하는 수신의 요체는 효제(孝悌)의 행실을 돈독히 하고 명예와 지조를 숭상하며 나쁜 기질을 바꾸고 예의를 잘 지키는 것이다. 그가 말하는 독서의 요체는 경학·사학·고증학·성리학·문학이다. 그는 학문을 한학과 송학으로 구분하지 않고 진백사(陳白沙), 왕양명의 가르침은 모두 취하지 않았으니, [『국수학보』에는 '所不取'가 아닌 '有所不取'라고 표현하여 '왕양명의 가르침에서 취하지 않은 것이 있다'라고 표현하고 있음] 청조 영남 학문을 홍성케 한 사람이다.

오늘날의 관점에서 논하자면 진백사·왕양명·담약수 세 사람의 학문은 완원에게서 끝났다고 할 수 있다. 오직 책을 저술하고 고증하는 학풍만이 성행하고 강학하는 전통은 쇠퇴하였다. 강학이 쇠퇴하니 명예와 절개, 도덕은 더 이상 따지지 않게 되었다. 주구강 선생 이후로 영남지역의 강학 기풍은 쇠퇴하였다. 최근 10년 동안 서방 학설이 중국에 유입되었는데 광동지역은 그것을 일찍 받아들였다. 학자들은 조금이라도 새로운 주장을 하는 것을 두려워하여 입을 다문 채 말을 하지 않았다. 말하는 자들은 무지함이나 견강부회해서 하는 말이었다. 무지함도 정말 잘못된 것이지만 견강부회는 더욱 잘못된 것이다. 신기한 것을 좋아하는 문인들은 공리설을 크게 주장하여 '용'이 바로 옳은 것이라고 생각해 이를 따라야 한다고 시끄럽게 떠들어댄다. 나는 명예와 절개, 도덕의 가치가 땅에 떨어지고, 젊은이들이 짤막한 편지나 글조차 제대로 쓰지 못하는 자가 있을까봐 걱정이다. 아! 국학이 망할 날이 머지않았으니 그 작은 일부인 영남 학술에 대해 서글프게 생각한다. [『국수학보』에는 '嶺學', 즉 '영남 학술'이 '嶺南', 즉 '영남'이라고 되어 있음.][86] *예전에 말석에서 간안(簡岸) 선생[87]을 모셨고 구강 선생께서 남겨주신 학문을 사숙(私淑)하며 영남의 학문이 황폐해졌다고 생각하였다. 멀리 감천(甘泉) 담약수 선생의 강학의 기풍을 좇고 가까이 구강 선생의 은거의 가르침을 본받지 않는다면, 이 나라의 풍속이 구제될 수 없고 이 나라의 문헌도 보존될 수 없다고 생각한다.* [이탤릭체로 된 마지막 몇 줄은 『국수학보』에는 빠져 있음—인용자][88]

이상의 언급에서 황제는 가경·도광 연간 한학과 송학이 조화를 추구했던 사실을 약화시키고, 한학·송학 간의 투쟁의 관점을 부각시키고 있다. 황제는 자신이 졘차오량의 제자이자 주차기의 2대 제자임을 자처하고 있다. 필자가 제4장 처음 부분에서 언급했던 것처럼 황제가 주편한 『국수학보』에서는 주차기의 문장과 초상화, 서법, 그리고 졘차오량이 편찬한 『주구강선생집(朱九江先生集)』과 『주구강연보(朱九江年譜)』에 대한 광고를 게재한 적이 있다. 이는 문장이 많이 전해지지 않던 주

86) [역주] 원문이 '嶺學'에서 '嶺南'으로 바뀐다면 다음과 같이 해석할 수 있을 것이다. "아! 국학이 망할 날이 머지않았으니 영남 한쪽 구석에 살고 있는 학자가 이를 서글프게 생각한다."

87) [역주] 졘차오량(簡朝亮, 1852~1933)은 자는 지지(季紀) 호는 주쥐(竹居)로 광동 순덕 간안향(簡岸鄉) 사람이다. 간안에 거주하여 그곳 지명을 따서 간안 선생이라 불렸다. 청 말 민국 초 광동의 유명한 학자로 저서도 많고 배출한 제자들도 많았다.

88) 黃節, 『粵東學術源流史』, 手稿, 광동성 중산도서관 소장. 이 글은 『국수학보』, 제4년 제3호, '사설'에 「영학원류(嶺學源流)」라는 제목으로 발표되었다.(1908)

차기의 영향력을 확대하기 위한 것이었다. 다른 한편 명예와 절개를 숭상했던 주차기의 이미지를 빌어 국학보존회 인사를 드러내고, 완원이 고증학을 제창한 것이 영남의 학술, 심지어 국학을 파괴한 것임을 부각시키려는 것이었다.[89] 또 다른 국학보존회 성원인 덩스(鄧實)은 『국수학보』에 게재된 「국학금론(國學今論)」에서, 진례가 한학과 송학의 조화를 꾀한 것은 "자잘한 것들을 긁어모아 비교하고 견강부회한 것으로 그의 학문은 볼만한 것이 없다"[90]고 말하고 있다. 황제와 덩스 두 사람의 언급은 사실 국수파의 걸출한 인물인 류스페이(劉師培)가 제기한 "학술의 경계는 사라질 수 있지만 종족의 경계를 잊어서는 안 된다"고 말한 반만의 입장을 드러내고 있다.[91] 청 말 이래 반만과 혁명을 주장하는 사람들의 담론에서 완원과 그가 창립한 학해당의 광동문화사에서의 위치는 종종 공개적으로 의문시되어 왔다. 무엇을 '영남 학술의 원류'로 볼 것이며, 누가 광동 학술의 정통을 대표하는가 하는 것은 충분히 논의의 여지가 남아 있는 문제가 된 것이다.

학해당 이후

학해당이 폐쇄된 지 10년도 안 되어 신해혁명이 발발하였다. 원래

---

89) 황제가 완원에 대해 강하게 비판하기는 했지만 『국수학보』에는 종종 논평 없이 완원의 글이 게재되었다. 예를 들어 『국수학보』 제1년(1905) 제3호, 제6호에는 각각 「완운대전경도기(阮芸臺傳經圖記)」와 「완운대경사자인사서신립고정림선생사당기(阮芸臺京師慈仁寺西新立高顧林先生祠堂記)」라는 글이 게재되었다.

90) 鄧實, 「國學今論」, 『國粹學報』, 第1年 第5號, '社說', 2쪽, 1905.

91) 관련된 논의는 다음을 참고하라. 劉光漢(劉師培), 「孫蘭傳」, 『國粹學報』, 第1年 第9號, '史篇', 8쪽, 1905 ; 鄭師渠, 『晩淸國粹派: 文化思想硏究』, 北京: 北京師範大學出版社, 1997, 363쪽.

광동의 정치·사회적 권력을 쥐고 있던 학해당 학장은 혁명의 거센 물결 속에서 갑자기 권력을 상실하고 방황하게 되었으며, 심지어 수시로 목숨을 잃을지도 모른다는 걱정에 떨어야 했다. 그들 중 적지 않은 사람들이 난을 피해 홍콩으로 가서 '만청 유로'로 자처하며, 계속해서 문화적인 측면에서 그들이 알고 있는 국가 질서를 구축하고 상상하였다. 이들에 대해 예궁춰(葉恭綽)는 이렇게 평가하고 있다.

> 우리나라의 신해혁명은 정벌이 아닌 양위에 가깝다. 그래서 사람들은 대부분 그것이 혁명임을 잊어버린다. 개화된 인사라고 하는 일반 지식인들도 이에 대해 전혀 관심이 없고 때때로 세상이 바뀐 감회를 드러낼 뿐이다. 민국 초기 공화국이 되었다고 하지만 일반 백성들은 대부분 공화국이 무엇인지 몰랐고, 민주주의가 2천여 년 만에 제정되어 역사상의 대전환임을 알지 못한 채, 마치 정권 찬탈이나 유송(劉宋)·조송(趙宋)의 선양과 같은 왕조 변천으로 간주할 뿐이었다. 그리하여 모든 문화와 문학도 혁명을 향해 나아가는 정신을 내포하지 않고, 비관적이고 옛날을 회고하는 경향으로 나아갔다. 이는 사실 당시 혁명 예술가들의 책임이다. 40년 동안 나는 이런 점에 매우 주의하였지만, 친구들 중에 이런 점을 주목하는 이가 많지 않았으며, 종종 의식적 무의식적으로 전 왕조를 그리워하는 노인과 젊은이의 어투를 모방한 작품을 창작하였다. 이는 어쩌면 옛 습관이 영향을 끼친 것일 수 있지만, 정신이 흐리멍덩하고 사상이 올바르지 않은 것이 가장 중요한 원인이며, 통치 계급이 근본적으로 이런 것들에 주의를 기울이지 않는다는 것이 더욱 중요한 것이다. 내 기억에 청대의 사(詞) 작품을 선별할 때 많은 위대한 사 작가의 작품이 온통 이런 내용이었다. 사실 그런 사람이 복벽을 주장하거나 반혁명적인 행동을 했다고 말할 수는 없지만 행간에는 그런 의식을 드러내고 있다. 이는 전적으로 중심 사상이 없는 까닭이다. 40년 동안 이런 점을 바로잡으려 했던 사람이 없었다는 것도 관계가 없지는 않다. 이치를 따지자면 신해혁명은 이전 역사와 같이 왕조가 바뀐 것이 아니니, 군주에게 충성하고 절개를 지켜야 한다는 말을 할 수도 없다. 따라서 그런 사상을 담고 있는 글을 짓고 세속을 따르지 않는 자신의 지조

를 자랑하는 것은 본래 모순된 것이지만 그것은 오히려 자잘한 문제이다. 더 큰 문제는 혁명과 반혁명의 구별을 모호하게 만들어 복벽을 통해 국론을 분열시키는 행동을 조장한다는 것으로, 그런 사상이 지금 그들을 이끌고 있는 것이다. 옛날 많은 광동 문인들의 작품에서는 분개하며 전 왕조를 그리워하였다. 천융위안(陳顒園)은 그것을 이렇게 비판하였다. "위령제를 지내고 가슴아픈 상흔을 떨쳐버릴 것이지 어찌 패망한 고국을 그리워하여 배회하고 있는가?" 이 말은 정말로 옳은 말이다. 한 친구는 본래 남사(南社: 혁명을 선동하는 단체) 소속이었다. 그런데 그의 시와 사에는 지난날 북경에서의 많은 추억들을 표현하고 있었다. 내가 그 점을 지적하자 그는 아무 말 못 하고 망연자실하였다. 옛사람은 "글을 지으매 그 진심을 표현해야 한다"[92]고 하였다. 이런 작품은 '진심'이란 단어와는 실로 어긋난 점이 없지 않으니, 정세를 주관하려는 자는 신중해 생각해 봐야 한다.[93]

'만청 유로'는 신해혁명의 산물이다. 그들은 조회 복장을 바꿔 입고 새로운 왕조를 섬기려 하지 않았다. 혁명가의 입장에서 볼 때 유로들은 만주족의 청 황실을 고수하고 있으니 의심의 여지 없이 낙후되고 부패한 한족을 배반한 무리이다. 한편 유로들의 입장에서 그들의 행동은 단지 두 군주를 섬기지 않고 강직하게 충성을 다하려는 것일 뿐

---

92) [역주] 『주역(周易)·건(乾)』에 나오는 말이다. 원문이 포함된 구절은 "修辭立其誠, 所以居業也"이다. 역자는 위와 같이 이 구절을 풀었지만 사실 이 구절은 다양한 의미로 해석될 여지가 있다. 일례로 공영달(孔穎達)은 '사(辭)'의 의미를 문교(文敎), 즉 예악법도, 문장교화로 해석하였다. 그에 따르면 "예악법도를 닦아 성실한 태도를 확립해야 공덕을 보존할 수 있다"는 정도로 해석될 수 있을 것이다.

93) 葉恭綽, 「論四十年來文藝思想之矛盾」, 『遐庵談藝錄』, 香港: 太平書局, 1961, 112쪽. 인용문에서 언급한 천융위안(陳顒園)은 바로 천룽(陳融, 1876~1955)으로 반우 사람이다. 그는 청대 시문집 2천여 종을 수집 소장하고 있었다. 일본에 유학했을 때 동맹회에 가입하였고 황화강(黃花崗) 기의(起義)에 참가하였다. 민국 시기에는 사법 경관(警官) 부문의 요직을 역임하였고, 1931년에는 광주 국민정부 비서장(秘書長)을 지냈다. 1949년 홍콩으로 이주하였다.

이었다. 재미있는 점은 신해혁명이 '반청복명(反淸復明)'을 구호로 삼고 명 왕실을 정통으로 받들며, 혁명 인사나 혁명에 동조하는 자들이 적극적으로 명 유민의 자취를 찾아 자신의 항청 의지를 표현하려 했다는 것이다. 만청 유로들은 실제로는 청조 정권을 지지하고 있었지만, 그들 또한 자신을 명 말 유민에 비유하였다. 혁명 이후 일부 유로들은 복벽 운동에 참여해 청 황제를 옹립하고 왕조를 부활시키려고 했지만 몇 차례의 시도는 모두 실패로 끝났다. 다른 한편 그들은 각종 문화·교육 활동을 통해 계속해서 멸망한 청조 유신으로서 자신들의 꿈을 구체화하였다. 물론 당시 중국은 새로움을 향한 기상으로 충만하여 주로 도시의 문화·교육 활동은 대부분 유신파들이 장악하고 있었다. 광동의 유로들은 지리적인 편리함 때문에 난을 피해 홍콩으로 이주하였다. 영국의 통치 아래 있던 홍콩은 사회적으로나 교육·문화 정책에 있어서 중국보다 보수적이었다. 이 식민지는 유로들의 낙원이 되었다. 신해혁명부터 항전 시기 이전까지 난을 피해 홍콩에 온 광동 유로들은 이곳에서 유민 역사서를 편찬하고 홍콩의 역사 유적들을 찾아다니며 대학 중문과의 교육을 담당하였다. 그들은 당시 그리고 그 이후에 홍콩에 중국문화의 기틀을 다지는 역할을 하였다.

신해혁명 후 광동의 만청 유로들 가운데 원쑤(溫肅, 1878~1939)가 가장 적극적으로 복벽 활동에 참여하였다. 원쑤는 순덕 용산향(龍山鄕) 사람으로 광서 29년(1903) 진사이다. 한림원서길사(翰林院庶吉士)로 있다가 3년 후 시험을 통해 한림원편수, 국사관협수(國史館協修) 등의 관직을 역임했다. 청 말 몇 차례 상소문을 올려 혁명 활동을 말살할 것을 탄원하였다. 민국 성립 후에는 각 지역을 돌아다니며 청 왕실에 충성을 다해야 한다고 유세하였다. 1912~1917년 그는 비밀리에 남북 각 성을 오가며 장쉰(張勛)·펑궈장(馮國璋)·룽지광(龍濟光)

· 루룽팅(陸榮廷) 등에게 복벽을 설득하였다. 1917년 장쉰이 황제를 복권시키고 원쑤에게 도찰원부도어사(都察院副都御史)를 제수하였다. 그때 원쑤는 북경으로 돌아가던 길에 복벽이 실패했다는 소식을 듣고 고향으로 돌아가 은거하였다. 그는 집을 새로 짓고 '두견암(杜鵑庵)'이란 이름을 붙여 옛 군주를 잊지 못하는 마음을 표현하였다. 이후 그는 몇 년 동안 『광동통지』·『용산향지(龍山鄉志)』의 「인물전」을 편찬하고 『진독록연보(陳獨漉年譜)』·『진독록시문집(陳獨漉詩文集)』을 편찬하였다. 진독록은 진공윤(陳恭尹, 1631~1700)으로 순덕 용산향 사람이다. 그의 부친 진방언(陳邦彦)은 청 순치 4년(1647) 청에 항거하는 의병을 일으켰다가 실패하여 희생되었다. 진공윤은 이듬해 남명(南明) 계왕(桂王)에게서 금의위지휘첨사(錦衣衛指揮僉事)를 제수받고 은밀히 반청 활동에 종사하였다. 명 왕조를 회복시킬 희망이 없어지자 그는 스스로를 '나부포의(羅浮布衣)'[94]라 부르며 은거하였고 유민의 신분으로 늙어 죽었다. 원쑤가 진공윤의 연보와 문집을 편찬한 것은 고향의 문화를 드날리고 자신의 유민 정서를 그에게 기탁한 것이었다.

1923년 이후 원쑤는 푸이(溥儀)를 따르며 왕궈웨이(王國維) 등에게 남서방행주(南書房行走)를 임명하도록 했다. 그는 푸이 곁에 4년 정도 머무르며 한때 왕궈웨이와 협력하여 고궁(故宮)의 서적과 제기(祭器)를 조사하였다. 얼마 후 그는 정샤오쉬(鄭孝胥) 등과 함께 푸이에게 강학을 했는데 오로지 『정관정요(貞觀政要)』만을 가르쳤다. 나중에 경비를 지급할 수 없게 되자 푸이는 '행재판사처(行在辦事處)'를 폐지하고 수행원들을 돌려보냈다. 원쑤는 차마 떠나지 못하고 수시로 '황제의 용안을 알현하기' 위해서 근처 장씨(張氏) 댁에 머물며 장쉰의

---

94) [역주] 나부는 나부산(羅浮山)을 가리키는 듯하다. 박라(博羅)·용문(龍門)·증성현(增城縣) 지역에 걸쳐 있는 영남지역에서 유명한 도교 10대 명산 중 한 곳이다. 포의는 벼슬하지 않은 일반 평민을 지칭하는 말이다.

두 아들에게 고서(古書)를 가르쳤다. 1929년 원쑤는 홍콩대학의 초빙을 받아 철학과와 문사과(文詞科)에서 2년 동안 교수로 있었다. 만주국이 성립된 후 원쑤는 장춘(長春)에 가서 푸이를 알현했다. 푸이는 그를 '문교부 차장'에 임명하려고 했으나 그 부서의 '총장'인 정샤오쉬가 본래 그와 의견이 맞지 않았기 때문에 '정중히 사절하고 고향으로 돌아갔다'고 한다. 이듬해 푸이는 그를 다시 열하(熱河) 지방의 성장(省長)으로 임명하려 했다. 그런데 얼마 후 그가 중병에 걸려 대련(大連)으로 가서 몇 개월 치료를 받았는데 호전되지 않자 어쩔 수 없이 휴가를 신청해 남쪽으로 돌아갔다. 고향에 돌아온 후 그는 매년 푸이의 생일이면 근처의 몇몇 유로들과 함께 상을 차려 놓고 향을 피우며 북쪽을 향해 축복을 기원하였다. 푸이도 몇 차례 돈을 부쳐 주며 그의 생일을 축하해 주었다.95)

새로운 사상과 개념도 원쑤의 전통적 조정 · 천하에 대한 관념을 결코 변화시킬 수 없었다. 그가 무심결에 근대적인 개념의 '국가'라는 말을 사용했다면 그에게 있어서 '국가'는 단지 청 황실의 천하에 불과했다. 그는 주자바오(朱家寶, 1864~1928)를 탄핵하는 「순무가 백성과 나라를 망치고 있음을 탄핵하며 올리는 글(參撫臣誤民誤國折)」에서 이렇게 말한 적이 있다.

> 신은 러시아와 일본 두 나라가 그들의 화폐로 우리나라 화폐를 다 수거해 가 버릴까 걱정입니다. 어느 날인가 나가서 물어보니 우리나라 화폐로는 대응할 방법이 없다고 합니다. 화살촉 하나, 화살 하나 써 보지도 못한 채 동북 3성은 우리나라 소유가 아니게 되었습니다. 이 점만으로도 충분히 나라를 잃은 것입니다. 순무 주자바오는 많은 재물을 가만히 가지고 앉아 있다가 관직을 그만두고 떠나버린다 해도 그래도 역

95) 張解民, 「宣統遺老溫肅生平述略」, 『順德文史』, 第5期, 1985.1, 33~36쪽.

시 부자로 살아갈 겁니다. 그의 자제들 또한 가벼운 가죽옷에 살진 말을 타며 풍류스런 생활을 즐기고 주색에 빠져 방탕하게 지낼 겁니다. 부귀한 가문과 교류하면서 자기 딴에는 우쭐대며 만족스러워할 겁니다. 신은 우리 선조들의 수백 년 전 발상지가 결국 이런 탐욕스런 사람들의 손에 파괴되는 것이 안타깝고 정말로 통곡할 만한 일이라고 생각합니다. 이 사람은 나라를 망친 죄인입니다.[96)]

당시 원쑤의 사유 속에서 동북 3성의 중요성은 그것이 '국토'라는 데 있지 않고, "우리 선조들의 수백 년 전 발상지"라는 점에 있었다. 조상의 관습법은 그에게 있어 흔들려서는 안 되는 것으로 이것이 그가 새로운 정부에 반대하는 이유였다. 새롭게 '국가'를 정의할 필요를 느꼈던 지식인들에게 민주주의는 새로운 국가 개념에서 빠질 수 없는 요소였다. 하지만 원쑤에게 있어서 민주주의, 심지어 어떠한 '주의'도 다 삼강오륜을 파괴하는 사악한 주장이다.

국가의 건립은 인재, 군주에 대한 충성, 공자(孔子)에 대한 존경, 공평함과 용맹함을 숭상하도록 하는 데 달려 있으니, 사실 이는 우리나라 인재 양성의 핵심입니다. 사회학이 생겨나면서부터 왕과 성인을 존중해야 한다는 생각은 이미 오래 전에 아이들의 마음속에 들어 있지 않게 되었습니다. …… 어떤 사람은 영사 재판권을 회수해야 한다고 말합니다. 신법이 시행되고 나면 외국 사람들이 극도로 쇠약해진 우리를 무시하고 곤란하게 할 것이니 정말로 분통한 일입니다. 따라서 조상의 성문법을 가지고 백성들의 풍속을 모두 옛날로 돌아가도록 해야 합니다. 사람들에게 조상의 법만을 따르도록 한다면 발을 깎아 신발에 맞추려는 억지스러운 신법을 싫어하게 될 겁니다. 신법은 또한 가족주의, 민족주의와도 연관된 것으로 암암리에 삼강오륜을 파괴하는 사악한 주장입니

---

96) 溫肅, 「參撫臣誤民誤國折」(宣統2年), 『溫文節公集 · 檗庵盫奏稿』, 8쪽. 주자바오는 광서 18년 진사로 보정지부(保定知府), 강소안찰사, 길림순무 대리(代理), 안휘순무 등의 관직을 역임하였고 입헌 운동에 참여하였다.

다. 세상에서 법률을 잘 아는 대신과 법학으로 유명한 사람들이 이성을 잃고 상식에 벗어난 행동을 하는 것이 아니고 무엇이겠습니까? 이것이 제가 시행해서는 안 된다고 하는 첫 번째 이유입니다.[97]

원쑤와 다른 광동의 유로들은 푸이에게 줄곧 군신의 예를 행하였다. 1920년 원쑤·딩런창·우다오룽·라이지시(賴際熙)·량칭구이(梁慶桂)·천보타오(陳伯陶)·장쉐화(張學華)·장치간(張其淦)·천부츠(陳步墀) 등 만청 광동의 신사들은 푸이에게 '복(福)'이라 쓴 어서를 상으로 받았다.[98] 그렇지만 많은 광동의 유로들은 원쑤처럼 복벽 운동에 적극적으로 참여하지 않았다. 그들은 고국에 대한 그리움을 대부분 문화 활동으로 표현하였다. 만청 시기 광동 유로들의 문화 활동 중 하나는 서적 편찬의 형태로 그들이 잘 알고 있고 열정을 가지고 전승하고자 했던 광동문화를 보존·전파하는 것이었다. 앞서 언급한 학해당 학장을 역임했던 우다오룽의 『광동문징』과 『광동문징작자고』는 그 한 예이다. 우다오룽은 반우 사람으로 광서 6년(1880) 진사이다. 그는 3년의 서상관(庶常館) 연수를 마친 후 시험을 통해 한림원편수를 제수받고, 혜주의 풍호서원(豊湖書院), 조주의 한산서원(韓山書院), 삼수(三水)의 사강서원(肆江書院), 광주의 응원서원(應元書院) 등에서 강의하였다. 학해당 학장을 맡았던 것 이외에도 광동 고등학당(전신은 광아서원) 감독, 학부자의관(學部咨議官), 광동학무공소의장(廣東學務公所議長) 등의 관직을 역임했다. 신해혁명 후 그는 다시 문을 연 학해당의 초빙을 거절한 채 문을 닫아걸고 저술에 힘썼다.[99] 그가 『광동문징』을 편찬한 것은 고유의 지방 문헌 전통을 계승하고자 한 것이 분

97) 溫肅, 「新政流弊宜急籌補救折」(宣統2年), 『溫文節公集 · 檗庵盦奏稿』, 11~12쪽.
98) 溫肅, 「謝賞御書尺頭折」(1934), 『溫文節公集 · 檗庵盦奏稿』, 39쪽.
99) 吳道鎔, 「行狀」, 『澹庵文存』, 1~2쪽.

명하다. "장방익(張邦翼)의 『영남문헌(嶺南文獻)』, 굴대균의 『광동문선』, 온여능(溫汝能)의 『월동문해(粵東文海)』와 같은 우리 광동 문집들은 전해지는 책이 날로 적어져 대부분 거의 유일본이다. 또한 마땅히 선별해야 되는 문장도 대부분 빠져 있다. 온씨 이후 풍봉초(馮奉初)의 『조주기구집(潮州耆舊集)』, 오숭선(吳崇宣)의 『고량기구유서(高涼耆舊遺書)』, 진재겸(陳在謙)의 『국조영남문초(國朝嶺南文鈔)』도 이야기를 듣거나 내가 살펴본 바에 따르면 한쪽으로 치우쳐 있다. 그런데 그 뒤를 이어 방대한 분량의 온전한 선집을 편찬하려는 자가 없다. 나 자신의 능력을 헤아리지 못하고 문집을 편찬하고자 다시 지방지와 여러 사람의 문집을 가져다 살펴보고, 번잡한 것들은 없애버리고 문장을 수집하여 『광동문징』을 편찬하였다." 『광동문징』이라 명명한 까닭은 "그의 약례(略例)에 따르면 예전에 이미 『광동문헌(廣東文獻)』·『강좌문선(江左文選)』·『동구선생문략(東甌先生文略)』·『호남문징(湖南文徵)』과 같은 책이 있었기 때문이다."[100)]

학해당과 연관이 있는 또 다른 광동의 만청 유로는 천보타오이다. 천보타오(1855~1930)는 동관 사람으로 광서 7년(1881) 학해당 전공과목 학생으로 선발되었다. 광서 18년(1892) 진사에 급제한 후 한림원 편수·국사관총찬 등을 제수받았고, 광서 31년(1905) 남서방(南書房)에서 근무하였다. 이듬해 일본에 가서 교육행정 업무를 시찰하였고 강녕제학사(江寧提學使)직을 임시로 대행하였다. 귀국한 후에는 남경(南京)에서 방언학당(方言學堂)을 창건하였다. 광서 34년(1908) 다시 강녕포정사(江寧布政使)직을 대행하였고 실질적으로 강녕제학사를 제수받았다. 천보타오는 고향 동관에서 대량의 토지와 엄청난 경제 능력을 갖추고 있는 지방 신사 기구인 '명륜당(明倫堂)'을 경영 관리하

100) 吳道鎔, 「行狀」·「與姚君悫書」, 『澹庵文存』, 卷1, 29쪽.

는 데 참여하였고 『동관현지』를 편찬하였다. 중화민국이 성립된 후에는 구룡(九龍)으로 피신하여 '구룡진일(九龍眞逸)'이라 자칭하였다.[101] 그가 편찬한 『승조월동유민록(勝朝粵東遺民錄)』 자서(1915)에서 천보타오는 송명 시기 광동 유민들을 칭송하면서 자신을 그들에 비유하고 있다. 그는 심지어 명 왕조 멸망 후 광동 유민들이 두 군주를 섬기지 않은 충성스럽고 강직한 사적이 다른 성보다 광동이 더 훌륭한 전통을 가진 점이라고 말하였다.

> 나는 암공(闇公)과 함께 바닷가에 피신하였다. 암공은 명 말의 은일전 보기를 좋아했다. 그는 『기헌휘징(耆獻彙徵)』에 수록된 우리 광동 유민들이 거의 몇 명 되지 않는다는 사실을 속으로 탄식하고 있었다. 한가할 때 나는 이와 관련된 기록들을 모아서 암공에게 보여 주었다. 책으로 편찬하여 다음과 같은 서문을 쓴다.
>
> 명 말 사대부들이 절개와 의리를 숭상하고 죽음으로 군주를 섬긴 업적은 전대 역사에서 찾아볼 수 없는 일로 매우 훌륭하다. 올바른 도를 지키기 위한 은거가 특히 성행하였다. 황이주(黃梨洲), 고정림(顧亭林), 손하봉(孫夏峰), 이이곡(李二曲), 장양원(張楊園), 육부정(陸桴亭), 왕선산(王船山), 여만촌(呂晩村) 등 당시 중국에서 유명한 학자들 가운데 원 왕조에서 벼슬한 허노재(許魯齋)[102] 같은 사람이 있다는 말을 들어 보지 못했다. 우리 광동에 이같은 위대한 인물은 없지만 산림에 은거한 자들을 지금 고증해 보니 290여 명이다. 그들의 책은 훼손되고 없어져 그 본말을 알 수 없어 상세히 다 논할 수는 없다. 명 말 우리 광동의

101) 천보타오의 생평에 관해서는 容肇祖, 「學海堂考」, 77~78쪽을 보라.

102) [역주] 인명은 허형(許衡, 1209~1281)이고 자는 중평(仲平), 송원 교체기의 학자이다. 요추(姚樞), 두묵(竇默) 등과 함께 정주리학(程朱理學)을 강의했다. 원 세조가 친왕으로 있을 때 경조제학(京兆提學)을 지냈고, 즉위한 후에는 중서성의사(中書省議事), 집현대학사 겸 국자좨주(國子祭酒), 자선대부(資善大夫) 등을 역임했다. 그는 원대 초 국학을 주관하였고 한족과 몽고 문화의 융합과 교류에서 중요한 역할을 했다. 만년에는 곽수경(郭守敬) 등과 함께 『수시력경(授時曆經)』을 편찬하기도 했다. 그의 학문은 정주리학의 전파와 주희(朱熹)와 육상산(陸象山)의 합류에 영향을 끼쳤다. 저서로 『노재유서(魯齋遺書)』 등이 있다.

풍속은 순사(殉死)를 명예롭게 생각하고 투항하는 것을 부끄럽게 여겼다. 그래서 나라가 망한 후 결국 잇달아 관직에 나아가지 않고 과거시험도 보지 않고 그들의 절개를 온전히 지키며 충의를 실천하였으니 칭찬할 만하다.

하오추(何吾騶), 황사준(黃士俊), 왕응화(王應華), 증도유(曾道喩), 이각사(李覺斯), 관첩선(關捷先) 등은 죽음으로 절개를 지키지는 않았지만, 나중에 모두 동굴 속에서 평생을 마치고 새로운 왕조를 섬기지 않았다. 그렇기 때문에 「이신전(貳臣傳)」에 우리 광동지역의 사대부는 한 사람도 없는 것이다. 하오추와 황사준은 숭정제(崇禎帝) 때의 재상으로 계왕(桂王)을 보필하였다. 평왕(平王)과 정왕(靖王)이 광주를 포위하고 계왕이 서쪽으로 도주할 때 하오추는 사람들을 이끌고 가서 지원하였다. 황사준은 집에 있으면서 나가지 않았지만 고통스러운 마음으로 직무에 전념하며 뒷수습을 하려고 했으니, 「이신전」의 풍전(馮銓), 왕탁(王鐸) 등과 비교하면 차이가 있다. 하지만 이들은 모두 그 당시 마을 사람들에게 욕을 먹었고 그들에 대한 멸시는 지금까지도 수그러들지 않고 있다. 이를 보면 우리 광동 사람들의 마음이 올바름을 알 수 있다. 절개와 의리를 숭상하는 것이 점차 풍속으로 자리잡은 경우는 사실 다른 성에서는 찾아볼 수 없다.[103]

1930년대 중산대학 역사학과 교수로 재직하고 있던 주시쭈(朱希祖)는 일기에서 천보타오의 저서에 대해 다음과 같이 평가하고 있다.

[1933년] 3월 4일 7시 반에 기상. 8시에 아침 식사하고 『월동유민록』을 읽었다. 10시 중산대학 도서관에 가서 민국 시기에 나온 『동관현지』 중 명청 시기의 열전 3권을 빌렸다. 이 책은 동관 출신 천보타오가 지은 것인데, 『승조동관유민록(勝朝東莞遺民錄)』 또한 그가 지은 것이다. 나는 재작년 그가 지은 『동관오충전』을 읽었는데, 지금 『동관지』를 읽어 보니 오충전이 전부 다 지방지 안에 기록되어 있었다. 그중 소관생전(蘇觀生傳)[104]은 소무(紹武)[105] 연간의 가장 중요한 사료로 또한 제

103) 陳伯陶, 「原序」, 張淦祥 · 楊寶霖 主編, 『莞水叢書第四種: 勝朝粤東遺民錄』, 樂水園, 2003.

일 상세하였다. …… 후에 『동관지』의 소관생전을 읽어 보니 모두 외딴 시골 사람의 안목으로 비호하는 말들이어서 매우 우습다는 생각이 들었다.106)

남명 역사 연구에 주력했던 주시쭈는 중산대학 재직 시기 총장 쩌우루(鄒魯)를 도와 『광동통지』의 편찬을 주관하였다. 그는 특히 광동 관리와 백성들의 남명 시기 사적에 관한 기록이 사실인지를 집중적으로 고증하였다. 천보타오의 저서를 읽은 후 그는 수많은 명 말의 사료를 조사하여 소관생에 대해 춘추필법과 같은 예리한 평가를 하였다.

이상 몇 권의 책을 읽어 보면 소관생이 맨 처음 진방언(陳邦彦)으로

---

104) [역주] 소관생(1599~1647)의 원명은 시택(時澤), 자는 우림(宇霖), 혹은 여림(汝臨)으로 광동성 관성(莞城) 사람이다. 30살 때 생원이 되었고 숭정 7년(1634) 국자감에 들어갔으며 1636년 무극현(無極縣) 지현이 되었다. 억울한 사건을 바로잡으려다 상관에게 죄를 얻어 파직당하자 백성들이 그를 위해 비석을 세워주었다. 숭정 15년(1642) 감기참찬(監紀參贊), 영평부(永平府) 동지감기군사(同知監紀軍事), 황주지부(黃州知府) 등을 역임했다. 숭정 17년(1644) 이자성(李自成)이 북경을 함락하자 이듬해 윤6월 소관생은 정지용(鄭芝龍) 등과 함께 복주(福州)에서 주율건(朱聿鍵)을 황제로 옹립하고 융무(隆武)라는 연호를 사용했다. 그는 한림원학사, 예부우시랑, 동각대학사, 이부·병부상서, 태자태보, 무영전대학사 등을 역임했다. 이후 융무제의 행방이 불분명해지자 광주로 가서 대학사 하오추 등과 융무제의 동생인 당왕(唐王) 주율오(朱聿鐭)를 황제로 옹립하고 소무(紹武)라는 연호를 사용했다. 그는 건명백(建明伯)이 되어 병부 업무를 관장하였고 이후 동각대학사가 되었다. 같은 해 11월 계왕(桂王) 주유랑(朱由榔)이 조경(肇慶)에서 황제로 즉위하여 백 리 안에 군주가 두 명인 상태가 되었다. 당왕과 계왕이 서로 싸우는 사이 청나라 군대가 복건으로부터 광동으로 들어와 조주, 혜주를 거쳐 광주를 압박하였다. 소관생은 사람들을 이끌고 대적했으나 사상정(謝尚政)이 군대를 이끌고 내응하여 광주가 청나라 군대에게 점령되자 자결하였다.

105) [역주] 소무(1646.11~1646.12) 연간은 남명 소무제(紹武帝)의 연호로 모두 2개월간 사용되었다. 이후 주유랑이 조경에서 황제가 되어 영력(永曆, 1647~1661)이란 연호를 사용하였다.

106) 「鄺亭粵行日記」, 『朱希祖先生文集』, 第6册, 4001쪽.

하여금 계왕을 맞이해 옹립하도록 했음을 알 수 있다. 그러다 소인배인 소종제(蘇終弟)에게 미혹되어 사악한 음모를 꾸며 국가의 전체적인 형국을 고려하지 않고 개인적으로 황제를 옹립하고자 하였다. 그리하여 외환을 망각하고 내부 투쟁을 초래하여 스스로 멸망을 자초하고 전체적인 형국을 위기로 몰아넣었다. 그가 진방언을 매도한 것은 작은 일부분에 불과하다. 광동 사람들이 내부를 방어하면서 외부를 방어하지 않은 것은 예나 지금이나 변하지 않았다. 천보타오와 같은 사람이 소관생을 충성스럽게 여긴 것은 식견이 좁아 천추에 화를 남긴 것이니 정말로 탄식할 만하다.[107]

주시쭈의 반청복명의 역사관은 사실 신해혁명을 역사적 기초로 하는 국민당 정부의 통치 이념을 옹호하려는 양면적인 표현이었다. 새로운 정치 이데올로기의 영향 하에 『광동통지』 열전을 새롭게 편찬하면서 정치를 비롯한 성별(性別), 종족 등에 관한 기술에서 새로운 기준이 생기게 되었다. 다른 성 출신으로 현대 사학의 훈련을 받은 역사학자 주시쭈는 광동의 만청 유로들이 그 고장의 남명 신하를 아무런 비판 없이 찬양하는 것에 대해 당연히 쉽게 동의할 수 없었다. 반청 여부는 천보타오가 고려하는 사항이 아니었고 군주에 대한 충성이 가장 중요했다. 때문에 전 왕조의 종실 중 누구를 군주로 옹립할 것이며 그것이 어떤 정치적 결과를 가져올 것인지는 그의 관심 밖이었다. 중요한 것은 남명 유민에 대한 사실, 혹은 신화를 바탕으로 청말 유민으로서 자신의 감회를 표현하는 것이었다.

정치적인 도통은 역전되기 어렵다. 천보타오와 다른 광동 유로들은 사라져가는 과거 학해당의 영광에 다시 불을 붙여 학술적인 도통이 이어지기를 바랐다. 신해혁명 전후 다시 학해당을 열었다는 소식이 몇 차례 전해졌지만 불과 수십 명의 유민들 사이에서만 움직임이 있

107) 앞의 책, 4002쪽.

었던 듯하다. 『화자일보(華字日報)』 1911년 7월 3일 이런 보도가 게재되었다.

> 신사 이쉐칭(易學淸), 량딩펀(梁鼎芬), 천보타오, 우다오룽, 장쿵인(江孔殷) 등은 연대하여 장(張) 총독에게 상주하여 옛 남원사(南園社)를 신사들이 경영하게 해 달라고 청했다. 이제 총독의 비준과 허락을 받아 각 신사들이 6월 7일 8시 항풍헌(抗風軒)에 모두 모여 회의하였다.108)

이후의 보도에 따르면 그들은 회의에서 '학해당을 다시 열자는 결의'를 제안했다며 다음과 같이 말하고 있다.

> 우리 광동은 완원이 학해당을 건립한 이래로 영남 학술계에 뛰어난 문인들이 출현하여 성취를 이룬 자들이 많았다. 서원이 학당으로 바뀐 후 최근 몇 년 동안 폐쇄되었는데 량딩펀 등이 발의하여 학당을 다시 열고자 한다. 모든 방법을 의논하고자 윤6월 초하루 7~11시까지 남원에 모여 상의하기로 결정하였다. 아울러 이 일을 장 총독에게 상세히 보고했는데 답신에 따르면 청원서가 도착하면 필히 찬성하고 은 1천 원을 기부하겠다고 한다. 또한 남해 량차오젠(梁朝鑑)이란 사람이 먼저 은 30원을 기부하겠다고 한다.109)

하지만 그 일은 이후에도 계속 흐지부지된 듯하다. 1920년 1월 이쉐칭 등은 또 다시 광동성 성장 등에게 학해당을 다시 열게 해 달라는 글을 올리며 이렇게 말하고 있다. "옛 제도에 근거하여 대책을 강구하고자 하니 별도의 부지를 마련하여 학해당을 재건하도록 해 주시길 바랍니다. 문서로 입안을 비준하고 예산에 편입시켜 매년 일정한 금액을 지급하여 교육을 확대해 영원히 유지되도록 해 주십시오." 관

---

108) 『華字日報』, 1911.7.3.
109) 『華字日報』, 1911.7.25.

련 당국의 답변은 이러했다. "비준을 거쳐 건의한 대로 처리하기로 하였다. 필요한 경비는 이미 지급하도록 결정했으니, 재정청에서는 원래 학해당 재건 방법에 대한 문건을 관련 부서에 전달하여, 매년 필요한 경비 4300원을 예산에 추가하여 쓸 수 있도록 하길 바란다." "잠시 동안은 문명문(文明門) 밖 광동도서관을 사용하라." "성장(省長)이 학장 8명을 선발하면 그가 문제를 내어 학생들을 평가하고 강의하는 업무도 같이 맡아 처리하도록 하라." "교과목은 경학(부록 理學), 사학(부록 經制), 문학[詞章] 세 과목으로 구분하여 가르치도록 하라." "수업을 받는 학생들 가운데 특히 우수한 자를 선발하여 전공과목을 가르치는데 각각 타고난 자질에 따라 '13경 주소(注疏)', 『사기(史記)』, 『한서(漢書)』, 『후한서』, 『삼국지』, 『문선』, 두시(杜詩), 『창려선생집(昌黎先生集)』, 『주자대전집(朱子大全集)』 중에서 하나를 택하도록 하고, 노민숙(盧敏肅, 1772~1835)[110]의 옛 제도(舊章)를 전문적으로 가르치도록 하라."[111] 광동성 신상(紳商)과 노인들로부터 일부 성 정부의 관리에 이르기까지, 그들은 옛날 완원이 광동에 가져다 준 문화적인 명성을 잊지 못하고 다시 부흥시키고자 하였다.

당시 이미 나이가 80세였던 이쉐칭은 광동성 정계와 학계에서 덕망이 높았다. 다만 그는 학해당 재건을 적극적으로 주장하였지만 원쑤, 천보타오, 우다오룽 등과는 달리, 만청 유로에 속하는 인물은 아니었다. 그는 신구 인물 모두에게 능력을 인정받았던 듯하다. 이쉐칭(1841~1920)은 학산(鶴山) 출신으로 동치 7년(1868) 진사로 단계서원(端溪書

110) [역주] 노곤(盧坤)을 가리킨다. 노곤은 자가 정지(靜之), 호는 후산(厚山)이며 민숙은 시호(謚號)이다. 순천부(順天府) 탁주(涿州) 사람으로 가경 연간에 진사에 급제한 후 호북성안찰사, 감숙성포정사, 광동·섬서·산동·산서 순무, 호광·양광총독 등을 역임했다.

111) 『華字日報』, 1920.1.23.

院), 양성서원에서 20여 년 동안 강의하였다. 청 말 광동 자의국(咨議局) 의장으로 있으면서 지방자치사를 창립하였고, 1917년에는 광주에 내려온 쑨중산이 「임시약법(臨時約法)」을 보호해야 한다고 했던 주장을 지지하였다.[112] 『영애록(榮哀錄)』에 따르면 그의 생일을 축하한 단체로 양월광인선당(兩粵廣仁善堂), 조경공회(肇慶公會), 월성십상단(粵省十商團), 월상제10분단군(粵商第10分團軍) 등이 있다. "광동에서 유명한 인사는 대부분 그의 문하에서 나왔다"라는 말도 전해진다. 그의 『영애록』 편찬에 참여한 자만 보더라도 유로나 신사들을 제외하고 광동성 경무처 처장 겸 성회경찰청청장 웨이방핑(魏邦平)과 그의 비서 천궁(陳恭)이 있는데, 천궁 스스로 이쉐칭에게서 "가르침을 받았다"고 말하였다.

그 밖에 이쉐칭에게 자신을 '만생(晩生)', '가르침을 받았다(受業)', 혹은 '문하생(門下)'으로 칭했던 자들은 유로나 유명한 학자, 신상(紳商), 정계의 주요 인물들로 거기에는 다음과 같은 이들이 포함되어 있었다. 광주 후이펑(彙豐) 은행 매판 자본가이자 홍콩 둥화(東華) 의원 및 보량국(保良局) 총리를 역임했고, 1924년 상단사변(商團事變)[113] 때 쑨중산

112) [역주] 1917년 7월 2일 광동성 성장 주칭란(朱慶瀾)은 쑨중산을 초청하여 군 정부를 조직하고, 광동·운남에 주둔하고 있던 장령(將領) 장카이루(張開儒)도 광주로 도읍을 천도하자고 주장했다. 7월 6일 쑨중산은 장타이옌(章太炎), 주즈신(朱執信) 등과 함께 상해를 떠나 17일 황포(黃埔)에 도착했다. 쑨중산은 황포공원 연설에서 전 함대가 광동으로 올 것을 요청하고 그곳에서 의회를 소집하고, 리위안훙(黎元洪)이 대통령직을 수행해야 한다고 주장했다. 19일 광주에 도착한 쑨중산은 각 지역 국회의원들이 남쪽으로 와서 「임시약법」을 지키고 국회를 열어야 한다고 호소하였다.

113) [역주] 1924년 8~10월에 광주에서 발생한 천롄보(陳廉伯)를 영수로 하는 광주 상단과 쑨중산이 광주에서 조직한 광주 정부 간의 유혈 사건을 가리킨다. 대부분의 학자들은 이 사건이 영국 정부가 조종하고 지원한 반혁명 반란 사건이라고 생각한다. 쑨중산은 북벌을 추진하려고 했는데 당시 군벌들이 영미 양국의 지원을 받고 있었기 때문에 두 세력 간에 마찰이 있었다. 천롄보는 영국 국적

정부의 전복을 기도하였던 천롄보(陳廉伯, 1884~1945), 청 말 광주청향총판(廣州淸鄕總辦)을 역임했고 무창(武昌) 봉기 때 광주를 평화적으로 되찾자고 촉구하는 운동에 참여한 바 있는 청조 진사 출신 장쿵인(江孔殷, 1864~1952), 그리고 남양형제담배회사(南洋兄弟煙草公司)를 맡고 있던 졘징룬(簡經綸, 1888~1950) 등. 그 밖에 이쉐칭의 생일을 축하한 사람은 앞서 언급했던 주루전(朱汝珍), 취다뎬(區大典), 취다위안(區大原), 라이지시 등과 같은 유로 이외에도 여러 명이 포함되어 있었다. 청조 탐화(探花) 출신인 상옌류(商衍鎏, 1874~1963), 학해당 수료생이자 주차기를 스승으로 모셨던 링허수(凌鶴書, 1854~1918), 청 말 월한(粤漢) 철도를 회수하여 직접 경영하는데 주도적인 역할을 하였던 리궈롄(黎國廉, 1874~1950, 1894년 학해당 학생으로 선발됨)·량칭구이(梁慶桂, 1858~1931)·량광자오(梁廣照, 1877~1951, 조경 단계서원 감원監院을 역임), 1916년 광주의 호법군정부(護法軍政府)에서 외교부장을 지냈고 1922년 쑨중산에 의해서 복건성 성장으로 임명된 린썬(林森, 1867~1943), 그리고 경력이 원쑤와 비슷해 신해혁명 후 푸이의 한문 교사로 있으면서 몇 차례 푸이의 복벽 운동을 종용했던 천바오천(陳寶琛) 등.[114] 이를 통해 볼 때 이쉐칭이 학해당의 부활을 선도하면서 재정적인 지원과 인맥의 지지를 얻어내는 것은 결코 어려운 일이 아니었음을

을 가지고 있었기 때문에, 그의 광주 상단에서의 활동은 영미의 지원을 받았을 가능성이 있다.

114) 천롄보와 상단 사변에 관해서는 다음을 참고하라. Stephanie Chung Po—yin, *Chinese Business Groups in Hong Kong and Political Change in South China, 1900~1925*, Basingstoke: Macmillan Press Ltd, 1998. 리궈롄과 량칭구이 등이 월한(粤漢) 철도를 쟁취하여 광동 사람이 주도적으로 운영한 사건에 관해서는 천위환(陳玉環)의 「論1905年至1906年粤路風潮」를 참고하라. 그 밖에 각 사람들의 생평에 관해서는 다음을 참고하라. 廣東省中山圖書館·廣東省珠海市政協 編, 『廣東近現代人物詞典』, 廣州: 廣東科技出版社, 1992 ; 陳玉堂 編著, 『中國近現代人物名號大辭典』, 杭州: 浙江古籍出版社, 1992.

짐작할 수 있다.

이후에도 신문에서는 이따금 학해당에 관한 소식을 게재하였다.[115) 하지만 새롭게 문을 연 학해당이 당시 학생들에게 얼마나 흡입력이 있었는지는 사실 의문스럽다. 얼마 안 되어 학해당의 강의 활동은 황룽캉(黃榮康), 황런헝(黃任恒) 두 사람이 지속해 나갔다. 황룽캉(1877~1945)은 광동 삼수(三水) 사람으로 어려서는 팔고문을 배웠으며, 광서 연간 광주에 국문전문학교를 설립하였다. 그는 남해 사람인 황런헝(1876~1953, 자는 秩南)과 같이 학해당에서 공부한 학생이었다. 두 황씨는 모두 과거에 합격하지 못했다. 그들이 취득한 학해당 학생 신분은 당시 이미 학해당이 폐쇄되기 전야였기에 유명무실한 것이었다.[116) 하지만 마지막에 획득한 이 영예로운 신분은 민국 시기 학해당 수업을 재개하는 방식을 통해, 그들이 이상으로 생각한 광동문화사업을 다시 실현하는데 도움이 되었다. 황런헝이 지은 「학해당교안서(學海堂課稿序)」에는 당시 학해당 수업 재개 상황에 대해 이렇게 기록하고 있다.

> 경신년부터 신유년까지(1920~1921년. 인용자) 나는 옛 화주(花洲)의 일곡루(一粟樓)라는 집에서 살았다. 그곳은 친척인 황즈난(黃秩南)이 살고 있던 보수당(保粹堂)과 가까웠다. 황즈난은 전에 학해당 학생이었는데 나보고 이 사업을 같이 하자고 부추겼다. 당시 세상은 사분오열되어 남북이 다투고 있었다. 광동지역에는 군정부가 설립되어 긴급한 군사 문건이 빈번히 오가고 세수 징수도 끊이질 않았다. 옛날 학교 터는 출입금지

115) 예를 들어 1920년 6월 23일 『화자일보』에는 '학해당 교안(學海堂之課稿)'이라는 소식이 게재되었다.

116) 황룽캉의 생평은 다음 자료를 근거로 하였다. 吳天任, 「黃榮康傳」, 黃耀案 選注·政協廣東省三水縣文史委員會 編, 『黃祝蕖戰時詩選』, 北京: 中國文史出版社, 1990. 황런헝의 약력에 관해서는 다음 자료를 근거로 하였다. 廣東省中山圖書館·廣東省珠海市政協 編, 『廣東近現代人物詞典』.

> 구역으로 지정되어 경계가 삼엄하였다. 옛날 연회나 강습이 행해지던 이곳의 풍경은 다시 찾아볼 수 없다. 멀리 붉게 지는 태양과 바람에 나부끼는 깃발을 바라보면 공연히 서글픈 생각이 들었다. 성장(省長)인 장공(張公)이 학해당 수업을 부활시키고자 청수호(淸水濠) 도서관을 빌리고 저우차오화이(周朝槐, 扆臣), 판잉치(潘應祺, 漱笙), 왕자오취안(汪兆銓, 莘伯), 야오쥔(姚筠, 俊卿), 허짜오샹(何藻翔, 翽高), 왕자오융(汪兆鏞, 憬吾), 선쩌룽(沈澤棠, 芷鄰), 린허녠(林鶴年, 璞山) 8명을 학장으로 초빙하였다. 후에 저우이천(周扆臣)과 린푸산(林璞山)이 사직하여 루나이퉁(盧乃潼, 梓川), 양한팡(楊瀚芳, 季浩)으로 보충하였다. 학해당 분교라 명명하고 모든 법규도 전과 같이 하였다. 장공(張公)이 떠나간 후에는 양공(楊公)과 천공(陳公)이 그 일을 이어받았다. 하지만 겨우 1년 있다가 다시 폐쇄되었으니 정말로 안타까운 일이다.[117)]

위에서 언급한 10명의 학장 가운데 일부는 학해당 전공과목 수료생이거나 다른 방면으로 학해당과 관련이 있는 인사를 선발한 것이었다. 그중 야오쥔은 동치 12년(1873) 거인으로 학해당 학장을 지냈다. 루나이퉁(1849~1927)과 왕자오취안(1859~129)은 모두 광서 7년(1881) 학해당 전공과목 학생으로 선발되었으며, 루나이퉁은 광서 11년 을유년 거인, 왕자오취안은 기묘년 은과(恩科)에서 거인에 합격하였다. 루나이퉁은 청 말 광동 자의국 부국장, 민국 후에는 광주부중학당 교장을 역임했고, 1922년에는 저우차오화이 · 허짜오샹 등과 함께 『순덕현지』를 편찬하였다. 왕자오취안은 국파정사 학장을 거쳐 민국 후에는 교충(敎忠) 사범학당 교장을 역임했다. 왕자오융(1861~1939)은 광서 10년(1884) 학해당 전공과목 학생으로 선발되었고, 광서 15년 은과 거인에 합격한 후 양광총독 천춘쉬안(岑春煊)의 막부에 초빙되었다. 신해혁명 후에는 마카오로 피신하여 『반우현속지(番禺縣續志)』 분찬(分

117) 黃榮康, 『求慊齋文集』, 卷4, 6~7쪽, 1922年 序文.

纂)을 맡았고, 저서로 『원광동유민록(元廣東遺民錄)』이 있으며 진례의 『동숙선생유시(東塾先生遺詩)』를 편찬하였다. 판잉치(생졸년 미상)는 청 말 광동의 수사학당(水師學堂), 광동 실학관에서 공부하였고 저서로는 『산술가설(算術駕說)』, 『기하오설(幾何鰲說)』 등과 같은 학교 교과서가 있다.[118] 허짜오샹(1865~1930)은 젊어서 광주 응원서원을 수료하였고 광서 18년(1892) 진사에 합격하였다. 그는 나중에 외무부 주사(主事)로 장인탕(張蔭棠)을 따라 티베트에 사신으로 갔다가 청조가 망한 후 관직을 그만두고 남쪽 고향으로 돌아왔다. 민국 시기 그는 양광(兩廣)의 정계에서 활발히 활동하였다. 주칭란(朱慶瀾)이 광동 성장으로 재직하고 있던 1916년에는 향신 자격으로 전성보위단(全省保衛團) 국장 겸 순덕단(順德團) 국장으로 초빙되었다. 그는 또한 『광동통지』, 『순덕현지』 총찬 직책을 역임하였으며 만년에는 진례의 유고를 정리하였다. 허짜오샹 연보에 따르면 그가 학해당 학장으로 재직했던 기간은 매우 짧았다. 1920년 가을 그는 홍콩으로 가서 성 스티븐 중학(St. Stephen's Primary School), 한문사범(漢文師範), 상부(湘父)학교, 학해서루(學海書樓) 등에서 교직 생활을 하였다. 그리고 라이지시의 추천으로 홍콩의 상인 푸이펑(傅翼鵬)의 집에 머물며 가정교사로 자녀들에게 공부를 가르쳤다. 여기서 주의할 점이 있는데 이전에 그가 '학해당 학장'을 지냈던 자격 때문에 홍콩에 가서 경학을 가르치고 라이지시가 주관하던 '학해서루'에서 강의했다는 것이다. 하지만 그는 「육십자술(六十自述)」에서 이렇게 말하고 있다. "문장과 고증학으로 젊은 시절을 모두 그르치고 총명을 남용한 것을 뒤늦게 후회한다. 오직 송대 유가의 의리를 다룬 책으로 후배들을 가르치고 그

118) 야오쥔, 루나이퉁, 왕자오취안, 왕자오융, 허짜오샹 등의 생평에 관해서는 다음을 참고하라. 容肇祖, 「學海堂考」; 廣東省中山圖書館·廣東省珠海市政協 編, 『廣東近現代人物詞典』; 陳玉堂 編著, 『中國近現代人物名號大辭典』.

들의 의지를 굳세게 해야 한다. 또한 『자치통감』, 『문헌통고(文獻通考)』와 같이 역사적 변화를 다루고 있는 학문으로 보충하여 그들의 재주와 식견을 넓혀야 한다. 그리하여 30년 후에 이 어린 학생들 가운데서 배운 것들을 통해 나라를 구할 자가 나오기를 바란다."[119] 이를 통해 민국 시기에 학해당의 깃발 아래 진행된 경학 강학 활동은 완원이 원래 학해당을 세워 고증학을 제창했을 때의 의도와는 멀리 벗어나 있었고 심지어 위배되는 점도 있었음을 알 수 있다. 완원의 설립 취지는 이미 그들의 관심 대상이 아니었다.

성장인 '장공·양공·천공'은 각각 장진팡(張錦芳, 1854~?), 양융타이(楊永泰, 1880~1936), 천중밍(陳炯明, 1878~1933)을 가리킨다. 1919년 전후 광동의 정국은 광서 계열의 군사령관인 모룽신(莫榮新)이 장악하고 있으면서 쑨중산이 이끄는 군사 세력과 대치하고 있었다. 장진팡은 1919년 6월부터 광동성 성장을 대행하기 시작해 이듬해 4월에 사직하고 양융타이가 직무를 이어받았다. 얼마 안 되어 쑨중산은 광서 계열의 군벌을 몰아내기 위해 복건·광동 지원군 총사령관인 천중밍에게 광동으로 군대를 회군시킬 것을 명령하였다. 천중밍은 1920년 11월 광동 성장으로 임명되었다. 나중에 쑨중산과 천중밍은 결별하였고 두 파벌의 군대가 교전하게 되었다. 천중밍은 1923년 초 군대를 이끌고 혜주로 달아났다.[120] 사실 이 몇 년은 광동 정국에서 가장

---

119) 허짜오샹 생평은 다음을 보라. 吳天任 編著, 『淸何藻翔先生國炎年譜』, 臺北: 臺灣商務印書館股份有限公司, 1981. 인용문은 이 책의 151쪽.

120) 이 시기 역사에 관해서는 다음을 참고하라. 蔣祖緣·方志欽 主編, 『簡明廣東史』, 廣州: 廣東人民出版社, 1993, 686~693쪽 ; 陳錫祺 主編, 『孫中山年譜長篇』, 北京: 中華書局, 1991, 1919~1922년의 기록. 천중밍이 광동성 성장으로 재직하고 있을 때의 일에 관해서는 「광동성 성장 취임 전보(就廣東省長職通電)」(1920년 11월 10일), 「광동성 성장 겸 군총사관 취임 포고(就廣東省長兼粵軍總司令布告)」(1920년 11월 10일)를 보라. 이 글은 段雲章·倪俊明 編, 『陳炯明集』, 上卷, 廣州: 中山大學出版社, 1998, 508~509쪽에 수록되어 있다.

혼란스런 시기였다. 성장은 각 파벌의 군사 세력이 내세운 대표에 불과하여 자신의 위치도 언제 어떻게 될지 모르는 상황으로, 옛날 완원이 대표하던 정치적 권위, 문화적 지위와 같이 놓고 비교할 수 없었다. 혁명의 분위기로 충만한 광주에서, 현대 교육이 점차 주류가 되고 있는 중국에서, 학해당이 주변화되고 있음을 알 수 있다.

그렇지만 전통 교육은 여전히 각종 형태로 지속되고 있었다. 광동에서 문언과 백화 간의 논쟁은 1940년대까지도 끊이질 않았고 적잖은 청조 유명 학자들이 도처에서 사숙을 경영하고 있었다. 예를 들어 광주에 위치한 광재학교(廣才學校)는 광서 말년에 창립되었는데, 1930년대까지도 중·소학교 교과 과정의 교육이 문언으로 이루어졌다. 학교를 주관하고 있던 자는 앞서 언급한 주차기의 제자 젠차오량의 학생이었다.[121] 또한 영국의 식민지 홍콩은 더욱 더 유로들의 피난처가 되어 전통 중국문화를 보호하는 온상으로 간주되었다. 중국 지식인들이 힘차게 신문화운동을 추진하고 있던 시기에도, 홍콩은 그 지역 중국인 엘리트들의 특별한 취향과 중국인의 민족 정서를 억압하려 했던 홍콩 정부 때문에 '국고(國故) 보존'에는 공헌할 수 있었다. '만청 유로'들은 홍콩에서 특별한 환영을 받았다. 그들은 부유한 상인들의 초빙을 받아 그 자녀들에게 고문을 가르쳤고, 사숙을 개설하거나 한문학교를 경영하는 자도 있었다.[122] 대학 교육 방면에서도 1912년 홍콩대학이 설립된 후 10여 년 동안 줄곧 중문과는 정식으로 개설되지 않았다. 그러니 중국 내지의 신문학 조류를 따른다는 것은 더욱 있을 수 없는 일이었다. 홍콩대학의 중문 교육은 주로 전통적인 경학 교과 과정이 개설되어 라이지시, 취다녠 등과 같은 과거(科擧) 시대의 몇몇

121) 광주 『국화보』 1932년 6월 9일 보도를 보라.

122) 20세기 초 홍콩의 사숙 교육에 관해서는 다음을 보라. 王齊樂, 『香港中文教育發展史』, 香港: 三聯書店(香港)有限公司, 1996, 183~192쪽.

광동 유로들이 담당하였다. 라이지시(1865~1937)는 증성(增城) 사람으로 광서 29년(1903) 진사 출신이다. 한림원서길사를 거쳐 한림원편수, 국사관총찬을 역임한 그는 1912년 홍콩으로 피난하여 거주하였다. 취다톈(1877~?)은 남해 사람으로 광서 29년(1903) 진사로 한림원편수를 제수받았다. 그는 홍콩대학당 경학 총교습, 홍콩 황인(黃仁)서원 남녀사범 교장, 존경학교(尊經學校) 교장 등을 역임하였다. 그 밖에 홍콩대학에 재직하고 있던 광동 유로로 주루전(朱汝珍, 1869~1942), 천광웨(岑光樾, 1876~1960)도 있었다.[123)]

이들 만청 유로들은 신문학 제창자들에게 '태사파(太史派)'로 분류되었는데, '몇 명 남아 있지 않은 청조의 한림(翰林)'들이었다. 그들의 작품은 "선진이나 한위(漢魏), 육조를 배운 것도 아니고 당송팔대가의 고문을 배운 것도 아니며, 청대 변문가(騈文家)나 동성파(桐城派), 고증학파들이 지은 문장의 풍격과도 달랐다. 그들 작품의 특징은 팔고문의 기풍을 벗어나지 못했다고 할 수 있다."[124)] 신문 잡문가들의 글에서 라이지시와 같이 홍콩에 거주하고 있는 유로들의 형상은 이런

123) 주루전은 호가 핀싼(聘三), 광아서원 학생으로 광서 30년(1904) 진사가 되어 한림원편수를 제수받았다. 광서 32년(1906) 일본 동경 법정대학에서 연구하였고 귀국한 후에는 경사(京師) 법률학당 교수가 되었다. 선통 원년(1909) 명을 받들어 상법 제정에 참여하였다. 1931년 홍콩대학 교습이 되었고 1933년에는 홍콩 공교학원(孔教學院) 원장 겸 부중(附中) 교장이 되었다. 천광웨는 순덕 사람으로 광서 30년(1904) 진사에 합격한 후 한림원서길사를 제수받았다. 광서 32년(1906) 일본 법정대학에 유학했다가 광서 34년(1908)에 귀국하여 한림원편수, 국사관협수·찬수, 실록관협수 등을 역임했다. 1925년 라이지시의 초청을 받아 홍콩으로 가서 강의하였다. 1926년 홍콩 관립 한문중학, 한문사범학교 교사를 겸임하였고, 1938년에는 서남중학 교사로 자리를 옮겨 문학과 역사를 강의하였다.

124) 鄭德能, 「胡適之先生南來與香港文學」(원래는 『香港華南中學校刊』 창간호, 1935년 6월 1일에 수록), 鄭樹森·黃繼持·盧瑋鑾 編, 『早期香港新文學資料選(1927~1941)』, 香港: 天地圖書有限公司, 1998, 18쪽.

모습이었다.

> 홍콩의 수많은 태사(太史)들 가운데 홍콩 정부의 환영을 받은 자로 라이지시를 들 수 있다. …… 매년 부유한 상인이 죽으면 대부분 라이지시를 초빙하여 명정(銘旌)에 글씨를 써 달라고 요청했다. 명정에 글씨를 써 준 댓가로 그가 받은 돈이 어떤 해는 1만 냥이나 되었다고 한다. 그는 몸이 날로 뚱뚱해져 출입할 때면 가마를 탔다. 일상생활에서 수레를 타는 것도 싫어하지 않았는데, 그의 수레는 직접 제작한 것으로 수레를 타면 누워 두 다리를 수레 앞으로 뻗을 수 있었다. 홍콩의 교민들은 멀리서 보더라도 "그는 우리 광동의 라이 태사이다"라며 어김없이 알아봤다.[125)]

꺼져 가고 있던 학해당의 불씨가 식민지 홍콩에서 다시 타오를 수 있었던 것은 주로 라이지시의 노력 때문이었다. 그는 "당시 홍콩의 사회적 분위기에 느끼는 바가 있었다. 국학을 홀시하고 도덕이 날로 쇠퇴해가는 상황에서 국수를 보존하고 전통문화를 드날리며 인정세태에 도움이 되기 위하여" 1923년 홍콩에 학해서루를 설립하였다. 그리고 천보타오, 주루전, 천광웨, 원쑤, 취다뎬, 취다위안과 같은 유로들을 초빙하여 교육을 담당하도록 했다. 그들은 매주 2번씩 교대로 사서 · 오경과 시사(詩詞)를 강의했다.[126)] 학해당은 광주에서 이미 구시대의 유물이었지만 라이지시는 식민지 홍콩에서 학해당의 위대한 기풍을 다시 떨치기를 꿈꾸었다.

재정적인 지원이 없었다면 유로들의 이런 문화 활동은 실현될 수 없었다. 라이지시는 학해서루를 건립할 때 리루이친(李瑞琴), 리시선(利希愼), 저우서우천(周壽臣), 천롄보, 차오산원(曹善允) 등 광동, 홍

---

125) 『軼聞文選』, 광동성 중산도서관 소장 민국 시기 신문 스크랩, 연도 미상, 대략 1920~1930년대.

126) 鄧又同 編, 『香港學海書樓講學錄選輯』, 香港: 學海書樓, 1990. 1쪽.

콩, 마카오 지역에서 활동하던 상인들의 막대한 지원을 받았다. 상인들은 안정적인 투자 환경이 필요했기 때문에 정치 문화적인 입장은 대개 보수적인 경향을 띠었다. 유로들의 활동은 그들의 마음에 꼭 들어맞았다고 할 수 있다. 특별히 유로들을 지지했던 또 다른 상인으로 요평(饒平) 출신의 천부츠(陳步墀, 陳子丹)를 들 수 있다. 원쑤는 그에 대해 다음과 같이 적고 있다.

> 나라에 변란이 생기자 그는 상인이 되었다. 그는 자신이 경영하던 홍콩 건태융사(乾泰隆肆)에서 20여 년을 일하다 생애를 마쳤다. 신해혁명 이후 조정 관리를 지낸 유로들 중에 난을 피해 홍콩에 거주하는 자들이 많아졌다. 동관 사람으로 제학(提學)을 지낸 천쯔리(陳子礪), 반우 사람으로 제법사(提法使)를 지낸 장한싼(張漢三), 한림원시강을 지낸 딩첸커(丁潛客), 한림원 편수 우단안(吳澹庵), 민현(閩縣) 출신으로 권업도(勸業道)를 지낸 천성싼(陳省三)이 모두 그를 귀히 여겨 교류하며 친분이 두터웠지만 라이리차(賴荔垞)가 특히 그와 친했다. 나와 그와의 교류는 라이리차 때문에 더욱 깊어졌다.[127]

원쑤는 당시 상황을 이렇게 말하고 있다. "예전에 타지에서 도망다니던 때에 쓸 비용이 항상 부족했는데", 천부츠가 "수시로 그런 곤란함을 구제해 주었다."[128] "신해혁명 때 수도로 불려 들어갔을 때와 을축년 석목진(析木鎭)에서 황제를 순행하던 시기, 궁핍할 때마다 생활비가 필요하다는 편지를 붙이지 않아도 백금 300냥을 때가 되면 보내왔다. 매년 규칙적으로 그렇게 했기에 생활비를 걱정하지 않아도 되었고 주머니가 비지 않았다. 이는 그가 돈을 주었기 때문이다."[129] 천부츠는 원쑤가 홍콩에서 문화 사업을 지속하도록 비용을 지원해 준

---

127) 溫肅, 「陳子丹墓誌銘」, 『溫文節公文集』, 16~17쪽.
128) 앞의 책.
129) 溫肅, 「陳子丹夫婦六十晉一壽序」, 『溫文節公文集』, 14~15쪽.

사람이었던 것이다.

홍콩에 거주하던 이들 광동 유로들은 문장을 통해 고국을 그리워하는 것 말고, 그 식민지 땅에서 어떻게 사물에 자신의 감정을 기탁하며 중국에 대한 꿈을 펼쳤을까? 그들은 지역의 역사 유적을 힘써 찾아내어 고증하면서, 홍콩과 중국 왕조의 관계를 가깝게 만드는 데 전력을 다하였다. 하지만 바닷가 오지인 홍콩에 역사적인 유적지는 거의 없었다. 다만 송원 교체기 송 황실이 패배해 이 외딴곳까지 쫓겨온 적이 있어 구룡성에 '송황대(宋皇臺)'라는 것이 하나 있었다. 전하는 바로는 그곳은 송의 마지막 황제인 조병(趙昺)이 남으로 도주할 때 지나갔던 장소였다. 청대 어떤 사람이 그곳에 있는 돌에 '송황대'라는 세 글자를 새겨 놓았다. 돌을 새긴 사람과 구체적인 연도는 고증할 수 없다. 1898년 홍콩 입법회의 중국인 위원 허치(何啓)는 입법회에 송황대 보존 조례 의결 안건을 제출하였다. 입법회는 마침내 이듬해 「송황대보존조례」를 통과시켰다. 민국 초 광동의 유로 라이지시, 천보타오, 우다오룽, 황잉구이(黃映圭) 등은 이곳을 유람하고 옛날을 회상하면서 주고받은 시를 『송대추창(宋臺秋唱)』이란 제목으로 펴냈다. 천보타오는 또 부근의 후왕묘(侯王廟)를 고증하여 후왕이 바로 남송의 충신인 양량절(楊亮節)임을 증명하였다. 라이지시와 천보타오는 송황대를 세우기로 상의하고, 건축업에 종사하는 상인 리루이친의 지원으로 돌 성벽을 구축하였다. 그리하여 송황대와 가까운 부근의 땅은 보존될 수 있었지만, 그 지역 토지개발에 영향을 주지는 못했다.[130)]

광동 유로들이 마음속에 품고 있던 왕조 국가의 질서를 지속시키고자 노력했지만, 역시 시대의 거대한 수레바퀴를 되돌리기는 어려웠고,

130) 簡又文 編, 『宋皇臺紀念集』, 香港宋皇臺紀念集編印委員會, 1960, 264쪽.

점차 도태되고 있는 자신들의 운명을 바꿀 수도 없었다. 식민지는 결국 그들의 낙원이 아니었다. 라이지시를 예로 들어 보자. 그는 영어를 할 줄 몰랐다. 하지만 홍콩대학은 영어를 공식 언어로 사용하고 있어 학교의 모든 업무 회의는 영어로 진행되었다. 한번은 홍콩대학 중문과의 발전을 논의하는 회의가 있었는데, 영어를 모르는 그는 회의 내용을 전혀 파악할 수 없었다. 당시 홍콩대학 중문과의 발전 방향은 영어를 아는 학자를 초빙하여 중문과를 맡아 운영하도록 하자는 것이었다. 홍콩대학 총장은 "중국의 학술적 지식을 갖추고 있으면서 적어도 영어 작문과 회화 능력을 조금이라도 갖춘 사람이 중문학부를 처음부터 맡아야 한다"고 생각했다. 이런 관점에서 보면 라이지시나 그의 동료들은 홍콩대학 중문과 교수가 될 자격을 갖추지 못했다. 영국인들도 회의적이었는데 중국 내에서도 이미 고문으로 된 경전과 역사서가 폐기된 시대에 대체 얼마나 많은 사람이 홍콩대학에 입학해 경사(經史) 과정을 공부할는지, 이런 교과 과정의 존재 가치가 어디에 있는지 사실 의문스러웠던 것이다. 1935년 라이지시, 취다톈 두 사람이 은퇴하자 쉬디산(許地山, 1893~1941)이 직무를 이어받아 교수가 되었다. 홍콩대학은 정식으로 '중국문학과'를 설치하고 문학, 역사, 철학, 번역 4개 과정을 개설하여 전통적인 경학 과정 체계와 작별을 고하였다.[131)]

그 해 경전 공부를 부활해야 한다고 주장하던 천지탕의 형 천웨이저우(陳維周)가 광주에 '학해서원(學海書院)'을 열었지만 커다란 성과는 거두지 못한 듯하다.[132)] 신문에 게재된 일화에 따르면 천지탕이

---

131) 당시 홍콩대학 중문과의 발전과 라이지시의 역할에 관해서는 필자의 다음 논문을 참고하라. 「庚子賠款與香港大學的中文教育: 二三十年代香港與中英關係的一個側面」, 『中山大學學報』, 1998年 第6期.

132) 『明德社主辦學海書院簡章』, 廣州, 1935.

경전 공부를 부활해야 한다는 의견을 주장하면서 공자(孔子) 제사도 부활시키려고 하였다. 광동의 신사들은 연대 서명하여 천지탕에게 보낸 편지에서 공자묘를 수리 복원시킬 것을 요청했다. 서명한 자는 수십 명이었는데 처음으로 서명한 자는 '80세 노인인 태사 우위천(吳玉臣)'이었다.[133] 우위천은 바로 앞에서 언급했던 학해당의 마지막 학장인 우다오룽이다. 하지만 1940년대 전후에 적잖은 광동의 유로들은 이미 거의 노쇠한 상태였다. 학해당이나 문란서원(文瀾書院)과 같은 기구는 이미 반세기 전에 실제적인 정치 중심에서 있어도 없어도 그만인 문화적 상징으로 전락하고 말았다. 광동은 물론 전 중국에 걸쳐 한학의 중심이었던 학해당은 식민지 한쪽 구석에서 만족스럽게 살아가는 유로들의 강당으로 변해 버렸다. 학해당이 대변하는 학술 조류는 혁명 원로나 국민당 정부에 충성하는 인사들의 계속적인 비판의 대상이었다. 1940년 '광동문물전시회' 뒤에 출판된 『광동문물』에는 학해당 학자들의 유물 사진을 대량으로 수록하고 있다. 하지만 다른 한편 거기에는 쑨푸(孫璞)의 「월풍(粵風)」이란 글도 게재하고 있는데, 그 글에서는 완원의 학술적 영향에 대해 다음과 같은 평가를 하고 있다.

> [청대] 한학의 성행은 제도와 문물, 음성과 훈고 분야에서 찬란히 밝게 빛났다. 하지만 만주족의 청 왕조는 백성들에게 전제 정치를 행하며 온 세상 사람들의 마음을 움직여 그들을 굴복시키고 자구(字句) 교정과 훈고에 몰두하도록 백성들을 미혹하였다. 그 말류의 폐단으로 견강부회하는 풍조와 함께 나라가 사분오열되었다. 실로 위원(魏源)이 비판했던 것처럼 세상의 총명하고 지혜로운 사람들을 속박하여 모두 다 쓸모없는 길로 나가도록 했던 것이다. 박식한 학자가 있어도 감히 끼어들 여지가

133) 『軼聞文選』, 광동성 중산도서관 소장 민국 시기 신문 스크랩.

없었다. 영남의 문인들도 그 흐름을 계승해 물결을 일으켰다. 그리하여 책을 쓰고 고증하는 기풍이 성행하였고 강학은 쇠퇴하게 되었다. 강학이 쇠퇴하니 명예와 절개, 윤리 도덕을 더 이상 문제 삼지 않게 되었다. 오늘날의 관점에서 논하자면 진백사 · 왕양명 · 담약수의 학문은 완원에서 끝이 났고 영남의 학술은 거의 사라졌다고 할 수 있다.[134]

쑨푸(1883/4~1953)는 동맹회 성원으로 쑨중산의 비서를 비롯해 광동성 성급 · 현급 관리를 역임했으며 상해에서 시정부 비서로 근무한 적도 있다.[135] 우리는 어렵지 않게 다음과 같은 사실을 발견할 수 있다. 즉 쑨푸가 "명예와 절개, 윤리 도덕을 더 이상 문제 삼지 않게 되었다", "진백사 · 왕양명 · 담약수의 학문은 완원에서 끝이 났다"고 한 말은 이 장 앞부분에서 인용한 바 있는 20여 년 전 황제(黃節)가 「월동학술원류사」에서 완원이 광주에 학해당을 설립하면서 끼친 영향에 대해 내렸던 평가와 궤를 같이하고 있다. 쑨푸와 황제 두 사람의 동일한 내용의 평가는, 사실 만청 이래 종족에 대한 담론이 정치 · 학술적인 논의로 이어져 진화한 것이다.[136]

---

134) 孫璞, 「粵風」, 『廣東文物』, 896쪽.

135) 쑨푸가 역임한 관직은 매우 많은데 구체적인 연도를 알 수 없는 것이 아쉽다. 그 가운데는 광동성 양춘현(陽春縣) 현장(縣長), 광동성 비서장, 성(省) 공안국(公安國) 비서 대리국 업무, 재정부와 실업부(實業部) 법규위원회 자의(咨議) 과장이 포함된다. 1930년대에는 상해 시정부 비서(당시 시장은 吳鐵城), 공안부 주임 비서 등의 관직을 역임했다. 또한 대리 민정사(民政司) 사장 겸 곤명현(昆明縣) 현장(縣長), 광동성 민정청, 건설청, 세무관리국 등에서도 근무하였다. 항일 전쟁에서 승리한 후에는 광동성 세무국 국장을 지냈다. 저서로 『구중전기(重九戰記)』, 『옥중기(獄中記)』, 『상심인어(傷心人語)』, 『월풍(粵風)』, 『청환비사(淸宦秘史)』, 『혁명사화(革命史話)』, 『여전문견록(旅滇聞見錄)』, 『북유초(北遊草)』, 『고재시문집(顧齋詩文集)』, 『난태실음초(蘭苔室吟草)』 등이 있다. 陳玉堂, 『中國近現代人物名號大辭典』, 252, 358쪽 ; 廣東省中山圖書館 · 廣東省珠海市政協 編, 『廣東近現代人物詞典』, 133쪽 참조.

136) 이와 관련된 논의는 필자의 논문 「'嶺學'正統性之分歧—從孫璞論阮元說起」를 참조하라.

학술적인 측면에서 볼 때 한학과 송학의 조화를 꾀하려는 것이 청 말 광동 경학 발전의 경향이었다. 한학과 송학의 엄격한 구분은 대부분 정치적인 관점에서의 선언이었다. 민국 시기 많은 문인 학자들과 도광 · 함풍 이래 광동의 학자들은 모두 어느 정도 사승 관계로 연결되어 있었다. 또한 그들은 청 말 민국 초의 정치와 혁명 운동에 적극적으로 참여했든지 물러나 있든지 간에 어떤 정치적 입장을 가지고 있었다. 때문에 근대 광동의 학술적 계보와 그에 대한 담론은 실제로 한학과 송학의 조화, 혹은 양자 간의 싸움이라는 두 가지 관점이 서로 교차된 변주곡의 양태를 띠는 것이다.

'영남 학술의 원류'에 대한 관점의 불일치는 경학 내부에 자리잡고 있던 의견 차이를 반영하고 있을 뿐만 아니라, 글을 쓴 사람이 서로 다른 정치적 입장에 기반을 두고 있어 부지불식간에 빚어진 차이라고 할 수 있다. 이는 또한 광동지역의 청대 학술과 만청 유로 개인에 대한 후대 사람들의 평가에도 영향을 주었다.

소결: 구문화에서 신문화로

학술적인 관점에서 광동문화를 논한다고 할 때 만청 시기 정치 · 사회 · 제도의 변화가 유발한 문인들의 심리 상태의 변화를 홀시해서는 안 된나. 청대에 경학 연구의 성취 여부는 한 지역의 교화 정도를 측정하는 척도였다. 하지만 20세기에 들어서면서 학술 문화는 모두 현대의 세분화된 분과 학문 체계로 이루어진 대학을 통해 구현되었다. 학해당의 영광은 더 이상 재현될 수 없었다. 하지만 만청 이후 광동 학술 전통을 형성하는데 있어서 학해당이 끼쳤던 막대한 영향은 후대 수많은 사람들이 묘사하는 '광동문화'의 이미지 속에 침투되어 있다. 근대 광동문화를 논하는 각종 저서들이 자랑스럽게 근대 광동 학술 명인의 이름을 인용할 때 거기에는 양정남, 장유병, 진례가 포함된다. 심지어 학해당에서 공부했거나 가르친 적이 전혀 없는 주차기 등도 모두 학해당과 연관시키고 있다. 청 말 민국 초 광동 학술문화에 관한 논의는 경학 논저든지, 아니면 관방이나 개인이 편찬한 지방지, 혹은 문집 총서나 유림(儒林) 열전이든지 간에 대부분 학해당 학장의 손에서 나왔다. 한편 민국 시기 학해당 학장이나 학생의 제자·후손들은 광동지역의 교육·문화 기구에서 일정한 위치를 점하고 있었다. 그들은 더 이상 경학만을 존중하지 않았지만, 학문 방법과 내용에 있어서 크든 작든 선배들의 영향을 받고 있었다. 민국 시기 광동지역 최고의 두 학부였던 중산대학과 영남대학에서 문학, 역사를 연구하던 자들 중 적잖은 사람이 학해당이나 광아서원과 관련이 있는 가문 출신이었다. 또한 많은 사람들이 학해당이나 청 말 광동 학자들을 연구 대상으로 삼았다. 이 장에서 1934년 『영남학보』에 발표된 「학해당고」를 몇 번 인용한 적이 있는데, 그 글은 바로 중산대학과 영남대학에서 교수를 역임한 룽자오쭈가 쓴 것이다. 룽자오쭈가 광동문화에 관한 담론에서 했던 역할은 다음 장에서 상세히 논하고자 한다. 이 장에서 마지막으로 강조하고 싶은 것은 학해당 학장과 학생들이 광동 학술사를 집필하였고, 그들의 자제와 제자들은 다시 역사책에 그들의 이름을 기록하고 있다는 점이다. 사승 관계를 바탕으로 한 족보식 광동 학술사는 이런 학술 전통이 더 이상 유행하지 않을 때까지 세대를 거치며 계속해서 집필되었다.

학해당의 폐쇄는 광동지역에서 경학의 발전이 일단락되었음을 상징하며, 광동지역 정치의 새로운 조합을 의미한다. 민국 시기에 들어서 경학을 장려한 것은 서학이나 새로운 학문을 해로운 것으로 간주했던 자들의 일종의 반격 수단이었다. 하지만 신교육을 받은 학생들에게 이러한 반격은 별다른 힘을 발휘하지 못하였고 전혀 호소력을 띠지 못했다. 그렇지만 서학을 받아들인 중국 지식인들도 내부에 긴장감이 조성되었는데, 그것은 바로 그들의 눈앞에 펼쳐진 구중국(舊中國) 문화를 대체할 새로운 중국문화를 찾아낼 필요가 있었기 때문이다. 그들은 서방에서 중국을 찾을 수 없었다. 그렇지만 또한 구중국으로 중국을 되돌리고 싶지도 않았다. 새로운 국가의식을 구축하기 위해 그들은 군중 속으로 들어갔다.[137] 이 과정에서 새로운 세대의 중국 지식인들은 도시에서 농촌으로 갔고 지방문화와의 충돌이 생기게 되었다. 새로운 국가의식이 형성됨에 따라 지방의 지식인들도 지방문화를 재정의하지 않으면 안 되었다. 그리고 광동인과 광동문화에 대해서도 다시 한번 새로운 해석이 추가되었다.

---

137) Huang Chang-tai, *Going to the People Chinese Intellectuals and Folk Literature 1918~1937*, Cambridge[Mass.]: The Council on East Asian Studies, Harvard University, 1985, pp.10~17.

제5장

민속에서 민족으로

■ 민국 건립 후 특히 '5 · 4' 운동의 세례를 받은 신시대의 지식인들은 중국에 대한 개혁을 자신의 임무로 생각하였고, 유가 예교와 봉건 미신을 중국의 진보를 방해하는 걸림돌로 간주하였다. 민국 시기 많은 지식인들의 마음속에는 중국의 '국민성'을 개조시켜야 한다는 생각이 있었다. 하나의 문화 모델로 중국문화를 완전히 대체할 수는 없다 하더라도, 서구의 민주주의와 과학[1]이라는 비교적 단일한 가치관을 개혁의 기준으로 삼고자 했다. 그들은 적질한 '글(文)'로 그런 새로운 내용의 '도'를 표현하고자 했고, 나아가 언어와 문자 혁명을 주장하였다. 그들은 문언을 백화로 대체해야 '공자 사상'의 간판이 완전히 박살날 수 있다고 생각했다. 신문화와 신문체는 20세기 중국 국가의식을 구성하고 있던 가장 중요한 두 요소였다.

1) [역주] 원문에는 '德先生'과 '賽先生'으로 되어 있다. 이는 Democracy와 Science를 가리키는 것으로 5 · 4운동을 상징하는 두 가지 정신이다.

하지만 문화의 '진보' 여부가 이처럼 단일한 기준에 의해서 가늠되고, 신문체 또한 주로 북경어를 기초로 한다면, 지방문화와 언어는 종속적인 위치에 놓일 수 밖에 없으며, 특히 문화를 개혁하려는 이데올로기의 기초는 민족주의가 되고 집행의 주체는 교육 당국이 될 것이다. 민국 시기 지식인들의 모순점은 바로, '민중을 영도하는' 역할을 하면서 상상 속의 낙후되고 우매한 향민들을 구제하기를 바랐지만, 다른 한편으로 자신들은 향민과 달라서 그들을 진정으로 이해할 수 없음을 인식한 데 있다. 이런 간극을 메우기 위해서 그들은 '군중 속으로 들어가야' 될 필요성을 절실히 느꼈다. 향촌 생활을 통해 영감을 얻고 실험 중이던 백화문 창작을 풍부히 하며, 광범위한 대중이 사용하고 있는 신중국의 언어와 문자를 추출해 내고자 하였다.[2] '군중 속으로 들어가야' 한다는 이상에 사로잡히게 되면서 민국 시기 지식인들은 '지방'과 '농촌'에 주목했다. 그들은 민중에 접근하는 과정에서 자신과 상대적인 '민중'이란 개념을 만들어냈다.[3] 1920년대부터 이런 관심은 대학 교육과 연구의 범주 속으로 들어오게 되었다. 그중 일부가 '민속학'이란 영역으로 점차 발전하게 되었다.

1920~30년대 민속학 운동이 광동에서 광범위한 영향을 끼친 것 같지는 않다. 당시 학계에서도 이 운동에 대해 이견과 대립이 팽배해

---

2) 5·4시기 지식인과 1920~1930년대 중국 민속학자들의 이상에 관해서는 다음을 보라. Hung Chang-tai, *Going to the People: Chinese Intellectuals and Folk Literature* 1918~1937 ; Vera Schwartz, *The Chinese Enlightenment: Intellectuals and the Legacy of the May Fourth Movement of 1919*, Berkeley: University of California Press, 1986.

3) 근현대 중국 지식인은 스스로 민중을 이해한다고 생각하면서 실제로는 자신과 대립적인 '민중'이란 개념의 변증법적 관계를 탄생시켰는데, 이에 관해서는 샤오펑샤(蕭鳳霞)의 논의를 참고할 수 있다. Heen F. Siu(compiled and edited), *Furrows: Peasants, Intellectuals, and the State: Stories and Histories from Modern China*, Stanford: Stanford University Press, 1990.

있었다. 하지만 광동지역의 지식인들이 '광동문화'관을 정립하고 있던 시기에, 민속연구 풍조가 광동에 전파되었고 필연적으로 '광동문화'의 범주에 새로운 자양분, 새로운 시각이 흘러들어 오게 되었다. 따라서 민국 시기 '광동문화'관의 형성 과정을 논의할 때 민속연구의 영향을 소홀히 해서는 안 된다. 지방 문헌에 '풍속'을 기록한 것은 그 유래가 이미 오래되었지만, 전통 문헌에서의 '풍속'과 민국 이후 지식인들의 눈에 비친 '민속'에는 미묘한 차이가 있다. 그들은 '민속'을 '문화'의 범주 속에 포함시켰다. 특히 5·4 이후 지식인들은 '신문화'를 창조하려는 경향을 가지고 있었다. 바꿔 말하면 당시 민속은 지식인들이 창조한 '신문화'의 민족성을 구성하는 중요한 일부분이었다. 이런 경향은 동시대의 정치적인 상황과 결합하였고 중국 민속학 연구가 첫발을 내디디는 중요한 계기가 되었다. 민속학 운동은 민족주의적인 정치 문화 의식을 확립하는 중요한 일환이었던 것이다.

중국에서의 민속학

중국 민속학 연구는 민국 초기 지식인들의 민족의식이 고조되면서 그에 대한 하나의 반향으로 흥기하였다. 새로운 시대 지식인들은 중국의 점진적인 쇠락 원인을 유가 문화와 봉건 예교 탓으로 돌렸다. 그들은 대중문화, 특히 민간문학으로부터 신문학의 창작 원천을 찾고자 했고, 신문학 발전을 통해 새로운 사조를 전파하고 문화적인 의미에서 새로운 중국을 건설하고자 했다. 이에 관해서는 훙창타이(洪長泰)와 자오스위(趙世瑜)가 상당히 깊이 있는 논의를 한 바 있기에 아래에서 개괄적으로 간단히 서술하고자 한다.[4)]

민속연구의 붐은 맨 처음 민간문학을 수집하는 것에서부터 시작되었다. 5·4운동 전야 신문학 운동의 선구자로는 후스(胡適, 1891~1962), 저우쭤런(周作人, 1884~1968), 류반눙(劉半農, 1891~1934), 구제강(顧頡剛, 1893~1980) 등을 들 수 있다. 1918년 북경대학에서는 가요 수집 운동이 일어났고, 『북경대학일간(北京大學日刊)』에서는 그들이 수집한 민가를 정기적으로 발표하였다. 1920년 '가요연구회'가 성립되었고 얼마 후 1922년에는 북경대학 국학연구소로 편입되었다. 같은 해에 『가요주간(歌謠周刊)』이라는 간행물도 창간되었다. 또한 1924년 북경대학에 '풍속조사회'가 성립되었다. 몇 년 동안 북경대학 학자들의 시선은 가요, 문학으로부터 민속 조사로 확장되었고 관심 범위도 점차 확대되었다.

민국 시기 민속 조사에 열정적이던 학자들은 태도나 방법에서 전통 사대부와의 구별을 꾀하였다. 과거 필기소설이나 지방지에도 적잖은 민간 고사가 기록되어 있었다. 이런 기술이 패관야사(稗官野史)이든 기이한 인물과 사건에 관한 것이든, 현대 민속학 연구자들은 이런 고사의 사실 여부나 내용에 관해서 큰 관심이 없었다. 그들이 더욱 중시한 것은 이런 고사 자체가 함축하고 있는 역사적 가치, 그리고 그것이 반영하고 있는 세계관과 사회적인 측면이었다. 저우쭤런은 중국 민가의 가치를 언급하면서 이렇게 말했다. "'민간'이란 말의 뜻은 본래 대다수 고상하지 않은 민중을 가리킨다. 민가는 이런 민중이 느끼는 정서와 그들이 알고 있는 사실로, 몇 사람이 표현한 것을 여러 사람들이 평가하여 공포한 것일 따름이다. 따라서 민가의 특징은 뛰어난

4) 홍창타이의 연구는 민간문학 연구사를 중심으로 하고 있다.(앞서 인용한 그의 저서를 보라) 자오스위의 연구는 민속학의 발전을 주제로 삼고 있다. 趙世瑜, 『眼光向下的革命—中國現代民俗學思想史論(1918~1937)』, 北京: 北京師範大學出版社, 1999.

기교와 사상을 중시하지 않으며, 민간의 정서를 진실하게 표현했다면 순수한 민가라고 할 수 있다."[5] 민속학 연구자들은 민속이 '통속[俗]'적이고 '민중[民]'적이어서 관심을 가진 것이다.

민국 시기 민속학 연구자들은 민속을 크게 세 가지로 분류했다. 첫째는 종교 신앙과 행위, 둘째는 풍속, 셋째는 고사·가요·민간 속담. 이런 분류 방법은 1910년대 유명한 영국 민속학자인 샤롯 소피아 번(Charlotte S. Burne)의 영향을 크게 받은 것이었다. 번은 자신이 열거한 민속학 분류가 민중의 심리를 구성하고 있는 모든 것들을 포괄하며, 그 기술적인 기능들을 구분할 수도 있다고 여겼다. 그녀는 당대 민속학자가 찾아낸 낙후된 민중을 '과학'적으로 분석하면, 어느 정도는 인류 공통의 상고시대 인류의 심리사를 탐색할 수 있다고 믿었다. 그 역사는 문명사회의 원시 단계를 반영하고 있으며, 사회마다 문명의 정도가 차이가 나는 원인을 연구하는 데도 도움이 된다고 생각했다. 그녀는 서두에서 자신의 책이 "인류학 연구에 종사하는 사람들을 위해 집필된 것"이 아니고, 아마추어 애호가들을 대상으로 하고 있다고 밝히고 있다. 하지만 그가 제안한 민속학 분류 방법은 1920~1930년대 많은 중국 민속학자들의 민속학 개념과 구체적인 연구 계획을 주도하였다.[6] 당시 중국 민속학자나 아마추어 애호가들이 생각하기에 민속은 민중이나 보통 사람들의 사상 감정, 행위 습관을 표현하는 방식이었다. 그들은 민속을 통해 민중의 정신과 내면세계를 이해할 수 있다고 믿었다. 하지만 그들의 '민속'에 대한 정의는 사실 자신

5) 周作人, 「中國民歌的價値」, 吳平·邱明一 編, 『周作人民俗學論集』, 上海: 上海文藝出版社, 1999, 101쪽.(원래는 『歌謠周刊』 第6號(1923.1.21)에 수록되어 있었음)

6) Charlotte Burne, *The Handbook of Folklore*, London: Sidgwick & Jackson, 1914, preface, p.iii, pp.1~3. Hung chang—tai, *Going to the People: Chinese Intellectuals and Folk Literature* 1918~1937, pp.20~21.

과 '민중'을 구별하고 있는 것이었다.

민국 시기 민속학 연구자들 가운데 구제강은 민속에 대해 낭만주의적인 시선으로 깊이 있게 연구했던 소수의 학자였다. 그는 중국의 운명을 걱정하던 많은 지식인들과 마찬가지로 민중을 이해하고 일깨우는 것이 중국을 구할 수 있는 좋은 방법이라고 생각했다. 전통 사대부와 달리 그는 중국의 지식인들이 민중을 멸시해서는 안 되며, 민중의 지혜와 진심을 긍정적으로 평가하고 인정해야 한다고 호소하였다.[7] 또한 민간의 풍속은 미신적인 요소가 있으니 지식인들은 민중의 사상과 풍속을 개량할 책임이 있다고 여겼다. 그렇지만 다른 한편 미신적인 풍속도 존재의 이유가 있으니 공감의 태도로 이해해야 한다고 인식하였다. 그는 또한 학술 연구와 정부 정책은 구분되어야 하고, 민속학자들은 정부에 대책을 제안하는 일에 분주해서는 안 되며, 전력으로 연구에 매진해야 한다고 생각했다.

『고사변(古史辨)』으로 유명한 구제강[8]은 과학적인 방법과 객관적인 태도로 민속학 연구를 진행해야 한다고 주장하였다.[9] 1924년에 발표한 「맹강녀고사(孟姜女故事)」에서 그는 경전・역사・필기소설・희곡・비석의 기록과 민국 시기 전해져 내려오던 각종 맹강녀 고사를 분석하여 그 전파와 변화를 고찰하였다. 많은 민속학자와 아마추어 애호가들은 다양한 사료를 광범위하게 이용하여 역사적인 고사를 다층적

---

7) 顧頡剛, 『古史辨』, 第1册, 「自序」(1926), 『顧頡剛古史論文集』, 第1册, 北京: 中華書局, 1988, 19, 38쪽 ; Hung chang—tai, *Going to the People: Chinese Intellectuals and Folk Literature 1918~1937*, pp.167~168.

8) 중국사학에 있어서 구제강의 공헌에 관해서는 다음 책에서 상세히 기술하고 있다. Laurence Schneider, *Ku Chieh—kang and China's New History: Nationalism and the Quest for Alternative Traditions,* Berkeley: University of California Press, 1971.

9) Hung chang—tai, *Going to the People: Chinese Intellectuals and Folk Literature 1918~1937*, pp.167.

으로 분석한 그의 방법을 일제히 추종하여 따랐다. 이후 많은 연구가 그의 「맹강녀고사」 연구를 모범으로 삼고 있다.

구제강의 방법을 모방한 연구자들은 민간 고사를 적극적으로 기록·수집하여 분류하고 전형을 찾고자 하였다. 그들은 그런 전형이 동서양 고금에 존재하는 공통적인 성격과 민중의 심리적 특징을 반영하고 있다고 믿었다. 또한 민간 가요의 의미를 진정으로 이해하려면 가요를 구성하는 방언, 속담, 운문, 관련 종교와 풍속을 파악할 필요가 있다고 생각했다.[10] 그리하여 가요수집 운동은 민속조사 운동으로 확대되었고, 문학을 비롯하여 사학·인류학·민속학적인 이론과 방법도 모두 사용되었다. 구제강처럼 깊이 있게 민간문학을 연구한 사람은 몇 사람 없었다. 하지만 민속학의 열기 속에서 전문 연구인을 비롯한 아마추어 애호가들의 시선은 모두 아래를 주시하였고 민간에서 문화를 '찾으려' 하였다. 민속학이 흥기하고 보급되는 상황에서 지방문화에 대한 정의도 점차 확대되었다.

광동에서의 민속학

민속연구는 신문화운동의 중심지였던 북경에서 제일 먼저 성행하였지만, 1920년대 중반 광동이 혁명의 중심지가 되면서 매력을 느낀 지식인들이 남하하기 시작하였고, 특히 1926~1927년에 구제강이 남하하여 하문(厦門)대학을 거쳐 중산대학에 자리를 잡게 되면서 민속 운동의 중심이 광동으로 옮겨지게 되었다. 1927년부터 광주의 국립 중산대학 교수들은 북경대학 학자들의 민속학 전통과 방법을 계승하여

10) 顧頡剛, 『古史辨』, 第1册, 「自序」, 38쪽.

'민속학회'를 만들고 민속학 교습반을 개설했으며 『민속주간』을 출판하였다. 광동은 일시에 근대 중국 민속운동의 중심지로 떠올랐다.

1927~1933년 광동 민속학 운동의 주요 지도자는 구제강, 룽자오쭈(容肇祖, 1897~1994), 중징원(鍾敬文, 1903~2002)이었다. 당시 대부분의 민속학자들과 마찬가지로 이들 세 사람은 모두 정식으로 민속학이나 인류학 훈련을 받은 적이 없었다. 룽자오쭈는 동관에서 태어나 고향에서 기초 교육을 받은 후, 1909년 광주의 소학교에서 공부하였다. 그리고 다시 동관으로 돌아와 중고등학교 교육을 받았다. 1917년 고등학교 졸업 후 그는 광동 고등사범학교 영문과에 입학하였다. 그의 부친은 광아서원에서 공부한 바 있고 그의 숙부 덩얼야(鄧爾雅, 1884~1954)는 유명한 금석학자로 만청 광아서원 원장 등용경(鄧蓉鏡)의 4남이었다. 룽자오쭈의 전통 학문에 대한 흥미와 실력은 가학(家學) 덕분이라고 할 수 있다. 1922~1926년 그는 북경대학 철학과에서 공부했는데 그때 민속학 운동에 영향을 받아 가요연구회 회원이 되었다. 또한 북경대학 연구소 국학 부문의 풍속조사회에도 가입하였다. 1925년 그는 형인 룽경(容庚), 구제강 등과 함께 북경 묘봉산(妙峰山) 참배 활동에 대해 현지 조사를 하였다. 그리고 뒤이어 「묘봉산 참배객의 심리(妙峰山進香者的心理)」라는 글을 발표하였다. 『경보부간(京報副刊)』에서는 이번 조사 내용에 관한 『묘봉산 참배 특별호(妙峰山進香專號)』를 출판했다. 룽자오쭈는 "이는 봉건 미신에 반대하고 풍속을 개혁하려는 5·4운동을 계승하여 역사적인 사명을 완수한 초보적인 성과"[11)]라고 생각했다. 1926년 하문대학에서 교편을 잡은 그는 역시 당시 하문대학 교수로 있던 구

11) 『歌謠周刊』, 第45期, 1923, 6쪽 ; 容肇祖, 「迷信與傳說自序」, 『民俗周刊』, 第77期, 1929, 4쪽 ; 容肇祖, 「容肇祖自傳」, 『東莞文史』, 第29期, 1998, 278쪽 ; 容肇祖, 「我的家世和幼年」, 東莞市政協 編, 『容庚容肇祖學記』, 廣州: 廣東人民出版社, 2004.

제강에게 큰 영향을 받아 공동으로 풍속조사회를 발기하였다. 1927년 봄 중산대학 예과 국문과 · 철학과 강사로 초빙되었고, 구제강 · 중징원 등과 함께 언어역사학 연구소 내에 민속학회를 설립해 주석으로 있으면서 이후 『민속주간』 주편의 책임을 맡았다.[12]

룽자오쭈가 초기 『가요주간』에 발표한 처녀작 「방언 수집에 관한 나의 의견(徵集方言之我見」은 그의 민족주의적인 사상을 잘 드러내고 있다. 그는 방언을 수집하고 연구하는 목적은 국어를 개혁하고 충실히 하려는 것이라고 생각했다.[13] 이는 백화문 운동의 선구자인 후스의 주장에 호응하려는 것이 분명하다. 후스 등이 생각할 때는 방언과 국어 간에 우열의 차이가 없을는지 모르지만, 국어의 보급을 정치 · 교육 정책으로 삼고자 할 때 방언은 불가피하게 종속적인 위치에 처할 수 밖에 없다. 룽자오쭈는 동관 사람으로 그가 수집하여 『가요주간』에 투고한 민가는 모두 동관의 것이었다.[14] 하지만 그의 가요수집 동기와 국어 운동에 대한 동경을 결합해 생각해 볼 때, 그가 관심을 가졌던 것은 동관이라는 지역의 풍속뿐 아니라, 어떻게 하면 신문화 건설에 작은 힘이나마 보탤 수 있을까 하는 것이었음을 알 수 있다.

중징원의 일생에서 민속연구는 해풍현(海豐縣)에서 교사로 재직하고 있을 때부터 시작되었다.[15] 회고록에 따르면 그는 5 · 4신문화운동 이후 "구문학을 버리고 신문학을 학습하고 창작하는 데 열심이었다." 『가요주간』이 창간되자 그는 해풍에서 수집한 가요와 속담을 잡지에 수시로 투고하였다.[16] 구제강이 「맹강녀 연구」를 발표한 후 중징원은

---

12) 黃義祥, 『中山大學史稿』, 廣州: 中山大學出版社, 1999, 183쪽.

13) 容肇祖, 「徵集方言之我見」, 『歌謠周刊』, 第35期, 1923, 1쪽.

14) 『歌謠周刊』, 1923.12.23, 2~8쪽.

15) 구체적인 내용은 다음을 보라. 趙世瑜, 『眼光向下的革命—中國現代民俗學思想史論(1918~1937)』, 123~132쪽.

16) 『歌謠周刊』, 第78期, 1925, 7~8쪽 ; 第81期, 7~8쪽 ; 第85期, 7~8쪽 ; 第92期,

『가요주간』의 다른 독자들과 마찬가지로 자주 그에게 편지를 보내 가르침을 청하였고 그의 연구에 찬사를 보냈다.[17] 당시 그의 나이는 겨우 20살 남짓이었다. 거의 동시에 그는 "영국의 인류학파를 소개하는 민간고사 이론을 읽었고", 특히 '문화 유물(文化遺留物)'[18]이라는 설명 방식에 흥미를 느꼈다. 나중에 그는 이렇게 회고하고 있다.

> 그 이론은 나의 민간문학에 대한 관점에 영향을 주었고 그 영향은 30년대 전기까지 계속되었다. 이론은 분명히 내가 당시에 썼던 글에 반영되어 있는데, 「중국 신화의 문화사적 가치(中國神話之文化史的價値)」, 「백조처녀형 고사(天鵝處女型故事)」 등과 같은 글을 예로 들 수 있다. 그 이론들은 당시 우리나라에서 막 시작되고 있던 민속학(특히 민간문예학)에서 주도적인 위치를 차지하고 있었다.(나중에 우리는 그 이론이 유럽 학계에서는 당시 이미 퇴조하는 분위기였다는 사실을 알게 되었지만 말이다.) 저우쭤런 · 마오둔(茅盾) · 황스(黃石) 등의 학자는 모두 그 이론을 신봉하고 선전하던 사람들이었다.[19]

구제강, 룽자오쭈, 중징원의 제창과 시범 하에 1927년 중산대학에서 창간한 『민간문예』(1928년에 『민속』으로 개명) 주간은 대학에서의 당시 민속학자들의 실험장이 되었다. 대학 교수로서 그들은 많은 민간 문예 · 민속에 관한 글을 썼고 그런 글들을 모아 편찬하였다. 또한 교육 연구소와 연합하여 민속학 교습반을 개설하고, 소수민족의 풍속 물품과 일반 백성들의 일상 용품을 귀중품으로 여겨 널리 수집하고

1~2쪽.

17) 『歌謠周刊』, 第79期, 1925, 1~2쪽 ; 第90期, 9~10쪽 ; 第96期, 3쪽.

18) [역주] 영국의 인류학자 타일러(Edward Burnett Tylor, 1832~1917)는 문화인류학의 창시자로 여겨지며, 다윈의 생물학적 진화이론에서 영향을 받아 저술한 『원시문화(*Primitive Culture*)』(1871)로 유명하다. '문화 유물(cultural remains)'이란 개념도 여기에서 나온 말이다.

19) 鍾敬文, 「我在民俗學硏究上的指導思想及方法論」, 『民間文學論壇』, 第1期, 1994.

공개적으로 전시하였다. 1929년 중산대학 언어역사학 연구소는 전시회를 개최하여 많은 민간 문헌과 기물을 전시하였다. '신부를 맞이하다(迎親)'와 '출관하다(出殯)'라고 쓴 두 개의 커다란 편액이 두 개의 큰 등롱과 함께 전시회장 출입구에 높이 내걸렸다.[20] 일반 백성들의 문화와 풍속이 대학 교수들에게 이처럼 중시된 적이 없었다. 아무런 이유 없이 자기 집 대문에 '출관'이란 글자를 내거는 것은 광동의 보통 사람들이 생각하기에 금기를 범하는 것이었다. 민국 시기 지식인들은 도시 생활에 익숙해 농촌 생활에 대해서는 낯설어 했으며 소외감을 느꼈다. 더구나 그들은 과학을 숭상하고 '봉건 미신'을 무시했으며, 민간 기물에 대해 거리를 두고 나름 객관적으로 분석한다고 확신했을 뿐만 아니라, 심지어 기물의 기능을 바꾸어 큰 지장이 없을 정도의 농담을 걸기도 했다. 반세기 전 학해당에서 이런 상황이 벌어지는 것을 상상이나 할 수 있겠는가? 중국 지식인의 세계관이 마침내 변한 것이다.

『민속주간』은 전국을 대상으로 했지만 광동에서 출판되었기 때문에 게재된 글은 대부분 광동의 민속이 중심이었고, 그 가운데는 대량의 광동 민간가요에 대한 기록도 포함되어 있었다. 제3장에서 언급한 바 있는 도광 연간 초자용(招子庸)이 창작한 『월구(粤謳)』는 당시에는 민간 예인의 노래로 인식되었다. 그러다가 민국 시기 민속 운동의 열기를 거치면서 광동 민요의 경전으로 떠받들어졌다. 앞장에서 언급한 학해당 학생의 후손이자 민국 시기 유로로 자처한 왕쭝옌(汪宗衍)조차도 『민간문예』에 「월구 편집자에 관한 통신(關於粤謳輯者通信)」이란 글을 발표하였다. 1928년 『민속주간』에도 「월구와 그 작자에 대한 단서(關於粤謳及其作者的尾巴)」라는 논문이 게재되었고, 1936년 룽

20) 『廣州民國日報』, 1929.1.4.

자오쭈는『가요주간』에「월구와 그 작자(粵謳及其作者)」라는 글을 발표하였다.[21]『가요주간』에서는『월구』와『재월구(再粵謳)』전문을 수록하고, 동시에 유명한 신문학 작가 쉬디산은 원래 1922년 상해『민탁잡지(民鐸雜志)』에 발표했던「문학에 있어서 월구의 위치(粵謳在文學上之地位)」라는 글을 게재하였다. 이 글에서 쉬디산은 '지방문학'으로 월구의 유형을 분류하고, 월구의 주제·철학 사상을 유럽 서사시와 함께 논하면서 영국인 세실 클레멘티(Cecil Celementi)가 했던 평가를 인용하고 있다.[22]

광동어 가요 외에 객가 가요도 당시 민속학자들이 주로 수집하고 연구한 대상이었다. 그중 제일 자세한 작품은 1928년『가요주간』에 연재한「광동의 풍속(粵東之風)」이었다.「광동의 풍속」의 편집자 뤄샹린은 객가인으로 당시 청화대학 학생이었다. 그는 나중에 20세기 중국에서 가장 큰 업적을 이룬 객가 학자가 되었다.『민속주간』은 계속해서 각 지역의 가요와 풍속을 게재하였다. 지식인들이 이처럼『월구』를 칭송하고 객가 가요를 열정적으로 수집한 것은 당시 광동 문인들이 월구에 서문을 쓸 때 가명을 사용하여 숨기려 했던 태도와는 분명하게 구별된다.

1920~30년대 중국의 민속학 연구는 대부분 수집 단계에 머물러 있어 깊이 있는 분석을 한 경우는 드물었다. 광동 학계의 상황도 예외

21) 汪宗衍,「關於粵謳輯者通信」,『民間文藝』, 第2期, 1927, 25~38쪽 ; 招勉之,「關於粵謳及其作者的尾巴」,『民俗周刊』, 第19—20期, 12~16쪽 ; 容肇祖,「粵謳及其作者」,『歌謠周刊』, 第4期 第2卷, 1936, 1~3쪽.

22)『民俗叢刊』(第56期, 1971年 重印本), 附刊 ; 冼玉清,「招子庸研究」,『嶺南學報』, 第1號 第8卷, 95, 99쪽. 세실 클레멘티(Cecil Celementi)는 1925~1930년 홍콩총독으로 있었다. 그 이전 그가 홍콩 정부에서 관비 유학생(官學生)을 맡고 있을 때 중국어를 배웠고 광동어도 잘 하였다. 그는 1904년『월구』를 중국어로 번역하였다.

는 아니었다. 과거의 지방 문헌인 『광동통지』「풍속」장에도 닭 뼈로 치는 점, 계란 점과 같은 무술(巫術), 장례 때 자식이 끝에 흰색 천을 매단 막대기를 들거나 입관하는 날 사발에 물을 떠 와 시신을 씻는 풍속,[23] 혼례 때 「곡가가(哭嫁歌)」[24]를 부르는 민간 풍속 등이 세부적으로 기술되어 있다.[25] 민국 시기 대부분의 민속학 연구자들이 했던 것도 이런 사실을 약간 상세하게 기록한 것에 불과했다. 기껏해야 무미건조한 도덕적인 성격을 띤 평가를 몇 마디 덧붙이고 있을 뿐이다. 대학에서 출판한 학술지 외에 『광주민국일보』, 『월화보(越華報)』와 같은 시중의 신문도 전문적인 섹션을 별도로 개설하여 광동 농촌과 '소수민족'의 '기이한 풍속'을 묘사하는 글을 게재하였다. 신기한 것들만을 추구하는 이런 글들은 사실 전혀 신선한 점이 없었다. 명말 청 초 광동 학자인 굴대균은 『광동신어』에서 광동에 관한 전설, 사투리, 풍속을 대량으로 기록하였다. 굴대균은 청대 문인 가운데 드물게 민간의 풍속에 관심을 가지고 있던 학자였다. 『광동신어』는 광동의 다양한 분야의 사물을 기록하고 있는데, 그 묘사가 세밀하고 상세하며 도덕적인 평가를 한 경우는 드물다. 이런 점에서 민국 시기 많은 민속학자들과 비교해서 굴대균의 '민속학'적 수양은 나으면 나았

23) [역주] 원문에는 '擔幡買水'로 되어 있다. 단번(擔幡)은 출관할 때 자식이 끝에 흰색 천 조각을 매단 막대기를 잡는 것을 말한다. 이 깃발은 상사를 알리는 역할을 한다. 혹자는 이 깃발이 망자의 혼령을 승천하도록 이끄는 역할을 한다 하여 '영혼을 인도하는 깃발[魂幡]'이라고도 한다. 매수(買水)는 입관할 때 자식이 사발을 들고 통곡하며 거리를 나와 가다가 물이 있는 곳으로 가서 동전을 물속에 던지고 사발에 물을 떠 가지고 와 시신 옆, 위아래를 세 번 씻어 망령을 정결하게 하는 의식을 가리킨다.

24) [역주] 「곡가가(哭嫁歌)」는 토가족(土家族)의 민가로 여자는 시집가기 1개월 전부터 이 노래를 부른다. 신부는 7일에서 반달, 길게는 1개월 동안 울며 노래를 불러야 한다. 머리 빗기, 꽃 꽂기 등 혼례 의식의 절차마다 「곡가가」를 부른다. 이 노래를 잘 하는가의 여부가 신부의 재능과 지혜, 덕을 평가하는 기준이다.

25) 道光『廣東通志』, 卷92 ; 宣統『南海縣志』, 卷4, 20쪽.

지 못하지는 않았다고 할 수 있다. 물론 민국 시기 지식인과 굴대균의 가장 큰 차이는 전자는 '민속학'을 학문으로 간주했다는 점에 있다. 그들은 민속연구를 엄숙한 학문 분과로 만들어 대학에서 한자리를 차지하고 자신을 비롯한 다른 사람들의 민간 풍속에 대한 관점과 태도를 바꾸려고 하였다.

하지만 변화의 정도는 사람마다 달라 『민속주간』에 투고한 저자의 성격은 다양했으며, 민속학에 대한 이해와 사고의 깊이도 저마다 달랐다. '민간으로 가서' '군중의 소리'를 들을 것을 주장한 대학의 교수와 학생들은 민가를 수집하여 『광주동요갑집(廣州兒歌甲集)』, 『대산가요집(臺山歌謠集)』 등과 같은 가요집을 출판했지만, 여기서 더 심화된 조사와 분석은 이루어지지 않았다. 일부 지명도가 있는 학자를 제외하고 적잖은 사람들이 가명으로 투고하여 개인의 상황을 자세히 알 수는 없다. 그들은 과거를 회상하고 고향을 그리워하는 심정으로 고향의 가요를 수집하거나 어린 시절의 기억이나 노인들의 구술 고사를 기록하였다.[26] 산발적인 자료를 통해 볼 때 저자들은 대부분 비슷한 배경을 가지고 있었던 것으로 보인다. 적잖은 사람들이 고향을 얼마 동안 떠나 신식 교육을 받고 도시에서 일하며 생활하고 있었는데, 그들은 대부분 아마추어 애호가들로 현 이하의 학교에서 교육 업무에 종사하였다. 또한 상업이나 공장 기술자로 일하는 사람도 있었는데 이들은 예외적인 경우라고 할 수 있다.[27] 투고인들은 "몇 세대 고향

---

26) 辜宣存, 「先賢林大欽逸事」, 『民俗周刊』, 第46册, 1929, 28~30쪽 ; 許家維, 「姊妹會與神童」, 『民俗周刊』, 第5期, 1929, 21~22쪽 ; 徐思道, 「東莞底風俗一喊驚」, 『民俗周刊』, 第52期, 1929, 23~24쪽 ; 袁洪銘, 「兩姊妹的故事(東莞童話之一)」, 『民俗周刊』, 第64期, 1929, 50~56쪽 ; 梅山, 「選夫一梅縣的故事」, 『民俗周刊』, 第65期, 20쪽 ; 淸水, 「翁源兒歌」, 『民俗周刊』, 第91期, 1929, 41~59쪽.

27) 司徒優, 「讀了臺山歌謠集之後」, 『民俗周刊』, 第74期, 1929, 12~13쪽 ; 欽珮, 「翁源山歌」, 『民俗周刊』, 第75期, 1930, 46~50쪽 ; 于飛, 「關於製錢」, 『民俗周刊』,

을 떠나 있어서 고향의 풍속에 대해서는 거의 들은 것이 없다"[28]고 말하고 있다. 어떤 사람은 자기 고향 말도 몰랐고 동일한 방언의 다른 지역에서의 발음에도 민감하지 못해서 주거지에서 수집한 가요를 자기 고향의 가요로 착각하기도 했다.[29] 동관의 '초혼(招魂)'[30] 풍속을 서술한 어떤 글은 어렸을 때 저자 자신의 기억에 근거하여 쓴 것이다. 그는 "어려서부터 성도(省都)에서 공부해서 고향에 가는 날은 매우 적었지만", 아직도 '초혼' 방식은 알고 있었다. 왜냐하면 어려서 그가 경기(驚氣)를 해 넋이 나갈 때마다 어머니가 자신을 위해 초혼 의식을 해 준 적이 있었기 때문이다. 그는 이런 시골의 풍속을 기록하였지만 그 풍속에 대해서는 부정적인 태도를 견지하였다.[31]

『민속주간』에 투고한 자들은 '민간으로 가자'는 열정을 가지고 민속학 연구에 뛰어들었다. 하지만 그들은 스스로 '과학'과 '진보'의 이미지를 자처하며, 민간 풍속과 문학의 '봉건 미신'적인 요소에 대해 깊은 혐오감을 드러냈다. 어떤 투고자는 동관이 "교육이 그다지 발달하지 않아 민간 풍속이 매우 미신적이고 귀신을 무한한 능력을 갖춘 존재로 여긴다"[32]고 생각했다. 신부가 자매들과 울며 노래를 부르는 광

第101期, 1930, 47~52쪽 ; 劉萬章, 「粤南神話硏究」, 『民俗周刊』, 第112期, 1933, 8~9쪽.

28) 許家維, 「姊妹會與神童」, 『民俗周刊』, 第5期, 21쪽.

29) 清水, 「翁源兒歌」, 『民俗周刊』, 第91期, 56쪽.

30) [역주] 원문에는 '喊驚'으로 되어 있다. 이는 혼백을 부르는 초혼의 풍속으로 광동 혜주(惠州) 지역에서 서주(西周) 시기부터 유행했다고 한다. 혜주 사람들은 인간에게는 '삼혼칠백(三魂七魄)'이 있다고 믿었다. 아이가 병이 위중해 죽으려 할 때 혼백은 악귀의 공포와 유혹으로 육체에서 떠나게 된다. 그런 징조가 보일 때 무당 등을 불러 환자를 위해 초혼 의식을 거행하면 환자가 정신적으로 안정을 되찾게 된다. 여기에 의사가 진정시키는 약과 침으로 치료를 하면 환자가 아이일 경우 종종 건강이 회복된다고 한다.

31) 徐思道, 「東莞底風俗一喊驚」, 『民俗周刊』, 第52期, 23쪽.

32) 黎春榮, 「東莞風俗談」, 『民俗周刊』, 第4期, 1928, 25~27쪽.

동 영서(靈西) 지역의 혼례 풍속을 소개한 사람도 있다. 그는 “사실 매우 황당하여 할 말이 없다. 나는 신부의 자매들에게 왜 우는지를 물은 적이 있다. 그들의 말에 따르면 울지 않으면 시집가고 나서 행복한 생활을 할 수 없다고 한다. 그런 미신 때문이었다니 정말로 어리석기 짝이 없다!”[33] 어떤 투고자는 조주 민간 신화를 기록하며, “조주 사람들이 풍수지리설에 빠져 있다”[34]고 지적한다.

일부 투고자들의 월구(粵謳)에 대한 평가를 통해서 ‘전통문화’와 ‘봉건사회’에 대한 비판도 읽을 수 있다. 앞서 언급한 「월구와 그 작자에 대한 단서」의 저자 자오멘즈(招勉之)는 초자용의 작업은 ‘실패’한 것이라고 여겼다. 초자용이 “진부한 표현 속에 약간의 신선한 공기를 불어넣고, 사투리 속 감탄의 음운을 결합해 시사(詩詞)의 운치를 보편화시켰지만”, “표현하고 있는 슬픔이 조금도 사람들의 심금을 울리지 못한다.” 그가 보기에 시골 사람들은 초자용을 “봉건사상의 전통적인 기준”을 구현한 거인(擧人)으로 존경하였고, 그가 묘사한 작품들을 “맹목적으로 따르며” 중시하고 있는 것으로, “전문가를 사칭하는 것은 마치 근시안을 가진 사람이 멀리 있는 동악묘(東嶽廟) 위의 편액을 보는 것과 같다.” 사람들이 월구를 좋아하는 것은 단지 월구가 “별다른 특징이 없는 풍류스런 감정, 어쩌면 아Q와 같은 천박하게 우쭐대는 느낌을 불러일으키기 때문이다.”[35] 자오멘즈는 초자용을 칭찬하면서 동시에 실제로는 그의 마음속에 자리잡고 있는 ‘봉건사회’를 풍자하였다.

‘민간’에 대한 이런 애증의 태도는 『민속주간』에 투고된 여러 논문에

33) 韋承祖, 「廣東靈西婚喪概述」, 『民俗周刊』, 第25 · 26期 合刊, 1928, 58~79쪽.
34) 培之, 「潮州民間神話二則」, 『民俗周刊』, 第31期, 1928, 3~6쪽.
35) 招勉之, 「關於粵謳及其作者的尾巴」, 『民俗周刊』, 第19 · 20期 合刊, 1928, 12~16쪽.

서 비일비재하게 발견된다. 대개 원고 끝부분에 몇 마디 덧붙이는 이런 내용의 평론은 민국 시기 지식인과 국민당 정부가 적극적으로 추진한 '풍속 개혁' 정책에 대한 호응을 반영하고 있다. 국민당 정부는 문화 정통을 옹호한다고 자처했지만, '정통'이 내포하는 의미가 무엇이고 그 의식 형태의 기초가 무엇인지를 하나로 조율하기는 쉽지 않았다. '만주족 정권을 몰아내고 중화를 회복한' 신해혁명의 성과를 계승한 국민당 정부는 전통 한족 문화(유가사상)에 대한 옹호를 강조하였다. '국민 국가를 건설한' 성과를 드러내기 위해 국민당 정부는 '민주', '과학', '진보'를 내세울 필요가 있었다. 중국문화의 정수를 선택적으로 지키면서 구문화의 찌꺼기를 철저하게 제거해야 할 책임을 느끼고 있었던 것이다. 청 말 이래 혁명가와 지식인들 사이에서 싹튼 이런 사유는 민국 시기 국가 체제가 정립되기 시작하면서 원래 낭만적이던 이상에서 일방적인 강제 조치로 변질되었다. 신해혁명 직후 임시 정부가 엄격하고 신속하게 구습을 철폐하고 미신을 타파하려 했던 운동은, 혁명가들의 경솔함이 그들의 민주사상과 어떻게 배치되는지를 잘 보여 준다. 이후 국민당 정부가 북벌에서 승리하고 남경에 수도를 정한 지 얼마 안 되어 국민당은 1928~1929년 사이에 강소·절강·안휘 등지에서 미신에 반대하는 운동을 전개하였다. 1928년 정부는 각종 규정과 조례를 반포하여 미신을 비롯한 외설적인 활동이나 직업을 철폐하려고 하였다. 예를 들어 귀신 숭배, 처첩 제도, 혼례와 장례에서의 허례허식 등과 같은 활동이나 점복, 별점과 관상, 무술(巫術), 풍수 등과 같은 직업은 모두 금지 대상이었다.[36] 1929년 7월 국민당 광동 지부는 광동에 '풍속 개

36) 風俗改革委員會, 『風俗改革叢刊』, 廣州: 廣州特別市黨部宣傳部, 1930. 관련 연구는 다음을 보라. Prasenjit Duara, "knowledge and Power in the Discourse of Modernity: The Campaigns Against Popular Religion in Early Twentieth-Century China", *Journal of Asian Studies*, Vol.50, No.1, 1991, pp.67~83 ; 潘淑華,

혁 위원회'를 설치하고 국민당 기관지인 『광주민국일보』에 부간 형식으로 『풍속개혁주간』을 출판하였다. 이는 모두 위정자들이 과학 사상으로 '풍속을 바꾸려는' 생각에서 내린 조치였다.

이런 정치 운동이 횡행하던 시기에 과학주의를 표방하던 『민속주간』은 풍속 개혁자를 비롯해 풍속 개혁의 기치를 내걸고 있던 정객(政客)들의 공격 대상이 되었다. 국민당 정부의 정책은 의식 형태의 측면에서 지식인의 낭만주의에서 기원하여 민속학자들의 이상과 결코 다르지 않았던 듯하다. 하지만 정부에서 미신 타파 운동을 구체적으로 추진할 때 그 창끝이 민간 풍속을 가리키게 되면서 민속학자들은 정부와 경계선을 긋지 않으면 안 되었다. 오늘날까지 남아 있는 1백여 권의 『민속주간』을 통해 볼 때 당시 중산대학의 민속 운동은 그 기세가 대단했던 듯이 보인다. 하지만 실제로 구제강 등이 민속학회를 설립하고 『민속주간』을 창간한 지 얼마 안 되어 교내외의 적잖은 반대 의견에 직면하게 되었다. 여기에는 구체적인 인사 문제의 갈등이 복잡하게 얽혀 있었지만, 국가문화를 어떻게 정의할 것인가 하는 문제를 놓고 위정자와 지식인 간에 빚어진 오해와 대립도 반영되어 있다. 이 현상을 설명하기 위해서 당시 중산대학과 민속학회의 상황을 좀 더 살펴볼 필요가 있다.

학술과 정치

1920년대 광동은 한동안 혁명의 중심지로, 학술적으로 큰 뜻을 품

「'建構'政權, '解構'迷信?—1929年至1930年廣州市風俗改革委員會的個案硏究」, 鄭振滿·陳春聲 主編, 『民間信仰與社會空間』, 福州: 福建人民出版社, 2003, 108~122쪽.

고 있던 학자들에게 북방보다 매력적인 환경을 제공하였다. 룽자오쭈는 이렇게 회고한다. "1926년 초 북양군벌이 야만적으로 문화계를 파괴하자 북경의 여러 교수들이 잇달아 북경을 떠났다. 루쉰, 장싱랑(張星烺), 선졘스(沈兼士), 구제강 등은 하문대학의 초빙에 응해 하문으로 갔다. 나도 그해 10월 하문대학으로 가서 국문과 강사 겸 국학연구원 편집으로 있게 되었다. 얼마 후 하문대학 이사장 천자경(陳嘉庚)은 사업이 부진하다는 이유로 국학연구원을 폐지하였다."[37] 상황이 이렇게 되자 구제강과 룽자오쭈는 하문대학을 떠나 다른 학교로 갈 생각을 하였다.

당시 광주에 있던 광동대학은 세상을 떠난 쑨중산 선생을 기념하는 뜻에서 중산대학으로 개명하였다. 1927년 3월 1일에 거행된 중산대학 제1회 개교 기념식에서 대학 위원이었던 주자화(朱家驊, 1893~1963)는 다음과 같이 말했다.

> 중산대학의 역사는 다른 대학과는 달라 그 책임이 매우 막중합니다. …… 우리 중산대학에 대해 여러분이 기억해야 할 것은 바로 광동에 있다는 것입니다. 광동이 어떤 곳인가요? 국민 혁명의 근거지이자, 발원지입니다. 혁명의 역사에서 중요한 의미를 지니고 있을 뿐 아니라 혁명의 미래에 대해서도 커다란 책임을 가지고 있습니다. 우리 당과 우리나라, 우리 민족을 구하려 한다면 중산대학에서 그 해결책을 찾아야 합니다.[38]

1930년대 당시 총장 다이지타오(戴季陶)는 공개 강연회에서 중산대학은 혁명적인 남방 문화의 중심지로 이런 신문화를 북방으로 전파해

37) 容肇祖, 「容肇祖自傳」, 東莞市政協 編, 『容庚容肇祖學記』, 265쪽.
38) 朱家驊, 「國立中山大學籌備之經過和將來之希望」, 黃仕忠 編, 『老中大的故事』, 南京: 江蘇文藝出版社, 1998, 52쪽.

야 한다고 말하였다. 왜냐하면 북방의 문화는 이미 파괴된 지 오래되었기 때문이다.[39] 당시 북양정부에 머리 숙이기를 거부하고 남쪽으로 내려온 학자들에게 중산대학은 그들이 선택할 수 있는 길 중 하나였다. 1927년 3월 룽자오쭈는 중산대학 예과 국문과, 철학과 강사로 임명되었다. 1927년 8월 푸쓰녠(傅斯年)은 중산대학 언어역사연구소 예비 주임으로 있으면서 구제강을 초빙하였고, 10월부터 구제강은 중산대학 사학과 교수 겸 주임을 맡게 되었다.[40] 중산대학을 중심으로 하는 민속학 운동은 당시 구제강과 룽자오쭈 등의 노력으로 전개되기 시작한 것이다.

그런데 혁명의 구호 이면에 남방의 대학은 북방과 마찬가지로 파벌 정치가 횡행하고 있었다. 국민당 정부는 광동을 완전히 통제하지 못하였고 그들의 생각 또한 광동에 있지 않았다. 국민당 내부에도 당파가 난립하였고 대학의 많은 인사도 정치에 좌우되었다. 학자들의 상황은 직간접적으로 위협을 받았고 민속학 연구도 이를 피할 수 없었다.

구제강이 중산대학에서 민속학 연구를 추진할 때, 중산대학 부총장으로 있던 주자화의 적극적인 지지를 받았다. 1927년 10월 구제강은 중산대학 역사학과 주임 겸 교수로 임명되었다. 당시 중산대학 총장은 짧은 기간에 여러 번 바뀐 상태였다. 1924년 광동대학이 처음 설립되었을 때 총장인 쩌우루(鄒魯)는 광주 국민정부 요원이면서 국민당 중앙행정위원회 위원이었다. 1925년 국공합작을 통해 적극적으로 북벌을 준비하던 시기에 쩌우루는 국민당 우파 당원들과 서산파(西山派)를 결성하여 당내 친공산당파 인사들을 배제하려 했다. 결과적으

39) 戴季陶, 「中山大學所負的歷史的使命講詞」(1930), 『戴季陶先生文存』 第2册, 臺北: 中國國民黨中央委員會, 1959, 638~640쪽.

40) 顧潮 編著, 『顧頡剛年譜』, 北京: 中國社會科學出版社, 1993, 144쪽.

로 서산파는 실패하였고 쩌우루 역시 중산대학 총장직에서 물러나게 되었다. 1926년 광주 국민정부는 5인위원회를 두어 집단 지도 체제로 중산대학을 운영하였다. 위원장에 다이지타오, 부위원장에 구멍위(顧孟餘), 나머지 3명의 위원은 쉬첸(徐謙), 딩웨이펀(丁惟汾), 주자화였다. 학교의 업무는 주로 주자화가 맡아 처리하였다. 지질학과 교수였던 주자화는 전에 북경대학에서 근무했었다. 1927년 광동성 정부는 조직을 개편하여 리지선(李濟深, 1886~1959)을 성 주석으로 임명하였다. 그리고 주자화에게 성 정부 상무위원회 주석 대행, 민정국 전문위원 등의 요직을 맡겼다. 3개월 후 주자화는 교육 전문위원이자 중산대학 부총장으로 임명되었고, 다이지타오 또한 총장직을 연임하게 되었다. 다이지타오는 원래 공산당을 제명하려 했던 쩌우루를 지지했지만 장제스(蔣介石)의 비호를 받고 있었기 때문에 쩌우루처럼 당규에 따라 처벌되지 않았다. 그는 오히려 재차 국민당 중앙행정위원으로 선임되었다. 총장이었던 다이지타오는 대부분의 시간을 광주에서 보내지 않았다. 그래서 학교 업무는 사실상 주자화가 맡아 처리하였다.41)

중산대학의 민속학회는 주자화가 부총장으로 재직하고 있던 기간인 1927년 11월에 설립되었다. 1927년 말 주자화는 다른 공직을 맡고 있어 학교에 없었지만 부총장의 직무는 계속 유지하고 있었다. 그는 구제강과 그의 민속학 연구를 적극적으로 지지하였다. 구제강의 아들 구차오(顧潮)에 따르면 1927년 6월부터 10월까지 구제강은 항주에서 중산대학 도서관에 소장할 책을 구입하고 있었다. 당시 주자화는 절강성 건설청장으로 항주에 체류하고 있었다. 그는 구제강이 서점에서 책을 구매하고 있다는 말을 듣고 구제강에 대해 "인상이 매우 좋다고

41) 黃義祥, 『中山大學史稿』, 120~131쪽.

말씀하셨다. 주자화는 몇 개월에 한 번씩 중산대학에 와서 학교 업무를 처리했다. 아버지께서는 그에게 설비비, 인쇄비를 신청했는데 비준하지 않은 적이 없었다." 구제강을 반대하고 민속연구에 찬성하지 않는 교수들 때문에 『민속총서』와 『민속주간』의 출판이 몇 차례 제지를 받았지만 그때마다 주자화의 지지로 계속 출간될 수 있었다.[42)]

국민정부가 풍속 개혁을 적극적으로 추진하고 있을 때 구제강과 중산대학 민속학 연구도 압력을 받았다. 구제강과 민속연구에 불만을 품고 있던 사람들은 평소 대학의 업무를 별로 처리하지 않던 다이지타오를 내세워 민속학회 활동에 간섭하려고 하였다. 1928년 5월 구제강이 편찬한 『오가을집(吳歌乙集)』이 출판될 무렵 이 책의 편집에 도움을 주었던 중징원이 다이지타오에 의해 갑자기 해고되었다. 『오가을집』에 수록된 일부 노래에 외설적인 표현이 들어 있다는 것이 그 이유였다. 1928년 8월 중징원은 결국 중산대학을 떠나게 되었다. 다이지타오가 중산대학의 민속연구에 대해 얼마만큼 이해하고 있었는지는 알 수 없다. 그렇지만 신분상 그가 이데올로기와 관련이 있다고 생각되는 사안에 대해서 특별히 주의를 기울인 것은 이상한 일이 아니다. 당시 그는 중앙당무연구소를 준비하는 일로 바빴다. 그의 주된 관심사는 삼민주의와 전통 중국 도덕문화를 기초로 어떻게 하면 국민당의 중심사상을 강화할 것인가 하는 문제였다. 사실 그는 구제강에 대해 진작부터 불만을 품고 있었다. 구제강은 『고사변』으로 갑자기 큰 명성을 얻게 되었다. '대우(大禹)는 곤충'이고[43)], '삼황오제는 전설

42) 顧潮, 『歷劫終教志不灰: 我的父親顧頡剛』, 上海: 華東師範大學出版社, 1997, 120~122쪽 ; 顧頡剛, 「顧頡剛自傳」(4), 『東方文化』, 第4期, 1994, 13~14쪽.

43) [역주] 치수(治水)로 유명한 대우(大禹)는 요(堯) 임금, 순(舜) 임금과 함께 고대 중국인들이 오랫동안 추앙하고 숭배해 오던 우임금을 가리킨다. 구제강은 『설문해자(說文解字)』 등과 같은 전적 등을 고증하여 그것은 신화일 뿐이며 '우'는 '충(蟲)'으로 해석될 수 있다고 주장하였다.

상의 인물일 뿐이다'라는 그의 견해는 같은 전공의 학자, 특히 후학들의 인정을 받았으며, 학교의 역사 교육과정에도 편입되었다. 다이지타오는 스스로 중화 전통문화를 수호해야 한다고 생각하고 있었기에 구제강의 주장을 받아들일 수 없었다. 그래서 그는 『고사변』을 학교 교과과정에서 빼야 된다고 주장하였던 것이다.[44] 민속연구에 반대하던 인사들은 다이지타오의 구제강에 대한 불만을 이용하여 '추하고 음란한 풍속'을 전파하는 것을 막아야 한다는 명분으로 민속학회 사람들을 공격하였다.

일부 사람들은 풍속을 바꾸어야 한다는 명분을 빌어 민속학회 활동에 관여하려 하였다. 이런 비난에 직면하여 민속학회를 이끄는 자들과 지지자들은 『민속주간』을 기반으로 계속해서 그들의 주장을 반박하였다. 1928년 『민속주간』 제25기에 수록된 글에서 자주 『민속주간』에 투고하였던 초등학교 교사 장칭수이(張淸水)는 민속학자는 "민속학의 입장에서 말하자면 인도주의자나 여성을 영도하는 혁명가가 아니다"[45]라고 말하였다. 이듬해 『민속주간』에는 중징원이 룽자오쭈에게 쓴 편지가 게재되었다. 거기에서 그는 이렇게 강조하고 있다. "민속연구는 순수한 학술 운동이다. 최소한 민속연구에 종사하는 학자들의 생각과 태도는 그러해야 한다. 실제 활용 여부는 또 다른 문제로 동일하게 취급해서는 안 되고 특히 주객이 전도되어서도 안 된다."[46] 같은 해 룽자오쭈는 『민속주간』 제71기에 발표한 장편의 글에서 학술과 정치를 동일시해서는 안 된다고 주장하였다.

---

44) 鍾貢勛, 「戴校長與母校」, 國立中山大學校友會 編, 『國立中山大學成立五十周年紀念特刊』, 臺北: 國立中山大學校友會, 1974, 82쪽.

45) 淸水, 「讀蘇粤婚喪」, 『民俗周刊』, 第35期, 1928, 24쪽. 작자인 장칭수이는 옹원현(翁源縣) 소학교 교사로 자주 『민속주간』에 투고하였다.

46) 「本刊通信」(鍾敬文致元胎), 『民俗周刊』, 第52期, 1929, 29쪽.

우리는 충실한 태도로 풍속의 내용을 묘사하고 그려내야 한다. 우리는 객관적인 태도를 가져야 하고 무시하는 듯한 어투를 사용해서는 안 되며 추켜세우고 아첨해서도 안 된다. 왜냐하면 우리는 이런 자료에 대한 평가에 신경을 써서는 안 되기 때문이다. 사회 개혁자들은 우리의 자료에 근거하여 어떤 풍속을 개혁해야 한다고 주장한다. 우리도 찬성하지만 그것이 우리 학문하는 사람의 일은 아니다. 어떤 사람이 우리의 연구를 근거로 어떤 풍속을 지켜야 한다고 한다면 우리도 그 좋은 점을 인정해야 하겠지만 책임을 질 필요는 없다. 우리가 혹시나 연구를 진행하면서 좋고 나쁜 평가의 말을 삽입할는지 모르지만, 중요한 목적은 '진리'를 추구하기 위한 것이다.[47]

그는 얼마 후 다시 『민속주간』에 「미신과 전설 자서(迷信與傳說自序)」라는 글을 발표하여 정부의 미신 반대 운동을 직접적으로 겨냥하였다.

미신 문제에 대해 이야기할 때 존재해서는 안 된다고 생각하는 것이 있으면 우리는 큰소리로 그것을 타도해야 한다고 말한다. 하지만 열심히 외치며 어떤 미신을 타도하려고 할 때 우리 자신은 종종 다른 미신에 기대게 된다. 지식이 어느 정도 수준에 이르지 않았을 때 미신을 타도하기는 쉽지 않다. …… 정치 혁명에 뒤이어 '사상 혁명'을 부르짖을 수 있다. 하지만 '정치 혁명'인 중화민국이 성립된 후에 오히려 '관료 정치', '군벌 정치'가 행해졌다. '사상 혁명' 이후에도 미신은 여전히 존재하고 있다. 정치 혁명이 성공하려면 정치 지식을 일반 민중에게 주입해야 하고, 사상 혁명이 성공하려면 정확한 사상을 일반 민중에게 보급해야 한다. 우리는 민중을 대상으로 큰소리로 외치는 행위를 중지하고 성실하게 민중의 미신과 좋지 않은 풍속을 연구 대상으로 삼아야 한다. 그 근원과 경과를 찾아내어 사실 그대로 그 진상을 묘사해야 한다. 그러면 사람들이 속으로 어떻게 생각하든지 간에 우리의 결론을 뒤집을 수 없고, 그것이 어떻게 변형되어 나타나든지 우리의 눈을 벗어날 수

47) 容肇祖, 「告讀者」, 『民俗周刊』, 第71期, 1929, 2쪽.

없을 것이다. 우리의 역량과 우리가 다루는 범위가 보잘것없다는 것을 두려워해서는 안 된다. 우리를 절망케 하는 것들을 송두리째 제거해야 한다.[48]

룽자오쭈의 이 말은 그들을 오해하고 공격하는 사람들에 대한 대답이다. 1929년 2월 구제강이 중산대학을 떠나게 되자 민속학회를 이끄는 사람은 룽자오쭈만이 남게 되었다. 1930년 1월 광주시 정부 사회국에서는 미신을 타파한다는 명목으로 시내에 있는 수많은 사당의 5백여 불상을 몰수하였다. 당시 룽자오쭈는 중산대학을 막 떠나려고 하던 때였다. 그럼에도 그는 관련 인사와 교섭하여 2백여 신상을 중산대학 '풍속품 진열실'로 옮겨 와 민속연구 자료용으로 사용하는 것을 허락받았다. 그런데 일부 사람들의 방해로 그 일은 결국 성사되지 못했고 그는 분개하며 떠났다. 이 사건이 발생한 3개월 후 『민속주간』도 정간되었다. 류완장(劉萬章)[49]은 제110기 『민속주간』에 사직한다는 광고를 게재하고, 「민속주간을 종간하며(本刊結束的語)」라는 글을 발표하였다. 그는 분노한 듯 이렇게 쓰고 있다.

아래 진술은 3년간 노력해 온 우리의 고백이다. 우리는 결코 『민속주간』 때문에 아쉬운 것도, 이 잡지가 정간되어 민속학에 안타까움을 느끼는 것도 아니다. 우리는 중국이라는 환경적 토대에서 이루어지고 있는 모든 학술 활동에 대해 안타까움을 느낀다. …… 현재 중국의 학술계에서는 민속학이 옛것에 얽매여 현실에 적응하지 못하는, 노인과 어린아이가 가지고 노는 골동품 같은 점을 가지고 있다 하여, 민속학을 무시하고 적대시한다. 더구나 민속학 발전에 애쓰는 동지들을 비난하기

---

48) 容肇祖, 「迷信與傳說自序」, 『民俗周刊』, 第77期, 1929, 1~2쪽.

49) [역주] 생졸년은 알려지지 않다. 민속학자로 광주 중산대학 민속학회 회원이며 『민속주간』 주편 중 한 사람이었다. 1920~30년대 『민간문예』와 『민속주간』에 민간전설, 고사, 가요, 수수께끼와 민속연구에 관한 여러 편의 글을 발표하였다.

까지 한다. 하지만 민속학은 결국 발전할 것이니 민속학을 적대시하고 반대한다 한들 별 소용이 없을 것이다. 현재 국내의 복건·절강·북평(北平) 등지에는 민속학 단체와 간행물이 있다. 본 잡지가 '정간'되고 나서 월간 잡지가 출현하여 새로운 국면을 개척하게 될는지도 모른다. 우리가 열심히 한다면 잘 해 나갈 수 있을 것이다.[50)]

이 일에 대해 룽자오쭈는 1933년 복간된 제111기 『민속주간』에 발표한 「최근의 '민속학'에 대해 내가 하고 싶은 말(我最新對於"民俗學"要說的話)」에서 아주 상세히 밝히고 있다. 그는 "당시의 심정은 몇 년이 지난 오늘날까지도 잊을 수 없다"고 말하고 있다. 그의 글은 민속연구에 반대하던 사람들을 겨냥한 일종의 선언문이다.

낡은 풍속 습관을 타파하는 것은 사회 개량주의자들의 일이고, 민속을 기록하는 것은 민속학자가 해야 할 일이다. 두 분야의 관점이 다르지만 사실 서로 도우면 유용할 수 있다. 사회 개량주의자들이 낡은 풍속을 없애려고 할 때 민속학자들은 그 낡은 풍속에 대해 마지막으로 기록을 남길 수 있다. 민속학자들의 기록을 사회 개량주의자들이 이용할 수도 있다. 광주시 사회국은 1919년 1월 인민들의 우상숭배 풍속을 없애기 위해 거리에 있던 신상 5백여 개를 몰수하였다. 당시 나는 아직 중산대학에 있었다. 이미 사직서를 제출한 상태였지만 사회국과 협의하여 우상들을 수거해 가는 것을 허락받았다. 2백여 개를 선별해 화물차로 학교로 운송해 풍속물품 진열실에 진열해 놓았다가 나중에 사진을 찍어 책으로 엮을 계획이었다. 부록으로 각종 신의 원류를 고증하여 민속학 총서 중 하나로 만들면 종교, 역사학자들의 참고 자료가 될 수 있었다. 그런데 모 원장이 다이지타오 총장에게 그 사실을 알렸고 총장은 민간의 미신을 보존하려 한다고 오해하였다. 그리고 모든 우상들을 당일 즉시 학교에서 옮기라고 명을 내렸다. 그 일로 학교를 떠나려는 나의 결심은 더욱 굳어졌다. 역사학자나 민속학자들이 자료의 수집과 보

---

50) 劉萬章, 「本刊結束的話」, 『民俗周刊』, 第110期, 1930, 58~59쪽.

존에 주의를 기울이는 것은 사실 중요한 일이다. 중산대학 언어역사연구소 자료 정리실에는 「쑨 총리를 지명 수배하라는 위안스카이의 명령(袁世凱通緝孫總理令文)」이 보관되어 있는데 이는 쑨 총리를 모욕하는 것으로 볼 수 없다. 우상을 부수는 것은 미신을 타파하기 위한 것이다. 하지만 역사학자·민속학자들의 우상 수집이 미신 타파의 목적과 상충하는 것은 아니다. 이는 위안스카이의 명령문을 찢어 없애는 것이 국민당원의 임무겠지만, 그 명령문을 보존하는 것 또한 당원으로서 어긋나는 행동은 아닌 것과 같다. 이런 실제적인 증거의 보존이 있어야 혁명의 역사가 더욱 영광스럽게 드러나기 때문이다. 오늘날 우리가 광주시의 모든 우상을 수집하여 고증한다는 것은 쉬운 일이 아니다. 이 점이 우리가 진정 애통히 여기는 바이다.[51]

다이지타오에게 고자질한 '모 원장'이 도대체 누구인지 우리는 진상을 밝혀낼 수 없다. 1930년 9월 구제강을 지지하던 주자화가 다이지타오의 뒤를 이어 정식으로 중산대학 총장으로 부임하였지만, 민속학회에 별다른 큰 도움을 주지는 못했던 듯하다. 사실 당시 남경 정부는 명분상으로 광동에 대한 통치를 유지하고 있을 뿐 실제로 광동을 지배한 사람은 군벌 천지탕이었다. 장제스를 지지하던 주자화는 부임한 지 겨우 3개월 만에 중산대학을 떠났다. 떠나기 전 공개 강연회에서 그는 "과거 민속학회의 『민속주간』은 가치 있는 간행물이니 복간할 대책을 세울 필요가 있다"[52]고 말하였다.

천지탕의 광동 통치기간에 민속학에 종사하던 학자와 정부, 대학 당국은 여전히 긴장 관계였다. 1932년 원래 국민당 좌파와 사이가 좋지 않아 중산대학을 떠났던 쩌우루가 천지탕과 협력하고 서남 정치국

51) 容肇祖, 「我最近對於"民俗學"要說的話」, 『民俗周刊』, 第111期(復刊號), 1933, 18~19쪽.

52) 朱家驊, 「致同事諸先生書」(1930.12.9 講話), 『國立中山大學日報』, 1930.12.13. 1~2쪽 ; 容肇祖, 「卷頭語」, 『民俗周刊』, 第111期, 1933, 4쪽.

상무위원이 되어 다시 중산대학 총장으로 부임하였다. 영남대학에서 2년 남짓 근무했던 룽자오쭈도 1932년 가을 다시 중산대학 중문과 교수로 돌아왔다. 하지만 경전을 읽어야 한다는 중문과 교수 구즈(古直, 1895~1959)의 주장에 반대했기 때문에 그는 역사학과로 다시 옮기게 되었다. 경전을 읽어야 한다는 구즈의 주장은 그의 개인적인 취향일 뿐만 아니라 쩌우루의 주장에 호응하는 것이었다. 그리고 쩌우루가 경전을 읽어야 한다고 주장한 것은 천지탕의 정책과 보조를 맞추려는 것이었다.

사실 '공자의 유가사상을 타도해야 한다'는 5·4운동의 주장은 광동에서는 그다지 큰 호응을 얻지 못했다. 광동의 문화계나 교육계에서 신문화, 신문학의 수용 정도는 상해나 북경과 같은 도시에 비해 훨씬 미치지 못했다. 1928년 교육부를 대신하여 설립된 대학원(남경 정부는 1927~28년 사이에 '대학원'을 설립했다)에서는 봄과 가을 두 번 지냈던 공자 제사를 폐지하라는 명을 내렸다. 그 명령은 곧바로 광동성 내 여러 지방정부의 반대에 부딪혔다. 1928년 12월 광동성 정부는 모든 학교에서 공자 탄생일을 기념하라는 명을 내렸다. 1929년 국민정부도 점차 공자 제사에 대한 지지를 표명하였고, 교육부에서 발표한 전국 기념일과 휴일에 공자 탄생일도 포함되었다.

룽자오쭈가 중문과에서 역사학과로 옮길 수 있었던 것은 역사학과 교수 주시쭈(朱希祖, 1879~1944)의 지지 때문이었을 가능성이 크다. 1932년 11월부터 1934년 1월까지 주시쭈는 문사연구소 소장으로 있었다. 룽자오쭈는 다시 민속학회를 주관하였고 1933년 3월 『민속주간』도 복간되었다.[53] 그런데 채 3개월도 안 되어 『민속주간』은 다시 정간되었고 룽자오쭈도 중산대학을 떠나는 것으로 결정되었다. 이 일에

53) 朱希祖, 「恢復民俗周刊的發刊詞」, 『民俗周刊』, 第111期, 1933, 1쪽.

관해 주시쭈는 일기에서 이렇게 적고 있다.

> [1933년 6월 30일] 2시, 룽위안타이(容元胎)[위안타이는 룽자오쭈의 자이다—인용자]가 찾아와 금방 떠나게 될 것 같다는 말을 했다. 그를 싫어하는 자가 쫓아내려고 해서 다음 학기에 중산대학에 있을 수 없게 되었다는 것이다. 나는 그 얘기를 듣고 기분이 좋지 않았다. 바로 천쿤산(陳崑山)을 찾아가 그를 쫓아내려는 사람이 연임될 거라는 사실을 알게 되었다. 주첸즈(朱謙之)를 찾아가 위안타이가 왜 쫓겨나게 된 것인지를 물었다. 그의 말에 따르면 모 주임이 『민속주간』에 반대한다고 표명하여 위안타이가 떠나게 된 것이었다. 신구 세력의 다툼이지만 개인적으로 원한을 품고 보복하려는 혐의도 있는 듯 하다고 했다. 나는 그 말을 듣고 웃어넘길 수밖에 없었다.[54]

필자가 본 룽자오쭈 · 주시쭈 · 주첸즈의 자술(自述)에서는 '모 주임'이 누구인지 분명히 밝히지 않았다. 구즈는 국문과 주임으로 경전을 읽히는 문제로 룽자오쭈와 의견대립이 있었지만 그 '모 주임'이 구즈라고 판단하기 어렵다.[55] 하지만 『민속주간』이 정간되고 룽자오쭈가

---

54) 「酇亭粵行日記」, 『朱希祖先生文集』, 第6册, 4156쪽. 천쿤산은 곧 천팅판(陳廷璠, 1897~ ?)으로 1922년 북경대학 철학과를 졸업하고 1933년 중산대학 교수가 되었다.

55) 주시쭈의 「역정월행일기(酇亭粵行日記)」 1932년 10월 22일에는 이런 기록이 있다. "주첸즈가 나와 우캉(吳康), 리창핑(李滄萍)을 초청해 저녁을 먹었다. 걸어서 구즈 선생 댁으로 병문안을 갔다. 구 선생은 중산대학 국문과 주임으로, 확정된 교과 과정에서 경전 독서를 중시하여 경전을 문학으로 삼고자 했다. 그 때문에 룽위안타이로부터 강한 비판을 받았다. 룽위안타이는 본래 국문과 교수였으나 지금은 역사학과 교수로 옮겼는데 모두 이런 이유 때문이었다. 구 선생은 이 문제로 사직하려 했다가, 지금은 만류로 머물러 있지만 기분이 좋지 않아 여전히 떠날 생각을 하고 있다. 그의 병은 아마도 이 때문인 듯하다. 내가 역사학과 주임이 아니어서 이런 골치아픈 문제를 고민하지 않아도 되어서 다행이다."(『朱希祖先生文集』 第6册, 3863~3864쪽)

[역주] 주시쭈는 절강성 해염(海鹽) 출신으로 자는 티셴(逷先), 디셴(迪先)이다. 장서가로 유명했던 그는 자신의 장서실에 역정(酇亭)이라는 이름을 붙였고 장타

중산대학을 떠나게 되었을 때 문사연구소 소장 주시쭈와 역사학과 주임이었던 주첸즈도 그 사건에 대해 별다른 대책이 없었다는 것을 알 수 있다. 1934년 1월 주시쭈 또한 중산대학을 떠나 남경의 중앙대학(中央大學)으로 가게 되었다. 구제강, 중징원, 룽자오쭈가 잇달아 떠나게 되면서 광동의 민속학 연구도 갑자기 시들해졌다.

광동의 민속학 운동은 중산대학을 중심으로 전개되었다. 처음에는 별다른 호응을 얻지 못했는데 이 시기가 되면서 당사자들은 일제히 자신의 연구를 변호하였다. 정부와 학교에서 정치, 인사 문제로 다툼이 벌어졌기 때문에 그들은 자신의 연구를 변호하지 않으면 안 되었던 것이다. 북경대학의 민간문예 개척자인 루쯔(路子)를 따라 광동의 민속학자들이 이 분야에 관한 연구를 하게 된 것은 옛 풍속을 보존하기 위해서가 아니라 진리를 추구하기 위해서였다. 장기적인 관점에서 말하자면 신 중국문화를 건설하기 위한 출로를 모색하기 위해서였다. 그들이 지방의 풍속을 연구하는 것은 그 지역의 특색을 부각하기 위해서가 아니라 공통점, 즉 지역과 성(省), 심지어 국가를 초월한 공통분모를 추출하기 위해서였다. 민속학 연구가 바로 인류의 공통된 특징을 찾으려는 것이었기 때문이다. 그런데 북벌에서 승리하고 최소한 명분상으로 통일 국가를 이룬 정치 개혁자들이 이데올로기적으로 군사적인 성과를 공고히 하려 하면서 지식인의 이상과 충돌하게 되었다.

중일전쟁 전야, 통일을 강조하는 국민정부의 민족주의 정책은 방언 사용을 제한하는 데까지 확대되었다. 1936년 여름, 남경에 설치되어 있던 중앙영화검사위원회는 국어 사용을 확대하기 위해 이후로 각 지역에서 방언으로 된 영화를 제작해서는 안 된다고 선포하였다. 광동

이옌이 편액을 써 주었다.

과 광서 지역도 광동어 영화 상영이 금지되었다. 홍콩이나 광동 이외의 지역에서 촬영된 영화라 하더라도 일률적으로 방영을 불허하였다. 왕성하던 홍콩의 영화 산업이 큰 타격을 입을 상황에 직면하자 화남(華南) 영화협회는 대표단을 남경으로 파견해 청원하였다. 그리고 광동 출신 국민정부 고위 관리의 조정 끝에 중앙영화검사위원회는 1937년 7월 관련 조치를 연기하여 집행하기로 하였다. 나중에 항일 전쟁이 전면적으로 전개되면서 이 일은 흐지부지되었다.[56]

독일의 사회학자 볼프람 에버하르트(Wolfram Eberhard)는 1930년대 중국의 민속학자들과 긴밀하게 교류하고 있었다. 그는 국민정부와 중국의 민속학 운동 간에 이데올로기적으로 모순되는 점이 존재한다는 독특한 관점을 제기하였다. 그의 견해에 따르면 1929년에 이르러 국민정부는 민속학을 '위험한 학문 분야'로 간주하기 시작하였다. 왜냐하면 민속학자들이 "지역의 차이를 강조하는 경향이 있었고 심지어 지방의 문화를 고립시키려" 했기 때문이다. 그것은 "통일된 중국문화를 적극적으로 옹호하려는 관방의 원칙에 저촉되는"[57] 것이었다. 바꿔 말하면 정부의 입장에서 민족주의는 통일과 표준화를 의미하였고, 이런 전제 하에 지방의 특색은 억압될 필요가 있었던 것이다.

에버하르트의 말처럼 정말로 국민정부 안에 민속 운동을 반대하는 사람이 있었고, 민속 운동이 지방 특색을 중시해 국가 통일의 대업에

---

56) 6년 연기되었다는 설도 있고(『월화보』, 1937.6.20), 3년 연기되었다는 설도 있다. (吳楚帆, 『吳楚帆自傳』, 香港: 偉青書店, 1956) 또한 다음을 보라. 杜雲之, 『中國電影史』, 第2册, 臺北: 臺北商務印書館, 1986, 33쪽 ; 李培德, 「禁與反禁—1930年代處於滬港夾縫中的粵語電影」, 黃愛玲 編, 『粵港電影因緣』, 香港: 香港電影資料館, 2005, 24~41쪽.

57) Laurence Schneider, *Ku Chieh-kang and China's New History: Nationalism and the Quest for Alternative Traditions*, p.149 ; Wolfram Eberhard, *Folktales of China*, Chicago: The University of Chicago Press, 1965, Introduction, p. xxiv.

장애가 된다고 생각했다면, 그들은 당시 중국 지식인의 감정을 잘 이해하지 못한 것이다. 『민속주간』에 게재된 글에서 지식인들은 한결같이 미신을 고취시킨다거나 지방의 특색을 보존하고 고수할 생각이 없음을 분명히 밝히고 있다. 구제강은 자신의 입장을 다음과 같이 분명히 표명한 바 있다.

우리는 '성현의 문화를 타도하고 민중의 문화를 고쳐 사용해야 한다'는 구호를 외치기를 결코 원치 않는다. 민중의 문화가 보다 순수하기는 하지만 그래도 역시 조잡하고 새시대에 맞지 않은 많은 요소들을 가지고 있기 때문이다. 우리는 누가 누구를 타도해야 한다는 주장을 결코 지지하지 않는다. 우리가 외치고 싶은 구호는 단지 '구문화를 연구하고 신문화를 창조하자'는 것이다.58)

여기에서 구제강은 민국 시기 지식인들이 '지방문화'와 '민중문화'에 관심을 두게 된 것은 민족주의적인 아젠다가 그 이면에 자리잡고 있었음을 분명히 밝히고 있다. 그들이 건설하려고 하는 것은 '민족적'인 신문화로, '지방' 자체는 결코 그들의 궁극적인 관심이 아니었다. '지방'은 그들이 '민중'을 조사하기 위한 공간일 뿐이었다. 거기에서 정수는 남기고 찌꺼기를 없애면 신 중국문화를 창조할 수 있었다. 당시 민속학 연구를 이끌었던 중징원 선생은 만년에 당시 추구하던 학문의 경향을 이렇게 설명하였다.

5·4 시기 신문화운동에 종사하던 학자들은 대부분 애국 사상과 근대 서양문화의 세례를 받은 사람들이었다. 또한 중국의 전통문화에 대해서도 비교적 잘 알고 있었다. 그들은 중국을 부흥시키려면 국민의 자질과

58) 顧頡剛, 「聖賢文化與民衆文化－1928年3月20日在嶺南大學學術研究會演講」, 『民俗周刊』, 第5期, 1928, 4~5쪽.

전통문화를 개조할 필요가 있으며, 전통문화 가운데 상층 사회의 문화는 절대 용납할 수 없다고 생각했다. 중하층 문화는 나쁜 점도 있지만 본받을 만한 많은 요소들을 가지고 있으며 심지어 매우 귀중한 유산이라고 여겼다. (이는 주로 민주주의적인 관점에서 관찰한 결과이면서, 동시에 서양 근대 학술이론을 참고한 것이었다.) 그들은 개별적인 문제에서는 각 사람의 교양과 관점에 따라 차이가 났지만 중요한 문제에서는 일치하였다. 이것이 전통 중하층 문화를 대하는 그들의 공통된 움직임이자 태도였다.[59]

자오스위(趙世瑜)가 총결하였듯이 민국 시기 지식인들의 민속학에 대한 관심은 어느 정도 인민주의(Populism)[60]적인 사상과 실천을 드러내고 있다. '민중'에 대한 지식인들의 자기 상상과 투영은 정치·사회·문학·민속학 연구 각 분야에서 그들의 참여 정도에 따라 바뀌기도 하고 강화되기도 하였다. 인민주의의 이면에 자리 잡고 있는 민국 시기 지식인들의 궁극적인 관심은 여전히 민족주의였다. 통일된 중화민족을 전제로 한 민족주의는 그들의 사상을 주도하였을 뿐만 아니라 그들의 어휘와 어법에도 커다란 영향을 끼쳤다. 민국 시기 지식인들은 국가를 위해서, 또한 자신들의 새로운 신분을 찾는 과정에서 민간문학과 풍속이 통일된 중국을 위한 신문화를 건설하는 데 가장 풍부한 자원이란 사실을 발견하였다. 그들은 새로운 국가의식을 만들어 내었고, 부지불식간에 지방문화를 새롭게 정의하고 위상을 새징립하였다. 그들이 이상적으로 생각하는 국가의 문화는 도시적, 미래적, 보

59) 鍾敬文, 「'五四'時期民俗文化學的興起—呈獻於顧頡剛·董作賓諸故人之靈」, 鍾敬文, 『鍾敬文文集』, 合肥: 安徽教育出版社, 1999, 107쪽.

60) [역주] 원문에는 '민수주의(民粹主義)'라고 되어 있다. 인민주의는 정치철학이나 정치적으로 사용되는 단어이다. 인민주의를 주장하는 자들은 인민이 이기적인 엘리트들의 억압과 통제를 받고 있으며, 국가 제도와 체제는 전 국민의 복지와 진보적인 목적을 이루기 위해 사용되어야 한다고 생각한다. 그들은 인민들과 접촉하고 그들과 사회 경제적인 문제를 토론하며 그들의 상식에 호소한다.

편적, 추상적인 것이었다. 그들이 목도한 지방문화는 각지에서 손쉽게 볼 수 있는 풍속으로 향촌의 것이자, 과거에 속한 것이었으며, 개별적인 것이었지만, 실재하는 것이었다. 지식인들에게 중국문화는 지방문화의 총합이 아니었다. 그것은 절대 있을 수 없는 일이었으니 '중국문화'는 '지방문화'보다 고차원적인 것이어야 했다. 그들이 민속을 통해 '지방문화'를 이해하는데 열중했던 것은 새로운 민족문화 창조에 주목했기 때문이었다.

학자와 정계 인물

개념적인 측면에서 민국 시기 지식인들은 의식적 무의식적으로 '지방문화'를 '중국문화' 아래에 놓았다. 그런데 개인의 신분적 정체성과 관련되면 그런 새로운 국가의식도 어떤 한 지역 출신이라는 특징을 완전히 압도하지 못하였고, 오히려 지역적 특성을 지지하는 토대로 작용하였다. 광동에서 가장 두드러진 예로 객가인의 자기 신분에 대한 기술을 들 수 있다. 제2장에서 필자는 19세기 말 객가 지식인들이 어떻게 객가 문화의 특색을 기술하였고, 한족으로서 자신의 정체성을 확립했는지를 논의하였다. 이 절에서 필자는 민속학 운동이 유발한 민족학 연구 풍조가 2,30년대 어떻게 새로운 학술 용어로 수용되었고, 객가인의 문화적 정체성이 새로운 정치 세력의 비호 속에서 강화되었는지를 논의하고자 한다.

1930년대 광동에서 학술적으로 객가인이 한족 혈통임을 가장 적극적으로 증명한 객가 학자는 뤄샹린(羅香林, 1906~1978)이다. 뤄샹린은 오늘날까지도 '객가학'의 창시자로 간주된다. 그는 민속학이 흥기하고 있던 분위기 속에서 배출된 신세대의 학자였다. 1926~1932년 청화대학 역사학과에서 공부하던 시기, 그는 많은 젊은 학자들과 마찬가지로 민속학 연구에 깊이 매료되었다. 그때부터 객가 산가(山歌)와 역사에 대한 관심이 시작되었다. 25살 청화대학 본과에서 공부할 때 그는 『민속주간』 특집호에 광동의 민족 구성을 연구한 논문인 「광동민족개론」을 발표하였다. 1930년대 후반 그는 학술적으로도 명성을 떨쳤을 뿐만 아니라, 광동 정부의 문화사업 방면에서도 영향력을 발휘하였다. 객가족과 문화에 대한 동질감, 객가 역사에 대한 관심, 국민정부에 대한 충성심이 결합하여 그는 쑨중산 족보 연구에 관심을 두게 되었다. 1933년 그는 『객가연구도론(客家硏究導論)』을 출판하여 쑨중산이 객가인이라는 주장을 제기하였다. 그 견해는 1942년에 출판한 『국부가세원류고(國父家世源流考)』에서 더욱 전면적이면서 명확하게 논증되었다.

뤄샹린이 객가 연구에 관하여 최초로 발표한 「광동민족개론」은 그의 인종, 민족 분류에 관한 기초를 확립했다고 할 수 있다. 이후의 많은 연구들은 대개 그 관점을 부연 설명하고 있다. 그의 분류를 따르면 광동지역에 역사적으로 존재했거나 현대에도 존재하고 있는 민족은 '황종(黃種)', '흑종(黑種)', '백종(白種)', '고증되지 않은 인종'으로 구분할 수 있다. '황종'에는 회족(아라비아인), 묘만족(苗蠻族: 묘족, 요족傜族, 장족壯族, 사민畬民), 한족(월족越族, 광부족, 객가족, 복로족)이 포함된다. '흑종'에는 승지노(僧祇奴), 곤륜노(崑崙奴), 귀노(鬼奴)가 포함된다. '백종'은 주로 아리안족, 바로 페르시아인이다. '고증되지 않은 인종'에는 '단가', 파이(擺夷),[61] 려인(黎人)[62]이 포함된다. 또한 그는 '민족마다 민족의 특성이 있다'고 생각했다. 광동 민족의

61) [역주] 운남성 서남부에 거주하는 민족으로 파이(擺彝), 백의(白衣), 백이(白夷), 북이(僰夷) 등의 명칭으로 불렸고 지금은 태족(傣族)이라고 한다.

62) [역주] 주로 하이난성 중남부에 거주하고 있는 소수민족이다.

특성 중 좋은 점은 '깨끗한 것을 좋아하는 특성', '고통과 괴로움을 잘 참는 특성', '위험을 무릅쓰는 진취적인 성향', '나라와 민족을 아끼고 보호하는 특성'이다. 나쁜 점은 '고집이 세고 스스로 옳다고 믿는 특성', '귀신과 풍수설을 믿는 특성', '낭비하고 즐기는 특성'이다. '과학주의'의 영향을 받아 그는 '순수한' 혈통이 존재하며, "광동의 한족 가운데 비교적 순수하다고 할 수 있는 혈통은 객가족"이라고 생각하였다. 그런데 그의 관점은 당시 꽤 명성이 있던 의사 량보창(梁伯强)이 진행하였던 혈통 연구와는 달랐다. 그래서 그는 다음과 같이 약간의 보충 설명을 하였다.

> 최근 량보창의 연구에 따르면 중국 남방의 한인일수록 그 혈액이 더 순수하다고 한다. 광동 사람은 A질(質)이 B질보다 많고 혈액 점성(黏集) 지수는 1.26정도이다. 그의 주장은 복로나 객가족과 모순되지는 않는 듯하다. 왜냐하면 복로족이나 객가족에 사민(畲民)의 혈액 성분이 섞여 있기는 하지만 장강 이북의 한족에 비하면 훨씬 순수하기 때문이다. 광부족은 량씨의 결론과 차이가 있는데 역사적으로 볼 때 그들은 결코 순수한 민족이 아니기 때문이다. 역사적인 사실과 실험 결과가 부합하지 않는 현상을 어떤 학설로 설명할 수 있는지 모르겠다. 어쩌면 이렇게 가정해 볼 수도 있다. 광부족이 예전에 각종 월족(粵族)과 뒤섞인 적이 있었지만 그 민족들의 지능과 체력이 광부족만 못했다. 둘을 비교해 보면 열성이지만 피가 섞인 후 그들의 열성 인자가 광부족의 우성에 억압되었다. 그래서 낳은 자녀들 가운데 열성 악질 계통이 잠재되어 있기는 하지만 밖으로 드러난 것이 우성인 것이다. 만약 이런 설명이 성립되지 않는다면 나의 역사적인 관찰이 잘못되었거나 량씨가 실험한 광동인이 광부족에 속하지 않는 사람으로, 객가족이나 복로족이었을지 모르겠다.[63]

---

63) 羅香林, 「廣東民族槪論」, 『民俗周刊』, 第63期, 1929.

뤄샹린이 언급한 량보창은 독일에서 학업을 마치고 돌아온 의과 학생으로 1926년 『동방잡지』에 한 편의 글을 발표했다. 실험한 결과 그의 결론은 중국 남방의 한인들은 남쪽으로 내려갈수록 혈액이 더욱 순수하다는 것이었다.[64] 1910~1920년대에는 진화론이 사회학과 인문학의 사회 발전에 대한 해석을 주도하였다. 일부 자연과학자나 사회학자들은 체질의 '순수성'을 보존하는 것이 족군의 우량 형질을 발전 유지하는데 가장 좋은 방법이라고 생각했다. 량보창도 이런 전제 하에서 연구를 진행했을 가능성이 크다. 그리고 뤄샹린과 같은 인문학 연구자들의 주의를 끌게 되었다. 객관적이면서 과학적인 태도를 적극 표방하는 뤄샹린의 담론과 그가 얻어낸 결론은 객가족이 혈통적으로 가장 순수한 한족이라는 것이다. 본서 제2장에서 만청 시기 향토 교재에 관해 언급할 때 교재의 저자들이 '종족'장에서 자신이 속한 민족이 한족인지에 특별히 주의하고 있음에 주목한 바 있다. 뤄샹린의 관점은 사실 그런 논의의 연장선상에 있다고 할 수 있다. 오늘날의 관점에서 볼 때 그들의 주장은 매우 천박한 순환논리에 불과하다. 혈통의 '순수성'을 가지고 어떤 민족이 한족에 속하는가, 혹은 한족에 가까운가를 측정하는 논증 방식은 당시 체질인류학에서 종족을 연구하는 전형적인 방법이었다.

당시 뤄샹린은 정식으로 인류학이나 민속학 훈련을 받은 적이 없었다. 그 자신도 "인류학, 지리학, 민족학, 고고학, 언어학에 대한 연구를 본래 한 적이 없다"[65]고 인정하였다. 당시 중국 대부분의 민속학 연구자들처럼 그의 민속학에 대한 관심은 객가족 가요를 수집·분석하는 것으로부터 시작되었다. 1928년 그는 '북평에 머물고 있던, 평민

---

64) Frank Dikötter, *The Discourse of Race in Modern China*, p.135 ; 梁伯强, 「醫學上中國民族之研究」, 『東方雜志』, 第23卷 第13期, 1926, 87~100쪽.

65) 「本刊通訊」, 『民俗周刊』, 第63期, 1929, 49~53쪽.

의 물건을 좋아하는 몇몇 객가족 청년들'과 '객가가요연구회'를 조직하였다. 나중에 그는 이 연구회에 대해 이렇게 평가하였다. "객가가요연구회에 대해 말하자면 마음이 아프다! 이 연구회를 조직했던 초창기 회원은 11명뿐이었다. 1년 만에 외국으로 나갔거나 직업을 바꾸었거나 떠났거나 관리가 되었거나 하는 인사 상의 변동이 생겨, 지금까지 수집이나 연구를 직업으로 삼고 있는 자는 5명의 약골만이 남아 있게 되었다."[66] 이 기간에 그는 「무엇이 광동의 풍속인가(什麽是粵東之風)」라는 글을 발표하였고, 증보를 거쳐 1928년 『광동의 풍속(粵東之風)』이란 책으로 출판하였다. 그렇지만 그것은 모두 청화대학에서 역사학을 전공하던 기간에 가지고 있던 아마추어적인 관심으로, 정규 전공과정을 통해 습득한 것이 아니었다.[67]

뤄샹린의 체질인류학에 대한 인식은 당시 유행했던 지리학과 인류학 서적으로부터 얻은 것이었다. 「광동민족개론」이란 글에서 열거하고 있는 서목은 다음과 같다. 미국의 지리학자인 엘즈워스 헌팅턴(Ellsworth Hungtington)의 『종족의 특성(*Character of Races*)』, 시로코고로프(S. M. Shirokogoroff)의 『화동과 광동성의 인류학(*Anthropology of Eastern China and Kwangtung Province*)』, 리지(李濟)의 『중화민족의 형성(*The Formation of The Chinese People*)』, 중두포(鍾獨佛)의 『월동민족고원(粵東民族考原)』, 장치윈(張其昀)의 『중국민족지(中國民族志)』, 창나이후이(常乃惠)의 『중국민족소사(中國民族小史)』, 장산(張善)의 『한족화된 이민족에 관한 논의(夷爲漢族之商榷)』, 량치차오의 『역대 중국 민족(歷史上中國之民族)』 등.

그중에서 특히 헌팅턴의 『종족의 특성』이 뤄샹린에게 가장 큰 영

66) 「來信及其他」, 『民俗周刊』, 第23—24期 合刊, 72~80쪽 ; 「學術通訊」, 『民俗周刊』, 第77期, 52~55쪽.
67) 清華大學校史編寫組, 『清華大學校史稿』, 北京: 中華書局, 1981, 72~80쪽.

향을 끼쳤다. 그는 헌팅턴이 객가족을 묘사하면서 했던 "객가는 중화 민족 가운데 가장 순수하고 우수한 민족"이라는 구절을 자주 인용했다. 그 말은 헌팅턴이 1924년 출판한 『종족의 특성』에 기술되어 있던 내용이었다. 뤄샹린이 헌팅턴을 인용한 것에 따르면 그 말은 스파이커(Spiker)라는 외국인의 입에서 나온 것이라고 한다. 다른 자료를 보면 오랫동안 객가 지역에서 선교했던 조지 캠벨(George Campbell)도 비슷한 말을 한 적이 있다. 헌팅턴은 1900년 중국, 인도, 시베리아에서 1년 반 동안 머무른 적이 있었다.[68] 그의 기본적인 이론은 인류의 진보는 주로 기후, 인간의 자질, 문화라는 세 가지 요소에 달려 있다는 것이다. 예를 들어 기후의 변화와 같은 자연환경의 요소는 인구 이동을 야기할 수 있고, 문화의 진보를 촉진할 수도 저해할 수도 있다는 것이다.[69] 뤄샹린은 헌팅턴의 이런 지리 문화관에 큰 영향을 받았던 듯하다. 심지어 그는 대학원을 졸업한 후 미국 예일대학으로 가서 헌팅턴과 종족·문화 문제를 깊이 연구할 계획까지 세웠다. 하지만 사변이 잇달아 발생하면서 계획은 결국 실행되지 못했다.[70] 후에 그가 쓴 객가 조사 계획서에서도 환경과 인종의 발전 관계를 특별히 강조하고 있다.

> 내가 생각하기에 객가 문제는 분명 연구해 볼 필요가 있다. 이런 일은 현지답사가 중요하다. 민족 연구의 유일한 목적은 그들이 생활하면서 보여 주는 다양한 풍경을 밝히는 데 있다. 그들이 보여 주는 다양한 풍경은 종족의 생리적인 요소, 문화 자연적인 환경과 아주 긴밀한 관계

---

68) *Who was who in American*, Chicago: The A.N. Marquis Company, 1950, Vol.2, p.272.

69) *Dictionary of American Biography, Supplement Four 1946~1950*, New York: Charles Scribner's Sons, 1974, pp.412~414.

70) 羅敬之, 『羅香林先生年譜』, 臺北: 國立編譯館, 1995, 23쪽.

가 있다. 누구라도 생리적인 요소를 빼놓고 생존을 말할 수 없고, 환경의 영향을 벗어나서 생활할 수 없다. 따라서 민족 문제를 연구하려면 인종을 검증하고 생리를 조사하는 것에서부터 시작해야 한다. 그들의 사회와 생활을 관찰하고 환경과 영향을 연구하며 만들어 낸 문물을 고찰·평가해야 한다. 그들의 종교와 신앙을 연구하여 교화의 정도를 밝히고 그들의 저서를 읽고 사유 방식을 파악해야 한다. 그러고 나서 종합적으로 비교 평가해 그들의 삶의 풍속이 생겨난 원인을 밝히고 흥망성쇠의 의미를 연구하며 진리를 종합하여 특성을 판단해야 한다.[71]

외국인의 객가인에 대한 평가는 객가인의 우수한 민족성을 확증하는 중요한 근거로 사용되었다. 상술한 "객가는 중화민족 가운데 가장 순수하고 우수한 민족"이란 말은 1928년 『민속주간』에 발표한 「중징원의 『민간문예총화』를 읽고(讀鍾著民間文藝叢話)」, 1929년의 「광동민족개론」, 1950년에 출판한 『객가원류고』 등의 논저에서 모두 인용되고 있다.

그는 객가인이 한족이고 광부인보다 더 순수한 한족이란 사실을 확신하였으며 객가인이 한족이란 사실을 의심하는 듯한 주장을 발견하면 즉각 반박하였다. 「중징원의 『민간문예총화』를 읽고」에서 그는 중징원이 단가와 객가 가요의 구조를 통해 객가인이 "원시인이거나 문명이 충분히 개화되지 못한 민족"이란 결론을 추론한 것에 대해 이렇게 반박하였다.

중징원은 단족과 객가 노래에 모두 '대가(對歌)와 합창', '반복적인 노래 곡조'라는 특성이 있고, 『시경』에도 단락이 반복되는 노래가 있는 것을 보고, 기발한 생각을 하여 "대가와 합창은 원시인이거나 문명이 충분히 개화되지 못한 민족이 반드시 가지고 있는 풍속"이란 원칙을 발

71) 羅香林, 『乙堂札記』, 羅260－17, vol.11, 홍콩대학 펑핑산 도서관 소장.

명하였다. 그리고 그 원칙에 따라 다시 "그 당시(商, 周) 민간 문화의 정도는 현재 객가나 단족 등과 거의 비슷했다"고 말하였다. 중징원은 이 발명을 최고의 영예로 생각하고 있을 터이니, 이 주장이 정말로 황당한 생각이라는 것을 모를 것이다. ……

물론 객가족은 분명 '대가와 합창'하는 풍속을 가지고 있다. 하지만 중징원이 알아야 할 것은 객가족이 이런 풍속을 가지고 있다는 것이 문명이 충분히 개화되지 못해서도 아니고, 또한 문화가 상·주 시대의 민간 문화와 동일해서도 아니라는 사실이다. 이 점을 독자들은 주의할 필요가 있다.[72]

이어서 뤄샹린은 헌팅턴의 "객가는 중화민족 가운데 가장 순수하고 우수한 민족"이란 말을 인용한 뒤 이렇게 말하고 있다. 이는 "본래 구미 민속학자들이 공인한 사실이다. 물론 그들의 결론에 대해 논의의 여지가 없는 것은 아니다. 하지만 어쨌든 객가를 충분히 개화되지 못한 민족이라고 하는 것은 인정할 수 없다."[73]

주목해야 할 점은 뤄샹린과 중징원 두 사람 중 누가 옳고 그르냐가 아니라, 그 둘이 모두 약속이나 한 듯이 진화론과 이원론적 관점을 가지고 있다는 것이다. 그들의 지식 체계에서 문화는 우열의 구분이 있고, 원시와 진화의 구별이 있으며, 미개·반개화(半開)·개화의 등급이 있다. 한족은 그들 자신이 동일시하는 족군으로 당연히 문화 정도가 매우 높은 종족이다.

이런 관점에 대해 뤄샹린은 엄격한 체질인류학 조사를 통해 검증하려고 했다. 그의 독서 필기에는 체질인류학과 관련된 많은 이론과 방법들이 기록되어 있는데, 시로코고로프(S. M. Shirokogoroff)의 『화북의 인류학(*The Anthropology of Nothern China*)』에서 체질인류학과

72) 羅香林, 「讀鍾著民間文藝叢話」, 『民俗周刊』, 第33期, 1928, 15~16쪽.
73) 앞의 논문, 17쪽.

관련된 부분도 포함되어 있다.[74] 그는 초기에 인종 조사를 하여 비교하는 방식으로 '화남민족연구(華南民族研究)'를 집필할 계획도 세웠다.[75] 1932년 그는 연경대학 국학연구소의 의뢰를 받고 민족 지파를 조사하기 위해 광동으로 갔다. 그는 남방에서 연구를 진행하고 있던 북경협화대학(北京協和大學) 미국인 교수 스티븐슨(P. H. Stevenson) 박사와 같이 광주에서 4개월 동안 조사하였다. 이번 인종 조사는 '객가족'과 '현지 광부인' 군인 1백여 명이 그 대상이었다. 뤄샹린은 본래 '객가·복로·현지인 세 계파와 단민·사민·려인 세 종족'을 조사 대상으로 하여 더 연구를 진행할 계획이었지만 시간 부족으로 객가, 현지인, 단민만을 조사하였다. 결국 그와 스티븐슨은 당시 광동의 최고 군사 지도자인 천지탕의 배려로 광주 연당(燕塘) 군관학교로 가서 객가와 광부인 병사를 대상으로 연구하였다. 그리고 다시 광주 하남(河南)[76] 해주(海珠) 지역으로 가서 단민에 대한 조사를 진행하였다. 뤄샹린은 나중에 혼자 곡강(曲江) 등지로 가서 인종과 언어 조사, 고대 유적 답사를 하였다.[77] 필기를 보면 당시 그가 진행하려고 했던 화남 민족계의 체질과 조사 계획이 본래 매우 대규모였음을 알 수 있다. 아쉽게도 시간과 재정적 지원의 한계로 전부 다 수행하지는 못했다. 그는 필기에서 이렇게 기록하고 있다.

물론 나의 바람은 객가족에 대한 조사에서 그치지 않고 화남 전체

---

74) 『乙堂札記』, 羅260－17, vol.8.
75) 앞의 책, vol.6.
76) [역주] 여기에서 하남은 하남성을 가리키는 것이 아니다. 광주 사람들은 관습상 광주시 내 주강(珠江) 이남 지역, 즉 현재의 해주구(海珠區)를 하남이라 부른다.
77) 羅香林, 「在粤測驗人種紀略」(1932년 광주에서 기록함), 羅香林, 『民俗學論叢』, 출판연도와 지역 미상, 1965年 自序, 「附錄」, 202~210쪽 ; 羅敬之, 『羅香林先生年譜』, 20쪽. 주강 삼각주 지역의 언어적 상황에서 '그 지역 출신(本地)'은 대개 광부화를 구사하는 사람을 가리킨다.

종족 계파를 연구하는 데 있었다. 그렇지만 연구를 시작하는 단계에서 그 범위를 너무 크게 잡으면 안 되고, 가장 중요한 부분을 선택하여 시작할 필요가 있다고 생각했다. 객가는 화남 종족 계열에서 중요한 위치를 차지하고 있다. 그들의 문화와 원류에 대해서 국내 학자들의 의견이 분분하다. 업무의 효율적인 진행과 국내 인사들의 찬조를 받기 위해서 나는 먼저 객가에 대한 조사에서부터 시작하기로 결정하였다.

계획서를 써서 몇 개의 학술 기관에 보내어 조사를 수행할 수 있게 자금을 지원해 달라고 요청하였다. 그런데 공교롭게도 마침 국가에 사건들이 많았다. 몇 개의 학술 기관에서는 기본적으로 조사에 찬성하지만 경비 부족을 이유로 실제로 지원할 능력은 없다고 하였다. 올해 2월 비로소 연경대학 국학연구소의 지원을 받았다. 나는 복건성과 광동성으로 가서 객가족에 관한 여러 가지 상황을 조사하는 한편, 화남 여러 종족의 인종상의 특징을 같이 조사하였다. 전자는 내가 전적으로 책임을 졌고, 후자는 미국인 스티븐슨 박사와 협력하기로 했다. 스티븐슨은 북평협화대학 의과 해부학 교수로 중국의 인종에 대해 몇 년간 연구를 진행한 바 있었다. 이번 조사는 중앙연구원의 의뢰를 받은 것이다.

인종 조사에서 나는 원래 객가·복로·현지인 세 계파와 단민·사민·려인 세 종족을 연구 대상으로 삼을 계획이었다. 전자인 세 계파는 모두 한족으로 언어가 각각 다르고 풍속도 약간 차이가 있지만, 학술 연구의 편의를 위해서 그들을 셋으로 분류하였다. 후자인 세 종족은 한족 이외의 민족으로 한족과 함께 중화민국 일부를 구성하고 있다. 정치적인 관점에서 보면 그들을 한족과 분리하는 것은 절대로 불가능하다. 하지만 그들의 문화는 한족의 문화와 어느 정도 차이가 있고 인종이 다른 것도 부인할 수 없다. 진상을 밝히기 위해서 우리는 그들을 분리하여 조사하지 않을 수 없다.[78]

이번 조사에서 뤄샹린은 여러 '측정' 방법을 사용하여 조사 대상의 키, 두개골, 얼굴, 눈, 귀, 코, 이, 손, 피부, 모발 등의 통계 자료를 얻어 종족을 분류하는 기준으로 삼았다. 결과적으로 그는 다음과 같

78) 『乙堂札記』, 羅260-17, vol.6.

은 사실을 발견하였다. “조사한 1백 명의 현지인 병사들에 관해 말하자면 합포(合浦)·영산현(靈山縣) 등의 사람들이 눈과 코의 형태가 모두 요인(徭人)과 비슷하다. 이는 한족과 요인(徭人)이 뒤섞인 결과로 이상한 것이 아니다. 또한 광주 부근에 호적을 두고 있는 병사들은 물 위에서 사는 단인(蜑人)과 비슷한 특징을 가지고 있다.”[79] 오늘날의 관점에서 보면 이 조사 결과는 사실 ‘한족’과 ‘비한족’으로 구분하는 그의 이분법에 대한 도전이라고 할 수 있다. 하지만 당시의 학술적인 상황에서 그가 이런 이분법에 대한 근본적인 문제점을 충분히 인식하고 있었다고 보기는 어렵다.

뤄샹린의 깊이 있는 사학적 소양과 고증 능력은 민족사 연구에서 새로운 길을 개척하였다. 특히 객가 연구 분야에서의 성취는 탁월하여 객가 연구의 초석을 다진 사람으로 중국 근대 학술발전에서 그 업적은 사라지지 않을 것이다. 하지만 우리가 간과해선 안 될 것은 그의 연구 동기와 입장, 연구 방법과 관점은 그 자신의 신분적 정체성과 시대의 학술적 조류에서 벗어날 수 없었다는 사실이다.

그는 학술적인 탐색과 함께 학술 연구와 새롭게 역사를 기술·재해석하는 것을 통하여 당대 객가인의 정체성을 확립하고, 그들이 정치적 환경에서 지위와 이익을 얻도록 하는데 전력을 다하였다. 이런 목적을 실현할 수 있었던 것은 학술적인 노력과 함께 정치·문화자원을 갖추고 있었기 때문이라는 점을 빼놓아서는 안 된다. 그는 민국 시기에 많은 객가 출신의 정치적 인물과 줄곧 밀접한 관계를 맺고 있었을 뿐 아니라, 그 자신도 광동성 정부에서 관직을 맡고 있었다. 정치적 역할과 사회적 관계를 통해 얻게 된 두 가지 자원은 그의 학술적 관점을 강화·확대하는 데에도 도움이 되었고, 학술 연구를 통해 20세

79) 羅香林, 「在粵測驗人種紀略」, 『民俗學論叢』, 「附錄」, 209쪽.

기 객가인의 역사와 형상을 성공적으로 부각시켰다.

그가 학술적인 영향력을 발휘할 수 있었던 이면에는 민국 시기 객가인의 정치·사회적인 지위가 제고되었다는 배경이 자리 잡고 있었다. 신해혁명 후 광동 정치에서 객가인의 위치는 날로 성장하였다.[80] 1912년 본적이 초령(蕉嶺)이고 대만에서 태어난 추펑자(丘逢甲)는 한동안 광동 군정부 교육부장으로 재직하면서, 광동을 대표하여 상해 중앙정부준비회의에 참석하였다. 1920~40년대 광동 군정이나 학계 지도자들 가운데 객가인은 적잖은 수를 차지하고 있었다. 그중 유명한 이로는 1921~22년 광동성장과 광동 군대 총사령관을 지닌 천중밍(陳炯明), 국민당 중앙위원과 중산대학 총장, 서남 정치국 위원을 지낸 쩌우루, 1928~31년 광동성 정부 주석을 지낸 천밍수(陳銘樞), 1931~1935년 광동의 정치·경제·군사를 주관하였던 서남 정치국 주석 천지탕, 1945~1947년 광동성 정부 주석을 지낸 뤄줘잉(羅卓英, 1896~1961) 등.

광동의 객가인은 민국 시기 정계에서 중요한 위치를 차지하고 있었는데, 그것은 객가인의 정체성 제고와도 분명 직접적인 관계가 있다. 제2장의 논의를 통해 청 말 객가 지식인들이 급속하게 족군으로서 강한 자기 정체성을 확립했음을 살펴보았다. 1920년 상무인서관에서 출판한 월콧(R. D. Wolcott)의 『세계 지리(*Geography of the World*)』는 광동의 상황에 대해 "산지에는 야만적인 부락이 많고 열악하게 사는 백성들이 있는데 객가 등이 그러하다"고 기술하고 있다. 이러한 기술은 객가인의 강한 불만을 불러일으켰다. 객계대동회(客系大同會,

80) 신해혁명과 민국 시기 객가인의 정치 참여에 관해서는 다음을 보라. S. T. Leong, "The Hakka Chinese of Lingnan: ethnicity and social change in modern times" ; S. T. Leong, *Migration and Ethnicity in Chinese History: Hakkas, Pengmin, and Their Neighbors*, pp.85~93.

客屬大同會라고도 함)는 바로 이 사건을 계기로 상해에서 조직된 것으로 보인다. 객계대동회는 북경과 광주 등지에도 분관을 설치하였다. 또한 산두(汕頭)에서는 객가 문화 선양을 목표로 『대동일보(大同日報)』가 출간되었다. 1921년 4월 광주 장제(長堤)의 가속(嘉屬) 회관에 있던 객계대동회 지부에서는 상무인서관 교과서 사건과 관련하여 전국 객가 대회가 열렸다. 20여 개 현에서 대표가 회의에 참석했고 그 인원수가 거의 1천 명에 달했다고 한다. 토론 주제는 다음 몇 가지였다. "첫째 상무인서관에 원판 소각을 촉구한다. 둘째 속히 객족 원류에 관한 책을 편찬하여 세계 사람들이 우리 객족의 지위와 종족의 유래를 알 수 있도록 한다." 심지어 교과서 저자가 속해 있는 국가의 영사(領事)와 교섭하게 해 달라고 광동성 성장에게 건의하는 사람도 있었다.[81] 결국 객계대동회의 압력으로 상무인서관은 관련 내용을 전부 수정하고 시중에 유통되고 있던 서적을 회수하였다.[82]

1921년 홍콩에 거주하던 객가 인사들은 '여항숭정공상총회'(旅港崇正工商總會, 약칭 숭정총회)를 설립하였다. 당시 홍콩에 거주하고 있던 객가 상인 리루이친(李瑞琴)이 자금을 기부하여 고정된 회의 장소가 마련된 것이다. 그는 이렇게 제안하였다. "홍콩에 거주하는 객가 인사들은 공업과 상업 분야에 가장 많다. 우리가 조직하려는 단체 명칭은 여항숭정공상총회로 한다. 굳이 객가라는 말을 앞에 붙일 필요는 없다고 생각한다. 우리 객가는 인내심이 강하고 어려움을 잘 참으며 독립적인 기질을 타고 났다. 습성이 다른 사람과 잘 동화되지 못하여 토착

81) 『廣東群報』, 1921.4.4.

82) 羅香林, 『客家研究導論』, 7쪽. 뤄샹린의 기록에 따르면 윌콧의 책에서 객가인에 대해 서술하고 있는 영어 원문은 다음과 같다. "In the mountains are many wild tribes and backward people, such as Hakkas and Ikias." 또한 뤄샹린의 『을당문존(乙堂文存)』(홍콩대학 펑핑산 도서관 소장) 2~3, 11~12쪽에도 동일한 기록이 있다.

민과 객가 사이에는 서먹서먹한 감정이 없을 수 없다. 우리는 4억 5천만 중화민족 각각을 구분 짓기를 원치 않는다. 숭정공상총회란 올바름을 숭상하고 사악함을 물리친다는 뜻에서 붙여진 것이다."[83] 뤄샹린은 이렇게 설명한다. "홍콩숭정공회는 홍콩에 거주하는 객가 동인회이다. 그들은 자신을 다른 사람과 구별 짓기를 원치 않아 객가라고 하지 않고 숭정이라 했다."[84] 홍콩숭정총회 회장은 줄곧 만청 유로인 라이지시가 맡았다. 제4장에서 소개했듯이 라이지시는 청 말 민국 초기 광동과 홍콩의 문인들 사이에 꽤 명망이 있던 만청 유로였다. 민국 이후 그는 유명한 객가 학자의 신분으로 민국(1920) 『적계현지(赤溪縣志)』와 민국(1921) 『증성현지』 편찬을 주관하였다. 이 두 현지는 광서 『가응주지』의 뒤를 이어 객가족의 입장에서 광동지방 역사를 서술하고 있는 책이다. 원래 신녕(新寧, 지금의 臺山)에 속해 있던 적계는 예로부터 토착민과 객가 간의 싸움이 격렬하였던 곳이다. 몇 년간 다툼이 계속되는 과정에서 토착민과 객가는 점차 서로 다른 두 개의 집단 거주지로 구분되었다. 동치 6년(1867) 객가인 중심의 적계 지역이 신녕으로부터 분리되어 객가인은 지방 권력을 주도할 수 있는 공간을 가지게 되었다. 광서(1893) 『신녕현지』에서는 광부인의 입장에서 객가인을 '객비(客匪)', '객적(客賊)'이라고 표현하고 있다. 반면 라이지시가 편찬한 민국(1920) 『적계현지』에서는 토착민과 객가족의 싸움에서 사망한 객가인을 '객용(客勇)'이라고 표현하고 있다. 이와 비슷한 또 다른 예를 들 수 있다. 건륭과 가경 『증성현지』는 객가인이 편찬한 것이 아니다. 여기에서 객가인에 대한 평가는 매우 부정적이다. 반면 라이지시가 주

83) 乙堂(羅香林), 「香港崇正總會發展史」, 香港崇正總會 編, 『崇正總會三十周年紀念特刊』, 香港, 1950, 3쪽.

84) 羅香林, 『客家硏究導論』, 希山書藏 1933年 初版, 上海: 上海文藝出版社, 1992年 影印, 30쪽, 각주42번.

관하여 편찬한 『증성현지』에서는 비판적인 내용을 전부 삭제해 버렸다. 라이지시와 같은 학자들을 통해서 당시 객가인은 원래 주로 광부인이 주도하던 지역에서 자신의 발언권을 가지게 되었음을 알 수 있다. 1925년 라이지시는 다시 『숭정동인계보(崇正同人系譜)』를 편찬했다. 지방지와 유사한 형태의 이 책에서 그는 광동 객가인의 풍속, 언어, 종교, 문예, 선거, 인물 등을 기록하고 있다. 이 책과 지방지의 가장 큰 차이점은 지역을 초월해서 객가 족군의 신분적 정체성과 광동 다른 족군과의 구별을 부각시키고 있다는 것이다.

객가인이 편찬한 이런 역사 문헌들이 축적되면서 광부인은 더 이상 예전처럼 광동 역사를 독단적으로 서술할 수 없게 되었다.[85] 1929년 광주시에서 건립할 시립 박물관의 '역사풍속부'에 관한 설계를 준비하면서 벌어진 현상을 통해 분명한 사례를 찾을 수 있다. 준비위원들은 역사·풍속 전시품을 수집하기 위해서 지침서와 시범도를 작성하였다. 그들은 '광동민족'을 '한족'과 '비한족'으로 구분하였다. 전자에는 '객계(客系), 해남계(海南系), 조주계(潮州系), 학로계(鶴佬系), 현지인(本地系)'이 포함되고, 후자에는 '려계(黎系), 요계(傜系), 과라계(猓玀系), 단계(蜑系), 사계(輋系)'가 포함되었다. (그림 5.1) 준비위원은 이 '시범도'에 대해 다음과 같은 해설을 덧붙였다.

> 이 그림에서 제시하고 있는 한족계는 모두 중원 민족으로 광동지역에 이주해 온 자들이다. 이주해 온 지역은 동일하지 않고 이주 시기도 다르다. 그래서 오늘날 그들이 사용하는 언어는 매우 다르지만 모두 중원 음운에서 나온 것이니 한족이라고 단정할 수 있다. 비한족계는 어원이 다르다. 대부분 이미 한족에 동화되었지만 그 흔적은 분명히 찾을 수

85) 賴際熙, 「崇正同人系譜序」, 「重修增城縣志序」, 「赤溪縣志序」 ; 羅香林, 「故香港大學中文學院院長賴煥文先生傳」, 賴際熙 撰·羅香林 輯, 『荔垞文存』, 影印鈔本, 뤄샹린이 1974년 홍콩에서 쓴 서문 ; 羅香林, 『乙堂文存』, 28~39쪽.

있다. 우리 광동·광서 지역은 지리적으로 산지·평원·해양이 모두 자리 잡고 있다. 각 민족들은 거주하는 지역이 다르기 때문에 지리적인 환경의 지배를 받아 독특한 풍속을 형성하였다. 이는 비한족과 한족의 차이만은 아니며 동일하게 한족에 속한 민족들도 서로 다르다. 특히 차이가 나는 부분은 혼인, 장례, 제사, 신앙 등에서 나타난다. 그래서 각 민족 계열을 열거하여 채집할 때의 기준을 제시하고자 한다.[86]

그림 5.1과 제2장 그림 2.1을 상호 대조해 보면 1920년대 말에 성립된 광주시 시립박물관의 광동 민족에 대한 분류와 20여 년 전에 출판된 『광동향토지리교과서』「인종」장의 분류가 어떤 큰 차이가 나는지 알 수 있다. 광주시 시립박물관의 민족 분류는 다소 '관방'의 입장을 드러내고 있다. 관방 출판물은 객가인을 대하는 문제에서 그들의 심기를 건드리지 않으려고 세심하게 주의할 필요가 없었다.

1930년 7월 광동성 정부 건설청에서 출판한 『건설주보(建設周報)』에는 객가인을 모욕하는 듯한 내용의 두 편의 글이 게재되었다. 뤄샹린에 따르면 그중 한 편의 글에 이런 내용이 있었다. "객가인은 광동 각 지역에 살고 있다. …… 큰 무리와 작은 무리로 구분할 수 있는데, 큰 무리를 이루고 있는 객가인은 언어가 그다지 문명화되지 못했고, 작은 무리를 이루고 있는 자들은 그 지역 현지인들의 언어와 문화를 따르고 있다. ……" 이 글로 인해 광주 학계·정계·군대에 있던 객가 인사들이 일시에 들고 일어났다. 그중 대포(大埔) 출신의 라오징중(饒靖中)은 광동성 주석 천밍수(1889~1965)에게 편지를 써서 이 잡지를 엄금해 달라고 요청했다. 『건설주간』 편집자는 결국 다음 호에 다음과 같은 광고를 게재하였다. "본 잡지 37기에 …… 객가 풍속을 수록하였는데 …… 이 글로 오해가 생긴 것에 대해 매우 송구하

86) 廣州市市立博物院 編, 『廣州市市立博物院成立槪況』, 1929, 8쪽.

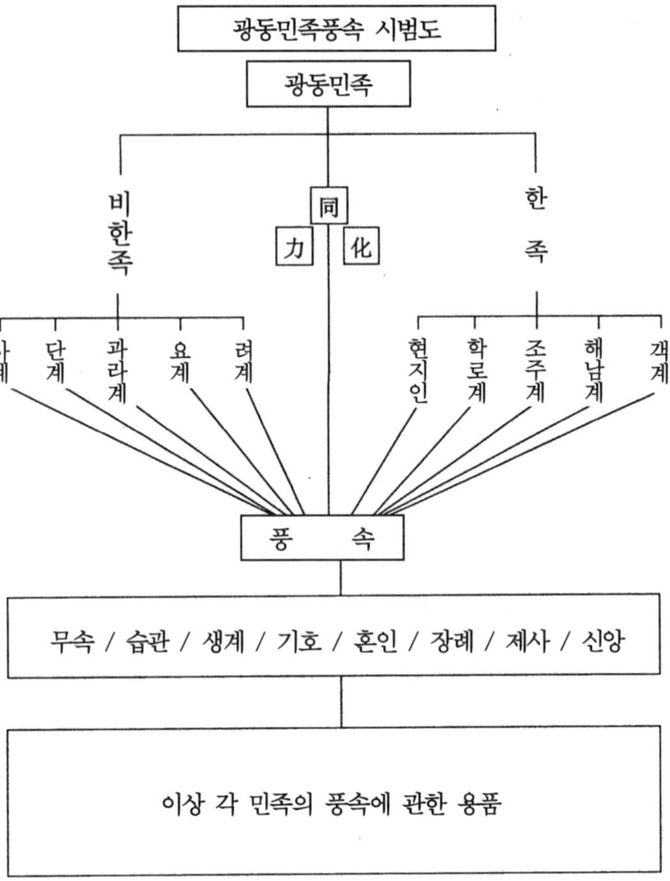

그림 5.1 1929년 광주시 시립박물관 준비위원들이 설계한 '광동민족풍속 시범도'

게 생각한다. 우리는 중국의 전 민족이 신건설을 위해 힘을 다해 날로 문명의 세계로 나아가고, 역사상 낡은 풍속들을 없애기를 간절히 바란다. 본 잡지는 우리 성의 건설 소식 이외에도 더욱 가치 있는 내용들을 기록할 것이다." 이 광고는 지난 호에 수록된 글의 내용이 사실이란 말과 다름없는 것으로, 불난 집에 부채질하는 격이어서 객가

인사들의 더 큰 불만을 야기하였다. 숭정총회, 천지탕, 쩌우루의 강력한 요구 하에, 천밍수는 『건설주간』 편집자의 지위를 강등시키는 데 동의하였다. 그리고 그에게 잘못을 바로잡고 정중히 사과하는 것으로 사건을 매듭짓기를 요구하였다.[87] 사건이 일단락된 후 중산대학 중문과 주임 구즈(古直)는 『객인대(客人對)』라는 글에서 토착민들이 객가인을 미개한 종족으로 보는 관점을 신랄하게 비판하였다.[88] 이 사건에서 중요한 역할을 한 천밍수, 쩌우루, 구즈 등은 모두 객가인이었다.

만청 시기부터 1930년대까지 객가인을 모욕했다는 이유로 몇 차례의 소란이 발생하였다. 그로 인해 객가인의 근원을 변호하는 논쟁적인 글들이 대량으로 출현하였고 관련 연구 성과도 계속 나오게 되었다. 뤄샹린의 객가 연구는 이런 정치 사회적 배경과 문헌이 축적된 기초 위에서 이루어진 것이었다. 민속연구에서 민족학 연구 영역으로 그의 시야는 확대되었고, 객가 연구에 대한 일련의 학술 용어와 연구 방식도 확립되었다. 이는 객가인의 정치·문화적 영향력이 급속하게 제고된 환경에서 이루어진 것이었다. 1930년대 후기부터 객가 연구에 대한 그의 영향력은 더욱 커졌다. 학술적인 명성이 높아지면서 정부의 문화 사업에 관여할 수 있는 더 많은 기회를 얻게 되었고, 정계와의 관계도 더욱 긴밀해졌다. 1936년 그는 광주시 도서관 관장 겸 중산대학 부교수가 되어 『광주학보』 계간을 창간하였다. 중일전쟁 시기에 그는 난을 피해 사방으로 옮겨 다니다가, 1942년 국민당 중앙비서장 우톄청(吳鐵城)의 명을 받고 중경으로 가서 국민당 중앙당부비서처(中央黨部秘書處) 전문위원이 되었다. 같은 해에 『국부가세원류고

87) 『崇正工商總會議案部』, 第5册, 1930.8.4, 14, 22, 26, 9.10, 홍콩대학 펑핑산 도서관 소장 ; 羅香林, 『客家研究導論』, 10쪽 ; 羅香林, 『乙堂文存』, 11~12쪽.
88) 古直, 『客人對』, 上海: 中國書店, 1930.

(國父家世源流考)』를 저술하였다. 그 내용에 따르면 쑨중산 선생의 조상은 원래 하남 출신으로 당대(唐代)에 강서로 이주하였고, 다시 복건성 장정현(長汀縣) 하전(河田)으로 이주하였다. 명대 영락(1403~1424) 연간에 광동성 자금(紫金)으로 이주하였고, 강희(1662~1722) 연간에는 그의 선조가 반청 의병에 참가하기도 했다. 그리고 다시 자금에서 증성으로, 나중에는 다시 중산현(中山縣) 용문구촌(涌門口村)을 거쳐 취형(翠亨)으로 이주하였다. '중원-장정-자금-증성'과 같은 '이주' 노선은 광동 객가 역사서술에서 자주 발견된다. 뤄샹린의 고증 결과는 쑨중산이 사실은 객가인임을 의미하는 것이다.[89] 이 책은 장제스가 "제목을 쓰고, 쑨저성(孫哲生)·쩌우하이빈(鄒海濱)·우톄청·천리푸(陳立夫)가 서문을 쓰고, 위유런(于右任)·장푸취안(張溥泉)이 제첨(題簽)[90]을 써 주어" 적어도 정치적으로는 인정을 받았다. 뤄샹린 개인의 본래 의도가 어떠했든지 이런 성과는 객관적으로 정계에서 그의 명성을 높이고, 국민당 체제 내에서 그의 정치적 위치를 공고히 하는데 중요한 영향을 미쳤다.[91] 같은 해인 1933년 그가 출판한 『객가연구도론』이 일본인 모토아리 쯔요시(元有剛)에 의해서 일어로 번역되어 대북에서 출판되었다. 이듬해 『국부가세원류고』는 교육부 저술장려발명상을 받았다.[92]

인간관계에서 뤄샹린과 광동성 정부 주석 뤄줘잉(羅卓英)은 매우 긴밀한 관계를 맺고 있었다. 1942년 뤄줘잉이 원정 군사령관장관으로

89) 羅香林, 『國父家世源流考』, 重慶: 商務印書館, 1942. 추제(邱捷)는 뤄샹린이 제시한 증거에 많은 모순점을 안고 있다고 지적하였다. 邱捷, 「關於孫中山家世源流的資料問題」, 『孫中山研究叢刊』, 第5期, 1987, 82~92쪽 ; 邱捷, 「再談關於孫中山的祖籍問題」, 『中山大學學報』, 第4期, 1990.

90) [역주] 선장본(線裝本) 표지에 책 이름을 써서 붙인 종잇조각.

91) 羅香林, 「跋」, 『國父家世源流考』, 57쪽.

92) 羅敬之, 『羅香林先生年譜』, 51, 54쪽.

미얀마에 가서 전쟁할 때 뤄샹린에게 편지를 보냈다. 그는 "고대 중국과 미얀마의 군사적인 역사 유적과 태국·미얀마·중국 역사와의 관계를 이해하면 병사들의 사기를 고취시키고 미얀마 사람들에게 선전할 수 있는 참고 자료"가 될 거라면서 뤄샹린에게 관련 자료를 부쳐달라고 부탁했다. 뤄줘잉은 안휘성 흡현(歙縣)의 뤄씨 가문에서 뤄씨 족보 영인본을 얻었을 때도 잊지 않고 뤄샹린에게도 한 부 보내주었다. 광동성 정부 주석으로 취임한 후 그는 편지와 함께 『중국선후구제계획(中國善後救濟計劃)』 등의 책을 뤄샹린에게 부쳐 주었다. 그리고 몇 가지 요점을 발췌해 준비하고 있다가 장(蔣) 서장(署長)과 협상할 때 참고 자료로 삼으라고 말했다. 또한 "간접적인 방식으로 정옌펀(鄭彦芬)에게 마이윈위(麥蘊瑜)의 사람됨과 능력(현임 광동성 기술실 주임과 관련하여)을 물어보라"고 했다. 이를 통해 광동성 정부의 인사 선발에 있어서 뤄줘잉이 뤄샹린의 의견을 청취하였음을 알 수 있다.[93] 또한 뤄샹린은 뤄줘잉의 요청으로 광동성 문리대학(文理學院) 원장을 겸하고 있었고, 총간사로 광동성 건설위원회 업무를 주관하며 『광동건설연구계간』을 창간하였다. 그가 쓴 「중국 학술사에서 광동의 위치(中國學術史上廣東的地位)」와 「세계 역사에서 광동 학술 원류와 발전(世界史上廣東學術源流與發展)」 등의 글은 이 잡지를 통해 발표되었다. 「어떻게 새로운 광동을 건설할 것인가(如何建設新廣東)」라는 글도 그 당시에 완성된 것이다.[94] 두 사람은 본적은 다르지

93) 『羅香林教授所藏函牘·他人手稿及賀片』, 羅110—60 S.51~53, 홍콩대학 펑핑산 도서관 소장. S.53 서신에서 언급한 정옌펀(鄭彦芬)은 정옌펀(鄭彦棻, 1902~1990)이 틀림없다. 그는 광동성 참의원, 광동성 정부위원 겸 비서장을 지냈다. 1946년에 그는 삼청단(三靑團) 중앙단부(中央團部) 부서기를 거쳐 국민당 중앙당부 비서장을 지냈다. 마이윈위(麥蘊瑜)에 관한 상황은 분명치 않다. 뤄샹린은 1942년 「미얀마 민족의 원류와 중국·미얀마 인사가 가져야 할 인식(緬甸民族源流及中緬人士應有之認識)」이란 글을 썼다.(羅敬之, 『羅香林先生年譜』, 51쪽)

만(뤄샹린은 홍녕興寧 사람이고 뤄줘잉은 대포大埔 사람임), 성씨가 같고 객가인이었기에 쉽게 친밀한 관계를 맺을 수 있었다. 군인 신분으로 광동성 정부 주석을 맡게 된 뤄줘잉에게 정치·문학·역사의 고문으로 뤄샹린은 최고의 인선이었다.

뤄샹린 개인의 경력, 특히 그가 걸어온 학문의 길과 정치적인 여정을 통해 다음과 같은 사실을 알 수 있다. 즉 중국에서 민속학·인류학의 발전은 객가 학자들에게 과학적이고 학술적 용어를 제공하여, 만청 이래 객가인의 한족 기원설을 계속 주장할 수 있도록 해 주었다. 객가 출신의 정계 주요 인사들이 객가인 신분을 이용해 더 높은 위치에 오르려고 도모하지 않았을는지 모른다. 하지만 필요할 때 그들의 지지는 객가인의 존엄성을 지키는데 중요한 자원이 되었다. 학자이자 관료였던 뤄샹린은 학술과 정치를 어떻게 결합해, 자신이 동질감을 느끼는 족군의 지위를 제고했는지를 잘 보여 준다. 뤄샹린이 추진하였던 객가 연구는 광동문화 연구라는 학술 전통의 형성 과정에서 중요한 위치를 차지하고 있다. 이 과정을 통해 학술 연구 영역에서 광동문화 관념이 확립되는 정치적인 협의 과정을 이해할 수 있다.

소결: 민족주의와 지방문화

민국 시기 관료와 지식인들은 모두 중국 민족과 문화에 새로운 내용을 채워 넣으려는 하나의 공통된 관심사를 가지고 있었다. 중앙과 지방의 관리들은 그들이 주장하는 국수를 보존하고 마음속에 자리 잡고 있는 공자의 가르침을 확대하려는 데 경도되어 있었다. 반면 대학

94) 羅敬之, 『羅香林先生年譜』, 34, 50~51, 59~60쪽.

의 지식인들은 농촌으로 가서 민중문화 속에서 뭔가를 찾고 계발을 받고자 했다. 전자를 군주제 부활을 주장하는 자들이라고 말할 수는 없다. 왜냐하면 그들이 공자의 가르침을 선양하려고 했지만, 또한 동시에 민주 국가를 건설하고자 했기 때문이다. 후자 또한 지방주의를 고취하는 데 관심이 없었다. 왜냐하면 지방문화는 결코 그들의 궁극적인 관심이 아니었기 때문이다. 복고를 주장하든지 새로운 길을 모색하든지, 성현의 문화를 고취시키려 했든지 민중문화를 중시했든지, 그들은 모두 새로운 국가의식의 수립이라는 동일한 목표를 가지고 있었다. 이는 민국 시기 문화를 창조하려고 했던 수많은 사람들의 입장이기도 했다.

자오스위가 지적했듯이 중국 현대 민속학은 서방 신학문의 영향을 받아 생겨났다. 또한 중국이 역사적으로 민속 현상을 중시했던 학술적인 전통도 중요한 역할을 하였다. 중국 전통 학술에서 민속을 중시한 이유는 다음 네 가지를 들 수 있다. 첫째, 정치적인 필요에 의한 것이었으며, 둘째, 사회 교화의 의미도 지녔다. 셋째, 낡은 풍속을 새롭게 바꾸려는 책임감과 사명감에 기반을 둔 것이었다. 넷째, 순수하게 학술적으로 지식을 추구하려는 욕망에서 나온 '박물'학적 지식 구조와도 관련이 있었다.[95]

이런 전제 하에 일부 정치가들이 지방의 자주성을 유지하기를 바라고, 객가와 같은 일부 족군들이 자신의 독특한 성격을 강조했지만, '지방문화'는 그들이 강조하려는 요소가 아니었다. 광동의 정치적 인물들은 광동의 반독립적인 상태를 유지하면서 광동문화를 부각하려 하지 않았다. 그들은 단지 공맹(孔孟)의 가르침을 선양하려는 남경 정부의 문화 정책을 따르고자 했을 뿐이다. 마찬가지로 객가인이 자

95) 趙世瑜, 『眼光向下的革命—中國現代民俗學思想史論(1918~1937)』, 62~71쪽.

신의 민족적 순수성을 분명히 하려고 할 때 자신의 문화적 특색을 지나치게 강조할 필요는 없었다. 더욱 중요한 것은 그들의 한족 혈통을 증명하는 것이었다. 국가의식, 정치적 충성, 지방 자치, 족군 의식은 동일한 하나의 과정을 거치면서 서로 공고해졌다.

만약 민국 시기 국가와 민족이 정말로 지방을 압도했다고 한다면, 지방의 공동체 의식은 존재했을까? 아니면 또 다른 형태, 또 다른 언어가 출현했을까? 필자는 다음 장에서 이런 질문에 대답하고자 한다.

제6장

구시대 사람이 편찬한 신시대의 지방지

■ 중국은 역대로 지방지를 편찬하는 전통이 있어 각 지역에서는 지방지 편찬 작업을 통해 역사 기록과 서술의 방식으로 지방의 문화 의식을 표현하였다. 청대부터 지방지는 대부분 지방관원들의 주도로 그 지역에서 가장 영향력 있는 문인들을 모아 집단적으로 기술하였다. 따라서 지방지의 내용과 표현 방식은 지방의 지도자가 주도하는 문화 관념과 그로 인해 확립된 역사 해석이 반영된 것으로, 해당 지역의 각종 정치 · 사회 세력의 경쟁과 대화의 결과물이라고 할 수 있다. 민국 이후 신정부도 지방지 편찬을 매우 중요하게 여겨 일찍이 1917년 북양정부 내무부는 교육부와 회동하여 각 지역에 지방지를 편찬하라고 통지하였다. 1929년 국민당 정부 내무부는 「지방지 편찬 사례 개요(修志事例概要)」를 반포하여 각 지역에 널리 지방지편찬관[修志館]을 설립하도록 하였다. 1944년 국민당 정부는 「지방지 편찬 방법(地方志書纂修辦法)」을 반포하여 지방지를 3종류로 나누어 성지(省志)는 30년에 1번, 시지(市志)와 현지(縣志)는

15년에 1번씩 편찬하도록 규정하고, 그 책임을 지방의 지방지편찬관에 일임하였다. 중일전쟁이 종결된 후 국민당 정부는 1946년에 새로 「각 성·시·현 문헌위원회 조직규정(各省市縣文獻委員會組織規程)」과 「지방지 편찬 방법」을 공포하여 일부 성·시·현에서는 지방지편찬관이나 문헌위원회를 설립해 부단히 지방지를 편찬하기 시작하였다.[1)]

민국 시기에 잇달아 반포된 지방지 편찬 조례에는 새로운 국가 체제와 그에 상응하는 정치·사회 이데올로기가 전통 지방지의 체제와 내용을 어떻게 변화시키고 있는지가 반영되어 있다. 1946년에 공포된 「지방지 편찬 방법」에는 다음과 같은 규정이 포함되어 있다. "지역에서 덕망이 높은 사람과 유명한 관리들의 사적 및 혁명 선열과 항전 시기에 순국한 열사들의 행장을 적절히 헤아려 수록하되 아무나 기록해서는 안 된다", "기후[天時]나 사회현상[人事] 중 특이한 현상이 발견될 경우 증명할 수 있는 사실이 있다면 명확하게 조사해 사실에 의거하여 기록해야지 조금이라도 미신을 언급해서는 안 된다", "시·문·사·곡(詩文詞曲)을 편찬 인쇄할 때 신구 작품을 구분할 필요는 없지만, 관련 문헌과 국민의 생활을 기준으로 삼아 노래와 희곡을 선택적으로 수록할 수 있다."[2)] 이런 규정이 반영하고 있는 것은 '혁명 열사'가 민국 시기에 이미 지방지에서 표창하는 인물 유형이 되었고, '미신'이란 용어가 '비과학'인 것들을 배척하는 말로 이용되고 있다는 점이다. 또한 국민의 생활을 반영하는 가요와 희곡도 지방지에 수록될 수 있었음을 보여 준다. 라이신샤(來新夏)의 통계에 따르면, 민국 시기에 1,500여 종의 지방지가 편찬되었다.[3)] 이 시기의 지방지들은 서

1) 민국 시기 각 지역의 지방지 편찬에 관해서는 다음을 참고하라. 薛虹, 『中國方志學概論』, 哈爾濱: 黑龍江人民出版社, 1984.

2) 『國民政府公報』第205冊, 제2666호, 1946.11.4, 臺北成文出版社有限公司, 1972年 重印.

로 체제와 규격이 같지 않고 상술한 지방지 편찬 조례를 엄격하게 준수한 것도 아니었지만, 목차와 내용, 용어와 표현에 있어서 어느 정도는 청 말 신정(新政)부터 신해혁명까지의 정치 사회적 변화를 반영하고 있다.

새로운 국가 이데올로기, 정치적 가치와 규범이 새로 지방지를 편찬할 때 어떤 영향을 미쳤는지를 전면적으로 고찰하는 것이 이 책에서 중점적으로 다루고자 하는 주제는 아니다. 그보다는 하나의 지방지를 사례로 들어 앞서 논의했던 청 말 이후 형성된 국가의식과 지방문화 관념이 어떻게 새로운 지방지의 편찬과 내용을 통해 드러나고 있는지를 살펴보고자 한다. 우리는 『중화민국고요현지초편(中華民國高要縣志初編)』(이하 민국 『고요현지』로 약칭)을 분석 대상으로 삼을 것이다. 1948년에 편찬된 이 지방지는 내용이 상세하고 체제도 비교적 완정해 민국 시기 통지(通志)[4] 가운데 꽤 성숙된 전형이라고 할 수 있다. 본 장에서 필자는 먼저 민국 『고요현지』와 왕조시대 편찬된 『고요현지』를 간단히 비교한 후 현지 편찬의 배경을 분석함으로써, 왜 민국 시기의 현지와 과거의 현지가 이런 저런 차이점이 생겼는지를 설명하고자 한다. 그리고 이를 통해 민국 시기 현급의 지방 지도자들이 현—성—국가에 대한 인식에 있어서 청 말 민국 이후 국가 관념과 민족주의 사조의 영향을 어떻게 수용하였는지를 밝히고자 한다. 또한 이런 지방 문헌들이 민족주의의 전제 하에 국가 의식을 표현하면서, 동시에 글자의 행간 속에서 지방 영수들의 자기 지역에 대한

3) 來新夏, 『中國地方志綜覽 1949~1987』, 合肥: 黃山書社, 1988.
4) [역주] 지방지의 기술 방식 중 하나이다. 시간적으로는 어느 한 조대에 국한되지 않고 고금을 전부 다 아우른다. 내용적으로는 한 지방의 강역(疆域)·연혁·산천·물산·세금·민족·인구·풍속·인물·예술·문화 등 다양한 분야를 포괄한다. 일반적인 성지·부지·주지·현지는 모두 통지에 속한다.

이익을 어떻게 옹호하고 긍정하고 있는지를 드러내고자 한다.

『고요현지』의 편찬

고요현은 광동성 서쪽에 위치하며 민국 시기에 총면적은 약 2,800 ㎢에 달했다.[5] 1947년 현 전체의 인구는 약 46만 명으로 추정되는데,[6] 이 중 대다수의 주민들이 광동어를 사용하였다. 고요현은 청대 조경부(肇慶府)의 소재지였으며, 민국 시기 광동성 정부가 설립한 서강(西江) 지역 각 현을 관할하는 행정 기구도 대부분 이곳에 있었다. 따라서 고요현은 줄곧 서강 지역의 정치 중심지였다.

고요현은 서강 중류에 위치한다. 서강이 서쪽에서 동쪽으로 고요현을 관통하면서 고요현을 양광(兩廣) 지역의 교통 요지로 만들어 역대로 군사전문가들이 차지하고자 했던 전략적 요충지였다. 1922년부터 1923년까지 군벌들의 할거와 1938년부터 1945년까지 일본의 침략은 고요현에 막대한 피해를 끼쳤다. 민국 시기 내내 정치적 국면이 불안정하여 지방자치는 탁상공론 상태에 머물렀는데 고요현도 예외가 아니었다. 권력을 장악한 군벌들이 곳곳에서 난립하고, 지방의회 폐지와 설립을 반복했다. 1923년 광동과 광서의 군벌들이 각기 현장(縣長)을 파견함으로써 고요현에는 일시적으로 두 명의 현장이 출현하는 사태가 발생했는데, 결국 무력으로 해결되었다.

민국 시기 고요현에 설립된 현급 정부와 성 정부의 파견 기구들은 변동이 잦았고 그 명분도 다양했다.[7] 국민당과 여러 군벌 세력은 홍

---

5) 廣東經濟年鑒編纂委員會, 『二十九年度廣東經濟年鑒』, 廣州: 廣東省銀行經濟硏究室, 1941, A114쪽.

6) 民國 『高要縣志』, 38쪽. 현 정부의 보고서에 근거하였다.

망성쇠를 거듭했고, 지방의 여러 세력들도 복잡한 양상을 띠었다. 하지만 민국 시기 고요현의 정부 기구가 어떻게 바뀌었는지에 상관없이, 고요현의 신사(紳士) 계층은 줄곧 지방권력의 핵심 세력으로 자리잡고 있었다. 1935년부터 편찬 작업을 시작해 1948년에 완성된 『중화민국고요현지초편』의 편집 과정은 그야말로 당시 고요현 지방권력의 변천과 재조정을 보여 주는 축소판이라고 할 수 있다. 민국 『고요현지』를 편찬한 자들의 면모를 살펴보면, 국민당 육군 총사령을 지낸 고요현 출신의 위한머우(余漢謀, 1896~1981)[8]와 역대 현장들이 각각 총재와 감수로 이름을 걸어 놓고 있을 뿐, 실제로 편찬을 주도한 사람들은 모두 '청조' 때 관직을 역임하고 민국 시기에도 관직에 진출해 있던 그 지역의 신사들이었다.(뒤에서 자세하게 논할 것임) 편찬 과정에서 발생한 각종 우여곡절은 당시 지방 정치세력 간의 복잡한 관계가 뒤얽혀 있었음을 보여 준다.

고요현의 지방지는 처음 강희 12년(1673)에 편찬되었고 도광 5년(1825)에 재편찬되었다. 함풍 연간에 내용을 수정 보완하여 『속수지고(續修志稿)』라는 명칭으로 동치 2년(1863)에 간행하면서 중인(重印)한 도광지 말미에 부록으로 수록하였다. 민국 시기로 접어든 지 얼마 후인 1915년에 새로 현지를 편찬하자는 논의가 있었고 이미 준비위원으로 추천된 자가 16명이었지만, 이후 "경비가 모이지 않아 논의만 했을 뿐 결국 실행에 옮기지 못하였다." 그 후 수년간 지방 당국은 새로 추진하기로 의견을 모았으나 여러 곡절로 인해 거듭 연기되었

---

7) 肇慶市端州區地方志編纂委員會編, 『肇慶市志』, 廣州: 廣東人民出版社, 1996, 401~404쪽.

8) [역주] 자는 워치(幄奇)로 고요현 출신이다. 중화민국 육군 1급 상장(上將)으로 육군 총사령을 역임하였다. 1948년 국공내전 때 육군 총사령에 임명되었다. 1950년 4월에 대만으로 건너가 총통부의 전략 고문에 임명되었다.

다. 이 가운데 1919년의 경우에는 편찬팀을 다 갖추고 당시 저명한 만청(晩清)의 유로인 동관 사람 천보타오(陳伯陶, 1855~1930)[9]를 총찬으로 초빙하여 "모든 계획을 대략적으로 갖추었으나," 지방세력 간의 복잡한 알력으로 어떤 사람이 "전체 회의를 거치지 않았으니 절차가 미비하다"는 이유를 들어 반대했다.[10] "마을 사람 가운데 동조하는 자들이 있어 이에 각 분찬(分纂)[11]의 책임을 맡고 있던 자들이 총사퇴하면서 지국(志局)은 다시 폐쇄되었다. 이후 지국은 설치와 폐쇄를 반복하며 십수 년 간을 헛되이 보냈다."[12] 후에 군벌들이 서로 난투전을 벌이고 지방이 혼란스러워 지국조차 여러 차례 유린당하고 약탈당했다. 또한 "총찬과 분찬 가운데 세상을 떠난 자가 많아 완성된 원고가 뒤죽박죽되어 정리할 사람이 없었다." 1935년이 되어서야 위한머우의 독려로 당시의 현장이 지역 지도자와 문인들을 소집하여 새로 현지 편찬에 대해 상의하였다. 예전의 원고들을 정리하면서 새로 집필하기로 결정했다. 또한 이 일을 주도했던 고요현 지방지 편찬관 관장 량짠선(梁贊燊, 1874~1961)[13]은 1938년 『선통고요현지(宣統高要縣志)』가 완성되자, 「시말기(始末記)」에서 지방지를 편찬하면서 겪은

9) [역주] 자는 상화(象華), 호는 쯔리(子礪). 그는 부친 진명규(陳銘珪)와 오랜 친구이자 당시 유명한 학자였던 진례(陳澧) 밑에서 수학하였다. 광서 18년(1892) 전시에서 3등을 차지하였으며 한림원편수, 문연각교리(文淵閣校理), 남서방행주(南書房行走), 강녕제학사(江寧提學使) 등의 요직을 거쳤다. 청나라가 멸망한 후 다시 관직에 나아가지 않고 『효경설(孝經說)』 3권, 『송동관유민록(宋東莞遺民錄)』 2권, 『명계동관오충전(明季東莞五忠傳)』 2권, 『동관현지(東莞縣志)』 98권 등을 저술하였다.

10) 「重修高要縣志始末記」, 宣統 『高要縣志』, 1쪽.

11) [역주] 지방지를 편찬할 때 각 편장(篇章)에 대한 집필 책임을 담당하던 사람들을 가리킨다.

12) 「前志源流與修志始末附記」, 民國 『高要縣志』, 932쪽.

13) [역주] 자는 추이산(粹珊)으로 고요현 출신이다. 광서 23년(1897)에 거인에 급제하였다. 1946년에 광동성 성립 조경사범학교에서 은퇴한 뒤에는 『고요현지』를 편찬하는 일에 참여했다. 1949년 이후에는 고요현 문화관의 문물관리인으로 재직하였다.

우여곡절을 기술하였는데, 몹시 감개무량하며 이렇게 말하였다.

> 원래 책을 완성하는 데 1년을 기한으로 정했었는데, 이런저런 상황 때문에 지체되어 2년이 지났지만 여전히 완성하지 못한 상태였다. 어떤 한 가지 일이 이루어지는 데 우여곡절이 없을 수는 없다. 하천이 계곡을 흘러간다고 할 때 도달하기 전에 역류하거나 굽이돌고 부닥치거나 솟구치는 것과 같은 과정을 거친다. 본래는 나아가려고 했는데 오히려 물러서기도 하고, 맞이하는 듯 하다가도 갑자기 거절하기도 한다. 그렇게 된 이유로는 운명적인 측면도 있고 인간관계로 인한 문제도 있다. 어려움을 두려워하는 자는 도달할 수 없고, 쉽게 여기는 자는 도달할 방도를 알지 못한다. 민국 4년(1915)부터 우리 고장에서 지방지 편찬 논의를 시작한 지 지금까지 20여 년의 세월이 흘렀다. 그간에 겪은 국가적 정치 변동은 실로 엄청났고 세상사의 우여곡절도 파란만장했다. 기술할 만한 내용이 무궁무진하나 그 일을 담당했던 사람들이 겪은 고충 또한 대단했다. 처음 논의한 것이 다 이루어지지 않았다. 시행하려고 하면 저지를 당하였고, 저지를 당하고서라도 다시 하려고 했지만 또 다시 온갖 어려움을 겪었다. 그것을 완성시키고자 한 사람들은 생사의 갈림길에 이르기도 하였으니 인간사의 변화가 참으로 통탄할 만하다.[14]

량짠선의 감회어린 말을 읽으면서 이를 고요현의 현지 재편찬 작업이 민국 시기 내내 계속 연기된 상황과 연관지어 보면, 우리는 지방의 여러 정치세력 간의 투쟁과 인간관계의 갈등이 복잡하게 뒤얽혀 있었음을 쉽게 상상할 수 있다. 지방지 편찬 사업이 마침내 완성될 수 있었던 데는 1935년이 중요한 전환점이었다. 그 이유로는 당시 국민당에서 정치적 지위가 점차 상승하고 있던 위한머우가 직접 관여한 것 말고도, 당시 신사 계층을 중심으로 한 지방 세력의 재편과도 밀접한 연관이 있을 것이다.

---

14) 「重修高要縣志始末記」, 宣統 『高要縣志』, 4쪽.

청 말 이래 고요현의 신사 조직으로는 '빈흥(賓興)'이라고 하는 이름의 두 단체가 있었다. '빈흥'이라는 말은 『주례(周禮)』[15]에서 비롯되었는데, 원래 지방 관원이 그 지역에서 명성이 있는 신사들을 초청하여 연회를 베푸는 활동을 가리켰다. 명청대 각 지역에서는 과거시험을 볼 때 도움을 주는 기금을 조성했는데, 이를 종종 '빈흥'이라고 불렀다.[16] 고요현은 함풍 4년(1854)을 전후로 홍병(紅兵)의 재산을 몰수하여 빈흥관(賓興館)을 설립하였다. 동치 연간에는 신상(紳商)들이 향촌시장[17]의 이익을 다투자 관청에서 개입하여 시장의 이익을 과거시험 응시자들에게 보조금을 지급하는 기금으로 돌리고, 회의하는 장소로 빈흥국(賓興局)을 설립하였다. 빈흥관과 빈흥국이 설립된 원인을 놓고 볼 때 이 두 단체를 장악한 세력은 완전히 일치하지는 않은 듯하다. 두 단체는 대체로 지방정부가 지지하는 신사나 신상 조직이었지만 줄곧 별개로 운영되어 왔다. 민국 『고요현지』 권12 「교육」장의 부록 「빈흥관기략(賓興館紀略)」에서는 두 단체의 조직 방식에 대해 이렇게 기술하고 있다.

빈흥관과 빈흥국은 줄곧 별개의 단체였다. 빈흥관은 부유한 신사 두

---

15) [역주] 「지관(地官)·대사도(大司徒)」 중 "以鄉三物教萬民而賓興興之"라는 구절에서 나왔다. 빈흥에는 두 가지 뜻이 있다. 첫째, 주나라 때의 현명한 자를 추천하는 방법을 가리킨다. 시골의 대부(大夫)들은 어질고 능력 있는 자를 천거하여 국학(國學)에 입학시켰다. 둘째, 과거시험을 보던 시대에 지방관이 잔치를 베풀어 천거한 선비들을 대접하는 것을 의미한다.

16) 함풍·동치 연간에 현의 빈흥관(賓興館)의 형식으로 제도화된 빈흥 활동은 다른 지역에서도 매우 보편적인 현상이었다. 이에 대해서는 다음을 참고하라. 邵鴻, 「淸代後期江西賓興活動的官·紳·商—淸江縣的個案」, 南開大學社會史硏究中心編, 『中國社會史評論』, 第4輯, 商務印書館, 2002, 75~84쪽.

17) [역주] 명청대 향촌에서는 정기적으로 열리는 시장이 매우 번창하였다. 영남지역에서는 이를 허시(墟市), 다른 지역에서는 시(市)나 집(集)이라고 불렀다. 촌락의 농민, 막노동꾼, 장사꾼들이 정기적인 날짜에 물품을 교환하거나 판매하였다.

사람이 담당하고, 3년마다 한 번씩 선출한다. 반면 빈홍국은 정국(正局)과 부국(副局)이 있으며, 1년마다 선출한다. 정국은 거인(擧人)과 진사(進士)가 공동으로 추천하고, 부국은 다섯 팀이 서로 돌아가며 천거한다. 늠선생(廩膳生)[18] 이상이면 다 추천할 수 있다. 모두 연임할 수 없으며 다른 직위를 겸할 수도 없다. 빈홍관과 빈홍국은 각자 소유 재산을 관리했지만, 지금은 빈홍관 이사회가 통합 관리하고 있다.

이러한 신사와 신상 조직은 기능에서는 교육 사업에 사용되는 지방의 공공 재산을 관리했지만, 청 말 민국 시기에는 지방 업무에서 가장 큰 영향력을 발휘한 권력기구이기도 했다.[19] 실제로 민국 초기에 고요현의 지방자치가 정지되고 현의 의사회(議事會)와 참사회(參事會)가 해산된 이후에, "다시 빈홍국을 부활시켜 합읍총국(合邑總局)으로 이름을 고쳐" 현의 행정 업무를 처리한 적이 있다.[20] 명칭과 기능 면에서 거의 동일한 이 두 단체는 상당히 오랫동안 현 안에 병존하였는데, 그 이면에는 탐구할 가치가 있는 지방권력 관계가 내포되어 있는 듯하다. 그러나 이 책에서 논의할 부분이 아니므로 더 이상 고찰하지 않을 것이다.

1935년 새로 조직된 빈홍관 이사회는 구 빈홍관과 빈홍국을 인수하여 원래 두 조직이 관할했던 업무를 총괄했을 뿐 아니라, 그들의 건물, 토지, 돼지 시장, 논, 저수지, 부두 등의 재산을 접수하였다. 이 가운데 임대료 수입이 많은 부분을 차지했다.[21] 새 빈홍관 이사회는

18) [역주] 명청대 관청에서 돈과 양식 등을 지급한 생원(生員)은 늠선생・증광생(增廣生)・부생(附生)으로 구분된다. 늠선생은 국가에서 보조하는 식량인 늠미(廩米)를 지급받았고, 증광생은 늠선생의 정원 외에 추가로 선발된 이를 가리킨다.

19) 사람들에게 가장 널리 알려져 있는 예는 동관 지역의 명륜당(明倫堂)이다. 이에 대해서는 다음을 참조하라. 葉少華, 「東莞明倫堂」, 『東莞文史』, 第30期, 1999, 151~174쪽.

20) 「政制」, 民國 『高要縣志』卷6.

21) 『高要縣賓興館産業四刻』, 1945, 광동성 중산도서관 소장.

지방정부의 통제를 보다 많이 받았던 것으로 보이는데, 추천으로 선출된 이사는 현 정부의 초빙을 받아야 했으며, 그중 1940년 제3회 이사회는 심지어 현 정부가 직접 소집하기도 하였다. 1946년에 발표한 「고요현 정부 시정보고서(高要縣政府施政報告)」에는 "현에서 설립한 중고등학교의 경비는 90% 이상을 빈흥관이 지불하였다"고 기록되어 있다. 당시의 현장은 이 보고서에서 또 "본래 규정에 의하면 빈흥관의 재산은 정부가 정리, 보관, 운용해야 한다. 그러나 우리 현의 빈흥관 조직은 사회적으로 줄곧 상당한 명망과 지위를 가지고 있었기에 나는 직권(職權), 계약, 보관, 운용 등 여러 면에서 빈흥관 이사들의 의견을 매우 존중하는 바이다."[22]라고 언급하기도 했다. 이를 통해 빈흥관 이사회가 고요현에서 특수한 지위와 권력을 누렸음을 알 수 있다. 빈흥관 이사회는 현 내의 학교 교육과 문화사업의 경비를 장악하고 있었으며, 동시에 현 정부가 통제하는 지방 신사 조직이기도 했다. 따라서 『고요현지』 편찬은 빈흥관 이사회와 밀접한 관련이 있었다. 예를 들어 지방지 편찬국이 잠시 폐쇄되었을 때 문건들은 빈흥관 이사회가 인수하여 관할하였고, 현 정부가 마련한 지방지 편찬 경비도 빈흥관 이사회가 넘겨받아 예비비로 비축해 두었다. 심지어 빈흥관 이사회가 직접 지방지 편찬 경비를 보조한 적도 있었다.

이상의 내용을 통해 볼 때 1935년 '빈흥관 이사회'의 결성은 고요현의 신사 계층, 기타 지방세력 및 지방정부의 권력관계가 진일보 통합 조정된 결과라고 할 수 있다. 이런 배경 하에서 고요현지 편찬 작업이 다시 재개될 수 있었고 마침내 완성될 수 있었던 것이다. 그리고 바로 이때부터 지방의 신사 계층으로 조직된 편찬 인원들은 신속하게

---

22) 「高要縣政府施政報告」(민국 35년 12월 25일 고요현 참의회에서의 보고), 16쪽. 여기에서 '빈흥관'이라는 단어는 대개 습관적으로 사용되고 있다. 당시에 이미 '빈흥관 이사회'로 개명된 상태였다.

선통 『고요현지』의 옛 원고를 정리 보완하여 3년 후에 출간하였다. 민국 『고요현지』의 편찬 작업은 이 시기가 마침 전쟁 중이라 한동안 중단되었고, 편찬국도 거듭 이전해야만 했다. 1944년 9월 조경(肇慶)이 함락되자 편찬국 사람들은 각기 원고를 품 안에 숨기고 사방으로 흩어졌다. 1945년 8월 광복이 된 후에야 편찬 작업이 간신히 재개되었으며, 1947년 12월에 이르러 원고가 대체로 완성되었다. 말미의 '부기(附記)'가 마지막으로 1948년에 씌여졌다. 편찬자들은 완성된 원고를 먼저 등사본으로 몇 부 인쇄하여 정부 기관에 보내 심의를 받았다.[23] 그리고 1949년 위한머우가 서문을 쓴 후에 다시 활판 인쇄본으로 간행되었다.

용어와 내용

이상의 서술을 통해 우리는 선통과 민국 시기에 편찬된 지방지가 사실상 동일한 사람들이 동일한 시기에 만든 것임을 알 수 있다. 청대의 역사적 사실을 기술한 지방지를 『선통고요현지』로, 민국 시기의 역사적 사실을 기술한 지방지를 『중화민국고요현지초편』으로 명명한 것은 매우 고심한 결과라고 하겠다. 이 두 지방지 편찬을 주도한 량짠선은 각각 독립적으로 편찬한 이유에 대하여 다음과 같이 설명하고 있다.

> 대체적인 상황은 다음과 같다. 원래 의도한 바는 민국 초에 편찬을 끝내고자 했기 때문에 기록할 내용이 청조 선통 3년(1911)에서 그쳤다.

23) 「前志源流與修志始末附記」, 民國 『高要縣志』, 931~937쪽.

그런데 오늘날 상황이 유동적인데다 또 여러 해가 지나면서 정세가 달라져서 우리나라의 정치 체제는 고금을 통틀어 일대 변혁이 일어났다. 그러한 원인과 결과의 구성을 살펴보면 꼬리에 꼬리를 문 변동들이 읍과 향 같은 작은 향촌사회에서도 상당히 복잡한 양상으로 나타났다. 또한 통치체제의 득실과 민생에 대한 이익과 폐해는 특히 사람들이 탐구하려고 하는 바인데, 지방지 체제의 한계로 인하여 누락되어 상세하지 않다. 지방지를 편찬하는 것은 무엇 때문인가? 고금을 고증함으로써 오늘날 활용할 수 있도록 하려는 것이다. 중화민국이 성립된 지 20여 년이 지났다. 오늘날 출판된 지방지로 살펴볼 수 있는 것은 선통 이전의 일이니 어떻게 활용할 수 있겠는가? 그러니 선통 연간 이전의 기록을 완성하여 옛것을 고증할 수 있도록 해야 하고, 또한 민국 이후의 지방지를 편찬하여 새로 볼만한 것이 있도록 해야 한다. 옛것이 없으면 새것은 그 기원을 찾을 수 없고, 새것이 없으면 옛것은 그 변화를 드러낼 수 없다. 옛것과 새것이 서로 도와 활용되고 서로 합쳐져 완성될 때 비로소 그 현지가 완전해지는 것이다.[24)]

여기서 우리는 민국 『고요현지』의 편찬자가 자각적인 의식을 가지고 전통적인 현지의 형식 속에서 청 말 민국 초 이래 지속적으로 출현한 신체제와 신관념을 표현하고자 했음을 알 수 있다. 하지만 왕조시대의 흔적이 편찬자들에게 여전히 남아 있었으며, 일상으로 굳어진 전통적인 작업 방식과 이상 속의 현대적 관념 간의 충돌이 현지의 내용에서도 다양하게 표출되고 있었다.

체제로 볼 때 민국 『고요현지』는 도광과 선통 『고요현지』와 비교해서 근본적으로 발전했다고는 할 수 없다. 그러나 몇몇 새로운 편장(篇章)의 출현, 용어 사용에서의 미묘한 변화는 주목할 만하다. 예를 들면 과거에는 '식화(食貨)'라고 칭했던 장이 민국판에서는 '재계(財計)'와 '생업(生業)'으로, '경정(經政)'은 '정제(政制)'로 바뀌었다. 그 밖

24) 「重修高要縣志始末記」, 宣統 『高要縣志』, 3쪽.

에 도광과 선통 『고요현지』에서 풍속은 '여지(輿地)'장에서 극히 작은 부분만을 차지했지만, 민국판에서는 '예속(禮俗)'장으로 독립하였으며 50쪽의 편폭을 차지하고 있다. 민국 『고요현지』 가운데 '씨족', '종교', '당무(黨務)', '법단(法團)' 이 네 장도 옛 지방지에서는 없었던 부분이다. 한편 「지방지 편찬 방법」에서 인물의 행장을 편찬할 때 '아무나 기록해서는 안 된다'는 규정에 어긋나기 때문에, 민국 『고요현지』에서는 옛 지방지에는 반드시 포함되었던 열전을 없애버렸다. 그러나 고요현에 어질고 재능 있는 인물이 부재한 적이 없었음을 드러내기 위해 '인물'장을 설정하고 있다. 하지만 그 내용은 단지 '졸업생의 관직 경력 일람표'에 각 시대별로 인물의 본적 · 학력 · 관직만을 열거하는 것에 그치고 있다. 다음 표는 『고요현지』 세 판본의 편장 명칭에서 보이는 차이를 정리한 것이다.

표 6.1 『중화민국고요현지초편』 목록과
도광 『고요현지』, 선통 『고요현지』의 해당 편목 비교

民國志		宣統志	道光志
권1	大事記		沿革表
권2	地理	地理篇	輿地略
권3~5	氏族	—	—
권6	政制	經政篇	經政略
권7~9	財計	食貨篇 (賦稅 · 鹽法 · 倉儲 · 祿餉)	經政略 (田賦 · 祿餉 · 鹽課 · 積貯)
권10	生業	食貨篇(實業 · 物産)	輿地略(物産)

권11	堤防	地理篇(水利・堤工)	水利略
권12	教育	學校篇	建置略(學校) 經政略(學制)
권13	禮俗	地理篇(附風俗謠諺)	輿地略(風俗)
권14	黨務	—	—
권15	法團	—	—
권16	宗教	地理篇(壇廟 ・叢禪・寺觀) 學校篇(教會學堂附)	建置略(壇廟) 經政略(祀典)
권17	營建	營建篇	建置略
권18	交通	經政篇(驛遞)	—
권19	救恤	經政篇(賑恤)	經政略(恤政)
권20	人物 (畢業生仕宦表)	職官篇・選擧篇 ・人物篇	職官表・選擧錄 ・宦迹錄・列傳
권21	藝文	藝文篇	金石略
권22	兵事記	—	—
권23	前志源流與修志 始末附記	—	—

이처럼 편목이 바뀐 것은 민국 시기 정부가 반포한 지방지 편찬 방법의 틀 속에서 편찬 작업이 이루어졌기 때문이기도 하지만, 아울러 당시 다른 지방의 지방지 편찬 조류에도 영향을 받은 것으로, 결코 『고요현지』만의 특징은 아니었다. 1938년 저명한 언어학자 리진시(黎錦熙, 1890~1978)는 섬서(陝西) 『성고현지(城固縣志)』의 편찬을 주관하면서 「방지금의(方志今議)」를 집필했다.[25] 이때 그는 청대 장학

25) [역주] 리진시는 「성고현지 속수 업무 방안(城固縣志續修工作方案)」의 책임 편찬을 맡았는데 이 내용을 정리하여 1939년에 간행하였다. 나중에 그는 「성고현지 속수 업무 방안」에 서문을 쓰고 내용을 일부 추가 보완하여 제목을 「방지금의」로 바꾸어 1941년 상무인서관(商務印書館)에서 출판하였다.

성(章學誠, 1738~1801)을 대표로 하는 방지학(方志學)과 민국 시기 새로 편찬된 지방지(예를 들면 1936년 강소성의 『천사현지(川沙縣志)』)를 논의의 대상으로 삼았다. 또한 자신이 편찬을 주도했던 『성고현지』를 예로 들어 새로 편찬하는 지방지는 다음 항목을 포함해야 한다고 주장했다. (1) 총 요강: 강역총도(疆域總圖)·사건연표·건치연혁지(建置沿革志) (2) 자연: 지질·기후·지형·수문(水文)[26]·토양·생물 (3) 경제: 인구·농업광산업·상공·교통·수리(水利)·합작(合作) (4) 정치: 이치(吏治)·재정·군경(軍警)·자치보갑(自治保甲)·당무(黨務)·위생·사법(司法) (5) 문화: 교육·종교제사·고적고물(古迹古物)·씨족·풍속·방언풍요(方言風謠)·인물·예문(藝文).[27] 민국 『고요현지』와 『성고현지』는 동일한 시기에 편찬되어 편목의 용어뿐만 아니라 구체적 내용에 있어서도 유사한 점이 매우 많다.

새로운 명사와 외국 서적의 이용도 민국 『고요현지』가 기존에 편찬된 지방지와는 다른 점이다. 하지만 새로운 명사를 사용했다고 해서 사용자가 반드시 이런 명사들과 그것의 발생 배경 및 사용 맥락을 명확히 인식했다는 것을 뜻하지는 않는다. 또한 사용자가 이런 용어들에 이미 익숙해 있었다는 것을 의미하지도 않는다. '재계(財計)'장에서 편찬자는 '경제'라는 단어의 의미에 대해 논하면서 아담 스미스(Adam Smith, 1723~1790)의 이름도 언급하고 있다. 하지만 그들이 먼저 지적한 것은 서양의 '경제' 관념과 전통 중국의 '경제'라는 단어와의 연관성으로, "경제라는 말은 '국가를 경영하고 세상을 구제하다'라는 뜻의 '경국제시(經國濟時)'에서처럼 우리나라에서 자주 사용하던 말이다."[28] 농업인구를 기술할 때 편찬자는 '농민'이라는 용어를 사용하고

26) [역주] 자연계에서 일어나는 물의 각종 변화와 운동 현상을 가리킨다.
27) 黎錦熙, 「方志今議」(1939년 서문), 『方志學兩種』, 長沙: 岳麓書社, 1984.
28) 民國 『高要縣志』, 277쪽.

있는데, 정부의 분류에 따라 농촌 인구를 '지주[田主]'·'자영농[自耕農]'·'반자영농[半自耕農]'·'소작[佃農]' 등 몇 개의 유형으로 구분하고 있다. 사회주의 이데올로기로부터 출발한 이런 몇몇 분석개념들은 1920년대 이후 중국 사회학자들에 의해 습관적으로 사용되고 있었다. 1920년대 존 로싱 벅(John Lossing Buck, 1890~1975)이 중국에서 실시했던 경제 조사, 1926년부터 1933년까지 시드니 갬블(Sidney Gamble, 1890~1968)과 리징한(李景漢)이 하북성 정현(定縣)에서 했던 사회조사는 모두 이런 개념들을 사용해 토지 소유 현황에 따라 농촌 인구를 분류하였다.[29] 민국 『고요현지』의 편찬자는 분명 당시의 학문적 조류에 영향을 받았지만, 이런 용어들이 그들의 분석틀과 일상언어 깊이 침투하지는 못한 상태였다. 나머지 장에서는 '농민'과 같은 어휘가 자주 보이지 않으며, 전통적인 현지에서 습관적으로 사용했던 '현인(縣人)', '향민(鄕民)', '읍인(邑人)' 등의 용어가 더 자주 눈에 띈다.

'예속'장에서 민국 『고요현지』의 편찬자는 적지 않은 편폭을 할애하여 조상에게 바치는 제사는 종교의 일종으로, 국족(國族)을 단결시키는 데 도움이 된다는 것을 논증하고 있다. 심지어 일본 학자 나카니시 우시로(中西牛郎)가 『지나문명사론(支那文明史論)』에서 사용했던 '조상교(祖先教)'라는 단어를 끌어다가 자신들의 발언이 거짓이 아님을 증명하고 있다.

> 일본 사람 나카니시 우시로는 『지나문명사론』에서 우리나라의 조상숭배를 조상교라고 칭했으며, 조상교의 세력이 세계 어느 나라보다 뛰어나다고 말했다. 또 우리나라 사람들이 자기의 고향을 가볍게 여기지 않는 것은 조상의 무덤이 있어 그들의 마음을 붙들어 두고 있기 때문이라

29) Morton Fried, "Community Studies in China", *The Far Eastern Quarterly*, 1954, Vol.14, No.1, pp.11~36.

고 했다. 그러므로 해외에 거주하면서도 일해서 모은 돈을 애써 본국으로 보내는 사람들의 경우, 해마다 그 액수가 상당한 것은 조상교의 힘 때문이다. 가족의 단결로 인해 국족의 강건함을 형성하는 것은 이로부터 시작된다.[30)]

'예속'장에서 편찬자는 조상숭배를 종교의 범주에 포함시켜 '미신'과 구별하고 있는데, 확실히 '종교'는 그들이 수용할 수 있는 개념이었다. 앞서 리진시가 산정한 '종교제사'에 유교·도교·불교·기독교 등이 포함된 것처럼, 민국 『고요현지』 '종교'장이 아우르고 있는 종교는 불교·천주교·기독교·이슬람교·도교이다. 이런 논의에서 종교와 대립하는 것이 바로 '미신'이다. 민국 『고요현지』의 편찬자는 도교를 언급할 때 '도교'와 '도가', 이 두 단어를 사용하여 민간 도사의 활동과 철학적 차원의 도가 사상을 분명히 구별하고 있다.

도교는 주나라 말 노담(老聃)의 저술 『도덕경(道德經)』에서 기원하였다. 세상에서는 '도가'라고 불렀지 '도교'라는 명칭을 사용하지 않았다. 동한 시기 장도릉(張道陵)이 부적과 주술의 방법을 세상에 널리 전파했으며, 그의 아들 장형(張衡)과 손자 장로(張魯)가 교파의 도를 계승하였다. 장로는 또 한중(漢中)에서 귀도교(鬼道教)를 창시하여 백성들을 교화시켰다. 북위의 구겸지(寇謙之, 365~448)가 노담을 교조로 받들고 장도릉을 대종(大宗)으로 삼아 도교라는 명칭을 처음 사용하였다. …… 후세에 신봉한 도교에는 더욱 여러 신들의 마술과 속임수가 섞여 각종 자연현상에 대해 전문적인 신이 생겨났다. …… 현대에 이르러 신권(神權)이 쇠미해지고 사묘와 도관이 점차 훼손됨에 따라 도교는 나날이 쇠약

---

30) 民國 『高要縣志』, 674쪽. 원문에는 끊어 읽기 표시와 구두점이 없다. 구두점은 필자가 덧붙인 것이다. 『지나문명사론』은 1902년에 중국어로 번역되었고, 상해 보통학서실(上海普通學書室)에서 출판했다. 『고요현지』의 편찬자가 읽은 것은 아마도 중역본일 것이다. 譚汝謙, 『中國譯日本書綜合目錄』, 香港: 香港中文大學出版社, 1980, 452쪽.

> 해졌다. …… 이런 온갖 미신들은 모두 제거되어야 한다. 교육이 보급되지 않고, 과학이 제창되지 않고, 국민들이 개명되지 않고, 습속이 고쳐지지 않고, 덕치가 펼쳐지지 않고, 법치가 확립되지 않았을 때, 신도(神道)가 생겨나서 자연적인 존재와 기능을 가지게 되는 것이다. 이 때문에 식자들이 국민교육의 발전을 강화하자고 부르짖는 것이다.[31)]

어떤 신념과 행위에 대해 자신이 수용할 수 있는 것과 수용할 수 없는 것, 이렇게 이분법적으로 구분하는 것은 전통 중국 지식인들에게서 자주 발견되는 사유 방식이다. 오늘날 대다수의 사람들이 변증법의 교육을 받은 세대일지라도 여전히 이런 기계론적인 관념을 지니고 있는 자들이 적지 않다. 민국 『고요현지』에서는 19세기 이래 서양이나 일본에서 중국으로 전해진 새로운 명사를 대량으로 사용해, 전통의 이원론적 관점에서 낡은 사상을 표현하고 있다. '종교'장에서 우리는 일본에서 이식되어 온 서양 관념인 '종교'라는 단어(이 밖에 '多神'·'魔兒術'·'神權' 등과 같은 단어도 일본에서 전해진 듯하다)[32)]와 '신도(神道)'처럼 중국에서 사용되고 있던 단어를 동시에 발견할 수 있다. 하지만 외부에서 유입된 새로운 관념이든, 중국에 원래 있던 옛 어휘이든 편찬자들은 자신들이 이해하고 해석한 바에 따라 이용하고 있는 것처럼 보인다. 앞에서 이미 그들이 어떻게 전통 중국의 '경제'라는 단어를 근대 서양의 경제관념과 억지로 병치시켜 논의했는지를 언급한 바 있다. '종교'장에서 그들은 '종교'로 분류된 신앙은 인정하지만, 자신들이 '신도'라고 칭했던 귀신의 도에는 반대한다는 입장을 표하였다. '신도'가 본래 『역경(易經)』에서 자연의 규율이라는 의미

31) 民國 『高要縣志』, 754~755쪽.

32) Myron Cohen, "Being Chinese: The Peripheralization of Traditional Identity", i n "The Living Tree: The Changing Meaning of Being Chinese Today", *Daedal us*, Vol.120, No.2, 1991, p.129.

로 사용되었음에도 불구하고 말이다.33)

주목해야 할 것은 1940년대 말 뒤늦게 편찬된 민국 『고요현지』에서 인용하고 있는 '새로운' 지식이 대부분 19세기와 20세기 교체기의 출판물에서 나왔다는 점이다. 예를 들어 오여륜(吳汝綸, 1840~1903)이 1900년에 저술한 『심주풍토기(深洲風土記)』, 옌푸가 영국학자 에드워드 젠크스(Edward Jenks, 1861~1939)의 『정치사(政治史, *A History of Politics*)』를 번역해 1904년에 출판한 『사회통전(社會通銓)』은 모두 민국 『고요현지』의 편찬자가 거듭 인용하고 있는 서적들이다. 거의 반세기 이전에 유행했던 저작들이 1948년에도 여전히 민국 『고요현지』의 편찬자에 의하여 '신사상'의 근거로 인용되고 있는 것이다.

새로운 명사를 사용한다고 해서 결코 낡은 사고방식이 바뀌었다는 것을 의미하지는 않는다. 민국 『고요현지』의 내용과 용어 사용에서 보듯이, 민국 시기 지방 지식인들은 전통과 현대 사이에서 배회했으며, 유로들과는 달리 민국에 진심으로 복종해 새로운 사상과 국가의식을 학습하고 받아들이기를 원했다. 우리가 제5장에서 논의했던 민국 시기 민속학의 흥기가 중국 지식인의 세계관에 끼친 영향력을 상기한다면, 민국 『고요현지』의 편찬자가 취한 '종교'와 '미신'이라는 이분법이 왜 발생하게 되었는가를 이해하기는 어렵지 않다. 또한 그들이 왜 많은 편폭을 할애하여 지방 풍속과 예속에 대하여 논의했는지도 알 수 있다. 하지만 새로운 용어를 사용할 때조차 그들은 과거의 배경에 얽매여 자신도 모르는 사이에 본모습을 드러내었다. 이 양자 간의 충돌을 이해하려면 편찬자들이 추구했던 신세대 지식인의 이상적 형상과 그들이 받은 교육 및 성장 배경 사이에 어떤 차이가 있었

33) '신도'의 본래 의미에 대해서는 다음을 참고하라. 黃壽祺 · 張善文, 『周易譯注』, 上海: 上海古籍出版社, 1990, 173쪽.

는지를 분명히 파악할 필요가 있다.

신구 교체기의 지방 지식인

대다수 사람들이 생각하는 지식인의 이상적 형상이 어떠한가는 당대사회의 지위상승의 기준과 밀접한 관계가 있다. 민국 『고요현지』의 '인물'장을 통해 우리는 민국 시기 지방의 재능 있는 자의 기준을 가늠할 수 있다. 현지 편찬자는 대학 졸업생의 지위를 인정해서 청 말 이후 고요현의 대학 졸업생과 관리의 이름을 표로 열거하였다.[34] 표에서 제시된 613명 가운데 513명의 교육 정도를 명기하고 있는데, 이 중 절반이 대학 교육을 받았다. 과거제도가 폐지된 후 40여 년 동안 서양식 대학 교육이나 중등 교육을 받았는지 여부가 중국 사회에서 개인의 지위상승을 규정하는 기준이 된 것이다.

하지만 편찬자 자신들의 교육 배경과 그들이 나열하고 있는 신세대 지식인들의 상황 사이에는 커다란 간극이 존재했다. 6명의 편집위원은 전부 만청 시기 과거시험에 합격한 문인들로 2명은 공생(貢生: 1명은 발공撥貢, 1명은 세공歲貢), 2명은 늠생(廩生), 1명은 부생(附生)[35]이었다. 편집위원 중 최고 서열인 량짠선만이 거인이었다. 15명의 채방(採訪)과 5명의 간사(幹事) 가운데 5명은 청조 때 부생이었으며, 7명은 신식 학당을 졸업하였다. 취직 현황을 살펴보면 3명의 찬집(纂輯)과 3명

---

34) 民國 『高要縣志』, 791쪽.

35) [역주] 발공은 청대 6년 혹은 12년마다 부학(府學)에서 2명, 주·현학(州縣學)에서 각 1명씩 학정(學政)이 생원들 중에서 선발하여 국자감(國子監)에서 공부시키던 제도이다. 세공은 명청대 1년 혹은 2·3년마다 지방의 부·주·현학에서 늠생을 선발하여 국자감으로 보내 공부시키던 제도이다. 부생은 시험에 합격하여 부·주·현의 학교에 채용되어 생원이 된 학생이다.

의 채방[36]은 고요현에서 가장 이름난 성립(省立) 조경사범학교(肇慶師範學校)·조경성립중학(肇慶省立中學)·고요현 현립(縣立) 중학 등의 교장을 역임하였다. 그중 2명은 일본의 화인번역학당(華人飜譯學堂)에서 교편을 잡은 적이 있었고, 2명은 고요현과 영덕현(英德縣)의 교육국 국장으로 재직한 경력이 있었다. 일부 편찬자들은 다른 현에서 현장이나 기타 정부 부처의 국장 또는 비서로 근무하기도 했다. 이 밖에도 편찬자 전원은 모두 고요현 의원으로 재직한 경험을 가지고 있었다. 어떤 사람들은 촌장을 역임하기도 했고, 어떤 사람들은 지방문화와 재정 사무를 관리하는 위원회에 참여한 적이 있었다.[37] 이들의 경력은 제2장에서 논의했던 청 말 향토지와 향토교과서 편찬자들의 배경과 거의 동일하다.

편찬자들 가운데 천더빈(陳德彬, 1882~1950)[38]과 량짠선의 생애는 19세기와 20세기 교체기의 지식인들이 지방 사무에서 담당했던 역할을 가장 잘 보여 준다. 민국 『고요현지』 중에서 천더빈은 대사기(大事記)·정제(政制)·군사 부분을 맡았고, 량짠선은 지리·예속·물산·인물 등의 편찬과 수정을 책임졌다. 천더빈은 만청 시기의 늠생으로, 1915년 선통 『고요현지』의 편찬 업무에 참여하였다. 그는 조경성립중학의 교장 이외에도 고요현 교육국 국장, 고요현 의원으로 재직했으며, 또한 영남 도윤(道尹: 민국 시기에 설치된 성과 현 사이에 위치한 행정 기구)과 남웅현(南雄縣) 지사(知事) 대리(代理)를 역임했다. 그의 아들은 광동성 교육부에서 비서로 근무했다.[39] 이 밖에도 천더빈은 빈흥관 이사회 재산정리위

36) [역주] 찬집은 편찬과 편집 일을 했으며 채방은 취재를 담당했다.

37) 편찬 배경에 관해서는 고요현지의 '찬수중화민국고요현지초편직명(纂修中華民國高要縣志初編職名)'과 현지에 산견된 기타 자료의 종술(綜述)을 참고하라.

38) [역주] 자는 디우(滌吾), 지금의 조경시 사람이다. 1950년 조경부 중학학당에서 교편을 잡았으며 고요시 빈흥국의 이사를 역임했다.

39) 民國 『高要縣志』, 57~60쪽.

원회의 일원으로서 지방재정 사무에서 막대한 영향력을 행사하였다. 민국 『고요현지』의 또 다른 편찬자이자 빈흥관 이사회 구성원에 속했던 사람으로, 1944년에 고요현의 임시 참의회 참의원이었던 우위안지(吳遠基)가 있다.[40)]

5·4운동 기간에 천더빈이 교장으로 재직했던 조경성립중학의 학생들은 조경의 다른 학교 학생들과 조경학생연합회를 결성하여 일련의 시위를 주도하였다. 이때 천더빈은 2명의 학생을 제적시켰는데, 시위가 다 끝난 뒤 학교로 돌아온 학생들이 식당에서 음식을 제공하지 않자 투서를 했다는 것이 그 이유였다.[41)] 당시 북경 정부와 광동 정부는 학생 활동에 대해서 모두 적대적인 태도를 보였다. 1919년 5월 31일 광동성 성장 자이왕(翟汪, 1877~1941)[42)]은 각 학교 교장에게 전보를 발송해 학교에서 모든 반일 활동을 중지시켜 중일 관계를 훼손시키지 않도록 했다.[43)] 천더빈이 2명의 학생을 제적시킨 것은 아마도 상부에서 하달한 명령에 따라 일벌백계로 취한 조치였을 것이다. 이 사건만 가지고 천더빈에게 '보수'·'반동'이라는 딱지를 붙이기는 어렵지만, 적어도 5·4운동 기간에 천더빈과 학생운동 지도자 사이에 긴장 관계가 조성되었다고 볼 수 있다.

거인 출신의 량짠선은 청 말 양광방언학당에서 지리 교사로 근무하며, 서양의 지리학·천문학·인종학을 간략하게 서술한 『양광방언학당 자연지리학 교과서(兩廣方言學堂地文學課本)』를 편찬했다. 이를 통해 그가 청 말 교육개혁의 시대적 흐름에 부응하여 새로운 지식을 소개하

---

40) 『高要縣賓興館産業四刻』, 1945.

41) 鄭放·何凱怡 等, 「五四運動在廣東各地」, 『廣東文史資料』, 第24期, 1979, 46~62쪽.

42) [역주] 자는 하오팅(浩廷), 광동성 신흥현(新興縣) 천당진(天堂鎭) 사람이다.

43) 「廣東督軍莫榮新, 省長翟汪, 省會警察廳廳長魏邦平等鎭壓廣東五四運動的報告, 函電」, 「五四運動在廣東各地」, 『廣東文史資料』, 第24期, 1979, 63~65쪽.

였음을 알 수 있다.[44] 그 후 조경부립중학(肇慶府立中學)에서 역사와 윤리를 가르쳤는데, 이 학교의 전신은 만청의 교육개혁 기간 중에 설립된 단계서원(端溪書院)이었다. 조경부립중학 이외에 그는 다른 성에서 설립한 신식직업중학에서도 교편을 잡았다. 1920년부터 량짠선은 광조나갑종농업학당(廣肇羅甲種農業學堂)에서 교장으로 근무했다. 이 학교는 1923년에 광동 성립(省立) 제4사범학교로 교명을 개정했으며, 1935년에는 성립 조경사범학교로 이름을 바꾸었다. 량짠선은 1946년까지 줄곧 이 학교의 교장으로 재직하였다. 1928년 12월 그는 광동성 교육청에 편지를 보내 월곡과 월극이 저속하고 음란하다는 이유를 들어 학교에서 상연을 금지할 것을 건의하였다. 그는 또 남녀가 함께 학교에 다니고 함께 무대에서 공연하는 것도 금지해 줄 것을 청원하였다.[45] 이런 일련의 행동에서 량짠선이 구시대 지식인의 본색을 벗어나지 못하였음을 엿볼 수 있다. 교육 업무에 참여하는 것 이외에 그는 또 조경 수리성호공소(修理城濠公所) 총리를 역임하였다.[46] 중일전쟁이 종결된 후 량짠선은 일선에서 물러나 곧바로 고요현 문헌위원회를 맡아 전대(前代) 명사들의 저술을 편집, 출판하는 일에 매진했다. 1949년 이후에는 정협(政協) 광동성 위원과 광동성 문사관(文史館) 관원으로 근무했다.[47]

민국 『고요현지』의 편찬자들은 교장으로 재직한 경력을 가지고 있었던 까닭에, 지방의 문화와 교육 사업에 특별히 관심을 기울였다. 현지 속에서 그들은 지방문화가 파괴되었다고 탄식하며 지방 풍속을

---

44) 梁贊燊, 『兩廣方言學堂同學錄』, 廣州, 1936 重刻 , 梁贊燊, 『兩廣方言學堂地文學課本』, 淸風橋文茂印局書行, 출판연도 미상.

45) 「訓令第581號: 禁止男女學生不得共同演劇及演習戲曲俗樂曲」, 『廣東教育公報』, 第1卷 第6期, 1928.12, 88~89쪽.

46) 民國 『高要縣志』, 28쪽.

47) 民國 『高要縣志』, 650쪽. 梁詡, 「紀念先父梁贊燊」, 『高要文史』, 第1期, 1985, 43~53쪽. 량쉬(梁詡)는 량짠선의 아들이다. 필자는 1992년 8월 19일 조경에서 그를 만나 인터뷰한 바 있다.

개혁하는 해결 방안을 제시하고 있는데, 그것은 바로 중국과 서양의 지식을 선택적으로 수용하여 이용하자는 것이었다. 그들에게 있어서 중국문화의 주체는 언제나 유가사상이었다. 민국 『고요현지』 속에서 편찬자들은 여러 차례 사서오경을 인용하여 자신들의 논점을 강화했다. 고요현 문화의 과학적이고 현대적인 면모를 드러내기 위해 편찬자들은 「예문지(藝文志)」장의 잡록(雜錄) 속에 이 지역 사람들이 쓴 몇 권의 과학과 수학 교과서를 수록하고 있지만, 이 장의 첫 페이지 첫머리를 장식한 것은 여전히 전통 경전과 역사서였다. 민국 시기에 이르러 유가의 위상이 예전만 못했지만, 민국 『고요현지』의 편찬자들은 유가사상에 대한 옹호를 확실히 표명하였다.[48)]

지방지 속의 국가문화

이 책의 서론 부분에서 지적한 것처럼, '문화'라는 개념은 청 말에 출현하여 민국 시기에 이르러 중국 지식인들의 주요 관심사가 되었다. 민국 『고요현지』 편찬자들 같은 현급 지방지도자들도 예외는 아니었다. 그들은 글에서 '문화'라는 용어를 자주 사용하면서 자신들이 오랫동안 추종해온 '유가의 도'와 잘 어울린다고 생각했다. 천더빈은 『고요현빈흥관산업사각(高要縣賓興館產業四刻)』에서 빈흥관 이사위원

48) 이것은 남경 정부 및 광동 당국의 정책과 절묘하게 합치되었다. 1929~1936년 사이에 광동은 군인 천지탕이 통치하고 있었다. 그는 경전을 읽고 공자에게 제사 지낼 것을 대대적으로 제창하였다. 천지탕이 실각한 후에 남경 정부는 춘제와 추제는 폐지했지만, 공자의 탄생 기념일은 그대로 유지하였다. 1948년 남경 정부는 심지어 공자 제사를 전면적으로 부활시켰다. Choi Po King, "Education and Politics in China: Growth of the Modern Intellectual Class 1895~1949"(Unpublished D. Phil. dissertation, Oxford: University of Oxford, 1987), p.267.

회가 지방 교육사업을 지지한 것에 대해 아래와 같은 내용의 글을 발표하였다. 그리고 그 내용을 민국 『고요현지』 '교육'장에 삽입하였다.

> 지난 20여 년간 빈흥관은 여러 차례 부활과 폐지를 반복하면서 매우 힘들게 유지되어 오늘날에 이르렀다. 앞사람들의 노고를 기억하고 **문화** 사업의 중요성을 생각하면, 우리 고요현 사람들은 영원토록 이를 기억하고 보존해야 한다. 이제부터는 한 해 예산에 편입시켜 지속적으로 확대하고자 한다. 청나라 옌푸는 "종족의 흥망성쇠는 부유함과 빈곤함에 달려 있다"라고 말했다. 오여륜은 심주(深州)의 풍토를 기록하며 이렇게 말했다. "풍속은 시대에 따라 좋아졌다 나빠졌다 계속 변화한다. 풍속을 바꾸는 임무는 문유(文儒)에게 달려 있다. 유가의 도가 성하면 나날이 새로워지고, 유가의 도가 쇠퇴하면 옛날에도 미치지 못한다." 옌푸가 말한 종족은 반드시 국민 전체를 가리키는 것만은 아니며, 하나의 향, 읍, 성씨(姓氏), 씨족, 단체 등 무리가 모여 있는 것은 다 포함된다. **오여륜이 말한 유가의 도란 바로 오늘날의 문화이다.** 유럽과 미국의 부강한 자취를 살펴보면 옌푸와 오여륜 두 사람의 말이 전혀 틀리지 않았음을 확인할 수 있다.[49]

한편 량짠선이 『고요현전대명인저술휘초(高要前代名人著述彙鈔)』에 쓴 서문에는 '문화'라는 용어가 빈번히 등장한다. 그런데 '문화'에 대한 그의 해석은 '문화'를 '유가의 도'와 동일시한 천더빈과 다른 것 같으면서도 묘하게 닮아 있다.

> 세상의 도가 쇠미해지면 **문화**는 더욱 쇠락하니, 필부들에게도 그에 대한 책임이 있음을 잊어서는 안 된다. 내가 교육 사업에 헌신한 지 40년이 넘었으나 배운 바가 천박하여 시대에 도움이 될 만한 것이 별로 없음에 스스로 부끄럽게 생각한다. 지금은 비록 은퇴했지만 예전처럼

---

49) 『高要縣賓興館産業四刻』, 1945, 4~5쪽. 강조한 부분은 필자가 한 것이다. 아래 부분도 같다. 民國 『高要縣志』, 660쪽.

고통과 어려움을 참고 견뎌가면서 하루라도 공부를 멈춘 적이 없다. 자신의 능력을 헤아리지 않고 유가의 도와 문화 보존이라는 책무를 나의 임무로 여겼다. 우리 고요현은 과거의 **문화**를 보존하고, 현재의 **문화**를 제고하며, 미래의 **문화**를 발전시키고자 하지만, 진실로 지혜가 미치지 못하여 혼자 생각만 가지고 있을 뿐이다.

…… 과거의 **문화**를 보존한다는 말은 무슨 뜻일까? 우리 현은 옛날부터 **문화**가 홍성하여 유명한 인물들이 잇달아 나왔다. …… 이른바 **문화**라는 것은 그 함의가 매우 넓어 사소하게 저술된 문자에 국한되지 않지만, 또한 문자와 저술에 의탁하여 전하지 않을 수 없다. 우리 현 출신의 전대 명인들의 저술은 당시 **문화**의 결정체로 모범으로 삼기에 충분하고, 후인들의 저술들도 적지 않으니 모두 방치해서는 안 된다.

…… 현재의 **문화**를 제고한다는 것은 무슨 뜻일까? **문화**의 정의에는 두 가지 설이 있다. 문사과학(文詞科學)에 속하는 것을 문예(文藝)라고 하고, 도덕교화에 속하는 것을 문덕(文德)이라고 한다. …… 지금 사람들은 구어체 문장을 제창하면서 그것을 **신문화**라고 여기는데, '문장에 문채가 없지[言而無文]' 않은가? 문장에는 각기 알맞은 역할이 있다. 나는 구어체 문장이 중시할 가치가 없다고 말하는 것이 아니라, 문언문은 없애서는 안 되며 마땅히 배우고 익혀야 하는 것이라고 생각한다. …… 구어체 문장은 군중들에게 알리거나 구어를 기록할 때는 알맞다. 그런데 국가의 공식 문서나 지방지를 구어체로 펴내도 좋을까? 구어체 글은 가장 조잡하고 천박한 문장 중 하나로, 저 깊이 있고 우아한 경지는 문언문이 아니면 담아낼 수도 전달할 수도 없다.

미래의 **문화**를 어떻게 발전시키고 어떻게 더 빛나고 성대하게 만들 수 있을지는 현재로선 알 수 없고, 오늘날 우리가 가까운 시일 내에 기약할 수도 없는 일이다. 다만 앞 시대의 것을 계승한 다음에야 후대의 것을 인도할 수 있으며, 원류를 깊이 판 연후에 흐름을 넓힐 수가 있다. 그러므로 반드시 먼저 과거의 **문화**를 보존하고 현재의 **문화**를 제고시켜야만 미래의 **문화**를 발전시킬 수 있다. **문화**란 과거의 것은 지나가고 미래의 것이 이어지면서 끊임없이 계속 바뀐다. 홍성했다가 쇠퇴하고 쇠퇴했다가 홍성하면서 끊임없이 순환된다. 누군가 그것을 유지하고 진홍시킬 수 있다면 홍성하고, 유지하고 진홍시키는 사람이 없으면 쇠

> 락한다. 한 나라, 현, 향의 **문화**가 홍성하면 그 나라, 현, 향이 부강해지고 빛나게 된다. 그렇지 않으면 사람들이 우둔해져 몰락하는 것은 필연적이다. 유가의 도와 문화는 우리 모두에게 책임이 있다. 한 현의 **문화의** 흥망성쇠는 그 현 사람들의 공동 책임이니, 나는 우리 고장 사람들과 함께 힘쓰고자 한다![50]

량짠선은 민국 시기의 지식인들을 따라 습관적으로 '문화'라는 개념을 사용하고 있지만, 신문화운동 제창자들과는 다르게 문화를 이해하고 있음이 분명해 보인다. 그는 당시의 논의 속에서 '문화'가 포괄하는 것이 단지 문자의 산물에만 국한되지 않는다는 점을 알고 있었지만, 문자야말로 변함없이 문화를 세상에 전파할 수 있는 매개체라고 여겼다. 량짠선은 구어체 문장을 반대한다고 명확히 밝히지는 않았다. 그러나 '군중'·'조잡하고 천박함'과 '국가의 공식문서'·'깊이 있고 우아함'이라는 이 두 조합으로 구어문과 문언문의 역할분담을 설명함으로써, 신문화운동과 신문학에 대하여 전혀 호감이 없음을 분명히 드러내고 있다.

그는 '문언문/구어문', '아/속'과 같은 대립적인 담론 상황에서 '국가의 공식문서'와 '향읍(鄉邑)의 지방지'를 나란히 언급하면서, 한 나라, 현, 향의 문화의 운명을 연결시키고 있다. 이 책 제2장 만청 시기의 향토교과서와 관련된 논의에서 우리는 이미 지방 문인들이 향토지와 향토교과서를 편찬할 때 그들이 소속된 '지방'(한 성이나 현)과 당시 형성되고 있던 국가 관념을 애써 연결한 사실을 알 수 있었다. "한 국가, 현, 향의 문화가 홍성하면 그 나라, 현, 향이 부강해지고 빛나게 된다"라는 량짠선의 언술은 청 말 향토교과서 서술 논리의 연장선

50) 梁贊燊, 『高要前代名人著述彙錄·弁言』, 肇慶: 高要縣文獻委員會, 1948. 강조한 부분은 필자가 임의로 처리한 것이다.

상에 있다고 볼 수 있다. 하지만 청 말에는 '국가' 개념이 만들어지고 있을 때여서 청 정부와 혁명당은 물론 제도권 안의 지식인들 모두 각자의 공간에서 이 논쟁에 참여하였다. 그런데 민국 시기에 이르러 '국가'의 개념을 정의하는 권력은 점차 특정 정권의 수중에 들어갔고, 권력을 장악한 자가 자신의 지위를 공고히 하는 데 중요한 자원으로 이용되었다. 1928년 국민당 정부는 적어도 명목상으로는 중국을 통일한 상태였다. 그들은 남경에 수도를 정한 뒤에, 물리적인 건축물과 이데올로기적인 측면에서 정권을 안정시키는 데 도움이 되는 국가 제도와 국가 관념을 확립하는 작업에 착수하였다.

1948년 『고요현지』의 편찬 작업을 마친 저자들은 지방에서 어느 정도 정치와 경제적 역량을 가지고 있었겠지만, 이념적으로 중앙정부와 일치해야 한다는 것을 소홀히 할 수 없었다. 민국 『고요현지』 편찬자들에게 있어서, 1930년대에 이르러 가장 중요한 국가문화 노선의 목표는 신생활운동이었다. 1934년 남경 정부가 전국 각지에서 추진한 신생활운동은 사회개혁의 가장 중요한 강령이 되었다. 이 운동은 표면적으로 '신(新)'생활을 고취하고자 했지만, 이념과 실천적인 측면에서 보다 중시한 것은 오히려 구도덕의 유지였다. 이런 의제는 『고요현지』 편찬자들이 생각했던 것과 꼭 들어맞아 사회 풍속을 개혁해야 한다는 그들의 견해는 신생활운동의 토대 위에서 빛을 발하였다. 민국 『고요현지』「예속」장에서는 그 지역의 혼인 · 장례 · 제사 · 세시오락 · 기념 활동의 신구 관습을 서술한 다음, 따로 '인민 생활과 신생활'이라는 별도의 절에서 이렇게 말하고 있다.

> …… 낡은 것을 버리고 새롭게 혁신하는 동안 온갖 폐지되었던 것들이 다시 홍성하게 되었고 문명도 날로 발전하였다. 사회의 풍속도 점차 변해 갔으며, 인민들의 생활도 점점 여유로워졌다. 따라서 먹고사는 문

제, 거처의 편안함, 의복과 기물의 화려함, 여행과 교통의 편리와 같은 일상생활이 또한 날로 중시되었다. 하지만 사치를 부려 절약하지 않거나 지나치게 검소함을 추구하거나, 위생에 적합하지 않고 질서를 따르지 않는 일 또한 비일비재했다. 최근 들어 정부가 신생활운동을 제창하고 있는데, 이른바 '신생활운동'이란 시대와 환경에 적합하지 않은 우리나라 국민의 습성을 깨끗이 제거하여, 시대와 환경에 적합한 방향으로 이끌고자 하는 것이다. 단순하게 말해 국민 생활의 합리화를 추구하는 것이고, 중화민국 고유의 덕성인 예의와 염치를 기준으로 삼는 것이다. 국민의 생활을 어떻게 고상하게 만들 수 있을까 하는 것을 '생활의 예술화', 국민 생활을 어떻게 풍족하게 할 수 있을까 하는 것을 '생활의 생산화', 국민의 생활을 어떻게 공고해지도록 할 수 있을까 하는 것을 '생활의 군사화'라고 한다. 이 세 가지가 실현되는 것을 '생활의 합리화'라고 한다. 합리화를 실현하려고 하는 것은 의식주행(衣食住行)을 포함하고 있다. 우리나라 국민들로 하여금 예의와 염치를 규범으로 삼아 의식주행 속에서 실천하도록 하려는 것이니, 생활의 내용이 충족되고 조건이 구비되면 이것을 일컬어 '신생활'이라고 한다.(어본(語本) 『신생활운동강요(新生活運動綱要)』) 신생활은 민국 22년(1933) 2월 19일 총재 장제스가 남창(南昌) 임시 병영에서 처음 제창하였고, 다음해 2월 훈령을 공포하여 전국적으로 시행되었다. 우리 현은 민국 25년(1936)에 신생활운동촉진회를 조직하여 추진한 까닭에 인민들 가운데 신생활을 추구하는 자들이 많다.[51]

이상의 신생활운동과 관련된 논의는 사실 장제스가 신생활운동을 발표한 어떤 연설에서 비롯된 것이다.[52] 장제스가 분명히 밝혔듯이 신생활운동에는 사실 '새롭다'고 할 만한 점이 전혀 없다. 단지 인민들에게 중국의 전통적 가치관인 예의와 염치에 따라 일상생활을 '합리화'할 것을 요구한 것에 지나지 않았다. 국민당 정부가 전통적인 유가의 가치관을 새롭게 해석한 것은 현실의 정치적 필요에 부응하기

51) 民國 『高要縣志』, 683쪽.

52) 蔣介石, 『新生活運動』(葉楚傖 記錄), 南京: 正中書局, 1935, 87쪽.

위한 것이었다. 아리프 딜릭(Arif Dirlik)이 지적한 것처럼 신생활운동의 주안점은 결코 전통을 긍정하는 데 있지 않았으니, 그것은 사실상 '현대의 반혁명적 보수주의'를 드러내는 것이었다.[53)]

국민당 정부가 추진한 신생활운동은 1930~40년대 중국의 국민이라는 신분에 한층 더 집단적인 정의를 부여했다. 신생활운동은 국민들에게 생활의 '합리화'를 요구하였다. 왜냐하면 국민당 정부는 불량한 풍속과 습관 탓에 국민성에 약점이 많아져 중국이 나약해진 것이라고 여겨, 국민 생활의 발전을 촉진해야만 중국에 미래가 있다고 생각했기 때문이다. 이런 '국민' 관념은 개인이 행동하거나 일상생활에서 선택할 때, 반드시 국가의 필요를 우선적으로 고려해야 한다는 것을 뜻한다. 다시 말하면 집단의 관념이 개인의 관념보다 훨씬 더 위에 존재한다는 것을 의미한다. 어떻게 해야 '합리화'된 생활인가에 대해 장제스는 생활은 반드시 '예술화'·'생산화'·'군사화'되어야 한다는 해답을 제시했다. 군인 출신이었던 장제스는 자연스럽게 '군사화'를 나라를 다스리는 훌륭한 방법으로 여겼고, 심지어 신생활운동을 군사화 운동과 동등하다고까지 생각했다. 그 목적은 국민들의 정신과 행동을 통일시켜 그들로 하여금 언제든 국가를 위해 기꺼이 희생하도록 만드는 데 있었다.[54)] 즉 당시 국민당 정부의 방침에 따르면 국가를 통치하는 가장 훌륭한 방법은 국가를 일종의 군대로 간주하는 것이었고 국민이 가장 본받아야 하는 모범은 군인이었다. 국민당 정부의 이러한 이데올로기는 독일의 나치즘과 이탈리아의 파시즘이 한창 고조되던 시기에서 그 기원을 찾을 수 있었을 뿐 아니라 당시 많은 사람들에게 상당한 호소력을 가지고 있었다.

---

53) Arif Dirlik, "The ideological foundations of the New Life Movement: a study in counterrevolution", *Journal of Asian Studies*, Vol.34, No.4, 1975, p.968.

54) 蔣介石, 『新生活運動』, 42~43쪽.

청 말 민국 초 이래로 군인의 지위가 급속하게 상승하여 국가의 군사화를 이루는 데 토대가 되었다.[55] 이런 상황은 지방의 건축물과 문헌에도 반영되어 있다. 1920년대 전임 조경독군(肇慶督軍)이 '조군충열사(肇軍忠烈祠)'를 세워 군인의 지위를 부각시켰다. 1939년 '조군충열사'를 '고요충열사(高要忠烈祠)'로 이름을 바꾸고 중일전쟁 기간에 사망한 장병과 사병을 기렸다. 민국 『고요현지』「인물」장에 기술된 513명의 교육 배경을 살펴보면, 군사학당에 입학한 자들이 5분의 1을 차지하고 있고, 관직에 올랐던 230명 가운데 4분의 3 이상이 군인들이다. 이는 과거의 현지에서는 찾아볼 수 없는 현상이다. 예전 지방지의 과거시험 급제자 표에는 무과에 합격한 거인들은 들어갈 수 있었어도, 군대에 복무했던 일반인들의 이름은 수록될 수 없었다.

신생활운동이 생활의 '예술화'를 고취함에 따라 민국 『고요현지』의 예술 · 음악과 관련된 분량이 과거의 현지보다 많아졌다. 국가주의가 팽창하던 시대에 『고요현지』의 편찬자들이 '국악(國樂)'을 제창한 것은 몹시 자연스러운 일이다. 그러나 도대체 '국악'이 무엇인가라고 하는 문제에 대해서는 그들도 제대로 된 답변을 제시할 수 없었던 듯이 보인다. 그러므로 우리는 다만 우회적으로 해답을 찾을 수밖에 없다. 앞에서 서술한 것처럼 편찬자 량짠선은 성립 제4사범학교 교장으로 재직하던 시기에 광동 교육청에 보내는 편지에서 이렇게 건의하였다.

> 근래 월악(粵樂)이 성행함에 따라 각 학교 학생들은 입으로 희곡(戲曲)을 부르고, 손으로 속악(俗樂)을 연주하곤 합니다. 학교라는 존엄한 장소가 배우들이 연습하는 곳처럼 변해 버렸습니다. 목청껏 소리 지르고 제멋대로 행동하면서 예법의 구속을 받지 않으니, 학업에 전혀 도움이 되지 않고 특히 사람의 마음을 방탕하게 만듭니다. 학교에서 음악과

---

55) Tien Hung-mao, *Government and politics in Kuomintang China 1927~1937*, Stanford: Stanford University Press, 1972, p.178.

노래를 가르칠 때 보편적으로 익히는 악기들과 순정한 악곡 이외에, 다른 모든 희곡과 속악은 일절 금지하도록 조치를 내려 주십시오.

당시 광동성 교육청 청장 황제(黃節)는 량짠선의 건의를 받아들여 '학생들이 희곡과 속악 연습하는 것을 금지한다'는 것에 동의하고 모든 학교가 준수하도록 명령을 하달했다.[56] 량짠선이 이런 생각을 가지고 있었으니 『고요현지』에서 월극은 '음란하고 퇴폐적이고 시끄럽고 저속하여' '대아지당'에 오를 수 없으니 서양의 음악과 함께 논할 수 없다고 한 것도 전혀 이상한 일이 아니다.[57] 당시 교육계에서도 량짠선과 비슷한 생각을 했던 것으로 보인다. 몇 년 후 개최된 광동성 제4차 교육회의에서 반포된 '초중등학교 음악수업 교학 강령(初中音樂科敎學綱要)'에는 다음과 같은 내용이 언급되어 있다. "가곡은 활발하고 웅장하며 즐겁고 적극적인 것을 많이 선택해야 한다. 슬프고 퇴폐적인 것은 가능한 적게 사용해야 한다. 현재 유행하는 월곡·범음(梵音)·영화음악처럼 수준 낮은 가곡과 리진후이(黎錦暉, 1891~1967)[58]류의 작품은 절대로 사용하지 못하도록 해야 한다."[59] 민국 『고요현지』에서는 몇 수의 월곡을 수록하였으나 모두 '가곡'이 아닌 '잡

56) 「訓令第581號: 禁止男女學生不得共同演劇及演習戲曲俗樂曲」, 『廣東敎育公報』, 第1卷 第6期, 1928.12, 8889쪽.

57) 民國 『高要縣志』, 83쪽.

58) [역주] 자는 권취안(均荃), 호남 상담(湘潭) 사람이다. 근대 시기의 유명한 아동 음악가이자 대중음악가이다. 1912년 장강고등사범(長江高等師範)을 졸업한 후 북경·장사에서 음악 교사로 재직하였다. 그는 만형 리진시(黎錦熙)의 교육개혁 사상의 영향을 받아 신음악과 신문학운동에 적극 동참하였다. 「참새와 아기(麻雀與小孩)」·「포도 선녀(葡萄仙子)」·「나비 세 마리(三蝴蝶)」 등의 아동용 가극, 「신선 자매(神仙妹妹)」·「달 밝은 밤(月明之夜)」·「호랑이가 문을 두드리네(老虎叫門)」 등의 가곡을 대량으로 창작하였다. 통속적인 가사와 발랄한 가락으로 당시 선풍적인 인기를 끌었다.

59) 鄧章興 主編, 『廣東全省第4次敎育會議提案之四(1): 修訂初級中學校各科敎學綱要』, 1934.

악(雜樂)'으로 분류하였다. 월곡과 월극은 1940년대 광동성·홍콩·마카오·동남아, 심지어 상해에서 상당한 규모의 시장성을 확보하고 있었음에도 불구하고, 일부 지방 지식인들은 오히려 코웃음을 치며 비웃었다. 개인적인 취향 때문이기도 했지만 자신이 엘리트라는 신분적 정체성을 부각시키고자, 그들이 신시대의 국악을 적극적으로 추구하였기 때문이기도 하다. 지방 악곡이 대아지당에 오르지 못하고 작곡과 악기사용에서도 서양음악의 도움을 빌리지 않을 수 없는 상황에서, 국악에서 '국'의 요소는 도대체 어디에서 구현되었던 것일까? 우리는 단지 가사에서 그 흔적을 찾아볼 수 있을 뿐이다. 민국 『고요현지』에서 가곡으로 분류하여 수록한 가곡 몇 수를 살펴보면, 민국 시기 지방의 지식인들이 국악에 대하여 어떤 정의를 내렸는지를 알 수 있다.

「여가복무단의 노래(公餘服務團歌)」

세상은 자기 일만 하는 사람을 용납하지 않으니 우리 함께 일하세.
민족이 어찌 모래알처럼 흩어지리오! 혁명이 어찌 자유로운 습관이 될 수 있으리오!
오늘날은 군중의 시대. 눈을 크게 뜨고 분명히 봐야 하니,
집단적 생활과 군중의 운동으로 이기심과 나태함을 극복하세.
동지들이여! 학교 같은 기관에서
함께 밥 먹고 함께 일하면
우리 집단의 정신은 광명처럼 빛나리!
우리 집단의 정신은 광명처럼 빛나리![60]

---

60) 民國『高要縣志』, 879쪽.

여가복무단은 중일전쟁 기간에 광동성 정부가 광주에서 곡강현(曲江縣)으로 옮겨 왔을 때 성 정부 비서처에서 설립한 조직이다. 복무단은 병사들의 사기를 진작시키고 마음을 다잡기 위해서 '기관의 학교화'를 제창하였고 정부 관리들이 공무 이외의 여가 시간에 단체생활을 하도록 부추겼다. 이 노래의 작곡자 황유이(黃友棣, 1912~2010)는 중산대학 교수이자 광동예술기술대학 음악과 학과장으로 재직하였다. 그는 본적이 남해지만 고요현에서 성장했다. 작사가 량한차오(梁寒操, 1898~1975)는 고요현 사람으로 국민당 중앙선전부 부장이었다. 이 두 사람의 학술과 정치적 위상, 고요현과의 관계, 게다가 여가복무단이라는 정치적 배경 등이 작용하여 『고요현지』의 편찬자들은 그들의 음악 창작을 승인하였던 것이다. 학교 교장 출신인 편찬자들로서는 '기관의 학교화'라는 이 관념을 이해하는 것이 그다지 어려운 일이 아니었다. 기관의 학교화는 나아가 군법으로 나라를 다스리는 토대를 조성하였다.

조경사범학교 교가는 고요현 출신의 인재, 개인의 앞길의 성공과 실패, 국가에 대한 인식이 교묘하게 결합되어 있다.

「조경사범학교 교가(肇慶師範學校校歌)」

서강(西江) 북쪽에 위치한 위대한 우리 학교
기세등등한 저 강물이 발원한 곳.
기초를 닦은 후 세상으로 뻗어 나가서는
오직 근본이 있어야 공적을 쌓아 후세에 은덕을 끼친다.
배움을 근본으로 삼고 열심히 실천하면 나날이 발전하리라.
남의 모범이 되는 것은 곧 스승의 자질이요,
무리 중에서 빼어남은 나라의 영광이로다.

오육(五育)[61]과 십준(十準) 잊지 말고 온갖 고난과 좌절 극복하면 날로 번영하리요!

인재 교육은 쉬지 않고 저 강물과 더불어 영원하리라![62]

가사 속에 나오는 국가와 관련된 각종 비유는 문학적인 시각에서 볼 때 특별히 뛰어난 기교는 아니지만, 지방과 국가를 연결시키고자 한 작가의 노력을 분명히 엿볼 수 있다. 물론 이러한 동질감은 개인의 미래와 연계되어야만 보다 실질적인 의미를 가질 수 있다. 조경사범학교 학생들은 스스로 고요현의 엘리트라는 자부심을 느끼면서 동시에 한 단계 더 올라가 국가의 엘리트가 되기를 희망할 것이다. 그러나 이처럼 국가의식이 충만한 가사를 당시의 광동 학생들이 '국어'로 부를 수 있었는지의 여부는 또 다른 별개의 문제이다. 민국 시기에 국어운동은 광동에서 줄곧 그다지 성공을 거두지 못하였다. 1941년에서야 광동성정부 교육청은 황유이의 『어떻게 학교 음악활동을 지도할까?(怎樣指導學校音樂活動)』라는 책자를 발행하며 이렇게 언급하였다. "우리는 수많은 어설픈 국어 노래를 자주 듣곤 하는데, 정말 가르치는 사람을 불안하게 만든다. 물론 우리도 지나치게 엄격한 태도를 취할 수는 없지만 너무 심한 경우나 월극의 '무대 대사'로 노래할 때면 두렵기조차 하다." 황유이는 교사들이 음악 수업을 진행할 때 학생들에게 다음과 같이 하도록 제안하였다. "국어로 노래한 뒤에 사투리로 불러 보도록 시킨다. 그들로 하여금 변화에 빠르게 적응하도록 하고자 하면서, 국어노래가 부르기에 편하다고 느끼도록 하기 위해서이다. 교사의 입장에서 국어보급 업무를 더 효과적으로 수행하기

61) [역주] 지육(智育) · 덕육(德育) · 체육(體育) · 공중도덕(群育) · 예술교육(義育)을 가리킨다.

62) 民國 『高要縣志』, 878쪽.

위해서는 국어로 노래하는 것을 장려해야 한다."[63]

'국민'이라는 정체성이 다른 모든 정체성보다 우위를 점한 상황에서 민국 『고요현지』의 편찬자들은 어떻게 지역적 정체성을 표현했을까? 앞에서 서술했듯이 천더빈은 현지에서 자신이 집필한 『고요현빈홍관산업사각』 후기에서 옌푸가 사용했던 '종족' 개념에 대한 이해를 끌어다가 하나의 향, 읍, 성씨, 씨족, 단체 등 무리가 모여 있는 것"이라는 의미로 확대하였다. 이는 우리로 하여금 청 말 각 지역에서 향토교과서를 편찬했던 지방 지식인들이 왜 애향과 애국의 감정을 적극적으로 연계시켰는지를 다시 생각하도록 만든다.

청 말 향토교과서의 편찬자들과 마찬가지로 민국 『고요현지』의 편찬자들은 애향과 애국의 감정을 연계시키는 것을 잊지 않았으며, 향촌 내 족군의 차이, 심지어 문화 수준에서도 차이가 존재한다는 견해를 드러내었다. 「씨족」장에서 편찬자들은 현지조사 자료와 족보에 근거하여 116개 성씨의 원류와 현황을 기록하고 있다. 그들은 씨족의 변화와 발전이 "문화가 생겨나고 사회조직이 형성되고 공고해지는 것"을 반영한다고 생각했다.[64] 앞에서 언급했듯이, 고요현은 광부인이 중심 세력을 형성하고 있었다. 「씨족」장 후기에서 현 안에 거주하는 객가인과 단민에 대해 기술하면서 편찬자들은 직접적으로 비방하고 헐뜯지는 않았지만, 글의 행간에는 많은 차별의 표현들이 내포되어 있다.

> 영남은 고대 백만(百蠻) 지역이다. 고요현은 서쪽 끝자락 편벽된 곳에 위치하여 몹시 황폐했다. 전하는 바로는 전대에 요인(傜人)들이 동굴에 살았다['完'은 '穴'를 잘못 쓴 것 같다—인용자]라고 했는데 과장은 아

---

63) 黃友棣, 『怎樣指導學校音樂活動』, 廣東省政府教育廳第一科, 1941, 36~38쪽.
64) 民國 『高要縣志』, 106쪽.

닌 듯하다. 근래에 이르기까지 오랜 세월 동안 그들의 발자취가 끊기고 거주민들은 모두 한족이 되었다. 그 가운데 본적이 조금 다른 자들이 객가인이다. 고증자들에 따르면 객가인의 언어에는 고대 중원의 언어가 남아 있어, 그들이 한족과 거의 동일한 종족일 것이라고 한다. …… 고요현에 거주하는 객가인이 사용하는 객가어는 광동성 동북쪽 강서성의 객가인과도 통하지만, 우리들과 교류할 때는 일반적인 광동어를 사용한다. 한족과 객가인 사이의 경계는 없다. 객가인은 부지런하고 힘든 것을 참고 절약하며, 고대 서진(西晉) 문화의 풍격을 가지고 있으나 문화가 발달하지는 않았다. 근래 들어 지력(地力)이 쇠하자 남양군도로 이주하여 생활하는 자가 천 명이 넘는다. 그 밖에 고요현에는 단민들이 조금 거주하고 있는데, 이 종족의 기원에 대해 말들이 많지만 대부분 억측에 불과하다. 물가에 살면서 물고기를 잡고 손님들을 실어 나르는 것을 생업으로 삼으며 장사하는 자들도 있다. 풍속이 우리와는 다르다. 청대에는 멸시를 받아 육지 사람들과 함께 거주할 수 없었으며, 인구가 2,3천 명에 지나지 않는다. 복건계 같은 종족은 현 안에는 없다. 고요현의 백성들은 순수 한족이 대부분이라, 객가인과 단민 이외에는 기록할 만한 것이 없어 덧붙이는 바이다.[65]

필자는 「씨족」장에 열거된 모든 성씨가 다 광부인인지, 그리고 이들이 당시에 모두 '순수한 한족'으로 분류되었는지의 여부를 고증할 방법은 없다. 하지만 위의 인용문에서 민국 『고요현지』가 인정한 '우리[吾人]'라는 말 속에 객가인과 단민이 포함되지 않았음을 알 수 있다. 우리가 또 잊지 말아야 할 것은 고요현이 일찍이 함풍·동치 연간에 광부인과 객가인 사이에 극렬한 싸움이 벌어진 곳이었다는 점이다. 객가학이 흥기하면서 편찬자들은 '객비(客匪)'·'객적(客賊)'처럼 멸시 가득한 단어를 더 이상 사용하지 않았다. 그들은 "어떤 고증자"가 "객가어에는 고대 중원의 언어가 남아 있다"고 말한 것을 알고 있었

65) 위의 책, 248~249쪽.

지만, 객가인이 '한족'에 속하는지 여부에 대해서는 여전히 매우 모호한 태도를 취하고 있다. 그렇지 않다면 "한족과 거의 동일한 종족일 것이다"고 말하지 않았을 것이다. 단민에 대해 편찬자들은 그 기원에 관한 설이 분분하다고 주장하면서, "한족과 거의 동일한 종족일 것이다"라는 이런 모호한 말조차도 덧붙이지 않았다. 민국 『고요현지』 편찬자들이 보기에 객가인과 단민은 결코 '우리', '고장 사람', 또는 '현 사람'이 될 수는 없었기에, 이 고을의 문화발전과 별로 관계가 없다고 생각했음이 분명하다.

지방의 이익과 민족의 의미

관념적인 측면에서 고요현 사람들이 지역과 국가를 연계시키려 한 것이 논리적으로나 실제적으로는 잘 들어맞지가 않지만, 이념적으로는 쉽게 설득력을 얻을 수 있다. 그러나 현실 생활 속에서 고요현의 이익과 광동성의 이익, 나아가 중앙의 이익과 충돌이 생길 경우 현지의 편찬자들은 겉으로는 국가에 충성하는 태도를 취하면서 교묘하게 지역의 이익을 옹호하였다.

예를 들어 지방 문헌에서 그 지역의 고위장교를 매우 떠받든다고 할 때 추상적인 의미에서는 군사화를 고취하는 국가의 주장에 잘 부합하는 것이다. 그런데 이 고위장교가 중앙 정부의 지도자와 갈등 관계에 있을 때 지방지에서 그를 떠받든다면 중앙에 도전하는 것에 다름 아니니 신중을 기해야만 한다. 민국 『고요현지』의 편찬자 중 한 사람인 위한머우에 대한 묘사가 바로 이러한 면을 잘 보여 주는 사례이다.

위한머우는 고요현 사람으로 1930년대부터 광동의 정치와 군사 방면에서 중대한 영향을 끼친 인물이다. 1925년 그는 천지탕(陳濟棠) 수하의 군단장이었으나 1936년에는 장제스와 협력하여 천지탕 정권을 무너뜨리고, 광동성 제4전투구역 부사령관에 임명되었다. 중일전쟁 기간 동안 위한머우는 제7전투구역 사령관을 맡았으며, 1936년에는 신생활운동협회의 훈도(訓導)를 지냈다.[66] 1930년대 말 광동에서 위한머우는 사실상 천지탕을 대신했으며 장제스가 인정한 최고의 군정(軍政) 지도자였다.

자연히 위한머우는 고요현에서 막강한 위치를 차지하였다. 그는 고요현 몇 곳의 사찰과 명승고적지를 건설하고 보수하는 데 자금을 댔고, 고요현립중학에 경제적인 지원을 하여 '위한머우 도서관'이 건립되었다.[67] 1935년 '고요오군사(高要五君祠)'에 그의 신위가 안치되었다. 오군사의 전신은 1922년에 건립된 '삼군사(三君祠)'로, 본래 홍수가 발생했을 때 돈을 기부했던 3명의 이 지역 인사를 기념하기 위해 만들어진 것이었다. 나중에 위한머우와 함께 전 광동성정부 재정청 참의(參議)를 역임한 고요현 출신의 량쭈가오(梁祖誥, 1889~1972)의 신위를 이곳에 안치한 뒤 '기념오군사(紀念五君祠)'로 명칭을 고쳤다.[68] 아직 생존한 상태에서 '사당에 위패가 모셔졌으니' 고요현에서 위한머우가 차지했던 위치가 어떠했는가 가히 짐작할 수 있다. 민국 『고요현지』의 편찬자들은 현존하는 사람을 위해 전기를 쓰지는 않았지만, 「병사기(兵事記)」 등의 글에서 많은 편폭을 할애해 위한머우의 배경과 항일의 영웅적인 사적을 기록하고 있으며, "포용력과 재능이 뛰어나고, 혁

66) 蕭繼宗, 『新生活運動史料』, 臺北: 中國國民黨中央委員會·黨史委員會, 1975, 210쪽.
67) 民國 『高要縣志』, 78쪽, 88쪽, 652쪽.
68) 앞의 책, 761쪽.

혁한 공적을 세웠다"고 칭송하고 있다.[69] 더욱 중요한 것은 앞서 살펴본 것처럼 『고요현지』 편찬 사업이 위한머우의 독촉으로 진행되었던 것만큼 그를 민국 『고요현지』의 '총재'로 추대했다는 사실이다. 정치적 측면에서 위한머우는 민국 『고요현지』의 최고 배후인물이라고 할 수 있다.

하지만 고요현 밖에서 위한머우의 지위와 명성은 논할 만한 것이 별로 없다. 1938년 10월 광주가 함락된 것이 위한머우와 모종의 관계가 있다는 여론이 비등하기 시작했다. 몇몇 사람들의 회고에 의하면 위한머우가 대표를 파견해 일본 측 대표와 회동하는 자리에서 저항하지 않고 광주를 포기하겠다고 답변했다는 사실을 일본군 정보원이 폭로하였다고 한다. 1941년 국민당에서 파견한 정보원이 우체국에 근무하는 척하면서 일본 군대에 투항하는 조건이 담긴 위한머우의 편지를 발견했다는 것이다.[70] 진상이 어떠하던지 간에 위한머우에 대한 불리한 여론이 들끓자, 민국 『고요현지』의 편찬자는 이에 대해 설명을 덧붙여 그를 변호하였다.

> 광주가 함락된 후 위한머우를 비난하는 여론이 일시에 들끓고 중경과 광동성 국민당 중앙위원회에서 회의를 개최하자 위한머우는 이번 사건 전후의 응전(應戰) 경과를 각 측에 상세하게 전보로 알리면서 조금도 속이거나 숨기지 않고 자신의 과오를 깊이 사죄하였다. 그 후 장제스 위원장이 곡강에 이르러 그에게 다음과 같이 말했다. "광동성의 상황이 매우 복잡한 것을 잘 알고 있소. 외부에 비난세력이 많아 잠시 당신을 면직시켰다가 그 자리를 다시 맡길 생각이오." 위한머우는 처분이 너무 가볍다고 생각해 좀 더 엄중한 처벌을 내려 달라고 간청했다. 그리고

69) 앞의 책, 791쪽, 907쪽.

70) 何崇校 · 劉作 · 周養浩, 「抗日戰爭中余漢謀與侵略軍的勾結」, 『廣州文史資料』, 第18期, 1980, 153~166쪽.

국가와 민족에 이롭다면 개인의 희생도 기꺼이 받아들이겠다고 했지만 위원장은 허락하지 않았다. 위원장은 앞으로 믿고 맡길 일이 정말로 많을 거라면서 충성스럽고 책임감 있으며 침착하고 믿음직스럽다 등의 말로 그를 위로했다.[71]

현지는 한발 더 나아가 장제스가 광동 중앙위원회에 보낸 전보를 인용하며 장제스 자신이 광주 함락에 대한 책임을 지겠다고 말하였다고 기술하고 있다. 이 전보에는 위한머우라는 이름이 언급되어 있지 않지만 편찬자는 다음과 같이 결론을 내렸다. "전보문을 해석해 보면 위원장이 광동에서 발생한 이번 사태를 자신의 책임으로 돌리고, 위한머우가 법을 어기지 않았다고 하면서 그를 격려했다. 따라서 위한머우의 평소 사람됨이 본래부터 위원장의 인정을 받았고, 위원장 역시 부하를 잘 다루었다고 할 수 있다."[72] 민국 『고요현지』가 늦어도 1948년에는 완성되었다는 점을 염두에 둔다면, 위한머우를 변호한 위의 인용문은 항전 기간의 비난여론을 겨냥한 답변이자, 1940년대 후반 위한머우가 장제스와 우호적인 관계였다는 인상을 주고자 애쓰고 있음이 역력해 보인다. 사실, 장제스가 오랫동안 천지탕 밑에서 일했던 위한머우를 신임하는 데에는 어느 정도 한계가 있었을 터이고, 장제스에 대한 위한머우의 충성심도 그다지 깊지 않았을 것이다. 1942년 국민당 군대가 차례대로 패하고 퇴각하자 일부 지방 고위장교들은 중앙정부의 권위에 도전하기 시작했다. 위한머우도 그 가운데 한 사람으로서 광서군사령관이었던 리지선(李濟深, 1886~1959)과 중경 정부가 붕괴하면 함께 협력하는데 동의했다고 한다.[73] 또한 1944년쯤

---

71) 民國『高要縣志』, 908쪽.

72) 상동.

73) Ch'i Hsi-Sheng, *Nationalist China at War: Military Defeats and Political Collapse, 1937~1945*, Ann Arbor: The University of Michigan Press, 1982, pp.113~

위한머우가 몇몇 지방 군장교들과 합의를 해, 일본 군대에 저항하지 않아 일본 군대가 장제스 군대를 괴멸시키도록 방임했다는 이야기도 전해진다.[74] 중일전쟁이 종결된 후 새로 임명된 현장 덩칭타오(鄧澂濤, 1904~1974)는 정적들로부터 위한머우의 추천을 받아 '실세를 등에 업고 오만방자하다'고 공격을 받았다.[75] 위에서 언급된 주장의 진위 여부를 판단하기는 어렵다. 전쟁의 국면이 혼미한 상황에서 지방 군관들이 각자 딴 생각을 품은 것은 자연스러운 일이다. 위한머우와 장제스가 서로 의심한 것도 전혀 이상하지 않다. 중앙과 지방 사이의 갈등을 조정하기 위해 민국 『고요현지』가 이러한 허상을 만들어냈던 것으로 이해할 수 있다.

위한머우는 고향 고요현에서 이 지역의 업무를 적극 주재하였지만 한간(漢奸)의 혐의를 받고 있었고 장제스의 신임도 제대로 얻지 못한 상태였다. 하지만 『고요현지』에서는 장제스와의 관계를 미화함으로써 그를 옹호하였다. 한편 천지탕은 고요현 출신은 아니었지만 광동을 통치했던 기간(1931~1936)에 광동의 경제 발전에 상당한 공헌을 했고 고요현도 그 혜택을 누렸다. 고요현과 삼수(三水), 고요현과 덕경(德慶)을 잇는 두 개의 도로는 천지탕이 광동을 통치하던 시기에 건설된 것이다. 하지만 민국 『고요현지』에서는 「예속」장에서 공자(孔子)의 제사를 복원시킨 것과 「정제(政制)」장에서 그를 언급한 것을 제외하면 전체 현지에서 천지탕의 이름을 거의 찾아볼 수 없다.[76] 1936년

114.

74) Lloyd Eastman, "Nationalist China during the Naking decade 1927~1937", Lloyd Eastman, Jerome Ch'en, Suzanne Pepper, and Lyman Van Slyke(eds.), *The Nationalist Era in China 1927~1949,* Cambridge: Cambridge University Press, 1991, p.176.

75) 「高要縣政府施政報告」, 1946, 16쪽.

76) 民國 『高要縣志』, 666쪽, 252쪽.

이전의 광동과 중앙정부의 관계를 기술할 때에는 그 어떤 사람의 이름도 언급하지 않고 있으며 천지탕이 이끌었던 서남정치국조차도 '서남'으로 약칭함으로서 중앙과 지방 간의 모순을 의도적으로 희석시키고 있다. 당시 상황에 대해 민국 『고요현지』에서는 대수롭지 않게 이렇게 묘사하고 있다.

> 혼란한 정치적 상황으로부터 백성들이 점차 안정을 찾기 시작했다. 하지만 중앙과 서남 지역 각 성 간에 정령(政令)이 전해지지 않아 서남은 백성들을 다스리는 데 힘썼고, 중앙은 시대가 바뀌기를 기다리고 있었다. 민국 25년(1936) 8월에 광동성이 중앙에 귀속되면서 전국이 처음으로 통일되었다.[77]

천지탕의 역할을 어떻게 처리할 것인가는 민국 『고요현지』의 편찬자들에게 결코 쉬운 일이 아니었던 듯하다. 위한머우는 1930년대 장제스와 협력하여 서남 정권을 배반하기 전부터 이미 천지탕과 긴장관계를 형성하고 있었다.[78] 천지탕이 광동을 통치했던 기간에 광동성이나 고요현에 어떤 공헌을 했는지에 대해, 민국 『고요현지』에서는 가능한 한 언급하려고 하지 않은 듯이 보인다. 한편 천지탕이 더 이상 영남지역의 패권을 장악하고 있지 않은 상황에서도 장제스는 그를 최고국방회의 위원에 임명하였으며 중일전쟁 기간에는 농림부장을 맡겼다. 적어도 표면적으로 남경 정부는 천지탕을 장제스를 배반한 반역자로 여기지 않았다. 이 점을 고려하여 민국 『고요현지』의 편찬자들은 어쩔 수 없이 천지탕을 언급해야만 하는 경우 소극적인 논조로 처리하거나 평가를 유보하는 태도를 취하였다.

---

77) 위의 책, 906쪽.

78) 廣州市政協文史資料硏究委員會編, 『南天歲月: 陳濟棠主粤時期見聞實錄』, 504~516쪽.

지방과 중앙 사이에 발생한 재정적인 갈등도 현지에 반영되어 있다. 민국 『고요현지』「재계(財計)」장에는 빈흥조직을 장악하고 있던 편찬자들이 중앙정부가 지방에 대해 시행한 재정과 세금 정책에 대해 상당한 불만을 갖고 있었음을 드러내고 있다. 문화와 이념적인 측면에서 편찬자들은 의도적으로 고요현과 국가를 연계시키고자 했다. 하지만 그들도 이런 연계가 가능하기 위해서는 지방이 한 단계 위에 있는 정부에 세금을 납부함으로서 상당한 경제적인 대가를 지불해야만 된다는 점을 잘 알고 있었다. 민국 시기에 성 정부와 중앙정부는 교묘하게 각종 세금 항목과 납입금 명목을 만들어 지방에 극심한 고통을 안겨 주었다. 그에 대해 원망하고 분노하는 감정이 현지 속에 생생하게 묘사되어 있다.

『고요현지』「재계」장은 국가의 재정수입, 성 정부의 재정수입, 자치재정수입 총 3편으로 이루어져 있다. 과거의 현지에서는 보통 국가의 재정을 수록하지 않았으나 이렇게 세 가지로 분류한 이유에 대해 편찬자들은 다음과 같이 설명하고 있다.

> 시대가 요동치면서 세금 부과가 많아졌다. 인두세와 소득세가 분리되었다가 통합되기도 하였으며 각 기관들이 현 안에 포진하였다. 지방의 민중들은 일상생활에 필요한 용품을 사고 팔거나 상공업의 영리행위 등 모든 활동에서, 다 직간접으로 세금을 납부해야 하며 그중 일부를 국고에 납부해야 한다. 단지 적은 액수를 납부한다하더라도 족히 한 지역의 부담이 된다.[79]

이어서 긴 세무 항목들이 나열되어 있는데 대부분 중앙정부가 지방에 대해 징수한 것들이다. 1941년 남경 정부는 재정 정책을 수정해

79) 民國 『高要縣志』, 304쪽.

많은 성정부의 세금 항목을 떼어 내어 중앙으로 귀속시켰다. 또 다른 자료에 따르면 1930년대 고요현의 토지세가 광동에서 가장 높았다. 원래 토지 1무(畝)당 세금이 0.38원이었는데 각종 부가세가 덧붙어져 11원까지 늘어났다.[80] 이런 방증 자료를 통해 고요현의 당시 재정 상황을 설명할 수 있을 것이다. 정부가 경찰조직을 개편하기 위해 지방에 경비조달을 요구한 일에 대해 『고요현지』의 편찬자들은 이렇게 논평하고 있다.

> 이상의 각종 조치는 대부분 먼저 위원회를 조직하여 결의한 후에 투자한 상인들에게 떠맡기거나 위원들이 처리하여 그 폐해가 많았으며, 민중들은 헌납하는 고통을 참아야 했다. 정당한 용도로 사용되어 사람들에게 고시할 만한 것은 10분의 2,3도 되지 않는다.[81]

고요현과 광동성 사이의 재정 갈등은 중일전쟁이 종결된 후 고요현 현장이 작성한 시정 보고서에서 보다 극명하게 드러난다. 당시 광동성은 지방에 군량미를 구매하라는 명령을 하달했지만, 지급금이 부족했고 양식의 공급도 수요를 따르지 못했다. 현장은 시정 보고서에서 그 고충을 토로했다.

> 여러분이 알다시피 군량미 구매 계획은 사실 제가 부임한 이래 가장 중대하면서도 가장 곤란하고 가장 위험하면서도 가장 의심스럽게 생각하고 있는 문제입니다. …… 우리 현이 명령을 받아 구매해야 할 군량은 원래 매월 2,000포(몇 번의 간청으로 감면받은 후에야 겨우 2월부터 4월까지 모두 5,622포, 5월부터 8월까지 모두 4,000포가 되었다)로 정해졌

80) 陳啓輝, 『廣東土地利用與糧食産鎖』(출판연도 미상, 대략 1930년대), 第50册 · 第51册, 蕭錚, 『民國二十年代中國大陸土地問題資料』, 臺北: 成文出版社, 1977, 25674~25675쪽.

81) 民國 『高要縣志』, 387쪽.

고, 금액은 포대 하나당 10,000원으로 정해졌는데(몇 번의 청구 끝에 겨우 포당 18,000원을 먼저 지급해 줄 것을 허락해 주었다.) 3월부터 8월 사이의 쌀 가격은 가장 낮을 때가 100근에 80,000여 원이었고, 군량미는 포대 하나에 164근으로 계산합니다. …… 제가 3월에 처음 현장의 업무를 인수받았을 때 전임자로부터 겨우 군량미 구입액 3,390,000원과 함께 이런 실행가능성 없는 의결안을 넘겨받았습니다. 또한 상부의 엄중한 감찰과 독촉으로 신속히 의결안을 집행하고 계속 군량미를 구매해야만 합니다. 달마다 금액을 결산해야 하는데 각 향의 향장들도 연이은 흉년으로 인하여 차액이 너무나 커 따를 방법이 없어, 민간의 고통스러움을 상세히 설명하며 계속해서 면제를 요청했습니다. 이렇게 말하는 사람도 있죠. "만약 정부가 민중들에게 해내기 힘든 일을 억지로 시키면 모든 향의 보장(保長)[82]은 제발로 감옥에 들어가고자 하니 정부의 조치만 기다릴 뿐입니다." 이 말을 하면서 눈물을 쏟으니 듣는 사람도 가슴 아팠습니다. 저는 이 마을 사람으로 마을 일은 잘 알고 있습니다. 이 안이 실시되지 않는다면, 전임자와 각 지방 기관 및 향장들의 의결을 거쳐 상부기관에 보고될 것인데, 상관이 책망해도 대응할 말이 없습니다. 시행하려고 해도 시효가 지났고 차액도 너무 커 지방에서는 부담할 능력이 없습니다.[83]

문화 업무에 있어서 교장과 교사 신분이기도 했던 현지 편찬자들은 여러 원대한 계획들을 제시하였다. 물론 그 제안들이 다 실행된 것은 아니었지만 말이다. 하지만 경제 업무에 있어서 이들 지방의 지식인들은 무능력함을 드러내었다. 그들의 유가사상과 민족 이념은 고요현의 재정적 어려움을 해결하는 데 어떤 묘약도 제공하지 못했다. 『현지』「재계」장에서 편찬자들은 고요현의 운명을 국가의 운명 및 세계시장과 연계시켜 중앙정부가 토산품 판매를 보증하여 외국 상품과 경쟁할 수 있기를 희망했

82) [역주] 송대부터 시작하여 명청대 및 근대에 이르기까지 시행된 향촌의 자체 치안유지 조직인 보갑제도(保甲制度)의 우두머리를 가리킨다. 토지세와 부역세를 징수하기도 했으며, 공동체 구성원의 도덕적 행실을 감독하는 기능도 담당했다.
83) 「高要縣政府施政報告」, 1946, 1~2쪽.

다. 또한 고요현의 침체된 경기에 대해서도 중앙정부가 좀 더 관심을 기울여 주기를 기대했다. 하지만 이것들은 모두 단지 간절한 소망일뿐이었다. 경제적인 측면에서 현지에 드러난 '국가'의 모습은 어떠한 신성함도 없었으며, 대부분의 경우 지방에 부담을 초래하는 존재로 묘사되어 있다.

소결: 국민과 향인

민국 『고요현지』의 편찬자들은 모두 청조 때 과거에 합격한 사람이면서, 동시에 민국 시기에 새롭게 관료사회에 진출한 사람들이었다. 그들은 스스로 현대지식인의 외투를 걸치고자 적극적으로 노력하였고, 현대와 민족주의의 겉옷을 고요현에 입혀주고자 많은 힘을 쏟았다. 하지만 편찬자들의 교육 배경과 외부세계와의 접촉에 한계가 있었기 때문에, 당시 대도시 지식인들 눈에 그들은 적어도 반세기는 뒤떨어진 것으로 비쳐졌다. 그들은 다양한 '현대'와 '민족' 관념들을 이해하고 있었지만, 사실 그것은 국민당 정부가 알게 모르게 감화시킨 결과물이었다. 국민당 정부는 그들에게 일련의 익숙한 용어들을 제공하여 '국민'으로서의 신분을 보다 용이하게 표현할 수 있는 환경을 조성해 주었다. 주목할 만한 점은 1930년대 국민당이 주장했던 '국민' 관념은 1920년대 량치차오 등이 제기한 '신민(新民)'의 '민' 관념과 적잖은 미묘한 차이가 있다는 것이다. 량치차오는 '신민'이 되려면 반드시 개인의 도덕과 행동을 개선하는 것에서부터 시작해야 하며, 중국인은 자유·자치·자존·공덕(公德) 등의 관념을 배울 필요가 있음을 강조했다. 1930년대 국민당 정부가 제기한 '국민' 관념에서 결코 '개인'이란 없었으니, '개인'은 그저 집단의 한 구성원으로 언제든 국가를 위해 봉사해야만 하는 부품에 불과한 존재일 뿐이었다. 여기서 강조하는 것은 '국민'의 도구적인 기능으로 '국민'의 '개인'적인 가치가 아니었다. '국가'는 지고무상한 목적임에 반해서 개인은 단지 도구에 지나지 않았다. 어떤 지역이나 행정단위도 국가 아래에 부속될 수밖에 없었다.

이런 국가 관념이 지방에 적용될 때 지방의 특색은 자연히 억압받게 된다. 민국 『고요현지』의 편찬자들은 사람들의 풍속과 습관이 미신적이고 낙후되었다고 비판을 하였는데, 그 이면에는 '미신적이고 낙후된' 풍속이 바로 국민의 약점이자, 국가의 진보를 가로막는 원인이라는 관점이 내포되어 있다. 또한 주요 편찬자들의 모어(母語)와 일상어가 모두 광동어임에도 불구하고, 그들은 월곡과 월극을 용납하지 않고 별도로 '국악'을 제창하였다. 정리하자면 지방의 지식인들은 지방의 풍속을 개혁하는 과정에서 자신들도 새로운 중국문화를 건설하는 데 참여하고 있다고 여겼다. 하지만 정서와 이익의 측면에서 그들이 더 동질감을 느꼈던 것은 자신들의 지역이었고, 지방의 특색을 직접적으로 드러내고자 지방과 국가를 관련지었다. 하지만 결과적으로 편찬자들의 작업은 사실상 지방의 특색을 희석시켜 버렸으니, 지방 관념과 국가 관념의 공존과 융합은 이념의 층위에서만 구현될 수 있었을 뿐이다.

제7장

에필로그: 문화 전시의 배후

■ 다시 1940년에 개최되었던 '광동문물전시회'로 돌아가 보자.

전시회가 개최된 지 엿새 되던 날 누군가 『순환일보(循環日報)』에, 준비위원 중 한 명이 전시회장 입구의 커다란 등롱(燈籠)과 높다란 아치가 광동의 지역적 특색을 잘 드러냈다고 칭찬한 것에 대해 의문을 제기하는 내용의 글을 투고하였다.

> 전시회관 앞의 높게 설치한 기념 아치, 기다란 등롱 한 쌍, 다리가 달린 장방형의 목패(木牌) 한 쌍, 대련 한 쌍이 온전한 국산품이라는 데에는 논란의 여지가 없으나 순수한 토산품이라고 칭찬하는 것은 사실과 부합하지 않는다. 왜냐하면 경축용 아치, 장방형 목패, 대련, 이 세 가지는 광동만의 특산품이 아니기 때문이다.[1)]

이처럼 사소한 의문에 답하는 것은 전혀 어렵지 않다. 그 준비위원

1) 『廣東文物』, 279쪽.

은 사실 정통적인 광동의 색채를 강조할 필요가 없었다. 왜냐하면 그것은 '광동문물전시회'의 본의가 아니었기 때문이다. 또한 글을 투고한 사람도 '국산품'과 '토산품'을 구분할 필요가 없었다. 왜냐하면 당시 사람들은 '광동문화'의 특색이 바로 중국문화의 정수를 표현한 것이라고 생각했기 때문이다. 도광 연간부터 1940년대까지의 광동 역사를 통해서 우리는 이런 관념이 어떤 특정한 역사적 과정 속에서 형성되었는지, 그리고 만청에서 민국 시기까지의 광동 지식인들이 급변하는 정치 · 사회적 상황에서 어떻게 이런 관념을 교묘하게 활용했는지를 알게 되었다. 어떤 의미에서 그들의 일련의 정치 활동과 문화 행위는 '광동문화'를 창조하고 정의했으며, 지역문화의 정체성을 확립하는 이런 과정은 청 말 이래의 국가 관념을 강화시키고 견고히 하였다.

문인의 위치

'광동문물전시회'가 왜 이런 내용을 선택했고 왜 이런 방식으로 '광동문화'를 전시했는가를 이해하려면, '광동문물전시회' 준비위원들이 20세기 전반기에 흥성하기 시작한 국가의식의 세례를 받은 세대이지만, 그들의 사승 관계는 도광 연간의 광동 학자들로 거슬러 올라간다는 사실을 기억할 필요가 있다. 앞의 몇 장에서 도광 이래 한 세기 동안 '광동문화'관이 형성되는 과정을 고찰함으로써, 우리는 '광동문물전시회'를 개최한 주요 인사들의 개인 생애를 구체적인 역사적 맥락과 연결시켜 파악할 수 있었다.

'광동문물전시회' 준비와 『광동통지』 편찬 사이에 어떤 유사점이 존재한다면, 아마도 그것들을 조직했던 사람들의 구성에서 찾아볼 수 있을 것이다. 통지 편찬자들의 명단처럼 전시회의 조직에도 재정적 지원과 정치적 방패막이 역할을 했던 성(省) 정부 요원, 홍보 업무와 인사 관계를 책임지고 처리한 상당한 학문을 갖춘 관리들, 그리고 구체적인 실무를 담당한 관리들과 학자들이 포함되어 있었다. 준비위원 명단 앞자리에 열거된 인사로는 당시 농림청 청장 천지탕, 당시 제7 전구 총사령관 위한머우, 광동성정부 주석 리한훈(李漢魂, 1895~1987), 광동성 재정청 청장 구지가오(顧季高), 광동성 은행장 윈자오쿤(雲照坤, 1904~) 등이 있다. 이런 인물들이 참여했던 까닭에 '광동문물전시회'는 최소한 정치, 군사, 재정 면에서 상당한 보호막을 얻을 수 있었다.

각 방면에 두루 식견을 갖춘 인물이 준비위원회 주석을 맡지 않았더라면 상술한 여러 분야의 지지를 얻지 못했을 것이다. 이런 점을 고려해 볼 때 왜 이 역할에 예궁취가 추대되었는지를 쉽게 이해할 수 있다. 청 말 이래 정권이 계속 바뀌는 역사 속에서 예궁취처럼 거의 모든 정부에서 존경을 받으면서 중책을 맡았던 인물은 몇 명 되지 않는다. 만청 시기에 예궁취는 경사대학당을 졸업한 후 우전부(郵傳部) 정사주사(政司主事)·승정청(承政廳)청장·철로총국(鐵路總局) 국장 대리 등을 역임하였다. 민국 시기에는 노정사(路政司) 사장(司長)·교통부 차장·우정총국 국장·교통총장을 역임하고 교통은행과 교통대학 관리업무를 겸직하기도 했다. 1923년 광동정부 재정부장, 이듬해에는 북경 교통총장, 1931년에는 철도부장을 맡았다가, 1932년 이후에는 모든 공직에서 물러났다. 여기에서 주목할 점은 예궁취의 선조가 절강성 여요(餘姚) 사람이었고 나중에 반우(番禺) 사람이 되었다는 것이다. 조부 섭연란(葉衍蘭, 1823~1897)은 함풍 6년(1856)에 진사가 되었고 호부주사(戶部主事)·군기장경(軍機章京)을 역임했으며, 만년에는 고향으로 돌아와 월화서원(越華書院)에서 강의하였다. 그의 작은할아버지 섭연계(葉衍桂)는 지역에서 신사들과 기부금을 모아 빈민구제 기구를 설립하여 사회적으로 존경을 받았다.[2)] 예궁춰는 이런 집안 배경과 더불어 관직사회에서 쌓은 인적 관계와 문화 사업에 대한 애호로 모두에게 존경을 받는 원로급 인물이었다. 1940년 '광동문물전시회'가 열렸을 때 예궁춰는 61세로 공직에서 은퇴한 지 이미 오래 되었고, 적어도 겉으로는 정치적 입장이 비교적 중립적이었기 때문에 문화업무를 추진함에 있어 유력 인사들의 지지를 얻기가 보다 수월하였다.

이처럼 예궁춰의 역할이 실로 막중하였지만 전시회의 실제 업무는 주로 젠유원(簡又文)이 담당했다. 젠유원은 수많은 실무를 책임졌을 뿐 아니라 『광동문물』에 「광동문화연구」를 발표하여 전시회에 이론적 토대를 제공하였다. 젠유원의 개인적 배경은 민국 시기 광동 지식인들의 복잡한 면모를 파악하는 데 도움이 되고, 또한 그들의 머리와 붓끝에서 '광동문화'가 어째서 이런 형태로 나타나게 되었는가를 더 쉽게 이해하게 해 준다.

본적이 신회(新會)인 젠유원은 1940년대부터 태평천국 연구를 시작하여 중국 사학계에서 명성을 떨쳤다. 그의 부친 젠인추(簡寅初)는 동맹회에 가입한 적이 있으며, 쑨중산의 명령으로 남양(南洋)에서 군자금을 모아 혁명 사업을 지원하기도 했다. 1918년 남양형제담배회사(南洋兄弟煙草公司)가 다시 설립되었을 때 젠인추는 이 회사의 이사 가운데 한 명이었다. 1년 후 그는 회사 주식을 다 처분하고 일선에서 완전히 물러났다.[3)] 이를 통해 젠유원의 가정 형편이 꽤 부유했을 것으로 추정할 수

---

2) 宣統『番禺縣志』卷20, 33~34쪽.

있다. 젠유원은 광주 영남학당에서 중학 과정을 수학하는 동안 기독교에 귀의했으며, 1917년 졸업 후 미국 시카고대학으로 유학을 떠났다. 또 나중에는 뉴욕의 한 신학원에서 공부하기도 했다. 1922년 귀국해서 중화기독청년회 전국협회에서 목사로 재직하였다. 2년 후 연경대학(燕京大學)으로 자리를 옮겨 신학 및 철학 부교수로 근무했다. 젠유원은 어렸을 때부터 서양식 교육을 받은 기독교 신자였다. 하지만 나중의 저술에서 자신이 학술적으로는 송명리학(宋明理學)의 전통을 계승하였고, 순덕의 학자 젠자오량(簡朝亮, 1851~1933)의 문하에서 수학했음을 강조했다. 젠자오량의 제자로 불리었으니 자연히 주차기의 재전(再傳) 제자로 자처할 수 있게 되었다. 제4장에서 언급했듯이, 일단 주차기의 재전제자라고 자처하면 어느 정도는 반만(反滿)이나 혁명의 전통과 연결시킬 수 있다.[4)]

젠유원의 정치적 삶은 1926년 국민당에 가입하면서부터 시작되었다. 당시 국민당 정부는 적극적으로 북벌을 준비하고 있었는데, 협력하길 원했던 군벌 펑위샹(馮玉祥, 1882~1948)을 끌어들이는 것이었다. 기독교 신자였던 젠유원은 일찍이 1924년에 '크리스찬 장군'으로 불리던 펑위샹과 친교를 맺은 바 있었다. 쑨커(孫科)의 추천으로 젠유원은 1925년에 국민당으로부터 '정치공작위원'에 임명되어 펑위샹의 군대에 들어가 협력 업무를 추진했다. 젠유원과 쑨커의 교류는 늦어도 1922년부터 시작되었다. 당시 쑨중산이 천중밍을 축출했을 때 젠유원이 이 일에 관여하면서 쑨커와 알게 되었다. 젠유원이 쑨커 아들의 가정교사를 한 적이 있을 정도로 두 사람은 줄곧 좋은 관계를 유지하였다. 1928년 국민당 정부가 북벌에 성공하자 젠유원은 산동염운사에 임명되었다. 하지만 겨우 반년 만에 자리에서 물러났다.

---

3) 中國科學院・上海經濟研究所・上海社會科學院經濟研究所編, 『南洋兄弟煙草公司史料』, 上海: 上海人民出版社, 1958, 9~13쪽, 139쪽.

4) 簡又文, 「悼簡竹居家夫子」, 『簡氏宗聲』, 香港, 1955.

그 후 젠유원의 정치 생애는 쑨커와의 밀접한 관계 속에서 전개되었다. 1920년대 말 쑨커는 국민당 내부에서 광동성 출신 당원들을 이끌며 장제스 및 절강 출신들과 긴장 관계를 형성하였다. 하지만 쑨커는 쑨중산의 아들이라는 이유로 국민당 정부에서 줄곧 중요한 역할을 하였고, 젠유원은 항상 그를 그림자처럼 따라다녔다. 1928년 쑨커는 철도부장에 임명되자 젠유원을 참사(參事)로 발령했다. 젠유원은 '참사'란 철도부의 총비서라고 설명한 바 있다.[5] 1931~1936년 젠유원은 광동성 정부위원에 임명되었으며, 동시에 광주 사회국 국장도 맡았다.[6] 1933~1946년 쑨커가 남경에서 입법원장으로 재직하고 있을 때에는 젠유원은 입법원 위원을 지냈다.

1937년 중일전쟁이 발발하자 젠유원은 홍콩으로 피난을 가서 잡지 『대풍(大風)』을 발행하며 적극적으로 항일을 선전하였다. 1938년 10월 광주가 함락되자 국민당은 홍콩·마카오 지부를 다시 조직했는데 그는 위원 중의 한 명이었다. 1939년 젠유원은 영남대학 총장 리잉린, 홍콩대학 중문과 교수 쉬디산 등과 함께 홍콩에서 '중국문화협진회'를 조직해, 당시 중국공산당 화남국 홍콩분국이 지지했던 '중화전국문예계항적협회 홍콩분회'와 더불어 각각 우파와 좌파의 목소리를 대변하면서, 문학예술의 사회적 역할과 같은 문제에 대해 많은 논쟁을 펼쳤다.[7] '광동문물전시회'의 주요 실무조직이 바로 젠유원이 이끌었던 '중국문화협진회'였다.

---

5) 이 시기 젠유원의 경력에 대해서는 다음을 참고하라. 簡又文, 『西北從軍記』, 臺北: 傳記文學出版社, 1982, 169쪽.

6) 王美嘉, 『民國時期廣東省政府檔案史料先編』第11册, 廣州: 廣東省檔案館, 1987·1989, 269쪽.

7) 두 협회의 활동에 관해서는 다음의 자료를 참고하라. 盧瑋鑾, 「統一戰線中的暗涌—抗戰初期香港文藝界的分歧」; 盧瑋鑾, 『香港文縱—內地作家南來及其文化活動』, 41~52쪽.

젠유원은 1949년 이후 태평천국과 진헌장(陳獻章)에 대한 연구 저술을 많이 발표했으며, 그 학문적 성취도 뛰어났다. 하지만 그를 민국 시기 지식인의 전형으로 언급하고자 할 때 우리는 다음과 같은 문제를 제기하지 않을 수 없다. 30대 이전에는 줄곧 교회와 학술 기구에서 일하다가 나중에는 한동안 적극적으로 정치 업무에 참여했던 사람에게 학문이란 과연 무슨 의미를 지니는 것일까? 서양식 교육과 서양 종교의 세례를 받은 중국인이 왜 중년 이후에는 송명리학을 연구하는 데 몰두하고 심지어 신봉하기까지 했던 것일까? 필자는 당시의 중국학자 가운데 젠유원의 경력이 결코 예외가 아니었다고 생각한다. 젠유원의 사례는 당시의 중국학자들이 어떻게 정치와 뒤얽히고, 그들의 정치적 경향이 어떻게 그들의 학문적 흥미에 영향을 미쳤는가를 설명해 준다. 또한 5 · 4운동의 영향을 받은 지식인들이 왜 중국의 학문적 전통과 완전히 결별할 수 없었는지를 보여 주는 좋은 본보기이기도 하다. 제5장에서 논의했던 뤄샹린은 1940년에 갓 34살이었는데도 그 후의 정치적 경력과 학술적 지향은 젠유원과 별반 다르지 않다. 젠유원과 뤄샹린은 민국 시기 광동 학자의 전형이지만 순수하게 '학자'라는 호칭으로 이 두 사람의 업적과 지향을 모두 포괄할 수는 없다. 그들은 신해혁명 이후 등장한 신세대 엘리트로서, 수준 높은 교육을 받았고 국가를 위해 힘쓰겠다는 뜻을 세웠으며, 개인의 이상을 정부와 정치에 의탁하였다. 그들에게 '현대'와 '서구화'가 부족하다고 할 수는 없지만, '현대'와 '서구화'라는 잣대만을 제시하면 그들과 전통 중국학술의 연관성은 은폐되기 쉽다. 만청 이후 신식 교육을 받은 지식인으로서 그들은 의식적으로 자신들을 도광(1851~1850) 이래의 광동문화 및 학술세계와 연관시켰다. 또한 20세기 전반기 역사를 창조한 주체이기에 오늘날 1940년대 이후의 광동문화와 역사 관념의 형성을 알고자 한다면 그들은 피해갈 수 없는 연구 대상이다.

젠유원과 뤄샹린의 경력은 그들의 선배 학자들의 이력을 떠올리게 한다. 청 말 민국 시기의 광동학자들 중 대다수는 광주·홍콩·상해 등 대도시에서 생활하였기에 고향과의 연계가 매우 소원했다. 학해당 제1대, 제2대 학장들의 경우 엄격한 의미에서 광동을 그들의 고향이라고 볼 수 있는지의 여부는 한번 생각해 봐야 할 문제이다. 그들의 조부 세대는 강남·절강·복건 등지에서 왔으며, 광주에서 관직 생활이나 상업 활동을 하다가 광주 인근의 반우현과 남해현에서 자리를 잡았다. 예를 들어 제3장에서 언급했듯이 학해당의 가장 저명한 학장인 진례는 조부대에 강남에서 광주로 이주해 왔다. 심지어 그의 부친은 반우현으로 호적을 옮기지 않아 그 지역의 과거시험에 참가할 수가 없었으며, 진례 대에 이르러서야 반우현에 호적을 등록하였다. 임백동(林伯桐)은 전대 복건에서 광동으로 옮겨 왔는데 한 세대를 거친 후에야 반우 사람이 되었다. 장표(張杓)의 조부는 절강성 산음(山陰) 사람이었고 부친은 광주에서 막부(幕府) 생활을 하였다. 그는 반우현 현학(縣學)에 들어가 생원(生員)이 되고 결국 반우 사람이 되었다. 장유병(張維屛)의 경우에는 증조부가 절강성 산음에서 반우현으로 옮겨 왔다가 결국 반우현 사람이 되었다. 의극중(儀克中, 1796~1837)의 조상은 산서(山西) 태평(太平) 사람이었다. 그의 부친이 염운사사지사(鹽運使司知事)로 광동에 파견되었을 때 그곳에서 첩을 맞아들여 의극중을 낳았다. 그는 어머니를 모시고 반우현에 거주하여 반우현 사람이 되었다. 후강(侯康)의 조상은 강남 무석(無錫) 사람이었는데, 조부 때 광동으로 옮겨 오면서 결국 반우 사람이 되었다.[8] 도광, 함풍 연간의 학해당의 학장들처럼 광동문화를 대변했던 사람들 중 상당수가 지역

8) 容肇祖, 「學海堂考」, 24쪽, 30쪽, 31쪽, 33쪽.

에 대한 진정한 '뿌리' 의식이 없었다. 하지만 그들은 가장 핵심적인 문화자원을 장악함으로써 광동문화의 대변인이 되어 광동문화의 정통성을 탐구하는 데 심혈을 기울였다.[9] 민국 시기에 뤄샹린과 젠유원 같은 세대의 학자들은 청년 시절 상해·북경, 심지어 외국 유학을 다녀왔다. 이런 성장 과정과 교육 배경에서 볼 때 그들에게서 '지방'적인 지방문화에 대한 절실한 체험을 그렇게 많이 찾아볼 수 없다. 만청부터 민국 시기까지의 광동 학자들은 대부분 광주·홍콩·상해·북경 등의 대도시를 활동 무대로 삼고 있었기에 그들의 지역문화 관념은 성(省)의 층차에서나 겨우 구체화될 수 있었다. 관직 생활과 사업에 있어서 그들은 국가와 고향 사이에서 배회하곤 하였다. 중앙의 정치 무대에 몸을 담을 수 없게 되면 그들은 광동으로 돌아와 성 내의 정치업무에 참여하였다. 더 이상 정치에 영향력을 행사할 수 없게 되면 문화사업 쪽으로 물러나, 가장 핵심적인 문화자원을 장악하여 광동문화의 대변인 노릇을 하였다. 그 당시의 광동문화를 정의할 수 없을 경우에는, 역사를 거슬러 올라가 과거 광동의 문화를 정의하기도 했다. 현실 정치에서 세력을 잃은 지식인들은 과거에 기대어 스스로 당대의 역할을 상상할 수밖에 없었다.

이런 지식인들의 경력과 그들이 지방문화 건설에서 쌓은 업적을 통해 볼 때, 우리는 '문화'가 결코 자연스럽게 존재하는 객관적 존재가 아니라, 특정한 역사적 시공간 속에서 만들어진 일종의 관념이라는 사실을 깨닫게 된다. 따라서 민국 시기부터 지금까지 지식인들과 연

---

9) 필자는 1996년에 제출한 박사논문에서 상술한 견해를 제기한 바 있다. 이후 스티븐 마일즈(Steven Miles) 박사와 토론하는 과정에서 이 문제에 대한 견해가 서로 같다는 사실을 발견했다. 이에 대한 자세한 논의는 그의 박사논문 "Local Matters: Lineage, Scholarship and the Xuehaitang Academy in the Construction of Regional Identities in South China, 1810~1880"을 참고하라.

구자들이 당연시해 온 '지방문화'의 의미에 대하여 새롭게 음미해 볼 필요가 있다.

'문화'란 무엇인가?

'문화란 무엇인가'라는 이 문제를 특정한 시공간 속에 놓고 실재적인 사람과 사물을 가지고 고찰할 경우, '문화'가 포괄하는 내용이 끊임없이 바뀌고 확대된다는 사실을 쉽게 알 수 있다. 청 말부터 민국 시기까지 '문화'라고 하는 용어는 무에서 유로, '형용사'에서 '명사'로, '단수'에서 '복수'로 변화하는 과정을 거쳤다.[10)]

진례를 포함한 19세기 말 이전의 중국 지식인들이 말끝마다 '문화'를 거론했을 리는 없지만, 그들은 분명 자신과 거주하는 지방이 '교화'되었는지의 여부에 대해 관심을 가지고 있었다. 따라서 사대부들이 쓴 지방 역사에서 서술하려고 했던 것은 그 지방이 어떤 교화를 거쳐 문헌의 고장, 유교 문화가 빛나는 추(鄒)·노(魯)의 땅이 되었는가 하는 과정이었다. 어떤 지방이 '교화'된 내용과 판단의 지표는 학교의 설립, 과거시험 합격자 수, 지방문인의 시문사부(詩文辭賦), 경학 연구의 성취 등을 포괄하였다. 하지만 경학의 전통과 유파도 천차만별이라 어느 한 시대의 학술적 정통은 통치자의 제창과 지식인 사이의 힘겨루기를 통해 결정되는 듯이 보인다. 청대에는 한학이 우세를 차지

---

10) 필자는 여기에서 '문화'를 형용사 혹은 명사로 사용하느냐에 따라 '문화'의 함의에 대하여 각기 다른 인식에 도달한다는 주장을 제기하고자 한다. 이러한 견해는 프랑스의 연감사학자(年鑑史學者) 페르낭 브로델(Fernand Braudel)의 논의에서 빌려왔다. Fernand Braudel, "The History of Civilization: The Past Explains the Present", *On history*(translated Sarah Mattews), Chicago: The University of Chicago Press, 1980, pp.177~218.

하였다. 도광 연간에 한학 대사 완원이 광동에 학해당을 설립함으로써 광동의 학문은 일시에 괄목상대한 성과를 거두었으며, 이후 중국 학술의 중심지 가운데 한 곳이 되었다. 이와 동일한 시기에 눈부시게 발전한 방언 문학과 희곡은 '교화'가 주도하는 문화관념 속에서 '문화가 있다'는 표지로 간주되지 않았고, 심지어 '문화'의 범주에도 포함되지 않았다. 흥미로운 점은 당시 출현했던 수많은 방언 문학작품에는 여전히 '교화'를 목적으로 삼은 작가의 '교화' 관념에 대한 동조가 반영되어 있다는 것이다.

19세기 말 'culture'라는 서구 개념이 '문화(文化)'라는 한자어로 번역되어 일본을 통해 중국으로 이식된 후, 빠른 속도로 많은 중국 지식인들에 의해 인식되고 사용되었다. 이때부터 중국 지식인들의 담론 속에서 '문화'는 하나의 실체로서 보존 · 개량 · 타도의 대상이 되었고, 심지어 전격적으로 교체되기도 했다. 이 시기에 성립된 '국학보존회'는 국학을 보존해야 한다고 주장한 반면, 그 후의 신문화운동 지지자들은 봉건 문화를 폐기해야 한다고 목소리를 높였다. 이 두 조직은 서로 방법은 달랐지만 문화를 파악할 수 있는 '실체'로서 인식했다는 점에서는 동일하다. 중국의 담론 속에서 본래 '문화'라는 단어가 형용사(교화 여부, cultured)로 쓰였다고 한다면, 19세기 말 이후의 '문화'는 이미 명사로 전환되었다.

또한 이 시기에는 종족 관념이 시작하여 중국문화 정통성의 이론적 근거들 바꾸어 놓고 있었다. 만청(滿淸) 타도를 소임으로 생각했던 사람들이 주장한 '보국(保國)'과 '보교(保敎)'는 '보종(保種)'을 그 이론적 토대로 삼았다. 당시의 정치적 역학 구도에서 '종'은 의심할 여지없이 '한인[漢種]'을 의미한다. 만주족은 이민족이었지만 한인의 명교(名敎) 수호를 자신들의 통치 기반으로 삼았다. 또한, 만주족에 반대하는 국수파나 혁명가도 모두 '문화'를 보존하는 쪽에 노력을 기울였다는 점에서 사실은 청 조정과 그 궤를 같이하고 있었다. 따라서 그들은 종족 관념을 부각시켜야만 만주인이 한인보다 못한 이유를 증명할 수 있었다. 19세기 말 '한인 여부'는 '교화 여부' 이외에 지식인들이 동질감을 느끼는 문화를 정의하는 데 있어서 또 다른 중요한 조건이 되었다. 학술정통의 측면에서 만주족에 반대하는 인사들의 "학술의 경계는 사라질 수 있지만 종족의 경계를 잊어서는 안 된다"는 정치적 입장이 완원과 학해당에 대한 사람들의 평가에 영향을 미쳤다. 족군 문제에 있어서 19세기 말 이후 광동에서는 광부인이든 객가인이든 그 문화적 정통성을 증명하려면 자기가 한인의 혈통임을 입증해야만 했다. 신해혁명 후 만주족 정권이 붕괴되고 정치적으로 '중화민족' 및 '오족공화(五族共和)' 등의 관념이 제기되면서, 종족 개념은 중국문화를 정의할 때 상대적으로 부차적인 요소가 되었다. 하지만 종족 개념은 민국 시기 민속학과 인류학의 논의 속으로 깊숙이 침투하여 사람들이 자신의 지역·족속(族屬)·문화 신분을 정의하는 데 많은 영향을 끼쳤다.

'문화'를 어떻게 정의할 것인가라는 문제에 대해 중요한 영향을 미친 것은 청조 마지막 몇 년 동안 발생한 교육체제의 변화였다. 과거제도가 폐지되고 대학당이 설립되면서 과거시험용 보충 학습이 목적이던 서원과 오로지 경학만 추존하던 학술 기구들은 졸지에 대부분의 시장을 상실하게 되었다. 신식 교육체제 속에서 '구학'은 복잡다단한 변화를 겪었고, 일부 '신학(新學)'을 제창한 사람들의 연구 대상이 되었다. 현대적인 대학에 개설된 인문과학 및 사회과학 학과가 완전히 '구학'을 대체한 것은 아니었지만, '학문'의 범위를 크게 확장시켜 문화의 정의를 바꾸어 놓았음은 논의의 여지가 없다. 신흥 학과의 이념과 연구 방법은 민국 시기 수많은 지식인들의 궁극적인 관심—어떻게 새로운 중국문화를 건설한 것인가—과도 일치하였다. 이런 지식인 가운데 큰소리로 '공자를 타도하자'라고 외치며 반전통의 태도를 보인 사람들이 적지 않았다. 반전통과 반전제정치의 구호는 지식인들의 엘리트 의식에도 경각심을 불러일으켜 그들로 하여금 군중 속으로 들어가도록 만들었다. 해외 유학을 다녀왔거나 서구식 대학 교육을 받았던 까닭에 그들이 새로운 중국문화에 일부 서구적 요소를 주입한 것은 불가피한 선택이었다. 하지만 그들은 의식적으로 중국만의 독특한 문화적 성격을 확립하고자 하였다. 이 목표를 이루기 위해 그들은 지방으로 가서 해답을 찾았다. 군중 속으로 들어가는 과정에서 민속학과 인류학은 민국 시기의 지식인들에게 이론적 근거와 지침을 제공해 주었다.

민국 시기의 지식인들은 '문화주의자'이자 '민족주의자'이며, 어느 정도는 '인민주의자'[11]였다. 그들이 생각하는 '문화'는 아속의 구분, 귀천의 구별이 없었으니 '문화'의 의미가 더욱 가치중립성을 갖게 되었다. 지식인들은 군중 속으로 들어가서 지방마다 다양한 양상을 띠는 문화가 존재한다는 사실을 깨닫게 되었다. '문화'는 하나의 실체로서 실제로는 복수형이며, 중국에는 '수많은 문화들(many cultures)'이 존재한다. 하지만 제5장에서 언급한 것처럼, 민국 이후 중국 지식인들이 보다 갈망하고 스스로 할 수 있다고 믿었던 것은 지역과 계층을 초월한 중국문화를 파악하여 독특하면서 다원적인 문화를 수용할 수 있는 용어로써 기존의 '예(禮)' 속에 구현된 전통 사대부들의 문화 담론이 맡

11) [역주] 러시아어의 '인민(Народ 나로드니)'에서 유래하였다. 1870년경에서 20세기 초엽, 러시아의 지식인층인 나로드니키가 '인민 속으로(브나로드)' 들어가 계몽 운동을 전개하여 농민의 힘으로 차르를 타도하고, 공화 정부를 수립하고자 한 운동이다.

았던 역할을 대신하는 것이었다. 이 때문에 민국 시기 중국 지식인들의 담론 속에서 지방문화와 국가문화의 관계는 여전히 "네 속에 내가 있고, 내 속에 네가 있는" 뒤엉킨 관계였다. 청 말에 출현한 향토지와 향토교과서 중 '향(鄕)'과 '국(國)'의 관계와 관련된 서술에서 이미 그 단초가 보인다. 민국 시기 유사한 성격의 담론들은 청 말 '국가'라는 개념이 출현한 이후의 연장선에서 이루어지고 있을 뿐이다. 제1장 첫머리에서 인용했던 젠유원의 「광동문화연구」 중 다음 두 단락의 내용을 다시 잘 음미해 보면 이 점을 좀 더 잘 이해할 수 있다.

> 문화란 인간의 정신과 육체가 만들어 낸 결정체이다. 시대마다 그 시대만의 문화가 있고, 지역마다 그 지역만의 문화가 있으며, 민족마다 그 민족만의 문화가 있다. 각각 저마다의 특색과 특질, 특징을 가지고 있다. ……

> 지난 2천년 동안 광동은 줄곧 중국의 일부였다. 따라서 광동인은 모두 중국인이며, 광동문화 역시 본래부터 중국 전체와 일치하는, 커다란 하나의 계통에 속하며, 한쪽 구석에 갇혀 있거나 한족의 전통에서 유리된 것이 아니다. 그러므로 우리는 편의상 '광동 문화'라고 말하지만, 사실은 '광동에서의 중국문화'라고 해야 한다.[12)]

20세기 '중국문화'에 대한 정의가 끊임없이 확장되고 바뀌는 과정에서 '지방문화'에 대한 정의도 확대되고 변화하였다. 새로운 교육체제하에서 지방의 사상문화와 학문적 성취의 기준이 변모함에 따라 지방의 '문화계 인사'의 범위도 대대적으로 확충되었다. 또 종족 이론, 민속학, 인류학 연구가 활발하게 진행되면서 혈통·방언·풍속을 매개변수로 삼는 '민계(民系)' 구분이 지방문화를 끊임없이 세분하는 기준

---

12) 『廣東文物』, 652쪽, 658쪽.

이 되었다.

'광동문화'는 어디에 있을까?

우리가 간과해서는 안 되는 것은 '문화'에 대한 정의가 바뀌면서 무엇이 '문화'인가를 표현하는 언어도 그 추세를 거스를 수 없는 변화가 발생했다는 사실이다. 19세기에서 20세기로 교체되는 혁명의 시대에 방언 창작이 정치를 선전하고 부녀자와 아이들을 교육하는 수단이 되면서 각지에서 방언으로 쓴 교과서와 다양한 텍스트들이 우후죽순처럼 쏟아져 나왔다. 하지만 민국 시기로 접어든 후 신세대의 중국 지식인들은 새로운 지식인의 언어인 백화문, 즉 북방 방언을 토대로, 서양과 일본에서 수입한 수많은 새로운 용어들을 뒤섞은 표준 구어체 문장을 만들었다. 방언으로 쓴 텍스트가 지방에서 완전히 사라진 것은 아니었고, 심지어는 간혹 '백화문'이라는 이름으로 출현하기도 하였지만, 이런 방언 텍스트가 어느 정도까지 '문화'로 간주될 수 있을는지는 줄곧 의문시되어 왔다. '국어'와 '백화문'에 직면하여 광동을 비롯한 수많은 다른 지방의 지식인들은 대부분 불리한 위치에 놓여 있었다. 에드워드 건(Edward Gunn)은 이에 대해 다음과 같이 지적했다. "북경 출신을 제외한 지방의 작가들이 불가피하게 직면해야 했던 가혹한 시련은 그들이 우선 자유자재로 국어를 사용할 줄 안다는 것을 보여 주어야만 자기 지방 언어의 특색을 [문장에 집어넣을] 수 있었으며, 아울러 다른 사람들도 그들이 문학적으로 창작 능력을 갖추고 있다고 생각했다는 점이었다."[13] 만약 광동 작가의 백화문 창작

13) Edward Gunn, *Rewriting Chinese: Style and Innovation in Twenties—century*

능력이 북방 작가의 수준에 미치지 못한다면 광동어·조주어·객가어의 단어나 문법을 문학이나 공문서 작성에 적용할 생각을 어떻게 할 수 있겠는가? 그렇게 한다면 사람들은 그들의 쓰기 능력이 충분하지 않아서 '잘못'을 범했다고 여길지도 모르는데, 누가 그런 위험을 감수하려고 하겠는가?

우리는 상해를 중심으로 한 '오어문화(吳語文化)'의 발전을 이 책에서 서술하고 있는 '광동문화', 특히 광동어 창작의 발전과 한번 비교해 볼 수도 있을 것이다. 오어 문학과 관련된 도서 목록에 따르면 일찍이 명대 만력 연간에 오어가 섞여 있는 희곡 작품이 출현했고, 청나라 가경 연간에는 오어로 쓴 탄사(彈詞)가 등장했다. 오어 사전은 일찍이 명 말에 이미 편찬되었다. 하지만 광동어 사전과 마찬가지로 보다 완전한 오어 사전이 편찬, 출판된 것은 만청 시기 외국 선교사들의 공로 덕분이었다. 그들은 기독교 선교를 목적으로 오어로 『성경』을 번역하였다. 비교적 이른 시기의 오어를 연구한 글은 도광 21년(1841)에 보이는데, 흥미로운 점은 이 글의 취지가 진례의 『광주음설』처럼 수많은 오어가 '중원의 고음(古音)'에서 비롯된 것임을 설명하고자 했다는 사실이다.[14] 청 말 한방경(韓邦慶, 1856~1894)이 오어로 쓴 『해상화열전(海上花列傳)』[15]은 지금까지도 오어 문학의 경전으로 불리우고 있다. 이는 또한 한방경 이후로 정통 오어 문학작품을 창작

Chinese Prose, Stanford: Stanford University Press, 1991, p.116.

14) 板本一郎·小川環樹·倉田淳之助·太田辰夫·長田夏樹, 「吳語研究書目解說」, 『神戶外大論叢』, 第3卷 第4册, 1953.

15) [역주] 청 말(1892~1894)의 대표적인 화류(花柳)소설로 전체 64회로 이루어져 있다. 홍등가(紅燈街)에 빠져 결국 인력거꾼으로 전락한 조박재(趙樸齋)를 중심으로 당시 상해의 화류계, 관계, 상업계에서 벌어지는 각종 현실을 사실적으로 묘사하였다. 강소성 송강부(松江府: 지금의 상해) 출신인 한방경은 소설의 대화 부분을 소주어(蘇州語)만 사용하여 보다 입체적이고 생생하게 '상해'와 '상해인'을 표현하고 있다.

하는 데 심혈을 기울인 오어 작가들이 몇 명 없었음을 드러내고 있다.[16] 이런 상황은 초자용과 그의 저서 『월구』와 비슷하다. 명대 극작가 풍몽룡(馮夢龍, 1547~1646)이 오어 가곡(歌曲)을 수집하여 『산가(山歌)』를 편찬한 이후 민국 초에 비로소 민속학자들이 나타나 풍몽룡의 민요 수집 활동을 중시하고 계승하였다.[17] 다시 말해서 광동어 문학의 운명과 비슷하게 오어 문학은 민국 시기 지식인들이 보기에 대부분 오락적인 성격의 작품으로 기껏해야 '민간문학'이나 '지방문학'의 일종에 지나지 않았던 것이다. 광동이나 상해의 지식인들이 전국적인 규모의 문학계에서 자웅을 겨루려면 방언으로 작품을 창작하는 것은 결코 현명한 책략이 아니었다.

방언으로 쓴 문학이 '방언' 문학으로 자리매김하는 한 그것은 영원히 '국어'와 대등한 지위를 누릴 수 없다. 광동의 초자용은 단지 광동 지역 문인들의 기억 속에서만 전설적인 인물이었을 뿐, 후세에 영향력을 미치는 위대한 문학가가 될 수는 없었다. 20세기 이후 중국의 문학과 문화는 반드시 국어의 지위를 갖춘 백화문으로 표현해야 했는데, 광동인들은 이런 면에서 불리한 위치에 있었다. 광동문화의 독특한 요소는 방언 문학과 희곡처럼 '국가' 등급을 누리지 못한 채 '지방'의 성과로만 남을 수밖에 없었다. 원래 지방 언어는 그 지방의 특색을 가장 잘 나타낼 수 있다. 특히 우리가 복건과 광동 방언을 한자가 아니라 로마자 병음으로 표기하는 이유는 북방 방언과의 차이가 유럽 각국 언어 간의 차이보다 훨씬 크다고 생각하기 때문이다. 하지만 중국에서 방언 문학과 창작은 국어의 지위를 누리던 백화문과 대등할 수는 없기 때문에 이런 '특색'은 전체 '중국문화'의 변방으로 간주되어

16) 韓邦慶, 「前言」, 『海上花列傳』(1892年初刻), 上海: 上海古籍出版社, 1990, 1~2쪽.
17) Hung Chang-tai, *Going to the People: Chinese Intellectuals and Fork Literature 1918~1937*, pp.25~30.

왔다. '광동문물전시회'에서 몇 권의 목어서가 진열된 것은 전혀 이상한 일이 아니다. 하지만 그것은 단지 민국 시기 지식인들의 방언 문학에 대한 호기심과 동정을 드러낸 것에 지나지 않는다.

지방 언어로 표현된 '광동문화'는 아와 속, 지방과 국가 사이에서 국가의 주목도 받지 못하였고 지식인들에게 인정받지도 못했다. 제6장 민국 『고요현지』와 관련된 분석을 통해 우리는 다음과 같은 사실을 알 수 있었다. 바로 민국 시기 지방 지식인들은 자신들의 방언 문화(월곡)를 깔보면서 전국적인 성격의 백화문도 인정하지 않아 방언문화와 백화문 모두를 '문화'의 범주에서 제외시켰다. 비록 그들이 새로운 국가체제와 중앙 · 지방 간의 관계에 직면하여 불가피하게 새로운 용어를 사용하기는 했지만, 그들은 문언문을 선택하여 새로운 지방지를 편찬함으로써 국가 이데올로기에 대한 인식과 지역의 이익에 대한 관심을 표현하였다. 우리는 민국 『고요현지』의 사례를 통해 다음과 같은 사실을 깨달을 수 있다. 즉 현성(縣城)을 중심으로 활동했던 지방 지식인들이 지방의 역사를 편찬할 때 가장 관심을 기울였던 것은 어떻게 현의 문화와 국가의 문화를 연계시킬 것인가였지, 무엇이 '광동문화'인가에 대해서는 오히려 그다지 주목하지 않았다.

그렇다면 민국 시기의 '성별 문화(省別文化)'는 도대체 어떤 의미가 있는 것일까? 필자는 민국 시기에 발전한 지방 문화관에 비추어 볼 때 '광동문화'는 과거의 시공간 속에서 더 많이 존재한다고 생각한다. '광동문화'가 만약 다른 지역과 구별되는 어떤 특징을 가지고 있고 또 주변부에 위치에 있었다면 민국 시기의 '광동문화'는 분명 새로운 중국문화 속에서 중요한 위치를 차지하기 어려웠을 것이다. 이른바 '광동문화'라는 것은 행정 경계선으로 나눈 범주에 지나지 않는다. 그 안이 어떤 내용으로 채워졌는가를 보면 국가문화의 정의가 달라짐에 따라 바뀐 것을 제외하면 광동이라는 이 지역 범주 안에서 활동하던 사람들이 서로 경쟁하며 만들어 낸 산물이라고 할 수 있다. 객가인과 조주인의 공동체 의식과 문화자원이 날로 증가하면서, 그들은 '광동문화'라는 틀 안에 성공적으로 자신들이 동일시하는 문화를 위한 자리를 쟁취하여 광부인이 '광동문화'라는 이름을 독차지하지 못하도록 만들었다. '광동문물전시회'의 준비위원회는 대다수의 전시품들이 광주와 인근 지역에서 온 것에 대해 유감스럽게 생각했다.[18] 그들이 전시회에서 객가어 『성경』을 진열하고, 『광동문물』에 조극(潮劇)과 관련된 논문을 게재하였던 것은, 아마도 당시 전쟁 중이라 다양한 문물을 충분히 수집하지 못한 부족함을 보완하려는 목적이었을 것이다. 이런 세심한 움직임과 태도는 1940년대 '광동문화'를 논할 때 객가인과 조주인을 완전히 푸대접하고 광부인만을 우대할 수 없게 되었음을 보여준다.

이런 서술 논리로 볼 때 중국에서는 지방문화의 존재가 절대로 국가문화에 위협을 가해서는 안 된다. 이점은 마치 객가인이 자신의 특색을 강조하면서도 자신이 중국인 혹은 한인이라는 사실을 드러내는 것과 같은 것이다. 중국문화의 정의 자체가 갖고 있는 탄력성이 통치자나 지식인이 수용하고 있는 지방 또는 민족적 특색을 충분히 포용하고 있는 것이다. 중국에서는 지방문화의 특색을 강조하면 할수록 지방문화와 중국문화의 관계를 강조해야만 한다. 광부화 · 객가어 · 국어가 서로 크게 다르다는 점은 부인할 수 없는 사실이다. 하지만 광부나 객가 지역의 학자들은 자신들의 방언의 특징에 대해 언급할 때 '중원'이나 '고음'과 연관을 짓지 않으면 안 되었다. 중국의 지방과 민족 문화는 천차만별일 뿐만 아니라 공통점도 적지 않지만, 지방 학자

18) 『廣東文物』, 2쪽.

들의 관념 속에서 지방의 차이점은 이상적인 중국문화의 통일성 속에 완전히 재통합되었다. 젠유원의 '광동문화'가 지칭하는 바가 사실 '광동에서의 중국문화'를 의미한다는 것임을 사람들에게 일깨워 주었다. 이는 우리로 하여금 중국 지식인들이 생각하는 '중국문화'와 '지방문화'의 모순적 통일성을 분명히 인식하도록 해 준다. 만약 '지방주의'에 중앙과 분리된다는 뜻이 내포되어 있다면, '지방주의'는 절대로 중국 지식인들의 지방 문화관의 주도적 사상이 될 수 없을 것이다.

지역문화 연구에 대한 재검토

필자는 본서에서 청 말 이후 '광동문화' 관념이 형성되는 역사적 과정을 몇 가지 측면에서 살펴보고, 이를 통해 중국의 지역문화와 국가 인식 사이의 변증법적 관계를 탐구하였다. 본 연구에서 말하고 있는 '지역'은 단순히 객관적 의미에서의 행정 단위 또는 지리 단위를 가리킬 뿐만 아니라, 더 많은 경우 사람들의 주관적인 지역 구분 혹은 지역 경계선을 빌어 드러내는 '자기'와 '타자'의 구별을 지칭한다. 이런 각도에서 보면 과거의 수많은 '지역문화' 연구는 '지역문화'를 표현한 텍스트와 문헌 자체의 형성과정에 대한 분석을 간과하여 문헌 저자들의 사유의 함정에 쉽게 빠져 버리곤 하였다. 만약 우리가 이런 저자들의 분류—많은 경우 행정 구역상의 구분이기도 하다—에 따라 '구역 연구'를 진행해 우리 연구의 '구역'을 구분해 버린다면 학문적 근거에 상당한 의문이 제기될 것이다. 예를 들면 '오 문화'나 '호남(湖南) 경제'를 하나의 분석단위로 삼으면 그 이유를 굳이 말하지 않더라도 알 수 있으며, 일반 독자들도 이런 행정 구역이나 관습적인 분류로 구역 연구의 토대를 삼는 것에 거의 의문을 품지 않을 것이다. 하지만 실증적 연구에서 우리는 이런 구분이 사실상 상당히 주관적이고 임의적이라는 것을 금방 깨닫게 된다.

우리는 종종 연구의 필요에 따라 임시적이고 분석적으로 지역을 구분하여 정치와 경제 문제를 다루는 경우에 행정·세금·군사 관할 범위·상품(특히 지역을 나누어 전매하던 소금)·화폐의 유통 범위 등의 객관적인 매개 변수들을 많이 고려한다. 하지만 문화 현상 방면을 다룰 때는 연구자 개인의 독단적인 시각에서 출발하여 연구 대상의 주관 의식을 무시해서는 안 된다. 이는 또 최근 인문사회과학 분야에서 매우 주목하고 있는 '정체성(identity)' 문제와도 관련이 있다. 우리가 인식하고 있는 언어와 풍속의 구별에 비추어 구분해 낸 문화구역 설정은 종종 희망사항에 지나지 않기에, 절대로 연구 대상에 억지로 덧씌워서는 안 된다. 우리는 평면의 지도 위에다 필요에 따라 구역을 나눌 수도 있고, 입체적인 역사의 시공간 속에서 문헌에 근거하여 구역을 분류할 수도 있다. 그러나 이때 반드시 경계해야 할 점은 연구자들의 머릿속에 설정되어 있는 연구 대상에 대한 구역 관념이 그들이 나눈 구역의 범위와 반드시 겹쳐지지 않는다는 사실이다. 연구자들이 구역으로 구분한 문화 현상은 많은 경우 실제로는 '구역을 초월'하고 있다.

구역 연구의 추세라고 부를만한 방법론이 갖는 가장 전복적인 성격은 18세기 민족-국가가 일어나기 시작한 이래 국가별 역사를 기준으로 삼은 역사학 모델을 타파했다는 데 있다. 오늘날 세계화와 본토화의 구호가 하늘을 찌르고 다국적 기업이 먼 곳을 가리지 않고 뻗어나가고 있는 현상은 민족주의를 고취시킨 결과와도 어느 정도 관계가 있다. 어떤 의미에서 국가의 경계선이 점차 모호해져 국가를 역사 단위로 파악하는 것은 이미 더 이상 자신의 역사에 대한 인식의 요구를 만족시킬 수 없게 되었다. 지리 공간을 어떻게 나누어야 가장 효과적인 분석단위가 될 것인가는 연구자가 어떤 문제를 연구하느냐에 달려 있는 것 같다. 구역 연구 추세가 지향하는 바는 작은 것(현상)을 통해 큰 것(본질)을 보기 위해서 전체를 여러 개의 작은 부분으로 나누는 것이 아니다. 왜냐하면 큰 것과 작은 것은 상대적이기 때문이다. 만약 중국이 너무 커서 작은 덩어리로 나누어 부분적으로 세밀하게 분석하려고 한다면 그것은 전통적인 국가 역사의 연장선에 있는 것일 뿐이다. 특히 학술적인 논거가 전혀 없는 상황에서 행정 경계선에 따라 구분하는 것 역시 마찬가지이다.

역사학자들은 불가피하게 문헌 사료에 의지해야 하기 때문에 이른바 '지역문화'라고 하는 것은 사실상 중국문화의 수호를 자신의 소임으로 여긴 사대부나 지식인의 눈에 비친 지역문화를 의미한다. 지방지를 살펴보면 사대부들이 기술한 지방의 특색은 모두 대동소이하다. 지방 문헌에 나오는 문구가 표현하고 있는 것은 역사적 진실이라기보다는 발언자의 감성적인 인식과 평가가 더 많은 부분을 차지한다. 따라서 우리가 전근대 시기의 사대부나 근대 시기의 지식인이 서술한 지방의 특색을 사실로 간주한다면 상당히 잘못된 길로 들어설 수 있으며 위험하기까지 하다. 겉으로 매우 '지방'적으로 보이는 문헌 속에는 사실상 위로부터 아래로의 '국가' 의식의 침투되어 있고, 아래로부터 위로의 '국가' 의식에 대한 이해와 창조가 표현되어 있다. 문자를 맹목적으로 숭배하는 중국 사회에서 문자를 다룰 수 있었던 사대부나 지식인은 오랫동안 사회적인 존경과 인정을 받는 대상이었다. 하지만 이른바 '사대부'나 '지식인'은 필자가 제1장에서 언급한 것처럼, 구체적인 어떤 학력을 구비한 사람을 지칭하는 것이라기보다는 사회 보편적으로 추구하던 형상과 모범을 가리킨다. 이런 이유로 가장 '지방'적인 텍스트 곳곳에 '국가'라는 존재가 아른거리고 있는 것이다.

따라서 이원대립적인 '기층/민간/지방 대 국가/관방/중앙'과 같은 분석틀을 중국 사회나 전통적인 중국의 지식인 집단을 논의하는 데 사용하고자 할 때, 우리는 먼저 이런 분석틀의 적용 한도에 대해 의심을 가져 봐야 한다. 이 분석틀은 국가와 지방 사회가 이미 상당 정도 통합된 명청 시기의 중국에는 결코 적합하지 않다고 생각한다. 전통적인 중국 사대부가 왕조나 황제에 대해 불만을 가질 수는 있었겠지만, 이념과 가치를 추구하는 데 있어 관방과 충돌하는 경우는 극히 드물었다. 사대부는 중앙과의 거리가 아무리 멀어도 자신을 '기층'이나 '주변'으로 여기지 않았으며, 스스로를 어떤 '지역'에 속하는 집단으로 생각하지도 않았다. 왜냐하면 그들은 늘 고집스럽게 자신들이 '천하'에 속한다고 믿고 있었기 때문이다. 걸핏하면 이원대립의 관점으로 세계를 바라보았던 민국 시기의 지식인들도 스스로 정의한 지방문화를 기술하는 경우에 '국가'와 '지방'을 대립시키지 않았다. 이처럼 실제로는 다원적이면서도 서술에서는 통일을 지향한 변증법적인 국가와 지방의 관계는 중국문화의 가장 매력적인 부분이다. 필자가 생각하기에 중국의 '지역문화'를 연구할 때 간과해서는 안 될 점은 문화를 인정하고 정의한 사람들의 시각과 세계관에서 출발해야지, 후세 사람들의 시각과 인식에 기초하여 연구자 개인의 가치관을 연구 대상에 억지로 갖다 붙여서는 안 된다는 사실이다. 우리는 역사기록의 권력을 가진 지식인들의 '문화 관념'이 형성되고 발전한 역사과정을 면밀히 주시하고, 역사비판의 관점에서 '지역문화'에 대한 자신의 잘못된 믿음을 해체해야만, 비로소 역지사지의 태도로 지역문화의 인물들과 그들이 처했던 시대를 이해하고 정의할 수 있을 것이다.

저자 후기

"학자들은 어떤 책을 쓰기를 원하는가?" 학해당이 완공되고 나서 1년 후 양광총독 완원은 학생들에게 이런 제목의 책문(策問)을 낸 적이 있다. 당시 완원 막료로 있던 방동수(方東樹)는 학해당 학생들의 답안지를 검토하는 일도 겸하고 있었는데, 이 책문에 대해 다음과 같은 반응을 보였다.

"나는 후대 사람들이 책을 너무 쉽게 그리고 많이 쓰는 것을 개탄스럽게 생각한다. 대부분 공자께서 말씀하신 것처럼 잘 알지도 못하면서 쓰는 측면이 있다."

이 책의 원고를 완성한 후 완원의 책문과 방동수의 이런 개탄스런 반응을 읽으니 나도 모르게 부끄러운 생각에 진땀이 난다. 독서량도 많이 부족하고 재주와 학문도 일천하지만 책을 읽으면서 깨달은 생각을 억지로 한 권의 책으로 완성하였다. 처음으로 책을 쓴다는 것이 쉽지 않음을 경험하였고 '잘 알지도 못하면서 책을 썼다'는 두려움이 몰려온다. 하지만 기왕 스스로 학문의 길을 선택했으니 어쨌든 보잘 것없는 생각이라도 글로 표현하여 동료들과 같이 토론하고 고명하신 분들의 지적을 받고자 한다. 이 글은 나 자신이 막 학문의 길로 접어든 후에 얻은 조그만 깨달음이니 더욱 그러하다. 이번 연구 과제를 수행하는 과정에서 많은 스승과 친구들의 격려와 가르침을 받았음을 나 자신과 다른 사람들에게 분명히 고백하면서 이 책을 출판에 넘긴다. 이번에 출판된 책이 취할 만한 점이 있다고는 말할 수 없더라도 적어도 내게는 스승과 친구들에게 감사할 기회를 주었다고 할 수 있겠다.

이 책은 내가 옥스퍼드(Oxford)대학에서 공부하던 시기에 썼던 박사논문을 바탕으로 완성한 것이다. 나는 본래 박사논문을 영어로 썼고 논문을 쓸 때 주로 영어권 학계를 대상으로 하였다. 따라서 세부적인 내용과 체제, 글쓰기 관행에 있어서 모두 현재 중국어로 출판되는 이 책과는 상당한 차이가 있다. 하지만 책 전체의 기본적인 시각과 주요 논점은 모두 내가 박사논문을 쓸 때 형성된 것이다. 먼저 나의 박사논문 지도 교수인 데이빗 퍼(David Faure) 선생님께 감사드리고 싶다. 처음에 그는 전혀 안면이 없는 나를 학생으로 받아주셨고, 나중에는 어리석고 우둔한 나 때문에 크게 화를 내시기도 하였다. 지금도 나는 성인이 된 후 자신의 부족함에 대해 화를 내는 사람이 있다는 것은 인생에 있어서 가장 소중히 여겨야 할 복이라고 생각한다. 이 책은 데이빗 퍼 선생님의 기대에는 한참 미치지 못한다. 하지만 그분의 지도가 없었다면 아마 나는 오늘날까지도 어떻게 학문을 해야 하는지 알지 못했을 것이다. 데이빗 퍼 선생님은 항상 학생이 졸업하고 나면 친구가 된다고 말씀하셨다. 그런데 졸업한 후에도 나는 친구인 선생님께 많은 도움을 받았는데, 도움의 대부분은 내가 그분에게 배운 것들이었다. 그것들은 내가 졸업했다고 해서 결코 줄어들지 않았으니, 나의 마음속에 그분은 영원히 나의 스승이시다. 우리는 중문대학(中文大學)에 다닐 때부터 그분께 '선생(先生)'이란 호칭을 사용했는데 이것 역시 선생님(老師)이란 뜻이다. 선생이란 호칭은 시간과 장소가 달라진다고 해서 변하는 것은 아닌 듯하다.

예일(Yale)대학의 헬렌 수(Helen Siu) 교수와 그녀의 모친, 그리고 그녀의 언니 에스더(Helen Esther)에게 특히 감사드린다. 내가 제일 힘든 시기에 그들은 나에게 편안하고 쾌적한 거처를 제공해 주었고, 생활하는데 있어서 세심하게 보살펴 주어서 내가 편안한 마음으로 박사논문 집필을 끝마칠 수 있었다. 1992년 헬렌을 알게 된 이후 겸손하고 붙임성이 좋은 그녀의 성격 때문에 지금껏 '헬렌 교수님' 또는 '헬렌 선생님'이라는 존칭을 사용하지 않고, 항상 편한 대로 헬렌이라고만 불렀다. 하지만 교실 밖에서 그녀가 나에게 해 준 지도와 깨우침은 말로 다 표현하기 어려울 정도이다.

옥스퍼드대학 박사과정에서 공부하고 있을 때 많은 스승과 친구들이 여러모로 배려와 가르침을 주었다. 글렌 더브리즈(Glen Dudbridge) 교수는 사료(史料) 번역을 엄격하게 체크하여 내가 한 글자, 한 단어도 소홀히 여기지 않고 정확하게 이해하도록 해 주었다. 이미 고인이 되신 피에트 반 데르 룬(Piet van der Loon) 교수는 그가 살고 있는 집 사방 벽 가득히 적혀 있는 희곡 창사(唱詞)를 읽어 보도록 하여 헤아릴 수 없이 심오한 학술의 깊이를 음미할 수 있게 해 주었다. 타오 타오 류(Tao Tao Liu) 박사, 로라 뉴비(Laura Newby) 박사, 로버트 차드(Robert Chard) 박사 등 중국연구소 선생님들도 각기 다른 측면에서 우리에게 많은 가르침과 격려를 해 주었다. 또한 나의 '생활지도 교사'(moral tutor)였던 프랑스 역사를 연구하는 시어도어 젤딘(Theodore Zeldin) 교수에게 감사를 드린다. 생각이 꽉 막혀 있을 때 나는 그와 대학 공원을 걸으면서 이야기를 나누었고, 그가 역사학을 학문으로 선택하게 된 얘기를 들었다. 지금은 몇 마디 말을 기억하고 있을 뿐이지만 내 평생에 도움이 되는 유익한 가르침이었다. 동료들과 친구들 가운데 헨리에타 해리슨(Henrietta Harrison), 수산나 선튼(Susanna Thornton), 그리고 홍콩에서 알게 된 미국 학자인 리사 피슬러(Lisa Fischler)는 내가 연구하고 생활할 때 많은 도움을 주었을 뿐 아니라, 각기 다른 단계에서 내가 영어로 쓴 박사논문을 읽고 오류를 수정해 주었다.

나는 아직도 대학 다닐 때의 친구들을 잊지 못하고 있는데, 특히 저우리지(周立基)·예추이펑(葉翠鳳)·샤오룽한(蕭榮漢) 세 친구는 줄곧 정신적으로 나를 지지해 주었다. 1994~1995년 박사논문을 쓰기 위해 나는 대북(臺北)에서 반년 남짓 연구를 진행한 적이 있었다. 전부터 알고 지내던 대만대학(臺灣大學) 대학원생 페이쓰옌(費絲言)의 소개로 다른 두 명의 대만대학 대학원생인 왕훙타이(王鴻泰)와 천원이(陳雯怡)를 만나 룸메이트로 지내게 되었다. 우리는 함께 공부하고 토론하며 식사 준비를 분담하였다. 그 후 학문에 종사하는 동안 학생 시절의 이 경험은 나로 하여금 다시 힘을 내게 하는 원천이 되었다.

이 책을 집필하는 동안 엘리자벳 쾰(Elisabeth Köll), 마이클 조니(Michael Szonyi), 장루이웨이(張瑞威), 부융젠(卜永堅), 마무츠(馬木池), 정전만(鄭振滿), 케네스 딘(Kenneth Dean), 차이즈샹(蔡志祥), 랴오디성(廖迪生), 장자오허(張兆和) 등 많은 스승과 벗들이 지지와 관심, 도움을 주었다.

이 책을 집필하는 전 과정에서 중산대학 선생님들과 친구들도 정말 많은 도움을 주었다. 졸업한 후 중산대학에 자리를 잡고자 할 때 황쉰장(黃珣章) 총장의 배려 하에 중산대학 교수로 초빙을 받아 오늘날까지 재직할 수 있었다. 중산대학 역사학과의 여러 선배 학자들의 학문에 대한 열정과 인격적인 매력은 나에게 커다란 감동을 주었다. 또한 동료 교수들 간의 허물없는 관계도 편안한 마음으로 연구할 수 있는 환경을 만들어 주었다. 특히 리핑(李萍)·천수량(陳樹良)·룽보(龍波) 선생님은 내가 생활하고 업무를 볼 때 다방면으로 관심과 도움을 주어 여러 어려움들을 극복하고 기쁜 마음으로 교육과 연구에 전념할 수 있도록 해 주었다. 원래 영문으로 썼던 박사논문이 중국어 책으로 개편되어 나오는 과정에서 특히 쌍빙(桑兵)·추제(邱捷)·천춘성(陳春聲)·류즈웨이(劉志偉) 교수님들의 지지와 격려가 있었다. 그분들은 내가 박사논문을 쓰기 시작할 때부터 시종일관 다방면으로 지도를 아끼지 않으셨다. 쌍빙 교수는 이 책의 초고를 읽고 영감이 풍부한 의견들을 제시해 주었다. 류즈웨이 교수는 이 책의 원고를 탈고하기 전에 처음부터 끝까지 읽고 크고 작은 오류와 누락된 부분을 바로잡아 주었다. 그분들의 여러 가지 비평과 지적들은 역사를 연구하는 나의 공부가 아직 충분치 않음을 늘 상기시켜 주었다.

박사논문을 집필하는 과정에서 대만 한학연구중심(漢學硏究中心)의 재정적 지원을 받았다. 또한 연구를 심화시키고 원고를 완성하는 단계에서 국가 철학사회과학연구기금 청년프로젝트, 중산대학 인문사회과학발전기금 프로젝트, 홍콩대학 인문사회연구소의 자금 지원을 받았다. 이 자리를 빌려 모두에게 감사를 드린다.

나의 둘째 삼촌께도 감사드린다. 당시 그분이 지원해 주지 않았다면 나는 멀리 옥스퍼드대학에 가서 또다시 공부하는 삶을 시작할 결심을 하기 어려웠을 것이다.

마지막으로 이 책을 이미 작고하신 나의 외할머니와 외할아버지, 그리고 아직 병상에 있는 외삼촌께 바친다. 그들은 성인이 될 때까지 나를 키워 주셨다. 내가 꾸물거리며 시간을 끈 탓에 아직도 이 책을 보여 드리지 못했는데 너무나 죄송스러울 뿐이다!

2005년 8월 9일 강락원(康樂園)에서 쓰다

옮긴이의 말

이 책은 2006년 싼롄서점(三聯書店)에서 출간된 『지역문화와 국가의식: 만청 이래 '광동문화'관의 형성(地域文化與國家認同: 晩淸以來'廣東文化'觀的形成』을 번역한 것이다. 저자인 청메이바오(程美寶, 1968~)는 홍콩에서 태어나 홍콩 중원대학(中文大學)을 졸업한 후, 영국 옥스퍼드대학에서 석박사 학위를 취득하였다. 중국 근대사가 전공으로 1997년부터 광주(廣州) 중산대학(中山大學) 역사학과 교수로 재직하고 있다. 이 책은 '근대 중국의 지식 및 제도 변화 총서(近代中國的知識與制度轉型叢書)' 중 첫 번째로 출간된 것이다. 총서 시리즈의 전체적인 구상과 기획 의도는 쌍빙(桑兵)의 '해설'에 비교적 상세히 밝혀져 있다. 총서에서 다루고자 하는 시기는 동서 문명의 충돌과 융합으로 특징지을 수 있는 '근대'의 중국이다. 서구의 지식과 제도 체계가 중국에 수용되는 과정에서 중국 고유의 지식과 제도 체계는 어떠한 제약과 영향을 미쳤는가? 서구와는 다른 어떤 독특한 중국적 변형을 낳았고, 그것은 중국의 발전에 어떤 영향을 끼쳤는가? 이처럼 서구 지식과 제도의 원래 모습을 이해하고, 중국에 수용되는 과정과 중국 고유의 전통으로 인해 야기된 변화, 변화가 만들어 낸 발전 양상 등을 전반적으로 파악하려는 것이 전체적인 기획 의도이다. 그리고 이 야심 찬 거대한 프로젝트 이면에는 서구 중심의 학문 연구 방법과 시각에서 벗어나, 중국 학계 나름의 관점과 방법론을 찾고자 하는 의지와 노력이 숨겨져 있다.

'중국'이라는 정치체 안에는 수많은 지역과 다양한 지역 의식이 존재한다. 하지만 우리는 중국을 하나의 단일한 개체로 생각하는 경향이 있다. 역사적으로 줄곧 변방에 위치해 온 광동이 중국이라는 정치체에서 어떻게 문화적 정체성(identity)을 획득해 나가는지 그 과정을 면밀하게 고찰하고 있는 이 책은 중국의 지역문화를 연구할 때 유용한 지침서가 될 것이다. 중국에서 중앙과 지방은 시대를 달리하며 상호작용(interaction)을 통해 끊임없이 서로 영향을 주고받는 공명(共鳴)의 관계를 만들어 왔다. 따라서 지역의 독자성만을 강조하기보다는 중앙을 염두에 두면서 중국적인, 나아가 아시아의 로컬리티(locality)를 바라볼 필요가 있다.

이 책은 19세기 초부터 20세기 전반기 1백여 년 동안, 광동 문인들이 지방에 대한 관심과 국가의식의 이중주 사이에서 어떻게 적절히 논조를 조절하며 자신들의 목소리를 덧붙이고, 자신들이 동일시했던 지역문화를 정의했는지를 다루고 있다. 저자의 주장에 따르면 이 책은 다음과 같은 몇 가지 특징을 가지고 있다. 첫째, 여기에서는 19세기 초부터 20세기 전반기까지 누구에 의해 광동문화가 어떻게 정의되어 왔는가에 대한 역사적 과정을 추적하고 있다. 그런 측면에서 '광동문화란 무엇인가?'에 답하고자 하는 일반적인 형태의 지역문화가 연구가 아니다. 둘째, 이 책은 문헌 자료에서 출발하고 있지만, 관련 인물의 구체적인 활동에 입각하여 그들이 '광동문화'라고 하는 개념을 어떻게 정의하고 사용했는지를 서술하고 있다. 그런 점에서 이 책은 순수한 '관념사' 연구가 아니다. 셋째, 이 책에서 다루고 있는 '광동'은 개별적인 사례로, 만청 이래 중국의 지방 문화관이 형성되는 과정을 이해하는 데 유용한 분석틀을 제시하는 데 더 큰 목적이 있다. 광동문화를 예로 들어 청 말 이래 중국의 지방문화가 어떤 권력들의 상호

작용 하에 어떤 내용이 취사선택되어 지방문화를 정의하고 있는지를 밝히고 있다. 그런 점에서 이 책은 순수한 지방사 연구도 아니다. 전체적으로 이 책은 지역문화 연구에 접근하는 새로운 방법론 및 분석틀과 함께 경계해야 할 점들을 제시하고 있다는 점에서 참고할 만한 가치가 있다.

이 책에서 다루고 있는 시기는 대략 1820년대부터 1940년대이다. 오늘날 일반적으로 알려져 있는 '광동문화'에 대한 서술 방식이나 틀이 1930, 40년대 전후에 확립되었다면, 그 형성 과정은 대략 1820, 30년대에 시작되었다고 생각하기 때문이다. 여기에서 다루고 있는 내용을 요약하면 대략 다음과 같다.

먼저 제1장 '프롤로그: 문화를 전시하다'에서는 1940년 2월에 홍콩대학 펑핑산(馮平山) 도서관에서 열린 '광동문물전시회'에서부터 논의를 시작하고 있다. 오늘날 우리가 알고 있는 '광동문화'의 기본적인 내용은 대략 20세기 전반기에 형성되었는데, 이 전시회는 그것을 구체적으로 보여 주고 있기 때문이다. 저자는 이 전시회에서 표현하고 있는 사실과 관념을 언급하는 것을 시작으로 광동문화 관념이 구체적인 역사 과정에서 어떻게 형성되어 왔는지를 추적하고 있다. 이 책에서는 근대 광동문화 관념의 형성 과정을 서술하면서 문헌 기록에 나타난 서술 내용과 함께 관련된 역사 인물 간의 사승(師承)·지연(地緣) 등의 인간관계를 중요하게 다루고 있다. 아울러 지역문화와 역사를 기술하고 정의하는 지식인의 지역적 정체성과 국가문화, 국가인식 간의 긴장과 변증법적 관계에 주의를 기울이고 있다.

제2~4장에서는 주로 청대 도광(道光, 1821~1850) 연간에서부터 청말 민국 초까지를 다루고 있다. 제2장 '영남지역의 중국화 과정'에서는 먼저 고대 문헌 기록을 바탕으로 '광동인'의 범위와 광동문화 서술의 역사를 추적하고 있다. 문화진화론과 문화전파론은 역대 지방역사 서술에서 중요한 해석 논리였다. 중원지역에서 이주한 사람들의 영향으로 광동은 시대를 거듭할수록 점진적으로 문명화되었다는 것이다. 19세기 이전 광동문화와 역사서술의 주도권은 광부인(廣府人)이 장악하고 있었다. 그러다가 객가인(客家人)의 정치·경제적인 영향력이 커지게 되면서, 그들은 중원기원설(中原起源說)을 바탕으로 정통 한족으로서의 입지를 확고히 하였고, 광동인과 광동문화에 대한 정의에도 영향을 미쳤다. 청 말 과거제도가 폐지되고 학당(學堂)이 설치되었으며, 헌정(憲政)이 실시되고 의회 제도가 수립되었다. 중앙정부에서는 지방지 대신에 향토지와 향토교과서의 편찬을 장려하였다. 지식인들은 이러한 지방 저작들을 통해서 현대적인 의미의 국가관과 향토를 연결시키고자 시도하였다. 그들은 또한 자신이 동일시하는 지역문화와 족군(族群), 국가의식 간의 관계를 연계시키고자 하였고, 광동인과 광동문화, 나아가 국가관을 새롭게 정의하였다.

제3장 '광동어로 창작하기'에서는 국가 관념이 방언의 발전과 지위에 어떤 영향을 미쳤는지 고찰하고 있다. 전통 시기 중국 정부는 방대한 지역을 효율적으로 통치하고 지식인들의 국가에 대한 동질감을 강화하고자 하였다. 문언과 '관화(官話)'는 그런 역할을 하였다. 민국 시기에 이르러 그것은 백화와 국어로 대체되었다. 17~19세기 유럽에서는 민족국가의 출현과 함께 국어의 보급이 본격화되었고, 중국은 1920년대에 적극적으로 국어 보급운동을 추진하였다. 한편 방언의 상황을 살펴보면 광동의 지식인들은 광동어가 중원의 고음(古音)에 속한다고 주장하면서 국가문화 및 국가전통과의 연관성을 강조하였다. 청 말부터 민국 시기까지 광동어를 포함한 방언은 유신혁명의 상징으

로 혁명가들도 방언을 빌어 국가 관념을 표현하였다. 또한 19세기 중엽 이후 광동인들이 상해, 홍콩, 동남아, 북미로 이주하여 광동어 문학 시장이 확대되면서 많은 광동어 문학 작품이 출현하였다. 그렇지만 그 내용은 여전히 오락, 선교, 부녀자와 아동 교육의 범위를 벗어나지 못하였다. 방언의 전복성은 새로운 국가 관념을 확립하는 데 어느 정도 도움을 주었지만, 결국 국가 관념은 방언의 발전을 억압하여 종속적인 위치에 머물도록 하였다.

제4장 '영남 학술의 원류를 찾아서'에서는 학해당(學海堂)을 중심으로 사회정치적 상황과 국가 관념의 변화가 광동의 학술사에 어떤 영향을 끼쳤는지를 다루고 있다. 1820년 양광총독(兩廣總督) 완원(阮元, 1764~1849)이 광주(廣州)에 학해당을 설치한 것은 광동의 학술사에 있어서 중요한 전환점이었다. 도광(1821~1850) 이후 학해당은 광동의 학술 문화계의 중심이었을 뿐만 아니라 정계(政界)에서도 큰 영향력을 행사하였다. 청 말 경학을 중심 내용으로 하는 과거제도와 관료체계가 와해되고, 민족주의가 보급되어 반만(反滿) 정서가 확산되면서, 확고하던 학해당의 위치도 위협을 받게 되었다. 청 정부의 실각과 함께 관방적 색채를 띠고 있던 학해당은 보수의 상징이 되었다. 동치(同治, 1856~1874) 연간 진례(陳澧, 1810~1882)와 명성을 나란히 하던 주차기(朱次琦, 1807~1881)는 학해당 학장에 취임하지 않으려 했다는 과거의 행적 덕분에 반만 인사들에게 광동 학술계의 고결한 선비로 인식되었다. 신해혁명 후 학해당의 불씨는 식민지 홍콩에서 다시 타오르게 되는데, 그 중심에는 '만청 유로(遺老)'들이 있었다. 정치 무대에서 밀려난 만청 유로들은 전통 문화를 복원하는 것으로 구시대의 유물을 부활시키고자 하였다. 1903년 학해당은 폐쇄되었지만, 학해당 학장에 의해서 편찬된 광동 학술사와 제자·후손들이 편찬한

문집 총서와 열전(列傳) 등으로 인해 학해당의 영향력은 이후에도 상당 기간 동안 지속되었다.

제5장과 제6장에서는 주로 1920~1940년대를 다루고 있다. 제5장 '민속에서 민족으로'에서는 민속학 운동에 내재되어 있는 지역·민중에 대한 관심과 국가의식 간의 관계에 대하여 다루고 있다. '5·4' 운동의 세례를 받은 새로운 시대의 지식인들은 중국에 대한 개혁을 자신의 임무로 생각하였고, 유가 예교와 봉건 미신을 중국의 진보를 가로막는 걸림돌로 간주하였다. 문언은 백화로 대체되었고, 서구의 민주주의와 과학은 이 시기 지식인들의 중요한 가치 기준이 되었다. 이들은 '민중'이란 개념을 만들어 내고 '군중 속으로 들어가' 향촌 생활을 통해 영감을 얻고 백화문 창작을 풍부히 하고자 하였다. 1920년대 그런 관심이 대학 연구의 범주 속으로 들어오게 되는데, 그 일부가 '민속학'으로 발전하였다. 북경에서 시작된 민속 연구는 민간문학을 수집하는 것에서 점차 민속 조사로 확대되었다. 광동에서의 민속학 연구는 1927~1933년 구제강(顧頡剛, 1893~1980), 룽자오쭈(容肇祖, 1897~1994), 중징원(鍾敬文, 1903~2002) 등에 꽃을 피우게 되었다. 이 시기 민속학에 관심을 가지고 있던 지식인들의 궁극적인 관심은 농촌의 민중문화가 아니라 새로운 국가의식의 수립이었다. 그들은 스스로 '과학'과 '진보'의 이미지를 자처하며, 민간 풍속과 문학의 '봉건 미신'적인 요소에 대해 오히려 혐오감을 드러냈다. 여기에서 저자는 특히 객가학(客家學)을 창시한 뤄상린(羅香林, 1906~1978)이 새로운 정치적 세력의 비호 속에서 객가인의 문화적 정체성을 어떻게 강화시켜 나가고 있는지를 치밀하게 논증하고 있다.

제6장 '구시대 사람이 편찬한 새 시대의 지방지'에서는 민국 시기에 편찬된 『고요현지(高要縣志)』를 대상으로 새롭게 형성된 국가의식과

지방문화 관념이 지방지 편찬과 내용에 어떻게 반영되어 있는지를 분석하고 있다. 중국은 역대로 지방지를 편찬하는 전통이 있었고, 청대부터는 지방관의 주도 하에 지역에서 영향력 있는 문인들을 모아 집단적으로 기술하였다. 지방지는 지방문화 관념과 국가의식이 반영되어 있을 뿐 아니라, 각종 사회·정치 세력 간의 경쟁과 대화의 결과물이라고 할 수 있다. 민국 이후에도 국민당 정부는 지방지편찬관이나 문헌위원회를 두어 지방지 편찬을 적극 장려하였다. 민국 시기에 반포된 지방지 편찬조례는 새로운 국가 체제와 정치적 이데올로기를 지방지 체계와 내용에 어떻게 반영해야 되는지 규정하고 있다. 1948년에 편찬된 『고요현지』는 내용이 상세하고 체제가 완정한 민국 시기 전형적인 지방지이다. 이 지방지 편찬자들은 모두 청조 때 과거에 합격한 사람이면서, 민국 시기에 새롭게 관료 사회에 진출한 사람들이었다. 이들은 새로운 지방지에 '현대', '민족', '국민' 의식을 부여하고자 시도하였다. 그들은 사람들의 풍속과 습관이 미신적이고 낙후되었다고 비판하고 있는데, 그 이면에는 '미신적이고 낙후된' 풍속이 바로 국민의 약점이자, 국가의 진보를 가로막는 원인이라는 관점이 내포되어 있다. 또한 그들은 모어(母語)와 일상어가 모두 광동어임에도 월곡(粵曲)과 월극(粵劇)을 폄하하고 '국악(國樂)'을 제창하였다. 지방의 지식인들은 지방의 풍속을 개혁하는 과정에서 자신들이 새로운 중국문화를 건설하는 데 참여하고 있다고 생각하였다.

제7장 '에필로그: 문화 전시의 배후'는 결론 부분이다. 여기에서 저자는 중국의 근대 지방 문화관의 형성과 관련된 지방·국가·문인·문화 등 몇 가지 개념을 새롭게 정의하고 있다. 또한 이후 중국의 지역문화 연구를 진행할 때 주의해야 될 점들을 언급하고 있다.

끝으로 이 자리를 빌려 번역의 기회를 주신 부산대학교 한국민족문화연구소 선생님들께 심심한 감사를 표하며, 번역하는 과정에서 꼼꼼한 교정과 귀중한 의견을 주신 이영섭 선생님께도 고마운 마음을 전하고 싶다. 이 책이 고대와 근현대를 넘나들면서 문언과 백화, 광동어와 일본어 등 다양한 사료(史料)들을 인용하고 있어 짧은 기간 동안 번역을 완성하기가 쉽지 않았다. 역자들의 능력의 한계로 번역 상의 오류를 피할 수 없을 터, 향후 독자들의 많은 지적을 바란다.

2014년 8월

정진선, 최형섭

참고 문헌

中文

阿英, 『反美華工禁約文學集』, 上海: 中華書局, 1962年.

阿英, 『晩淸文學叢鈔: 說唱文學卷』, 北京: 中華書局, 1960年.

『白話醒腦筋』(佚名), 香港, 1910年.

板本一郞, 小川環樹, 倉田淳之助, 太田辰夫, 長田夏樹, 『吳語硏究書目解說』, 『神戶外大論叢』, 第3卷 第4期, 1953年.

蔡鵬雲, 『最新澄海鄕土格致敎科書』, 汕頭圖書報社, 1909年.

陳春聲, 「地域認同與族群分類: 1640~1940年韓江流域民衆"客家觀念"的演變」, 『客家硏究』 創刊號(臺灣), 2006年.

陳公博·周佛海, 『陳公博周佛海回憶錄合編』, 香港: 春秋出版社, 1971年.

陳澧, 『東塾集』, 廣州: 菊坡精舍藏版, 1892年.

陳澧 著, 陳之邁 編, 『東塾續集』, 臺北: 文海出版社, 1972年.

陳其壽, 『靜觀齋文存』, 臺西華印書館, 1927年.

陳錫祺 主編, 『孫中山年譜長篇』, 北京: 中華書局, 1991年.

陳旭麓, 方詩銘, 魏建猷 編, 『中國近代史詞典』, 上海: 上海辭書出版社, 1982年.

陳序經, 『疍蛋民的硏究』, 上海商務印書館, 1946年版, 臺北: 東方文化書局 1971年 影印.

陳序經, 「廣東與中國」, 『東方雜誌』, 第36卷 第2號, 1939年 1月 16日.

______, 『唐代政治史述論稿』, 上海: 上海古籍出版社, 1997年版.

陳玉環, 『論1905年至1906年粤路風潮』, 廣州市文化局, 廣州市文博學會編, 『羊城文物博物硏究: 廣州文博工作四十年文選』, 廣州: 廣東人民出版社, 1993年.

陳玉堂 編著, 『中國近現代人物名號大辭典』, 杭州: 浙江古籍出版社, 1993年.

陳澤泓, 「愛國未有不愛鄕—試釋黃節編著廣東鄕土歷史敎科書」, 『廣東史志』, 第2期, 1999年.

陳卓瑩 編著, 『粤曲寫唱常識』, 廣州: 廣東人民出版社, 1953年.

陳子褒, 『婦孺三四五字書』, 廣州, 1900年.

______, 『婦孺須知』, 廣州, 1893年.

______, 『敎育遺議』(1897~1922年 사이에 저술), 香港, 1952年 重印.

______, 『小學釋詞國語粤語解』, 廣州, 1900年, 1907年.

______, 『幼雅』, 廣州, 1897年.
陳美寶·劉志偉, 「18,19世紀廣州洋人家庭的中國傭人」, 『史林』, 第4期, 2004年.
程美寶, 「"Whang Tong"的故事—在域外撿拾普通人的歷史」, 『史林』, 第2期, 2003年.
______, 「"番鬼"學粵語」, 『東方文化』, 第4期, 1997年.
______, 「"嶺學"正統性之分岐—從孫璞論阮元說起」, 廣東炎黃文化研究會, 廣州炎黃文化研究會 編, 『嶺嶠春秋—廣府文化與阮元論文集』, 廣州: 中山大學出版社, 2003年.
______, 「從民俗到民族—地方文化與國家認同」, 『清華社會學理論』, 第1期, 2001年.
______, 「地方文化與國家認同—晚晴以來"廣東文化"觀的形成」, 楊念群 編, 『空間, 記憶和社會轉型—"新社會史"研究論文精選集』, 上海: 上海人民出版社, 2001年.
______, 「庚子賠款與香港大學的中文教育: 二三十年代香港與中英關係的一個側面」, 『中山大學學報』, 第6期, 1998年.
______, 「區域研究取向的探索: 評楊念群「儒學地域化的近代形態」」, 『歷史研究』, 第1期, 2001年.
______, 「由愛鄉而愛國: 清末廣東鄉土教材的國家話語」, 『歷史研究』, 第4期, 2003年.
程行超, 『中國地方政府』, 香港: 中華書局, 1987年.
崇禎 『東莞縣志』.
『崇正工商總會議案簿』(1921年 5月~1940年 5月), 香港大學馮平山圖書館藏.
『初學白話碎錦』(佚名), 廣州: 以文堂, 出版年不詳.
『傳家寶訓』(佚名), 香港: 五桂堂書局, 出版年不詳.
『春娥教子』(佚名), 廣州: 以文堂, 出版年不詳.
村尾逬, 「カントン學海堂の知識人とアヘン弛禁論, 嚴禁論」, 『東洋史研究』, 第44卷 第3期, 1985年, 第85~118頁.
『打洞結拜』(佚名), 廣州: 以文堂, 出版年不詳.
大久保英子, 「明淸時代書院の硏究」, 東京: 國書刊行會, 1976年.
『大埔海下村翁氏藏書』, 第28册, 香港沙田中央圖書館藏.
戴季陶, 『戴季陶先生文存』, 第2册, 臺北: 中國國民黨中央委員會, 1959年.
『淡水歌』(佚名), 出版年不詳.
道光 『高要縣志』
道光 『廣東通志』
道光 『開平縣志』
道光 『連山綏瑤廳志』
道光 『新會縣志』
道光 『新寧縣志』
道光 『永安縣三志』

道光『肇慶府志』
鄧淳,『嶺南叢述』, 출판연도 미상, 序는 도광 10년(1830).
鄧爾麟 著, 藍樺 譯,『錢穆與七房橋世界』, 北京: 社會科學文獻出版社, 1995年.
鄧又同,「香港學海書樓七十年概況」, 何竹平 編,『學海書樓七十周年紀念文集』, 香港: 學海書樓董事會, 1993年.
鄧又同 編,『香港學海書樓講學錄選輯』, 香港: 學海書樓, 1990年.
鄧章興 主編,『廣東全省第四次教育會議提案之四(1): 修訂初級中學校各科教學綱要』, 1934年.
『第八才子花箋』(佚名), 廣州: 翰經堂藏板, 道光二十年(1840), 法國巴黎國家圖書館藏.
『第八才子花箋』(佚名), 靜淨齋藏板, 序于康熙五十二年(1713), 法國巴黎國家圖書館藏.
丁寶蘭 編,『嶺南歷代思想家評傳』, 廣州: 廣東人民出版社, 1992年.
丁守和 編,『辛亥革命時期期刊介紹』, 北京: 人民出版社, 1987年.
丁賢俊·喻作風 編,『伍廷芳集』, 北京: 中華書局, 1993年.
『訂正粵音指南』(*Guide to Cantonese: being L. C. Hopkin's translation of "Kuen Hua Chih Nan" rendered into a Cantonese*, assisted by Fung Iu Ting), Hong Kong: Wing Fat & Company, 1930.
董鼐 編,『學府紀聞: 國立北京大學』, 臺北: 南京出版有限公司, 1981年.
杜雲之,『中國電影史』, 臺北: 臺灣商務印書館, 1986年.
段云章, 倪俊明 編,『陳炯明集』, 廣州: 中山大學出版社, 1998年.
方志欽 主編,『簡明廣東史』, 廣州: 廣東人民出版社, 1993年.
『粉嶺歷史文獻』, 第6~10冊, 香港中文大學圖書館藏.
風俗改革委員會,『風俗改革叢刊』, 廣州: 廣州特別市黨務宣傳部, 1930年.
馮愛群,『中國新聞史』, 臺北: 學生書局, 1967年.
馮自由,『革命逸史』, 臺北: 商務印書館, 1969年.
『芙蓉屏』(佚名), 廣州: 以文堂, 同治十年(1871).
『附刻蘇妃新文 南雄珠璣巷來歷故事』(佚名), 廣州: 明文堂, 出版年不詳, 英國大英圖書館藏
『改良嶺南卽事』(佚名), 出版年地不詳.
『感應篇直講』(佚名), 蘇州重印, 道光十九年(1839).
高靜亭,『評點正音撮要』, 廣州十八甫時雅書局石印, 光緖三十二年(1906).
高靜亭,『正音撮要』, 廣州城福藝樓藏板, 光緖三十三年(1907).
______,『正音撮要』, 上海: 錦章圖書局, 1920年.
______,『正音撮要』, 同治六年(1867) 重鐫, 出版地不詳.
______ 編,『中國近代教育史資料滙編: 洋務運動時期教育』, 上海: 上海教育出版社, 1992年.

『高要縣賓興館産業四刻』, 1945年, 出版地不詳.
『高要縣政府施政報告』(民國35年12月25日在高要縣參議會報告), 出版地不詳.
高應篤 等 編, 『中華民國內政志』, 臺北: 中華文化出版事業委員會, 1957年.
『歌謠周刊』
『格致彙編』
『格致新報』
龔書鐸, 『近代中國與近代文化』, 長沙: 湖南人民出版社, 1988年.
辜宣存, 『先賢林大欽逸事』, 『民俗周刊』, 第46期, 1929年.
古直, 『客人對』, 上海: 中國書店, 1930年.
____, 「述客方言的研究者」, 『國立中山大學語言歷史硏究所周刊』, 第8卷, 第85~87期, 1929年.
顧潮, 『歷劫宗教志不灰: 我的父親顧頡剛』, 上海: 華東師範大學出版社, 1997年.
顧頡剛, 『顧頡剛古史論文集』, 第1册, 北京: 中華書局, 1988年.
______, 『顧頡剛自傳(4)』, 『東方文化』, 第4期, 1994年.
______, 『廣州兒歌甲集序』, 『民俗周刊』, 第17,18期合刊, 1928年.
______, 『聖賢文化與民衆文化』, 『民俗周刊』, 第5期, 1928年.
顧炎武, 『日知錄集釋』, 長沙: 岳麓書社 1994年版.
______, 『天下郡國利病書』, 廣雅書局緒廿六年(1900)版.
關健兒, 『祖廟萬福臺是佛山喜劇發展的見徵』, 『佛山文史資料』, 第8輯, 1988年.
『官話指南』(佚名), 序于光緒七年(1881), 北京光緒三十四年(1908) 重印.
光緒『高明縣志』
光緒『嘉應州志』
光緒『清遠縣志』
光緒『四會縣志』
光緒『新寧縣志』
『廣東督軍莫榮新, 省長翟汪, 省會警察廳廳長魏邦平等鎭壓廣東五四運動的布告, 函電』, 『廣東文史資料』, 第24期, 1979年.
『廣東教育公報』, 第1卷, 第6期, 1928年 12月.
廣東經濟年監編纂委員會: 『二十九年度廣東經濟年監』, 廣州: 廣東省銀行經濟硏究室, 1941年.
『廣東名人故事』(佚名), 廣州: 富貴堂, 出版年不詳.
『廣東群報』
廣東省文史硏究館 編, 『三元里人民抗英鬪爭史料』, 北京: 中華書局, 1979年.
廣東省中山圖書館, 廣東省珠海市政協 編: 『廣東近現代人物詞典』, 廣州: 廣東科技出版社,

1992年.

『廣東文物』, 1941年, 上海: 上海書店1990年重印.

『廣州民國日報』

『廣州日報』

廣州市市立博物院 編, 『廣州市市立博物院成立槪況』, 廣州: 天成印務局, 1929年.

『廣州市政府新署落成紀念專刊』, 廣州, 1934年.

廣州市政協文史資料硏究室委員會 編, 『南天歲月: 陳濟棠主粵時期見聞實錄』, 『廣州文史資料』, 第37册, 廣州: 廣東人民出版社, 1987年.

『桂枝寫狀南音』(佚名), 廣州: 廣文堂, 出版年不詳, 此文獻承蒙龍彼德敎授(Prof. Piet van der Loon) 借閱

『國粹學報』

『國華報』

『國立中山大學日報』

『國民政府公報』, 第2666號, 1946年 11月 4日(臺北成文出版社有限公司1972年重印, 第205册).

『寒宮取笑』(佚名), 出版年地不詳.

韓邦慶, 『海上花列傳』, 初版光緒十八年(1892), 上海: 上海古籍出版社, 1990年版

韓錦春, 李毅夫: 『漢文“民族”一詞的出現及其早期使用情況』, 『民族硏究』, 第2期, 1984年

『合訂粵海春秋』(佚名), 出版年地不詳, 疑爲香港

何崇校, 劉作, 周養浩: 『抗日戰爭中余漢謀與侵略軍的勾結』, 『廣州文史資料』, 第18輯, 1980年, 第153~166頁

『賀壽封相曲本』(佚名), 廣州: 廣文堂, 出版年不詳, 此文獻承蒙龍彼德敎授(Prof. Piet van der Loon) 借閱

賀躍夫, 「第二次阿片戰爭時期廣東團練抗夷考述」, 『中山大學史學集刊』, 第1期, 1992年, 第192~202頁.

『花箋記』(佚名), 廣州, 香港: 五桂堂, 出版年不詳, 民國年間.

『花箋記』(佚名, 原書名不詳, 封面頁缺), 出版年地不詳, 英國牛津聖約翰學院藏.

『華字日報』

『皇娘問卜』(佚名), 廣州: 以文堂, 出版年不詳.

黃佛頤, 『廣東鄕土史敎科書』, 粵城時中學校刊本, 光緒三十二年(1906).

______, 『先三鄕賢年譜』, 純淵當, 光緒廿九年(1903).

黃福慶, 『近代中國高等敎育硏究: 國立中山大學』, 臺北: 中央硏究院近代史硏究所, 1988.

黃晦聞(黃節), 『廣東鄕土地理敎科書』, 上海: 國學保存會, 光緒三十三年, 1907.

__________, 『廣東鄕土地理敎科書』, 上海: 國學保存會, 光緒三十四年, 1908.

__________, 『廣東鄕土歷史教科書』, 上海: 國學保存會, 光緒三十三年, 1907.
__________, 『黃史』, 『國粹學報』, 第1期, 『史編』, 1905年.
__________, 『粤東學術源流史』, 鈔本, 廣東省中山圖書館藏.
黃麗鏞, 『魏源年譜』, 長沙: 湖南人民出版社, 1985年.
黃培芳, 『虎坊雜識』, 出版年地不詳.
______, 『黃氏家乘』, 道光廿七年(1847)刊於廣州純淵堂.
______, 『雲泉隨札』, 出版年地不詳, 序於嘉慶十八年(1813).
黃培堃 · 岑錫祥, 『廣東鄕土地理教科書』, 粤東編譯公司光緒三十四年(1908)再版.
黃啓臣 · 鄧開頌, 『略論粤海關的若干特殊制度及其影響』, 明淸廣東省社會經濟研究會編, 『明淸廣東社會經濟研究』, 廣州: 廣東人民出版社, 1987年.
黃榮康, 『求慊齋文集』, 出版年地不詳, 序於1922年.
黃仕忠 編, 『老中大的故事』, 南京: 江蘇文藝出版社, 1998年.
黃壽祺 · 張善文, 『周易譯注』, 上海: 上海古籍出版社, 1990年.
黃義祥, 『中山大學校史稿』, 廣州: 中山大學出版社, 1999年.
黃映奎 · 黃佛頤, 『廣東鄕土史教科書』, 廣州, 光緒三十二年(1906).
黃友棣, 『怎樣指導學校音樂活動」, 廣東省政府教育廳第一科, 1941年.
黃瑜, 『雙槐歲鈔』, 北京: 中華書局, 1999年版.
黃釗, 『石窟一征』, 同治元年(1862), 臺北: 臺灣學生書局, 1970年重印.
黃遵憲, 『日本國志』, 上海: 圖書集成印書局, 光緒二十四年(1898), 臺北: 文海出版社, 1974年重印.
______, 『雜感』, 『人境廬詩炒箋注』, 上海: 上海古籍出版社, 1981年版.
黃佐, 『廣州人物傳』, 廣州: 廣東高等教育出版社, 1991年版.
吉田寅, 『“三字經”と入華宣教師の中國語布教書』, 『中國關係論說資料』, 第35卷, 1—Extra, 1993年.
嘉靖 『潮州府志』
嘉靖 『廣東通志初稿』
嘉慶 『新安縣志』
嘉慶 『增城縣志』
簡朝亮 編, 『朱九江先生集』, 臺北: 臺灣商務印書館, 1973年重印.
簡又文, 『悼簡竹居家夫子』, 臺北: 傳記文學出版社, 1982年.
______, 『西北從軍記』, 香港宋皇臺紀念集編印委員會, 1960年.
江藩 著 · 鍾哲 整理, 『國朝漢學師承記, 附國朝經師經義目錄, 國朝宋學淵源記』, 北京: 中華書局, 1983年版.
姜義華 · 吳根梁 編, 『康有爲全集』, 上海: 上海古籍出版社, 1987年.

蔣介石,『新生活運動』(葉楚傖記錄), 南京: 正中書局, 1935年.

酒中馮婦,『嶺南風月史』, 出版年地不詳, 疑爲民國年間.

康熙『永安縣次志』

康有爲,『康有爲自訂年譜』, 約光緒二十四年(1898), 臺北: 文海出版社, 1972年重印.

______,『中庸注』, 光緒二十八年(1902), 臺北: 臺灣商務印書館, 1966年重印.

科大衛・劉志偉, 「宗族與地方社會的國家認同—明清華南地區宗族發展的意識形態基础」, 『歷史研究』, 第3期, 2003年.

鄺露,『峤雅』, 廣州: 廣東高等教育出版社, 1990年版.

來新夏,『方志學概論』, 福州: 福建人民出版社, 1983年.

______,『中國地方志總攬 1949~1987』, 合肥: 黃山書社, 1988年.

賴伯疆・黃鏡明,『粵劇史』, 北京: 中國戲劇出版社, 1988年.

賴際熙,『崇正同人系譜』, 香港, 1925年.

賴際熙 撰, 羅香林 輯,『荔垞文存』, 鈔本影印, 1974年.

『浪子悔改』(The Parable of the Prodigal Son in Canton Dialect by James Legge), 出版年地不詳, 英國大英圖書館藏.

『浪子悔改』(佚名), 增沙藏版, 咸豊九年(1859), 英國大英圖書館藏.

雷澤普,『松下述學集』, 粵東編譯公司, 1923年.

______,『新寧鄉土地理』, 宣統元年(1909), 出版年地不詳.

黎春榮,「東莞風俗談」,『民俗周刊』, 第4期, 1928年.

黎錦熙,『方志學兩種』, 長沙: 岳麓書社, 1984年.

______,『三十五年來之國語運動』, 庄俞・賀聖鼎 編,『最近三十五年來之中國教育』, 上海: 商務印書館, 1931年.

李昌祺,『傳燈餘話』, 收入瞿佑 等 著,『傳燈餘話(外二種)』, 上海: 上海古籍出版社, 1981年.

李調元,『粵風』, 上海: 上海印書館, 1935年版.

李福清(B. Riftin),「俄羅斯所藏廣東俗文學刊本書錄」,『漢學研究』, 第12卷, 第1期, 1994年.

______________,「中央研究院傅斯年圖書館罕見廣東木魚書書錄」,『中國文哲研究通信』, 第5卷, 第3期, 1995年.

李默,『廣東方志考略』, 長春: 吉林省地方志編纂委員會, 吉林省圖書館學會, 1988年.

李孝悌, 「胡適與白話運動的再評估—從清末的白話文談起」,『胡適與近代中國』, 臺北: 時報文化出版企業有限公司, 1991年.

______,『清末的下層社會啓蒙運動1901—1911』, 臺北: 中央研究院近代史研究所, 1992年.

李新魁,『廣東的方言』, 廣州: 廣東人民出版社, 1994年.

______, 『廣東方言研究』, 廣州: 廣東人民出版社, 1995年.
李緖伯, 『淸代廣東朴學硏究』, 廣州: 廣東省地圖出版社, 2001年.
李學訓, 『現行地方民意機構制度』, 上海: 中華書局, 1946年.
李永熾, 『日本的近代化與知識分子』, 臺北: 水牛出版社, 1970年.
梁伯强, 「醫學上中國民族誌硏究」, 『東方雜誌』, 第23卷, 第13期, 1926年.
梁家彬, 『廣東十三行考』, 上海: 商務印書館, 1937年.
梁培熾, 『南音與粤謳之硏究』, San Francisco: Asian American Studies, School of Ethnic Studies, San Francisco State University, 1988.
______, 『香港大學所藏木魚書書錄與硏究』, 香港: 香港大學亞洲硏究中心, 1978年.
梁啓超, 『飮冰室合集』, 上海中華書局, 1936年重印.
梁啓超 著, 夏曉虹 輯, 『「飮冰室合集」集外文』, 北京: 北京大學出版社, 2005年.
梁群球 主編, 『廣州報業』, 廣州: 中山大學出版社, 1992年.
梁山・李堅・張克謨, 『中山大學校史』, 上海: 上海敎育出版社, 1983年.
梁廷枏, 『海國四說』, 北京: 中華書局, 1993年版.
______, 『海國四說』, 道光二十六年(1846), 出版地不詳.
______, 『夷氛紀聞』, 上海: 商務印書館, 1937年版.
梁威, 「粤劇源流及其變革初述」, 廣州市政協文史資料硏究委員會, 粤劇硏究中心編, 『廣州文史資料』, 第42集, 『粤劇春秋』, 1990年.
梁詡, 「紀念先父梁贊燊」, 『高要文史』, 第1集, 1985年,
梁應麟, 『粤東白話兩孟淺海』, 香港: 孔聖會, 1916年.
梁贊燊, 『兩廣方言學堂地文學課本』, 淸風橋文茂印局, 出版年不詳.
______, 『高要前代名人著述彙炒』, 肇慶: 高要縣文獻委員會, 1948年.
梁肇庭, 「客家歷史新談」, 『中國社會經濟史硏究』, 第1卷, 第1期, 1982年.
『兩廣方言學堂同學錄』, 廣州, 1936年重刻
列文森 著, 鄭大華・任菁 譯, 『儒敎中國及其現代命運』, 北京: 中國社會科學出版社, 2000年.
林昌彝, 『射鷹樓詩話』, 上海: 上海古籍出版社, 1988年版.
林達泉, 『客說』, 溫廷敬 編, 『茶陽三家文鈔』, 宣統二年(1910), 臺北: 文海出版社, 1966年重印.
林培廬, 『潮州七賢故事』, 1933年, 臺北: 東方文化書局, 1976年重印.
林宴瓊, 『學憲審定潮州鄕土敎科書』, 汕頭中華新報館, 宣統二年(1910).
林英儀, 「韓山書院沿革述略」, 『潮州文史資料』, 第5集, 1986年.
『嶺東日報』
『嶺南學校大觀』, 廣州: 嶺南大學, 1917

凌鴻勛·高宗魯,『詹天佑與中國鐵路』, 臺北: 中央研究院近代史研究所, 1977年.
劉伯驥,『廣東書院制度』, 臺北: 臺灣書店, 1958年.
劉復·李家瑞,『中國俗曲總目稿』, 1932年, 臺北: 文海出版社, 1973年重印.
劉萬章,「本刊結束的話」,『民俗周刊』, 第111期, 1930年.
______,「粤南神話研究」,『民俗周刊』, 第112期, 1933年.
劉向撰, 向宗魯校訂,『說苑校訂』, 北京: 中華書局, 1987年.
劉學锴·餘恕城,『李商隱詩歌集解』, 北京: 中華書局, 1989年.
劉志偉,『在國家與社會之間: 明清廣東里甲賦役制度硏究』, 廣州: 中山大學出版社, 1997年.
柳存仁,『神話與中國神話接受外來因素的限度和理由』, 臺北: 漢學硏究中心"中國神話與傳說"會議論文, 1995年4月.
盧瑋鑾,『香港文縱—內地作家南來及其文化活動』, 香港: 華漢文化事業公司, 1987年.
羅敬之,『羅香林先生年譜』, 臺北: 國立編譯館, 1995年.
羅獻修 輯,『興寧縣鄉土志』, 鈔本, 廣東省中山圖書館藏.
羅香林,「廣東民族概論」,『民俗周刊』, 第63期, 1929年.
______,『客家源流考』, 世界客屬總會秘書處 編,『香港崇正總會三十周年紀念特刊』, 香港: 香港崇正總會, 1950年.
______,『國父家世源流考』, 重慶: 商務印書館, 1942年.
______,「胡曉岑先生年譜」,『興寧文史』, 第17集, 1993年.
______,『客家史料滙編』, 臺北: 南天書局有限公司, 1992年(香港1965年影印).
______,『客家硏究導論』, 興寧: 希山書藏, 1933年初版, 上海文藝出版社, 1992年影印.
______,『民俗學論叢』, 出版年地不詳, 自序於1965年.
______,『香港與中西文化之交流』, 香港: 中國學社, 1961年.
______,『乙堂文存』, 香港大學馮平山圖書館藏.
______,『乙堂札記』, 香港大學馮平山圖書館藏.
______,『粤東之風』, 臺北: 東方文化書局, 1974年重印.
『羅香林教授所藏函牘·他人手稿及賀片』, 香港大學馮平山圖書館藏.
『落爐不燒』(佚名), 咸豊十一年(1861), 出版地不詳.
『馬可福音傳』(佚名), 光緒八年(1882), 出版地不詳.
麥仕治,『廣州俗話書經解義』, 廣州: 文寶閣, 出版年不詳, 約光緒十九至二十年(1883~1894).
麥哲維(Steven Miles),「謝蘭生『常惺惺齋日記』與嘉道間廣州城市生活一覽」,『華南硏究資料中心通迅』, 第33期, 2003年10월15일).
『賣臙脂』(佚名), 出版年地不詳.
梅山,「選夫—梅縣的故事」,『民俗周刊』, 第65期, 1929年.
『美禁華工拒約報』, 廣州, 1905年.

『蒙正招親』(佚名), 出版年地不詳.
『孟子正義』, 北京: 中華書局, 1987年.
民國 『赤溪縣志』
『民俗』 周刊.
「明德社主辨學海書院簡章」, 『宇宙旬刊』, 第2卷, 第10期, 1935年.
內田慶市, 「“官話”研究における“漢譯聖書”の位置付け」, 『中國關係論說資料』, 第35卷, 2—1.
倪海曙, 『清末漢語拼音運動編年史』, 上海: 上海人民出版社, 1959年.
鳥居久靖, 『館藏廣州俗曲目書目』, *Biburia*ビブリア, 第45期, 1971年.
歐大任, 『百越先賢志』, 『叢書集成』版.
歐榘甲, 『新廣東』(1901年), 張楠, 王忍之, 『辛亥革命前十年間時論選集』, 北京: 三聯書店, 1978年重印.
潘懋元 · 劉海峰, 『中國近代教育史資料匯編: 高等教育』, 上海: 上海教育出版社, 1993年.
潘淑華, 「‘建構’政權, ‘解構’迷信?—1929年至1930年廣州市風俗改革委員會的個案研究」, 鄭振滿 · 陳春聲 主編, 『民間信仰與社會空間』, 福州: 福建人民出版社, 2003年.
培之, 「潮州民間神話二則」, 『民俗周刊』, 第31期, 1928年.
佩韋居士 主編, 『省話八聲七絶』, 會城藝新印務局, 1912年.
祁彪佳 著, 黃裳 校錄, 『遠山堂明曲品劇品校錄』, 上海: 古典文學出版社, 1957.
錢曼倩 · 金林祥, 『中國近代學制比較研究』, 廣州: 廣東教育出版社, 1996年.
錢穆, 『晚學盲言』, 臺北: 東大圖書股份有限公司, 1987年.
____, 『中國近三百年學術史』, 上海: 商務印書館, 1937年.
乾隆 『潮州府志』
乾隆 『番禺縣志』
乾隆 『高州府志』
乾隆 『嘉應州志』, 廣州: 廣東省中山圖書館 1991年版.
乾隆 『新會縣志』
乾隆 『增城縣志』
欽珮, 「翁源山歌」, 『民俗周刊』, 第75期, 1929年.
『清高宗純皇帝實錄』
青華大學校史編寫組, 『青華大學校史稿』, 北京: 中華書局, 1981年.
清水, 「翁源山歌」, 『民俗周刊』, 第91期, 1929年.
____, 「讀蘇粤婚喪」, 『民俗周刊』, 第35期, 1928年.
邱捷, 「再談關於孫中山的祖籍問題」, 『中山大學學報』, 第4期, 1990.
邱平, 「西南政變後中山大學的兩次易長」, 『廣東文史資料』, 第13集, 1964年.
屈大均, 『廣東新語』, 廣州: 水天閣康熙三十九年(1700)版.

______,『廣東新語』, 香港: 中華書局, 1974年版.
璩鑫圭·唐良炎 编,『中國近代教育史資料匯編: 學制演變』, 上海: 上海教育出版社, 1991年.
『勸戒社彙選』(佚名), 光緒二年(1876), 出版地不詳, 疑爲廣州, 英國大英圖書館藏.
『仁化鄉土志』, 鈔本, 廣東省中山圖書館藏.
『日本現存粵語硏究書目』, 日本天理大學, 1952年.
容肇祖,「告讀者」,『民俗周刊』, 第71期, 1952年.
______,「粵謳及其作者」,『歌謠周刊』, 第2卷, 第14期, 1936年.
______,「迷信與傳說自序」,『民俗周刊』, 第77期, 1929年.
______,「容肇祖自傳」,『東莞文史』, 第29期, 1998年.
______,「我的家世和幼年」, 載東莞市政協編,『容庚容肇祖學記』, 廣州: 廣東人民出版社, 2004年.
______,「我最近對民俗學要說的話」,『民俗周刊』, 第111期, 1933年.
______,「學海堂考」,『嶺南學報』, 第3卷, 第4期, 1934年.
______,「征集方言之我見」,『歌謠周刊』, 第35期, 1923年.
阮眞,「幾種現行鈔中國文教科書的分析硏究」,『嶺南學報』, 第1卷, 第1期, 1929年.
『三鳳鸞全套』(佚名), 同治十一年(1872), 1915年重印, 出版地不詳.
桑兵,『晩淸學堂學生與社會變遷』, 臺北: 稻禾出版社, 1991年.
沙彝尊,『正音辨微』, 廣州, 道光十七年版(1837).
______,『正音咀華』, 廣州聚文堂藏版, 咸豊三年(1853).
『山伯訪友』(佚名), 廣州: 廣文堂, 出版年不詳.
商壁,『粵風考釋』, 桂林: 廣西民族出版社, 1985年.
商衍鎏,『淸代科擧考試述錄』, 1958年, 北京: 新華書店, 1983年版.
邵彬儒,『俗話傾談』·『俗話傾談』二集, 沈陽: 春風文藝出版社, 1997年版, 中國古代珍稀本小說續第2册.
______,『俗話傾談』初集, 出版年地不詳, 廣東省中山圖書館藏.
______,『俗話爽心』, 廣州: 守經堂, 出版年不詳, 約民國年間.
邵鴻,「淸代後期江西賓興活動的官·紳·商: 淸江縣的個案」, 南開大學社會史硏究中心編,『中國社會史評論』, 第4集, 商務印書館, 2002年.
石峻,「客途秋恨與繆莲仙」,『藝林叢錄』, 第3集, 香港: 商務印書館, 1962年.
『時事畵報』.
壽羅香林教授論文集編輯委員會,『壽羅香林教授論文集』, 香港: 萬有圖書公司, 1970年.
順治『潮州府志』.
司馬遷,『史記』, 北京: 中華書局, 1975年版.

司徒尙紀,『廣東文化地理』, 廣州: 廣東人民出版社, 1993年.
司徒優,「讀了臺山歌謠集之後」,『民俗周刊』, 第74期, 1929年.
孫文,「三民主義」, 曺錦淸 編,『民權與國族一孫中山文選』, 上海: 遠東出版社, 1994年.
譚彼岸,『晚淸的白話文運動』, 武漢: 湖北人民出版社, 1956年.
譚汝謙 編,『中國譯日本書綜合目錄』, 香港: 中山大學出版社, 1980年.
譚正璧·譚尋,『木魚歌, 潮州歌書錄』, 北京: 書目文獻出版社, 1982年.
田中一成,『淸代地方劇資料集(二)華中·華南編』, 東京: 東洋文化硏究所, 1969年.
『挑線柜』(佚名), 出版年地不詳.
同治『南海縣志』
同治『高要縣志』
同治『廣州府志』
同治『新會縣志』
『土話指南』(佚名), 上海: 土山灣慈母堂第二次印, 1908年.
萬曆『永安縣志』
汪宗衍,『陳東塾(澧)先生年譜』, 臺北: 文海出版社, 1970年.
______,「關於粤謳輯者通信」,『民間文藝』, 第2輯, 1927年.
王立達,「現代漢語中從日語借來的詞彙」,『中國語文』, 第68期, 1958年.
宣統『東莞縣志』
宣統『番禺縣志』
宣統『高要縣志』
宣統『南海縣志』
宣統『增城縣志』
『中國日報』(1904~1908)
『中華民國高要縣志初編』

英文

Anderson, Benedict, *Imagined Communities: Reflections of the Origins and Spread of Nationalism*, 1983, reprinted London: version, 1985.
Ball, James Dyer, *Cantonese made easy*, Hong Kong: China Mail Office, 1888.
Ball, James Dyer, *Cantonese made easy*, Hong Kong: Kelly & Walshm, 1892.
Ball, James Dyer, *How to speak Cantonese: fifty conversations in Cantonese colloquial*, Hong Kong: China Mail Office, 1889.

Ball, James Dyer, *The Shun-tak*, Hong Kong: China Mail Office, 1901.

Berger, Peter, Luckmann, Thomas, *The Social Construction of Reality: a treatise in the sociology of knowledge*, London: Penguin Press, 1967.

Braudel, Fernand, "The History of Civilizations: The Past Explains the Present", in his *On History*(translated by Sarah Matthews), Chicago: The University of Chicago Press, 1980.

Bridgman, E. C., *Chinese Chrestomathy in the Canton dialect*, Macao: S. Wells William, 1841.

Briggs, Asa, *Victorian Things*, London: B. T. Batsford Ltd, 1988.

Brokaw, Cynthia, *The Ledgers of Merit and Demerit: Social Change and Moral Order in Late Imperial China*, Princeton, New Jersey: Princeton University Press, 1991.

Brook, Timothy, *Praying for Power: Buddhism and Formation of Gentry Society in Late-Ming China*, Cambridge[Mass.]: The Council on East Asian Studies, Harvard University and the Harvard-Yenching Institute, 1993.

Buck, John Lossing, *Chinese Farm Economy*, Chicago: University of Chicago Press, 1930.

Burke, Peter, *Popular Culture in Early Modern Europe*, Hants: Scolar Press, first edition 1978, revised reprint 1994.

Burne, Charlotte, T*he Handbook of Folklore*, London: Sidgwick & Jackson, 1914.

Ch'i, Hsi-Sheng, *Nationalist China at War: Military Defeats and Political Collapse, 1937~1945*, Ann Arbor: The University of Michigan Press, 1982.

Chalmers, John, *English and Cantonese Pocket Dictionary*, Hong Kong: Chinese Printing & Publishing Company, 1873.

Chan Wing-hoi, "Ordination names in Hakka genealogies: a religious practice and its decline", in Helen Siu, David Faure(eds.) *Down to earth: the territorial bond in South China*, Stanford: Stanford University Press, 1995, pp.65~82.

Chang, Chung-li, *The Chinese Gentry: Studies on their Role in Nineteenth-Century Chinese Society*, Seattle: University of Washington Press, 1955.

Chang, Chung-li, T*he Income of the Chinese Gentry*, Washington: University of Washington Press, 1962.

Chang, Hao, *Liang Ch'i-ch'ao and Intellectual Transition in China 1890~1907*, Cambridge[Mass.]: Harvard University Press, 1971.

Chang, Hsin Pao, *Commissioner Lin and the Opium War*, Cambridge[Mass.]: Harvard University Press, 1964.

Chinese phonetic vocabulary, containing all the most common characters, with their sounds in the Canton dialect(中文書名『初學粵音切要』), Hong Kong: London Missionary Society Press, 1855.

Choi Po King, "Education and Politics in China: Growth of the Modern Intellectual Class 1895~1949"(unpublished D. Phil. dissertation, Oxford: University of Oxfo rd, 1987).

Chung, Stephanie Po-yin, *Chinese Business Groups in Hong Kong and Political Chang e in South China, 1900~1925*, Basingstoke: Macmillan Press Ltd, 1998.

Cohen, Myron, "Being Chinese: The Peripheralization of Traditional Identity", in "The Living Tree: the Changing Meaning of Being Chinese Today", *Daedalus*, Vol.12 0, No.2, 1991, pp.113~134.

Crossley, Pamela Kyle, Siu, Helen and Sutton, Donald(eds.), *Empire at the Margins: Culture, Ethnicity, and Frontier in Early Modern China*, Berlieley: University of California Press, 2005.

Crossley, Pamela, "Thinking about Ethnicity in Early Modern China", *Late Imperial Chin a*, Vol.11, No.1, 1990, pp.1~34.

DeFrancis, John, *The Chinese Language: fact and fantasy*, Honolulu: University of Haw aii Press, 1984.

Dictionary of American Biography, Supplement Four 1946~1950, New York, Charles Scribner's Sons, New York, 1974.

Dikötteer, Frank, *The Discourse of Race in Modern China*, Stanford: Stanford University Press, 1992.

Dirlik, Arif, "The ideological foundations of the New Life Movement: a study in counter revolution", *Journal of Asian Studies*, Vol.34, No.4, 1975, pp.945~980.

Duara, Prasenjit, "Knowledge and Power in the Discourse of Modernity: The Campaign s Against Popular Religion Early Twentieth-Century China", *Journal of Asian Studies*, Vol.50, No.1, 1991, pp.67~83.

Duara, Prasenjit, "Superscribing Symbols: The Myth of Guandi, Chinese God of War", *Journal of Asian Studies*, Vol.47, No.4, 1988, pp.778~795.

Dudbridge, Glen, "The Goddess Hua-Yueh San-niang and Cantonese Ballad Ch'en-hsia ng T'ai-tzu", *Chinese Studies*(『漢學研究』), Vol.8, No.1, 1990, pp.627~646.

Eastman, Lloyd, "Nationalist China during the Naking decade 1927~1937", in Eastman, Lloyd, Ch'en, Jerome, Pepper, Suzanne, and Van Slyke, Lyman(eds.), *The Nati onalist Era in China 1927~1949*, Cambridge: Cambridge University Press, 1991.

Eberhard, Wolfram, *Folktales of China*, Chicago: The University of Chicago Press, 1965.

Ebrey, Patricia Buckley, *Confucianism and Family Rituals in Imperial China, A Social History of Writing about Rites*, Princeton: Princeton University Press, 1991.

Eitel, John, *A Chinese dictionary in the Cantonese dialect*, London: Trubner & Co., Hong Kong: Lane, Crawford & Co., 1877.

Elman, Benjamin, "Qing Dynasty 'Schools' of Scholarship", *Ch'ing–shih wen–t'i*, Vol. 4, No.6, 1981, pp.1~44.

Elman, Benjamin, "The Hsueh–Hai T'ang and the Rise of New Text Scholarship in Canton", *Ch'ing–shih wen–t'i*, Vol.4, No.2, 1979, pp.51~82.

Elman, Benjamin, *Classicism, Politics and Kinship: The Ch'ang–chou School of New Text Confucianism in Late Imperial China*, Berkeley: University of California Press, 1990.

Elman, Benjamin, *From Philosophy to Philology: Intellectual and Social Aspects of Cha nge in Late Imperial China*, Cambridge[Mass.]: Council on East Asian Studies, Harvard University, 1984.

Esherick, Joseph, Rankin, Mary, *Chinese Local Elites and Patterns of Dominance*, Berke ley, Los Angeles, London: University of California Press, 1990.

Faure, David and Siu, Helen(eds.), *Down to Earth: The Territorial Bond in South Chin a*, Stanford: Stanford University Press, 1995.

Faure, David, "Becoming Cantonese, the Ming Dynasty Transition", in Faure, David, Liu, Tao Tao(eds.), *Unity and Diversity: Local Cultures and Identities in China*, Hong Kong: Hong Kong University Press, 1996.

Faure, David, "The Lineage as a Cultural Invention: the case of the Pearl River Delta", *Modern China*, Vol.15, No.1, 1989, pp.4~36.

Faure, David, *The structure of Chinese rural society: lineage and village in eastern New Territories*, Hong Kong: Oxford University Press, 1986.

Fei Xiaotong, *China's Gentry: essays in rural–urban relations*(a collection of essays written by Fei in 1947 and 1948), Chicago and London: The University of Chicago Press, 1953.

Freedman, Maurice, *The Study of Chinese Society*(a collection of essays written by Freedman in the 1960s and 1970s, edited by G. William Skinner), Stanford: Stanford University Press, 1979.

Fried, Morton, "Community Studies in China", *The Far Eastern Quarterly*, Vol.14, No.1, 1954, pp.11~36.

Gamble, Sidney, *Ting Hsieh: A North China Rural Community*, New York: Institute of Pacific Relations, 1954.

Godley, Michael, "China's World's Fair of 1910: Lessons from a Forgotten Event", *Modern Asian Studies*, Vol.12, No.3, 1978, pp.503~522.

Goody, Jack, *Literacy in Traditional Societies*, Cambridge, Cambridge University Press, 1968.

Goody, Jack, *Logic of Writing and the Organization of Society*, Cambridge, New York: Cambridge University Press, 1986.

Goody, Jack, *The Domestication of the Savage Mind*, Cambridge, London, New York, Melbourne: Cambridge University Press, 1977.

Gunn, Edward, *Rewriting Chinese: style and innovation in twentieth—century Chinese prose*, Stanford: Stanford University Press, 1991.

Harrell, Stevan(ed.), *Cultural Encounters on China's Ethnic Frontiers, Seattle: University of Washington Press, 1955, Ways of being Ethnic in Southwest China*, Seattle: University of Washington Press, 1994.

Hashimoto, Oi—kan Yue, *Phonology of Cantonese*, Cambridge: Cambridge University Press, 1972.

Hisayaki Miyakawa, "The Confucianization of South China", in Wright, Arther(ed.), *The Confucian Persuasion*, Stanford: Stanford University Press, 1960, pp.21~46.

Ho, Ping—ti, *The Ladder of success in Imperial China: aspects of social mobility, 1368~1911*, New York: Wiley, 1964.

Hobsbawm, Eric and Ranger, Terrance(eds.), *The Invention of Tradition*, Cambridge: Cambridge University Press, 1983.

Hsiao, Kung—chuan, *Rural China: Imperial Control in the Nineteenth Century*, Seattle: University of Washington, 1960.

Hummel, Arther, *Eminent Chinese of the Ch'ing Period(1644~1912)*, Washington: United States Government Printing Office, 1944.

Hung, Chang—tai, *Going to the People: Chinese Intellectuals and Folk Literature 1918~1937*, Cambridge[Mass.]: The Council on East Asian Studies, Harvard University, 1985.

Huntington, Ellsworth, *The Characters of Races*, New York, London: Charles Scribner's Sons, 1924.

Jenks, Edward, *A History of Politics*, London, 19000.

Jones, Richard Foster, *The Triumph of the English Language: a survey of opinions concerning the vernacular from the introduction of printing to the Restoration*, Stanford: Stanford University Press, 1953.

Kwong, Luke, *A Mosaic of the Hundred Days: personalities, politics and ideas of 1898*, Cambridge[Mass.]: Council on East Asian Studies, Harvard University Press, 1984.

Lai, Jeh—Hang, "A Study of a Faltering Democrat, the Life of Sun Fo 1891~1949"(unpublished PhD dissertation, University of Illinois, 1976).

Leibo, Steve, "Not So Calm an Administration: The Anglo—French Occupation of Canton 1858~1861", *Journal of the Hong Kong Branch of The Royal Asiatic Society*, Vol.28, 1988, pp.16~33.

Leong, Sow—Theng, "The Hakka Chinese of Lingnan: ethnicity and social change in modern times", in Pong, David, Fung, Edmund S. K.(eds.)(1985), *Idea and Reality: social and political change in modern China*, New York, London: University Press of America, 1985, pp.287~322.

Leong, Sow—Theng, *Migration and Ethnicity in Chinese History: Hakkas, Pengmin, and Their Neighbors*(edited by Tim Wright, with an introduction and maps by G. William Skinner), Stanford: Stanford University Press, 1997.

Leung, Man—kam, "Juan Yuan(1764~1849): The Life, Works and Career of a Chinese Scholar—Bureaucrat"(unpublished PhD dissertation, University of Hawaii, 1977).

Levenson, Joseph, "The Province, the Nation, and the World: The Problem of Chinese Identity", in Feuerwerker, Albert, Murphey, Rhoads, and Wright, Mary(eds.), *Approaches to Modern Chinese History*, Berkeley and Los Angeles: University of California Press, 1967.

Levenson, Joseph, *Confucian China and its Modern Fate: The Problem of Monarchical Decay*, Berkeley and Los Angeles: University of California Press, 1964.

Levenson, Joseph, *Confucian China and its Modern Fate: The Problem of Intellectual Continuity*, London: Routledge and Kegan Paul Limited, 1965.

Levenson, Joseph, *Confucian China and its Modern Fate: The Problem of Historical Significance*, London: Routledge and Kegan Paul Limited, 1965.

Lo, Jung—pang, *K'ang Yu—wei: a biography and a symposium*, Tucson: Published for the Association for Asian Studies by the University of Arizona Press, 1967.

Luk, Bernard Hung—Kay, "Chinese Culture in the Hong Kong Curriculum: Heritage and colonialism", *Comparative Education Review*, Vol.35, No.4, 1991.

Luk, Bernard Hung—Kay, "Lu Tzu—chun and Ch'en Jung—kun: two exemplary figure in the ssu—shu educational of pre—war urban Hong Kong", in Faure, David, Hayes, James, Birch, Alan(eds.), *From village to city: studies in the traditional root of Hong Kong society*, Hong Kong: Centre of Asian Studies, University of Hong Kong, 1984.

Lutz, Jessied Gregory, *China and the Christian Colleges 1850~1950*, Ithaca and London: Cornell University Press, 1971.

MacGillivray, D.(ed.), *A Century of Protestant Missions in China(1807~1907), 1907*, reprinted San Francisco: Chinese Materials Center, Inc., 1979.

Mair, Victor, "Language and Ideology in the Written Popularizations of the Sacred Edict", in Johnson, David, Nathan, Andrew, Rawski, Evelyn(eds.), *Popular Culture in Late Imperial China*, Berkeley and Los Angeles: University of California Press, 1985.

Mann, Susan and Kuhn, Philip, "Dynastic decline and the roots of rebellion", in Twitchett, Denis and Fairbank, John(eds.), *The Cambridge History of China*, Vol.10, Late Ch'ing, 1800~1911, Part Ⅰ Cambridge: Cambridge University Press, 1978, pp.107~162.

Michael, Franz, "State and Society in Nineteenth century China", *World Politics,* Vol.7, No.3, 1955, pp.419~433.

Miles, Steven Bradley, "Rewriting the Southern Han(917~971): The Production of Local Culture in Nineteenth—Century Guangzhou", *Harvard Journal of Asiatic Studies*, Vol.62, No.1, June 2002, pp.39~75.

Miles, Steven Bradley, "Local Matters: Lineage, Scholarship and the Xuehaitang Academy in the Construction of Regional Identities in South China, 1810~1880", a dissertation submitted in partial fulfillment of the requirements for the degree of Doctor of Philosophy, University of Washington, 2000.

Morrison, Robert, *Vocabulary of the Canton Dialect*, Macau: The Honorable East India Company Press, 1828.

Murray, Dian, *Pirates of the South China coast 1790~1810*, Stanford: Stanford University Press, 1987.

Constable, Nicole(ed.), *Guest People: Hakka Identity in China and Abroad*, Seattle and London: University of Washington Press, 1996.

Ong, Walter, *Orality and Literacy: the technologizing of the word*, London, New York: Methuen & Co., 1982.

Overmyer, Daniel, "Values in Chinese Sectarian Literature: Ming and Qing Pao—chuan", in Johnson, David, Nathans, Andrew, Rawski, Evenlyn(eds.), *Popular Culture in Late Imperial China*, Berkeley and Los Angeles: University of California Press, 1985.

Polachek, James, *The Inner Opium War*, Cambridge[Mass.] and London: The Council on East Asia Studies, Harvard University, 1992.

Pomerantz—Zhang, Linda, *Wu Tingfang(1842~1922): Reform and Modernization in Modern Chinese History*, Hong Kong: Hong Kong University Press, 1992.

Pong, David, "The Vocabulary of Change: Reformist Ideas of the 1860s and 1870s", in Pong, David, Fung, Edmund S. K.(eds.), *Idea and Reality: Social and Political Change in Modern China*, Lanham, New York, London: University Press of America, 1985.

Questions and Answers to Things Chinese, Canton, 1850.

Rawski, Evelyn, "Economic and Social Foundations of Late Imperial Culture", in Johnson, David, Nathan, Andrew, Rawski, Evelyn(eds.), *Popular Culture in Late Imperial China*, Berkeley and Los Angeles: University of California Press, 1985.

Reynolds, David, "Redrawing China's Intellectual Map: Image of Science in Nineteenth—Century China", *Late Imperial China*, Vol.12, No.1, 1991, pp.27~61.

Rhoads, Edward, *China's Republic an Revolution: the Case of Kwangtung, 1895~1913*, Cambridge[Mass.], Harvard University Press, 1975.

Sargart, Laurent, "phonology of a Cantonese dialect of the New Territories: Kat Hing Wai", *Journal of Hong Kong Branch of Royal Asiatic Society*, Vol.22, 1982, pp.142~160.

Schneider, Laurence, "National Essence and the New Intelligentsia", in Furth, Charlotte (ed.), *The Limits of Change: Essays on Conservative Alternatives in Republican China*, Cambridge[Mass.]: Harvard University Press, 1976, pp.57~89.

Schneider, Laurence, *Ku Chieh—kang and China's New History: Nationalism and the Quest for Alternative Traditions*, Berkeley: University of California Press, 1971.

Schwartz, Vera, *The Chinese Enlightenment: Intellectuals and the Legacy of the May Fourth Movement of 1919*, Berkeley: University of California Press, 1986.

Siu, Helen(compiled and edited), *Furrows: Peasants, Intellectuals, and The State, Storied and Histories from Modern China*, Stanford: Stanford University Press, 1990.

Siu, Helen, "Recycling Tradition: Culture, History, and Political Economy in the Chrysanthemum Festivals of South China", in S. C. Humphreys(ed.), *Cultures and Scholarship*, Ann Arbor: The University of Michigan Press, 1997.

Siu, Helen, *Agents and Victims in South China: Accomplices in Rural Revolution*, New Haven and London: Yale University Press, 1989.

Smith, Carl, *Chinese Christians: elites, middlemen, and the church in Hong Kong*, Hong Kong: Oxford University Press, 1985.

Snow, Donald, "A Short History of Published Cantonese: What is a Dialect Literature?", *Journal of Asian Pacific Communication*, Vol.4, No.3, 1994, pp.127~148.

Snow, Donald, "Written Cantonese and the culture of Hong Kong: the growth of a dialect literature"(unpublished PhD dissertation, Indiana: Indiana University), 1991.

Sollars, Werner, *The Invention of Ethnicity*, Oxford: Oxford University Press, 1989.

The Illustrated London News

Tien Hung—mao, *Government and Politics in Kuomintang China 1927~1937*, Stanford: Stanford University Press, 1972.

Times(London)

Wakeman, Frederick, *Strangers at the Gate: Social disorder in south China*, 1839~1861, Berkeley and Los Angeles: University of California Press, 1966.

Walter Schofield's collection of Cantonese songs(n.d.), (bound and socked in the Hong Kong Collection of the Chinese University Press of Hong Kong).

Wang Gungwu, *The Chineseness of China: selected essays*, Hong Kong: Oxford Univer sity Press, 1991.

Ward, Barbara, "Readers and Audiences: An Exploration of the Spread of Traditional Chinese Culture", in Jain, Ravindra(ed.), *Text and Context, The social Anthrop ology of Tradition*, Philadelphia, Institute for the Study of Human Issues, Inc., 1997.

Ward, Barbara, "Sociological Self—Awareness: Some Uses of the Conscious Models", *Man*, Vol.1, 1966.

Ward, Barbara, "Varieties of the Conscious Model: The Fishermen of South China", in her *Through Other Eyes: An Anthropologist's View of Hong Kong*, Hong Kong: The Chinese University Press, 1989.

Weber, Max(edited by Guenther Roth and Claus Wittich), *Economy and Society*, Berkel ey: University of California Press, 1978, Ch. V.

Who was who in American, Vol.2, Chicago: The A. N. Marquis Company, 1950.

Who's who in China 1918~1950, reprinted in Hong Kong, Chinese Material Center, 1982.

Wright, Arther(eds.), *The Confucian Persuasion*, Stanford: Stanford University Press, 1960.

Yeh, Wen—hsin, *The Alienated Academy: Culture and Politics in Republican China 1919~1937*, Cambridge[Mass.]: Council on East Asian Studies, Harvard University, 1990.

Young, Ernest, *The Presidency of Yuan shih—k'ai*, Ann Arbor: The University of Michigan Press, 1977.

Yung, Bell, *Cantonese Opera: Performance as creative process*, Cambridge: Cambridge University Press, 1989.

Yung, Sai—shing, "Mu—yu shu and the Cantonese popular singing arts", *The Gest Library Journal*, Vol.2, No.1, 1987.

Yung, Wing, *My Life in China and America*, New York: Henry Holt and Company, 1909.

Zheng, Su De San, "From Toison to New York: Muk'Yu Songs in Folk Tradition", *Chinoperl Papers*, No.16, 1992.

찾아보기

【ㄴ】

【ㄷ】

【ㄹ】

【ㅁ】

【ㅇ】

【ㅈ】

【ㅊ】

【ㅋ】

【ㅌ】

【ㅍ】

【ㅎ】

〈로컬리티 번역총서〉를 펴내며

■ 로컬리티의 인문학 연구단에서 번역총서를 내놓는다. 〈로컬리티 번역총서〉는 고전적·인문학적 사유를 비롯해서, 탈근대와 전지구화의 관점에서 해석되는 로컬리티에 대한 동서양의 다양한 논의를 담고 있다. 로컬리티 연구는 동서양을 막론하고 학문적 교차점, 접점, 소통성을 확보하는 것이 중요한 과제다. 이러한 의미에서 본 연구단에서는 장기적인 계획 아래, 로컬리티 연구와 관련한 중요 저작과 최근의 논의를 담은 동서양의 관련 서적 번역을 기획했다. 이를 통하여 로컬리티와 인문학 연구를 심화하고 동시에 이를 외부에 확산시킴으로써 로컬리티 연구의 저변을 확대하고자 한다.

우리가 로컬리티에 천착하게 된 것은 그동안 국가 중심의 사고 속에 로컬을 주변부로 규정하며 소홀히 여긴 데 대한 반성적 성찰의 요구 때문이기도 하다. 오늘날 로컬은 초국적 자본과 전 지구적 문화의 위세에 짓눌려 제1세계라는 중심에 의해 또다시 소외당하거나 배제됨으로써 고유의 정체성을 잃어 가고 있다. 반면에 전 지구화 시대를 맞아 국가성이 약화되면서 로컬은 또 새롭게 거듭나고 있다. 그동안 국가 중심주의의 그늘에 가려졌던 로컬 고유의 특성을 재발견하고 전 지구화에 능동적으로 대처하는, 이른바 로컬 주체의 형성과 로컬 이니셔티브(local initiative)의 실현을 위해 부단한 노력을 기울이는 모습들이 속속 드러나고 있다.

이제 로컬의 현상들을 파악하기 위해 기존의 지역 논의와 다른 새로운 사고가 절실히 필요하다. 지금까지 지역과 지역성 논의는 장소가 지닌 다양성과 고유성을 기존의 개념적 범주에 맞춤으로써 로컬의 본질을 왜곡하거나 내재된 복합성을 단순화하는 오류를 범했다. 이에 우리는 로컬을 새로운 인식과 공간의 단위로서 재정립해야 할 필요성을 다시 확인하며, 로컬의 역동성과 고유성을 드러내 줄 로컬리티 연구를 희망한다.

〈로컬리티 번역총서〉는 현재 공간, 장소, 인간, 로컬 지식, 글로벌, 로컬, 경계, 혼종성, 이동성 등의 아젠다와 관련한 주제를 일차적으로 포함했다. 향후 로컬리티 연구가 진행되면서 번역총서의 폭과 깊이는 더욱 넓어지고 깊어질 것이다. 번역이 태생적으로 안고 있는 잡종성이야말로 로컬의 속성과 닮아 있다. 이 잡종성은 이곳과 저곳, 그때와 이때, 나와 너의 목소리가 소통하는 가운데 새로운 생성의 지대를 탄생시킬 것이다.

우리가 번역총서를 기획하면서 염두에 둔 것이 바로 소통과 창생의 지대이다. 우리는 〈로컬리티 번역총서〉가 연구자들에게 로컬리티 연구에 대한 기반을 제공해 줌으로써 학제 간의 경계를 넘나드는 심화된 통섭적 연구가 이루어지고, 나아가 '로컬리티의인문학(locality and humanities)'의 이념이 널리 확산되기를 바란다.

2010년 6월

부산대학교 한국민족문화연구소

(HK)로컬리티의인문학 연구단

지은이 **청메이바오(程美寶)**

청메이바오는 홍콩 중원대학(中文大學)을 졸업(1990)하고 영국 옥스퍼드대학에서 석사 학위(1992)와 박사 학위(1996)를 취득했다. 현재는 중산대학(中山大學)의 역사학과 교수로 재직 중이며, 근대 중국의 사회문화사를 가르치고 있다. 그녀의 주된 연구 분야는 광동, 홍콩, 마카오의 근현대사로, 특히 18~19세기 광동의 로컬리티 형성에 많은 관심을 가지고 있다. 주요 저서로는 『홍콩의 역사, 1842~1997년』, 『서양인의 눈에 비친 중국의 풍경: 에반 윌리암스(Evan Williams)가 기증한 19세기 광저우의 수출용 통초지(通草紙) 수채화』, 편저로는 『광동의 역사: 광부(廣府) 문화와 완원(阮元) 논문집』, 『18~19세기 양성(羊城)의 풍물: 영국 빅토리아 & 알버트 박물관 소장 광저우의 수출용 그림』이 있다.

옮긴이 **정진선**

가천대학교 중어중문학과를 졸업하고 중국 북경사범대학교 중문과와 서울대학교 중어중문학과에서 각각 석사와 박사 학위를 취득했다. 중국사회과학원 민족문학연구소에서 방문학자로 남방소수민족신화에 대한 연구 활동을 수행하였으며, 현재 서울대, 가천대 등에서 강의하고 있다. 석사 학위논문은 「중국과 한국의 일월조정신화 및 그 신앙민속 비교 연구(中韓兩國的日月調整神話及其信仰民俗之比較硏究)」이고, 박사 학위논문은 『중국신화의 변용 양상 연구—춘추전국시대부터 진한대까지를 중심으로』이다. 연구 논문으로 「고대 중국 기물정괴고사의 발생과 그 의미: 『태평광기(太平廣記)』 정괴부(精怪部)를 중심으로」, 「중국 국가급 무형문화유산의 정리 작업과 그 현재적 의미: 신화의 제전화를 중심으로」, 「중국 서남지역의 로컬리티 형성에 관한 시론: 『화양국지(華陽國志)』를 중심으로」 등이 있다.

옮긴이 **최형섭**

서울대학교 중문과를 졸업하고 같은 학교 대학원에서 석사와 박사 학위를 취득했다. 중국사회과학원 고급진수 과정을 수료했고, 현재 서울대, 한양대, 서울시립대, 인천대 등에서 강의하고 있다. 석사 학위논문은 「풍몽룡(馮夢龍) 화본소설(話本小說) 연구」이고, 박사 학위논문은 「중국 소설을 통해 본 '개인'에 대한 인식의 변화—'사대기서(四大奇書)'부터 『홍루몽(紅樓夢)』까지의 변화를 중심으로」이다. 연구 논문으로 「출판문화의 보급과 텍스트, 저자, 독자, 그리고 독서 관습—경전 읽기와 소설 읽기의 비교 분석을 통하여」, 「출판문화의 보급과 지식의 성격, 그리고 17세기 시사소설(時事小說)」, 「언어와 번역을 통해 본 17~18세기 중국 사회」, 「고대 중국 문학 속에 재현된 여자 축국(蹴鞠) 문화」 등이 있다. 저서로는 『개인의식의 성장과 중국소설』이 있고, 번역한 책으로는 『서유기(西遊記)』(공역), 『무성희(無聲戲)』, 『서광계 문집』, 『금고기관(今古奇觀)』 등이 있다.

지역문화와 국가의식—근대 '광동문화'관의 형성

초판 1쇄 발행일 2014년 8월 25일

지은이 | 청메이바오(程美寶)
옮긴이 | 정진선 · 최형섭
펴낸이 | 최원필
편 집 | 이찬희
펴낸곳 | 심산출판사
주 소 | 서울시 은평구 불광동 219-7 예은 101호
전 화 | 02-357-0633
팩시밀리 | 02-357-0631
E-mail | simsan@korea.com
등록번호 | 제1-2114호(1996년 11월 28일)

ISBN 978-89-94844-34-3 93910

※ 책값은 뒤표지에 표시되어 있습니다.